MÉMOIRES INÉDITS DE N. FROTET DE LA LANDELLE

SAINT-MALO

AU TEMPS DE

La Ligue

MÉMOIRES & DOCUMENTS

PUBLIÉS PAR

F. JOUON DES LONGRAIS

Ancien élève de l'École des Chartes

I

MÉMOIRES

PARIS | RENNES
ALPHONSE PICARD | PLIHON & HERVÉ
82, RUE BONAPARTE | RUE MOTTE-FABLET, 5

1886

SAINT-MALO

AU TEMPS DE

La Ligue

Le Roman d'Aquin ou la Conqueste de la Bretaigne par Charlemagne. chanson de geste du XIIe siècle, publiée par F. Jouon des Longrais. *Nantes, Société des Bibliophiles Bretons, 1880. (Ouvrage qui a obtenu une mention honorable de l'Institut au Concours des Antiquités nationales.)* 1 vol. in-8°.

Discovrs Apologetiqve tres-veritable des cavſes qui ont contrainct les habitans de S. Malo de ſ'emparer dv Chaſteau de leur ville. 1590. *Réimpression suivie d'une notice sur l'auteur. Rennes, Alph. Le Roy fils, 1883.*

SOUS PRESSE :

De l'Antiquité d'Aleth, par Thomas de Querci. 1628. Réimprimé avec une notice sur l'auteur.

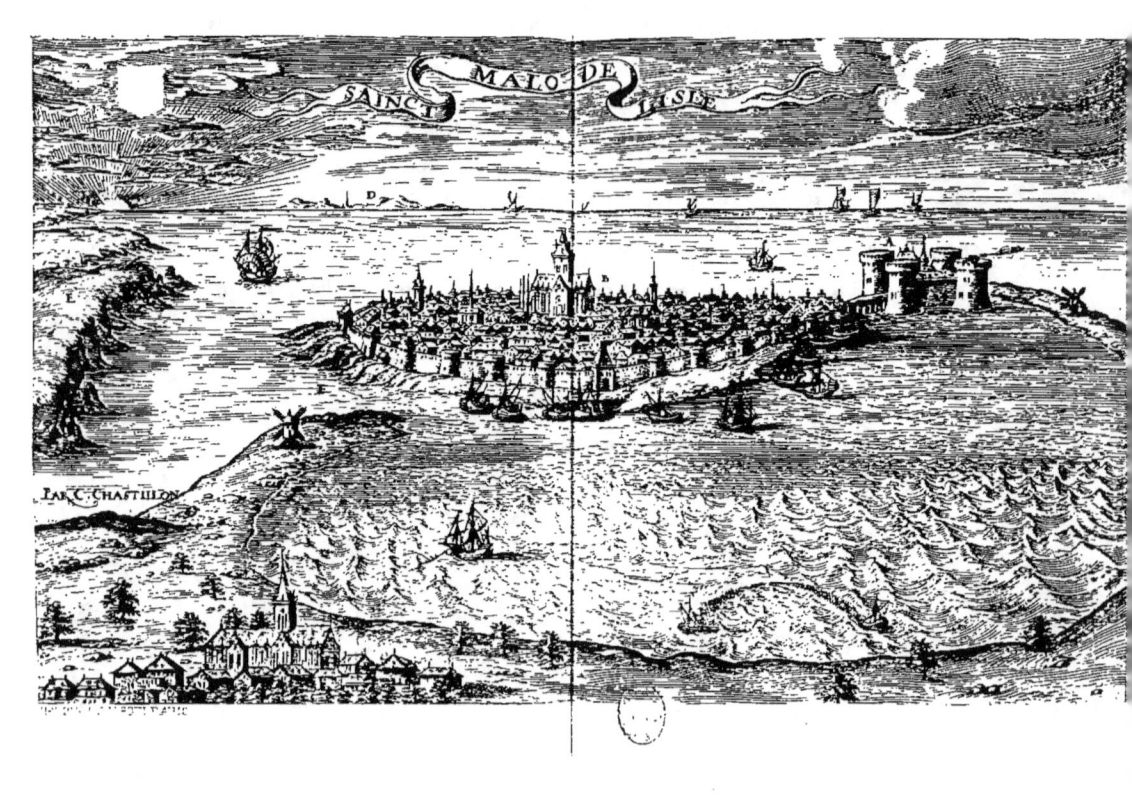

MÉMOIRES INÉDITS DE N. FROTET DE LA LANDELLE

SAINT-MALO

AU TEMPS DE

La Ligue

MÉMOIRES & DOCUMENTS

PUBLIÉS PAR

F. JOÜON DES LONGRAIS

Ancien élève de l'École des Chartes

I

MÉMOIRES

PARIS	*RENNES*
ALPHONSE PICARD	PLIHON & HERVÉ
82, RUE BONAPARTE	RUE MOTTE-FABLLI, 5

1886

A Monsieur Anthime Menard.

Monsieur,

Veuillez agréer l'hommage de cette publication qui, sans votre concours, n'eût pas été possible. Qu'elle soit un nouveau témoignage de votre amour si éclairé des lettres et de l'histoire de Bretagne, de la richesse de vos collections, et surtout de votre générosité.

F. Jouon des Longrais.

Rennes, le 1er décembre, 1883.

INTRODUCTION

Les mémoires de Frotet de la Landelle sont, nous ne craignons pas de le dire, un des documents les plus intéressants de l'histoire des communes en France. L'auteur, plutôt, il est vrai, annaliste qu'historien, nous donne le détail minutieux de la vie politique d'une ville pendant les troubles de la Ligue. Il se trouve heureusement que cette ville a eu à ce moment un rôle à part, une espèce d'autonomie dont l'étude est particulièrement instructive.

On y voit fonctionner un gouvernement, démocratique en apparence, oligarchique en réalité [1], gouvernement auquel la prudence et l'énergie ne font pas un seul instant défaut. L'heureuse réunion des facultés d'action et de conseil dans la classe dirigeante de cette petite ville fait contraste avec l'incapacité des Princes de la Ligue et les passions inintelligentes des habitants de plus grandes cités. Aussi avec quelle désinvolture les Malouins se jouent-ils des uns et des autres. Au milieu de la guerre civile, dans la confusion des partis, accrue par les trahisons individuelles, les haines de famille, les rivalités de ville à ville, ils utilisent au profit de leur indépendance les jalousies et les compétitions. Ils savent

---

1. *Mémoires*, p. 232.

vivre en liberté, affranchis en fait des pouvoirs voisins, nominalement soumis au pouvoir éloigné du chef de la Ligue.

Les Bourgeois de Saint-Malo inaugurent de cette manière une sorte de république, toute pratique, toute spontanée, absolument étrangère aux réminiscences de la Grèce et de Rome ou même à la République de Jean Bodin. C'est un régime pour ainsi dire commercial, où l'intérêt politique et l'intérêt du négoce se confondent, ressemblant ainsi à celui des villes libres de la Hanse. Ils y trouvent le moyen de conserver pour leurs personnes, leur commerce, leurs biens, une sécurité qui n'existe guère ailleurs. Mais l'autonomie n'est pour eux qu'une manière de traverser une époque de danger. Ils n'y tiennent que dans ce but. Ils y renoncent sans hésitation, sans regret. Par suite ils présentent avec sagacité le triomphe de la royauté. Leur calme leur permet de discerner l'instant précis, psychologique, comme nous dirions, où l'indépendance n'est plus tenable et où la soumission est encore profitable.

Le rôle de Saint-Malo, au milieu de la crise de la Ligue, est d'une personnalité singulière. Cette ville obéit à des mobiles qui lui sont particuliers, elle se réserve au milieu de l'action et conserve ainsi la faculté de juger ceux qui sont plus entrés qu'elle dans les événements. C'est en quelque sorte un témoin. Si une ville dans ces conditions pouvait écrire ses mémoires, ils fourniraient à coup sûr un point de vue original. Frotet de la Landelle, classant et reliant entre elles les délibérations de sa communauté, n'ajoutant guère de lui-même que ce que les registres et les actes ne peuvent dire, est bien la ville elle-même qui se raconte.

I

Dans ce récit presque jour par jour les intérêts nous apparaissent étroits, mais puissants. La vie municipale y est à son apogée et s'y montre dans sa véritable nature. Elle se fait voir, il faut bien le dire, fort égoïste. Il n'y a pas lieu de s'en étonner[1]. C'est l'instinct naturel des petits centres, tant qu'ils ont une ombre de vie, de penser à leur conservation, d'activer leur développement, toutes les fois que le pouvoir central s'amoindrit. Par cette triste logique qui ne laisse dans la vie d'un peuple que bien peu d'années d'équilibre entre l'anarchie et l'absorption, le grand État ne peut se constituer sans les détruire, ils ne peuvent vivre qu'à ses dépens. Il ne faut donc pas leur demander le souci des intérêts généraux, le respect de la raison d'État. Il serait encore plus chimérique, au moment de la Ligue, quand les intérêts nationaux sont obscurs, lorsque l'esprit de suite fait totalement défaut au pouvoir, lorsque partout l'intérêt particulier est le guide des princes et des moindres seigneurs[2], d'attendre d'une ville, aussi vivante et aussi sagace que Saint-Malo, une autre préoccupation que le soin de sa propre chose. Mais, par contre, on y voit déployer au profit de ce patriotisme restreint une vigueur et une énergie incomparables. Cette commune de nouvelle date a dans la revendication de ses libertés tout l'entrain qu'avaient montré à leurs débuts les communes de France.

A Saint-Malo, en outre, il y a un élément de force qui n'existe pas ailleurs au même degré. Le corps délibérant possède une décision et une promptitude d'exécution qu'il faut attribuer aux habitudes de la vie à la mer et à la trempe spéciale du tempérament malouin. Ces marins commerçants, faits dès l'enfance à tous les périls de terre et de mer, allant aux assemblées de ville entre deux voyages, ne ressemblaient guère plus aux bourgeois d'alors qu'à nos conseillers municipaux. Le courage véritable que dévelop-

1. Cf. Grégoire, *La Ligue en Bretagne*, p. 296
2. Bonum publicum simulantes pro sua quisque potentia certabat, cité par du Matz (D. Taillandier, II, 279). — Lestoile, comparant Guise au prince d'Orange, formule ce jugement : Ambitieux tendant par diverses voies au même but, l'un sous ce beau nom de liberté, l'autre sous celui de sainte union (*Journal*, 11 juillet 1584).

pait incessamment le cours de leurs existences hasardeuses devait les munir amplement de courage civil. De plus, ils étaient capables. Un armateur de Saint-Malo qui faisait construire à Dantzick ou en Angleterre ses navires pour commercer en Espagne, dans le Levant ou dans le nouveau monde, de marchandises bretonnes ou françaises, était à la fois marin, négociant, armateur et banquier. Il savait souvent, au retour de ses voyages, l'espagnol ou l'anglais. Il avait fréquemment appris, comme Frotet de la Landelle, le latin avec le précepteur de la ville [1]. Et mieux, il avait acquis dans sa vie de négoce, ainsi que ses capitaines et ses facteurs, une habitude des affaires, d'autant plus applicable à celles de la ville que l'on ne concevait, dans ce temps reculé, d'autre administration que celle du père de famille.

Les charges importantes de la Communauté allaient naturellement à ceux dont les affaires particulières étaient le plus prospères. Ils y entraient, ainsi qu'au Conseil, comme les chefs de file de cette clientèle nombreuse de marins et d'ouvriers qu'ils occupaient. Étant donné le peu d'étendue de la ville, cela constituait une base de gouvernement d'une extrême stabilité. L'inextricable réseau des parentés et des compérages achevait la cohésion de cette bourgeoisie et en faisait un tout résistant vis-à-vis du pouvoir quel qu'il fût.

L'histoire de ces familles malouines est intéressante. C'est celle des vicissitudes du commerce de la mer dans cette partie de la France depuis le quatorzième siècle où com-

---

1. Au XVIe siècle, la Préceptorerie de Saint-Malo, réorganisée depuis 1561, était déjà une sorte de collège comprenant trois classes. Dans la première on enseignait le latin (Cf. G. de Corson, Pouillé, III, 463). — Il faut relever à ce sujet une légère erreur des biographes de Duguay-Trouin. Cunat, ainsi que M. l'abbé Poulain (Didier, 1882), nous représentent Duguay-Trouin apprenant le rudiment sous Me Pierre Chanteau, écolâtre sévère. François Chanteau, le seul maître de ce nom, ne fut précepteur qu'en 1698. L'illustre marin, né en 1673, ne put avoir affaire qu'à son prédécesseur, Jacob Lagoux, installé en 1669. Mais comme celui-ci avait deux sous-maîtres, Guillaume Ménage et Jacques du Douet, on doit renoncer pour le moment à déterminer le premier maître de Duguay-Trouin.

mencent les premières listes de Bourgeois. A chaque période de l'histoire de Saint-Malo, correspond l'élévation d'une ou deux familles enrichies par des armements heureux. Et tant que le pouvoir ne s'ingère pas dans l'administration intérieure de la ville, ces mêmes familles, par une suite naturelle, dominent aussi dans l'ordre politique. A la fin du seizième siècle, les Frotet et les Picot ont la suprématie. Il suffit de prendre la liste des souscripteurs à l'emprunt de 1589[1] pour s'assurer qu'ils ont à ce moment par eux et par leurs alliances la prépondérance dans la vie commerciale et dans la vie publique de la cité.

Les Frotet, moins anciens que les Trublet, les Porée, les Grout, les Le Fer, les Maingard et autres, se sont enrichis dans le commerce d'Espagne. Ce commerce, qui n'avait en apparence pour but que le transport des vins et denrées d'Espagne, en avait un autre infiniment plus lucratif, la traite des monnaies.

La richesse métallique de l'Espagne en faisait à ce moment pour les Malouins une sorte de Pérou plus rapproché. Ils allaient sans cesse y puiser à leurs risques et périls. En vain le roi d'Espagne se défendait-il par ses édits et ses règlements contre ce drainage incessant des valeurs monétaires; l'intérêt commercial, toujours cosmopolite, organisait contre les lois une conspiration permanente. Le correspondant espagnol était toujours là pour avertir l'armateur de Saint-Malo. Il venait à point signaler les recrudescences de rigueur qui se préparaient. Il négociait au besoin l'achat des officiers royaux[2], et intriguait pour obtenir la mise en liberté des trafiquants emprisonnés. Car, malgré les nombreuses influences qui favorisaient cette sorte de contrebande, elle avait ses périls. Les dénonciations des concurrents nationaux ou autres venaient souvent traverser les entreprises et forcer

---

1. *Mémoires*, p. 103.
2 *Requête au roi sur les monnaies*, p. 482.

les gouverneurs de province ou de moindres officiers à ouvrir les yeux.

C'est ainsi qu'une intrigue obscure suscitée par un certain Duhoux fit emprisonner avec plusieurs autres pendant deux ans le futur auteur des *Mémoires*, qui courait dès ses dix-huit ans les aventures de ce négoce. Le jeune Nicolas Frotet, qui avait le goût du passé, put alors étudier à loisir les vieilles murailles des villes espagnoles : ce qui devait lui fournir plus tard d'ingénieux rapprochements [1].

Josselin Frotet, sieur de la Landelle, père de Nicolas, et Jean Picot, sieur de la Gicquelais [2], l'âme de l'autonomie malouine, sont, pendant ces années, associés pour ces entreprises. La famille des Frotet paraît même avoir, à la fin du seizième siècle, concentré en ses mains et dirigé cette traite de l'or.

Elle sut en tout cas, par le nombre et l'importance de ses tentatives, s'attirer l'attention toute particulière de la Cour d'Espagne. Une requête au Conseil [3], composée par Nicolas Frotet lui-même, intéressant plaidoyer en faveur de la liberté du commerce des monnaies, contient à cet égard un document curieux. C'est un mandement du roi d'Espagne de 1595 où un navire désigné sous le nom du grand galion des Frotet, *el gran galeon de los Frotetes*, armé par Picot de la Gicquelais, et un autre, le *Barnabé*, par La Landelle le jeune, sont signalés à la vigilance du gouverneur de Malaga. Les Frotet y sont qualifiés des plus pernicieux de ladite ville de Saint-Malo. C'est un brevet de leur importance maritime.

L'influence des plus riches familles n'empêchait pas une égalité véritable de régner alors à Saint-Malo [4]. Le besoin que les habitants avaient les uns des autres dans cet espace res-

---

1. *Mémoires*, p. 8.
2 Voyez la notice généalogique dans le deuxième volume.
3 A la suite des *Mémoires*, p. 475.
4. *Mém.*, p. 21.

treint, l'habitude de ces associations commerciales qui devaient devenir les puissantes compagnies des siècles suivants, la franchise de caractère de ces loups de mer, la simplicité de leurs mœurs faisaient régner parmi eux une union rare. L'ascendant des anciens et des conseils de villes arrêtait dès le début les collisions d'intérêt et assoupissait les inimitiés. Les chefs de famille, dit Porée du Parc en parlant de ce temps [1], conspiraient unanimement à l'augmentation du commerce et à la conservation du bien public. Heureux état qui disparut sous Louis XIV, au dire du même auteur, lors de l'introduction des charges nouvelles, et des exemptions d'emplois publics. Au moment de la Ligue, le bon accord des habitants était encore resserré par la communauté d'idées politiques et religieuses.

II

C'est au milieu d'une population aussi unie qu'il faut se figurer le malheureux gouverneur. Dès que les idées de la Ligue eurent fait un ennemi du représentant d'Henri III, il s'y trouva dans un état d'isolement presque absolu. Vivant au milieu de ces bourgeois, il ne sait rien de ce qu'ils complotent entre eux. Ils sont conspirateurs par la communauté de sentiments avant tout mot d'ordre. Les quelques royalistes de la ville, hommes de lois et gens du peuple, pour la plupart huguenots, qui auraient pu avertir De Fontaines, sont d'instinct tenus en suspicion et surveillés de tous. Le Chapitre et ses officiers, dans la première ardeur religieuse de la Ligue, font cause commune avec les bourgeois. Ceux-ci, sûrs les uns des autres, conspirent presque à ciel ouvert et avec une quiétude singulière.

On put bientôt voir sur ce petit théâtre les phases habituelles de la lutte avec le pouvoir. Quand le gouverneur, craignant

---

1. *Histoire de la Seigneurie ecclésiastique* (1709), p 452 (Arch S. M , GG. 293).

sans doute d'être enlevé, comme son prédécesseur avait failli l'être[1], eut pris le parti de se renfermer dans son château, on le dénonce comme dédaignant les assemblées de ville, l'entretien des bons catholiques, ne se plaisant que dans des conciliabules secrets avec les hérétiques[2]. On se prend à le voir forgeant de noirs complots et méditant la ruine de la ville, la spoliation de tous. Suivent les maladresses ordinaires du détenteur de l'autorité, causées par l'ignorance de l'état des esprits, l'indécision, la faiblesse réelle ; maladresses que la calomnie exploite avec ingéniosité. Les Malouins font leur *Journée des barricades* qui tâte le terrain, puis ils organisent le dénouement final, avec une sage lenteur qui eût pu leur coûter cher dans d'autres circonstances; mais ils se sentaient maîtres de la position.

Il est certain que De Fontaines était haï de cette population. Elle éprouvait à son égard une partie des sentiments que Henri III inspirait au peuple de Paris. Le prédicateur Cornet qui nous traduit les passions ligueuses, comme Frotet nous exprime les idées autonomiques de la haute bourgeoisie, appelle De Fontaines *Tyran, vrai disciple de son maître en fait de dissimulation, machiavéliste*. Il lui prête le naturel du crocodile et fait sans cesse allusion à ses sinistres volontés[3].

---

1. *Mémoires*, p. 38.
2. *Discours apologétique*, p. 16, 17 (Rennes, A. Le Roy, 1883).
3. *Ibid.*, p. 25, 36, 53, 54. — Il est curieux de rapprocher de ces sentiments ceux des habitants de Nantes, où Fontaines commanda plusieurs années. Ils sont exposés dans les MÉMOIRES ET INSTRUCTIONS *des habitants de Nantes pour l'attribution et confirmation du gouvernement de cette ville et château à M. de Fontaines*, qui accompagnent une requête au roi du 7ᵉ mai 1582. Quoiqu'il faille rabattre quelque chose de cet éloge, inspiré par la haine de La Hunaudaie, que l'on voulait écarter de Nantes, le fond n'en subsiste pas moins.

« Les raisons particulières qui les font incliner à desirer M. de Fontaines, sont que led. sieur s'est monstré en toutes ses actions plein de valeur, prudence et sage conduicte aux affaires publicques. Il ne faict rien sans conseil et sans en communicquer aux plus dignes et aparans de la noblesse du pays, aux magistrats et officiers, aux maire et principaux bourgeois. Il a garanti puis son arrivée par deczà, ce païs Nantais des ravaiges et volleries des diverses troupes de soldats, et faisant tres fidel service au roy s'est monstré père et amy du peuple et comme advocat d'icelluy envers sa Majesté, laquelle en est par tel moyen beaucoup plus aymée et

Il y avait, en effet, une certaine ressemblance entre le courtisan et le maître. On voit dans les *Mémoires* que les recherches et les élégances de sa toilette, ses allures d'homme de cour paraissaient ridicules aux Malouins[1]. Ces rudes marins y virent des indices d'une lâcheté personnelle que rien ne prouve et qui n'existait guère alors sous les fraises et les pourpoints crevés. Ses soldats, mal disciplinés, le rendaient odieux par leurs excès. Il était chargé des rancunes qu'avait laissées dans plusieurs familles son frère, le seigneur de Racan, le père du poète, dont *les jeunesses* s'étaient passées à Saint-Malo[2].

La Landelle, écrivant longtemps après, malgré ses protestations d'impartialité et quoiqu'il n'ait jamais eu la fougue exaltée de Cornet, ressent encore de la haine pour ce gouverneur[3]. C'est que les plus riches bourgeois surtout, après

reverée et le peuple beaucoup mieux disposé à obeissance tellement qu'en tous affaires pour le service de sad. Majesté, led. sieur de Fontaines fourniroit facilement et à son premier mandement, de l'adsistance des vies et biens de toutes sortes d'estats de lad. ville et conté.

Il ne se trouve ung seul homme, soict en la ville ou plat païs qui puisse se plaindre d'avoir esté offensé de faict ou en paroles par led. sieur de Fontaines, ou ceulx de sa suite, tellement que chacun en demeure content et satisfaict quant à ses comportemens particuliers.

Led. sieur de Fontaines monstre pareillement une rare vertu et benediction de Dieu sur lui et sa famille, car on ne peut voir ung plus heureux et sainct mariage que de lui et de madame sa femme, ny une famille mieulx reglée que la leur, sans blasme, scandale ny desordre.

On le voit plein de pieté, reverence et devotion envers Dieu, et envers tous hommes de la meilleure et plus douce conversation qu'il est possible. Led. sieur de Fontaines se plaist en tous exercices d'honneur et dignes d'un adroict et brave seigneur, chose qui profite beaucoup pour exemple et invitation à la noblesse qui le suict, comme la dicte dame de sa part est admirée et imitée par les demoiselles de ceste province pour ses vertus, car vollontiers le peuple se conforme aux exemples des premiers. » — (*Ap.* Travers, *Histoire de Nantes*, II, 535-7.)

1. *Mémoires*, p 163.
2. *Ibid.*, p. 41. — Louis de Bueil seigneur de Racan. On est surpris de trouver comme lieutenant, dans la compagnie qu'il commande sous Fontaines, André de Malherbe sieur du Gastemo, cousin germain du poète Malherbe. Anne de Bueil fille de M. de Fontaines ayant épousé le duc de Bellegarde, il faut chercher dans ces relations, plutôt que dans l'historiette assez ridicule rapportée par Tallemant (Montmerqué, 1861, 1, 241), l'origine de la protection que Malherbe trouva dans la famille du Grand Écuyer et de sa liaison avec le jeune Racan.
3. *Mém.*, p. 40, 92, 96, 117, 187.

avoir abusé de la faiblesse de Fontaines pour organiser leur indépendance et commis une foule d'illégalités et d'usurpations périlleuses, avaient eu, au moment de l'arrivée du roi à Laval, un instant de véritable panique qu'ils ne pardonnèrent jamais. Évidemment Henri IV ne s'approcha pas de la Bretagne uniquement, comme ils se le figurèrent naïvement, pour s'emparer de Saint-Malo, quoi qu'il y eût trouvé sans nul doute beaucoup de ce nerf de la guerre qui lui manquait souvent. Mais sa venue coïncidait si bien avec leurs appréhensions, qu'il n'est pas étonnant qu'ils l'aient cru.

De Fontaines ne paraît pas du reste avoir eu beaucoup plus de franchise que Henri III. Après avoir juré la Ligue avec le roi, et sans plus de profit pour sa popularité, il n'hésite pas à tout propos à renouveler bénévolement ses protestations. L'auteur que nous citions le représente jouant une véritable comédie, protestant les larmes aux yeux, avec mille serments effroyables, de son dévouement au Saint Parti, offrant son bras nu et s'efforçant, malgré les réclamations des bourgeois, d'en tirer du sang pour signer les articles d'Union [1]. Il est certain que les habitants auraient eu tort de se fier à de pareilles scènes. Il est clair qu'après avoir accepté tant de vexations de la part des Malouins, Fontaines ne devait guère les aimer. On ne voit cependant dans sa correspondance avec le roi que les rapports d'un gouverneur fidèle. Ces rapports ne pouvaient être favorables aux habitants, puisqu'ils étaient passés à la Ligue; mais rien n'y respire particulièrement ces sentiments de vengeance dont parle La Landelle. Il n'avait pas d'intérêt à ruiner la ville. S'il eût voulu l'intervention directe du gouverneur de Rennes, il l'eût eue surtout après la venue du prince de Dombes en Bretagne. Plusieurs désiraient le secourir dans un but intéressé. Dombes, en particulier, en fit

1. *Disc. apol.*, p. 47.

plusieurs démonstrations à la fin de 1589 et au commencement de l'année suivante. Mais Fontaines tenait avant tout à conserver son gouvernement. Ce brillant seigneur trouvait bon d'y passer les troubles sans se mêler aux événements, en se tenant à l'écart des princes. Il n'avait guère conservé que cela des grandes charges qu'il avait eues en Bretagne. Il n'était plus que de nom vice-amiral de France et l'un des lieutenants généraux de la province[1]. Ne pouvant obtenir du roi subsides et garnison sous ses ordres, il ne voulait pas demander davantage et se bornait à faire venir à ses frais quelques hommes de ses terres de Touraine. Ce n'était pas un homme violent, mais un courtisan plein de ménagements. Il avait été favori de Charles IX et s'était maintenu sous Henri III, soutenu particulièrement en Bretagne par le duc de Montpensier[2]. Depuis la nomination de Mercœur, il avait suivi fidèlement la politique royale sans s'occuper du gouverneur et correspondant directement avec le roi. De Fontaines avait manifesté son zèle au moment du meurtre de Guise, s'attendant, comme tous les serviteurs de la royauté, à une période d'énergie. Rappelé à la prudence par les conséquences imprévues de l'événement, il adopta vis-à-vis de sa ville un parti pris de concessions où il persévéra malgré toutes les exigences. On est surpris de voir, lors de l'assassinat d'Henri III, cet homme capable de tant de prudence évoluer vers le roi de Navarre avec franchise. Il le fit de la façon la plus imprudente pour lui, soit qu'il fût troublé par les circonstances au point d'oublier au milieu de quel peuple il vivait, soit qu'il obéît à des sentiments sincèrement monarchiques.

De Fontaines ne craignait point assez les habitants. Il les voyait modérés dans leur dévouement à la Ligue malgré

---

1. Voyez la note sur De Fontaines dans le second volume.
2. Jean de Bueil, père de Fontaines, était en 1552 lieutenant de la compagnie du duc de Montpensier. (P. Anselme, VII, *Maison de Bueil*.)

toutes les excitations du dehors[1], les prédications violentes, toujours plus occupés de leurs affaires que de politique; n'ayant, suivant son expression, de passion qu'à leur bien et utilité. Il devait avoir recueilli avec l'héritage des charges de M. de Bouillé une partie de ses appréciations sur l'esprit de la ville. Bouillé, avec ses allures paternelles et pleines de bonhomie, était un politique fin et délié[2]. Il jugeait avec discernement le naturel de ses administrés. C'était pour lui des gens mal aisés à manier, toujours prêts à se faire tirer l'oreille pour le service du roi. Il avait dû maintes fois céder devant la force d'inertie qu'ils opposaient à toutes les demandes de mises. « Je ne vis jamais gens plus froids, » s'écrie-t-il dans une circonstance des plus critiques[3]. De nouvelles passions allaient les faire sortir pour un temps de leur caractère naturel, les affranchir de leur répugnance innée à bailler des fonds et de leur horreur des charges du guet. C'est ce que Fontaines ne vit pas. Il eût pu cependant recueillir, comme un symptôme dangereux la facilité avec laquelle ils lui assurèrent un subside annuel considérable. La nécessité où il était du subside lui-même, dans la pénurie où le laissait la suppression de tous deniers du roi et le sequestre de ses terres, contribua sans doute à son aveuglement. A distance, cependant, on regardait déjà les bourgeois de Saint-Malo comme « *ensorcelés du venin de la Ligue*[4]. » Et ils l'étaient en effet autant et de la façon que le comportait leur nature. Fontaines ne paraît pas avoir fait grand cas de leurs empiètements successifs sur ses droits et de l'amoindrissement de son autorité dans la ville. Maître du Château, il se jugeait sûr de reprendre militairement tout ce qu'il avait perdu. Il se croyait à l'abri d'un coup de

---

1. *Mémoires*, p. 288, 297.
2. Voyez sa correspondance. D. Morice, Pr., III, *passim*. — De la Borderie, *Soc. Arch. d'Ille-et-Vilaine*, 1866. p. 298 et suivantes.
3. D. Morice, Pr., III. 1145.
4. Du Matz, II, 286.

force, alors que déjà tout se préparait au dehors, que les allants et venants au Château comptaient ses soldats et ses défenses, que le Procureur syndic, tout en venant remplir les devoirs de sa charge, examinait les portes et la manœuvre du pont-levis [1]. C'est ainsi qu'il fut surpris au milieu de la plus profonde sécurité.

La fin du malheureux gouverneur est loin d'être claire. L'explication que La Landelle en donne, sans la garantir, il est vrai, est d'une simplicité extrême [2]. De Fontaines, au dire de ses gens seuls témoins du fait, montant assez tard au donjon pour voir d'où venait l'alarme, passe près d'une fenêtre ou d'un creneau, un assaillant tire une arquebusade, il est frappé à la poitrine, le coup ressort par l'épaule, il meurt. Par malheur, ce récit ne concorde pas avec celui de l'auteur du *Discours Apologétique*. Celui-ci, qui écrivait cependant dans le but spécial de défendre les Malouins, ne place pas la mort du sieur De Fontaines dans des circonstances aussi favorables à leur innocence [3]. Cornet dit d'abord sans ambages que la tête du gouverneur, éclairée d'un falot, ayant paru à la fenêtre du donjon du côté de la tour escaladée, on fit sur lui une décharge générale. « Il ne faut demander si la plus grande partie commença de tirer son coup droict à la dicte lumiere. » Mais ajoute le même auteur, en admirant l'événement comme un jugement de Dieu, il fut atteint « d'une façon estrange et non guère ouye. » Car, la tour de la *Générale* étant infiniment plus basse que le donjon, il reçut le coup dans les reins, par derrière; alors que l'accoudoir de la fenêtre était plus haut d'un pied que l'endroit où il fut frappé! Cornet allègue le rapport du médecin qui visita le corps et du chirurgien qui l'embauma après dissection, en donnant même à ce propos de curieux détails anatomiques.

1. *Mémoires*, p. 156.
2. *Ibid.*, p. 163.
3. *Disc. apol.*, p. 89, 90.

Il s'ensuit qu'on a de la peine à admettre les hasards de l'arquebusade [1]. On se demande si le coup si bien monté de la prise du Château n'avait pas, au moins pour le cas d'insuccès, comme dernière garde, une partie souterraine inavouable, s'il n'y avait pas dans le donjon même quelque affidé chargé d'expédier le sieur de Fontaines [2]. Nous ne le croyons pas. Les auteurs de la satire Ménippée qui ont accueilli avec empressement cette version [3] ne connaissaient pas

1. Il est assez difficile de placer cette salve. Elle n'a pu avoir lieu que de la part de la troupe restée à la garde de la Générale (Disc. apol., p. 89). Cette troupe n'a pu tirer, crainte de réveiller la garnison, avant la prise du corps de garde. Or, à ce moment, les trente meilleurs soldats de Fontaines, son capitaine des gardes, La Bruère, d'une fidélité à toute épreuve, font irruption dans ce donjon même où il habitait (Mémoires, p. 154). Fontaines, c'est la seule explication de son inaction, ne fut sans doute réveillé qu'à cet instant. On peut comprendre alors que, maître du donjon fermé et barricadé, il ait pu matériellement prendre son temps, s'équiper en longueur, comme il est dit qu'il le fit, remettre le sac de mil-rès à la dame de Bouillé. A ce moment seulement, c'est-à-dire peu avant que le sieur de la Péraudière lui fût envoyé par les habitants, put-il monter aux créneaux. Alors peut-être plutôt les préparatifs de défense du donjon inspirant de l'inquiétude à l'affidé sur l'issue de l'attaque, celui-ci se défit du sieur de Fontaine, s'appropria ses bijoux et s'évada par la porte que La Landelle mentionne avec surprise avoir trouvée ouverte (Ibid., p. 160). Ce détail de porte ouverte est étonnant, ce n'est pas sans raison que La Landelle le relate et croit nécessaire d'en donner une explication. Est-il admissible que des soldats résolus à se défendre et que toutes les parlementations de la Péraudière ne purent décider à se rendre aient négligé une précaution aussi élémentaire. N'est-il pas plus croyable qu'ils ne fortifièrent, après le départ de La Péraudière, les défenses de l'escalier que parce qu'ils s'étaient aperçus de l'ouverture de cette porte, faite du dedans, à leur insu, depuis leur retraite. Il faut ajouter que La Péraudière lui-même, par son attitude pendant cette nuit, et surtout par son absence du donjon avant la victoire, est à l'abri de tout soupçon.

2. Telle est la conclusion d'une histoire de la prise du Château (XVIIIe s. Arch. S. Malo, AA. 95 et AA. 91) « Il faut tirer de là que le sieur de Fontaines était dans le donjon et qu'il y avait quelqu'un qui était, outre les deux soldats, d'intelligence avec le duc de Mercœur et les autres conjurés, cette incertitude avec laquelle le sieur de La Landelle, un des conjurés principaux, en parle, fait soupçonner qu'il ne veut pas dire ce qu'il en pense » — Ces accusations furent admises par De Thou, liv. 98, p. 144, Mézeray, in-fol., 1685, p. 911, et nombre de fois reproduites

3 « Il y a de pires saincts en Bretaigne que le catholique valet de Monsieur de Fontaines gouverneur de Sainct Malo, qui coupa la gorge à son maistre en son lict moyennant deux mil escus pour nostre mere saincte Eglise : le devot chrestien est par les bas Bretons estimé un second sainct Yves pour ce qu'il n'est jamais desgarny de higuiero et de Catholicon. » (De la vertu du Catholicon, in fine.) —

l'état des esprits à Saint-Malo. Les habitants n'avaient point pour la Ligue l'ardeur des Parisiens. Leur Conseil n'était point du tempérament violent des Seize. Aussi ne furent-ils accusés de crime prémédité par aucun autre de leurs contemporains, même parmi ceux qui leur étaient hostiles [1]. Enfin plus tard les héritiers de Fontaines, au cours de nombreux procès à propos des suites de la prise du Château, n'en firent point argument contre eux.

Mercœur non plus, par la nature de ses rapports avec les Malouins autant que par son caractère personnel, ne peut être soupçonné d'une intervention positive. Sa complicité dans la prise du Château est purement morale. Quoiqu'il fût assez informé pour avoir, sans doute par un double jeu, donné un mot d'ordre à toutes ces compagnies de chevau-légers qu'on vit accourir après la prise ; son rôle s'est borné à exciter sous main les plus influents des bourgeois, à leur promettre son appui après l'exécution.

Il faut peut-être, en fin de compte, charger du meurtre lui-même, la mémoire de ce malheureux Morillon, le laquais de Fontaines pendu à Rennes [2], qui, d'après La Landelle, était

---

Ch. Labitte ajoute en note de son édition de la Ménippée (p. 12) : « crime commis à l'instigation du duc de Mercœur ». Cette accusation téméraire provient de Le Duchat chez qui elle était même enrichie de cette monstruosité : « Le duc de Mercœur avoua le fait en 1590 » (Edⁿ 1752, I, p. 10). Il n'y a là-dedans qu'une mauvaise interprétation des anciens historiens De Thou ou Mézeray très confus en ce qui regarde Saint-Malo. Ainsi Le Duchat qui a pris dans le dernier la circonstance de l'aveu du duc n'a pas vu que Mézeray entendait parler du duc de Mayenne et de l'aveu qu'il donna en 1591 (*Mém.*, p. 345). — Poulain de Sainte-Foix, dans son histoire de l'Ordre du Saint-Esprit (Œuvres compl., VI, 260), s'est amusé à rendre le sujet plus dramatique en faisant de De Fontaines un Appius et du canonnier Rosse un père outragé, « une espèce de Virginius. » L'abbé Manet dans ses Grandes Recherches a accueilli ce récit qui est de pure imagination (Cf. *Mém.*, p. 138). La prise du Château a inspiré du reste beaucoup de compositions romanesques. Une des plus extravagantes est celle de A. Marteville, *Le Château de Saint-Malo*, chronique du temps de la Ligue (Revue de Bretagne, 1838-39).

1. Du Matz, *ap.* D. Taillandier, II, 286. — Voyez aussi le fragment de mémorial du Chapitre (B. Nᵗᵉ, Ms. fr. 22322, p. 517). — De Piré, I, p. 149 ; D. Taillandier, II, 382-88 ; Grégoire, Ligue en Bretagne, p. 104.

2. *Mémoires*, p. 163. — Nous n'avons trouvé aucune trace aux archives du Parlement du procès de Morillon.

au moins un voleur. Mathurin de Montalais, oncle de Fontaines, homme sage et modéré, qui fit arrêter Morillon, devait avoir ses raisons de le soupçonner. Ce malheureux était en tout cas pour les Malouins, se débattant dans les conséquences de cette mauvaise affaire, un bouc émissaire tout trouvé! Est-ce une preuve de son innocence, de voir qu'ils ne l'accusèrent pas? est-ce un simple effet du désir qu'ils avaient de trouver en défaut le Parlement de Rennes, si sévère pour eux.

Quoi qu'il en soit, les *Mémoires* sont sujets à caution sur ce point. Ils ne sont guère plus francs à l'endroit du pillage qui suivit la prise. Il fut complet, malgré les réticences de Frotet. Les insurgés eurent, il est vrai, assez de discipline, après une première phase de désordre sur laquelle il n'y a aucun détail, pour l'organiser administrativement. Ils firent la répartition de la principale partie du butin, selon les mœurs des gens de guerre de l'époque, ou plutôt avec leurs habitudes d'honnêtes corsaires, part faite à l'armateur, c'est-à-dire à la ville.

III

Ce fut après la prise du Château que parut toute la force du pouvoir latent qui s'était organisé en dépit du gouverneur. Les événements le trouvèrent prêt à tout et maître de la situation. Tout semble avoir été prévu. L'étude de ce Conseil qui se trouva si digne du pouvoir dont il s'était emparé, forme le principal intérêt des *Mémoires*. Ils en font à tout propos la juste apologie. La prévoyance dans le conseil, la suite dans la direction, la rapidité d'exécution, ce sont des qualités qu'on ne trouve guère dans les assemblées délibérantes; elles furent réunies ici. Un corps délibérant éclairé, restreint, et, de plus, habitué par ses mœurs maritimes au commandement, pourvut à tout.

Frotet de La Landelle donne[1] la composition du premier

---

1. *Mémoires*, p. 59.

conseil, créé le 12 avril 1585, composé de douze bourgeois dévoués à la Ligue et du Procureur. A part le Procureur, Robert Boullain, qui ne tarda pas à devenir suspect, cette réunion de douze bourgeois fut le centre d'action de la ville pendant toute la durée de la Ligue. Elle fournit exclusivement jusqu'en 1596 les procureurs syndics, les miseurs, les capitaines du Château, les quatre capitaines généraux. La plupart de ses membres se maintinrent au Conseil aux élections de 1589 et 1590, ou n'en sortirent que pour y rentrer en occupant des charges y donnant voix délibérative. C'est bien là le noyau, non pas de la Ligue, dont ils se séparèrent bientôt, mais de l'autonomie malouine.

Lors de l'élection de 1589, le nombre des conseillers fut porté de douze à dix-huit. Six des anciens se retirèrent, mais cinq d'entre eux étant entrés aux charges qui donnaient accès au Conseil, le déplacement de la majorité n'était pas à craindre. D'ailleurs, au moment de ces élections[1], il n'y avait point de division entre les partisans de l'Union, pas de dissentiment avec le Chapitre. Celui-ci, par une déférence que les bourgeois jugeaient alors sans conséquence, et qui servait même à couvrir leurs usurpations vis-à-vis du gouverneur, préside les assemblées de ville. Ses officiers, sénéchal, alloué, procureur fiscal, sont même élus, en tant que bourgeois toutefois, à cause de leur dévouement au parti commun.

L'élection de 1590 pour 1591 est intéressante. En fait, le Conseil, directement ou indirectement, ne s'était pas renouvelé depuis son institution[2]. Accusé de vouloir détenir le pouvoir par ambition, il cherche une organisation qui lui permette de conserver son influence sans risquer sa popularité. Rien de plus aisé, étant donné la facilité des Assem-

1. *Mémoires*, p. 98
2. *Ibid.*, p. 309.

blées générales [1]. On y fit d'abord voter que des dix-huit membres de l'ancien Conseil, neuf resteraient choisis à l'élection. Il ne s'agissait plus que d'avoir quelques-uns des neuf nouveaux conseillers : ce qui devait paraître facile. Il semble cependant que le groupe dirigeant eût des inquiétudes, car il jugea nécessaire (La Landelle ne le dit pas clairement) de limiter le suffrage. Quoique l'Assemblée générale restât matériellement ouverte à tous, les électeurs ne furent pas tous les habitants, mais un groupe restreint que l'on avait déjà formé pour l'élection du Procureur le 19 novembre précédent [2]. Ce groupe se composait des anciens membres du Conseil, des quatorze capitaines de réveil, des commis à la police, officiers du chapitre et autres habitants, faisant le nombre total de soixante-huit. Cette liste, dont nous ne pouvons apprécier l'esprit, devait être à coup sûr favorable à ce que La Landelle appelle *le parti le plus sain*.

Cette mesure restrictive fut, paraît-il, l'objet de récrimina-

---

[1]. D'après le registre des délibérations, les assemblées générales diminuent comme fréquence en 1591, tandis que, pour les quatre derniers mois de 1590, nous trouvons 66 séances, se répartissant ainsi : assemblées générales 15, grand conseil 31, petit conseil 20 ; en 1591, du 1er janvier au 7 octobre, il y a 173 séances, dont seulement 19 assemblées générales, 154 conseils, dont 85 grands conseils et 69 petits. Les assemblées générales deviennent aussi moins nombreuses, autant qu'on peut s'en rapporter aux listes. Dans les quatre mois de 1590 que nous possédons, il y a 6 assemblées de plus de 100 nommés, dont une de 121, et pas une au-dessous de 50. Les mentions « plusieurs autres en grand nombre, plusieurs en grand confusion, avec grand amas de peuple, » accompagnent les listes d'inscrits. Il faut attribuer ce grand public à la curiosité inspirée par les députations à Mercœur et surtout par le désir des meneurs de se mettre à couvert en faisant répondre au Duc par des assemblées nombreuses. En 1591, on ne trouve que 2 assemblées générales de 100 et 104 inscrits, 4 baissent entre 40 et 50. Les assemblées nombreuses sont motivées par la pancarte de la Ligue, l'expulsion du chanoine Saint-Nicolas, les affaires de Cremeur et de Cormerais. Les assemblées d'affaires, de ratification, ont un faible public. Celles d'élection n'ont sans doute d'inscrits que les votants; l'élection du 3 décembre est de 90 présents, celle du 5 décembre de 55 seulement. Ces chiffres sont bien approximatifs, puisque nous voyons les *Mémoires* (p. 405), accuser, le 30 juillet 1591, 400 présents, et que nous ne trouvons au registre que 83 noms.

2 *Délib.*, 3 décembre 1590. — Assemblée de 112 inscrits.

tions nombreuses[1], et ébranla la popularité du Conseil qui l'avait prise. Les meneurs, au moment des élections pour 1592, pour donner satisfaction aux murmures de ceux qui avaient été laissés de côté, sans les appeler à voter sur leurs noms, imaginèrent un moyen hardi. Ils demandèrent à l'Assemblée générale de remettre toute l'élection au Conseil[2] sans aucune intervention directe des habitants. Ceux-ci, qui paraissent avoir plus tenu à l'égalité qu'à leur droit électoral, votèrent cette mesure sans contradiction, en l'absence des gens du Conseil qui avaient eu la délicatesse ou l'habileté de se retirer. Mais cela ne suffisait pas aux *plus sages* pour retenir la direction des affaires; il y avait maintenant des divisions dans l'ancien Conseil même; on craignait qu'il ne fût nommé, malgré tout, trop de conseillers hostiles au gouvernement indépendant. Pour y remédier, on décida que pour neuf membres sortants du Conseil, il n'en rentrerait que six. Et quand, en dépit de ces mesures, plusieurs de ces six eurent paru suspects, on les contrebalança au dernier moment en nommant à la police, dont les charges donnaient entrée au Conseil et dont l'élection restait à faire, au lieu des hommes jeunes que l'on y mettait d'habitude, trois vieux conseillers sortants absolument sûrs[3].

Tout cela dénote des gens exercés. Il suffit du reste, par exemple, de prendre la séance du 30 juillet 1591 pour s'assurer qu'ils n'ignorent rien du maniement des majorités et des ressources du parlementarisme pour en tourner les volontés. La connaissance des personnes dans un aussi petit théâtre fournissait d'ailleurs une foule de moyens. Ainsi, on les voit, pour fermer la bouche à la minorité, nommer

---

1. *Mémoires*, p. 438.
2. *Ibid.*, 439. — Il y avait en réalité deux sortes de conseils un conseil étroit formé des membres proprement dits et du procureur; un autre étendu, où les précédents s'adjoignaient, avec voix délibérante, les quatorze capitaines, les *polices*, les baillis des eaux. C'est de ce dernier qu'il s'agit ici.
3. *Mém.*, p. 443, 444.

généraux d'une expédition dangereuse ceux de leurs adversaires qu'ils savent infirmes ou incapables d'accepter [1].

La Landelle donne peu de renseignements sur ce parti qu'il désigne assez vaguement : ceux qui ne trouvaient pas bon l'état des affaires, le parti vicieux, la cabale ; on a peine à se faire une idée de ses forces. C'était une faction de mécontents, composée d'éléments divers, plutôt qu'un parti. Elle avait été amoindrie de bonne heure par les expulsions, surtout par celle de plusieurs hommes de loi, notaires et avocats turbulents [2], classe dont l'esprit d'opposition à la Ligue paraît se ressentir du voisinage de Rennes. La coterie adverse réunissait d'anciens partisans du gouverneur, quelques notabilités gagnées à Mercœur, même parmi les gens du Conseil [3]. Le Chapitre et ses officiers, revenus de la première ardeur de la Ligue, froissés dans leurs prétentions par les Bourgeois, s'y joignirent bientôt. On les voit réunir en tout vingt voix dans une circonstance où l'intérêt propre de Mercœur était en jeu [4]. Ils ne pouvaient donc lutter. Suivant l'expression de Frotet, le gouvernement de la ville n'était pas de leur gibier. Ils n'en étaient pas moins redoutables par leur esprit de dénigrement contre l'ordre de choses. De là des haines cordiales chez les plus forts, haines dont La Landelle est encore l'écho.

De tout cela, il résulte que ceux qui répétaient qu'on faisait une oligarchie du régime de la ville [5] ne se trompaient guère. Nous sommes, pendant toute la période de l'indépendance, en présence d'une oligarchie admirablement organisée, suivie en toute confiance par un peuple

1. *Mémoires*, p. 405 ; 327, note 1.
2. *Ibid*., p. 124, 172. — Cf. S. Ropartz, La Ligue à Rennes ; Grégoire, p. 44.
3. *Ibid*., p. 268 ; 275, note.
4. *Ibid*., p. 405.
5. *Ibid*., p. 438.

bien discipliné, par une majorité composée de tous ceux qui, dans un port de mer, dépendent de l'armateur.

Cet état social permet de se servir d'institutions d'une grande perfection théorique. Toutes les charges sont électives, tous les citoyens contribuent en quelque degré aux élections, les délibérations du conseil élu sont approuvées en assemblée générale, l'entrée aux assemblées est libre à tous, toutes les dépenses sont votées, puis contrôlées par des commissions toujours électives, aucun citoyen ne peut être banni sans le vote de l'assemblée générale.

La machine fonctionne avec une grande régularité. Ce serait, dans un verre d'eau, une république parfaite, si tout cela n'était qu'un trompe-l'œil. En réalité une aristocratie peu nombreuse, assez limitée pour s'entendre, assez soutenue pour imposer ses volontés, fait tout ce qu'elle veut. C'est Venise ou Gênes au petit pied avec un gouvernement peu terrible, mais parfaitement occulte, et qui se réduit en dernière analyse à cinq ou six personnes [1].

La nature de ce gouvernement ainsi connue, son nom importe peu; il faut se contenter du mot autonomie. Il n'y a pas d'ailleurs d'expression exacte pour rendre cet état d'indépendance où étaient absentes les idées démocratiques tout comme l'esprit d'opposition à la monarchie. Les bourgeois de Saint-Malo reconnaissaient Mayenne, Charles de Bourbon, le roi éventuel. On les a dits en république [2]. Ils n'y étaient, au sens moderne du mot, que par leur insubor-

---

1. Si l'on écarte les membres trop âgés ou sans influence, restent Jean Picot sieur de la Gicquelaie, Josselin Frotet Landelle, Guillaume Jonchée Fougeray, Bertran Le Fer Limonnay, François Grout Closneuf, Alain Maingard Planchette et Jean Pepin Belinaie avant sa brouille avec Picot. — Cf. *Mémoires*, p. 131.

2. On lit dans D. Taillandier: « Ce peuple naturellement courageux, accoutumé d'ailleurs aux combats de mer et aux voyages au long cours, forma le hardi projet de secouer le joug de l'autorité légitime pour s'ériger en république. Quoique l'auteur qui a écrit l'histoire de cette révolte ait eu grand soin de déguiser ce dessein, il est aisé de l'apercevoir au milieu de tous les déguisements dont il a cru l'envelopper. » (*Histoire de Bretagne*, II, 385). — La brochure de M. Antoine est intitulée: *La fondation d'une République au temps de la Ligue* (1870).

dination vis-à-vis de Mercœur. L'ombre des rois de France pathétiquement invoquée par le fallacieux gouverneur de Bretagne[1] dans la mémorable audience de Dinan ne devait pas leur en savoir mauvais gré.

IV

Au milieu de l'organisation que l'on vient de voir, au moment du plus beau zèle pour l'indépendance, vint tomber un beau jour le personnage le moins attendu, l'évêque[2]. Rien de plus malencontreux que sa venue, rien qui fasse mieux paraître le comique des choses. Voici des bourgeois

1. *Mémoires*, p. 269 et 271, note 1.
2. Charles de Bourgneuf de Cucé. Il était le second fils de René de Bourgneuf de Cucé, premier président du Parlement de Bretagne. Il appartenait à cette illustre dynastie de premiers présidents qui occupa le siège de 1570 à 1661, sans autre intervalle que la présidence de Messire Claude de Faucon de Ris (1587-1597). Jean de Bourgneuf, frère aîné de l'évêque, était au moment de la Ligue intendant de justice des armées du roi en Bretagne. Il fut commissaire du roi aux États de Rennes de 1590 et ne devint premier président qu'en 1597. L'évêque de Saint-Malo avait reçu ses bulles le 6 décembre 1586. Il prit possession de l'évêché par procuration dès le 25 février 1587. Il ne lui restait à remplir que les formalités matérielles de l'entrée au Chapitre et au Chœur, d'où il résulte que les contestations des Malouins étaient absolument vaines comme droit. Charles de Bourgneuf aborda à Saint-Malo le 7 juillet 1590 et fut reconduit à Dinan le 8 novembre 1591. Le Chapitre lui avait permis l'entrée le 7 septembre. L'évêque de Saint-Malo figura aux États de la Ligue à Vannes en 1592, 93, 94, et y obtint même la présidence du Clergé, après un conflit avec l'évêque de Cornouaille, Charles de Liscoet. Il arriva à Nantes le 22 novembre 1593. L'évêché était alors administré par le grand vicaire Cormerais, le Cormerais de nos *Mémoires*, en vertu de pouvoirs émanés du Légat, pendant l'absence de l'évêque royaliste Philippe du Bec. De Bourgneuf fit à Nantes son séjour le plus ordinaire, suppléant Cormerais dans les fonctions réservées aux évêques. Il ne rentra point à Saint-Malo après la réduction. On le trouve cependant dans son diocèse, à Dinan, en 1594 et au commencement de 1595. Depuis ce moment il est tantôt à Nantes, tantôt « dans sa maison en Saint-Laurent des Vignes lez Rennes, » c'est-à-dire à la Gailleule, seigneurie qu'il tenait de sa mère, Louise Marquer.
Philippe du Bec ayant obtenu de Henri IV l'évêché de Reims en 1594, résigna celui de Nantes en faveur de son neveu, Jean du Bec. Celui-ci, ayant éprouvé de grandes difficultés de la part du Chapitre de Nantes, permuta le 30 octobre 1596 avec Charles de Bourgneuf. S'il faut en croire Travers, toujours suspect, ce dernier stipula une rente annuelle de 2,000 livres à cause de la plus-value de l'évêché de Saint-Malo. Malgré cette cession, M. de Bourgneuf n'eut point encore l'administra-

ligueurs, protestant chaque jour de leur affection pour l'Église et la religion. Il leur arrive, peut-être sur la foi de ces protestations, tout droit de Rome, d'auprès du Pape, leur propre évêque; cet évêque est ligueur avéré, il en a donné déjà un gage aux habitants en leur envoyant le fougueux prédicateur Cornet [1]. Du Matz cite positivement l'évêque de Saint-Malo parmi les rares seigneurs de marque qui embrassèrent en Bretagne le parti de la Ligue [2]. On le voit plus tard plein de zèle pour le parti. Quelle conduite vont tenir à son égard les bourgeois? Ils n'hésitent pas. Dès la première heure, ils sont bien résolus à l'annihiler; ils le font rapidement sortir du manoir épiscopal où le maître du navire malouin qui l'a amené l'a naturellement conduit; ils lui mettent des gardes, à ses frais. Alors, ils ergotent sur ses bulles, trouvent un prétexte dans ses parentés royalistes, prétexte peu plausible, étant donné la division des familles pendant cette guerre civile. Finalement, ils se retranchent derrière Mercœur.

Puis, l'on voit pendant dix-huit mois le malheureux Charles de Bourgneuf traité sans violence, mais soumis à une sur-

---

tion temporelle de l'évêché de Nantes qui resta aux mains de Cormerais jusqu'à la fin de 1598. On le voit figurer à Nantes en qualité d'évêque élu, aux funérailles du marquis de Belle-Isle le 10 juin 1597, et recevoir Henri IV le 13 mars 1598. Il suivit le roi à Rennes et le 10 mai, jour de la Pentecôte, officia pontificalement devant lui dans l'église Saint-Pierre. Depuis il assiste aux États de 1600, 1603, 1604, 1608, 1609, 1616; préside l'ordre du Clergé en 1600 et 1609. Il est aussi au Concile de Tours en 1605. Il consacre à Paris, le 20 février 1611, Guillaume Le Gouverneur, nouvel évêque de Saint-Malo. Il mourut à Chartres le 17 juillet 1617, au cours d'un voyage qu'il faisait à Paris au nom des États de Bretagne. Malgré les traverses de son existence, Charles de Bourgneuf fut un très saint évêque, « l'un des plus sçavants prélats de son temps et d'une vie vrayement religieuse, » dit Du Paz, plein de générosité envers ses églises, enfin une des lumières du clergé breton. Sa *librairie*, qu'il donna aux Pères de l'Oratoire de Nantes, ne valait pas moins de dix mille livres. — Cf. Rituel de G. Le Gouverneur, 1617; Du Paz, p. 844; Albert Le Grand, Cat., p. 125; Travers, III, *passim;* Gall. Christ., Eccl. Macl. et Nannet; D. Taill., II, 418, XXII, L; Pr., III, IX, 1576.; Bizeul, *ap.* Levot, v° Bourgneuf; P. de la Bigne-Villeneuve, Notice sur les B. de Cucé (Collectionneur breton, 1864, p. 193); G. de Corson, I, 599; de Barthelemy, Doc. inéd., p. 100. — *Mémoires*, table.

1. *Mémoires*, p. 106.
2. *Ap.*, D. Taillandier, II, 297.

veillance plus ou moins tracassière, très voisine parfois de l'emprisonnement. Il n'obtient que tard l'accès matériel dans son église; il ne réussit point à posséder ses habits pontificaux, mis sous clef par les bourgeois. Après l'avoir proposé avec instance à Mercœur pour s'en débarrasser, on le refuse quand celui-ci le demande, dans l'inquiétude que l'on a des desseins du Duc. Loin de faire une démarche en sa faveur, son chapitre, obéissant au mot d'ordre de Mercœur, refuse de le reconnaître; il ne le reçoit le 7 septembre 1591 que pour faire pièce aux habitants. L'infortuné prélat n'a pas d'ailleurs moins à se plaindre des princes; ceux-ci exagèrent leur suspicion à son égard pour l'empêcher de prendre pied. Quand il s'est réconcilié avec Mercœur, la pression de Mayenne, qui poursuit le dessein particulier de donner l'évêché de Saint-Malo à l'évêque d'Avranches, le fait expulser; mais à peine les bourgeois l'ont-ils relâché, qu'ils s'en repentent et se font un cauchemar de ses menées à Dinan [1].

V

La simplicité des mœurs donnait au gouvernement établi à Saint-Malo un caractère de bonhomie dont on ne doit pas le séparer. Il faut placer ce sage Conseil du temps de la Ligue dans le logis ouvert du Procureur, au cabaret de la *Grand-Porte*, ou dans le modeste retranchement qu'il se fit faire, seulement en 1591, dans la grande salle de l'abbaye de Messieurs de Saint-Jean [2], pour n'être pas gêné des

1. *Mémoires*, p. 444.
2. *Délib.*, 10 et 11 juillet 1591. — A Saint-Malo, toutes les corporations s'appelaient abbaye, leur président était l'abbé, il y avait ainsi l'abbé des mariniers, des cordiers, des bouchers, des portefaix, etc. (Voyez dans les Pièces, le Règlement du 23 mai 1593 pour la marche des confréries au Sacre.) On ne trouve pas que l'abbaye Saint-Jean ait jamais représenté une corporation particulière. C'était dès 1348, comme au XVIe s., une confrérie pieuse se recrutant dans toutes les professions. Les abbés et jurats étaient pris surtout dans le haut commerce. On en a beaucoup recherché l'origine. Il faut, croyons-nous, y voir simplement une asso-

allants et venants. Ce ne fut même qu'en 1675, à la veille de la confiscation des libertés municipales, que l'on sentit à Saint-Malo le besoin d'un Hôtel de Ville. La jeune commune du seizième siècle empruntait pour ses assemblées la grande salle d'une confrérie plus riche et plus ancienne qu'elle-même [1]. La maison de ville, dont il est parlé si souvent dans les *Mémoires*, est, sous ce rapport, une simple fiction.

Aucun apparat dans les assemblées générales. Les gens en charge, les anciens s'y rendent avec exactitude. Par ailleurs, la trompe de l'huissier de ville ou la cloche de Saint-Jean y amènent à chaque fois une assistance presque différente. Les noms inscrits aux Registres varient d'une séance à l'autre. On sent que ceux qui portaient ces noms avaient autre chose à faire que de s'occuper de la Ligue et de Mercœur, ou même de l'administration de leur ville. L'occasion, la curiosité, les conseils des meneurs, les conduisent à ces scrutins où l'on ne refuse personne ; l'assemblée suivante les trouve loin.

Le Conseil n'avait pas davantage ces allures officielles qui plaisent à d'autres époques. Il ne faudrait pas s'en rapporter au greffier de la Communauté qui, en homme sachant son métier, donne sur le papier aux délibérations un aspect majestueux et formaliste. En fait, rien de plus simple que ces entretiens familiers des gens du Conseil qui constituaient toute la séance ; de même que quelques mots entre compères font tout le gouvernement secret. Au Conseil, on causait des affaires, on lisait les lettres reçues, les ré-

---

ciation formée, bien avant les corporations proprement dites, à l'instigation des évêques ou des religieux Bénédictins. Lors de la révolte de l'évêque Josselin de Rohan, comme plus tard au moment de la Ligue, la confrérie se tient en dehors des événements politiques, au moins autant que le nombre de ses membres et leur importance comme particuliers le permettait dans une ville de l'étendue de Saint-Malo.

1. Les gouverneurs ou leurs lieutenants convoquaient souvent aussi les Bourgeois au Manoir épiscopal.

ponses préparées par les plus instruits. On y traitait, au milieu d'entretiens plus chers à tous, sur les navires et le commerce, simultanément, des négociations les plus importantes avec les princes de l'Union, le roi d'Espagne, bientôt avec Henri IV, et des détails de l'administration de la ville.

En temps ordinaire, le bail des devoirs, l'école, le prix du vin, les soins de la voirie, les réparations des murs, des quais, de la pompe qui amenait l'eau de Saint-Servan, l'accroissement ou la réfection du Sillon, les occupaient d'habitude. Ils avaient encore les mesures en cas de peste, maisons à découvrir, marchandises ou gens à *éventer* au Bé [1], la nourriture des chiens du guet, la mauvaise conduite des chiennetiers, l'entretien de Noguette qui sonnait déjà [2].

Pendant la Ligue, mille incidents provenant de la guerre civile viennent surcharger ces hommes, si affairés déjà pour leur propre compte, d'une foule de soins nouveaux. Vraiment, en parcourant le registre de leurs délibérations, on se prend à croire, en dépit de l'ambition et des satisfactions de l'autonomie, à la sincérité de La Landelle déclarant ces charges du Conseil onéreuses et ennuyeuses à tous [3].

Les plus importantes de ces affaires nouvelles concernent l'assistance aux villes et aux chefs du parti, les armements en course. La connaissance des prises qu'ils se sont attribuées cause à elle seule toute une série de longues procédures. Les aigres rapports avec le chapitre entraînent d'interminables parlementations. Ils ont à s'occuper des prisonniers de guerre, de leurs rançons, de toutes ces affaires de saisies de biens d'hérétiques ou de royalistes, d'où surgissent d'inextricables contestations sur le parti des propriétaires entre ceux-ci et leurs dénonciateurs intéressés. Ils ont à surveiller les personnages politiques qui survien-

---

1. « Isle du Béés,... du Boyer. » *Délib.*, 6 nov., 15 déc. 1586.
2. Cloche du couvre-feu, alors à la Grand-porte. *Ibid.*, 18 déc. 1584, 8 déc. 1590, 26 mars, 24 juillet 1591. *Miseur*, CC. 6-364, f° 69 v°.
3. *Mémoires*, p. 309.

nent, l'évêque, les parents des exilés toujours en correspondance avec eux, tous ces réfugiés en si grand nombre, prêtres ou laïcs, qui viennent à Saint-Malo de toutes parts. Ils ne peuvent refuser le séjour à ces étrangers; car les habitants, par un trait permanent de leurs mœurs, trouvent un commerce lucratif dans le *coretaige* des logis[1]. Ils doivent même à un certain moment mettre un frein à ce lucre, les pauvres habitants se plaignant de ne plus trouver de maisons par suite de l'enchérissement des loyers.

Malgré toute prudence, c'est dans la ville un va et vient incessant de gens suspects. La facilité du commerce y laisse entrer d'étranges marchands, soldats échappés aux bandes du voisinage ou aux bataillons espagnols, émissaires des princes ou de Sa Majesté Catholique. Ce sont des religieux ligueurs expulsés des villes royalistes, moines errants, moines soldats[2], cordeliers ou jacobins en mission politique qui atteignent la ville, dévalisés, battus sur les routes, injuriés sur les navires. Le Conseil doit s'inquiéter de tous ces survenants, répondre à leurs demandes de secours. Il y a dans ces menus soins des détails intéressants négligés forcément par les *Mémoires*. On y voit, par exemple, secourir des notoriétés de la Ligue, le prédicateur de Rouen Gilles Blouin[3], le fameux théologien Seichespée, qui devait terminer à Saint-Malo sa carrière agitée[4]. D'autres faits sont purement pittoresques. Les bourgeois délibèrent sur la façon d'habiller économiquement le petit baron du Guemadeuc, leur otage; sur l'urgence de délivrer une robe de chambre à leur prisonnier La Moussaye[5]. Ailleurs ils

---

1. *Délib.*, 16 mai 1591.

2. Tels que F. Bertrand de Lantillé, dit le capitaine Villeneuve (*Délib.*, 15 juillet 1591).

3. Cf. Ch. Labitte, *Prédicateurs de la Ligue*, p. 27.

4. Voyez la note sur P. Seichespée, dit *Petrus Aridi-ensis*.

5. « Sur remonstrance faicte par le sieur de la Court que le petit baron de Beloczac a necessairement affaire d'accoutremens et qu'il y a cheix Jacques Porée Quatrevays, depositaire general, plusieurs robes à usaige de damoiselles et autres

délivrent un certificat pour une oreille indûment coupée[1].

L'habitude du commerce, le milieu de lucre où ils vivent, augmentent jusqu'à l'abus ce souci des détails. Messieurs de Saint-Malo, dans leurs meilleurs jours, n'envoient pas la moindre couleuvrine à leurs amis ou à leurs alliés sans demander toutes les sûretés, cautions bourgeoises, que leur expérience peut imaginer. Il y a d'ailleurs dans toutes leurs relations avec le Saint Parti plus que de la prudence, plus que de l'économie, une sorte de prévoyance commerciale qu'on appellerait volontiers aujourd'hui du mercantilisme. Ils ont bien l'aptitude à tirer des choses en apparence les plus étrangères l'avantage pécuniaire. C'est bien en affaires, en affaires de négoces, que se transforment peu à peu les rapports avec Mayenne et Mercœur. Avec le premier, les Malouins, reconnaissants d'ailleurs de l'aveu qu'il leur a si largement octroyé, vont avec bonne foi. Ils font ce qu'ils peuvent pour Avranches et le Mont Saint-Michel. Il n'y en a pas moins sous tout cela l'intérêt du commerce d'Espagne et le trafic des poudres qui se peut payer d'un bon prix. Avec Mercœur on fait de véritables marchés, on traite sans confiance, donnant, donnant. Le prince se montre plus retors qu'habile[2], toujours malveillant à leur égard et indécis dans la conduite qu'il doit adopter vis-à-vis de leur ville. Eux poursuivent avec finesse leur but, d'abord l'indépendance; puis, quand ils l'ont en fait, la sécurité des campagnes voisines qui leur appartiennent, avantage qu'ils sont disposés à payer d'une bonne somme. Mercœur les raille, non sans raison, de cet étroit marchan-

---

appartenans au sieur de Guemadeuc, son pere. . a esté conclu que desd. hardes, il en sera tiré une robe de velours à usage de femme pour en faire faire accoustremens aud. baron... comme aussy tireront une robe de chambre de taffetaye grisette, doublée de renes grises, estant avec les hardes du sieur de la Moussaye pour lui delivrer. » (*Délib*, 17 déc. 1590.)

1. Voyez dans les pièces l'*attestation pour l'abus du coupement d'oreille de Fauvel*.

2. *Mém*, p. 410.

dage en présence des grands intérêts que la guerre met en question. Mais il n'en est pas moins obligé de reprendre le premier, avec peu de dignité, la négociation rompue[1]. Les deux parties envisagent à ce moment l'affaire de la même façon ; ce n'est pas de la politique, c'est du commerce. Par suite, les Malouins exécutent leurs engagements avec leur probité commerciale ; qu'il s'agisse de payer Mercœur, ou de s'acquitter vis-à-vis des traîtres qui leur ont livré le Château[2], du soldat d'aventure qui leur vend Châteauneuf.

Dans tous ces détails se manifeste un caractère tenace, persévérant, un peu normand, avec cela naturellement préoccupé de ces *Temporalia incrementa* que l'hymne de saint Malo promet à l'honnête négociant sur mer[3]. A ces qualités pratiques, comme nous disons, l'originalité du Malouin, sa grandeur aussi, a été d'ajouter une trempe de courage arrivant souvent à l'héroïsme.

VI

Au XVIe siècle, Césambre, avec son église et son couvent dans un pli entre deux collines, offrait l'image fidèle de ce que Saint-Malo avait été peu de siècles auparavant. Celui qui, comme La Landelle, n'ignorait point ces humbles commencements, devait ressentir un légitime orgueil d'un progrès dû à des efforts longs et persévérants. L'emplacement des palais du XVIIIe siècle était alors cependant, à part une légère bande de terre, au pied du mur méridional, des grèves et des rochers abandonnés à la mer. Les environs aussi étaient bien différents non seulement de ce qu'ils sont aujourd'hui, de ce qu'ont pu voir les plus anciens, mais de ce qu'ils furent sous Louis XIV. On voyait

---

1. *Mémoires*, p. 411, 423.
2. On voit Chapelle recevoir la fin de ses 8,000 écus. *Délib.*, 7 mars 1591.
3. Et cum temporalibus incrementis
 Æternam gloriam consequuntur.

le Sillon avec ses moulins tout près de la ville, le Talard en mielles et marécages, le Nais ou *Nest* en rochers frustes, la grève du port pleine de pierres dangereuses ne laissant à l'entrée qu'une passe étroite, Saint-Servan réduit à quelques masures près de sa primitive église, la Cité dégarnie de toutes constructions du côté qui regarde Saint-Malo, les îlots plus élevés, dénudés sauf l'Islet avec sa croix et sa Justice, au loin la côte de Frehel sans son feu [1].

Derrière les murs s'élèvent les toits des maisons entassées au couchant remontant vers l'est, s'échelonnant du côté de Saint-Aaron, obliquant vers la rue du Boyer et la plate-forme des moulins qui dominent la ville. Peu de clochers surmontaient les murs, car les Récollets, les Ursulines, les Bénédictins anglais, les Bénédictines de la Victoire n'étaient pas encore établis. C'était la tour de l'église terminée par un toit écrasé, les petites flèches de Saint-Thomas, de la chapelle du Bé en arrière, celles de Saint-Aaron, du Dieu de pitié au cimetière, du Manoir épiscopal, de Notre-Dame de *grant puissance*, de la Maison de santé, une autre peut-être de Sainte-Anne [2], enfin sur la gauche la tour carrée de la maison Saint-Jean, campanile qui avait son beffroi.

La ville elle-même était tout autre. Si Saint-Malo nous paraît encore aujourd'hui tout imprégné du passé, on ne peut s'y tromper, ce passé n'est guère que celui des deux derniers siècles. Le Saint-Malo des ligueurs et de Frotet de La Landelle a disparu. Au moins les quatre accroissements de la ville depuis 1708 l'ont-ils rendu méconnaissable. L'incendie de 1661 avait déjà emporté la majeure partie de la ville de bois où vivaient les gens des *Mémoires* [3]. La

---

1. On allumait cependant des feux au Cap au XVIe siècle, quand on attendait des convois importants et dans d'autres circonstances. Le feu permanent ne fut vraiment réglementé que sous Louis XIV.

2. Avant les Ursulines.

3. 287 maisons furent brûlées, suivant l'abbé Manet.

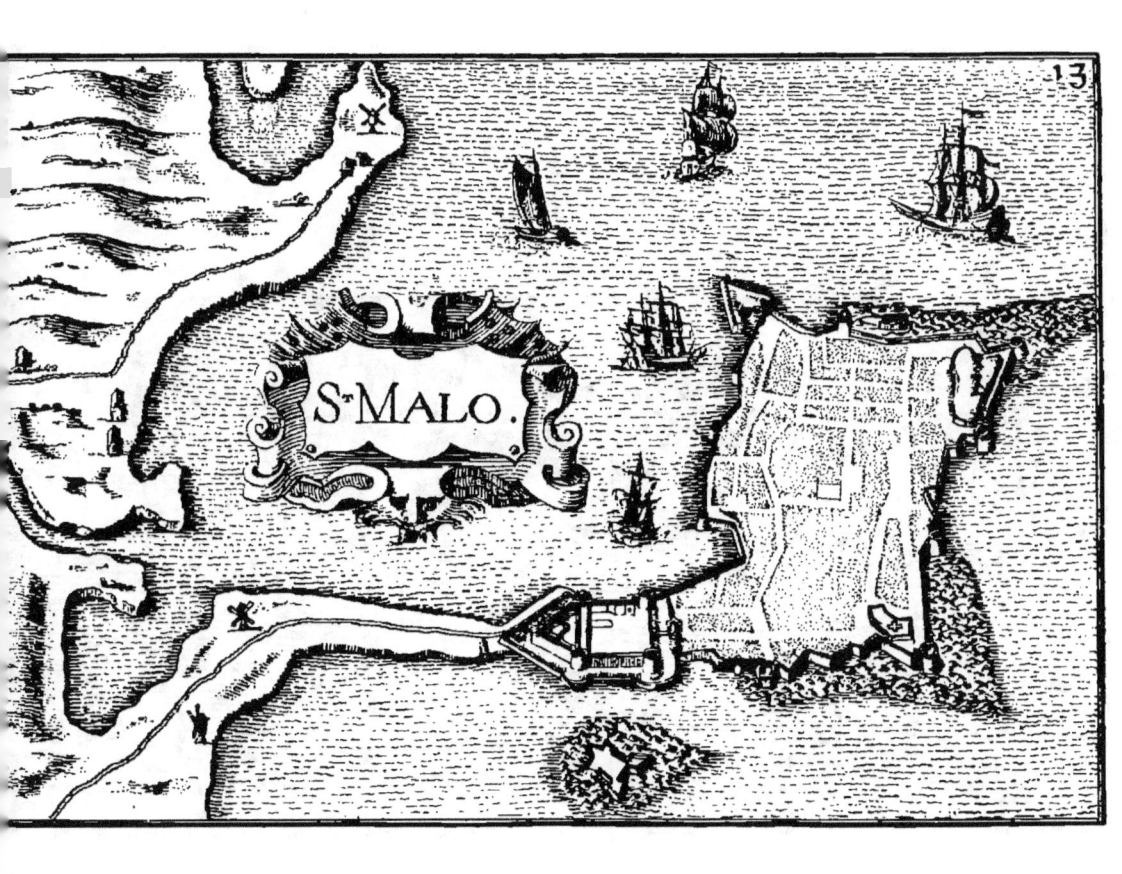

ville séculaire fut remplacée par des constructions d'une même époque. Les maisons de cette nouvelle poussée refaites en pierre, sur les mêmes emplacements nivelés et aplanis, le long de la *Grand'rue* par exemple, prirent une physionomie toute différente. Hautes, droites, sévères, elles ne rappellent en rien ces logis déjà vieux au temps de la Ligue, à pignons aigus, souvent couverts en chaume ou en roseaux de marais, surplombant les rues de leurs étages projetés en saillie, aux poutres ornées ou au moins chanfreinées, aux linteaux historiés, aux verrières serties de plomb, cloisonnées en dedans comme des navires. La première maison de pierre, si l'on en excepte quelques édifices appartenant au Chapitre, celle de la Poissonnerie, ne fut bâtie qu'en 1594. Les demeures des plus riches étaient accotées à des masures séculaires, vraies cabanes de pêcheurs, telles qu'aux premiers jours de la cité. Les unes et les autres s'étageaient le long de rues à pic, peu protégées du vent et de la marée, battant murs et portes, par des murailles peu élevées et un quai à peine ébauché.

Il faut se figurer le Château [1] à marée haute, avec une avancée plus courte que ce que l'on appelle la Pointe de la Galère, carré long flanqué de ses quatre tours droites immergées souvent au quart de leur hauteur, île à côté d'une île, ses ponts-levis dressés. Il borne la large échancrure de la grève du Fief, allant de là à la Grand'Porte, encombrée

---

1. Nous n'avons vu signaler nulle part le nom de l'architecte qui construisit le Château. Il s'appelait *Robert Mellet*, que l'on trouve au registre des baptêmes sous la date du 10 juillet 1508, qualifié de *mestre de l'euvre du Chasteau de Saint-Malo*. On rencontre encore aux mêmes registres comme se rattachant à cette construction : Estienne Valleton, contrôleur de l'œuvre (15 février 1499), Stenes, capitaine des *perreous* de l'Islet (5 juillet 1505); Nicolas Trubert, miseur du Château (15 nov. 1507); François de Miscourt, contrôleur (31 déc. 1537); Gilles Courtin, *id.* (9 février 1556); le 12 juin 1550, *mestre P. Guichart, l'un des gentilhommes de la garnison du Chasteau et mestre de l'euvre d'iceluy*. Ce dernier, qui est appelé ailleurs : mestre architecte du Roi aux fortifications en Bretagne (1er déc. 1552), était encore employé à ce travail le 1er février 1560. Enfin l'ingénieur du roi qui dirigeait les travaux de Saint-Malo, au temps de M. de Bouillé, s'appelait Pietro Fredans ou Fredance. (D. Morice, Pr. III, *passim*.)

de navires. Au fond la *croix du Fief*, sur une petite montée de pierre, la poterne du Fief[1], la cale de *mer bonne*. C'était là le vrai port. Les navires avaient dans ce renfoncement naturel du rocher, surtout avant la construction de l'éperon sous la Tour-Mouillée[2], leur meilleur abri. Il y avait dans ce havre, entre une vieille petite tour appelée Tour de la Poissonnerie ou du Fief et la Grand'Porte un embryon de quai, *le vieux Cay*, relai de sable accru de déblais protégé par des estacades de pieux bruts lavés par la mer.

La cale de la Grand'Porte, sorte de jetée brute formée de grosses pierres, servait à l'escale des plus grands navires aussi bien qu'aux gabarres de la rivière et aux *chippes* du Nais. A mer basse, elle servait aussi à l'entrée des charrettes venant de Saint-Servan en traversant les courants de la grève par le pont du *pot-ès-chiens* et le Petit-Pont, de Paramé par le Sillon et le haut de la grève du Fief, le long des douves du Château. Cette cale regardait le Sillon ou plutôt la chapelle du Château, car le Sillon s'arrêtait à peu près au Château[3]. Elle était embarrassée au temps de la Ligue d'un corps de garde récemment bâti, du cabaret des devoirs adossé au mur extérieur de la ville, d'une sorte de retranchement en bois qui faisait comme une double porte[4]. Celui-ci était muni d'une de ces longues poutres armées de pointes aigues, tournant sur pivot, que l'on appelait *hérissons*. Cette barrière se fermait à clef le soir et à l'heure du dîner.

L'enceinte de faible hauteur sur le port était de moellons

1. Dite aussi de *la Blasterie*. Ce nom désigne le port du Fief en 1365. (D. Morice, Pr., I, 1602.)
2. En 1598, rétabli en 1626, finalement démoli en 1717.
3. On venait cependant, d'après une délibération du 19 février 1588, de commencer la continuation du Sillon sous le Château, en dehors pour accéder de mer haute à la porte Saint-Thomas, et peut-être aussi en dedans jusqu'à la poterne du Château le long du fossé. Mais ces travaux devaient être peu avancés, sinon abandonnés, car la porte Saint-Thomas elle-même avait été fermée de *maçonnail* en avril 1590. (*Mém.*, p. 181.)
4. *Délib.*, 7 mars, 22 juillet 1591. — Tous ces ouvrages disparurent quand on fit en 1644, suivant l'abbé Manet, le Ravelin. C'est ce dernier travail qui figure dans les estampes du XVIIIe siècle.

bruts, couverte de simples dalles de schiste qui en faisaient toute la largeur. Les machicoulis d'une pierre longue supportaient une murette basse percée d'embrasures carrées. Le circuit de la muraille était garni de tours rondes construites sans appareil dont plusieurs s'écroulaient déjà de vétusté[1]. Celles de la grand'porte, du *portail*, comme l'on disait le plus ordinairement, venaient d'être refaites et offraient seules un aspect imposant. Le portail était muni d'une horloge « à deux visages » chère aux édiles du temps et d'une grosse lanterne.

En continuant de l'autre côté de la porte, après une anse plus petite que celle du Fief, la *Fosse aux Dinannais*, où la muraille bordait le rocher, on rencontrait une tour que l'on reconstruisait au temps de la Ligue et qui conserva le souvenir des événements par son nom de tour La Moussaye. Ensuite venait à l'angle la tour *Mouillée*, presque détachée du mur et servant seule de brise-lames avant le premier éperon. Le mur s'en allait au midi à peu près parallèlement à la rue actuelle des Vieux Remparts, mais en avant du côté de la mer. De ce côté il y avait la petite tour *battue* ou des *Ardilliers*[2], la croix du même nom en dehors sur une petite esplanade entourée par la marée.

On rejoignait la tour qui faisait l'encoignure en-dessous des moulins. Sur la plate-forme de ces trois moulins[3], au pied desquels on allait suivre les navires, il y avait des canons. On y voyait aussi une de ces grosses cloches que l'on mettait alors à proximité des guetteurs et des corps de garde[4]. Il y avait de

1. Il ne faudrait pas, pour le nombre et la forme de ces tours, quoiqu'il y en eût sans doute plus que nous n'en pouvons désigner, s'en rapporter aux vieilles estampes. Chastillon surtout est absolument fantaisiste. Tassin donne une vue plus exacte (*Les plans et profils des villes de France*, 1638, Bretagne, p. 14).

2. Ou de l'Ardillé, paraît signifier tour des artilleurs. On répondait peut-être de là aux salves des navires entrant dans le port.

3. Bastion de la Hollande. — D'après Carfantan, il y eut en 1672 un grand éboulement dans cette partie, et la masse des moulins fut beaucoup diminuée du côté de l'hôpital.

4. *Comptes du Miseur*, 19 mai, 21 août 1589.

l'autre côté de la Hollande la tour des Cordiers, puis la tour Notre-Dame, refaite en 1559. Là était un des principaux postes de garde, le plus important même quand l'Anglais semblait plus à craindre que le reste [1]. On ne trouve aucune mention au seizième siècle de la poterne étroite qui ouvrait naguère encore, à travers le Vieux Mur, sur la grève de Bon-Secours, soit qu'elle n'existât pas [2], soit qu'elle fût simplement murée depuis les troubles ; car on avait l'habitude de fermer en maçonnerie les portes et les poternes à la moindre alerte. Cet usage dura longtemps ; ainsi le grand incendie trouva murée même la poterne du Fief et la ville réduite à une seule porte. Ces longs murs se développaient sans aucune ouverture sur les trois quarts de leur parcours.

La tour des champs Vauverts, plusieurs fois remaniée, venait ensuite. On l'appelait aussi tour de la Cloche, Bidouet [3]. Elle était dominée en arrière par le terre-plein des champs Vauverts, accru chaque jour comme la Hollande et les hauteurs de la citadelle, à la façon du *monte testaccio*, par l'apport de ces *poussiers* qui sont une des préoccupations constantes de la police du temps.

Nous sommes arrivés sous la Citadelle, le château gaillard de Charles VI. Elle était déjà en ruines, non par l'effet du temps, mais par le fait des gouverneurs. Comme elle avait été construite dans l'enfance de l'artillerie, on n'avait pas pris garde à ce qu'elle battait le château. Facile à prendre pour les bourgeois, elle était un sujet d'inquiétude pour le gouverneur. Bouillé s'exprime là-dessus avec clarté [4]. On l'avait donc laissé se détruire, ou détruite à dessein.

De Bidouane à cette partie du vieux mur qui subsiste encore en arrière des Travaux Saint-Thomas, étayant les mai-

---

1. *Délib.*, 5 mars 86, 12 août, 12 septembre 91.
2. Elle n'aurait été percée qu'en août 1757 d'après l'abbé Manet.
3. *Délib.*, 4 février 91. — Aujourd'hui Bidouane, étymologie inconnue.
4. *Hist. de Bret.*, Pr III, 1258.

sons du Cours la Houssaye, il y avait aux environs du bastion actuel du Cheval blanc ou fort la Reine, une autre tour sur laquelle nous n'avons aucune indication. Le mur, longeant la maison de la Connétablie et l'Hôpital Saint-Thomas, aboutissait enfin au côté de *Qui qu'en groigne* qui regarde la ville. Toute cette partie était considérée comme dépendant du château et de la citadelle, les bourgeois n'y passaient point. La porte Saint-Thomas, bien en arrière de sa position actuelle et regardant l'Islet, était pour lors condamnée [1].

L'espace restreint, à peine trente arpents, entouré par ces défenses, était loin d'être entièrement occupé par les habitations. Il était rempli de terrains vagues comme la place des buttes de l'Arc. Il comprenait un grand cimetière, celui du Dieu de Pitié, près de Saint-Aaron, les jardins de l'évêché, du doyenné, des maisons prébendales. L'extérieur de la fourmillière commerçante avait une physionomie champêtre. Dans les emplacements futurs des Récollets, de l'hôpital, le long des moulins, près des champs Vauverts, il y avait une foule de jardins longs et enclos; certaines rues, comme celles du Moulin, de la Citadelle, en étaient bordées. Il y avait même des champs plantés de pommiers. Quelques détails de voirie prouvent qu'on rencontrait dans certains quartiers quelques-uns des éléments vivants d'une ferme et d'un moulin [2]. Il faut dire que, dans ce temps surtout, les bourgeois, par une petite conséquence de leur indépendance, empiétaient avec zèle sur la voie publique et sur les fortifications, et que leurs officiers de ville ne s'inquiétaient pas toujours de les en empêcher [3].

1. *Memoires,* p. 181.
2. « Défense de laisser aller les pourceaulx par la ville pour éviter au danger des maladies qui commencent à s'allumer. » (*Délib.,* 27 septembre 1590.) — « Commandement aux meusniers de resserrer leurs asnes et empescher tant de jour que de nuict qu'ils n'aillent courir par les rues. » (*Registre d'office,* 20 mai 1592. — Arch. d'Ille-et-Vil.)
3. Voyez pour ces différents détails : *Délib.,* 12 avril 1582; 19 avril 1583; 31 janvier, 30 juin 1584; 20 mai, 29 juillet, 8, 12 août, 8, 12, 14 septembre, 6 octobre 1591. — *Comptes du Miseur,* CC 5-363, 6-364.

Comme à Venise, à Gênes, la population aimait à s'entasser au voisinage du port, dans des ruelles obscures et souvent sordides, mais où régnait une intensité de bruit et de mouvement dont nous ne pouvons pas plus avoir l'idée qu'il ne nous est possible de nous représenter le Pont-Neuf sous Henri IV. Rien n'égalait l'exubérance des gens de mer, la rudesse des mœurs maritimes. On ne peut guère se figurer l'activité de ce peuple qui, à peine plus nombreux qu'aujourd'hui, couvrait les mers de ses navires de commerce ou de pêche, de ses corsaires héroïques, de ses aventuriers qui s'en allaient pour le roi ou pour eux-mêmes à la découverte de terres nouvelles ou inconnues au commerce : Terre-Neuve, le Canada, la Floride ou les Moluques. Tout cela partait de ces petites rues, comme d'une ruche ; et y aboutissait : la rue de la vieille Blaterie, la Grand'rue, la rue de la Poissonnerie, la rue Saint-Bucq, le Martroy, les Placitres, la rue du Boyer ou du Bé, et tout le réseau de venelles fangeuses étonnamment peuplées qui les reliait.

Malgré le vent de mer, les odeurs de cet entassement luttaient avec celles des accumulations d'épiceries, de drogueries médicinales dont ils avaient une sorte de monopole, de la morue et autres poissons qui achevaient en ville le séchage commencé sur les *mielles*. D'Argentré, qui vint plusieurs fois à Saint-Malo comme commissaire du roi, ne peut s'empêcher d'en rendre témoignage [1]. Qu'eût dit un homme d'un siècle plus raffiné ?

Les ateliers, les *ouvrouërs* empiétaient sous des auvents les rues les plus claires et les moins étroites. Les fripiers, très nombreux, car les voyageurs de toute classe avaient l'habitude de troquer leur équipage, au départ et à l'arrivée, exhibaient des vêtements. On voyait en grand nombre des cages de ces *Canariens,* qui étaient la mode du moment et dont Saint-Malo

---

1. « L'odeur des habitations est aucunement desagreable à gens qui n'y sont accoutumez par la nature des marchandises qui s'y debitent en cellier comme aluns, gemes, bray » *(Description de Saint-Malo.* Hist. de Bretagne, p. 60, 1582).

était un entrepôt renommé[1]. Mais la plupart des commerçants ne faisaient aucun étalage, ne montraient même pas les indices de leur profession. On savait de reste quel était drapier, mercier, marchand de toile, de vin, de denrées du Levant ou d'Espagne, de produits fabriqués des Flandres, des villes hanséatiques ou d'Angleterre, d'*étoffes* à fondre les ancres ou les canons, de poudre : car tout commerce était absolument libre. Il ne venait à l'idée de personne de nuire à un commerce très lucratif en interdisant l'accumulation des soufres de Sicile, des salpêtres d'Espagne, des poudres toutes fabriquées apportées surtout d'Angleterre. La toile s'entreposait en quantités immenses, aulonnes, noyalles, venant de Bretagne par navires, par les voituriers de Vitré ou de Quintin, toiles de Frise ou de Flandres. Presque tous exerçaient en outre, le négoce de l'or et de l'argent. Sous ce rapport, la Ligue leur valait d'être soustraits aux privilèges de la Monnaie de Rennes.

VII

La longue existence de Frotet de la Landelle ne vit que faiblement se modifier ce Saint-Malo ancien. Témoin de la Ligue, il assista au changement plus grand et plus important des idées. Il vit disparaître les derniers vestiges, la notion même de l'esprit de ligue et d'autonomie.

Il eut comme particulier cette bonne fortune d'être jeune au moment des troubles et de vieillir sous un gouvernement régulier. Il put ainsi employer des facultés essentiellement civiles. Administrateur habile, bon politique, mais guerrier parfois malencontreux comme à Dol, capitaine de peu d'autorité[2], il ne paraît pas avoir eu les brillantes qualités d'action de son cousin Bardelière. Celui-ci, chef né des

---

1. On voit à plusieurs reprises dans les comptes du Miseur la ville en acheter pour en faire des présents à ses protecteurs.
2. *Mém.*, p. 383 et suiv[tes].

expéditions dangereuses pendant la guerre, se retrouve, après la paix, homme de mer énergique et entreprenant. Il s'en va courir ses aventures des Indes, entraînant ses compatriotes et tout un groupe de marchands du dehors à cette glorieuse expédition des Moluques où il périt, expédition si intéressante dans les récits de Pyrard et de Martin de Vitré.

Nicolas Frotet devient miseur (1599), consul (1603), procureur syndic (1610-1612), connétable, c'est-à-dire chef de la maréchaussée royale à Saint-Malo (1613-1620), député aux États de 1600, 1605, 1611, 1612[1]. Il est chargé de différentes missions à Rennes, à Nantes, à Paris, pour les affaires de sa ville. Il porte, en juin 1610, les félicitations à Louis XIII pour son avènement, prête le serment de fidélité au nom des habitants, et reçoit, comme de juste, la confirmation des privilèges.

Le 16 juillet 1611, il tient sur les fonts, pour la ville, Malo de Coëtquen, avec Renée de Rohan, comtesse douairière de Combourg. Il demeure en dehors de ses charges le conseiller écouté de sa Communauté. On l'emploie à rédiger les cahiers de remontrances, les requêtes au roi, les mémoires importants pour le commerce ou la pêche de Terre-Neuve, les correspondances avec l'Espagne, le gouverneur de la Province et les États[2].

On peut se figurer cette vie de riche bourgeois s'achevant paisible et pleine d'honneur dans sa maison de famille, cette maison qui était à trente pas du mur du Fief[3], demeure simple encore, mais renfermant plus d'opulence véritable que bien des châteaux. Les curiosités étrangères, les do-

---

1. Il assista probablement aussi aux États de 1610. Mais le Registre des États de cette année omet la présence des députés du Tiers de Saint-Malo.

2. *Registres des Delib.*, depuis 1599, BB, 10, 11.— « En 1606, l'autel du chœur de la cathédrale est donné par M. de La Landelle Frotet. Le tableau de cet autel représente le crucifiement, peint sur du bois » (*Annales de Carfantan-des-Deserts*).

3. *Mém.*, p. 140, 149. — Elle occupait, à peu près, l'emplacement de la maison du Balcon de bois, à l'entrée de la place de la Poissonnerie, non loin de la maison dite de Duguay-Trouin.

mestiques noirs ou maures [1] donnaient à ce logis un aspect que n'avaient pas ceux des bourgeois riches de l'intérieur. La Landelle était en outre sieur ou seigneur de nombreuses terres ; car cette puissante bourgeoisie, plus heureuse que la noblesse, avait à la fois l'argent si rare alors et la propriété territoriale. Elle achetait déjà dans les paroisses à sa portée une foule de terres nobles ou roturières.

Comme conséquence naturelle de cette situation acquise, les enfants de Nicolas Frotet sortirent de leur milieu. L'un de ses fils devint maître des comptes, l'autre abbé de Boquen, ses filles contractèrent de brillantes alliances [2].

La Landelle mourut en 1646. On lit au registre sous la date du 18 avril : « Enterrement, vigilles, service solennel et convoy de noble homme Nicolas Frotet, sieur de La Landelle. »

Il avait plus de quatre-vingts ans, ayant été baptisé le 14 septembre 1565 [3].

1. Cf. GG. 3, à la date du 6 août 1639.
2. Voyez la notice généalogique.
3. On trouve la signature de Frotet au pied d'une Requête au Parlement du 18 juin 1610 pour s'opposer à la reconstruction du château de Chasteauneuf (Arch. S. M., EE 4-123).

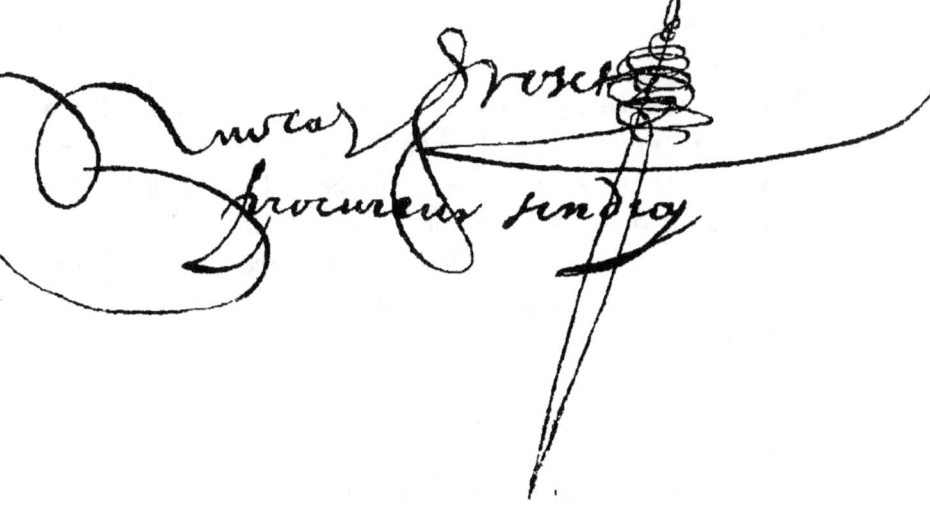

VIII

Les *Mémoires* de Frotet de La Landelle ont été composés à plusieurs fois. C'était pour lui un de ces travaux quittés et repris pour lesquels on se donne du temps à soi-même. En dehors du récit des événements auxquels il avait été mêlé, compiler les délibérations, insérer toutes les pièces à l'appui, comme il se le proposait, était un grand travail. Il s'en lassa avant 1620, n'étant encore rendu qu'au 6 avril 1592[1], et n'y revint point vraisemblablement; il s'occupa malheureusement pour nous une dizaine d'années après, vers 1630[2], de refondre son premier brouillon, au lieu de l'achever. Il laissa ainsi un récit incomplet et deux rédactions du journal des mêmes années. La première est, malgré toutes ses incorrections, beaucoup plus intéressante; la mise en belle forme, œuvre de vieillesse, a un caractère de préparation officielle pour le lecteur, un style décoloré. Le ligueur y est bien mort, l'indépendant bourgeois s'y est pénétré de sentiments monarchiques. Le premier jet valait mieux, au moins comme originalité; mais nous n'en avons qu'un fragment qui double pendant quelques mois la rédaction définitive et continue un peu plus loin[3].

L'auteur n'avait point perdu l'espoir de finir son travail. D'après le témoignage de celui qui remaniait son œuvre en 1674, il conserva chez lui dans ce but les registres des délibérations des années dont il lui restait à s'occuper. Il les garda tant et si bien qu'ils sont demeurés perdus jusqu'à ce jour, perte pour nous aussi regrettable que l'inachèvement des *Mémoires*.

---

1. Voyez la notice bibliographique.
2. *Mémoires*, p. 18 et note.
3. Nous donnons les deux rédactions *in extenso*, dans le texte ou dans les notes, à part quelques redites sans importance.

Frotet est un bon esprit, soucieux de critique et d'impartialité ; il aime à voir les pièces et se complaît à les citer. Une conscience exagérée l'empêche même de perdre de vue ses registres de ville et le transforme souvent en simple annaliste. A côté de cette exactitude méticuleuse, il a la curiosité du passé qui échappe à l'histoire ; il croit au vieux poème d'Aquin et l'interprète à sa façon. Dès son jeune âge, il va voir avec intérêt les vieux murs ; il ramasse les vieilles pièces. S'il n'est pas très heureux parfois quand il allègue une médaille romaine comme preuve de la venue des Sarrasins en Bretagne [1], il n'en a pas moins cet esprit d'investigation des choses anciennes que l'on retrouve à l'autre bout de la Bretagne, chez le chanoine Moreau. La Landelle paraît avoir eu également le goût des humanités ; il cite familièrement Ovide, les adages de l'École. Différents discours qu'il compose ou arrange, le factum des Monnaies, par exemple, nous montrent qu'il avait fait une excellente rhétorique ; il faut avouer que cela ne contribue pas à en faire un écrivain. Son style n'est pas brillant ; il se répète jusqu'à satiété, trop souvent perce aussi l'homme de petite ville, le milicien satisfait de jouer au soldat qui ne nous fait grâce ni d'un temps de galop ni de la pose d'une sentinelle. Que n'avons-nous ce récit de la main énergique de La Bardelière ! Celui-ci, faible sans doute sur les Lettres et l'archéologie, eût imprégné d'action son style comme sa vie. Nous n'aurions pas, il est vrai, le long détail des mœurs communales, intérêt capital des *Mémoires* que nous possédons.

Tel qu'il est, le journal de Frotet de La Landelle, que les Bénédictins regrettèrent de ne pas insérer, complète d'une façon originale les mémoires de d'Aradon, de du Matz, du chanoine Moreau et de Pichart. Il ne se confond avec nul autre et mérite plus qu'aucun, à cet égard, une publication particulière. Si l'histoire sert à autre chose qu'à

---

1. *Mémoires*, p. 14.

distraire la simple curiosité, il fournira malgré son cadre restreint aux études politiques de nombreux enseignements. On y pourra voir, non sans un retour modeste sur nous-mêmes, comment les petits rôles étaient tenus au XVIe siècle, admirer l'intensité de la vie publique, son caractère pratique et laborieux qui fait contraste avec l'inactivité raisonneuse d'autres temps. On y trouvera enfin d'utiles aperçus sur les conditions vraies et les dangers de la vie communale.

Plusieurs erreurs ont été commises par les biographes à l'endroit de N. Frotet de La Landelle. On l'a confondu avec un autre Nicolas Frotet, sieur de la Beusais, beaucoup plus âgé. On lui a fait épouser la fille du procureur syndic Jean Picot, sieur de la Gicquelaye, alors que Servanne Picot sa femme était fille de Charles Picot, sieur de Bricourt. D. Taillandier a attribué les *Mémoires* à Josselin Frotet, père de l'auteur[1]. D'autres l'ont cru l'auteur du *Discours apologétique* cité plus haut, que l'on sait aujourd'hui être de F. Marcellin Cornet.

Tout cela est peu important; ce qui l'est davantage, c'est la fausse interprétation de l'esprit de l'auteur donnée dans plusieurs ouvrages. Voici la cause de ce travestissement. Les Mémoires de La Landelle ont été remaniés et refondus vers 1674. L'auteur du nouveau travail se proposait de les ranger par ordre de matières. Dans ce but, il découpa le texte par fragments, l'abrégea et en fit un nouvel ouvrage qui pouvait avoir son utilité[2]. Mais il ne se contenta pas de cette mutilation; tout en continuant à faire parler Frotet lui-même, il ajouta au texte quelques faits appris de seconde main et, de plus, y introduisit un assez grand

---

1. Voyez sur ces points la notice généalogique et bibliographique. — Cf. Hist. de Bret., II, 385; Kerdanet, Not. chron., p. 103; Manet, Malouins célèbres, p. 183; Levot, Biog. Bret.; Ogée-Marteville, I, 67; Robidou, p. 175.

2. Nous en donnons la table avec renvois aux Mémoires à la fin de ce volume.

nombre de réflexions personnelles émanant d'une manière de voir toute différente. Il confondit aussi dans son œuvre les fragments du vieil historien P. Mathieu donnés après avertissement dans les Mémoires. C'est ce travail déplorable qui a servi de guide à la plupart de ceux qui se sont occupés de La Landelle. M. Antoine[1], par exemple, qui a donné un travail intéressant sur ce sujet, n'ayant eu sous les yeux que cet arrangement, a été induit à des appréciations erronées de l'esprit des *Mémoires*. M. Louis du Bois qui a inséré un fragment important de Frotet dans la Revue rétrospective de M. Taschereau s'y est mépris également. La publication du texte lui-même fait tomber ces divers jugements sans qu'il soit besoin d'autre réfutation.

1. *Une République au temps de la Ligue* (Angers, 1870), p. 8, 9, 18, 29

MÉMOIRES

DE

N. Frotet fieur de La Landelle

f° 184

Je vous diray pour ce que moy estant ce[lui] en dict
Capitainne qui commandoit adapt minuit sur la muraille
de la Ville, et avoir mon poste au corps de garde
qui est sur la grande porte de la Ville, combien que la
nécessité en advint mais sommes au corps de garde
[...] tenir sobres sans qu'il en sortist en tout seule
[...] au corps de garde, sans m'en pouvoir
esloigner que bien peu néant moins Je me dispensois

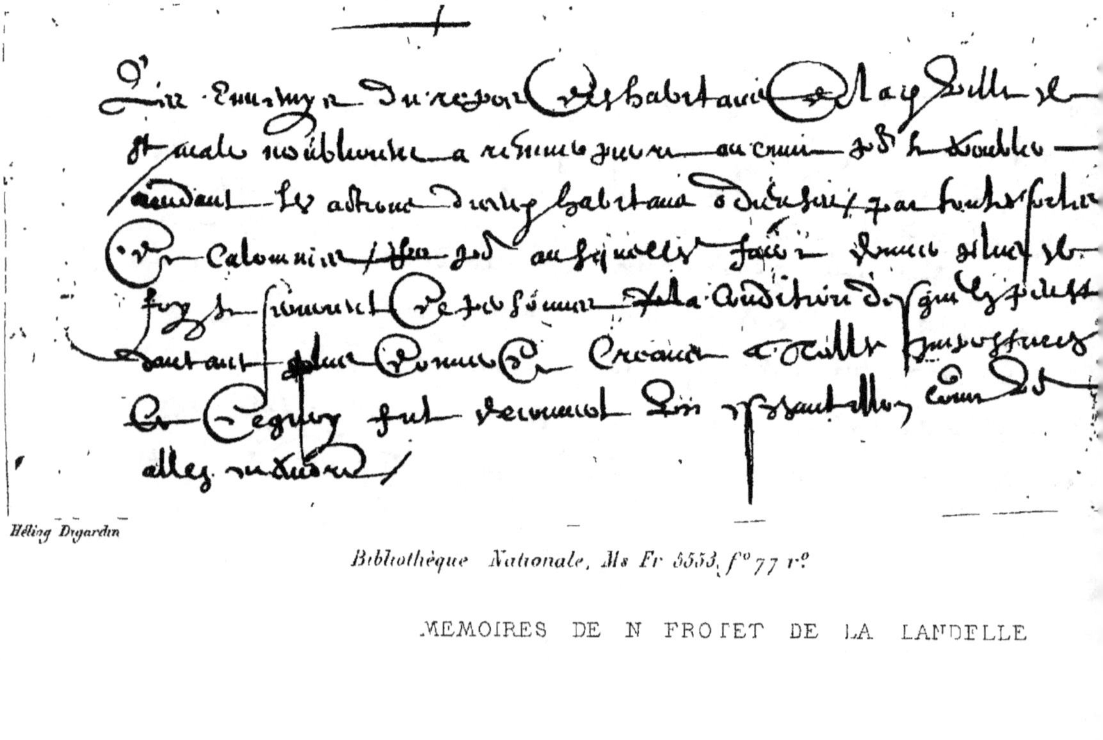

Héliog Dujardin

Bibliothèque Nationale, Ms Fr 5553, f° 77 r°

MEMOIRES DE N FROTET DE LA LANDELLE

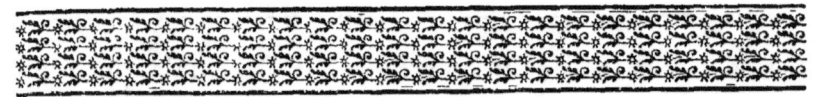

DISCOURS PRELIMINAIRE.

C'EST un grand plaisir aux mariniers quand apres avoir passé quelque lieu dangereux, auquel l'orage & impetuosité des vents, l'obscurité de la nuit, & le montant de la mer leur aiant comme derobé la congnoissance du peril & l'imminence du danger, estant finalement arrivez & anchrez dans le port en seureté, le jour retourné & la mer retirée, ils voient à decouvert les bancs, les basses, les escueils & rochers effroiables, sur & parmy lesquels, plus heureux que sages, guidez par la seule main de Dieu & de leur bonne fortune, ils ont passé exempts de naufrage. Car alors, admirans l'imminence du peril qu'ils ont evité, non seulement ils loüent Dieu recongnoissant sa bonté avoir esté leur plus asseuré pilote; mais encores, ils observent l'erreur qui les y avoit conduits & remarquent les endroits plus dangereux de ce passage, affin de se prendre garde d'y retomber une autre fois.

Les perils aufquels la ville de Saint Malo f'eftoit d'elle mefme engouffrée & laiffé entraifner pendant les derniers orages des guerres civiles de la Ligue ont efté tels & fi grands qu'en les confiderant à prefent de fens raffis & aveq un efprit vuide de la paffion qui empefchoit alors de les recongnoiftre : il n'y a homme de fain jugement, lequel f'en reffouvenant ne demeure tranfy & hors de foy, fe reprefentant les infinis hazards que lad. ville, bourgeois & habitans d'icelle ont couru durant ces divifions, & qui ne foit incité à louer Dieu par l'ayde & affiftance duquel cette petite ville a efté retirée du precipice d'une perilleufe & imminente ruyne. Et pour tant ay-je eftimé, que je ferois chofe aggreable à plufieurs fi j'en retraçois icy l'hiftoire, non feulement pour faire à nos nepveus admirer le paffé; mais encore affin que cela leur puiffe fervir d'inftruction & d'advertiffement de ne fe laiffer jamais emporter au vent impetueux des factions & partialitez qui trop fouvent efmeuvent la trop credule fimplicité des peuples à fe bander contre la fouveraine auctorité fous des pretextes; defquels tels feducteurs & perturbateurs de la tranquilité publique ne manquent jamais. Et à ce qu'ils apprennent & tiennent pour maxime qu'il n'y en peut jamais avoir d'affez fpecieux pour les faire attenter de fecouer le joug de l'obeiffance deüe aux Roys; lefquels nous eftant donnez de Dieu, les uns bons, les autres mauvais, ainfi que fa Providence congnoiſt utile & neceſſaire à l'exaltation de ſa gloire, nous les devons honorer, aymer, craindre & ſervir comme portans la plus vive image de celuy qui les a deſtinez pour regner & commander ſur nous.

Voilà le principal but que je me ſuis propoſé eſcrivant ces memoires; à quoy j'ay eſté porté par pluſieurs bonnes conſiderations; entre leſquelles mon amour envers ma patrie & la ville de Saint Malo, lieu de ma naiſſance, ne tiennent pas le moindre ranc. Cette affection doncq ne m'a peu permettre de laiſſer enſevely dans l'oubly ce qui ſ'eſt fait de plus inſigne & memorable, ſoit dedans, ſoit dehors, par les Bourgeois & habitans d'icelle & par leur ordre & commandement, en l'occaſion des guerres civiles de la Ligue. Voiant qu'aucun de ceux qui ſe ſont emploiez à compiler l'hiſtoire de la France du temps des meſmes troubles n'en ont fait aucune mention, ſi n'a eſté fort peu & comme en paſſant. De quoy je m'eſmerveille moins, conſiderant le peu qu'ils ont rapporté de tout ce que au meſme temps ſ'eſt paſſé en Bretaigne, & ce peu encore aveq tant de negligence & tant d'erreur au fait, que je ne me puis perſuader qu'ils aient eſté aydez de bons memoires, ou bien c'eſt qu'ils n'ont pas eſtimé ce qui ſ'eſt paſſé en cette province digne d'eſtre inferé dans l'hiſtoire generale de France &, pour dire plus ingenüement, pour ce qu'ils ont ignoré tout ce qui ſ'y eſt fait & n'aiant rapporté que ſur la foy d'autruy, ſans avoir participé aux conseils & moins aux executions des choses passées en l'occasion des troubles. Ce n'est pas neantmoins mon dessein de suppleer à leurs defaux, mais ce que j'entreprens par ces presens memoires est d'y rapporter & faire voir à la posterité ce qui s'est fait & geré en cette ville de Saint Malo & hors icelle par les Bourgeois & habitans, & par leur ordre, commandement & conduite, pendant & en l'occasion des susmentionnées guerres de la Ligue, ne voulant laisser nos successeurs tout à fait ignorans de plusieurs choses qui, à mon advis, meritent bien le loisir de les lire.

Ces memoires encore serviront d'appologie pour faire voir & congnoistre la sincerité des intentions d'iceux habitans & les deffendre contre les sinistres jugemens que l'on a fait de leurs deportemens. La candeur desquels ne les a peu entierement exempter de la calomnie de ceux qui, n'aiant pas penetré au fonds de leurs desseins, en auroient peu faire de mauvais discours, faute d'avoir bien au vray recongneu les motifs qui les avoient jettez au party de la Ligue. Auquel ayant entré, poussez du seul zele de la conservation de la religion catholique, apostolique & romaine, se sont maintenus & conservez durant ces troubles francs de toute subjection & servitude soit des naturels françois ou estrangers, tous lesquels prenoient pour pretexte de leurs usurpations pretendues le mesme voile de religion. Cecy fera encore congnoiftre à tout le monde que des que le bandeau qui leur avoit fillé les yeux a efté levé, ils ont conformement à leurs proteftations fubmis lad. ville & chafteau non feulement, mais encore leurs cueurs & leurs affections fous l'obeiffance du Roy leur fouverain feigneur & legitime prince.

Feront encore voir ces memoires que leurs intentions & deffeins ont toujours marché de mefme pied que leurs proteftations; de quoy je laiffe le jugement à quiconque fe donnera le loifir de voir & de lire la fuite & jufques à la fin de ces memoires.

Mais avant que d'entrer en la narration, il ne fera, (peut eftre), pas hors de propos de dire quelque chofe de l'origine & commencemens de lad. ville, fon affiette & fituation, quels feigneurs elle a eu fous les ducs de Bretaigne & depuis, & encore à prefent fous les Roys, le naturel, mœurs & forme de vivre des habitans & autres chofes concernantes l'eftat paffé & prefent d'icelle; autant que les tenebres aufquelles nous fommes demeurez, faulte d'efcrivains au paffé, le nous pourront permettre. En tout quoy, bien que nous foions contraints de marcher en tenebres & proceder comme à taftons & en plufieurs chofes par les feules conjectures, ne fe trouvant aucun hiftorien, (au moins que je fçache), qui face mention de fes origine & commencemens; fi rendrons-nous le tout le plus clair qu'il nous fera poffible & feray voir, ainfi comme j'efpere autant bien qu'aucun autre, tout ce qui f'y eſt fait durant les fufdits troubles & depuis, jufqu'à prefent que nous fommes en l'an 16   [1]. Quoy faifant, je m'eſtudieray plus à la verité des chofes qu'à l'elegance des paroles, puifqu'une fimple narration convient mieux à la verité qu'une grande involution de difcours inutiles.

---

[1] Il y a un blanc après 16, dans le manuscrit A.

De l'antienne cité de Quidalet.

Nous avons fi peu de congnoiffance de l'origine & commencemens de cette antienne cité de Quidalet, faute d'efcrivains, que fi nous n'en voiions aujourd'huy les reliques & vieilles ruines de fes murs, reftez à l'environ de ce lieu que nous appellons la *Cité de Quidalet*, à peine pourrions nous croire qu'il y euft eu autrefois une ville, tant nous avons efté fteriles de perfonnes qui en aient efcrit aucune chofe. Ce qui fait douter, voire entierement ignorer, le temps de fa fondation, quels en ont efté les progres et l'eftat, & en quels temps & par qui elle a efté ruinée ny les caufes de fa demolition.

Ce que j'en croy, & de quoy je rapporte icy les conjectures, eft : que ce lieu, duquel f'en voient encores aujourd'huy les veftiges, pouvoit bien eftre une peuplade, mais non pas une ville clôfe auparavant que les eftrangers, defquels je pretens faire cy-apres mention, f'en feuffent amparez ; mais depuis a efté une ville ceinte de murailles par ces mefmes eftrangers. La principale & plus forte conjecture que nous en aions eft que les murs d'icelle, dont nous voyons partie à prefent renverfez & l'autre partie debout à quelque mediocre haulteur, n'ont aucun rapport ny reffemblance aux murs des autres villes de la province, foit en la difpofition & agencemens des pierres fervans à la conftruction ou des tours qui fervoient à flanquer la muraille pour fa deffenfe. Lefquelles je trouve en verité entierement femblables aux baftimens des places & fortereffes que j'ay veues en Efpagne, y bafties & fortifiées par les Maures Affricains qui l'avoient occupée. Car en ces murs de Quidalet fe voient les pierres du baftiment arrangées en affez belle difpofition & ordonnance; & au lieu de tours rondes ou en forme ovale defquelles fe fervoit l'antiquité pour la deffenfe des places fortes, on void encore autour de ces murailles de petites tours en forme carrée, qui n'ont aucun rapport à celles qui fe voient aux murs qui ferment les autres villes, chafteaux & fortereffes de la province, mais font femblables, tant en la difpofition des pierres & maçonnail qu'au ciment & en la forme & figure, des murailles & des tours qui font & fe voient en plufieurs lieux & endroits d'Efpagne, y baftis par les Maures Affricains pendant qu'ils l'ont tenüe fubjecte.

Ce qui me fait croire comme chofe vrayfemblable que ce peuvent avoir efté des Maures venus d'Efpagne qui ont antiennement bafty, clos & fermé, tenu & poffedé cette cité de Quidalet pour leur fervir de feureté à une colonie & aux deffeins aufquels ils avoient trouvé cette place eftre propre. La situation de lad. cité eftant de fa nature merveilleufement forte, precipitée prefque partout, circuite & environnée de mer tout à l'entour, fi n'eft par un petit ifthme & langue de terre ou fablons que l'on appelle *mielles* qui rend cette place pen-infule. Et laquelle langue de terre fe peut couper en un jour par le travail de cent hommes pour y faire paffer l'eau, & à ce moien rendre cette pen-infule entierement ifle. Ce qui la rendroit tresforte & prefque inexpugnable en adjouftant tant foit peu d'art à la nature & fituation du lieu, lequel eft de foy mefme grandement fort d'affiette.

Je n'ignore point combien cecy femblera nouveau à plufieurs, veu qu'il ne fe trouve aucun autheur, (au moins que je fçache), qui dye que les Maures d'Efpagne ayent jamais entré et moins planté colonie en Bretaigne. Et neantmoins j'ay oppinion, non gueres esloignée d'une entiere creance, que c'ont esté les Maures & Sarrazins d'Espagne qui ont basty, clos, fortifié & tenu pour un temps cette cité de Quidalet.

Cela m'a encore esté rendu plus vrayfemblable apres avoir veu et leu une vieille rythme, laquelle faifant mention de la mefme cité rapporte qu'il y avoit en icelle des Sarrazins qui la tenoient occupée & la ville de Nantes femblablement. Cette rythme, (fi toutes foys quelque foy & creance y peut eftre adjouftée), dit : que dans cette cité commandoit un payen nommé *Aquin*, qu'elle qualifie de nom de roy, aveq grand nombre & multitude de Sarrazins (car ainfi les appelle l'autheur de cette rythme); lefquels comme il eft à prefumer fe fervoient de cette place & de l'adventage que lui donnoit fa fituation pour retraite, à la ruyne & oppreffion des naturels du païs; lefquels, au moien de cette place, ils tenoient fous une dure fubjection & fervitude.

Cette mefme vieille rythme dit que l'evefque de Dol & les barons du païs affemblez rechercherent le fecours & affiftance de Charlemaigne Roy de France, lequel a leur inftance defcendit en Bretaigne aveq une puiffante armée; & que, luy & les barons & feigneur du païs aiant affiegé cette place, apres un long fiege opiniaftrement deffendu par ceux de dedans, fut en fin emportée par la faim, mais principalement par defaut & difette d'eau doulce.

Je fcay bien que cecy fe trouvera encore plus deftitué d'apparence de verité, & d'autant d'aventage qu'il ne fe trouve en aucune hiftoire de France ou de Bretaigne, que Charlemagne foit onques venu ou defcendu audit païs. Cela neantmoins, n'eftant que negatiff, ne conclud pas neceffairement qu'il n'y foit pas venu. Au contraire, l'affirmative de cette vieille rythme, joingt à ce que nous voions encore à prefent, eft à mon advis beaucoup plus recevable. Mais quand bien Charlemagne n'y feroit oncq venu en perfonne, il pourroit & peut bien y avoir envoié fes lieutenans, afin de delivrer le païs de cette vermine de Maures ou Sarrazins; le voiſinage deſquels ne luy pouvant eſtre que grandement ſuſpect, &, peut eſtre, craignant que cet eſſaim d'eſtrangers, multipliant & croiſſant en nombre & en ambition, ſe jettaſt & ſe rüaſt ſur ſes voiſins par une invaſion comme ils avoient fait en Eſpagne.

Mais on demandera, je m'aſſeure, en quel temps, de quels lieux, & par quelles voies ces Maures pourroient eſtre venus & fondus en Bretaigne; & diront quelques uns & voudront croire que ces eſtrangers, (ſi aucuns ont eſté), qui, comme nous diſons, aient occupé Nantes & Quidalet, n'eſtoient pas Maures ny Sarrazins, mais bien pluſtoſt Danois; leſquels en certain temps avoient fait des invaſions & des incurſions aux coſtes de Normandie & meſmes de Bretaigne. A quoy nous repondons, qu'auſſi peu liſons-nous que jamais les Danoys aient onques occupé un ſeul poulce de terre en toute la Bretaigne. Et ne ſe trouvera qu'en tout le païs de Dannemarch il y aye une ſeule ville, chaſteau ou fortereſſe dont la conſtruction ſoit ſemblable aux murs qui fermoient & environnoient cette cité.

Et quant au temps de la venue de ces Maures en Bretaigne, voicy, à mon advis, ce qui eſt vrayſemblable : nous trouvons en l'hiſtoire de France qu'au temps du regne de Charles-Martel, Roy de France, une multitude innombrable de Maures ſortit d'Eſpagne, cherchant nouvelles demeures, ou bien, (comme aucuns diſent), appellez par Eudes, frere d'un duc d'Aquitaine, à ſon ſecours contre le duc ſon frere. Leſquels deſcendirent par les Pyrenées & vinrent juſques aupres de Tours, où ils furent deffaits & mis en deroute par le Roy en une bataille, laquelle il leur livra. Par le gaing de laquelle, il delivra la France de la peur & du mal, tout enſemble, que leur avoit cauſé & apporté cette bande & vollée de ſauterelles. Cette deroute eſt par les hiſtoriens marquée avoir eſté donnée l'an de noſtre ſalut 732; ſans que je trouve en l'hiſtoire de France qu'il ſoit fait mention des noms des conducteurs, des cheffs ou capitaines de ces nouveaux venus. Mais l'hiſtoire d'Eſpagne remarque qu'en l'an de noſtre ſalut 735, les enfans d'Eudes, duc d'Aquitaine, fpoliez de leur eftat par les Francoys, appellerent derecheff ces Arabes, Maures ou Sarrazins conquereurs des Efpagnes. Lefquels defcendus, ruinerent & ravagerent tout le païs qui eft entre les Pyrenées & la riviere de Loyre. Et par ailleurs entrerent en Languedoc, Provence & autres lieux où ils fe rendirent maiftres du païs & f'amparerent de plufieurs places & fortereffes. Et, quant aux noms des cheffs & conducteurs de ces Maures en ces expeditions, l'hiftorien efpagnol appelle l'un *Athim* & nomme l'autre *Amorée* ou *Amurath*.

De l'une & de l'autre hiftoire on peut prefumer la venue de ces Maures en Bretaigne. Et quant à moy, je ne trouve point hors d'apparence que de cette grande multitude deffaite par Charles-Martel, qu'aucuns content à quatre cens mil ames, la deroute n'en aiant peu eftre tellement entiere qu'il ne f'en puiffe eftre fauvé, (comme fouvent il advient), une bonne partie; laquelle auroit bien defcendu de Tours, (aupres de laquelle fe donna la bataille), à Nantes par la riviere de Loyre & f'en eftre rendus maiftres foit de force ou d'emblée. Et de Nantes auroient bien peu, puis apres, eftre venus ou par mer ou par terre en cette autre cofte de Bretaigne, fur laquelle eft fituée Quidalet; f'amparans de cette pen-infule, fur laquelle il appert avoir autreffoys efté cette Cité baftie. Car la place aiant efté trouvée fans murs & fans deffenses, il leur fut fort facile de f'en rendre les maiftres & la fortifier en la façon qu'il apparoift encores qu'elle a efté depuis. Ou bien, pourroit eftre arrivé que cette feconde armée, (fi touteffois il y en a eu deux), plus heureufe que la premiere, apres avoir fourragé & ruiné tout ce qui eftoit entre les monts Pyrenées & la riviere de Loyre, auroit fait ce que nous venons de dire & fe feroit amparée defd. villes de Nantes & cité de Quidalet.

Cela nous eft encore rendu d'autant plus croïable par la conformité & confonance que nous trouvons aux noms des cheffs & conducteurs de l'armée mentionnez en l'hiftoire d'Efpagne & en la rythme fufmentionnée. Car, comme nous avons cy devant dit, celui qui commandoit en la cité de

Quidalet est par le compilateur de cette vieille rythme nommé *Aquin*, lequel il appelle roy. Et l'un des cheffs & conducteurs de l'armée des Maures descendus en Aquitaine est par l'historien espagnol nommé *Aihim*. En la prolation desquels deux noms, (si touteffois c'en sont deux), il y a telle consonance que j'oserois bien croire, voire mesme affirmer, n'estre qu'un mesme nom, alteré neantmoins par la diversité des langues de ceux qui ont escrit. Que si vous adjoustez à tout cela ce que dit l'historien d'Espagne que les mesmes Maures s'amparerent & rendirent maistres de plusieurs villes & places fortes, vous ne vous trouverez, (peut estre), gueres esloignez de la creance ou conjecture que j'en ay; Nantes & Quidalet aiant bien peu estre du nombre des places fortes occupées par ces Maures.

Une autre conjecture est que les murs de Quidalet ont esté renversez à dessein & [la ville] demantelée, (comme il est à presumer), par la deliberation du prince ou des estats du païs, craignans de retomber aux inconveniens semblables à ceux ausquels les avoit jettez cette place occupée par ces estrangers. Quant à moy, j'estime cette opinion approcher de la verité; principalement apres avoir veu, comme j'ai veu, que faisant bescher & fouiller sous des pans de muraille de cette Cité qui se voient à present renversez, nous trouvasmes sous ces ruines & fondemens grande quantité de charbon bruslé, charbon qui, comme je pense, estoit demeuré du boys qu'on y avoit mis pour brusler les pillotis desquels on se sert ordinairement pour soutenir les murs que l'on sape. Et lesquels pillotis on brusle par apres pour faire tomber & renverser les murailles qu'on veut demolir & abattre, comme on a fait, sans doute, toute cette ceinture de l'antienne Cité, pour la demanteler, ainsi que nous voions que de present elle est.

Mais, afin que ceux qui se donneront le loisir de lire ces memoires ne puissent pas penser que je parle par cueur de cette antiquité, il m'a semblé n'estre hors de propos d'inserer en ce lieu cette rythme qui a esté trouvée dans la biblioteque des religieux du couvent de Cesembre. Croiant que, comme les gousts sont differens, il s'en trouvera aucuns, lesquels prendront plaisir à voir cette antiquaille, tant pour l'antiquité du langage & rudesse de la rythme, que pour le subject dont elle traite. Tout quoy, soit vray ou faux, je l'offre icy au lecteur telle que je l'ay trouvée.

« Ensuist le recit de la conqueste du païs de Bretaigne Armorique » faite par le preux Charlemagne sur un payen nommé Aquin [1]. »

. . . .

. . . .

Par cette rythme, mais bien plus clairement par les vestiges & ruines de cette antienne cité, nous congnoissons que c'a esté une ville & icelle tres-forte, & finalement prise, puis ruinée. Si par Charlemagne ou par autres, je n'oserois bonnement l'asseurer; c'est pourquoy il demeure en la liberté d'un chacun d'en faire tel jugement qu'il luy plaira.

De nostre temps, environ l'an 1580 & en deçà, nous avons veu bastir quelques maisons & autres edifices en la cité de Quidalet. Prenant les fondemens desquels, se trouvoient des vestiges & ruines de vieux bastimens qui avoient esté de bricque rouge, de laquelle on se servoit et on se sert encore à present pour faire du ciment. Et en plusieurs endroits fouillant en terre, on trouvoit des pots de cuyvre pleins de vieilles pieces de monnoye d'or, d'argent & de cuyvre & autres divers metaux. En aucunes desquelles pieces de monnoye se voioient des figures de diverses façons, & toutes les figures en relieff aveq des inscriptions, tout autour, en lettres estrangeres &, comme je croy, arrabesques ou gottiques, car ce ne sont point lettres ny grœcques ny latines. Ce qui fortifie les conjectures que cette Cité a esté possedée & occupée par les Maures venus d'Espagne

---

[1] La Landelle donne ici la copie complète de la curieuse chanson de geste connue sous le titre de *Conquête de la Bretagne* ou *Roman d'Aquin*. Cette transcription, très-inexacte, n'occupe pas moins de 30 folios du manuscrit A. Il serait sans intérêt de la reproduire, le texte lui-même venant d'être publié. (Nantes, Société des Bibliophiles Bretons, 1 vol. in-4°.)

ou par autres eſtrangers. De quoy encore je prens pour argument l'enterrement de ces monnoyes, & que la Cité eſtant aſſiegée, les aſſiegez avoient ainſi caché & latité leurs treſors en terre, d'eſperance de les en retirer apres le ſiege levé.

Entre pluſieurs pieces que j'en ay veu, une medaille m'eſt tombée entre mains, trouvée parmy pluſieurs autres, laquelle eſt de cuyvre & du poids d'environ trente eſcus. En un des coſtez de laquelle ſe void une teſte d'empereur couronné, en relieff & fort bien elabourée. A l'entour & ſur les bords de laquelle ſe void une telle inſcription en lettres latines, autant faciles à lire comme ſi elles venoient d'eſtre eſcrites, & du coſté duquel eſt cette teſte leſquelles diſent : Adventui Augusti Fœlicissimo. Je croy que c'eſtoit une piece de monnoye de celles qu'on avoit accouſtumé de jetter au peuple aux advenemens des empereurs & à leurs couronnemens, qu'ils appeloient Missilia.

Hors ladite cité, dans le voiſinage du bourg & fontaine de Saint Servan, en des terres qui ſont au deſſus de cette fontaine du coſté du [Nord] (1), où ſont à preſent des jardins; on a trouvé en fouillant & foſſoiant pluſieurs ſepultures & tombeaux faits de bricque. En ces tombeaux, des cadavres ou pour mieux dire des carcaſſes d'hommes morts de beaucoup plus grande ſtature, tant en haulteur qu'en groſſeur d'oſſemens, que ne ſont ceux de ce temps. Et ſous les teſtes de chaſcun de ces corps y avoit une groſſe bricque comme pour ſervir de chevet. Cela me fait croire qu'en ce lieu eſtoit le ſemitiere auquel ceux de la Cité enterroient leurs corps morts. Voilà ce que je puis dire de l'antiquité de cette cité de Quidalet tiré des conjectures qui ſe peuvent prendre de ce que j'ay dit & traité cy devant.

Or eſt-il certain, qu'en icelle cité a autreffoys eſté le ſiege epiſcopal de l'eveſché, lors appelé *d'Alet*. De l'egliſe cathedrale duquel eveſché ſe voient juſqu'à preſent les reſtes des ruines, dont ſont encores debout les murailles de la neff & du cueur,

---

(1) Mot paſſé dans les Mss.

mais sans couverture & n'y est demeuré de couvert sinon une chapelle. Les murs de laquelle sont, comme il y a grande apparence, partie de ceux de cette cathedrale qui ont esté accommodez de couverture pour y conserver la chapelle, qui y est du tiltre de saint Pierre. Aux chartres & antiens archives de Rome se trouve Episcopus & Episcopatus Alethensis. Ce qui aussi se trouve dans le tresor des lettres du chapitre de Saint Malo.

Cette pen-insule en laquelle estoit bastie cette cité s'appelle encore la *Cité de Quidalet*. Laquelle en toute son estendue contient environ trente jours de terre. Au joignant & proche (ou pour mieux dire) sur partie desd. ruines, est à present un petit chasteau basty & situé sur une extremité d'un rocher sur le hâvre. Quel chasteau est nommé & appellé *Solidort*. Lequel hâvre, comme je croy, a emprunté son nom dud. chasteau ou bien led. chasteau a pris son nom du hâvre, l'un & l'autre aujourd'huy appelez *Soulidort* ou *Solidort*.

Ce chasteau, comme il y a apparence, est un bastiment de Jan de Montfort, dit le Conquerant, duc de Bretaigne ; car sur la porte de ce chasteau se void un escusson en relieff des armes plaines de Bretaigne. Autour duquel escusson se void cette inscription : Malo av riche dvc, qui est le clam ou le cry duquel usoit ce duc Jan, dans les batailles & rencontres, comme il se remarque en l'histoire de Bretaigne, à la journée & bataille d'Auray.

Les doyen, chanoines & Chapitre de Saint Malo ont encore quelque proche fieff en cette Cité, comme aussi quelques autres seigneurs particuliers.

Je ne puis passer sans remarquer & faire quelque reflexion sur l'ethymologie du nom de Quidalet, sur quoy aucuns se sont travaillez pour le sçavoir. Pour parvenir à cette congnoissance est besoing sçavoir que toute l'estendue de ce païs & territoire qui est entre la cité de Chasteau-neuff & entre la mer qui baigne Cancale & celle de la riviere de Rance ou de Dinan s'appeloit *Aleth* ou *païs d'Aleth*. Tout ce quanton ne contient que deux lieües & demie ou troys lieües de long & deux lieües de laise. Ce païs doncq s'appeloit le païs d'Aleth, tourné en latin PAGUS ALETHENSIS, comme il fe trouve dans les chartres du chapitre de Saint Malo, auxquelles vous trouvez PAGUS ALETHENSIS & IN PAGO ALETHENSI. Et eft apparent & vrayfemblable que c'eft ce qui a donné à ce petit quanton de païs le nom de *clos de Paoulet*. Car ce quanton ainfi appelé eft de toutes parts ceint & environné de mer & d'eau doulce. De mer, depuis Saint Malo & la Cité jufques à Chafteau-neuff, entre la riviere de Dinan & la mer de Cancale. Et par le *Terrain* eft borné & renfermé par la marre dite & appellée la *Marre faint Colman* qui eft un grand lac en la paroiffe de Saint Pere. Laquelle marre de ce cofté du terrain fait la borne & l'extremité dud. quanton. Laquelle paroiffe de Saint Pere eft vulgairement appelée *Saint Pere marre en Paoulet*, en latin SANCTUS PETRUS DE MARA IN PAGO ALETHO & felon aucuns IN PAGO ALETHENSI.

C'eft doncq de là que ceft ifthme ou langue de terre, qui eft depuis Saint Malo jufqu'à Chafteau-neuff & jufqu'à la marre faint Colman en l'efpace de deux à trois lieües de long, & renferme en fa laize d'environ deux lieues entre la mer depuis Saint Malo à Cancale d'un cofté & d'autre cofté depuis le mefme Saint Malo & ladite Cité qui fait l'entrée de la riviere de Dinan jufqu'à auffi avant que Chafteau-neuff par lad. riviere, eft appelé le clos de Paoulet.

Dans ce quanton de païs ne fe peut, (fi n'eft à grande difficulté), entrer à l'hyver, encore mal aifé à l'efté, par ceux qui viennent du terrain, fi n'eft par Chafteau-neuff d'un cofté vers la riviere de Dinan, & de l'autre cofté vers la mer de Cancale par Chafteau-Richeuft. Le terrain d'entre Chafteau-neuff & Cancale eftant empefché & noyé par les eaux de cette marre de faint Colman dont elle eft toute plaine en hyver & efté. Finalement ce petit quanton de païs f'appelle *clos de Poulet* ou *Paulet*, quafi *Pau-alet*, derivé de PAGO ALETHENSI. Et quant au nom particulier de Quidalet qui eft celuy de la Cité, faut fçavoir que QUI ou GUY en vieil langage breton fignifie : cité, bourg, ville ou village; et ainfi Quidalet ne fonne ny veut dire autre chofe finon : le bourg, ville ou village d'Alet.

Des commencemens & origine de la ville de Saint Malo.

TOUTE corruption eftant comme elle eft principe de generation, il y a grande apparence que la ville de Saint Malo aye tiré fon commencement & origine de la ruine de celle de Quidalet. Apres la demolition & demantellement de laquelle fait par decret du prince & eftats du païs, (comme il eft à croire), il aura efté prohibé & deffendu de redifier en icelle maifons ny edifices pour f'y rehabituer & y faire peuplade; obftant quoy, il eft à prefumer que de la ruine de cette cité de Quidalet aura pris naiffance la ville de Saint Malo.

Avant parler des commencemens de laquelle, me foit permis de faire difgreffion pour parler & dire quelque chofe de la fituation d'icelle, en faveur de ceux qui pourroient voir ces memoires autres que les habitans & qui ne l'auroient point veüe.

Le lieu dans lequel eft fituée la ville de Saint Malo eft un grand rocher, lequel eft de fa nature fait & rendu ifle par le flux de l'Ocean qui l'environne tout autour tous les jours deux foys en l'efpace de vingt & quatre heures; & autant de foys par fon reflux laiffe le paffage libre pour y aller & venir & entrer & fortir à pied fecq. Je veux dire pour entrer & fortir fans bateau.

Mais lors que la mer eſt grande & qu'elle environne la place, on n'y peut aller ny venir ſans bateau, ſoit à pied ſoit à cheval, ſinon par une chauſſée & levée artificielle, faite de main d'homme, & ſans laquelle les deux mers, (ſ'il ſe peut ainſi dire), ſçavoir, celle qui vient de la grand-greve du coſté du Nort-Oueſt, & celle qui vient par devant la ville, qui touteſſois ne procedent que du meſme Ocean, ſe joindroient enſemble. Et à ce moyen, la mer qui vient du coſté de la grand-greve, tant par ſon flux que par l'impetuoſité du vent de dehors, rempliroit de ſable tout l'eſpace qui eſt devant la ville & qui fait le port d'icelle. Auquel, les navires, ſoient grands ou petits, demeurent à ſecq & en repos, apres que la mer par ſon reflux eſt retirée.

De cette ſituation je ne diray rien daventage. D'autant que ces memoires, qui ne valent pas la peine d'eſtre imprimez, ne ſeront, à mon advis, veus que de peu de perſonnes ny conſiderez par autres que par les habitans de la ville. Leſquels la congnoiſtront toujours mieux par l'inſpection que par aucune deſcription qui ſ'en puiſſe faire. Et pour tant n'en diray rien plus, ſinon que, ſi à la nature de ſa ſituation on adjouſtoit l'art pour la fortifier comme on pourroit bien, cette place pourroit eſtre renduë une des plus fortes & importantes que je congnoiſſe & qui, (peut eſtre), ſoit en l'Europe. Ce qui eſt beaucoup dire, mais veritable neantmoins.

Antiennement en cette iſle, il y avoit pour tout baſtiment une petite chapelle & un hermitage; au meſme lieu, auquel depuis peu a eſté edifiée, de neuff, une chapelle dediée, tout ainſi que l'antienne, ſous le nom de ſaint *Aaron*, rebaſtie en meſme lieu au haut du ſemitiere par un chanoine de Saint Malo & chappelain de Saint Aaron nommé miſſire *Michel Queſnoual*, encores à preſent vivant pendant la compilation de ces memoires [1].

On tient que le premier hermite fut le meſme ſaint Aaron,

---

[1] Il mourut le 20 septembre 1639 (Arch. Saint-Malo, G. G. 3). — D'après l'abbé Manet, la chapelle Saint-Aaron fut reconstruite en 1618 et consacrée le 24 janvier 1621.

auquel plufieurs ont fuccedé les uns apres les autres. Et a duré
cette fucceffion d'hermites par un long temps, avant que l'ifle
ayt efté peuplée d'habitans & rendüe ville. Lefquels habitans,
comme on nous rapporte & eft affez croiable, furent au commencement de pauvres pefcheurs qui f'y retiroient & faifoient leur
demeure, y confervans leurs bateaux à l'abry; & depuis les
chofes croiffant, f'y retirerent & habitüerent peu à peu en cette
ifle. Ceux qui la commencerent à peupler y feirent baftir &
edifier quelques maifonnettes qui n'eftoient pas grand chofe en
ces commencemens, comme il fe void en toutes chofes humaines
en leur naiffance.

Cette ville de Saint Malo eft fife & fituée [1]. . . . . .
. . . .

Depuis les commencemens de cette peuplade, la ville & habitans font toujours allez vers l'accroiffement peu à peu. Ce que
voiant, les princes du païs l'ont fait ceindre de murailles tout
à l'entour, mais en divers temps. Et en plufieurs endroits des
murailles, elles eftoient, comme encore elles font, d'affez chetifve
matiere, en pierre & terre, fans chaux ny fable en la plus part
des murs qui en font la ceinture. La fituation leur faifant
eftimer, (comme je croy), qu'elle n'avoit pas befoing de plus
grande precaution pour la rendre affez forte & de bonne deffenfe.

Apres eftre un peu enflée & la peuplade accreüe par le
nombre des habitans, fut en icelle conftruite & redifiée une
eglife & couvent de religieux reguliers de l'Ordre de faint
Auguftin [2]. Mais j'eftime que ce fut au temps que le fiege
epifcopal qui auparavant eftoit en la cité de Quidalet fut tranf-
feré en lad. eglife de Saint Malo; qui fut, comme il fe trouve
aux chartres du Chapitre de Saint Malo, en l'an [1146].

Depuis cette tranflation dud. fiege epifcopal de la Cité en la
ville de Saint Malo, le nom de l'evefché, qui auparavant f'appe-

---

[1] Lacune du manuscrit A.

[2] La Landelle oublie les Bénédictins de Marmoutiers qui précédèrent à Saint-Malo les chanoines Victorins O. S. A.

loit l'evefché d'Aleth, a changé en celuy de Saint Malo; et f'appelle aujourd'hui l'evefché de Saint Malo, aiant pris fa denomination du nom d'un de leurs evefques nommé *Maclou*, feant au fiege de cet evefché aux années de [590 à 627] & lequel par fa pieté & fainteté de vie & mœurs fut depuis canonifé. De quoy je ne diray rien davantage renvoiant le curieux lecteur aux archives du Chapitre pour y apprendre, fi bon lui femble, ce que je confeffe ingenüement n'avoir peu apprendre ny fçavoir bien au vray jufqu'à prefent. Bien diray-je que les religieux fufdits qui eftoient en cette antienne eglife furent par le pape [Jean XXII] fecularifez et faits chanoines feculiers, comme il fe peut voir en la bulle de leur fecularifation qui fe trouve aux mefmes archives du Chapitre; aufquelles encore je renvoie le lecteur pour f'en inftruire.

Pour donner plus de moyen de peupler & augmenter cette ville, les princes du païs avoient concédé un droit d'azile & franchife aux criminels qui f'y voudroient refugier. Ne pouvant bonnement affeurer en quel temps ny foubs lequel des roys ou ducs avoit efté donné ce privilege, ou fi par les roys de France; aucuns defquels, par l'intelligence des habitans ou autrement, l'ont quelquefoys tenüe & poffedée. Lefdits habitans favorifoient fouvent le party des roys de France contre leurs ducs. Mais de qui que ce puiffe avoir efté que ce privilege d'azile leur ayt efté accordé, il eft tres-certain qu'ils en ont longtemps jouy; & nous avons veu encore de noftre temps jufques en l'an 1590 aucuns de ceux qui f'y eftoient retirez, (lefquels on nommoit *francs bourgeois*, qui eftoit un titre d'ignominie). Et le dernier que nous y avons veu de ces francs bourgeois eftoit un pauvre homme nommé *Guillaume de la Lande*, homme de petite condition. Rome doncq ne f'eft pas feulement peuplée par ce moyen. Ce qui m'a femblé digne d'eftre noté en ces memoires.

Cette ville parvenüe à quelque degré d'accroiffement & le peuple augmenté en nombre, les habitans fe font adonnez au commerce, au moyen que leur en a donné un beau & bon port qu'ils ont au devant de la ville, laquelle abbrie ce port contre l'injure des vents & là demeurent les navires à fecq en bonne feureté. Elle a auffi le hâvre de *Solidort* fous la cité de Quidalet, auquel les vaiffeaux demeurent à flot. Mais ce hâvre ny ce port de Solidort ne font pas capables de beaucoup de navires. Au defaut de quoy fupplée le lieu de *Belle-Greve*, un peu plus avant en la riviere de Dinan dite *la rivière de Rance*. Ledit hâvre de Belle-Greve diftant de celui de Solidort d'environ demye lieüe. Il y a encore une radde de Rance ou les vaeffeaux arrivant de dehors, jettent les ancres & y pofent attendant venir au port de devant la ville. Et en laquelle radde, les navires chargez & qui font prefts à faire voile pour aller en Efpagne et ailleurs, pofent & demeurent à l'ancre, pour de là fortir plus aifement qu'ils ne feroient de devant la ville & du hâvre de Solidort.

Le commerce des habitans eftant petit en fes commencemens, ainfi que font toutes chofes en leur naiffance, f'y eft tellement augmenté, un affaire ouvrant la porte à l'autre, qu'il y eft aujourd'hui tres-grand. Et à prefent cette ville de Saint Malo eft prefque feule en la cofte de Bretaigne, en laquelle fe face navigation & commerce d'importance.

Le commerce doncq y eft aujourd'hui fort beau en Hefpagne, Flandres, Angleterre, Hyrlande, Sirie & ailleurs. Et ne congnois de ville maritime en toute la France où il f'exerce plus beau, plus ample, plus riche & honorable qu'il fe fait en la ville de Saint Malo. Et eft digne de remarque la franchife, l'egalité & bonne foy qui fe trouve parmy & entre les habitans du lieu, foit en ce qui fe traite par entr'eux ou avecq les eftrangers cheix lefquels ils trafiquent ou qui viennent cheix eux.

Cette ifle, en laquelle eft la ville de Saint Malo, eft le fieff de l'evefque, chanoines & chapitre de Saint Malo; lefquels en nom collectiff en font feigneurs fpirituels & temporels. Ne pouvons pas bien dire d'où ny comment cela leur eft advenu. Mais tant eft qu'ils f'en font toujours dits feigneurs fpirituels & temporels; & comme tels y ont eftably & eftabliffent senefchal, alloué, lieutenant, procureur d'office, & autres officiers, &

afseagé tout ce qu'il y a de domaine en la ville & en effect si bien mesnagé le patrimoine de saint Pierre qu'ils sont aujourd'huy seigneurs d'une des meilleures villes de France, antiennement sous les ducs & depuis sous les roys de France qui ont succedé aux ducs. Desquels roys, ducs de Bretaigne, les gens d'eglise la tiennent prochement & relevent en souveraineté.

Deux choses, à mon advis, ont concurré à l'augmentation & amplification de cette mesme ville et habitans. La premiere est la doulceur de la subjection des gens d'eglise, soubs lesquels les habitans ayant reçeu un doux & gratieux traitement, beaucoup plus doux qu'ils ne l'eussent reçeu sous la dition & seigneurie d'un seigneur particulier; lequel aiant, comme il auroit, reuny en sa personne toute l'authorité, n'eust jamais traité ses vassaux tant gratieusement comme ont fait les evesques & chanoines. Le joug de l'eglise estant sans comparaison plus leger & facile à porter que celuy d'un seigneur particulier; ainsi que l'experience d'ordinaire fait voir & l'a fait clairement recongnoistre en l'affaire particuliere des habitans de Saint Malo desquels nous parlons.

Aucuns des roys de France, depuis la reunion de ce duché à la couronne, ont voulu recompenser les evesque & chanoines du fieff de lad. ville & en faire le domaine du roy, mais cela est demeuré sans effect ny execution; cela ne se pouvant faire sans injustice.

Du temps de la duchesse Anne, Reyne de France & duchesse de Bretaigne, fut construit le chasteau qu'à present on y void, qui est une place tres-forte & laquelle, pendant qu'elle sera bien unie & en bonne intelligence avecq la ville, est une des bonnes places qui se retrouve en France.

Au bastiment & construction de ce chasteau s'opposoient les evesque & chanoines. Les habitans au contraire ou la plus part favorisoient à leur pouvoir ce dessein de ladite dame Reyne & duchesse. Si bien que, neantmoins cet empeschement, fut passé outre à ce bastiment. Laquelle dame, pour laisser à la posterité memoire de sa constante resolution contre cette resistance, feift graver fur les pierres de taille dont l'une des tours de ce chafteau eft reveftüe, l'infcription fuivante : *Quiconque en groigne ainfi fera c'eft mon plaifir;* de laquelle infcription qui fe void & lift encore à prefent cette tour a retenu le nom de *Qui-qu'en groigne*.

Les habitans de cette ville, outre qu'ils font gens de commerce, font naturellement vaillans & propres à la guerre, notamment par la mer, & autant refolus & determinez aux hazards qu'autres qui fe puiffent trouver. Et tels fe font-ils monftrez & fait remarquer aux courfes & voiages qu'ils ont fait en mer pendant les guerres d'entre le roy François premier & l'empereur Charles le quint & contre les Anglois. N'aiant iceux de Saint Malo armez en guerre rencontré aucuns navires en mer qui leur ayent peu refifter, quelque inegalité qu'il y euft de grandeur de navires, feuffent Anglois, Efpagnols ou Flamens lors faifant les guerres contre nous pour l'empereur; le joug & fubjection duquel ils n'avoient pas encore fecoué.

Au temps de la guerre d'entre les roys de France & celuy d'Angleterre foubs le regne de [Charles VII [1]], roy de France, le Mont faint Michel eftant du cofté du terrain affiegé par les François, les habitans de Saint Malo mirent en mer nombre de navires armez pour empefcher le fecours de vivres, munitions & gens de guerre que les Anglois vouloient par mer faire entrer dedans le Mont faint Michel & deffirent la flotte angloife qui conduifoit le rafrefchiffement. Si bien que la place n'aiant peu eftre fecourüe fut contrainte de fe rendre au Roy. En recongnoiffance de ce fervice, ceux de Saint Malo obtinrent du Roy privilege de tirer de là en avant pour toujours de Bourdeaux, d'Anjou & de la Rochelle certain nombre de tonneaux de vin fans paier aucuns devoirs [2]. Peu à peu ce privilege, duquel

---

[1] Il ne peut s'agir que du secours porté en 1423, par les Malouins et leur évêque Guillaume de Montfort, aux *Français* assiégés dans le Mont-Saint-Michel par les Anglais.

[2] Lettres-patentes du 6 août 1425 insérées dans le *Recueil des Edicts*, etc., *rendus en faveur de la communauté des habitans* (Saint-Malo, Le Coute, 1732, in-4º).

ils ont jouy longtemps, s'eft perdu, foit par la negligence defd. habitans, ou pour quelque autre caufe que je ne puis fçavoir; pour duquel privilege faire confter, vous en aurez la copie en fuite de ces memoires.

Les mefmes habitans, du temps d'un de leurs ducs, fe voiant indignement traitez par les feigneurs de Couetquen, de la Belliere & autres qui eftoient à Saint Malo en garnifon, (comme fouvent il arrive); un jour que ces feigneurs eftoient fortis à la chaffe & à la volerie, leur fermerent les portes fans à leur retour les laiffer entrer dans la ville. Et prirent le party du roy de France Charles V, dit le fage, & y demeurerent longtemps avant que fe remettre au fervice de leur duc.

Je ne rapporteray point icy ce que dit Froiffard [1], que cette ville fut affiegée par les Angloys en l'an 1376, icelle ville tenant lors le party de France fous le nom de Charles le fage. Selon lequel Froiffard, ce fiege eftoit tenu par le duc de Lanclaftre aveq quatre cens pieces d'artillerie. Et, dit l'autheur que les affie-geans eftoient à la fappe fous les murailles de la ville, lors que ceux de dedans feirent de nuit une fortie fur les affie-geans, & y furent tuez la plus part de ceux qui eftoient à la fappe. Ce qui feift que les Angloys, defefperans d'emporter la place, leverent le fiege. A ce faire contrains par le conneftable Du Guefclin par le roy envoié au fecours de la place, accompagné de grand nombre de la plus illuftre nobleffe de France, de plufieurs Bretons & autres qui tenoient le party du roy contre le duc. En laquelle armée y avoit grand nombre de cavalerie; pour faire retirer laquelle, Du Guefclin amena huit cens lances [&] pour faire lever le fiege.

Je ne puis paffer fous filence que j'ay longtemps tenu pour fabuleux ce que le mefme Froiffard dit de cette fappe fous les murs de la ville, confiderant la mer laquelle deux foys de jour environne Saint Malo, obftant quoy, il eft impoffible de fe conduire fous les murailles de la ville par tranchées ny autre-

---

[1] Froissart, éd. Kervyn de Lettenhove, *Chroniques*, tome IX, p. 90 et suiv.

ment, ny f'y pouvoir loger pour garder les pionniers occupez à la fappe; et de cette congnoiffance que j'ay tres-particuliere qu'en l'eftat auquel eft à prefent la ville, il eft entierement impoffible de venir fous les murs à la fappe. Et cela m'a fait penfer que Froiffard en parloit par ouï-dire fur la relation d'autruy. Mais aiant depuis obfervé de plus pres, j'ay veu que cette langue de terre ou fablons appelée *mielle*, fur laquelle on a depuis bafty la levée & chauffée artificielle, par fur laquelle on vient à pied fecq en la ville, conduifoit jufques contre les murailles de la ville, murailles qui font à prefent enfermées & comprifes dans le chafteau, entre la baffe cour qui y fert de jeu de paulme & la grande cour d'iceluy, fans que la mer couvrift cette mielle de fablon, laquelle eftoit couverte d'une mielle & d'herbe menue, comme font d'autres mielles qui font aux environs de Saint Malo & de la cité de Quidalet. Ayant confideré, (dy-je), cela, je n'ay prefque plus douté que par fur cette mielle qui ne couvre point de mer, on n'aye bien peu conduire des tranchées jufques fous les antiennes murailles de la ville qui font à prefent enfermées dans le chafteau; & du continent d'iceluy, depuis une tour appelée le *vieux donjon*, & une petite tour carrée qui fe void contre la tour de *la generale*. Quel vieux donjon & la fufdite tour carrée fervoient antiennement de flancs & de deffenfes à lad. muraille qui lors faifoit la clofture d'icelle vers la mer & vers Parramé. Et pouvoit bien eftre par cet endroit que les Angloys eftoient à la fappe de la muraille, & la batoient aveq l'artillerie. Ce qu'aiant leu dans Froiffard, j'avois jufqu'à icy tenu pour fabuleux. Mais depuis y regardant de plus pres & examinant les chofes par elles-mefmes, j'ay veu dans le chafteau que ce pan de mur cy devant mentionné, lequel par le dedans du chafteau fert de coftale à une grande cave & à des greniers baftis fur cette cave entre le grand & le vieil donjon, j'ay trouvé & fe void que ce pan de mur a autrefoys efté batu du canon. Car il f'y void encore plufieurs coups de canon en la cave contre ce pan de mur, où fe voient encore plufieurs troux faits par le canon & en aucuns de ces troux des balles qui y font demeurées.

On entre en cette grande cave par une porte qui eft fous la voulte d'une grande porte qui eft au chafteau entre le grand donjon & cette cave. Et eftoit antiennement, avant le chafteau basty, la porte de la ville; & par laquelle, a prefent, on va de la premiere cour du chafteau proche de la ville en la grande cour qui eft au milieu du mefme chafteau. Cette grande porte & le pan de muraille cy deffus mentionnée qui fermoit la ville, eftant demeurées debout comme elles eftoient au paffé, à prefent porte & muraille enfermées dans le chafteau, duquel elles font partie. Mais ce qui ne laiffe rien à doubter & qui fait recongnoiftre qu'en quelque temps la ville a efté batüe de ce cofté là, eft que le grand donjon qui alors faifoit le dehors de la ville & qui eft à prefent enclos dans le chafteau, a efté en pareil batu du canon. De quoy font foy les coups qui, encores à prefent, fe voient dans la muraille de ce donjon. Pour conferver la memoire de laquelle baterie, on a, en refaifant de neuf ce que le canon avoit ruiné, mis troys balles de canon qui fe voient inferées dans le mur de ce grand donjon en une petite arcade pour fervir de memoire à la pofterité. En faveur de laquelle j'ay fait pareillement icy cette remarque du fiege des Anglois, lefquels furent contraints de lever le fiege à leur courte honte.

En l'année apres la journée de nos Bretons à la bataille de Saint Aubin, Saint Malo fut affiegée & batüe par les François. L'armée defquels conduifoit & commandoit le feigneur de la Trimouille. Et apres quelque temps de fiege, les habitans fe voians fans efperance de fecours, deux grandes brefches en la muraille, l'une entre la tour qu'on appelle la *tour mouillée*, à prefent enfermé d'un efperon bafty en l'an 1598, & une petite tour qu'à prefent on appelle encore la *tour batüe*; & l'autre brefche depuis la mefme tour batüe & un deftour de muraille aupres de la *croix de l'Artiller*. Les habitans, dy-je, voians les affaires de leurducheffe, lors pupille, en grand defordre & eux reduits à des extremitez & ne fçachant bonnement pour qui ils euffent fouffert les extremitez qu'efpreuvent les villes qui fe prennent d'affaut, aymerent mieux fe conferver par une honorable capitulation que d'efprouver l'extremité du mal d'une prife par force. Ils fe rendirent doncq au feigneur de la Trimouille, auquel il fut accordé que la ville feroit mife entre fes mains pour le roy & fut convenu que les habitans prefteroient la fomme de douze mil efcus, lors vallans à trente cinq fous l'efcu, la fomme de vingt & un mil livres, à condition que cette fomme leur feroit rembourcée, par les quartiers, fur les deniers du roy qui fe levoient en Normandie. Ce qui fut executé. La taxe en fut faite & la levée fur les fieurs du Chapitre, fur les habitans, capitaine du chafteau & refugiez en la ville. La taxe & le rembourcement qui en furent faits fe trouveront en la fin de ces memoires [1]. Ce rembourcement fut fait legalement par les receveurs des deniers royaux de Bayeux, de Couftances & Carentan, comme vous pourrez voir en fuite de la dite levée.

Il y a eu affez fouvent des proces entre les evefques & chanoines & les habitans, fur l'extenfion que les uns vouloient faire de leurs droits feigneuriaux & les autres pour maintenir & conferver leurs franchifes & libertez. Et du temps de la reyne Anne furent vuidées plufieurs queftions & differens meus entre lefd. ecclefiaftiques feigneurs du fieff & les habitans. Sur tout quoy la Reyne ducheffe donna fon arreft [2]; lequel a depuis contenu les uns & les autres en un profond repos & grande tranquilité.

Il ne m'a pas non plus femblé hors de propos de dire comme au paffé les evefques & chanoines avoient accouftumé de jouir du droit de *neufmes* fur les biens meubles relaiffés par les defuncts. Ce que les habitans trouvant intolerable fe meut proces entre eux. Mais ce different, apres longues procedures, fut terminé par un bon accord, je dy bon parce que les chanoines fe contenterent de la fomme de fix cens livres de rente; de laquelle les habitans leur feirent acqueft par une

---

[1] Voir les pièces à la suite des Mémoires.

[2] Grande charte de la reine Anne, des 13 octobre et 8 novembre 1513, conservée aux Archives de Saint-Malo, reproduite en partie par D. Morice, V, 909.

conftitution de rente fur la Maifon de ville de Paris. De quelle rente les chanoines jouiffent à prefent (1).

Cet accord eft grandement utile aux habitans; & le Chapitre ne leur envie pas ce bien, lequel va au repos des familles, au paffé fort travaillées en la perception de ce devoir de neufmes. De femblable devoir encore à prefent jouiffent quelques feigneurs ecclefiaftiques de Bretaigne, entre autres le prieur du prieuré de Saint Malo de Dinan fur fes vaffaux en lad. ville de Dinan & forbourgs d'icelle.

Non plus ay-je eftimé devoir paffer fous filence comme au temps que les Angloys tenoient la Normandie, un Anglois capitaine d'Avranches avoit tramé une entreprife fur la ville de Saint Malo. Pour parvenir à l'execution de laquelle, ce capitaine anglois fe fervoit d'un Normant domicilié à Saint Malo. Lequel fous paffeport alloit & venoit de Saint Malo à Avranches, vers ce capitaine lequel projectoit pouvoir executer ce deffein de nuit, par efcalade qui fe devoit planter & dreffer à la muraille, en l'endroit auquel tend une rüe, dite lors *rüe Gras-molet*, du femitiere à la muraille. Cet endroit eft dans le lieu auquel fut depuis baftie une citadelle, au temps des guerres contre l'Anglois; quelle citadelle a efté depuis demolie & abatüe. J'ay veu cette citadelle debout & l'ay veu demolir & abattre en mes premiers ans. Mais le lieu par lequel fe devoit executer cette entreprife eft juftement l'endroit auquel eft à prefent baftie la Maifon Preceptoriale faite par les habitans, poffedée maintenant par les religieux Benedictins qui tiennent la grande efcole puis quelques années, fubrogez en la prebende preceptoriale par l'evefque & chanoines à la recommandation des Bourgeois de la ville.

Cette entreprife & trahifon aiant efté efventée, ce Normant fut apprehendé & fon proces luy fut fait par le capitaine de la place, par le fenefchal officier du Chapitre, à ce appelez trois des Bourgeois de la ville. Il fut condamné d'eftre pendu apres

(1) Accord du 11 août 1572.

avoir advoué & confeffé cette trahyfon ; & ainfi receut le falaire deu à fa mefchanceté & perfidie (1).

Nous avons doncq veu une citadelle, outre le chafteau, baftie en cette ville, qui eftoit de nouvelle ftructure fort regulierement baftie, & l'avons veu demolir, fans pouvoir dire en quel temps elle fut faite, finon, comme cy devant avons dit, pendant la guerre d'entre la France & l'Angleterre. Mais l'avons veu demolir à diverfes foys & me femble (car lors eftoys-je un enfant) que c'a efté environ les années 1572 & 1573 & enfuite à diverfes foys. Et au lieu où eftoit cette citadelle font à prefent baftis plufieurs edifices; entre autres, le couvent des religieufes Benedictines de noftre Dame de la Victoire. Cette citadelle eftoit une tres-bonne & tres-forte place. Et de cette citadelle on alloit à couvert au chafteau par deffus le pan du mur de la ville qui eft entre la citadelle & chafteau vers le rocher de l'*iflet*. En ce temps, les habitans n'alloient point fur ce mur qui eft entre les deux places & qui les rendoit contigües & communicables l'une à l'autre.

Je n'eftime pas fuperflu de dire & rapporter icy, qu'en l'an 15[74], la guerre des huguenofts eftant fort efchaufée en France, & que la ville de la Rochelle lors fervant d'azile & de retraite aux pyrates & efcumeurs de mer de cette faction huguenote, lefquels par leurs courfes & pyrateries infeftoient la mer & ruinoient toute la liberté du commerce, il advint qu'aucuns de ces volleurs & efcumeurs de mer prirent en mer & emmenerent quatre ou cinq navires de Saint Malo qui retournoient d'Efpagne, à un retour de vendanges. De ces prifes & pertes les habitans de Saint Malo picquez par leurs interefts fe refolurent d'armer en mer. Et de fait fe feift une affociation & compagnie entre aucuns particuliers Bourgeois ; lefquels à leurs frays armerent cinq des plus grands navires qu'ils euffent, fur lefquels ils embarquerent plus de douze cens hommes pour courre fus aux Rochelloys. Et, à cette fin, obtindrent commiffion du Roy &

---

(1) 2 juillet 1439. Cf. D. Morice, Pr. II, 1324.

munirent & avictuaillerent cette flote pour fix moys. Laquelle, ayant fait voile, dreſſa ſa route vers la Rochelle. Aupres de laquelle eſtant arrivez nos Malouins, ils veirent pluſieurs navires poſez & ancrez aupres du lieu appellé *cheff de baye* ou *cheff de boys*. Vers leſquels ces cinq navires allans pour les aborder & prendre; ceux qui eſtoient poſez, ne ſe doutant aucunement que les noſtres feuſſent de leurs ennemys, les attendoient ſans ſe mouvoir. Mais nos Malouins, tenant alors beaucoup plus du lyon que du reignard, feirent trop de demonſtration, deploiant toutes leurs enſeignes & banderolles au vent aveq grand eſclat de tambours & trompettes; qui fut cauſe que tous ces vaeſſeaux de diverſes nations poſez & ancrez, comme eſt dit cy deſſus, creurent que ces cinq navires eſtoient ennemys & armez en guerre. Ce qui feiſt à aucun de ces navires couper leurs caſbles, aux autres lever leurs ancres, & eſchoüerent au plus toſt qu'ils peurent ſur les vaſes de la Rochelle, par ce moyen ſe mettant à couvert & hors du danger qu'ils ne pouvoient autrement eviter d'eſtre pris & bruſlez par les noſtres. Leſquels de toute cette boutade n'emporterent que le regret d'avoir fait plus de peur que de mal aux ennemys, qui n'en receurent que bien petite ou nulle incommodité. Ces cinq navires n'ayant pris en ce rencontre, ſinon deux petits navires de peu de valeur, qui n'avoient pas eſté aſſez diligens à faire leur retraite, comme avoient fait leurs compagnons.

Nos vaeſſeaux donq aiant failly leur coup, dreſſent leur route vers la coſte d'Eſpagne, lors fort infeſtée par les courſes des Rocheloys. Où il advint que l'un de nos navires, nommé l'*Eſperance*, feiſt rencontre d'un vaeſſeau de mediocre grandeur; lequel ſommé de ſe rendre baiſſa ſes voiles pour teſmoigner ſon obeiſſance, & à meſme temps, ceux de l'*Eſperance* virent en la mer quelque choſe qui flotoit aupres du navire ennemy. Ce qu'apperceu par les noſtres, aucuns d'eux ſe jetterent dans un galion qu'ils traiſnoient apres eux & prirent ce qu'ils avoient veu floter. C'eſtoit une caiſſe de fer-blanc que l'ennemy avoit jettée en la mer; à icelle caiſſe quelques pierres attachées à fin de la faire aller au fonds, mais les cordes qui attachoient ces pierres, s'eſtant relaſchées & la caiſſe ainſi nageant ſur l'eau en fut retirée & ſauvée par les noſtres qui l'apporterent au capitaine qui en feiſt ouverture.

En cette caiſſe furent trouvées pluſieurs lettres, memoires & inſtructions qui deſcouvrirent une grande conſpiration d'aucuns princes & ſeigneurs de ce royaume uniz & affidez aveq quelques princes eſtrangers à la ruyne de la perſonne du roy & de l'eſtat. Les noms deſquels j'eſtime devoir icy paſſer ſous ſilence pour le reſpect deu à aucuns qui touchoient de fort pres la perſonne du roy. Lequel par ces lettres & memoires appriſt beaucoup de ſecrettes machinations, ce qui luy ſervit beaucoup à prevenir & diſſiper cette ligue & conjuration qui alloit à la ruyne de ſa perſonne & ſubverſion entiere de ſon eſtat.

Les porteurs de ces memoires eſtoient principalement : un nommé *Abraham* ſecretaire du prince de Condé & un appelé *Moiſſonniere*. Leſquels furent avec le navire pris amenez à Saint Malo, où ils furent longuement detenus priſonniers au chaſteau juſques à eſtre menez et conduits à Paris, où les teſtes leur furent tranchées pour ſalaire de leur employ indigne de gens de bien & de bons François.

Ces cinq navires aveq trois pataches qu'ils avoient aveq eux eſtans à la coſte d'Eſpagne, aux environs de la Rocque pres de l'entrée de Liſbonne, feirent rencontre d'une grande carraque qui retournoit des Indes Orientales accompagnée d'un grand navire armé, de ceux qu'on appeloit *gardes de Portugal*. Cette carraque eſtoit chargée de poyvres, canelles, & autres diverses eſpiceries & pierreries à grand valeur; & comme nous avons depuis appris cette carraque valoit plus de quinze cens mil eſcus. Nos navires ſe preparoient à l'aborder. Ce que voiant & craignant les Portugais qui eſtoient en icelle mirent un gallion dehors de la carraque & l'envoierent au bord du navire *le François*, qui eſtoit admiral de noſtre flote. Là où les capitaines de nos autres navires & les autres officiers ſe rendirent en leurs bateaux; & là fut donnée audience aux Portugues de la carraque, lefquels feirent voir & recongnoiftre qui & quels ils eftoient, & d'où ils venoient; & feirent fi bien qu'apres le confeil tenu entre les capitaines de Saint Malo, bien que les advis d'aucuns allaffent à la refolution de l'aborder & la prendre, ce qui leur eftoit tres-facile, neantmoins, l'advis et confeil, (à mon fens le plus jufte), qui eftoit de ne luy faire aucun ennuy, prevalut. Et laifferent cette carraque fans permettre qu'aucun mal ny dommage luy feuft fait. Ce ne fut pas fans grand murmure des mariniers, au torrent defquels plufieurs des cheffs fe laiffoient emporter, concluans qu'on devoit aborder & prendre ce navire plein & chargé de tant de grandes richeffes. Mais, comme nous venons de dire, la plus jufte & la plus faine oppinion fut fuivie, qui fut de la laiffer aller & paffer librement, comme ils feirent; ne pouvant y avoir de caufe raifonnable de faire le contraire, la paix & bonne inteligence eftant, comme alors elle eftoit, entre le Roy de France & Dom Sebaftien lors roy de Portugal.

Je ne doute point qu'il ne fe feuft trouvé quelques autres François peut eftre moins religieux que les noftres, qui n'euffent pas laiffé efcouler cette occafion, mais je rendray cet honneur à ceux de Saint Malo qu'ils ont toujours preferé le legitime & fidelle commerce à la pyraterie, laquelle ils ont toufjours bannie à leur pouvoir de parmy eux, la relaiffant aux Normans, lefquels de tout temps f'y font adonnez. Et je veux croire que cette netteté eft en bonne partie caufe que Dieu a beny la ville & habitans de Saint Malo des profperitez defquelles il les a comblez & defquelles ils jouiffent, la divine juftice deteftant toute iniquité, larcin & vollerie, les autheurs defquels crimes il chaftie vifiblement, n'eftendant point fur eux fes faintes Benedictions.

Un autre de ces cinq navires, quelque temps apres, f'eftant efcarté de fes compagnons, feift rencontre d'un grand navire anglois, nommé l'*Ours-blanc*, qui venoit de l'ifle de Candie, chargé de Malvoifies; lequel il prift & amena à Saint Malo. Là où, contre les eloges que je viens de donner au general des habitans, lefd. marchandifes en furent defchargées, mifes en magazin & vendües au profit des armateurs. Je dy de partie d'iceux, car aucuns de ceux qui avoient tres-notable intereft en l'armement ne voulurent participer en cette prife. Et non feulement ils n'en voulurent rien prendre, mais ils feirent fignifier le capitaine en juftice; là où ils feirent declaration audit capitaine du navire *le Lyon* qui avoit fait la prife & à aucuns des confors armateurs que la prife eftant injufte, comme faite fur les fubjects du roy d'Angleterre, ils n'y vouloient rien prendre ny y participer, la paix eftant, comme lors elle eftoit, entre les deux couronnes de France & d'Angleterre.

Les Angloys intereffez en cette prife & perte de ce navire obtindrent d'Helifabeth, reyne d'Angleterre, lettre de marque fur les habitans de Saint Malo, laquelle a duré long temps & finalement la memoire f'en eft efteinte.

Durant cefte lettre de marque, les vaeffeaux ny les biens des habitans de Saint Malo, ny leurs perfonnes, n'avoient aucun feur acces en Angleterre ny Hyrlande; & quand ils faifoient quelques marchez aveq les Hyrlandois pour aller en Hyrlande aveq navires & marchandifes, qui eftoit au paffé un commerce fort ordinaire & autant profitable qu'autre traficq qui pour lors fe feift à Saint Malo, toujours ils conditionnoient en leurs actes de marché qu'iceux marchans hyrlandois les garantiroient de toutes lettres de marque, contremarque etc^a. J'ay eftimé qu'il n'eftoit pas hors de propos d'avoir en ces memoires rapporté ce que devant, non tant pour les enfler, comme pour advertir qu'il n'arrive jamais aucun bien de l'injuftice à ceux qui la commettent [1].

[L'année 1570, dans le moys de May, le roy Charles vint à Saint Malo & y fit fon entrée le mercredy 24eme dud. moys accompagné de la Reyne fa mere, de Monfieur le duc d'Anjou fon frere, de Madame Marguerite fa fœur, de Meffieurs les Car-

---

[1] Le passage qui suit entre [ ] ne se trouve que dans le manuscrit C; il a sans doute été ajouté au texte de La Landelle.

dinaux de Bourbon & de Lorraine, le marquis du Mayne frere du feigneur de Guife & de plufieurs autres feigneurs & evefques.

Les habitans eftant advertis que le Roy eftoit à Dinan & qu'il vouloit venir par mer, firent preparer dix ou douze bateaux, dont il y en avoit un en forme de grand galion à hune, une aultre en galere, avecq aultres petits galions bien acouftrez portant les armes du Roy; & furent envoyez au devant de fa Majefté qui f'y embarqua au port d'Ecablehon, ainfy que la Reyne fa mere, Monfieur & Madame.

La Reyne vint en fon bateau avec Meffieurs les Cardinaux defcendre à la *Foffe aux Dinannais* & entra en ville avant le Roy, fans qu'il fuft tiré aucune artillerye; & fa Majefté defcendit en Solidort; & Monfieur fon frere prift la colation chez la *Blondelle* & changea d'acouftrement.

Et à l'entrée du Roy, les habitans eftoient en armée, fçavoir, avecq arquebufes & piftolets, & les enfans, avecq l'arc, trouffes & fleches. Et eftoient à la tefte pour les commander quatre capitaines, fçavoir : Hamon Jonchée, Charles Jonchée fon frere, Pierre Chevillé & Guillaume Jonchée fils Bertran; & pour les enfans eftoit capitaine : Servan Picot.

Et furent les compagnies, tant grands que petits, rangez en la grefve au devant du Roy qui vint defcendre au *Nais*. Monfieur des Douëtz [1] fift la harangue au Roy accompagné de M. le Senefchal, du procureur des Bourgeois & de plufieurs des habitans & fut faicte la harangue au devant du *Gué* devant la ville.

Auffy toft que fa Majefté fut prefte de defcendre fur la grefve, on tira l'artillerye & le Roy entra en ville à cheval, fur les quatre heures du foir.

Apres fon arrivée, le Roy fut à l'eglife & les gens du Chapitre furent au devant de luy. Et fut haranguée par Monfieur Leonard Durand, l'un des chanoynes; & fut le Roy à vefpres.

---

[1] Jean Le Gobien, sieur des Douetz.

Le Roy eſtoit logé au Manoir de l'eveſque en hault eſtage, Monſieur au Doyenné, le cardinal de Bourbon chez Monſieur Nicolas Jocet feneſchal de Saint Malo, le cardinal de Lorraine chez Bertran Jonchée-les-Portes.

Et fut faict preſent au Roy par les habitans d'une coupe & une eguerre d'argent doré, une garenne de couteaux à manche de corail garny de cuilliers en façon de rocher.

Le lendemayn jour du Sacre, le Roy fut à la proceſſion à *Saint Thomas* ſuivi de Monſieur, de la Reyne, de Madame & des deux Cardinaux. Il y avoit un eveſque qui portoit le saint Sacrement ſous le poële. Apres marchoient ſous la queue du poële le Roy & la Reyne, puis Monſieur apres, & enſuite la nobleſſe. Et le poële eſtoit porté par Monſieur de Bouillé & troys aultres ſeigneurs.

Apres diſner, le Roy & la Reyne, Monſieur & Madame, & les Cardinaux furent à la predication qui fut faicte en l'egliſe par Monſieur de Sainte Foy. J'obmettois de dire qu'à l'iſſüe de la grand meſſe le Roy touſcha trois cens malades des eſcroüelles.

Le meſme jour, le Roy alla à Sezembre & le vendredy fut faict un combat de chaloupes ſur les *Gorioux*, où il eſtoit preſent dans un bateau. Puys fut au *Bais*, & ſur le ſable fut fait lutte. Et le ſabmedy apres la meſſe le Roy partit & ſ'en alla diſner à Cancale; de là à Dol, puys au Mont ſaint Michel.]

Auſſi peu ay-je eſtimé ſuperflu de rapporter icy quelques autres choſes qui meritent bien d'eſtre ſceües. Entre leſquelles je mettray le temps, auquel fut baſtie une maiſon de ſanté, laquelle eſt au *Tallaz*. Faut doncq ſçavoir que la peſte eſtant furieuſe en Bretaigne, particulierement en la ville de Saint Malo, les habitans pour ſe garentir du danger jugerent convenable au ſalut publicq de transferer la maiſon de ſanté au Tallaz. Laquelle auparavant eſtoit dans la ville, au lieu auquel eſt à preſent baſtye l'egliſe de ſaint Sauveur & hoſpital de la ville.

Et de fait, edifierent une autre maiſon au *Tallaz* affin d'y retirer les malades de la contagion. Les habitans prirent à feage des ſeigneurs du Chapitre environ un journel de terre ſur les mielles du Tallaz, pour y baftir cette maifon. Ce qui fut fait. Et d'autant que la Communauté n'avoit alors des deniers, furent commis aucuns d'entre les habitans pour rechercher quelques advances des volontaires qui prefterent, et dont ils furent depuis rembourcez & satiffaits au moyen de la levée qui en fut faite. Ces deux deliberations d'edifier cefte maifon & prendre à feage la place pour ce faire, fe trouvent fur les regiftres de la Maifon de ville des 10 & 13ᵉ de May 1583 [1]. Et furent nommez & commis perfonnes pour executer les deliberations, qui les executerent. Et fut cette maison baftie au Tallaz qui eft un lieu autant commode à cela qu'aucun autre lieu qu'on euft peu trouver, ce me femble.

Les habitans de la ville de Saint Malo n'avoient point antiennement faculté de Maifon de ville et ne creoient point de procureur des bourgeois, ne jouiffoient pas mefme de droit de Bourgeoifie, f'ils n'en obtenoient le droit d'aveq les feigneurs du Chapitre; & n'avoient faculté de deliberer des affaires communs de la ville, finon par devant lefd. chanoines & en leur chapitre, dans lequel fe traitoient tous les affaires communs de la ville. Mais depuis cefte faculté leur fut concedée par l'arreft de la reyne Anne *ad inftar* des autres villes de la province. Et depuis ont toujours nommé & efleu d'entre eux un procureur findicq & autres officiers pour la direction de leurs affaires publics.

Et me fouvient bien qu'il n'y avoit point de mifeur, mais le procureur fyndicq faifoit jointement avec fa charge la function de mifeur. Et croy qu'en l'an 1575, il n'y avoit point encore eu de mifeurs autres que les fyndicqs. Auffi n'en avoient-ils pas grand affaire, la ville, en ce temps-là, n'aiant pas beaucoup de deniers communs, ne poffedant en ce nom de communauté, finon la moitié du revenu de l'*antienne couftume*. De laquelle le gouverneur jouift d'une moitié & les habitans de l'autre moitié. La rente de laquelle n'eftoit pas grand chofe au paffé, comme

---

[1] Arch. S. Malo, anc. BB 86, nouveau BB 7.

il eſt à croire. De toutes ces choſes, voyez l'Edit de la reyne Anne, par lequel ſont vuidées beaucoup de difficultez & differens entre les chanoines & habitans. Les merites du proces y ſont bien au long deduits, à quoy je renvoie le lecteur curieux d'y voir l'antiquité & l'eſtat des choſes paſſées, pour, en les conferant avec les preſentes, remarquer les mutations qui ſe font tous les jours & à tous momens dans la nature.

Le gouvernement & capitainerie de la ville a eſté du temps des ducs & depuys l'Union du duché, par les roys commis à pluſieurs ſeigneurs de qualité. Or n'eſt-il pas de mon propos de rapporter quels en ont eſté les gouverneurs des longtemps. Mais me ſuffira de dire quels gouverneurs j'y ay veu. Je diray doncq qu'eſtant ſous l'aage de dix ans, j'ay congneu meſſire *Georges de Bueil,* ſeigneur de *Bouillé,* gouverneur de Saint Malo & lieutenant general en Bretaigne ſous le duc de Montpenſier gouverneur de la province en quelques eveſchez.

Ce ſeigneur de Bouillé eſtoit doué d'une telle prudence accompagnée d'une affabilité ſi grande que les habitans l'aymoient & reveroient tout enſemble. Il meritoit d'eſtre aymé, car il eſtoit aymable. Il vivoit aveq les Bourgeois comme un pere aveq ſes enfans. Il leur diſoit ſouvent, ainſi que depuis j'ay ouï dire aux anciens : « *Ardé, Ardé, vous me regretterez.* » Et lors que familierement (& ſerieuſement neantmoins), il ſ'entretenoit aveq eux, il leur conſeilloit de ne faire congnoiſtre en cour ny eux ny leur ville. Ce qui procedoit, à mon advis, de certaine crainte qu'il avoit que quelque grand ſeigneur n'euſt affecté ce gouvernement, ou l'euſt empeſché d'en diſpoſer en le remettant entre les mains du roy en faveur de quelqu'un de ſes parens; en un mot il en eſtoit jaloux comme d'une maiſtreſſe.

Enfin ledit ſeigneur de Bouillé, ayant eſté gouverneur de Saint Malo le temps de quarente deux ans, remiſt ſes charges de lieutenant general & gouverneur de ſaint Malo entre les mains du Roy en faveur de meſſire *Honorat de Bueil,* ſeigneur de *Fontaines,* ſon nepveu, qui fut pourveu de ces charges, au grand regret des habitans de Saint Malo pour la doulceur & gratieux traitement qu'ils avoient receu dud. feigneur de Bouillé; regret neantmoins duquel l'aigreur & amertume eftoient temperez par l'efperance qu'ils concevoient que le feigneur de Fontaines fuccederoit en la doulceur & benignité de fon oncle & se monftreroit auffi bien heritier de fes vertus comme de fes charges & autres biens.

Pendant que ce feigneur de Bouillé eftoit en ce gouvernement & qu'il y fejournoit logé au chafteau, quelque prince aiant dreffé quelque party contre le roy, aiant attiré à sa faction plufieurs feigneurs, gentilfhommes & autres, il fe feift un deffein contre la vie du feigneur de Bouillé & sur le chafteau de Saint Malo par le feigneur de Chafteau-neuff [1] voifin de la ville de Saint Malo de deux lieües. Mais cette mine fut efventée par led. feigneur de Bouillé & habitans qui y donnerent fi bon ordre que le feigneur de Chafteau-neuff perdit fes pas & fa peine & n'en remporta que le deplaifir d'avoir mal entrepris, mal conduit & nullement executé ce deffein dreffé contre le fervice du roy, perte & ruine de la ville & habitans.

Je ferois trop long & ennuieux fi j'entreprenois icy rapporter le particulier de cette levée de boucliers & les moiens qu'il s'eftoit propofé tenir en la conduite de cette entreprise & des voies par lefquelles cela fut decouvert, dont j'ai fceu & appris tout le detail. Suffira qu'elle avorta fur le point qu'elle eftoit prefte d'efclorre. De quoy les habitans rendirent graces à Dieu par proceffions & devotions publicques. Auffi avoient ils grande obligation de louer celuy qui les delivra miraculeufement de ce peril. Cette entreprife fe devoit executer fous pretexte d'un difner, auquel s'eftoit convié le feigneur de Chafteau-neuff & de venir vifiter led. feigneur de Bouillé qui vivoit sans meffiance de de cet entrepreneur qui jufqu'alors ne s'eftoit declaré contre le fervice du roy. Cette entreprife fut en l'une des années 1575 ou 1576 &, comme je croy, au mois de Mars [2].

---

[1] Gui de Rieux.
[2] Voyez la Lettre de Bouillé du 28 juin 1576 (D. Morice, Pr. III, 1426).

Le fieur de Chafteau-neuff adverty, comme il mettoit luy & autres gentilfhommes fes complices le pied dans un bateau pour venir en ville que fa mifne eftoit efventée, f'en retourna fur fes pas. Et ayant rejoingt quelques troupes de gens de cheval & de pied qui f'eftoient approchez de Saint Malo, f'en alla à Dol, cinq lieües de Saint Malo, alors toute declôfe, en laquelle la compagnie de Monfieur de Bouillé eftoit à fe rafrefchir, bien exempte de crainte, ne prevoiant point qu'alors il y euft perfonne en la province contre le fervice du Roy. Cette compagnie de gendarmes ne receut autre dommage que de la perte de tous leurs chevaux qui furent emmenez par les gens du feigneur de Chafteau-neuff. Les cheffs de cette compagnie de gendarmes eftoient, fçavoir : un feigneur de la Marzeliere, lieutenant, & un nommé *Gaftemor*, enfeigne. Quel Gaftemor, comme je croy, n'eftoit pas Breton [1]; au moins n'ay je jamais ouï parler de ce Gaftemor, fi ce n'a efté en parlant de cette efquipée du feigneur de Chafteau-neuff.

Ce feigneur de Bouillé, affin d'eviter que, fous pretexte de femblables vifites, quelques autres attentaffent femblables folies, prift une maifon en ville où il fe logea aveq fon train, laiffant pour fon lieutenant au chafteau le fieur *de la Perraudiere*, gentilhomme angevin nommé *Francois Moreau;* & lequel y eft toujours demeuré lieutenant & du feigneur de Bouillé & du feigneur de Fontaines jufqu'à la prife que les habitans feirent du chafteau, comme vous pourrez voir en la fuite de ces memoires, fi vous vous donnez le loifir de les voir.

Le feigneur de Fontaines, pourveu des charges du feigneur de Bouillé fon oncle, apres la mort de fon oncle, f'achemina à Saint Malo pour en prendre poffeffion. Et y arriva & y feift fon entrée un dernier jour d'Apvril 1578, où il fut receu des habitans aveq tous les honneurs à eux poffibles; n'aiant efté de leur part obmis aucune chofe qui peuft tefmoigner leurs affections &

---

[1] Il était Normand et s'appelait réellement *du Gastemo* (Cf. D. Morice, Pr. III, table).

devoirs envers leur gouverneur & tous les gentilſhommes qui l'accompagnoient & affiſtoient en cette action & entrée.

Bien toſt apres l'entrée de ce nouveau gouverneur, on commença à remarquer une grande difference entre ſes mœurs & ſon procedé, & celuy de ſon oncle & devancier. Car, au lieu de ſe monſtrer doux, affable & acceſſible aux habitans, on remarqua au contraire une humeur rogue, altiere & de difficille acces; vices deſaggreables à perſonnes qui ſont nées libres & non eſclaves. Et commencerent bien toſt à dechoir de l'eſperance qu'ils avoient conceüe de rencontrer en ce ſeigneur le doux & gratieux traitement dont ils avoient accouſtumé de jouir pendant le gouvernement du defunct ſieur de Bouillé.

Apres quelques moys de ſejour dud. ſeigneur de Fontaines à Saint Malo, logé au Manoir epiſcopal, il retourna en cour, laiſſant la place à la charge & au ſoing du ſieur de la Perraudiere, ſon lieutenant; lequel il continua dans cette charge ſans y avoir apporté mutation ou changement, ny augmentation ou diminution de ſoldats en la garniſon.

Ce ſeigneur de Fontaines portant le nom d'Honorat de Bueil avoiſt eſpousé une tres-belle, vertueuſe & honorable dame nommée Anne de Bueil, iſſue de la maiſon des comtes de Sancerre. De leur mariage, j'ay veu trois beaux enfans. L'aiſné deſquels on titroit de ſieur de Vallaines, le ſecond ſ'appeloit le ſieur de Bouillé, le troiſieſme eſtoit une fille, fort belle damoiſelle. Laquelle fut mariée à Roger de Bellegarde, lors Grand-Eſcuier de France, duquel mariage ne ſont deſcendus aucuns enfans. Elle eſtoit mariée quelque temps avant la priſe du chaſteau de Saint Malo par les habitans & avant la mort du ſieur de Fontaines ſon pere, ainſi que vous pourrez voir en la ſuite de ſes memoires.

Le ſecond, appellé de Bouillé, fut ainſi appellé d'autant qu'eſtant encore fort jeune & ſous l'aage de douze ans, il eſpouſa à Saint Malo une damoiſelle nommée Beatrix de Launay, heritiere de la maiſon de Pont-Sal en l'eveſché de Vennes & heritiere univerſelle du defunt ſeigneur de Bouillé, & en un mot tres-riche. Et de laquelle; apres la mort du seigneur de Bouillé, duquel elle demeura aussi heritiere, le seigneur de Fontaines fut tuteur & garde; si bien que l'aiant en son pouvoir, il la feist epouser à son cadet qui depuist ce mariage prist le nom de Bouillé. Mais ce mariage qui ne fut jamais consommé ne dura gueres & seulement, le soir des nopces, la damoiselle mist le pied au lit, à fin du douaire, sans coucher ensemble. Car ce jeune gentilhomme mourut de petite verolle à Saint Malo, bien tost apres ses espousailles. Et demeura cette mariée veufve avant que d'avoir savouré la douceur des fruits de son mariage, & toujours sous la tutelle du seigneur de Fontaines & y estoit encores la nuitée en laquelle nous prismes le chasteau, comme nous esperons dire en son lieu. Cette dame fut depuis mariée au seigneur de Querservan Nicolas de Talhouet; le pere d'elle se nommoit Francois de Launay seigneur de Tallevert, lequel j'ay longtemps congneu en mes premieres années lieutenant au gouvernement sous le seigneur de Bouillé. L'aisné fils dud. seigneur de Fontaines mourut en Italie, apres la mort de son pere qui l'y avoit envoyé, & la fille mariée au seigneur de Bellegarde mourut sans enfans, si bien qu'il n'est demeuré aucuns enfans de ce seigneur de Fontaines. Cette disgression faite pour parler du seigneur de Fontaines, de son mariage & de ses enfans me soit pardonnée. Mais j'ay estimé que luy estant en grand partie le subject & l'argument de ces memoires je ne pouvois me passer de dire ce que dessus.

Pendant le sejour du seigneur de Fontaines à Saint Malo, où il arriva comme nous avons dit le dernier jour d'apvril 1578, il estoit accompagné de nombre de gentilshommes; entre lesquels estoit le sieur de *Racan* son frere, qui, jeune & insolent, se persuadoit estre arrivé parmy quelques sauvages ou comme en païs de conqueste & là où toutes choses luy feussent loisibles. En cette creance, il commettoit & de jour & de nuit beaucoup de petites folies de jeunesse, lesquelles n'estant ny pouvant estre aggreables à tous ces habitans, ils en adresserent par plusieurs fois des pleintes au seigneur de Fontaines, son frere, le suppliant de faire cesser tels desordres. Mais voiant leurs remonstrances vaines, ils se resolurent d'opposer à ces voies de fait, pareillement les voies de fait ; & de se faire eux-mesmes les raisons qu'ils ne pouvoient obtenir par leurs remonstrances, le seigneur de Fontaines, (comme il disoit), n'aiant assez d'authorité sur le sieur de Racan son frere.

Ces comportemens insolens du sieur de Racan, & le mesprix de leurs remonstrances & des pleintes, feirent prejuger aux habitans qu'ils estoient tombez entre mains de personnes desquels ils ne devoient pas esperer bien favorable traitement. Ce qui des lors commença à aliener les volontez envers le sieur de Racan & mesmes envers le sieur de Fontaines, & leur renouveller les regrets de la perte du defunt sieur de Bouillé leur dernier gouverneur, mais en vain.

Nous avons desja cy devant dit qu'apres quelques sejour des sieurs de Fontaines & de Racan à Saint Malo, ils s'en retournerent en leurs maisons & à la cour, laissant les habitans un peu plus ulcerez pour les insolences du sieur de Racan & le peu ou point de satisfaction qu'ils en auroient eu du sieur de Fontaines leur gouverneur.

Aussi avons nous dit que le sieur de la Perraudiere, fut laissé lieutenant au gouvernement ; lequel, aiant esté longtemps sous le seigneur de Bouillé, avoit assez sagement vescu parmy les habitans. Ce qui avoit fait qu'ils avoient intercedé pour luy envers le sieur de Fontaines, lequel, aiant esgard à leurs prieres & pour autres considerations, le confirma en sa lieutenance.

Nous laisserons icy à parler du sieur de Fontaines, lequel s'en va en cour ; d'où, nous ne le verrons de retour à Saint Malo jusqu'en l'an 1585, qu'il y arriva au mois de Juilet accompagné de la dame de Fontaines sa femme & de ses trois enfans susnommez. Nous reprendrons cy-apres le discours de ce retour & son arrivée à Saint Malo, & des motifs qui les feirent abandonner le doux et gratieux sejour de la cour & de leurs maisons pour se venir confiner en Bretaigne. Et ce pendant, parlerons icy d'autres choses.

Icy l'autheur entre en la narration des motiffs de nos guerres civiles, premierement suscitées par les huguenots, lesquels ont esté la base & le fondement de la Ligue, inferant que s'il n'y eust jamais eu de huguenots en France, la Ligue n'eust point eu le pretexte de la conservation de la religion catholique, apostolique & romaine; & va rechercher ce que quelqu'autheur en a dit (1).

Toute l'Europe, voire tout l'univers, ont veu naistre en ce royaume de France, les factions, partialitez & divisions qui commencerent en l'an [1559] & lesquelles des lors jetterent & depuis ont jetté & precipité la France dans les horribles confusions qu'on y a veu par les guerres intestines. Lesquelles, ores esteintes en apparence & tantost renouvellées & fomentées sous divers pretextes, avoient reduit cest estat quasi en dernier point de sa ruine, tant par les tumultes des naturels du païs que des estrangers. Lesquels, ores appellez par l'un des partis, & tantost par l'autre, y accouroient de toutes parts, comme à la depouille de ce royaulme auparavant ces troubles le plus riche & le plus florissant de l'Europe.

Plusieurs escrivains en ont rapporté les motiffs, les progres & les miseres qui en sont derivées, mais je n'ay veu aucun de tous leurs escrits qui ne m'aient fait croire que tous ces autheurs, (ou fort peu exceptez), n'ont pas esté entierement vuides de passion pour l'un ou l'autre des partys que les diverses occurrences avoient fait naître dans l'estat. Et ont ces autheurs, contre l'un party en faveur de l'autre, dit & rapporté, selon que les vents de leurs affections les emportoient. Et pour tant, combien que mon but principal ne soit pas de rapporter tant de choses ny tant au long, si ne laisseray-je de rapporter quelque chose de ce que j'en ay veu & leu en aucuns de ces escrivains, avant qu'entrer en la narration de ce qui, en cette ville de Saint Malo, est arrivé en suite de ces commencemens & ce qui s'est faict, geré & exploité par les habitans d'icelle & par leur ordre & commandement, dedans

---

(1) Les extraits et citations qui vont suivre sont empruntés à l'*Histoire des derniers troubles de France*, attribuée à Pierre Mathieu (Bibliothèque Nationale, Catalogue de l'Histoire de France, L a 24, 5, éd. B, 1600, f° 2-6).

& dehors lad. ville, durant les guerres de la Ligue & encore depuis la paix, sinon le tout, au moins ce qui me semblera plus digne d'animadversion, autant qu'il me sera possible.

L'autheur de certain livre intitulé HISTOIRE DES DERNIERS TROVBLES DE FRANCE, bien que selon mon sens non trop exempt de passion, (comme semble tesmoigner son histoire), ne s'est peu passer de dire que nos premieres semences de divisions nous sont venues & ont esté apportées de Genesve. Lesquelles aiant trouvé en France un terroir propre à leur nature, y aiant esté semées commencerent bien tost à y germer, prendre racines & y produire leurs fleurs belles en apparence, mais lesquelles on y veid bien tost produire des fruits, lesquels on a trouvé aigres & plains d'amertume & qui ont agacé les dents qui de gré ou de force en ont voulu gouster.

Ce mesme autheur dit qu'en la naissance de cette nouveauté, on veid en moins de troys ans formiller plus de Lutheriens en la ville de Paris, capitale du royaume, qu'il n'y avoit de prelats ny de docteurs pour s'y opposer; que le roy (lors) Henry second voulant estouffer ce mal des le berceau y emploia l'authorité de ses edits & n'y espargna la severité des chambres ardentes ny des mercuriales affin d'essayer d'extirper ces mauvaises plantes des la racine; que quelques princes estrangers en eurent pitié & s'emploierent envers le roy pour tascher de le faire adoulcir la rigueur de ces persecutions publicques.

Dit cet autheur en outre que les grands du royaume s'en esmeurent & embrasserent leur deffense, entre autres le sieur d'Andelot que le roy aymoit, tant pour l'honneur de sa maison que pour les insignes effects de sa valeur; que plusieurs conseillers de la Cour se trouverent enveloppez dans cette nüée qui furent faits prisonniers; que le Cardinal de Lorraine & le duc de Guise, son frere, qui avoient practiqué le mariage de la reyne d'Escosse, leur niepce, pour le premier fils du roy, tenoient aupres de sa Majesté le premier ranc; que le roy engageoit son conseil à l'advis du Cardinal & ses forces au duc lieutenant general en ses armées; & avoient toute l'authorité sur le peuple qui les estimoit non moins pleins de fidelité envers cette couronne que de zele & de religion envers l'eglise qui les honoroit comme les plus affectionnez au bien publicq; qu'ils estoient ses Druses, ses Marcels & ses Phocions, & qui poussoient le roy à l'extirpation de ces heresies; & sans doute il les eust dissipées, si l'esclat de la lance de Mont-Gommery n'eust, sinon dissipé, pour le moins arresté le cours de ces publicques vengeances.

Que ce grand roy qui promettoit à son peuple une paix longue & durable estant mort, son sceptre tomba aux mains de François second son fils, mais que l'authorité royalle demeura à ceux qui s'en trouverent faefis, & qui fe difoient le meriter pour les fervices rendus au roy, à la religion & à l'eftat. Tellement qu'avant qu'Anthoine de Bourbon, roy de Navarre & premier prince du fang, feuft arrivé en cour, fa place eftoit prife; & la royauté paffa entre les mains d'un roy de quinze ans, d'une Italienne, d'un cardinal & d'un prince de Lorraine. Les antiens ferviteurs en furent efloignez & mefme le conneftable.

Que ces mefcontentemens ouvrirent les catharactes des divifions qui ont fait un deluge de maux en France. Les mefcontens, ou pour fe voir reculez des charges publicques ou pour eftre tourmentez en la liberté de leurs confciences, f'accordent enfemble pour demonter ceux de Guife qui fe guindoient fi haut pres du roy, refolus de ne quitter les armes que fa Majefté ne feuft degagée de leurs mains & l'eftat reduit fous un gouvernement legitime, promettant n'attenter touteffois ny à la perfonne du roy ny à fon authorité ny aux princes de fon fang.

Que Dieu monftra qu'il n'ayme les remueurs d'eftat ny ceux qui trempent leurs mains dans le fang & qui enflent leurs courages par l'indifcretion de quelque pretexte, & qui ufent de remeddes plus nuifibles & pires que le mal. Dieu doncq renverfa cette premiere entreprife. Les autheurs de laquelle, furpris fur le fait & fur le point de l'execution, n'en remporterent que la peine & le repentir; pendus comme ils furent, tous bottez & efperonnez, dans le chafteau d'Amboife.

Que les eftincelles qui fortirent de ce caillou mirent le feu aux guerres civiles de France, & par ce que la plus grande partie de ces remueurs eftoient de la nouvelle religion, que des lors on appeloit *Huguenots*, du lieu où ils f'affembloient premierement à Tours, le cardinal de Lorraine commença à crier à l'heretique &, pour les rendre plus odieux, feift trompetter partout que l'entreprife eftoit contre le roy.

Dit encores cet autheur qu'on y enveloppa le prince de Condé qui pour juftifier fon innocence & protefter de l'integrité de fon cueur au fervice du roy, dift en fa prefence & des autres princes, feigneurs & officiers de la couronne que, fa Majefté exceptée & fauff la reverence de Meffieurs fes freres, de la Reyne fa mere & la reyne regnante, ceux qui avoient rapporté qu'il eftoit de l'entreprife d'Amboife avoient faulfement menty & f'ils le vouloient maintenir, il f'offroit de les combattre & là où il leur ferait inegal de f'efgaller à eux en toutes chofes pour cet effect & leur feroit confeffer à la pointe de l'epée ou de la lance que ce font poltrons & canailles.

Ce prince ne pouvant vivre parmy tant de foupçons & de meffiances, la butte & le blanc de ſes ennemys, quitte la Cour & ſ'en va trouver ſon frere le roy de Navarre, aupres duquel ceux qui faiſoient les reformez ſe retiroient.

Dit encores l'autheur que le mal croiſſant de jour à autre, & les humeurs corrompues ſe preparans à une dangereuſe paralyſie, la Reyne mere qui congnoiſſoit mieux la maladie que les cauſes d'icelle, voiant que les remeddes les plus aſpres & plus violens n'avoient rien advancé la gueriſon, y en emploia des plus doux & faciles. Elle feiſt aſſembler à Fontaine-Bleau les plus grands & plus doctes eſprits de France pour debatre les controverſes de la religion. L'Admiral y preſenta la requeſte de ceux qu'il ſupportoict, pour avoir des temples & libertez de conſcience; à laquelle ſ'oppoſa le cardinal de Lorraine, le ſeigneur de Monluc & autres, & propoſerent que le plus aſſeuré remedde eſtoit de ſe ſubmettre à la reſolution d'un Concile libre & legitime. La concluſion de cette aſſemblée fut que les Eſtats Generaux ſe tiendroient au moys de decembre à Meaux & le Concile national le dixieſme de janvier ſuivant.

Les Eſtats ſe tindrent à Orleans, le Roy invita le roy de Navarre d'y venir & y amener le prince de Condé, ſon frere, pour ſe purger des bruits & advis ſemez contre luy, ils ſe mirent tous deux en chemin & arriverent à Orleans où ils ſe preſenterent au roy qui ne leur feiſt pas tant d'accueil & de carreſſe que leur qualité & la proximité du ſang le requeroit.

Le prince de Condé fut fait priſonnier, Madame Renée, fille de France, ducheſſe de Ferrare pourſuivit ſa delivrance, ſon proces fut inſtruit, on le condemna à avoir la teſte tranchée devant le logix du roy à l'entrée des Eſtats. Il n'attend que l'execution. La mort du roy lui redonna la vie & la liberté; le roy Charles declara ſon innocence, la Cour du parlement de Paris feiſt un edit, les Eſtats ſe continüent, le different de la religion ſ'appaiſe ſous l'attente d'un Concile.

Meſſieurs de Guiſe, ce pendant, qui croioient que leur grandeur eſtendroit ſes rameaux plus avant, furent bien eſtonnez par la mort du roy qui avoit epouſé la reyne d'Eſcoſſe, leur niepce; & d'eſtre contrains ſe ſouvenir qu'ils n'eſtoient plus ce qu'ils ſouloient eſtre. Ils cederent la place au roy de Navarre, mais non l'eſperance d'y rentrer. Les affaires les quittoient, mais ils ne quittoient pas les affaires, pourſuivant de ſe reconcilier avecq le prince de Condé. Ils parlent haultement contre l'hereſie qu'ils deteſtent d'autant plus qu'ils voient que les princes du ſang preſtent l'epaule à ſon eſtabliſſement, & que le roy de Navarre ſ'en degouſtoit, prenant plus de plaiſir au royaume de Navarre qu'on luy promettoit rendre & à celuy de Sardaigne qu'on luy offroit, en fe feparant des princes reformez & de la protection des eglifes proteftantes qu'à la condition de la querelle de fa maifon.

Les libres deportemens des miniftres qui, impatiens d'attendre la refolution d'un Concile, fe mirent aux chaires qu'ils trouverent vuides, tenterent & remüerent fi fouvent les confciences que foudain les traditions & ceremonies de l'Eglife furent defcriées, les temples faefis & demolis.

Le Conneftable, iffu du premier chreftien & du premier baron de France, f'oppofa à cette diverfité de religion en un royaume qui depuis Clovis f'eftoit confervé pur & entier fous l'antienne creance de fes peres. Le cardinal de Lorraine f'en mefla & confeilla au roy un edit contre ceux de la Religion & la prefumption de quelques uns fut telle qu'ils accorderent le colloque de Poiffy, où, au lieu de remedde, on ne trouva qu'un empirement de nos maux.

L'Edit de janvier tant renommé, tant folennel aux Huguenots, f'enfuivit. La rupture duquel, par la meflée de Vaffy, feift venir les deux partys aux mains fur les plaines de Dreux qui donnerent le nom à cette bataille, memorable, tant pour le nombre des combatans qui eftoit de dix neuf mil hommes de pied & deux mil chevaux de la part du roy, & de quatre mil chevaux de cafaques blanches & de fix mil fantaffins, que pour plufieurs autres grands accidents qui y furent remarquez, outre la prife des deux cheffs.

Entre tant de profperitez qui accompagnent le duc de Guife par la mort du roy de Navarre, cheff de l'armée du roy, fuivy de toute la nobleffe catholique, tuteur & conducteur des deffeins du roy & de fa mere, la mort jaloufe que la capitale ville du royaume avoit crié à fon arrivée *Vive Guife*, *Vive Guise*, avecq autant d'allegreffe que jamais elle cria *Vive le roy*, fe deffift de luy par Poltrot, qui le tua devant Orleans & mift fin à la premiere guerre civile. Sortit de prifon le prince de Condé & le Conneftable apporta le premier edit de paix.

Par cette paix la France euft moien de refpirer & les fubjects de vivre en affeurance. Mais les humeurs corrompues qui caufoient la maladie de l'eftat, n'eftoient fi bien digerées qu'il n'y euft encore de quoy craindre une dangereufe recheutte; qui advint trois ans apres, lors que les plus remuans rallumerent les feux, finon efteins, pour le moins qui eftoient à demy amortis. La Reyne mere, aiant fait cette grande vifite des provinces de fon fils & accordé la maifon de Guife & de Chaftillon à Moulins, feift venir fix mil Suiffes fous une feinte peur de paffage du duc d'Albe, avecq lequel elle avoit conferé à Bayonne que pour vivre à fon aife il falloit pefcher les grands faulmons & laiffer les grenouilles. L'Admiral f'en apperceut & refolut de fe fauver plus toft avecq les bras qu'avecq les jambes, s'approcha si pres du roy qu'il faillit à le prendre à Meaux & le força de se retirer à Paris conduit par le regiment du colonnel Pfiffer. Le prince de Condé prist Saint Denis, assiegea Paris, brusla les moulins sur la riviere. Les deux armées vinrent aux mains, la bataille se donna pres Saint Denis, les princes protestans se retirerent. Le roy demeura à Veincennes, mais la bataille luy cousta la vie du connestable, l'un des premiers capitaines de l'Europe, qui aiant commandé, donné & receu en sept batailles, mourut à la veüe de Paris & de son roy à la teste d'une armée victorieuse par sa conduite; aiant rompu les maschoires à celuy qui l'avoit blessé au visage, receut d'un Escossois une pistoletade dedans les reins, & mourut de la septiesme blesseure en la septiesme bataille aagé de douze fois sept ans.

Cette mort apporta encore une autre petite paix que l'on nomma *la paix fourrée* qui ne dura que six mois & feist une guerre de deux ans entiers, en laquelle le prince de Condé mourut. En laquelle les princes de Navarre & de Condé & les ducs de Guise & de Mayenne se feirent capitaines, ceux-là de l'armée protestante sous la guide de l'admiral; ceux-cy à la deffense de Poictiers sous Monsieur, frere du roy, cheff de l'armée de sa Majesté. La bataille de Moncontour survint où toute l'infanterie huguenote fut taillée en pieces. Les reistres n'eurent leurs esperons assez bons pour faire fuir leurs chevaux. Monsieur, n'usant pas de sa victoire, laissa rallier ses ennemys & se recongnoistre qui en peu de temps se virent assez forts pour le contraindre à la guerre ou à faire un autre edit de paix plus adventageux pour les huguenots que les deux premiers.

Cette paix jurée par tous ceux qui avoient quelque authorité publique en cet estat, feist gouster aux François la doulceur de la tranquilité, à contrecueur de l'aigreur & amertume des divisions civiles. Le Roy, la Reyne sa mere, Messieurs les princes ne respirent & n'aspirent qu'à ce contentement, on ne parle que d'asseurer la paix en France & porter la guerre aux frontieres ou dedans le cueur des provinces estrangeres. Ce ne sont que nopces, que festins, que rejouissances publiques. Cette bonasse n'estoit qu'un presage de la tourmente qui se levoit, & les mariniers jugent que ces grands calmes sont les presages de grandes tempestes. Voicy venir cette grande & terrible journée pleine de sang, de larmes & de douleurs, où pesle-mesle tant de François furent egorgez, où le roy de Navarre, ne se voiant asseuré entre les chastes embrassemens des premieres nuicts de son mariage, fut contraint changer sa forme de creance. Et parce qu'aiant gauchy ce danger & se trouvant garenty de ses continuelles frayeurs & battement de poux, il declara qu'en ce changement de religion on avoit forcé fa volonté, d'où on a depuis fi fouvent remis fur le bureau la queftion de relaps.

La Rochelle, qui commença à refufer la garnifon que le Roy y vouloit mettre pour les forcer, fut le refuge des huguenots. Monfieur l'affiegea, la reduifit en fix mois à telle extremité que, fi le defir de planter les fleurs de lys au plus fonds du Septentrion ne l'euft diverty, il f'en rendoit maiftre à telle compofition qu'il euft voulu. Les Pollonnois envoierent leurs ambaffadeurs lui offrir la couronne de Polloigne & l'inviter à la poffeffion d'un royaume, grand, riche & puiffant; grand parce que fon eftenduë contient deux foys plus que la France; riche pour l'habondance de tout ce qui eft neceffaire à la vie; renommé en armes & chevaux; puiffant pour la fplendeur de la nobleffe vaillante & guerriere, y aiant plus de gentilfhommes en ce royaulme qu'il n'y en a en France, Angleterre & Efpagne. Il y alla accompagné du Roy jufques en Lorraine, traverfa en affeurance par les terres des princes d'Allemagne, merveilleufement offenfez de la journée de faint Barthelemy, fe rendit à Cracovie un jour de Penthecofte, & l'année enfuivante à pareil jour fut couronné roy de France à Rheyms par la mort du roy Charles fon frere qui mourut en la fleur de fon aage & le declara fon fucceffeur. Sa mere regente jufqu'à fon retour, conjura le duc d'Alençon fon frere & le roy de Navarre de ne remuër rien en l'eftat & croire que les royaumes ne f'acquierent que par la vertu ou fucceffion non par les revoltes & tyrannies. Comme ce Roy de deux grands royaumes, autant ardamment attendu des François que regretté des Pollonnois, eftoit defiré des catholiques pour les effects qu'ils avoient recongneu en fa religion; auffi eftoit il aymé des proteftans qui recongnoiffoient fon naturel eftre vrayement François, efloigné non feulement des actions cruelles, mais encores des deffeins trop feveres & efperoient fous fon regne une faefon plus moderée & paifible.

Dieu en avoit difpofé tout aultrement. Au retour de ce roy, retournerent les guerres qui commencerent à flamboyer fur les frontieres contre le Marefchal d'Amville, qui, fe voiant fruftré de l'efperance de fe reconcilier au Roy, practiqua les villes de Languedoc, gaigna Monfieur qui fe feift cheff de cette nouvelle confufion fous la querelle du bien publicq & fe fervit des forces des deux religions. Le roy de Navarre qui ne pouvoit oublier cette fanglante journée qui avoit foudroyé tant de fes ferviteurs, & ne fe voioit fi avant que les moindres que luy au gouvernement des affaires, quitte l'honorable captivité de la Cour. Ceux qui avoient fuivy les princes de fa maifon fe rallierent fous fa protection. Monfieur en fut marry & fe voiant feul aveq fes catholiques recourut aux graces du Roy, par l'accroiffement d'un fecond appannage que Sa Majesté luy accorda. Le roy de Navarre & le prince de Condé appellerent les forces eftrangeres, non, (comme ils protefterent), pour fecouer le joug de la monarchie & fe cantonner en autant de republicques comme il y a de provinces en France, mais pour vivre obeiffans au Roy, libres en leur confcience, & obtenir une paix qui feuft entre le Roy & Monfieur fon frere, le roy de Navarre & le prince de Condé, par laquelle l'exercice libre, public & general, feuft permis aux proteftans de leur religion en toutes les places & lieux qu'ils tenoient; iceux capables de tenir eftats, les parlements & chambres de juftices my-parties, tous les jugemens faits contre eux pour entreprifes quelconques nuls, la memoire des cheffs de leur party relevée, la journée de faint Barthelemy defadvouée; &, pour feureté de ces conditions, furent données huit villes & la continuation de leurs gouvernemens.

Cette paix qu'on croioit devoir durer long temps, eftant faite aveq tant de folennitez, non aveq des mineurs, mais bien aveq un Roy qui n'avoit encore donné occafion de deffiance, fut bien-toft affoiblie & efbranlée; les mefmes conditions qui l'avoient faite la deffirent. Le prince de Condé, voiant qu'il recueilloit ce qu'il en avoit mérité, qu'on luy refufoit fon gouvernement de Picardie, fut le premier offenfé & le premier qui monftra qu'il n'eftoit pas content, pria le duc Cafimir n'abandonner la frontiere de Lorraine, qu'il ne veift cette paix bien affermie & obfervée. Les catholiques au contraire, marrys de la liberté que les huguenots avoient acquis pour faire fructifier leur religion & que le reiftre n'avoit encore remis la piftole au fourreau, fupplierent Sa Majefté de reftreindre cette pernitieufe licence de l'edit de paix. Mais ne le voiant affez efchauffé à eftoufer ce qui ne faifoit encore que naiftre, ny prendre le coufteau pour refpandre fon propre fang, ils commencerent à fe liguer à Perronne & inviter à leur branfle toutes les autres villes, fous des occafions eftrangement aggreables au peuple : pour l'honneur & accroiffement de la religion catholique, pour la feureté de l'Eftat & perfonne de Sa Majefté, l'entiere extirpation des herefies & pour revoquer l'edit de paix, jurant toute obeiffance & fervice au cheff qui feroit deputé de cette affociation, engageant leur vie & leur honneur pour ne f'en feparer, pour quelque mandement, pretexte, excufe, ny occafion que ce feuft.

Voilà la conception de la Ligue qui enfantera de merveilleux effects. Les huguenots n'ont gaigné [1] leur proces jufqu'à cette heure, on les avoit fouvent accufez de rebellion d'avoir fecoüé le joug du fouverain,

---

[1] Les Huguenots ont gaigné (P. Mathieu, f° 7, r°).

de s'estre separez de cette belle & irrefragable maxime que la puissance du prince descend du prince du ciel, qu'il n'est permis de s'y opposer pour excuse, cause ou pretexte quelconque.

« Pardonnez moy, Princes, Prelats, Seigneurs, Gentilshommes
» Catholiques, si je vous dy que ce colosse que vous bastissez, vous
» ruinera! Ce feu que vous allumez, vous bruslera! Ces couteaux que
» vous forgez se tremperont en vos entrailles & vous ne laisserez de
» vous & de vostre Ligue qu'une pitoiable & honteuse memoire!

» Que pensez vous faire? Vous liguer pour Dieu, pour la Foy, pour
» le Roy? Vous prenez les armes pour Dieu qui ne veut que la paix,
» vous publiez la rebellion, il commande l'obeïssance, vous troublez le
» repos d'un Roy Chrestien, il veut qu'on endure d'un Prince encores
» qu'il feust Payen! Pour Dieu, duquel vous invoquez le nom & nyez
» le pouvoir! Pour Dieu qui deteste vos actions, qui list en vos pen-
» sées! Pour Dieu qui promet de confondre ceux qui apporteront la
» confusion parmy son peuple!

» Vous prenez les armes pour la Religion & rien ne l'estouffe que la
» guerre; vous combatez pour la Pieté, & vos armes destruisent les
» Temples, authorisent les blasphemes, plantent partout l'Atheysme,
» l'impieté, le mespris de la devotion; vous marchez sous la cause
» de l'Eglise, & vous foulez, vous rançonnez, vous accablez de decimes
» & d'impositions le Clergé. Si c'est pour les Ecclesiastiques, pourquoy
» faites vous venir des Reistres qui ont couru les Prebstres, bruslé les
» Eglises, pillé les reliques & pollüé les autels? Vous dites que c'est
» pour le Roy; ainsi disoient les Huguenots à l'entreprise d'Amboise,
» de Meaux, de Saint Germain en Laye, & vous ne les vouliez pas
» croire, car le Roy les avoit desadvoüez. Si c'est pour le Roy, où sont
» ses commissions? Si c'est pour son service, où sont ses commande-
» mens? Si c'est pour luy, pourquoy le faites vous sans luy? Si c'est
» pour son obeïssance, pourquoy jurez vous d'obeïr au cheff de vostre
» Ligue? Pouvez vous estre obligez par un mesme ferment à deux
» contraires? Ceste nouvelle foy que vous engagez, n'est-ce pas pour
» obeir à un nouveau Seigneur, puis-que solidairement vous ne pouvez
» estre à deux? Si c'est pour maintenir son Roiaume en la Religion
» Catholique, ne le fera-t-il pas bien sans vous? Quelle honte lui ferez
» de vous attribuër l'honneur & la gloire d'une si heureuse conqueste &
» ne lui en deferer le triomphe! Quel blasme, quel reproche, plantez
» vous en sa reputation, & vers les siens & vers les estrangers! Ne
» diront ils pas qu'un grand Roy, un sage Roy, avecq les adventages de
» sa Majesté & de sa puissance n'a osé entreprendre ce que ses subjects
» se promettent pouvoir!

» Ne sçavez vous pas que toute levée d'armes est crime de leze-
» Majesté sans la permiſſion du Souverain ? Que les subjects ne se
» peuvent liguer sans le Prince ? Que les ligues se font entre personnes
» egales & non subjettes ? Que les Cours de Parlement fondoient la
» seureté des lois divines & humaines ? Mais oyons les patentes de
» voſtre ligue (1). »

Jusqu'à icy sont les propres termes de l'autheur & compilateur de l'*Hiſtoire des derniers troubles de France*, que j'ay voulu inserer en ces presens memoires, afin de faire voir à ceux qui ne se seront pas donné le loisir de lire les histoires, [& qu'ils] puiſſent icy apprendre l'origine & progres des guerres civiles de France jusqu'au temps que la premiere Ligue de Peronne fut baſtie en l'an 1576. Par tout lequel diſcours hiſtorique, il se trouvera que les huguenots furent & ont eſté les premiers autheurs de nos miserables guerres civiles, pretextées du voile de religion. Cela ne rend pourtant les autheurs de cette Ligue & de ce qui s'eſt enſuivy exempts du crime de rebellion; car, comme nous avons dit, des l'entrée de ces memoires, il ne peut jamais y avoir de cauſes ny de raisons valables pour faire bander les subjects contre la souveraine authorité des roys, quelque specieux & colorez qu'en puiſſent eſtre les pretextes. Mais par tout il se void que les huguenots ont eſté les premiers autheurs de tous nos maux en ces guerres civiles; car, si les huguenots n'euſſent tumultué par leurs rebellions, sous ces pretextes il n'y auroit jamais eu de ligue contre eux, ny prince, seigneur ou autres, qui euſt pris ce pretexte d'empeſcher leurs progres & leur accroiſſement, puis-que des non eſtres, il n'y a nulles qualitez (2). Et veritablement la Ligue a sa relation aux huguenots, & neantmoins je ne voy rien qui davantage fulmine contre la Ligue que ceux de cette religion pretenduë reformée qui ne veulent pas s'appercevoir qu'eux seuls ont donné cauſe & pretexte à la Ligue & ont eſté l'embryon duquel eſt née la Ligue. Et en un mot un mauvais oeuff a engendré un mauvais

---

(1) *Hiſtoire des derniers troubles*, f° 7.

(2) *De non ente nullum eſt prædicatum*. (Note du Ms.)

corbeau [1], de mauvais peres ont engendré de mauvais enfans [2].

Qu'on me pardonne cette difgreffion, & encore, puis-qu'ayant trouvé dans ce mefme autheur de l'*Hiſtoire des derniers troubles de France* l'affotiation & formation de cette Ligue de Perronne, je l'ay voulu icy faire voir puis-qu'elle a efté la bafe de la ftatuë, laquelle nous avons depuis veu eſlever ſur les fondemens huguenots. Voicy doncq cette piece comme je l'ay trouvée :

PREMIERE LIGUE FAITE A PERRONNE SANS QU'AUCUN SOIT NOMMÉ CHEFF.

Au nom de la Saincte Trinité, Pere, Fils & Sainct Eſprit, noſtre ſeul vray Dieu, auquel ſoit gloire & honneur, l'aſſociation des Princes, Seigneurs & Gentilſhommes Catholiques doit eſtre & ſera faite pour reſtablir la Loy de Dieu en ſon entier, remettre & retenir le ſainct ſervice d'iceluy ſelon la forme & maniere de la Saincte Egliſe Catholique, Apoſtolique & Romaine, abjurans & renonçans tous erreurs au contraire.

Secondement, pour conſerver le roy Henry troiſieſme de ce nom par la grace de Dieu & ſes ſucceſſeurs Roys tres-chreſtiens, en l'eſtat, ſplendeur, authorité, devoir, ſervice & obeïſſance qui luy ſont deubs par ſes ſubjects, ainſi qu'il eſt contenu par les articles qui luy ſeront preſentés aux Eſtats, leſquels il jure & promet garder à ſon ſacre & couronnement, avecq proteſtation de ne rien faire au prejudice de ce qui ſera ordonné par leſdicts Eſtats.

Tiercement, pour reſtituër aux Provinces de ce Royaume & Eſtats d'iceluy, les droits, preeminences, franchiſes & libertez antiennes, telles qu'elles eſtoient du temps du Roy Clouis, premier Roy Chreſtien, & encores meilleures & plus profitables, ſi elles ſe peuvent inventer, ſoubz la protection ſuſdicte. Au cas qu'il y ait empeſchement, oppoſition ou rebellion à ce que deſſus, par qui & de quelque part qu'ils puiſſent eſtre, ſeront leſdicts aſſociez tenus & obligez d'employer tous leurs biens & moyens, meſme leurs propres perſonnes juſques à la mort, pour punir, chaſtier & courir ſus à ceux qui l'auront voulu enfreindre & empeſcher & tenir la main à ce que toutes les choſes ſuſdites ſoient miſes à execution reellement & de fait.

Au cas que quelques uns des aſſociez, leurs ſubjects, amys & confederez, fuſſent moleſtez, oppreſſez & recherchez pour les cas deſſus-dits, par qui

---

(1) *Mali corvi malum ovum.* (Note du Ms.)

(2) *Heus! heus! ut illi dictitant recte, probum ex potius improbo non poſſe naſci filium.* (Id.)

que ce foit, feront lefdicts affociez tenus employer leurs corps, biens & moyens, pour avoir vengeance de ceux qui auront fait lefdictes oppreffes & moleftes, foit par la voie de juftice ou par les armes, fans nulle acception ou exception de perfonnes.

S'il advient qu'aucun des affociez, apres avoir faict ferment en ladicte affociation, fe voudroit retirer ou departir d'icelle, fous quelque pretexte que ce foit, (que Dieu ne vueille!) tels refractaires de leurs confentemens, feront offensez en leurs corps & biens en toutes fortes qu'on fe pourra advifer, comme ennemys de Dieu, rebelles & perturbateurs du repos publicq, fans que lefdicts affociez en puiffent être inquietez ny recherchez, foit en publicq ny en particulier.

Jureront lefdicts affociez toute prompte obeïffance & fervice au cheff qui fera deputé, fuivre, donner confort & ayde, tant à l'entretenement & confervation de ladicte affociation qu'à la ruyne des contre-difans à icelle, fansacception ny exception de perfonnes. Et feront les defaillans & dilayans punis par l'authorité du cheff & felon fon ordonnance, à laquelle lefdicts affociez fe foubzmettront.

Tous Catholiques des corps des villes & villages feront advertis & fommez fecrettement par les Gouverneurs particuliers d'entrer en ladicte affociation, fournir bien deuement d'armes & hommes pour l'execution d'icelle, felon la puiffance & faculté de chacun.

Que ceux qui ne voudront entrer en ladicte affociation feront reputez pour ennemys d'icelle & puniffables par toutes fortes d'offenfes & moleftes.

Eft defendu auxdicts affociez d'entrer en debats ny querelles les uns contre les autres, fans la permiffion du cheff, à arbitrage duquel les contrevenans feront punis, tant pour la reparation d'honneur que toutes autres fortes.

Si, pour fortification ou plus grande feureté defdicts affociez, fe faict quelque convention avecq les Provinces de ce Royaume, elle fe fera en la forme deffus-dicte & aux mefmes conditions, foit que ladicte affociation foit pourfuivie envers lefdites villes ou par elles demandée; fi autrement n'eft advifé par les cheffs.

FORME DU SERMENT DE LA LIGUE.

Je jure Dieu le Createur, touchant cet Evangile & fur peine d'anathematifation & damnation Eternelle, que j'ay entré en cette faincte affociation Catholique, felon la forme du traicté, qui m'y a efté leu prefentement, juftement, loyaument & fincerement, foit pour y commander ou obeir &

servir ; & promets, sous ma vie & mon honneur, de m'y conserver jusqu'à la derniere goutte de mon sang, sans y contre-venir ou m'en retirer pour quelque mandement, pretexte, excuse ny occasion que ce soit.

J'ay bien voulu inserer ce que vous voiez cy devant pris de l'auteur DE L'HISTOIRE DES DERNIERS TROUBLES DE FRANCE. La narration duquel en tous les endroits où s'en offre l'occasion est toute farcie de ses passions en faveur des huguenots & en condamnation contre la Ligue. A quoy, sans passion, j'ose dire que meritent d'estre condamnez comme criminels de lese-Majesté divine & humaine & ne se sçauroient les uns ny les autres mettre à couvert sous les fueilles des specieux pretextes de religion, comme tous ont voulu & pretendu faire. Que si en ce disant, je condamne les habitans de Saint Malo & moy qui ay l'honneur d'en estre, j'ose dire aveq verité qu'ils n'ont du tout rien fait, à quoy le Roy Henry troisiesme ne les eust obligez par le serment solennel qu'il leur commanda faire par son edit, par Sa Majesté envoié par toutes les villes de son royaume, auquel edit je renvoie le lecteur, lequel le trouvera inseré cy apres en ces presens memoires. Et cet edit est l'azile & le refuge auquel les habitants de Saint Malo recourent pour la descharge de leurs honneurs & de leurs consciences ; eux n'aiant pas estimé qu'un serment tant solennellement juré par Edit & expres commandement du Roy, leur prince & seigneur souverain, en matiere de tant d'importance, deust estre legerement violé. En un mot, ils n'ont pas estimé que cet edit feust un piege pour surprendre leur simplicité, & tout ce que nous dirons cy apres n'est autre chose qu'une apologie & veritable deffense de leurs comportemens pendant le temps qu'a duré la guerre de la Ligue. Pendant lesquelles, leurs protestations d'attendre que Dieu eust donné à la France un roy catholique pour se remettre en son obeïssance & leurs actions ont toujours marché de mesme pied ; de quoy je laisse le jugement à tout homme vuide de passion qui prendra la peine de les lire. De quoy je ne diray icy rien davantage, renvoiant le lecteur à ce que, par la grâce de Dieu, j'espere en pouvoir escrire cy apres.

Hiſtoire de la ville de Saint Malo durant les troubles [1].

LIVRE PREMIER.

(1584-1589)

Pour doncq entrer en matiere & en la narration des choſes que nous avons promis, je laiſſeray tout le temps depuis le depart du ſieur de Fontaines de Saint Malo pour retourner en cour, qui fut en l'an 1578, juſqu'en l'an 1584. D'où cette narration prendra commencement par la nomination d'un nouveau procureur ſcyndicq, qui eſt la premiere & principale charge de la ville de Saint Malo parmy les habitants.

La practique ordinaire entre iceux habitans eſt de pourvoir aux charges de la communauté vers le commencement ou vers la fin du moys de decembre; affin que les nouvellement nommez aux charges ſoit de ſcyndicq, ſoit de capitaines ou commis à la police, qui ſont charges triannales, puiſſent entrer au premier jour de l'an apres leurs eſlections en l'exercice de leurs charges.

---

[1] Ce titre et la division par livres, qui n'ont été conservés dans aucune des copies des mémoires, existaient dans l'original. (Cf. B. Nle, Ms. fr. 5553, f° 23 r°).

Je ne sçay bonnement, (car j'estois alors un jeune enfant qui estois prisonnier en Espagne, comme aussi l'estoient autres plusieurs jeunes hommes accusez d'avoir tiré de l'argent d'Espagne contre les loix du païs), je ne sçay, dy-je, quels furent les motifs de faire extraordinairement advancer ces comices, je veux dire l'eslection & nomination d'un nouveau procureur scyndicq. Car Jan le Large sieur de la Barre, lors procureur, n'en sortoit qu'à la fin de l'année 1584, & neantmoins on proceda à la nomination du nouveau procureur, laquelle fut faite des le 18ᵉ d'apvril dud. an 1584 pour en faire les functions au commencement de janvier 1585, comme vous allez voir.

Le 18ᵉ d'apvril (1), doncq, 1584, Robert Boullain sieur de la Conterie, fut nommé & designé pour succeder à Jan le large, sieur de la Barre.

Je n'ay pas entrepris ces memoires pour faire injure à personne ny noircir la reputation d'aucun. Mais, pour ne laisser rien qui puisse esclarcir les choses, je diray que ce Robert Boullain estoit un peu accusé d'adherer aux opinions des huguenots, non que jamais il aye fait profession de leur religion, mais il est bien certain, & je l'ose asseurer, qu'il estoit de ceux qu'on n'estimoit pas de ces catholiques, tels que l'Eglise les desire pour estre ses vrays enfans.

Vint le commencement de l'an 1585, au premier jour duquel an, Conterie entra en l'exercice de sa charge de syndicq de la ville de Saint Malo, l'histoire de ce qui depuis s'est passé en laquelle ville estant mon but principal, je vay entrer en la narration de ce qui s'est fait, geré, commandé & executé par les habitans & par leur ordre tant dedans que dehors la ville, sans m'en divertir ny me laisser emporter aux digressions, sinon autant que la necessité des divers accidens qui auront quelque connexité au subject de ces memoires le pourra requerir, & sortiray le moins qu'il me sera possible du fil de ce discours. Lequel je feray vray, sans me laisser nullement emporter à passion, soit d'amour

---

(1) Dans le Registre des délib., cette election est mentionnée au 18 décembre 1584.

soit de hayne, &, autant que je pourray, j'emploieray les noms des personnes par lesquelles ont esté faites, commandées, conseillées & executées les choses. En rapportant lesquelles, je les suivray comme je les trouveré & auray trouvées sur les regestres de la Maison de ville, ne voulant parler sans autheurs, pour ne tomber en l'erreur de plusieurs qui disent & escrivent choses qui ne furent oncques.

Je trouve sur les regestres [1] que le 7e d'apvril 1585 furent leües, en l'assemblée de la Maison de ville, lettres du seigneur de Mercueur, gouverneur de Bretaigne, portant advertissement des nouveaux mouvemens contre le service du Roy et commandement aux habitans de prendre garde & avoir l'œil à la seureté de la ville & de n'y laisser entrer personne plus fort que eux [2]. Cette lettre en date du 3e d'apvril, an predit. Les habitans repondirent au dit seigneur duc par tres-humbles remerciemens de ses bons advis, & par l'asseurance de leur fidelité au service du Roy & leurs affections au service particulier dudit seigneur duc, & qu'ils esperoient, par la grace de Dieu, conserver si bien la place qu'ils en rendroient bon compte à Sa Majesté.

Sur ces nouvelles de remue-mesnages, les habitans, le 12e du mesme moys d'apvril, assemblez en Maison de ville [3], où presidoit le sieur de la Perraudiere, lieutenant au gouvernement, fut deliberé que le procureur des Bourgeois & douze habitans seroient commis & deputez pour selon les occurrences pourvoir aux choses necessaires à la conservation de la place, repos & seureté des habitans. Les noms desquels à ce nommez, j'ay estimé devoir estre inserez en ce lieu, selon l'ordre auquel je les ay trouvez sur le registre. Voicy doncques leurs noms :

Robert Boullain sieur de la Conterie, procureur des Bourgeois, Bernard Boullain sieur de la Riviere, Estienne Gaillard sieur de la

---

(1) Registre des délibérations du 26 décembre 1581 au 24 juillet 1588. (Arch. S. Malo, BB 7.)

(2) « Si n'est que le Roy commande avecques l'attache de mond. seigneur le gouverneur & lettres particulieres qu'il escrira. » (Reg. des délib.).

(3) Les assemblées se tenaient tantôt à l'abbaye Saint-Jean, maison appartenant à l'ancienne confrérie malouine des Hommes Blancs, tantôt au cabaret de la Grand'Porte.

Simonnaye, Jean le large fieur de la Barre, Jean Porée fieur du Tertre-gallays (¹), Charles Jonchée fieur de Bel-eftre, Jean Pepin fieur de la Belinaye, Guillaume Jonchée fieur du Fougeray, Jean Picot fieur de la Gicquelaye (²), Guillaume le Fer fieur de Graslarron, Joffelin Frotet fieur de La Landelle, Bertran le Fer fieur de Limonnay, François Grout fieur de Clos-neuff.

Lefquels, d'autant qu'à toutes occurences on ne pouvoit pas affembler la ville, furent nommez commis & deputez aux pouvoirs & conditions fuivantes :

Qu'ils communiqueroient de tout au fieur de la Perraudiere, lieutenant du gouverneur; que de tout il feroit conferé aveq Monfieur le doyen pour en advertir les fieurs du Chapitre fes confreres, feigneurs fpirituèls de la ville; qu'auffi ils feroient de leurs deliberations le fenefchal & en fon abfence l'alloüé, fon lieutenant, ou à tous deux enfemble participant & leur en confereroient;

Que neuf des douze deputez pourroient deliberer & conclure;

Qu'ils ordonneroient des frays & mifes neceffaires; que tout ce qui feroit par lefd. deputez deliberé & ordonné, feroit de pareil effect & valeur que f'il avoit efté deliberé en general par la Maifon de ville;

Que neantmoins aux cas & matiere d'importance, ils feroient leur rapport en la Maifon de ville pour y eftre ordonné par tout le general.

Fut encore advifé & refolu que, pour eviter aux furprifes & autres inconveniens, & obvier à ce que fous umbre de commerce, à caufe du grand nombre de forains & eftrangers qui y abordent, il n'y arrivaft du mal, on prendroit les armes & que des le lendemain on commenceroit à les prendre, & entreroit on en garde; laquelle fe feroit tant de jour que de nuit, de peur que le remedde ne feuft apporté trop tard & quand il ne feroit plus defja neceffaire.

---

(1) Tertre-galas (Reg. des delib.).
(2) Jean Picot Bricourt (Id.).

Le lendemain 13ᵉ dud. mois d'apvril dit an 1585, en l'assemblée generale de la ville, où assistoit & presidoit le sieur de la Perraudiere fut fait lecture de la declaration du Roy sur l'occurence des troubles & mouvemens. Cette declaration avoit esté envoiée à Saint Malo du commandement du Roy par le sieur de Fontaines, lequel aussi accompagnoit les lettres du Roy par une sienne lettre qu'il escrivoit aux mesmes habitans, les exhortant à leur devoir. La lettre du sieur de Fontaines fut, en pareil, leüe en Maison de ville. Auxquelles lettres fut fait reponse; & de nouveau protesté fidelité & service au Roy par les habitans.

En ces entre-faites, le Roy commanda au sieur de Racan de s'acheminer à Saint Malo pour, en l'absence du sieur de Fontaines son frere, prevenir & empescher les mauvais desseins des ennemys. Ce seigneur y arriva le 28ᵉ du mois d'apvril 1585; & des le lendemain, il fait convoquer les habitans au manoir episcopal où il s'estoit logé & là leur feist entendre ce qui ensuit :

Qu'aiant receu commandement du Roy & du sieur de Fontaines, son frere, de s'acheminer en cette ville, il s'y estoit rendu en toute diligence, pour selon l'intention du Roy & de son frere apporter tout le soing & vigilance qui pouvoit dependre de luy à la conservation de la ville & habitans, moiennant l'assistance desquels il esperoit que toutes choses y reussiroient au bien du service de Sa Majesté, laquelle bien informée de leurs affections & fidelité à son service, ne desiroit mettre en la ville & chasteau aucune garnison de gens de guerre, prenant toute entiere confiance en la fidelité, valeur & affection des habitants à son service. Apres ce discours du sieur de Racan, les habitans se conjouirent de sa bienvenuë & de nouveau protesterent leurs tres-humbles affections, fidelité & obeissance au service de Sa Majesté. Ces protestations furent faites apres la lecture de la lettre du Roy. La teneur de laquelle j'ay creu estre à propos inferer en ce lieu (1).

---

(1) Pour cette lettre et pour les suivantes, le Registre des délibérations indiqué ci-dessus nous sert à corriger quelques inexactitudes du Ms. A.

Lettres du Roy aux habitans de Saint Malo.

De par le Roy,

Chers & bien amez, defirans que noftre ville & chafteau de Saint Malo foit confervé en toute feuretté dans noftre obeiffance, & qu'il n'y adviennne le femblable de ce qui eft advenu à aucunes de nos villes, qui ont efté furprinfes & diftraictes de noftre obeiffance, Nous vous mandons que vous aiez à vacquer avecq tout foign & vigillence à la confervation d'icelle, ainfy que vous vous en eftes dignement acquitez jufques icy, & que vous n'aiez à y recevoir aucun prince ny feigneur; feuft-ce noftre tres-cher & bien amé beau-frere le duc de Mercure; fi vous n'avez fur ce noftre commandement expres, figné de noftre main & contrefigné de l'un de nos fecretaires d'Eftat; ne voullant touteffois eftre en ce compris le fieur de Fontaines noftre lieutenant audit gouvernement, en quoy faifant, outre que vous ferez fervice qui nous fera fort aggreable, vous pourvoirez à ce qui eft de voftre bien & feuretté, & vous garentirez du mal auquel vous pourriez tomber, fy, par les practiques & menées qui ne font que trop aparentes, lad. ville & chafteau eftoient diftraictes de noftre obeiffance. Donné à Paris, le 22ᵉ jour d'apvril 1585. Signé Henry & plus bas : Bruflard.

En la fufcription : *A nos chers & bien amez les Maire, efchevins, bourgeois de Saint Malo* & cachetté.

Par la lecture de cette lettre, fe void que le Roy fait commandement expres aux habitans de ne recevoir en leur ville aucun prince ny feigneur, « feuft-ce (dit la lettre), notre tres-cher & amé beau-frere le duc de Mercueur. »

Le lecteur peut bien icy voir le commandement du Roy, mais il ne fçaura pas f'il n'en eft adverty, que ç'avoient efté les mefmes habitans qui avoient supplié le sieur de Fontaines, de faire en sorte que ce commandement leur feust fait par le Roy expres de n'y recevoir pas mesme le sieur duc de Mercueur. Mais j'advertis icy le lecteur que les habitans recongnoissant assez que le duc de Mercueur estoit un des cheffs & principaux piliers de cette faction de la Ligue, &, pour tant, que sa presence en leur ville y estoit perilleuse au service du Roy & à leur seureté, & d'autre part, ne voulant encourir l'indignation de ce prince, gouverneur de la province, en luy fermant les portes, s'il s'y feust [presenté], avoient adverty & supplié le sieur de Fontaines de faire que le Roy leur feist dedans ses lettres cette expresse & nominale deffense. Eux craignans de tomber en l'inconvenient auquel bien souvent tombent les bons subjects; sans [memoire] desquels ny des devoirs rendus par eux, les roys le plus souvent s'accordent avecques les rebelles; en la hayne desquels, ils laissent leurs bons & fidelles subjects exposez à la vengeance de ceux-cy se ressouvenant des fidelles devoirs rendus aux roys contre ces rebelles durant leur rebellion. A cet inconvenient donques les habitans de Saint Malo desirans obvïer, avoient desiré & recherché que pour plus de garent, les lettres du Roy portassent cette expresse deffense de recevoir le sieur duc de Mercueur dedans leur ville; auquel devoir, quand bien cela n'eust pas esté exprimé dans les Lettres, ils estoient neantmoins ensemble resolus.

Le 24ᵉ du moys de may audit an 1585, le sieur de Racan feist assembler la Maison de ville, en laquelle assemblée il ne se trouva pas, mais bien y presida le sieur de la Perraudiere. En cette assemblée fut fait lecture d'une lettre du Roy, de la teneur suivante :

Autres lettres du Roy aux habitans de Saint Malo.

De par le Roy,

CHERS & bien amez, d'autant que le sieur de Fontaines ne se peust rendre à Sainct Malo sy tost que le bien de nostre service le requiert, nous avons ordonné au sieur de Racan, son frere, d'y entrer pour y commander, comme personnaige qui s'en sçaura bien acquicter à nostre contentement, et à ceste cause, vous mandons & commandons par ces presentes que vous aiez à luy obeir en tout ce qu'il vous commandera pour le bien, seureté & conservation de lad. place en nostre obeissance, à quoy nous asseurant que ne ferez faulte, nous ne vous en dirons davantaige. Donné à Paris, le 12ᵉ jour de may 1585.

Signé HENRY & plus bas : Bruslart.

En suscription : *A nos chers & bien amez les Maire, eschevins, bourgeois & habitans de nostre ville de Saint Malo.*

Apres la lecture de cette lettre, les habitans protesterent toute prompte obeissance au Roy, sous le commandement du sieur de Racan, suivant l'ordre & commandement de Sa Majesté.

Le 17ᵉ jour de juin ensuivant, [le sieur de Racan] feist convenir au manoir episcopal par devant luy, le procureur & les douze deputez cy devant nommez, pour pourvoir aux affaires. En cette conference, furent faits quelques nouveaux reglemens concernans la garde & seureté de la ville & chasteau, qui sont inserez au regestre de la Communauté dud. jour (1).

Le lendemain 18ᵉ juin, lesd. deputez aveq le scyndicq feirent entendre au sieur de Racan que, pour la seureté de la place, il estoit expedient que Guillaume Beaubois, l'un des capitaines de ville, feust destitué de sa charge & qu'en sa place feust nommé & institué capitaine Nicolas Frotet (2) sieur de la Beusaye, pour

---

(1) De nombreux articles réglementent l'ouverture des portes, la visite des vaisseaux, la garde des murailles :

« Les capitaines doyvent tirer par bulletin le lieu où ils doyvent entrer en garde..... Les gentilshommes & personnages de bonne remarque & congnoissance entreront simplement en la ville avecques leur espée & se saesiront lesd. capitaines de leurs pistolles ou harquebuzes. Tous autres indifferemment n'y entreront ny avecq espée ny armes quelconques. » (Reg. des délib.)

(2) « Nonostant que ledit Frotet ayt voullu s'excuser & refuser fere le serment. » (Reg. des délib.)

les jours du lundy, ce qui demeura arresté & le serment en tel cas accoustumé pris & receu par le sieur de Racan.

On sçait assez, (& je renvoie ceux qui ne le sçavent à l'histoire du temps pour apprendre), les motifs qui porterent le Roy à faire son Edit de revocation de celuy fait de pacification aveq les huguenots. Tant de personnes en ont escrit que ce seroit chose superfluë & ennuieuse d'en souiller icy le papier. Il me suffira doncq en cet endroit de dire que cet Edit de revocation qui anulloit les traitez precedens avecq les huguenots, fut publié au Parlement à Paris, le Roy seant en iceluy, le 18ᵉ jour de juilet, l'an 1585. A laquelle revocation, le Roy fut porté par craintes qu'il conceut des armes de cette Ligue, & comme dit quelque autheur, en suite de la revocation de l'edit des huguenots, la paix se fait aveq la Ligue; & voicy les propres termes de cet autheur [1], duquel je les emprunte pour les transcrire en ce lieu, de mot à mot, tels que vous les allez voir :

« Tout d'un coup la paix se faict & se jette comme en un moule,
» tant le Roy se laisse aller à ce mouvement de trepidation. Le Roy,
» par son Edict, deffend l'exercice de la nouvelle Religion, revocque
» tous les autres edicts qui le permettent, commande aux Ministres de
» vuider de ses terres & à tous ses subjects de faire profession de la Religion
» Catholicque, dedans six moys ou sortir de son royaulme, casse les
» chambres miparties & triparties des Parlemens, ordonne que les villes
» baillées en garde à ceulx de la Religion seront renduës, loüe non
» seullement, mais approuve la levée d'armes des Princes & recongnoist
» cela comme faict par son service.

» Cet Edict authorisoit leurs pretextes, mais les articles secretz, qui
» furent arrestez à Nemours, estoient tout à leur advantage & n'y
» avoit rien qui ne leur pleust, excepté la condition de se departir, des
» le jour mesme de la Ligue. Et, quoy qu'ils ne demandassent autres
» seuretez que celles qui dependoient des bonnes graces de Sa Majesté,
» ils voulurent avoir en leur puissance les villes de Chaalons, Thoul,
» Verdun, Sainct Dizier, Rheims, Soissons, le chasteau de Dijon, la
» ville & chasteau de Beaulne, Ruë en Picardie, Dinan & Concq en
» Bretaigne. Le Roy paia deux cens un mil six escus deux tiers pour les

---

[1] P. Mathieu, *Histoire des derniers troubles*, f° 22, r°.

» gens de guerre eftrangers qu'ils avoient levé, les defchargea de cent fix
» mil trois cens quarante efcus huict fols trois deniers qu'ils avoient
» pris aux receptes generales, & cent mil efcus pour baftir une Citadelle
» à Verdun, outre l'entretenement des gardes d'harquebufiers à cheval
» qu'il donna à tous les princes de cefte Ligue.

» Confiderez maintenant fi ces grands foulageurs de peuples, ces
» Thymoleons, ces Arates, qui faifoient trompetter fi haut la querelle
» du bien publicq, qui deteftoient les creuës des tailles, l'invention
» des impofts, fe font fouvenus du peuple en cette negotiation. Voyez
» comme en trois mois, ils ont rendu le peuple defnüé de greffe, de
» chair & de fang, l'ont plus foullé qu'il n'euft fouffert en trois ans
» par les charges ordinaires; oultre les violemens, les pilleries, les
» bruflemens & tant d'autres infolences qui tallonnent la guerre. Le
» pauvre payfan qui ne fait que c'eft que Ligue, qui ne f'approcha
» jamais de Perronne ny de Nancy où elle fut baftie, paiera les
» millions d'or que cette guerre de trois moys a prodigué, fupportera
» les vingt & fept edicts qui en nafquirent au grand pervertiffement de
» la police, de la juftice & des finances.

» Cependant, toutes les harangues, tous les grands & longs difcours
» qu'ils feirent au Roy ne tendoient qu'à recommencer la guerre.
» Pleuft à Dieu que le Roy tres-Chreftien euft employé à leur demande
» la reponce que Cleomenes feift aux Ambaffadeurs de Samos, qui
» l'exhortoient par une longue & vehemente oraifon à la guerre contre
» Policrates. Apres qu'il euft laffé fes aureilles à les efcouter & leurs
» langues à parler, il ne leur dift qu'un mot qui les feift bien camus : « Il
» ne me fouvient plus de ce que vous avez dit au commencement de
» voftre harangue, encore moins du milieu, & quant à voftre conclu-
» fion, je n'en veux rien faire, il ne faut point tant de parolles, je ne
» puis rien de tout ce que vous demandez, je veux la paix & ne feray
» jamais la guerre que contre ceux qui refuferont la paix. » Voilà le
» langage que devoit tenir un Roy de France en France, & ne fe laiffer
» gourmander en la forte que vous verrez cy apres. »

Jufqu'à icy font les termes & les paroles de cet autheur qui m'ont emporté hors du fil de mon propos, qui n'eft autre que de vous donner ce qui f'eft fait à Saint Malo par les habitans, par leur ordre, leur commandement & conduite.

Pour doncq revenir à mon deffein propofé, je vous diray que le 29ᵉ juillet 1585, la Maifon de ville fut affemblée où prefidoit le fieur de la Perraudiere, lequel feift faire lecture d'une lettre du

Roy efcrite au fieur de Fontaines, icelle declarative de l'intention de Sa Majefté.

Cette lettre du Roy eftoit accompagnée d'une lettre dud. fieur de Fontaines efcrite aux habitans, qui repettoit les intentions de Sa Majefté & qui leur encherifloit bien fort l'execution de fes volontez. Icelle de mefme date, que celle du Roy, toutes deux du 20ᵉ juilet 1585. J'ay eftimé devoir inferer en ce lieu la teneur defd. lettres pour juftifier que je ne fay point ces memoires fur des relations vaines & fans fondement, mais que je vous donne une pure, fimple & vraye relation & narration des chofes advenuës :

Lettres du Roy au fieur de Fontaines.

Monsieur de Fontaines, j'ay fait depefcher mon Eedit par lequel j'ay declaré, entre autres chofes, que je ne veulx plus qu'il fe face en mon roiaulme, païs & terres de mon obeiffance, aucun exercice d'autre religion que de la catholique, apoftolique & rommaine; que celluy de la nouvelle religion foit entierement ofté; que les miniftres fortent hors de mondict roiaulme & païs de mon obeiffance, ung moys apres la publication d'icelluy & pluffieurs autres chofes qui y font à plein contenuës, fellon que le verrez par le contenu en icelluy. Et pour ce que l'aiant ainfi refolu pour l'evidant bien & utilité de tous mes fubjects, ce n'a pas efté à autre intention que de le voir foigneufement maintenir & obferver; à cefte caufe, je vous en ay voullu efcrire un mot combien que ce foit chofe que vous puiffiez affez comprendre par la lecture dud. Eedit; & vous prie, comme je faiz, que fur l'afection que vous portez au bien de mon fervice & le defir qu'avez de m'eftre bien fort agreable, vous aiez à tenir la main & donner tout l'ordre qu'il fera requis en l'eftanduë de voftre charge pour faire entierement executer & obferver mondict Eedit, en faefant proceder contre ceulx qui y contreviendront par les paines qui y font declarées. Et m'affeurant que vous y fatifferez je ne vous en diray rien davantaige; mais je prie Dieu, Monfieur de Fontaines, vous avoir en fa fainéte & digne garde. Efcrit à Paris, le 20ᵉ jour de juilet 1585.

Signé : Henry & plus bas : Pinart.

Et à la fuperfcription : *A Monfieur, Monfieur de Fontaines, chevalier de mes ordres, confeiller en mon confeil, capitaine de cinquante hommes d'armes de mes ordonnances & l'un de mes lieutenans generaux au gouvernement de Bretaigne.*

Collationné à l'original par moy, fecretaire de Monfeigneur de Fontaines, Touzelin.

Lettre du fieur de Fontaines aux habitans de Saint Malo.

Messieurs, le Roy m'aiant baellé une depefche, laquelle il veult & entend eftre envoiée par tous les endroiétz de fon roiaulme pour faire congnoiftre fon intention fur la revocation de l'Eedit de pacification avecq ceulx de la religion, vous verrez ce qu'il declare de fa volonté par celle mefme que j'envoie au fieur de la Peraudiere, vous priant de voulloir aporter toute afeétion & obeiffance à l'obfervation d'icelle. De quoy je vous priray de ma part, comme chofe qu'il m'a tres-expreffement commandé, vous aiant cy devant efcrit de l'efperance que j'ay de vous voir bien-toft, où je me referveray de vous dire moy mefme ce que je jugeray de l'intention de Sa Majefté. Ce pendant, vous regarderez tous enfemble, fi j'auray moien en quelque chofe d'effeétuer la bonne & grande afection que je vous ai voüée, foit en particullier ou en general, vous m'y trouverez autant difpofé qu'amy qu'aiez en ce monde. Je me recommende afeétueufement à vos bonnes grâces, priant le Createur vous donner, Meffieurs, en parfaiéte fanté longue & heureufe vye. A Paris, le 20ᵉ juilet 1585.

Et plus bas : Voftre plus afeétionné & affeuré amy.

Fontaines.

En fufcription : *A Meffieurs les bourgeois, manans & habitans de la ville de Saint Malo.*

Autre lettre du fieur de Fontaines aux habitans de Saint Malo.

MESSIEURS, ne fe prefentant autre moien pour vous tefmoigner quelle eft mon intention & bonne volonté en vos endroiɾtz pour ne vous eftre inutile, j'ay penfé eftre bien à propos de fere le plus fouvent qu'il m'eft poffible fouvenir le Roy du bon debvoir & fidelité que vous avez aporté au bien de fon fervice; lequel en eft bien informé, ainfi que Sa Majefté m'a dit, par les preuves qui depuis peu de temps fe font prefentées & que pour ceft effect, il n'a rien en plus grande afection que de vous fere fentir le fruict que doibvent meriter bons & loiaulx fugects, comme vous l'avez monftré par les effects, defirant vous foulaiger & conferver en tout ce qui luy fera poffible, vous affeurant, Meffieurs, que j'ay efté tres-aize, pour l'entiere amitié que je vous porte, d'avoir ouy ce tefmoinaige de fa propre bouche & metray paine l'entretenir en cefte bonne opinion & y tiendray la main en tout ce que je jugeray jamais defpendre de voftre repos, lequel vous eft tout affeuré, ce pendant que j'en auray la charge. Vous debvez doncq lever tout foubçon & croire qu'il n'y a perfonne en ce monde plus defireulx de f'oppofer à tout le mal que je vous verray jamais ariver que moy, qui vous diré que Sa Majefté va demain en fa court de Parlement, tant pour caffer la chambre mypartie que pour revocquer l'Eedit de la pacification faicte avecques ceulx de la religion, eftant dans l'intention de Sa Majefté de n'avoir plus qu'une religion en fon roiaume, qui eft chofe de quoy je vous ay bien voullu advertir, atendant que Sa Majefté vous en face autre depefche. Ce pendant, tenez moy en vos bonnes grâces, aufquelles vous m'aurez, s'il vous plaift, pour afectueufement recommandé, fuppliant le Createur vous donner, Meffieurs, en parfaicte fanté heureufe & longue vye. A Paris, ce 18ᵉ jour de juillet 1585.

Meffieurs, je ne vous mande rien de la paix que le Roy a faicte avecq les princes de la Ligue, pour en avoir efcrit bien particulierement à mon frere, lequel vous poura avoir de cefte heure communicqué.

Voftre meilleur & plus afectionné amy.

FONTAINES.

Bien toft apres, le fieur de Fontaines, (feuft fur quelques faux advertiffemens luy donnez par Conterie, procureur, fyndicq, que les habitans de Saint Malo eftoient mal affectionnés au fervice du Roy & adheroient aux princes de la Ligue; ou bien feuft que pour eviter aux inconveniens qui fuivent les courtifans en des temps pleins de foupçons & meffiance & fe mettre à couvert pendant l'orage des troubles en une des meilleures places de France, ou pour quelque caufe & confideration que ce feuft), fe refolut de fe retirer à Saint Malo & de fait f'y retira; & f'il n'y arriva le dernier jour de juillet de l'an 1585, ce fut bientoft apres. Il arriva donc à Saint Malo un dimenche apres midy, au defceu des habitans qui n'attendoient point fa venuë. Eftant là arrivé, il fut bien aifé à ces forgeurs de calomnies de luy faire croire ce que defjà ils lui avoient efcrit en cour, au defadvantage des habitans; & pour donner couleur à leurs impoftures, ils femoient des bruits à la fourdine, qu'on avoit trouvé une lifte ou rolle d'aucuns des principaux habitans de la ville, qu'ils difoient avoir figné la Ligue; qui eftoit un ftratageme pour donner couleur à ce que depuis ils voulurent perfuader au fieur de Fontaines, de ruiner fous ce pretexte les plus riches & notables habitans de la ville.

Pour faire voir que le fieur de Fontaines vouloit changer le doux fejour de la cour avec l'aer groffier de la Bretaigne & qu'il vouloit laiffer paffer le mauvais temps & l'orage des troubles qu'on voioit se preparer pour vivre aveq repos en la ville de Saint Malo, il y amena madame sa femme, messieurs ses enfans, fils & fille, pour y passer à couvert la saeson des tumultes qu'on prevoioit en France.

Le 3ᵉ jour de septembre 1585, le procureur apparut en Maison de ville lettres portant advis qu'aucuns Anglois avoient obtenu de leur reyne lettres de marque sur les habitans de Saint Malo, en vertu de laquelle ils se proposoient faire arrester les personnes & les biens des marchans de Saint Malo en Angleterre. Pour obvïer auquel mal, Bertran le Fer sieur de Limonnay fut deputé à Paris pour obtenir du Roy lettres à cela necessaires; lesquelles aiant obtenuës, il passa en Angleterre & fut levée lad. lettre de marque au contentement de ceux de Saint Malo & les choses remises en leur pristin estat.

Se trouve sur les registres que, le 12ᵉ novembre 1585, le sieur de Fontaines entra en Maison de ville, où il feist entendre aux habitans que le Roy estoit fort satissait de leur fidelité et comportemens. Et pour les en asseurer, seist faire lecture d'une lettre de Sa Majesté du 12ᵉ d'aoust 1585 (1). Il fut supplié par les habitans de vouloir asseurer le Roy de leurs fidélité & tres-humbles affections au service de Sa Majesté. En cette assemblée furent

---

(1) « De par le Roy,
» Chers & bien amez, nous nous sommes tousiours bien asseurez de la bonne affection
» et volonté que avez de tout temps au bien de nostre service, mais encores nous en
» avez vous donné plus ample preuve & tesmoignaige durant ces derniers remûmans,
» pendant lesquelz vous vous estes tousiours constamment maintenuz en nostre
» obeissance sans varier ny vous laisser aller à aulcun aultre party dont nous vous
» sçavons fort bon gré. Vous ne sçauriez mieux fere que de perseverer & continuer
» ainsy que l'avez faict cy devant. Car comme c'est chose qui depent de vostre debvoir
» & fidellité naturelle, vous en serez tousiours louëz & estimez davantaige. Oultre qu'en
» ceste contemplation nous vous gratiffirons vollontiers es affaires communes de vostre
» ville selon que les occasions s'en presenteront, ainsy que vous entendrez plus particu-
» lierement de nostre amé & feal le sieur de Fontaines, chevalier de nos Ordres,
» conseiller d'Estat, capitaine de 50 hommes d'armes de nos ordonnances, & l'un de
» nos lieutenans generaux au gouvernement de nostre pays de Bretaigne, sur lequel nous
» nous en remettons. Donné à Paris le 12ᵉ jour d'oust 1585.

» Ainsy signé : Henry & plus bas : Pinart.

» Et en la superscription : *A nos chers & bien amez les manans & habitans de nostre*
» *ville de Saint Malo de l'isle*, & cacheté. » (Registre des délibérations, BB 7.)

exhortez les habitans de se tenir pres de leur devoir pour la garde de la ville & de jour & de nuit & furent faites quelques nouvelles ordonnances à obferver pour maire feureté de la place.

Tout le refte de cette année 1585 fe paffa, fans que j'aye trouvé, fur les regeftres, chofe digne d'eftre rapportée en ces memoires.

Mais en l'an 1586 je trouve que, le 26 mars dudit an, furent receües lettres du Roy [1] & du feigneur duc de Mercueur efcrites aux habitans, par lefquelles Sa Majefté commandoit que pour oppofer les frequentes incurfions & pyrateries des Rochelois, il convenoit armer quelques vaeffeaux pour leur courir fus & à autres pyrates qui infeftoient la mer & troubloient la liberté du commerce. La lettre dudit feigneur ducq eftoit en conformité de celle du Roy. Fut pris refolution, qu'on efcriroit audit feigneur duc que les incurfions des Rocheloys n'eftoient pas infeftes aux habitans de Saint Malo feulement & à la province, mais à tous

---

[1] Ces lettres étaient datées du 26 janvier 1586, elles n'ont point été insérées au registre; non plus que celles du maréchal de Retz, lues au conseil le 3 mai. Le registre (8 mai) fait encore mention d'autres lettres de Mercœur à même fin à la date du 19 juillet, de lettes du roi du 26 juin avec lettres de Mercœur en conformité, assignant à Vannes pour le 30 juin une assemblée qui doit avoir pour résultat « l'armement de 5 vaisseaux de 200 tonneaux. » D'autres lettres de Mercœur sont signalées au 23 juillet comme promettant aux Malouins la nomination des officiers qui commanderont les vaisseaux demandés. Enfin, au 15 septembre, des lettres du roi du 23 juillet avec lettres de Mercœur en conformité convoquent les Etats de la province à Quimper pour le 10 octobre 1586.

Au 15 décembre, le registre contient la lettre suivante de Mercœur :

« Messieurs, m'en allant trouver le Roy pour affaires qui importent son service, le
» bien & le repos de cefte province, je vous en ay bien voullu advertir & prier de
» prendre fongneufement garde à voftre confervation en l'obeiffance de Sa Majefté,
» ainfy que vous avez toujours bien & fidellement faict. Et f'il fe prefente quelque
» chofe ou je vous puiffe ayder vers Sa Majefté ou qui depende de moy, je me mandez;
» & je y feray tout ce qu'il me fera poffible pour votre contentement. Vous priant de
» me continuer toufiours la bonne affection que m'avez portée & vous affurer qu'en
» toutes occafions, je vous feray paroir la mienne; priant auffy en cefte volonté noftre
» Seigneur vous donner, Meffieurs, bonne vye & longue. A Nantes, ce dernier jour de
» novembre 1586.

» Signé, voftre bien bon amy : Ph° Emmanuel de Loraine.

» En la superfcription : *A Meffieurs les bourgeois, manans & habitans de Saint-Malo*, &
» cacheté. »

les subjects du Roy; si bien qu'il leur sembloit, s'il plaisoit à Sa Majesté, faire convoquer une forme de petits estats de Bretaigne, pour adviser & trouver les moyens de reprimer ces maux. A laquelle assemblée, s'il plaisoit au Roy qu'elle feust convoquée, ils y feroient trouver leurs deputez pour adviser aveq le general & contribuër leurs conseils & moiens & ce qui pourroit dependre d'eux pour le service du Roy, bien & soulagement de ses subjects.

Ensuite & au subject porté ausdites lettres du Roy, le 3° jour de may 1586, l'assemblée generale des bourgeois fut convoquée au manoir episcopal par devant le sieur de Fontaines. Là furent leües lettres du mareschal de Rays contenantes : qu'il avoit eu commandement du Roy de moyenner qu'en Bretaigne on eust armé quelques navires pour reprimer les courses des Rochellois; pour à quoy adviser & resoudre led. sieur mareschal convioit à une assemblée des villes maritimes de la province, en la ville de Vennes (1), où il invitoit de ceux de Saint Malo de se trouver par leurs deputez. A quoy satisfaisant, furent nommez & deputez à cette fin Jan Picot sieur de la Gicquelays & Geffroy Gaillard sieur de Boys-Joly.

En cette assemblée, le sieur de Fontaines exhorta le general de veiller soigneusement à la garde de la ville & admonesta un chascun qu'il n'eust à laisser aller paroles prejudiciables au service du Roy; les advertissant qu'il leur disoit cela, aiant esté adverty qu'aucuns mal-affectionnez parloient licentieusement contre la personne du Roy & le bien de son service; pria ceux ausquels, par mesgarde, cela pourroit estre arrivé, qu'ils eussent à s'en abstenir (2) & de rentrer au train de leur devoir, si en aucune façon, ils s'en estoient detracquez ou qu'autrement il y pourvoiroit selon l'exigence du fait & pour servir d'exemple.

Il fut par l'assemblée supplié de les vouloir tous estimer & croire en general tres-humbles & tres-affectionnez serviteurs du

---

(1) Pour le 18 mai (Reg. des délib.).

(2) « Et s'il y en a poussés par afection particuliere, qu'ils s'en departent. » (Id.)

Roy & que ſi aucuns particuliers luy eſtoient ſuſpects, & [qu'il] euſt decouvert quelque choſe de ſiniſtre, de leur faire ſçavoir par les voies que ſa prudence jugeroit convenables; avecq proteſtation qu'à leur pouvoir ils ſequeſtreroient l'yvroie d'avecq le bon grain, & qu'il eſtoit à propos d'eſtouffer cette pernitieuſe ſemence, avant qu'elle ſurmontaſt la bonne, telle qu'eſtoit la fidelle obeiſſance du general. Et à cette fin offrirent & proteſterent contribuër tout ce qui pourroit deſpendre de tous eux.

Ce premier teſmoinage de meſſiance du ſieur de Fontaines, ſans vouloir nommer aucun en particulier, fut l'eſtincelle qui alluma cet embraſement qu'on veid paroiſtre quelque temps apres. Quant à moy, je croy que telle meſſiance eſtait alors ſans aucun vray & ſolide fondement. Cette parole, neantmoins, ſema des lors du ſoupçon entr'eux contre quelques uns, voiant que le ſieur de Fontaines n'avoit voulu ou oſé nommer aucun de ceux qu'il ſoupçonnoit, & leſquels neantmoins il aſſeuroit que le Roy les ſçavoit par nom & par ſurnom; cela n'eſtoit pas guerir le mal, au contraire cela ne ſervoit qu'à le rendre incurable.

Se void ſur les regiſtres de la ville (1) que le 4e du moys de May 1587 fut tenuë une aſſemblée de Maiſon de ville, en l'abbaye Sainct Jean, lieu ordinaire à telles aſſemblées, par devant le ſieur de Fontaines; où aveq lui eſtoient les ſieurs de Valaines & de Bouillé, ſes deux fils. Où, par led. ſeigneur furent apparuës lettres du Roy. Par la lecture deſquelles vous apprendrez ce que Sa Majeſté vouloit leur faire entendre & pour tant les ay-je bien voulu inſerer en ce lieu affin que le lecteur en demeure eſclarcy. Voicy doncq ce que diſoient ces lettres :

---

(1) 7 mars 1587, lecture de lettres de Mgr de la Hunaudaye, lieutenant du Roi en Bretagne, aſſignant des États extraordinaires à Ploërmel pour le 20 mars.

2 mai 1587, la communauté décide de former oppoſition, à l'exemple de Rennes et d'autres villes de la province, à la levée de 40,000 livres demandée par le Roi et refuſée par les États de Ploermel (Reg. des délib.)

Lettres du Roy aux habitans de Saint Malo.

De par le Roy,

CHERS & bien amez, nous fommes advertis qu'il fe faict diverfes practiques & menées en plufieurs lieux de noftre royaulme pour y particulizer nos fubgectz & les defvoier foubz divers pretextes du droict chemin qu'ils ont tenu jufqu'à prefent, en ce qui concerne noftre fervice & l'obeiffance qui nous eft deüe. Sur quoy, nous avons advifé de vous efcripre la prefente, pour, par icelle, vous fere fçavoir que fy Dieu euft voullu que la paix que nous avions cy devant eftablie en noftre royaulme n'euft efté interrompuë, nos bons fubgectz n'euffent efté vifitez des oppreffions & vexations qu'ils ont fenties depuis ce temps là & ne feroient en payne de rechercher maintenant les moiens d'y remeddier comme ils font. Car nous euffions pourveu à noftre contentement & à leur foulaigement, fuivant ce que nous avions defjà bien commancé de fere. Mais la guerre furvenuë contre noftre efperance & defir, a rompu noftre deffein & nous a conftituez en des defpenfes telles que chafcun veoid, & remply noftre royaulme des defordres qui y regnent à noftre tres-grand regret. Et encores n'avons nous pas efté fi toft embarquez à la guerre contre les ennemys de noftre religion, qu'aucuns ont commencé à dreffer les menées & practiques parmy nos fubgectz pour exciter de nouveaux troubles & les precippiter en un abifme de miferes & calamitez, foubz pretexte de procurer leur foulaigement & advancer le bien de nos afferes. De quoy nous voullons que vous fçachiez que nous fommes tres-mal contans, vous priant, ne vous laiffer emporter à telles inventions qui ne tendent qu'à voftre ruine entiere, à laquelle nous avons pareil interreft que vous mefmes; eftans certain que f'il advient que nofd. fubgectz fe particullizent & defuniffent les ungs d'avec les autres, que nos communs ennemys, (lefquels f'atendent d'eftre bien toft fecourus des forces eftrangeres en grand nombre), nous endommaigeront grandement; ce qu'ils ne feront, f'ils fe maintiennent en bonne unyon & nous rendent l'obeiffance qu'ils nous doibvent. Partant, nous vous prions derecheff de rejecter telles practiques, fi elles f'adreffent à vous & croire qu'elles ne vous feront moins dommageables qu'à nous defagreables, vous refolvant de cheminer d'un mefme pied en l'obeiffance de nos commandemens & de nous fervir d'une conjonction de bonnes volontez à faire executer noftre edit de reunion de tous nos fubjectz à la religion catholique, qui eft le vray but auquel nous afpirons. Et pour auquel parvenir, nous fommes contrainctz de recourir aux moiens de nofdits fubgectz, vous affeurant que fy Dieu nous faict jamais la grace d'en venir à cheff, à fon honneur & gloire, nous vous ferons paroiftre & fentir par vraiz effectz que, comme nous avons plus d'interreftz à voftre bien & foulaigement que nulz autres, auffy que nous eft trop plus cher & recommandé. Donné à Paris, le 18ᵉ jour d'apvril 1587.

Signé : HENRY & au deffoubz : Pinart.

En la fufcription : *A nos chers & bien amez, les maire & efchevins, bourgeois & habitans de noftre ville de Sainct Malo.*

Apres la lecture de ces lettres & quelque exhortation du fieur de Fontaines à l'affemblée, les habitans, non feulement par la bouche du fyndicq parlant pour le general, mais chacun en particulier, protefterent de demeurer fermes et ftables en l'obeiffance deüe au Roy, & tout ce qui fe peut protefter par une acclamation publique de tous en general & d'un chacun en particulier. Et fut le fieur de Fontaines fupplié de vouloir affeurer Sa Majefté de leur tres-humbles fidelité, devotion & obeiffance.

Je ne puis, au refte, paffer fans condamner la lafcheté de ftyle du fecretaire ou compilateur de cette lettre; en laquelle, je remarque ce verbe *prier* & le mot de *prieres* tant de foys emploiez, qui font des termes indignes de la majefté d'un grand prince efcrivant à fes fubjects. Cette lettre, n'eftoit pas envoiée à ceux de Saint Malo feulement, mais à toutes les communautez. En un mot, cette lettre nous fait voir un prince craintiff & frapé d'une terreur panique, ce qu'il faut imputer à la lafcheté ou à l'ignorance de ceux qui formoient ces lettres indignes, comme nous venons de dire, de la majefté d'un grand prince tel qu'eftoit le roy Henry troifiefme.

Nous voicy arrivez à la fin de l'an quatre vingts fept, à la fin duquel expiroient les trois ans de Robert Boullain Conterie procureur fyndicq, auquel il falloit donner un fucceffeur en cette charge. Laquelle exerçant, la plus part des habitans l'avoient vehementement foupçonné d'avoir efté inventeur des meffiances données au fieur de Fontaines de la fidelité des habitans, & d'avoir fomenté ce feigneur en ces foupçons fans aucun vray fondement.

Le 19e jour de decembre de l'an 1587, en la Maifon de ville, en prefence du fieur de Fontaines, fut nommé & efleu Jan Picot fieur de la Gicquelays [1], procureur fyndicq pour commencer les fonctions de cette charge au premier jour de janvier 1588. Le ferment duquel fut des l'heure pris & receu par led. fieur de Fontaines, ainfi qu'eft accouftumé en femblable cas.

Le 26e jour du moys de may 1588, le fieur de Fontaines feift faire convocation de la Maifon de ville; en laquelle il feift entendre avoir receu lettres du Roy efcrites depuis que Sa Majefté pour la feureté de fa perfonne avoit efté contraint fortir de Paris, lors des barricades. Icelles lettres efcrites à Chartres le 16e jour de may de l'an 1588, & de ces lettres & du contenu en icelles le lecteur apprendra les caufes qui avoient contraint le Roy d'habandonner Paris pour fe retirer à Chartres en feureté :

[1] Jan Picot Bricourt (Reg. des délib.).

Lettres du Roy au sieur de Fontaines [1].

Monsieur de Fontaines, j'estois en ma ville de Paris où je ne pensois à autre chose qu'à faire cesser toutes sortes de jalousies & empeschemens du costé de Picardie & autres qui retardoient mon acheminement en mon païs de Poitou, pour y poursuivre la guerre commencée contre les huguenots, suivant ma deliberation; quand mon cousin le duc de Guise y arriva, à mon desceu, le 9ᵉ de ce moys. Sa venuë en cette sorte augmenta tellement les meffiances que je me trouvay en bien grand peine, pour ce que j'avois au paravant esté adverty d'infinis endroits qu'il y devoit arriver de cette façon & y estoit attendu par aucuns habitans de lad. ville qui estoient soupçonnez d'estre cause des deffiances, & luy avois fait dire au paravant que je ne desirois pas qu'il y vint, que nous n'eussions composé les troubles de Picardie & levé les occasions desd. meffiances. Touteffois consideré qu'il n'estoit venu accompagné que de quatorze ou quinze gentilshommes, je ne voulus pas laisser de le voir pour essaier faire avecq luy que les causes de ces meffiances & troubles feussent ostées. A quoy voiant durant deux ou trois jours que je n'advançois gueres & d'ailleurs voiant que madite ville se remplissoit tous les jours de gentilshommes & autres personnes estrangeres qui se retiroient à la suite dud. duc, que les recherches que j'avois commandé d'estre faites par lad. ville par les magistrats & officiers d'icelle ne se faisoient qu'à demy, pour la crainte en laquelle ils estoient, & aussi que les cueurs & volontez d'aucuns desd. habitans s'aigrissoient & s'alteroient tous les jours de plus en plus, avecq les advertissemens ordinaires qui me redoubloient journellement qu'il devoit esclorre quelque grand trouble dans

---

[1] Cette pièce n'a pas été insérée au Registre des délibérations; les secrétaires du roi en expédièrent de nombreuses copies.

lad. ville, je pris refolution de faire faire lefd. recherches par les quartiers d'icelle plus exactement que les precedens, affin de decouvrir & recongnoiftre au vray l'eftat de la ville & faire vuider lefd. eftrangers qui ne feroient advoüez, comme ils devoient eftre. Pour ce faire, j'advifay de faire renforcer certains corps de garde des habitans & bourgeois de lad. ville, que j'avois ordonné eftre dreffez en quatre ou cincq endroits d'icelle, des compagnies des Suiffes & de celles du regiment de mes gardes qui eftoient logez aux forbourgs d'icelle & de commander auffi à aucuns fieurs de mon confeil & chevaliers de mon ordre du Sainct Efprit d'aller par les cartiers aveq les quarteniers & autres officiers de lad. ville, par lefquels on a accouftumé de faire faire lefdites recherches, pour les authorifer & affifter en icelles, comme il f'eft fait plufieurs fois, dont je fey advertir ledit duc de Guyfe & tous ceux de lad. ville, affin que perfonne n'en prift l'allarme & ne feuft en doute de mon intention en cet endroit. Ce que du commencement lefd. bourgeois & habitans feirent contenance de recevoir doulcement. Touteffoys, quelque temps apres, les choses f'efchaufferent de telle façon, qu'à l'induction d'aucuns qui allerent femant & imprimant aux cueurs defd. habitans que j'avois fait venir lefd. forces pour eftablir des garnifons eftrangeres en ladite ville & leur faire encore pis, qu'ils les eurent bien toft tellement animez & irritez contre icelle, que fi je n'euffe expreffement deffendu à ceux qui les commandoient, de n'attenter aucune chofe contre lefd. habitans & d'endurer & fouffrir plus toft toutes les extremitez du monde que de le faire, je croy certainement qu'il euft efté impoffible d'eviter un facq general de lad. ville avec une tresgrande effufion de sang. Quoy voiant, je me refolus de ne faire executer plus avant lefd. recherches & commençay, quant & quant, de faire retirer lefd. forces que je n'avois fait entrer que pour cette feule occafion, eftant vrayfemblable que fi j'euffe eu autre volonté, je l'euffe tentée &

peut eftre executée entierement felon mon defir, devant l'emotion des habitans & qu'ils euffent tendu les chefnes & dreffé des barricades par les rües. Comme ils commencerent à faire incontinent apres midy, quafi en mefme temps par toutes les rües de lad. ville, à ce induitez & excitez par aucuns gentilfhommes, capitaines & eftrangers envoiez par le duc de Guife, qui fe trouverent en bien peu de temps departis & rangez par chacune des dizaines pour cet effect; faifant retirer lefdites compagnies fuiffes & françoifes, il y eut à mon grand regret quelques harquebufades tirées & coups rüez par lefd. habitans qui porterent principalement fur aucuns defd. Suiffes que je fey retirer & loger ce foir là aux environs de mon chafteau du Louvre afin de voir ce que deviendroit l'emotion, en laquelle eftoient lefd. habitans; & fey tout ce qui me fut poffible pour l'amortir jufqu'à faire le lendemain du tout fortir & retirer de ladite ville lefd. compagnies, refervées celles que j'avois devant leur entrée pofées en garde devant mondit chafteau du Louvre, m'aiant efté remonftré que cela contenteroit & pacifieroit grandement lefd. habitans. Je fey auffi arrefter quelque refte des compagnies des gens de pied du regiment de Picardie, qui eftoient touteffois encore à fept ou huit lieües de ladite ville, enfemble quelques fieurs gentilfhommes mes ferviteurs qui me venoient trouver, voiant que l'on en avoit donné ombrage à ce peuple & que l'on fe fervoit de cette couleur pour efmouvoir davantage lefd. habitans. Neantmoins, au lieu d'en voir l'effect tel que je l'attendois pour leur propre bien & mon contentement, ils auroient continué depuis à rehauffer lefdites barricades & renforcer leurs gardes, jour & nuit, & les approcher de mondit chafteau du Louvre jufques contre les fentinelles de ma garde ordinaire; de forte que les chofes feroient paffées fi avant, le treiziefme de ce moys, qu'il fembloit qu'il n'eftoit plus au pouvoir de perfonne d'empefcher l'effect d'une plus grande violence & emotion jufques dedans mondit chasteau. Quoy voiant & ne oulant vemploier mesdites forces contre lesd. habitans, pour m'avoir toujours esté la conservation de ladite ville, bourgeois & habitans d'icelle, aussi chere & recommandée que celle de ma propre vie, ainsi qu'ils l'ont eprouvé en toutes occasions & est tresnotoire à un chacun, je me resolus d'en partir le mesme jour & plustost m'absenter & esloigner de la chose du monde que j'aymois autant comme je desire encore faire, que de la voir courre plus grand hazard & en recevoir aussi plus de deplaisir; aiant supplié la Reyne madame & mere d'y demeurer pour voir si par sa prudence & authorité, elle pourra faire en mon absence assoupir, ce qu'elle n'a peu faire en ma presence, quelque peine qu'elle y ait employée; & m'en suis venu en cette ville de Chartres; d'où j'ay bien voulu incontinent vous escrire la presente, affin de vous advertir au vray de ce qui s'est passé en madite ville de Paris pour en informer les habitans des bonnes villes dans l'estenduë de vostre charge & leur faisant tenir les lettres que je vous envoye comme vous ferez soudain que vous aurez reçeu la presente, affin qu'ils ne soient surpris & prevenus d'autres impressions & ne se laissent aussi aller aux inventions & inductions de ceux qui entreprendroient de les esmouvoir à l'exemple de la ville de Paris, leur remonstrant & representant sagement les grands inconveniens qui leur en adviendroient & quelle est la confiance & asseurance qu'ils ont occasion de prendre de moy qui suis leur vray Roy & prince, tant pour ce qui concerne l'advancement de l'honneur de Dieu contre les heretiques que pour leur propre bien & soulagement que nous embrasserons tous les jours avecq plus d'affection & de zele que jamais, comme celui qui y a plus d'interest que nul autre, & qui n'a besoing de mettre les choses en confusion & desordre pour maintenir & conserver son authorité & puissance, & qui ne veut aussi rechercher autre caution & asseurance de la loyauté d'iceux ses naturels subjects qu'en leur bien-faisant, & contenir en concorde & union pour les faire profperer en toutes chofes & les rendre heureux à jamais, la profperité de mes affaires dependant entierement de la leur, comme fera toufjours mon contentement de leur bien & felicité que je favoriferay & advanceray toujours de tout mon pouvoir; & ferois veritablement plus que je n'ay fait depuis ces dernieres guerres, fi elles me permettoient d'effectuër ma bonne volonté felon mon defir, eftant certain que les tres-grandes defpenfes qu'il faut que je face à caufe de la guerre font qu'ils font bien fouvent refufez par moy de plufieurs charges qu'ils pourfuivent. Breff, je vous prie les bien informer, & rendre capables de ma droite & fincere intention, & ne permettre qu'ils en entrent en ombrage ny f'emanciper à faire chofe qui foit contraire à leur devoir & à leur propre bien. Vous advertirez auffi les fieurs principaux gentilfhommes du païs de tout ce que deffus en leur faifant tenir les lettres que je vous envoie pour cet effect, affin d'inviter ceux que je mande de me venir trouver pour me fervir dans la province & f'oppofer à tous mauvais deffeins, les affeurant que je recongnoiftré à jamais le fervice que je recevray d'eux en une tant urgente & importante occafion, comme eft celle qui fe prefente maintenant, en laquelle auffi je m'affeure que vous me fervirez tres-fidellement & diligemment comme il eft tres-grand befoing que vous faciez. Et vous prie d'y travailler en m'advertiffant de la reception de la prefente, & de tout ce qui fe paffera en l'eftenduë de voftre charge. Je prie Dieu, monfieur de Fontaines, de vous avoir en fa fainte & digne garde. Efcrit à Chartres, le 16ᵉ jour de may 1588.

Signées HENRY & au deffous Bruflard.

Et en fufcription : *A Monfieur, Monfieur de Fontaines, chevalier de mes ordres, confeiller en mon Confeil d'Eflat, capitaine de cinquante hommes d'armes de mes ordonnances & mon lieutenant general au gouvernement de Bretaigne.*

Au bas de cette lettre est encore escrit ce qui enfuist :

Depuis la presente escrite, je me suis trouvé tant pressé d'autres affaires que je n'ay eu loisir d'escrire au seigneur & principaux gentilshommes de vostre gouvernement, mais il suffira que vous leur monstriez ou les advertissiez du contenu en la presente, affin d'inviter ceux qui auront volonté de me venir trouver à se haster & convier davantage les autres à me servir aupres de vous.

Le sieur de Fontaines apres cette lecture exhorta les habitans à leur devoir, affection & fidelité au service du Roy auquel le procureur des Bourgeois supplia, au nom de tous, qu'il voulust asseurer le Roy de tout ce dont on peut asseurer un prince de la fidelité de ses subjects; reponce & asseurance qui fut suivie d'une acclamation qui tesmoignoit une vraye, sincere & devotieuse affection de bons, vrays & fidelles subjects envers leur prince.

Le lecteur peut à mon advis remarquer en cette lettre un bien merveilleux estonnement d'un prince & d'un roy dans le milieu de son royaume, mal asseuré & frapé d'une frayeur, pour exprimer laquelle, il ne faut que lire cette lettre toute pleine de lascheté; de laquelle neantmoins ce grand roy ne fut jamais noté. Ce qu'à mon advis on doit plus tost imputer à la perfidie & lascheté de ses conseillers & secretaires, artisans de la lettre, qu'au defaut du courage du maistre. Comment que ce soit, vous venez de voir une lettre laquelle semble indigne de la majesté d'un grand roy, car au lieu de commandement, vous n'y trouvez que des prieres indignes de la souveraineté.

Vous pouvez voir, en l'histoire du temps, l'argument de cette lettre & comme le duc de Guyse, par une audace non-ouïe, estant venu à Paris contre l'expresse deffense du Roy, y avoit esmeu une revolte generale de tous les habitans les 12ᵉ & 13ᵉ jours de may, l'an 1588. Et comme le Roy mal asseuré d'aucuns, mesme de sa suite, fut contraint pour asseurer sa personne d'habandonner Paris & de se retirer en sa ville de Chartres & finalement de Chartres (1) à Rouan, où apres plusieurs allées & venuës les affaires furent composées ou pour mieux dire plastrées de sorte que le Roy, faisant de necessité vertu, & pour un temps dissimulant son juste ressentiment, feist un traité avecq le duc de Guyse & autres ses subjects partisans de la Ligue, esperant par ce moien les reduire au devoir & obeissance. Ensuite de quoy, fut fait ce traité, baptisé du titre d'*Edit d'union*, fait & accordé à Rouan au moys de juilet dud. an 1588. Lequel fut envoié par les provinces pour y estre par tous les subjects juré & observé, lequel pour n'envoïer point le lecteur ailleurs pour chercher cet Edit, j'ay estimé estre à propos d'inserer en ce lieu.

Cet Edit doncq envoïé par le Roy en toutes ses provinces & en toutes les bonnes villes de son royaume, aiant esté receu par le sieur de Fontaines fut, le 10e jour du mois de septembre dud. an 1588 (2), leu & publié en la Maison de ville à Saint Malo, où presidoit le sieur de Fontaines, à ce assistans un merveilleux nombre d'habitans. Desquels il feut receu, & l'observation d'iceluy jurée, avecq la solennité & selon qu'en iceluy il

---

(1) Le registre des délibérations à la date du 25 juin 1588 contient la lettre suivante :

« De par le Roy,

» Tres-chers & bien amez, outre ce que vous avez peu cy devant entendre des choses
» qui sont depuis peu de temps avenués en nostre ville de Paris à nostre tres-grand
» regret, comme nous estimons aussy que tous les gens de bien de nostre roiaume en
» porteront beaucoup d'ennuy en leur cueur, nous avons voulu depescher en nostre
» province de Bretaigne le sieur de Poigny, chevalier de nos deulx ordres & conseiller
» de nostre conseil d'Estat, affin de vous parler de nostre part sur ce subject & vous
» desclarer ce que nous desirons de vous & de nos autres bons subjects de lad. province,
» pour l'amour, affection & obeissance que nous devez naturellement ; de quoy vous le
» croirez comme nous mesmes, qui nous promettons que, en cest endroict, vous vous
» montrerez sy fidelles & loiaux que nous aurons toute occasion d'en demeurer tres-
» contans & bien satisfaicts. Donné à Chartres, le 23e jour de may 1588.

» Signé : HENRY, au desoubs : Bruslard.

» Et en superscription : *A nos chers & bien amez les manans & habitans de nostre ville de
» Saint-Malo,* & cacheté. » (Registre des délibérations, 25 juin 1588.)

(2) Le registre des délibérations allant d'août 1588 à septembre 1590 étant perdu, La Landelle devient doublement intéressant.

estoit commandé, & ordonné qu'il feroit inferé fur les regestres de la Maifon de ville & figné par les habitans; & fe trouvent enfuite fur lefd. regiftres les noms & feignes d'iceux, en divers jours & fur plufieurs fueillets, non feulement de ceux qui fe trouverent prefens en l'affemblée, mais encores de plufieurs, lefquels, lors d'icelle, eftant abfens & depuis retournez de leurs voiages, alloient au greffe de la ville figner fur le regiftre & jurer l'obfervation du contenu de cet Edit.

Ce mefme Edit fut une pierre d'achopement, à laquelle plufieurs heurterent, & fervit à infinies perfonnes de pretexte pour les chofes qui furvindrent apres en la ville de Saint Malo & ailleurs dans ce royaume; comme vous pourrez voir en la fuite de ces memoires, voicy doncq la teneur de cet Edit :

Edit d'union fait par le roy Henry IIIe, commandé pour eftre juré & obfervé par fes fubjects.

HENRY, par la grace de Dieu, roy de France & de Poloigne, à tous prefens & à venir, falut.

Confiderant l'infinie & fpeciale obligation que nous avons à Dieu, noftre Createur, qui nous a mis en main le fceptre du plus noble royaume qui foit au monde, où la foy de fon fils, noftre fauveur & redempteur Jefu-Chrift, a efté faintement annoncée des le temps des Apoftres & depuis, moiennant fa grâce religieufement conservée aux cueurs des roys nos predeceffeurs & de leurs fubjects par l'obfervation, zele & devotion qu'ils ont euë à noftre fainte religion cath., ap. & rom., pour laquelle, des nos premiers ans, nous nous avons tres-volontiers expofé noftre propre vie en tous les hazards qui fe font prefentez & depuis noftre advenement à la couronne continüant en nous & augmentant aveq l'aage cette mefme refolution, n'aurions jamais abandonné ce mefme penfement, comme de chofe qui nous eft & fera toujours plus chere que de regner & vivre longuement fur la terre. A ces caufes, remettant devant nos yeux ce à quoy le devoir de bon Roy tres-chretien & premier fils de l'Eglife nous oblige, avons refolu, toutes autres confiderations poft-pofées, de pourvoir, autant qu'il plaift à Dieu qu'il foit au pouvoir des hommes, à ce que de noftre vivant, il foit eftabli au fait de noftre religion cath., ap. & rom., un bon & asseuré repos, & lorsqu'il plaira à Dieu disposer de nos jours pour nous appeller à soy, nous puissions nous presenter devant sa sainte Face portant en nostre conscience que nous n'abvons rien obmis de ce où l'esprit humain s'est peu estendre, pour obvïer qu'apres nostre deces il n'advienne en cestuy nostre royaume changement ou alteration au fait de la religion, voulans que pour cette occasion tous nos subjects catholiques, de quelque qualité, dignité ou condition qu'ils soient, s'unissent & joignent aveq nous pour l'acheminement & perfection d'un œuvre tant necessaire & aggreable à Dieu, nous communiquant à eux & eux s'unissant à nous pour la conservation de nostre sainte religion, afin que comme nos ames qui sont d'un mesme prix par le sang de nostre seigneur Jesu-Christ, nous tous & nostre posterité soions tous & demeurions en luy un mesme corps. Ce qu'aiant esté des long-temps par nous mis en consideration & eu, sur le tout, le bon & tres-prudent advis de la Reyne, nostre tres-honorée dame & mere, des princes & seigneurs de nostre Conseil, avons voulu, statué & ordonné, voulons, statuons & ordonnons, & nous plaist que les articles suivans soient tenus pour loy inviolable & fondamentale de cestuy nostre royaume.

Et premierement :

Nous jurons & renouvelons le serment par nous fait en nostre sacre, vivre & mourir en la religion cath., ap. & rom., promouvoir l'advancement & conservation d'icelle, emploier de bonne foy toutes nos forces & moiens, sans espargner nostre propre vie, pour extirper de nos royaumes, païs & terres de nostre obeissance, tous schismes & heresies condamnées par les saints Conciles & principalement par celui de Trente, sans faire jamais aucune paix avec les heretiques, ny aucun edit en leur faveur.

Voulons & ordonnons que tous nos subjects, princes & seigneurs tant ecclesiastiques, gentishommes, habitans des villes de plat pays, qu'autres de quelque qualité & condition qu'ils soient, s'unissent & joignent en cette cause aveq nous & facent pareil serment aveq nous d'employer toutes leurs forces & moiens jusqu'à leurs propres vies pour l'extermination des heretiques.

Jurons aussi & promettons de ne favoriser ny advancer de nostre vivant, ordonnons que tous nos subjects unis jurent et promettent, dès à present & pour jamais, apres qu'il aura pleu à Dieu disposer de nostre vie, sans nous donner des enfans, de ne recevoir à estre roy ny prester obeissance à prince quelconque qui soit heretique ou fauteur d'heresie.

Declarons & promettons de n'emploier & pourvoir jamais aux charges militaires de nostre royaume que personnes qui seront catholiques & feront notoirement profession de la religion cath., ap. & rom., & deffendons tres-expressement que nul soit receu à l'exercice d'aucun office de judicature & des finances en cestuy nostre royaume, païs & terres de nostre obeissance, qu'au paravant il n'apparoisse de sa religion cath., ap. & rom., par l'attestation de l'evesque ou de ses vicaires ou au moins des curez ou de leurs vicaires avec la deposition de dix tesmoins, personnages de qualité et non suspects. Et voulons que cette ordonnance soit inviolablement gardée par tous officiers auxquels telles receptions seront addressées, & ce sur peine de privation de leurs estats.

Jurons aussi à tous nos subjects ainsi joints & uniz aveq nous suivant le commandement qui par nous leur en est fait, de les conserver & traiter ainsi que doit un bon roy ses bons & fidelles subjects, de deffendre & proteger de tout nostre pouvoir tous ceux qui nous ont accompagné & servi, & ont exposé leurs personnes & bien par nostre commandement contre les heretiques & leurs adherens; pareillement les autres qui se sont cy devant declarez & associez ensemble contre eux, lesquels nous avons presentement unis à nous, & promettons les conserver & deffendre les uns & les autres de toutes violences & oppressions dont lesd. heretiques, leurs fauteurs & adherens, voudroient user contre eux pour s'estre opposez, comme ils ont fait, à leurs desseins.

Voulons aussi que tous nosdits subjects ainsi unis promettent & jurent de se deffendre & conserver les uns les autres, sous nostre authorité & commandement, contre les oppressions & violences desdits heretiques. Pareillement, tous nosdits subjects jureront de vivre & mourir en la fidelité qu'ils nous doivent, & d'exposer franchement leurs biens & moiens & leurs personnes pour la conservation de nostre authorité & aussi des enfans qu'il plaira à Dieu nous donner, envers tous & contre tous, sans nul excepter.

Jureront aussi tous nosdits subjects, de quelque dignité, qualité ou condition qu'ils soient, de se departir de toutes unions, practiques & inteligences, ligues & associations, tant au dehors que dedans de cestuy nostre dit royaume, contraires à la presente union & à nostre personne & authorité royale; & pareillement à celle des enfans qu'il plaira à Dieu nous donner, sur les peines de nos ordonnances & d'estre tenus infractaires à leurs sermens.

Declarons rebelles & desobeissans à nos commandemens & criminels de lese-Majesté ceux qui refuseront de signer la presente union ou qui depuis l'avoir signée s'en departiront & contreviendront au serment que, pour ce regard, ils auront fait à Dieu & à nous. Et seront les villes qui desobeiront à la presente ordonnance privées de tous privileges, graces & octrois à elles accordez, par nous & nos predeceffeurs roys. Et fy en icelles, il y a cour fouveraine, juges & officiers eftablis tant de judicature que de finances, feront tranfferez aux villes obeiffantes, ainfi qu'il fera par nous advifé pour le bien & foulagement de nos fubjects.

Et affin de rendre la prefente union durable & permanante comme nous entendons faire, à jamais enfevelir la memoire des troubles & divifions paffées entre nos fubjects catholiques & efteindre du tout les eftincelles qui en peuvent rallumer le feu, nous avons en faveur & pour le bien de la paix & advancement de la religion cath. ap. & rom., dit & declaré, difons & declarons par ces prefentes fignées de noftre main, qu'il ne fera fait aucune recherche de toutes les inteligences, affociations & autres chofes que tous nos fubjects catholiques pourroient avoir fait par enfemble, tant dedans que dehors noftre royaume, attendu qu'ils nous ont fait entendre & informé que ce qu'ils en ont fait n'a efté que pour le zele qu'ils ont porté à la confervation & manutention de la religion catholique; toutes lefquelles chofes demeureront efteintes & affoupies & comme non advenuës, comme de fait nous les efteignons, affoupiffons & declarons telles par ces prefentes. Et femblablement tout ce qui eft advenu & f'eft paffé, le douze & treiziefme du mois de may dernier, & depuis en confequence de ce, jufqu'à la publication de ces prefentes en noftre cour de Parlement de Paris, tant en noftred. ville de Paris qu'es autres villes & place de noftre royaume, comme auffi tous actes d'hoftilité qui pourroient avoir efté commis, prifes de nos finances en nos receptes generales & particulieres ou ailleurs, vivres, artillerions & munitions, ports d'armes, enrolemens & levées d'hommes, & generalement toutes autres chofes faites & executées pendant ledit temps & qui fe font depuis enfuivies, à l'occafion & pour le fait defd. troubles, fans que jamais nofd. fubjects en puiffent eftre recherchez, pourfuivis ny inquietez, directement ny indirectement, en quelque forte & maniere que ce foit. Tous lefquels cas nous avons derecheff affoupis & declarez comme non advenus fans nul excepter; hors qu'il feuft befoing les exprimer & expliquer d'aventage; mefme que nofdits receveurs generaux & particuliers, fermiers & autres comptables commis à la recepte d'iceux deniers, demeurent du tout defchargez des deniers de leurfdites receptes & fermes qui ont efté arreftez & pris pour les caufes que deffus depuis ledit douziefme de may, en rapportant les mandemens, ordonnances & quittances qui ont efté expediées à leur defcharge, fans que ceux qui auront receu ou touché lefd. deniers en foient aucunement comptables envers nous; & lefquels, nous avons en ce faifant defchargez & defchargeons par ces prefentes, dont fera prefentement baillé estat tel qu'il appartiendra pour servir de conterolle à ceux qui pretendront lesd. descharges.

Si donnons en mandement à nos amez & feaux les gens tenans nos cours de parlement, chambres de nos comptes, cours des aydes, baillifs, seneschaux, prevosts & tous autres nos juges qu'il appartiendra, chacun endroit soy, que ces presentes ils facent lire, publier & enregistrer, garder & observer, gardent & observent inviolablement & sans les enfreindre, cessans & faisant cesser tous troubles & empeschemens au contraire, car tel est nostre plaisir, & affin que ce soit chose ferme & stable à toujours, nous avons fait mettre nostre seel à ces presentes.

Donné à Rouan, au moys de juilet, l'an de grace mil cinq cens quatre vingts huit & de nostre regne le quinziesme.

Signé HENRY.

Et à coté VISA & au bas : par le Roy estant en son conseil : *de Neufville*. Et scellé en lacs de soye rouge du grand seel de cire verte & apres sont escrits ces mots :

Leu, publié & regiftré, ouï & le requerant le procureur general du Roy, suivant l'arrest de ce jour. Donné les chambres assemblées à Rouan en Parlement, le dix neufiesme juilet mil cinq cens quatre vingts huit. Signé *du Boys-levesque*.

Cet Edit & ce qui s'ensuist aiant esté ainsi presenté par le sieur de Fontaines en la Maison de ville de Saint Malo y fut leu & publié & fut aussi ordonné iceluy estre regestré & fut cette deliberation comme je l'ay trouvée sur les regiftres conceuë aux termes suivants :

« Obeissant au contenu de l'Edit, les bourgeois cy devant &
» plusieurs autres ont presté le serment & juré sur les Saintes
» Evangilles entre les mains de Monsieur le Seneschal de garder
» & observer inviolablement le contenu en iceluy, ainsi qu'ils
» l'ont promis & juré comme ensuist :

« Nous soussignez Bourgeois, manans & habitans de la ville
» de Saint Malo, jurons & promettons à Dieu le Createur garder,
» maintenir & inviolablement observer le contenu en l'edit du
» Roy qui presentement a esté leu & sous l'expres commande-
» ment du Roy nous unissons tous les uns avecq les autres, tant
» pour la deffense & propagation de la religion catholique,

» apoſtolique & romaine que pour l'entiere extirpation des here-
» ſies, empeſcher que ce royaume tombe ſous la domination
» des heretiques ou de leurs fauteurs, & comme bien unis &
» aſſociez ſous l'authorité de Sa Majeſté nous maintenir les uns
» les autres par toutes voies à nous poſſibles, juſtes & raiſon-
» nables & par les meſmes voies de garentir & repouſſer toutes
» oppreſſions & injures faites au moindre de nous à l'occaſion
» de la preſente union, comme ſi elles eſtoient faites à tout le
» corps & y apporter tous nos moyens, chacun ſelon ſa qualité
» & condition, leſquels ne peuvent eſtre mieux emploïez que
» pour la juſte & legitime deffenſe de noſtre dite religion &
» pour le ſalut commun du païs; comme auſſi de faire garder &
» obſerver de tout noſtre pouvoir les articles contenus audit Edit
» ſans jamais y contrevenir & ſans ſouffrir que jamais on aille
» au contraire, directement ou indirectement en quelque ma-
» niere que ce ſoit, ſur la damnation de nos âmes & les peines
» y contenuës, leſdits jour & an que deſſus. »

Cette forme de ſerment inſeré au regiſtre fut à divers jours juré & ſigné de pluſieurs, comme je l'ay trouvé & ſe peut voir ſur led. regiſtre. Je m'abſtiens de rien dire de mon advis & ſentiment de cet Edit, ny de la forme du ſerment amplifié par les habitans; par ce qu'en ce faiſant, ils ne faiſoient que rendre leur devoir à Dieu & obeiſſance au Roy, autheur de cet Edit; Sa Majeſté faiſant en iceluy tres-expres commandement à tous ſes ſubjects de le jurer & obſerver, mais particulierement auſd. habitans; leſquels pour dire vray pour la plus grande et meilleure partie receurent & jurerent cet Edit aveq un applaudiſſement tres-grand, comme il eſt facile de colliger de l'amplification & extenſion contenuë & qui ſe void en la forme de ce ſerment fait par eux.

Jan Picot ſieur de la Gicquelaye, procureur ſyndic, lequel aux Eſtats de Bretaigne derniers tenus avoit eſté nommé pour l'un des deputez du Tiers Ordre pour ſe trouver aux Eſtats Generaux de la France convoquez en la ville de Bloys, partit pour ce voiage le 13ᵉ du mois de feptembre 1588, troys jours apres l'Edit fufmentionné, publié à Saint Malo en la Maifon de ville; & avant fon partement, avoit efté fubftitué Guillaume Jonchée fieur du Fougeray pour faire les fonctions de procureur fyndicq en l'abfence dud. fieur de la Gicquelaye, lad. fubftitution du 10 feptembre dit an 1588.

Ce qui fe paffa aux dits Eftats de Bloys appartient plus à l'hiftoire generale de France qu'il n'eft de mon fubject; & neantmoins j'en diray quelque chofe & en parleray comme en paffant, pour faire voir les caufes qui augmenterent les foupçons & meffiances entre le fieur de Fontaines & les habitans.

J'eftime doncq n'eftre hors de propos ny eftranger de mon deffein de rapporter icy ce que la France non feulement, mais toute l'Europe, veid efclorre aux Eftats de Bloys; fçavoir l'execution que le Roy commanda eftre faite es perfonnes du duc de Guyfe & du cardinal fon frere. Lefquels furent tuez au chafteau de Bloys & leurs corps bruflez & reduits en cendre.

Si bien ou mal feift le Roy en commandant cette execution, il ne m'appartenoit pas d'en difputer ny en dire mon advis, affez d'autres en ont parlé & efcrit, les uns en un fens, autres en autre. Mais bien diray-je que ces executions & ces morts apporterent autant de terreur & d'effroy à ceux qui efperoient eftre à l'abry & à l'ombre de l'authorité de ce prince, comme elles donnerent d'audace & de hardieffe à ceux qui, eftant demeurez au party du Roi, avoient l'ambition & le procedé de ce duc de Guife fufpecte & odieufe.

Le Roy, apres cefte execution, n'eftimant pas que des mefhuy il fe trouvaft perfonne en fon royaume, qui ofaft branfler ny lever la crefte contre fon authorité, proceda, felon que plufieurs ont jugé par le fucces des affaires, plus remiffement qu'il ne convenoit pour raffeurer fon authorité au paravant bien efbranflée. Ce trop de remiffion, par aucuns appellée nonchalance, ouvrirent derecheff la porte à beaucoup de defordres qui rejetterent l'Eftat & le Royaume en une autant horrible confufion dont il fe foit veu agité. Les hiftoriens du temps n'auront pas oublié de remarquer ces maux & ces defordres; mais ce n'eſt pas mon but de faire ces obſervations qui m'emporteroient bien loing au delà de ce que j'ay entrepris. Bien diray-je qu'entre ceux qui ſe reſjouirent de cet accident, le ſieur de Fontaines en teſmoigna une tres-grande joye & telle qu'il luy eſtoit impoſſible de le diſſimuler. Auſſi ne vouloit il pas la cacher, mais au contraire il publioit partout qu'il en eſtoit bien-aiſe.

Ceſte execution qui fut à Bloys le 23ᵉ jour de decembre dud. an 1588, fut notoire par tout. Mais la nouvelle en fut apportée au ſieur de Fontaines le 27ᵉ du meſme moys, ſur la fin preſque de la journée. Et tout incontinent il manda une douzaine de principaux & antiens habitans au chaſteau & là leur annonça cette nouvelle, à luy autant aggreable, comme il l'eſtimoit deſplaire aux habitans, les eſtimant ou feignant eſtimer eſtre tous de la Ligue, ce qu'en verité & en effect ils n'eſtoient nullement, ſinon autant qu'ils eſtimoient eſtre du bien du ſervice du Roy, lequel leur avoit commandé de jurer & obſerver ce que vous venez de voir qui eſtoit contenu en l'edit d'Union, tant ſolennellement juré par le commandement de Sa Majeſté meſme, dans tous les Parlemens & dans toutes les villes du Royaume de France.

Que ſ'il m'eſt permis de dire ce que j'en ſçay & ce que j'ay recongneu, je puis bien aſſeurer & le ſçay de certain, que les habitans de Saint Malo n'ont jamais eſté portez au party de la Ligue, ſinon autant que les commandemens du Roy portez en ſon Edit, les y avoient obligez & depuis eſtant forcez de la neceſſité d'eviter la ruine, laquelle leur preparoit le ſieur de Fontaines, lequel les vouloit faire eſtimer de la Ligue affin d'avoir un plus ſpecieux pretexte de ſaccager & ruiner la ville affin de ſ'engraiſſer des depoüilles des habitans, ainſi que la ſuite de ces preſens memoires vous pourra faire voir & clairement congnoiſtre. Et quoy que c'en ſoit, ſ'il y en avoit quelques uns affectionnez au party de la Ligue, durant la vie & regne de Henry troiſieſme, ils eſtoient en fort petit nombre.

Des lors doncques ce ſeigneur de Fontaines eſtimant avoir la porte ouverte à ce pernitieux deſſein de perdre les habitans, il rechercha d'avoir commiſſion du Roy pour ſous couleur de juſtice & de chaſtiment perdre ces innocens. Ce qui ſe juſtifie eſtre veritable par la coppie d'une ſienne lettre trouvée en ſon cabinet lors de la priſe du chaſteau. Cette coppie eſcrite de la main de Julien d'Auverſe, ſon ſecretaire, mais cottée ſur icelle de la main propre dud. ſieur de Fontaines, de laquelle lettre vous verrez la teneur :

Copie d'une lettre eſcrite au Roy par le ſieur de Fontaines apres l'advis de la mort du duc de Guiſe & du cardinal ſon frere.

SIRE,

J'AY receu en ce jourd'huy les lettres dont il a pleu à voſtre Majeſté m'honorer & me donner advis de l'occaſion de la mort de feu Monſieur de Guiſe, laquelle les gens de bien & qui vous ſont fidelles ſerviteurs ne croiront eſtre advenuë, ſans vous en avoir donné un tres-digne ſubject, comme des longtemps ceux qui ont voulu obſerver ſes actions, l'ont peu congnoiſtre et conſiderer que pour le bien de vos affaires & reſtauration de voſtre eſtat, il eſtoit beſoing que les choſes paſſaſſent en la ſorte, ce qui fait eſperer à tous ceux qui ſont demeurez en l'obeiſſance, qu'ils doivent à voſtre Majeſté un repos aſſeuré pour le temps à venir. Ce que je ne manqueray, Sire, à repreſenter promptement à tous vos ſubjects de l'eſtenduë de ma charge, eſtant choſe neceſſaire d'y uſer de diligence pour avoir eſté adverty que quelques uns peu affectionnez au ſervice de voſtre Majeſté, ont voulu prevenir ſes depeſches pour muër et faire ſonner aux oreilles du general & du particulier les choſes autrement qu'elles ne ſont paſſées, & particulierement en cette ville, où de long temps les principaux de la Ligue ont des partiſans & de petits faiſeurs de menées; ſoubs le nom de quelques grands, ils ruinent & gaftent tout, &, finon le commandement que j'ay receu de voftre Majefté par une depefche de Monfieur de Villeroy de ne paffer outre, j'en euffe fait une punition exemplaire. Ce pendant, Sire, le mal f'augmente & eft bien neceffaire d'y donner ordre, l'occafion y eftant aujourd'hui toute preparée, puis que voftre Majefté nous en a monftré le chemin, que je fuivray à fon exemple fi elle me fait cet honneur de l'avoir aggreable. Car de fouffrir plus tels langages que vous touchent & regardent voftre authorité, cela ne tourneroit qu'à mon mefprix & voftre prejudice. C'eft pourquoy, Sire, il eft de befoing que vous ordonniez comme il vous plaira que je m'y gouverne, d'autant que ce qui donne plus de nourriture à ce mal eft la fouffrance. Sire, je vous diray auffi que depuis la nouvelle de la mort dud. fieur de Guife, Monfieur de Mercueur a renforcé les gardes qu'il avoit cy devant mifes en voftre ville de Dinan. Sur quoy, voftre Majefté apres en avoir peu juger l'occafion, elle y donnera, f'il luy plaift, l'ordre qu'elle congnoiftra eftre pour le mieux, & f'il fe prefente autre chofe qui puiffe alterer le bien de voftre fervice ou repos de cette province, je ne feray faulte d'en tenir voftre Majefté advertie, pour apres avoir eu l'honneur de vos commandemens, y apporter toute la devotieufe obeiffance d'un tres-fidelle subject.

Sire, je fupplieray le Createur, etc.

A Saint Malo, 2ᵉ janvier 1589.

On peut juger du contenu en cette lettre quelle oppinion avoit ou feignoit avoir le fieur de Fontaines des habitans de Saint Malo & ce qu'il deffeignoit leur faire de mal, f'il euft efté en fon pouvoir & l'euft ofé entreprendre. Mais ce qu'il ne leur a point fait de mal luy doit plus toft eftre imputé à lafcheté & faute de pouvoir qu'à deffaut de mauvaife volonté, comme encores on peut voir & colliger d'autres lettres, lesquelles pour eviter prolixité, je n'ay pas eftimé devoir eftre au long en ce lieu inferées, mais qu'il fuffira par extraict ce qui fait à noftre propos.

De ce que Monfieur de Fontaines fit en confequence.

Vous aurez doncq icy l'extraict d'une de ces lettres du fieur de Fontaines efcrite au Roy en date du 23ᵉ de janvier 1589, duquel extraict fuit la teneur :

« Et finon que je crains d'importuner voftre Majefté, j'euffe
» pris l'hardieffe de luy en envoier des memoires & luy repre-
» fenter particulierement ce que j'ay jugé des habitans de cette
» ville, finon que j'en ay inftruit le fieur de la Chaife, & auffi
» que Monfieur de Mercueur n'a ordonné aucuns deniers depuis
» deux ans pour cette garnifon. Je fupplieray le Createur donner
» à Voftre Majefté, Sire, tres-longue & tres-heureufe vie.
» A Saint Malo, 23ᵉ janvier 1589. »

Voicy auffi enfuite l'extraict d'une autre lettre efcrite au Roy par le fieur de Fontaines :

« Je fuis icy fort menacé d'eftre vifité apres la prife dud. Vitré,
» mais Voftre Majefté fe peut affeurer qu'elle y a un plus fidelle
» ferviteur que dans Foulgeres, encores qu'on face eftat de la
» ville pour eftre prefque tous liguez & à la devotion de ce
» party, elle peut croire qu'encores que j'aye peu d'hommes &
» mal paiez qui ne font feulement baftans pour garder le chafteau ;
» quand toutes chofes iront au pis, Voftre Majefté congnoiftra
» qu'au prix de ma vie, il luy fera confervé & par ce moyen la
» ville chaftiée, fi elle s'oublie en quelque chofe, je mettray
» peine au refte de tenir Voftre Majefté advertie de ce qui fe
» paffe, la fuppliant tres-humblement de ne m'imputer à faute
» de vigilance fi elle ne l'eft plus fouvent, eftant toutes nos
» depefches prifes & volées fur les chemins qui me contraint
» d'efcrire en la forte.
» Sire, je fupplieray le Createur, etc.
» A Saint Malo, 31ᵉ mars 1589. »

Il y a tout plein d'autres lettres qui font autant de tefmoinages des mauvais deffeins que couvoit le fieur de Fontaines à la ruine de ces pauvres habitans, mais elles ne font de ce lieu ny de ce temps, je referve donc les inferer cy apres, les refervant pour où & quand l'occafion de les mettre m'y appellera en leur temps & en leur lieu.

Depuis l'affemblée de Maifon de ville tenuë le 10 feptembre 1588 en laquelle fut leu & juré l'edit appellé d'*Union*, je ne trouve point fur les Regeftres qu'il fe foit paffé aucune chofe digne d'eftre rapportée en ces memoires jufques au 9 mars 1589, auquel les habitans craignans que plufieurs perfonnes, gentilf-hommes & autres de dehors la ville, qui venoient refugier & habituër en icelle en grand nombre, le feiffent à quelque mauvais deffein, la plufpart d'iceux eftant fufpects aux habitans, fut par le procureur fyndic remonftré en Maifon de ville qu'il eftoit neceffaire d'y pourvoir de remedde. Si bien que fur cette remonftrance furent nommez Guillaume Jonchée fieur du Fougeray, Jan Pepin fieur de la Belinaye, & Allain Maingard fieur de la Planchette pour en faire roolle, pour apres iceluy veu en Maifon de ville commandement eftre fait aux fufpects fe retirer hors icelle.

Toutes ces diligences & precautions fe faifoient par les habitans fous le nom & authorité du fieur de Fontaines, auquel ces prevoiances n'eftoient point aggreables. Mais il fçavoit feindre & diffimuler ce qu'il en penfoit fur l'efperance qu'il avoit de joüer à une fois fon jeu par la ruine de la ville & habitans, à la quelle il eftoit abfolument refolu, comme par ces lettres cy devant & autres qui feront cy apres inferées il eft manifeftement appris. Feut auffi fous le mefme nom & authorité du fieur de Fontaines fait deffenfes à toutes fortes de perfonnes de tirer de la ville aucunes pouldres ny autres munitions de guerre.

Ces chofes & autres fe faifoient par les habitans fur le foupçon ou pour mieux fur la certitude qu'ils avoient de la finiftre intention du fieur de Fontaines contr'eux & pour tant ufoient de toutes les precautions à eux poffibles affin d'en prevenir & empefcher les mauvais effects, eux n'ignorant point qu'aucuns particuliers de la ville mal difpofez au falut du general donnoient de finiftres impreffions au gouverneur ; ce qui fomentoit & augmentoit fes meffiances contre les principaux bourgeois & plus moïennez qui conduifoient les affaires de la communauté, lefquels de leur cofté n'obmettoient rien qui peuft obvïer aux mauvais effects dont ils fe voïoient à tous momens menacez, qui ne tendoient à rien moins qu'à l'entiere ruine & defolation de la ville & habitans d'icelle.

Ces craintes & prevoïances furent caufe qu'apres meure deliberation & refolution prife par entr'eux, la Maifon de ville fut affemblée, le mardy 29ᵉ de mars 1589, où le procureur remonftra qu'à caufe des troubles qui eftoient en tout le royaume, il eftoit à propos, fi on le trouvoit bon, de choifir d'entre les habitans quatre perfonnes & les creer capitaines generaux avecq pouvoir & commandement fur les quatorze capitaines ordinaires de la ville. Lefquels capitaines generaux auroient pouvoir de prendre de chafcune compagnie tel nombre d'hommes & à tels jours & nuits qu'ils verroient bon eftre pour faire gardes extraordinaires, poferoient & eftabliroient corps de gardes aux lieux & endroits de la ville que mieux leur fembleroit, & qu'iceux capitaines generaux auroient tout pouvoir & commandement sur les quatorze capitaines particuliers & fur les hommes de leurs compagnies qui tous feroient tenus de leur obeir.

Cette propofition fut applaudie & approuvée, & fuivant icelle fut des l'inftant procedé à la nomination defd. quatre capitaines, & furent nommez & choifis : Guillaume Jonchée fieur du Fougeray, Jan Pepin fieur de la Belinaye, Guillaume le Fer fieur de Graflarron, Michel Frotet fieur de la Bardeliere.

Lefquels, prefens à cette election, accepterent ces charges & depuis en ce mefme jour comparurent par devant le fieur de Fontaines & prefterent le ferment entre fes mains. Toutes ces diligences neantmoins ne luy eftoient point aggreables ny à ceux de fa faction qui eftoient en fort petit nombre en la ville.

Pour faire voir que telles nouveautez ne leur plaifoit point, Jan Leveillé les Vaux & Julien Gravé Piedevacherie, deux des capitaines ordinaires, adherans au fieur de Fontaines contre le general, declarerent ne vouloir fubir le commandement des quatre generaux de cette nouvelle creation, & offrirent fe demettre de leurs charges. A quoy ils furent receus & pris au mot fans leur donner loifir de f'en repentir.

Lefd. habitans n'en demeurerent pas là, mais pour d'autant plus pourvoir à leur feureté, tenurent une autre affemblée de ville où prefidoit le fieur de la Peraudiere & ce fut le 7ᵉ jour d'apvril 1589. En cette affemblée, fut par le procureur fyndicq remonftré qu'à caufe des troubles il eftoit neceffaire creer & eftablir un confeil, compofé de dix huit ou vingt hommes des principaux de la ville, pour aux occurrences pourvoir aux urgentes neceffitez pour la confervation de la ville & habitans. Iceluy confeil aveq pouvoir de conclurre & arrefter ce qu'il jugeroit utile & neceffaire au bien de la ville, repos & feureté des habitans.

Cette propofition aiant efté faite fut approuvée & furent des l'heure nommez & deputez pour le confeil les bourgeois cy apres nommez : Jan Picot fieur de la Gicquelaye qui jà eftoit procureur fyndic, Maiftre Charles Chevillé fieur du Val & fenefchal de Saint Malo, Maiftre Guillaume Lefné fieur des Hupries alloué de Saint Malo, Maiftre Nicolas Jocet fieur de La Riviere procureur fifcal de Saint Malo, Bernard Boullain fieur de la Riviere, Eftienne Gaillard fieur de la Simonnaye, Jan Porée fieur de la Salle, Jan Le Large fieur de la Barre, Joffelin Frotet fieur de la Landelle, Henry Boullain fieur du Vivier, Jan Gouverneur fieur de Saint Eftienne, François Grout fieur des Clos-nœuffs, Jacques Porée fieur de Quatre Vays, Eftienne Gaultier fieur de la Corgnaye, Bertrand le Fer fieur de Limonnay; Maiftre Olivier du Pré fieur de la Poupardrie, Guillaume Jonchée fieur des Croix, Guillaume Pepin fieur de la Coudre, Allain Maingard fieur de la Planchette.

Tous lefquels en nom collectiff furent creez & nommez pour confeil aveq pouvoir & faculté de conclurre & arrefter ce qu'ils jugeroient & eftimeroient neceffaire & convenable au bien & confervation de la ville & habitans, & que ce qu'ils auroient conclud, feroit de pareille force & valeur que s'il avoit esté conclud & aresté en l'assemblée generale de la Maison de ville, & pouvoir à douze d'entre eux en l'absence des autres de conclure & arrester les deliberations & choses necessaires.

Que ce conseil s'assembleroit une foys la semaine & ce au jour de lundy aux dix heures du matin. Que des le lundy lors prochain venant ils entreroient en l'exercice & function de leurs charges, que chascun desd. nommez feroit tenu assister au conseil, s'il n'y avoit cause legitime empeschante deuëment verifiée, sur peine de deux escus sol applicables à l'hospital, quels defaux feroient jugez par les autres assistans au conseil.

Qu'ausdites assemblées de conseil feroient appellez deux des sieurs chanoines du chapitre pour y assister, s'ils voïoient bon & comparoir y vouloient felon la forme observée aux assemblées de Maison de ville generale.

Cette deliberation, creation & nomination fut faite sous le bon plaisir du sieur de Fontaines leur gouverneur.

Et d'autant qu'en ce temps là, il n'y avoit gueres de pieces de canon & artillerie appartenante à la ville & que plusieurs navires se preparoient pour le voiage de *Terre-Neufve* & en Espagne & que pour tant la ville demeureroit degarnie d'artillerie, en l'assemblée de ce Conseil, la premiere tenuë, le lundy 17e apvril dit an 1589, les capitaines generaux furent commis pour prendre six des plus gros canons qui se trouveroient sur les navires & les feroient descharger & mettre en terre pour le service de la ville & feroient iceux mettre & establir aux lieux qu'ils jugeroient plus à propos pour le service & tuition de la place; qu'aussi ils retiendroient nombre de bales du calibre d'iceux canons & conviendroient de prix pour le loüage des canons & des bales aveq les proprietaires desd. artilleries & bales ainsi retenuës.

Le lundy 24e du mesme moys d'apvril, au Conseil, fut resolu qu'on placeroit nombre de pieces de canon sur les rampars aux lieux qu'il feroit advisé par les deputez commis à cet effect. En la mesme assemblée, fut conclud qu'il seroit commencé à acheter quantité de mintraille, comme cuyvre, cloches, & autres eftoffes propres à fondre, & en faire de l'artillerie pour le fervice de la ville; & pour icelles eftoffes paier, ordonné & fait commandement au mifeur d'en faire paiemens des deniers de la ferme des cays & chauffées.

Fut en pareil conclud, en la mefme affemblée du Confeil, qu'il feroit fait achapt par le mifeur de quantité de boys verd pour faire des gabions pour fervir à la deffenfe de la place.

Si le fieur de Fontaines n'eftoit du tout aveugle, il pouvoit affez voir que ce nouvel eftabliffement & creation de confeil & capitaines generaux, & toutes telles preventions & provifions d'armes, canons, gabions & chofes femblables par les habitans, eftoient autant de machines dreffées contre fon authorité; mais il diffimuloit le tout, efperant de rendre tout d'un coup toutes ces diligences vaines & inutiles; croiant mefmes que cela lui ferviroit un jour pour juftifier la defobeiffance des habitans & la caufe de les perdre comme il deffeignoit de faire.

Le lundy premier jour de may, dit an 1589, le Confeil affemblé deputa monfieur Bergeot, chanoine, La Barre, Simonnaye & Limonnay, vers le fieur de Fontaines pour le fupplier de faire obferver les deffenfes aux eftrangers & forains de f'habituër en la ville & vouloir tenir la main à ce que ceux qui defja f'y eftoient eftablis en feuffent mis dehors.

Le 3e jour dud. moys de may, le Confeil aiant efgard qu'apres le partement des navires qui en grand nombre eftoient prefts à fortir pour *Terre-Neufve* & ailleurs, il ne demeuroit pas grand nombre d'hommes en la ville, ordonna que de tous les navires prefts à partir, il feroit retenu cent hommes pour fervir & eftre emploïez aux occurrences & les tenir toujours prefts aux functions comme foldats à gages. Cette ordonnance fut executée & les cent hommes retenus & fouldoiez aux gages de la ville paiables jufques au prochain moys d'octobre à venir, & pour convenir de leurs gages & nourriture fut l'affaire remis au mefme Confeil pour en accorder.

Le fieur de Fontaines, lequel fans ofer fortir du chafteau où la crainte le retenoit, voïant & oyant toutes ces chofes, jugeoit & prefageoit affez qu'elles fe faifoient contre luy, (comme en effect il eftoit vray, non que les habitans euffent deffein de rien ofer ny vouloir attenter contre luy, mais voulans prevenir fes mauvais deffeins), feift par le fieur de la Perraudiere fon lieutenant & qui prefidoit aux affemblées de ce Confeil, protefter aux habitans qu'il defiroit fe conferver & maintenir avecq eux & y emploïer & fes biens & fa vie.

Le vendredy 5ᵉ du moys de may, au Confeil, fut fait le repartement par entre les Bourgeois de ces cent mariniers retenus pour pendant leur demeure eftre nourris. Ce repartement fut fait fans aucune pleinte ou murmure d'aucun de ceux cheix lefquels ils furent affignez de leur nourriture. Ce feroit chofe autant fuperfluë comme inutile de faire mention de ce repartement, mais il y avoit tel habitant qui en nourriffoit cinq ou fix fans f'en trouver chargé.

Il pourra fembler à plufieurs fuperflu de voir en ce lieu beaucoup de diligences faites par les habitans, fi ne laifferay-je neantmoins d'en faire mention, quand ce ne feroit que pour faire voir leur prevoiance, remarquable bien fouvent autant aux chofes qui femblent legeres, comme en celles de plus d'importance, cela pour le moins fera voir à la pofterité qu'ils n'ont rien negligé qu'ils eftimaffent pouvoir fervir à leur confervation en un temps miferable & plein de deffiances.

Je diray donc pour confirmation de ce que deffus que l'8ᵉ dud. mois de may, dit an 1589, fut arrefté au Confeil que deffenfes feroient faites & publiées qu'aucun habitant n'euft à loüer ny affermer maifons en ville à aucuns eftrangers ou forains.

Furent commis & deputez perfonnes pour faire publier dans les paroiffes voifines de la ville, que de là en avant aucuns n'euffent à approcher leurs charrettes chargées de boys, de fagots, de pailles, de foins ou autres chofes, dans les portes de la ville, jufqu'à ce qu'ils euffent vendu les chofes apportées fur leurs dites charrettes, & euffent à les arrefter dans ce lieu appellé *le fieff* hors la ville, jufqu'à les avoir fait vifiter & obtenu permiffion du capitaine qui lors feroit en garde de les pouvoir entrer apres vifite faite.

Beaucoup d'autres petites ordonnances furent faites en divers jours au Confeil en plufieurs affemblées toutes tendantes à la feureté de la place, tant contre les entreprifes du dehors que de celles que pouvoit faire le gouverneur, qui eftoit comme il fembloit aux habitans le peril plus imminent qu'ils craigniffent pour lors. Je paffe toutes ces chofes fans les fpecialifer pour parler des autres plus importantes.

Le lundy 5ᵉ jour de juin 1589, fut advifé & conclud au Confeil qu'on leveroit deux mil cent efcus pour en faire prefent & don gratuit des deux mil efcus au fieur de Fontaines & des cent efcus au fieur de la Perraudiere fon lieutenant; laquelle fomme eftoit preftée par cinquante des plus aifez, par forme de preft gratuit, pour eftre puis apres repris fur les deniers communs pour le rembourcement des particuliers qui en auroient fait l'advance. Pour lequel departement faire fur les cinquante furent commis & nommez : Jacques Porée fieur de Quatre-Vays, Olivier Launay fieur de Launay-Ravily & Pierre Baudran fieur de la Maffuere; & pour en faire la perception fut commis Allain Maingard fieur de la Planchette.

En fuite de cefte deliberation, le lundy enfuivant 12ᵉ de juin, fut lad. fomme prefentée & donnée audit fieur de Fontaines & de la Perraudiere par les fous-nommez à ce deputez fçavoir : Jan Picot fieur de la Gicquelaye, procureur fyndicq, Jan le Large fieur de La Barre, Joffelin Frotet fieur de La Landelle & led. Allain Maingard fieur de La Planchette.

Outre cela fut auffi advifé qu'il feroit fait prefent d'autres cent efcus au fieur de Chafteaux, frere naturel de la dame de Fontaines, & à d'Auverfe, fecretaire du fieur de Fontaines.

Le lundi 19ᵉ juin, le procureur, Landelle & la Barre feirent rapport au Confeil que fuivant la charge à eux donnée, ils avoient fait prefent au fieur de Fontaines des deux mil efcus, lefquels il avoit accepté. Laquelle fomme luy avoit efté delivrée par Planchette & Bardeliere qui en avoient fait la collecte d'aveq les cy deſſous nommez ; & combien qu'il pourroit ſembler à aucuns ſuperflu d'inſerer icy le rolle de ceux qui preſterent cette ſomme, ſi l'ay-je voullu mettre en ce lieu, comme je l'ay trouvée ſur le regiſtre de la ville :

Joſſelin Frotet Landelle	150 eſcus.
Jan Chevillé, ſon gendre	25
Perrine de Saint Cire, dame de la Mote-Jan	100
Nicolas Frotet, ſon gendre	25
Guillaume le Fer Gras-Larron	100
Jan Maingard Ville-Guguen	30
Joſſelin Chevillé Lande Greſlan	25
Giles Eberard Colombier	40
Jan Pepin Belinaye	60
Françoiſe Picot	30
Maiſtre Olivier du Pré Poupardrie	40
Julien Artur la Mote	45
Olive Guichet dame de la Tiollas	60
Clemence Jourdan	60
Maiſtre Eſtienne Gravé	25
Jan le Large la Barre	100
Jacquette Gaillard, veufve Eſtienne Salmon	40
Eſtienne Salmon, ſon fils	60
Eſtienne Goret	30
Jan Grout Ville-es-Nouveaux	25
Jan Martin Gueraudaye	25
Eſtienne Gaillard Simonnaye	40
Guillemette Salmon, veufve Pierre Boulain	25
Michel Porée, ſon gendre	25
Jacques Porée Quatre-Vays	25
Jacques Pepin Prelambert	25
Michel Frotet Bardeliere	25
Servan Picot Saint Buc	25
Jan Boullain Grand-Pré	25
Jan Guichet les Vaux	25
Geffroy Gaillard Boyſ-Joly	40
Michel Anne	35
Bertran Blanchart	25

Julien Pepin Chevau-Blanc	25 efcus.
Jan Porée Tertre-Galas	30
Nicolas Moreau Gervefaye	30
Eftienne Gaultier Corgnaye	35
Olivier Launay	45
Guillaume Jonchée Fougeray	45
Pierre Pepin Bois-Clairet	100
Guillaume Pepin la Couldre	50
Laurens Jamé	60
Jan la Choüe Gourdouere	25
Joffelin Frotet Ville-es-Dus	35
Jan Noel la Barre	25
Thomas Porée les Chefnes	25
Allain Maingard Planchette	25

L'acte de ce departement ainfi fait & figné par les commis à la taxe. D'autant que Julien Artur la Mote, Laurens Jamé, Jean Grout Ville-es-Nouveaux & Jacquette Gaillard veufve Eftienne Salmon, refuferent paier les fommes aufquelles ils eftoient impofez, les cy-deffous apres nommez fe taxerent volontairement pour parfaire lad. fomme de deux mil cent efcus ; fçavoir :

Olive Baudran, veufve Joffelin Trublet	25 efcus.
Charlote Girard femme de Michel Jan	10
Yves Petit, fils Yves	12 1/2
Et Olivier Launay se rechargea auffi volontairement de	30

Ce qui defailloit pour parfaire la fomme des deux mil cent efcus fut fourny par Charles Jonchée, mifeur de la ville par l'ordonnance du Confeil.

En ce temps plein de licence & de confufion, aucuns jeunes hommes de la ville non mariez & de bonnes familles fortoient quelquefois en armes fe joignant à d'autres qui f'enrolloient fous les capitaines qui levoient pour le duc de Mercueur, lequel à l'ouvert fe declaroit contre le Roy. Et pour tant le fieur de Fontaines envoia vers ceux du Confeil affemblez le 26e de juin 1589, leur porter fon ordonnance pour faire reprimer cette licence à la verité trop grande & infupportable, de laquelle ordonnance la teneur enfuift :

>De la part de Monfeigneur de Fontaines, lieutenant general & vis-admiral au gouvernement de Bretaigne, & outre particulierement gouverneur & capitaine des ville & chafteau de Saint Malo.

Sur l'advis qui nous a efté donné comme aucuns habitans de cette ville aiant puis peu de jours forty en armes pour aller aux environs d'icelle fans noftre congé & permiffion, ains par la priere qui leur en pourroit avoir efté faite par autres, qui eft chofe que nous ne voulons ny n'entendons eftre par eux accouftumée fans fçavoir noftre intention. A ces caufes, nous avons enjoint & enjoignons, deffendu & deffendons tres-expreffement aufd. habitans de quelque qualité & condition qu'ils soient de n'entreprendre dorenavant de fe mettre enfemble pour faire aucunes forties en armes hors de cette ville pour quelque fubject, inftances, ou occafions que ce puiffent eftre, ny prieres qui leur en pourroient eftre faites fans noftre expres commandement & volonté fur les peines qui y feront trouvées appartenir. Et affin qu'aucuns n'en pretendent caufe d'ignorance nous ordonnons les prefentes eftre leuës & publiées à fon de trompe & cry publicq par les carrefours & lieux publics de cette ville. Donné à Saint Malo, le 19 juin 1589.

Signé : Fontaines.

Par Monseigneur, *d'Auverse*.

Cette ordonnance veüe au Confeil où elle fut apparuë par le fieur de la Perraudiere, lieutenant en la place, fut enfuite publiée par la ville, & par ceux du Confeil furent commis Olivier Launay & Bertran le Fer Limonnay pour advertir les quatorze capitaines de ville de ne laiſſer ſortir perſonne des habitans en armes ſans l'expres commandement du ſieur de Fontaines.

Environ ce temps là, le ſeigneur de Chaſteau-Neuff, lequel apres pluſieurs tergiverſations ſ'eſtoit enfin declaré du party du Roy, ſe retira à Breſt d'où il eſtoit gouverneur & capitaine, & laiſſa en Chaſteau-Neuff pour capitaine un gentilhomme Normant appellé le ſieur *de Milly*. Ce monſieur de Milly, ſelon la malice de la ſaeſon, ſe comportoit un peu trop licentieuſement envers le peuple des champs des environs de Saint Malo & alteroit grandement la liberté du commerce & des marchans qui venoient par terre à Saint Malo, de quoy on recevoit plaintes infinies journellement. Cela feiſt que le mardy 4ᵉ jour de juillet 1589 par le Conſeil furent deputez le procureur & Limonnay vers le ſieur de Fontaines pour le ſupplier d'eſcrire & envoier quelqu'un au ſieur de Milly à ce qu'il ſe feuſt abſtenu de troubler le commerce tant ſur la riviere de Dinan que par le Terrain comme au paſſé & n'entreprendre rien de nouveau qui troublaſt la liberté des marchans, traffiquans, allans & venans en la ville de Saint Malo. Et encores le 20ᵉ juilet furent par le Conſeil deputez vers le ſieur de Fontaines, à ſemblable fin, le procureur, la Barre & Chipaudiere pour faire pleintes des inſolens comportemens du ſieur de Milly, capitaine de Chaſteau-Neuf.

Et encores le 5ᵉ jour d'aouſt, furent deputez aucuns d'entre eux pour ſe pleindre au ſieur de Fontaines dudit ſieur de Milly à ce qu'il luy euſt commandé ſ'abſtenir de telles vexations indeuës; leur deputation fut encores aux fins de ſupplier le ſieur de Fontaines de ne permettre au ſieur de Beaufort ſ'habituër en cette ville, en laquelle il avoit pris & affermé un logeix.

Charles de Bourgneuff, frere du ſieur de Cuſſé & eveſque de Saint Malo, aiant donné ſa miſſion à un religieux nommé *du Cornet* de preſcher l'Advent & Careſme à Saint Malo en eſcrivit aux habitans qui ſcirent reſponce audit ſieur Eveſque que ce du Cornet y ſeroit le tres-bien venu.

Comme toutes ces choſes ſe paſſoient ainſi à Saint Malo,

voicy que le 14ᵉ jour du mois d'aouſt, ſur les trois heures de l'apres midy, nouvelle trop certaine eſt apportée au ſieur de Fontaines du triſte & funeſte accident de l'execrable aſſacinat commis à Saint Cloud en la perſonne du Roy par un nommé *frere Jacques Clement* de l'ordre des Jacobins. Cette lamentable nouvelle feiſt que le ſieur de Fontaines manda le procureur ſyndic qui l'alla trouver accompagné de quelques uns des antiens auxquels il feiſt entendre cet accident, lequel fut de tous les preſens deploré. Mais parmy leurs pleintes & lamentations, il fut par aucun d'eux demandé quel prince ſuccederoit à la couronne. A quoy de la part du ſieur de Fontaines fut repondu qu'il n'eſtoit pas neceſſaire d'en faire enqueſte & qu'il n'y avoit aucun tant proche à ſucceder à la couronne que le Roy de Navarre & que, quant à luy, il ne pouvoit ſans crime manquer de le recongnoiſtre & luy obeir. Ce qui feiſt les oyants penſer & ruminer ſur cette reſponce & ſortirent du chaſteau; &, venus en la ville, cette nouvelle fut incontinent publique & cet accident regretté de tous en general.

Il n'eſt pas beſoing icy m'eſtendre ſur cet accident qui a eſté aſſez publié dans l'Hiſtoire & comme un coup de couſteau ravit la vie de ce prince laiſſant la France en une extreſme deſolation pour beaucoup de raiſons. Ce miſerable coup fut donné à ce prince en ſon chaſteau de Saint Cloud, où le Roy eſtoit logé pendant le ſiege qu'il tenoit devant Paris, reduit aux extremitez & ſur le point de ſe rendre dans peu de jours.

Sur le ſoir du meſme jour, vigille de Noſtre Dame, le ſieur de Fontaines apres ſon ſouper monta aſſiſté de quelques uns des ſiens ſur les murs du chaſteau & de deſſur la tour de *Quiquengroigne* il veid en la place de *Saint Thomas* qui eſt devant le chaſteau une multitude d'enfans qui jouoient entr'eux. Lors il leur cria de deſſur la tour qu'ils ſ'en allaſſent tous par les ruës de la ville crier : *Vive le Roy de France & de Navarre*. Ces enfans oyant ce commandement ſ'en courent incontinent & ſe prennent à crier : *Vive le Roy de France & de Navarre* & furent incontinent bien accreus de nombre. Et ainſi courans &

crians à haute voix fe meflerent parmy eux quelques hommes de ceux qui eftoient fufpects d'herefie qui excitoient & incitoient ces enfans, lefquels neantmoins furent bien toft tancez & reprimez par nombre de perfonnes. Et ainfi, apres deux bonnes heures, fe retirerent & à ce moyen cefferent tous ces crys & acclamations, & la nuit qui fe feift impofa filence jufques au lendemain.

Le lendemain, jour de l'Affumption de Noftre Dame, quinziefme jour d'aouft, les habitans qui n'avoient pas dormy toute la nuit, des le matin rememorans entre eux ce qui f'eftoit paffé le foir, fe feift une grande affemblée des Bourgeois en la maifon du manoir epifcopal fans mandement du fieur de Fontaines & fans qu'il f'y trouvaft perfonne de fa part. Lors voicy ung grand & dangereux fymptôme en l'eftat de cefte pauvre ville que vous allez entendre; voicy doncq comment & pourquoy fe feift cette affemblée. Le matin de ce jour, le procureur fyndicq & dix ou douze de ceux qui furent les plus matin levez, fur cette nouvelle occurrence f'en vont au manoir epifcopal; où eftans, ils feirent advertir tous ceux qui f'y voulurent trouver. Car la nouvelle de cette affemblée courut promptement de bouche en autres; fi qu'en un moment il f'y trouva un tres-grand nombre d'habitans. Tous lefquels advertis de ce qu'avoit dit le fieur de Fontaines le jour precedent qu'il ne pouvoit manquer de fervir le Roy entendant le Roy de Navarre, & memoratiffs de ces crys & acclamations des enfans le foir precedent, furent pour tant d'advis qu'il ne feroit pas bon de fe laiffer prevenir en l'occafion qui f'offroit; qu'au contraire il falloit prendre les armes pour leur jufte deffenfe en cas que le fieur de Fontaines vouluft attenter quelque chofe au prejudice d'eux & de leur feureté.

Cette refolution ainfi prife, les quatre capitaines generaux là prefens, furent chargez d'advertir à l'inftant les quatorze capitaines de cette refolution; lefquels ou la plufpart eftoient auffi prefens en cette affemblée. Ce qu'eftant dit, on veid en un tournemain toute la ville armée & enfuite on commença à f'approcher du chafteau & à fe preparer à faire tranchées & barricades, fi bien que des lors ne pouvoient entrer perſonnes ny commoditez au chaſteau ſans la volonté des habitans, & il eſt tres-certain que le chaſteau eſtoit alors fort mal pourveu de beaucoup de choſes neceſſaires à la vie & à la deffenſe, en un mot denüé de tout.

En ſuite tout ce, ce matin, toutes choſes à Saint Malo tendoient à une confuſion & miſerable deſordre, ſi Dieu n'euſt conduit comme il feiſt par ſa miſericorde, les affaires à une fin toute autre que celle où il ſembloit que tendoient en cette journée de la my-aouſt.

Le ſieur de Fontaines doncq ainſi pris à l'improviſte & comme nous venons de dire ſans proviſions de guerre ny de gueule, en un mot neceſſiteux de tout & peut eſtre encore autant denüé de courage & de reſolution, ſe trouva merveilleuſement eſtonné en ce rencontre, ne ſçachant bonnement à quoy ſe reſoudre ny à quel jeu jouer, ne feiſt rien ſinon tenir les portes du chaſteau fermées & le grand pont levé ſans demonſtration de faire tirer un ſeul coup de canon & moins de mouſquetades, comme auſſi peu de la part des habitans ne fut fait aucune violence ny acte d'hoſtilité. Seulement ils approcherent leurs barricades juſques à l'entrée des ruës, vis-à-vis & proches du chaſteau, juſques ſur cette petite place de Saint Thomas; ſans qu'en ce faiſant, il feuſt fait mal ny ennuy à perſonne, non pas meſme aux ſerviteurs dud. ſieur de Fontaines, aucun deſquels ne fut empeſché de ſortir du chaſteau & paſſer parmy nous, & auſſi peu ne furent pas empeſchez de rentrer au chaſteau aveq quelques rafreſchiſſemens qu'ils y portoient en bien petite quantité & comme pour ſervir un ſeul jour à la table dud. ſieur de Fontaines. Ce qui teſmoignoit aſſez que leur intention n'eſtoit pas de mal-faire, mais bien de prevenir & empeſcher le mal qu'ils craignoient leur pouvoir arriver faute de prevoiance.

Les affaires eſtant en ces termes & toutes choſes tendantes à une horrible confuſion & rebellion manifeſte des habitans contre leur gouverneur, les habitans en bon nombre ſ'eſtant reaſſemblez au manoir epiſcopal ſans neantmoins deſamparer les barricades & bloquement du chaſteau, le procureur feiſt entendre à l'aſſemblée que fur la nouvelle de la mort du Roy, les armes avoient efté prifes pour feulement empefcher que les ennemys favorifez du gouverneur n'euffent attenté quelque chofe au prejudice du publicq, feureté & liberté des habitans. Et de plus remonftra avoir veu entre les mains du fieur de Fontaines, le jour precedent lorfqu'il leur annonça la mort du Roy, avoir veu, dy-je, un manifefte du Roy de Navarre dans lequel il prenoit titre & qualité de Roy de France.

Sur cette remonftrance & affertion des autres qui comme luy avoient veu ce manifefte, tous ceux qui fe trouverent prefens, jurerent & feirent ferment qu'ils vivroient & mourroient ferviteurs du Roy f'il vivoit encores, mais, en cas que le Roy de Navarre fe voudroit amparer de l'Eftat & Couronne de France, declarerent & protefterent, qu'adherant au ferment folennel que fuivant l'Edit ils avoient fait, de ne le vouloir recongnoiftre à caufe de la religion qu'il profeffoit. (Qu'on me pardonne fi j'ufe des termes que j'ay trouvé fur le regeftre, aufquels je n'ay rien voulu changer, mais les ay laiffez en leur naifveté & fimplicité.)

De plus tous les prefens en cette affemblée feirent de nouveau proteftation & ferment de vivre & mourir en la religion catholique, apoftolique & rommaine. Et, en cas que les heretiques de cefte ville & leurs adherens ennemys des catholiques fe voudroient eflever & prendre les armes, tous jurerent & protefterent de fe bander contr'eux & d'obeir aux commandemens des quatre capitaines generaux & des quatorze particuliers pour f'oppofer aux entreprifes des hereticques & de tous ceux qui les voudroient favorifer & ayder.

Declarerent auffi tous les prefens avoir aggreable & en tant que befoing feroit d'approuver & authorifer ce que les deputez au Confeil avoient conclud & arrefté en leurs affemblées, recongnoiffant le tout avoir efté fait pour le bien, utilité & feureté de la ville & habitans.

Voylà les propres termes que j'ay trouvé fur le regeftre, à quoy eft adjoufté : *le tout ce que deffus a efté fait fous l'authorité de Monseigneur de Fontaines & protesté par les presens ne vouloir rien entreprendre contre son authorité.*

Que le lecteur voie & considere, si ce qui se faisoit en cela estoit conforme à ce qui se disoit, protestoit par eux, & est escrit. Car tout ce que dessus heurtoit directement l'authorité du sieur de Fontaines. Aussi estoit-ce contre luy & pour la crainte qu'on avoit de luy que toutes ces diligences se faisoient.

Sera icy dit & repeté ce que devant vous avez peu voir que des le jour precedent 14e d'aoust, les habitans, sur l'advis que led. sieur de Fontaines leur donna de cette mort du Roy, le procureur & autres qui estoient allez au chasteau vers luy, aux termes les plus doux qui leur avoit esté possible, le presserent de leur declarer & dire son sentiment sur les pretentions du roy de Navarre à la Couronne. A quoy, au lieu de dissimuler un peu ce qu'il en avoit sur le cueur & s'accomoder au temps comme il pouvoit & devoit, (ce me semble), leur avoit dit qu'il ne congnoissoit aucun prince plus proche ny plus digne à succeder que le roy de Navarre & qu'il ne pouvoit manquer de le servir & qu'eux aussi, (parlant aux habitans), se devoient disposer à cette obeissance pour leur devoir & pour le bien & repos & d'eux & de leur ville & qu'il donneroit si bon ordre que le Roy, (entendant le roy de Navarre), y seroit obey. Cette responce fut cause de la prise des armes que vous venez d'entendre.

Or pour reprendre la suite de la prise des armes, les capitaines & tous ceux qui en grand nombre les suivoient, approcherent incontinent force tonneaux & pipes vuides & nombre de sacs de toilles pour remplir de terre & ramparer contre le chasteau. On commença à percer quelques unes des maisons des ruës voisines affin d'aller à couvert sans passer par les ruës qui sont veües du chasteau. On commençoit à remuer des eschelles lesquelles estoient d'ordinaire aux cloistres de l'Eglise qui servent aux couvreurs d'icelle eglise & se prenoit une resolution de presenter & donner une furieuse escalade au chasteau tant par dedans que par dehors la ville, à quoy tous en grand nombre se disposoient avecq une diligence & promptitude incroiable.

Le gouverneur, voiant & entendant tout cela, se trouva fort irresolu n'ayant presque point ou fort peu d'artillerie montée & depourveu de tout excepté d'un peu d'hommes & de quelques habitans de son inteligence qui avoient entré ce matin au chasteau aveq les soldats ordinaires de sa garnison, tous lesquels ne pouvoient ensemble faire qu'environ de cent ou six vingts hommes, nombre insuffisant pour deffendre la place contre ce qui se preparoit.

En cet estonnement du sieur de Fontaines, il feist sortir un laqués du chasteau auquel on permist l'issue, lequel, de la part dud. sieur, alla trouver Monsieur Feydeau, chantre & chanoine de Saint Malo, lequel il prioit de l'aller trouver au chasteau ce qu'aussitost il feist & fut laissé entrer par les habitans. Le sieur de Fontaines pria led. sieur chantre de s'emploïer & de s'entremettre à composer & accommoder entre luy & les habitans; ce qu'aiant accepté, il alla & vint tant d'une & d'autre part qu'enfin les choses qui à tous sembloient desesperées, se terminerent & pacifierent en l'estat & aux termes que vous allez entendre & fut capitulé ce qui ensuist :

I. Que le sieur de Fontaines maintiendroit & conserveroit à tout son pouvoir lesdits habitans en leurs franchises, immunitez & libertez comme au passé.

II. Qu'il ne prendroit point le party du Roy de Navarre ny contraindroit aucunement de le recongnoistre, mais que luy & eux se conserveroient tous ensemble sous son authorité de luy leur gouverneur & en son obeissance; attendant que Dieu eust donné à la France un Roy treschrestien & catholique & comme tel recongneu par les Estats du royaume legitimement assemblez.

III. Que pour subvenir aux frays & despences necessaires à la manutention de la ville & habitans, il seroit estably & levé un nouveau devoir sur les marchandises entrantes & sortantes en lad. ville, selon que cy apres il seroit advisé & le plus promptement que faire se pourroit. De laquelle levée les habitans demeureroient administrateurs & que de lad. levée il seroit baillé audit sieur de Fontaines quatre mil escus par chascun an que dureroit ladite levée; aiant esgard qu'obstant les presens troubles il ne pouvoit pas jouir de ses biens, pensions & appointemens.

Les choses composées en cette sorte, les armes furent des lors posées & mises bas, mais non les mefsiances, lesquelles selon les occurrences croissoient & diminüoient, comme il est ordinaire & arrive en semblables rencontres. Ensuite de ce traicté & sur la resolution prise d'establir la susdite levée, des le lundy 21ᵉ jour d'aoust, en l'assemblée du Conseil où se trouva present & presidoit le sieur de la Perraudiere, le procureur syndicq & le greffier furent chargez de signer une requeste, desja toute dressée, pour presenter au sieur de Fontaines de la part des habitans, tendante à ce qu'il lui pleust ordonner que pour subvenir aux frays & depenses necessaires, il feust permis aux habitans lever sur certaines marchandises entrantes & sortantes certain devoir, pour tourner & ceder au paiement de douze mil escus desja deus tant pour la solde des cent soldats retenus des navires pour la conservation de la ville & chasteau qu'autres frays & mises pour munitions & attirail de guerre tant desja faites qu'à faire.

Voilà le pretexte qu'on prist alors de faire cette levée de douze mil escus & de l'establissement du devoir & pancharte, qui lors fut establie & dura longtemps depuis. Et pour faire & dresser cette pancharte furent commis & deputez les cy apres nommés : Jan le Large la Barre, Henry Boullain le Vivier, Jan Porée Tertre-Galais, Jan Pepin Belinaye, Servan Picot Saint Bucq, Gilles Eberard Colombier, Geffroy Gaillard Boys-Joly.

Le lundy 11ᵉ jour de septembre 1589, en l'Assemblée generale de la Maison de ville, fut fait presentation & lecture d'une lettre de Monsieur le prince de Dombes, lieutenant general pour le Roy en ses armées de Bretaigne, (j'entens du roy de Navarre), addressée aux habitans. Ensemble une declaration par luy faite en la ville de Rennes, par laquelle il protestoit vouloir vivre & mourir en la religion cath., ap. & rom., extirper l'heresie & fauteurs d'icelle, obeir aux commandemens du Roy son souverain seigneur & venger le meurtre commis en la personne du feu Roy. Cette lettre estoit en date du 6ᵉ de septembre.

Apres la lecture de cette lettre & declaration, tous les habitans presens en l'assemblée jurerent de nouveau de vouloir vivre & mourir en la religion cath., ap. & rom., suivant & aux fins de l'edit d'Union, cy devant par eux juré & signé devant le sieur de Fontaines de l'expres commandement du feu Roy, & declarerent ne vouloir prester ayde, faveur ny assistance aux heretiques ny fauteurs d'heretiques.

Fut aussi leu une autre lettre dudit seigneur Prince avecq une commission addressée au seneschal de Saint Malo pour taxer sur les Bourgeois de Saint Malo & lever la somme de vingt mil escus, pour estre icelle somme delivrée entre les mains de maistre Guillaume Barreau, commis du Tresorier de l'Extraordinaire des guerres, avecq promesse dudit seigneur prince de faire rembourser lesdits habitans sur les plus clairs deniers de cette province, ladite commission en date du 7 septembre. Les advis sur ce pris, fut conclud qu'on ne pouvoit prester aucuns deniers audit seigneur Prince. Et pour faire la responce verbale au porteur de ces lettres & commission, furent aveq le procureur commis : la Barre, Tertre-Galas, Graslarron. Furent iceux chargez de faire cette responce en presence du sieur de Fontaines & à cette fin se transporterent au chasteau où residoit ledit sieur de Fontaines, lequel se tenoit là dedans clos & couvert sans oser ou vouloir sortir.

Le lundy 18ᵉ septembre 1589, au Conseil, où presidoit le sieur de la Perraudiere, fut fait lecture d'une lettre du roy de Navarre, (comme on parloit alors), escrite aux habitans avecq la copie d'un Edit envoié au Parlement, par laquelle le Roy leur commandoit se contenir en devoir & demeurer en son obeissance. Cette lettre estoit du 2ᵉ jour d'aoust.

Quant à l'Edit sus mentionné envoié au Parlement, il portoit le titre suivant : *Lettres du Roy avecq ample declaration de sa Majesté.*

Par lesdites Lettres Patentes ou edit, le roy de Navarre deplore la mort du feu Roy; icelles lettres données au camp de Saint Cloud.

Item, autre lettre donnée au camp de Saint Cloud le 4ᵉ jour dudit moys d'aoust.

Cette lettre accompagnoit l'acte de ferment des Princes du fang, Ducs, Pairs & Officiers de la Couronne de France, Seigneurs & Gentilfhommes, fignée de plufieurs, ainfi que referoit cette copie :

« Par cet acte, les princes, feigneurs & officiers denommez declarent
» recongnoiftre ledit feigneur Roy de Navarre pour Roy de France,
» felon les loix fondamentales de l'Eftat & lui promettent fidelité,
» fervice & obeiffance, fous promeffe que fait ledit feigneur Roy de
» convoquer en une affemblée tous les Princes, Ducs, Pairs & Officiers
» de la Couronne, pour deliberer des affaires du Royaume, attendant
» la decifion des Conciles & Eftats Generaux, avecq proteftation de
» faire faire juftice exemplaire de l'enorme mefchanceté, felonnie,
» defloyauté & affacinat commis en la perfonne du feu Roy, aveq
» proteftation de la part defdits Princes, Seigneurs & Officiers d'exter-
» miner les rebelles & ennemys qui veulent & s'efforcent d'ufurper la
» Couronne de France. »

Fut auffi en la mefme affemblée fait lecture de l'arreft du Parlement de Rennes fur lefd. lettres. Par lequel, chambres affemblées, eft ordonné qu'elles feront leües, publiées & enregeftrées & qu'il fera procedé contre le duc de Mercueur, tous fes adherens & qui fuivent fes enfeignes & ceux qui le fupporteront & faviferont comme criminels de leze Majefté au premier cheff, comme adherens & coulpables, fauteurs & participans en l'affacinat execrable & abhominable commis en la perfonne du feu Roy, & que le Roy fera fupplié tenir la main forte à ce que punition exemplaire en foit faite.

De plus, il y avoit une lettre du Parlement efcrite au fieur de Fontaines en date du 15 feptembre 1589, de laquelle en pareil fut fait lecture.

Apres lecture du tout, par meûre deliberation, fut conclud qu'il ne feroit fait aucune refponce. D'autant que lundy dernier, elle avoit efté faite à un gentilhomme de Monfeigneur le prince de Dombes, comme vous avez peu voir cy devant. Le procureur des Bourgeois requift & demanda acte de l'apparution & exhibition defd. lettres & de la lecture qui en avoit efté faite. Ce qui luy fut decerné.

Le lundy fecond jour d'octobre 1589, en l'affemblée generale, furent deputez vers le fieur de Fontaines Jan le Large la Barre, Guillaume Jonchée les Croix, Michel Porée la Tour, & Gilles Girard le Tertre, pour le fupplier avoir aggreable que les perfonnes cy devant nommez pour le Confeil de ville feuffent continuez pour fix moys aveq tout & tel & pareil pouvoir que celuy à eux attribué lors de leur creation. En confequence de cette demande, le fabmedy 7ᵉ d'octobre dit an 1589, le fieur de la Perraudiere feift reponce au Confeil que le fieur de Fontaines aggreoit cette continuation pour le temps des fix mois demandez aveq pareil pouvoir qu'au paffé & d'autant qu'Eftienne Gaillard Simonnays eftoit decedé depuis peu, Geffroy Gaillard Boif-Joly fon fils fut nommé pour fucceder en fa place.

Ce jour mefme fut arrefté que les quatre capitaines generaux affifteroient dorenavant au Confeil, deux d'iceux alternativement en chafcune affemblée. Fut auffi ce mefme jour arrefté & conclud qu'en fin de chafcun moys, le premier lundy fuivant le moys expiré, feroit tenuë affemblée de ville generale en laquelle feroit fait lecture de toutes les deliberations faites au Confeil durant le moys precedent, pour la fatiffaction du publicq & pour eftre les deliberations approuvées, reprouvées ou reformées.

Cependant les meffiances augmentoient de jour en autre entre le fieur de Fontaines & les habitans, plus grandes de la part des habitans, expofez comme ils eftoient au peril des entreprifes que le fieur de Fontaines pouvoit faire contr'eux. Lequel avoit cet advantage d'eftre bien logé & à couvert dans une bonne place, & maiftre d'une des portes de la ville commandée du chafteau qui luy donnoit le moïen de faire entrer, quand bon luy euft femblé, autant d'hommes qu'il euft voulu en la ville.

Ces meffiances porterent les Bourgeois à defirer quelques precautions contre les entreprifes lefquelles ils craignoient. Si bien que le lundy 9ᵉ d'octobre dit an 1589, en l'affemblée du Confeil où prefidoit le fieur de la Perraudiere, fut deliberé que le fieur de Fontaines feroit fupplié avoir aggreable que les habitans feiffent mettre & eftablir des chefnes de fer par les ruës de la ville affin d'obvier aux entreprifes contr'eux. Pour faire cette demande au fieur de Fontaines, furent deputez du Confeil le fieur de Lifle chanoine, maiftre Guillaume Lefné alloüé de la Cour de Saint Malo, le procureur fyndicq & Jan le Large, & affignation de fe raffembler au Confeil à deux heures apres midy pour faire leur rapport au Confeil de la refponce qu'à cette demande auroit fait le fieur de Fontaines.

Les deux heures doncq de l'apres midy de ce jour, le Confeil eftant reaffemblé, les deputez fus nommez y feirent leur rapport que le fieur de Fontaines inclinant à leur fupplication, leur permettoit faire mettre des chefnes par toutes les ruës & lieux que bon leur fembleroit & fut la requefte prefentée par efcrit & l'expedition d'icelle inferée au regeftre de la ville. Mais n'eftant qu'une requefte en forme commune, j'ay craint que la lecture vous en feuft ennuieufe, comme feroit à moy la peine de l'efcrire.

Enfuite de cela furent commis aveq le procureur, Olivier Launay & Julien Pepin Chipaudiere pour faire faire ces chefnes, pour les faire eftablir aux carrefours des ruës & lieux plus neceffaires.

Combien que le fieur de Fontaines veift & congneuft affez que toutes telles chofes fe faifoient contre luy & euft bien defiré les pouvoir empefcher, le permift neantmoins ; à quoy ayderent & fervirent cent efcus promis au fieur de la Perraudiere fon lieutenant pour le luy faire (non pas trouver bon) mais bien le permettre, comme il le leur permift.

Cette faulte ne fut pas la premiere, (felon mon fens), que commit le fieur de Fontaines, de confentir ces chefnes. Bien plus grande fut celle qu'il feift en laiffant à fa barbe, creer, former, & eftablir un Confeil, d'où proceda enfin fa ruyne caufée par fa trop grande lafcheté. Mais quoy ! il n'y a point de prudence ny confeil contre Dieu, par la mifericorde duquel cette petite ville & habitans ont efté prefervez de la tyrannie & pernitieux deffeins du feigneur de Fontaines, entierement refolu bien que fans jufte caufe à leur defolation & entiere ruine. Et c'eſtoit, (à mon advis), ce qui le convioit à leur permettre tout ſans leur rien refuſer, imitant en cela la praƈtique des medecins, leſquels voiant leurs patiens ſans eſpoir de gueriſon, ils leur permettent tout ſans leur rien refuſer. Ainſi en penſoit faire ce ſeigneur de Fontaines; mais enfin Dieu, qui recongnoiſſoit la ſincerité du cueur des habitans, les conſerva de la ruine qui leur eſtoit preparée & tomba ce ſeigneur en la foſſe laquelle il penſoit faire contre ces innocens.

Les habitans aiant eu advis que *Milly*, capitaine de Chaſteauneuff, deſſeignoit rompre le pont du Blanc-Eſſay ont recours au ſieur de Fontaines, lequel ils ſupplient eſcrire à ce capitaine & lui envoier un des ſiens aveq Jan Pepin Belinaye qui l'alloit trouver de la part des habitans afin de le demouvoir de ceſte reſolution, dont l'effeƈt euſt eſté merveilleuſement prejudiciable à l'abord des forains qui viennent à Saint Malo & euſt bien fort incommodé le commerce.

Le mardy 17ᵉ d'oƈtobre 1589, fut au Conſeil ordonné que le greffier ſigneroit une requeſte pour preſenter au ſieur de Fontaines, tendante à ce qu'il luy pleuſt avoir aggreable que de tous les navires qui ſe preparoient pour aller à Terre-neufve en l'an prochain, il feuſt retenu cent hommes, aux gages & frays de la ville, pour la garde extraordinaire d'icelle. Et pour preſenter la requeſte fut aveq le procureur nommé & deputé Jan le Large la Barre.

Le vendredy 20ᵉ d'oƈtobre dud. an, le ſieur de la Perraudiere preſent au Conſeil, y fut fait rapport de la requeſte ſus mentionnée & le conſentement du ſieur de Fontaines ſur icelle & ordonné icelle eſtre regeſtrée au greffe de la Communauté. En conſequence fut audit Conſeil, ledit 20 oƈtobre arreſté qu'il ſeroit retenu cent hommes. Pour choiſir leſquels fut commiſſion donnée aux quatre capitaines generaux pour y eſtre par eux procedé aux termes du contenu aux articles ſuivans, leſquels j'ay bien voulu inſerer icy, quand ce ne ſeroit que pour enfler ce volume.

Articles pour la retention de cent hommes pour la garde extraordinaire de la ville de Saint Malo.

Tous proprietaires & maiſtres des navires de ce hâvre feront tenus huit jours avant le partement de leurs vaiſſeaux delivrer un autant des rolles de leurs equipages entre les mains des capitaines generaux cy devant commis.

Leſdits proprietaires & maiſtres pourront retenir & faire eſlection d'hommes ſur leurs equippages, ſçavoir ſur chaſque de douze hommes & au deſſous, de troys hommes. Et les habitans feront puis apres eſlection de la ſixieſme partie deſditz equipages, y compris leſditz trois hommes retenus par les proprietaires. Auſquels hommes retenus ſera paié, aux frays de la ville, au retour deſdits navires & à meſure que chaſcun d'iceux retournera de ſon voiage auquel chaſcun deſdits hommes devoit voiager, le meſme louyer qui luy avoit eſté promis & trois eſcus en outre par moys pour leur nourriture & depence durant leur retention.

Aux equipages compoſées de trente hommes & au-deſſous, les proprietaires pourront retenir par eſlection quatre hommes.

Aux equipages compoſées de quarente deux hommes & au deſſous pourront les proprietaires retenir cinq hommes à leur choix.

Aux equipages de ſoixante cinq hommes & au deſſous pourront les proprietaires retenir ſept hommes.

Ne pourront leſdits proprietaires & maiſtres, apres la levée, retenir aucun des choiſis ny renforcer leurs dits equipages d'aucuns habitans de cette ville, ſous peine de vingt eſcus par teſte de ceux qu'ils retiendront ou prendront de nouveau des reſidans en cette ville; leſdits vingt eſcus applicables au paiement de la ſolde des hommes retenus.

Et au cas que leſdits proprietaires ou maiſtres, apres avoir delivré leurs rooles de leurs equipages, en vouluſſent accroiſtre le nombre, faire le pourront par ce qu'ils en feront meſme declaration que devant, affin qu'on puiſſe retenir de l'augmentation des equipages à la proportion que deſſus;

Entendu que ſ'il arrivoit fortune à quelques vaeſſeaux le loyer & ſalaire des hommes, qui en auront eſté retenus, leur ſera neantmoins paié en entier;

Les capitaines generaux feront commis pour executer cette reſolution aveq pouvoir d'ordonner du nombre d'hommes que chaſcun vaeſſeau peut lever pour ſon equipage, affin d'eviter à l'abbus; demeure en la diſcretion deſdits capitaines generaux de conſentir aux proprietaires tel nombre de facteurs & marchans qu'ils verront bon & leur feront neceffaires pour le maniement & geftion de chafcun navire.

En la mefme affemblée du Confeil, fut arrefté qu'il feroit banny & publié, à fon de trompe, que tous forains & eftrangers de quelque qualité & condition qu'ils feuffent, hommes, femmes & enfans, qui ne feroient contenus & denommez en un rolle de Monfieur de Fontaines qui avoit permis à aucuns, euffent à fortir & fe retirer de la ville, dans les trois heures de l'apres midy dudit jour, fur peine de fix efcus d'amende, & deffenfes aux habitans fur pareilles peines de ne loüer ny affermer aufdits eftrangers & forains aucunes maifons ny logemens.

Toutes telles publications & autres chofes fe faifoient fous le nom & authorité du fieur de Fontaines, lequel, comme nous avons dit cy devant, voioit toutes ces diligences & preventions aller directement contre luy & contre fon authorité. Neantmoins il confentoit, approuvoit & authorifoit tout diffimulant fon reffentiment, attendant l'occafion en laquelle il peuft perdre & ruiner tout d'un coup & ville & habitans.

En l'affemblée generale de la Maifon de ville tenuë le dernier jour du mefme moys d'octobre, Servan le Fer le Frefne, fufpect aux habitans d'adherer au party du fieur de Fontaines & du roy de Navarre, fut deftitué de la charge de l'un des capitaines de ville, en la place duquel fut inftitué Jacques Pepin Pré-Lambert. Auffi en cette affemblée, Monfieur Bergeot, chanoine, le fenefchal, l'alloüé, la Barre & Tertre-Galas, furent deputez vers le fieur de Fontaines pour le fupplier avoir aggreable qu'on euft fait vuider hors la ville tous les heretiques, leurs fauteurs & affociez, lefquels femoient faux bruits & calomnies tendantes à fedition & furprife de cette ville. Ce font les propres termes trouvez fur le regiftre de la ville.

Le mercredy premier jour de novembre dit an 1589, au Confeil prefent & prefident le fieur de la Perraudiere, fut par le procureur fyndic remonftré que le duc de Mercueur f'eftoit rendu maiftre des chafteaux de Chafteau-Neuff & du Pleffix-Bertran, dans lesquels il vouloit establir garnisons & que pour tant on advisast à ce qu'il convenoit faire en cette occurrence là. Apres en avoir envoié conferer à Monsieur de Fontaines, il eut aggreable que les habitans deputassent vers le duc de Mercueur, ce qui fut fait à l'heure mesme. Et furent nommez pour cet effect Jan le Large la Barre, Jan Pepin Belinaye & Guillaume Jonchée les Croix, chargez de supplier ledit seigneur duc de vouloir charger les capitaines qu'il mettroit ausdites places de s'abstenir de troubler le commerce d'entre cette ville, celle de Dinan, Dol & autres qu'il tenoit en cette province, & autres villes de Normandie & d'ailleurs; mais que le traficq y demeurast libre sans estre troublé ny interrompu par les nouvelles garnisons qu'il mettroit dans lesdits chasteaux pris.

Le jeudy 4ᵉ dud. moys de novembre 1589, les sus nommez deputez feirent leur rapport avoir obtenu dudit seigneur duc ce qu'ils luy avoient requis de la part de la ville. Outre ces deux chasteaux de Chasteau-Neuff & du Plessix-Bertran assez laschement rendus par Milly le premier, & le second par un nommé *Ronsiere*, le chasteau ou tour de Solidor où il y avoit cinq ou six hommes en garnison, y mis par le sieur de Fontaines, fut surpris en plain midy par les gens du duc de Mercueur, par la simplicité de ceux dudit chasteau. Ce que voiant les habitans, du consentement du sieur de Fontaines, deputerent vers ledit seigneur duc pour le supplier leur vouloir bailler ladite tour en garde. Ce qui leur fut accordé aux fins de la requeste par eux luy presentée & expedition favorable d'icelle & sous les conditions suivantes. De tout quoy j'ay bien voulu vous faire voir coppie.

Requeste des habitans au sieur duc de Mercueur.

A Monseigneur le duc de Mercueur, gouverneur de Bretaigne.

Humblement vous remonstrent vos tres-humbles & tres-affectionnez serviteurs les Bourgeois, manans & habitans de la ville de Saint Malo, que puis peu de jours quelques gens de guerre ont entré en la tour de

Solidor, laquelle ils difent tenir fous votre authorité & fe jactent y vouloir d'or-en-avant tenir garnifon. Ce qui pourroit apporter tant au publicq qu'au particulier prejudice à la liberté du commerce & traficq ordinaire qui en feroit grandement alteré, attendu que cette tour eft grandement proxime de la dite ville de Saint Malo & fur le hâvre d'icelle, tellement que les allans & venans ne pourroient eftre ny demeurer en feur acces. C'eft pourquoy les fuppliants fupplient tres-humblement voftre Grandeur qu'il vous plaife, Monfeigneur, de voftre grâce & authorité faire expres commandement à ceux qui font dans la dite tour d'en fortir & icelle remettre entre les mains de vos fupplians, par offre qu'ils font de garder & conferver la place fous voftre obeiffance & commandement.

Ainfi figné, pour & au nom defd. habitans, *Jan Pepin, B. le Fer.*

Expedition fur lad. requefte.

La tour de Soulidor fera mife es mains des bourgeois, manans & habitans de la ville de Saint Malo pour la nous conferver & garder comme bons & entiers catholiques, fous noftre obeiffance & gouvernement, & la remettre en noftre puiffance, toutes & quantes fois que par nous fera commandé, & non d'autres, à la charge de ne faire vifite ny faire aucune impofition ou levée de deniers fur les navires marchans ou marchandifes qui feront amenez en cette ville de Dinan & d'ayder & tenir la main à la liberté du commerce & traficq de la dite ville; fauf & neantmoins refervez les droits anciens & fans prejudice d'iceux. Ce que lefd. habitans promettront & figneront en corps de leur ville & rapporteront figné & garenty pour demeurer par devers nous en feureté. Ce que deffur fait à Dinan, le fixiefme novembre mil cinq cens quatre vingts neuf.

Signé : PHILIPES EMMANUEL DE LORRAINE & feellé.

Ces deputez retournez à Saint Malo, le tout y fut loüé, ratifié & approuvé par la Maifon de ville, laquelle deputa Eftienne Richomme la Court vers le fieur duc de Mercueur à Dinan pour luy en rendre les tres-humbles remerciemens deus à cette faveur.

Pour aller recevoir la tour de Solidor de ceux qui y eftoient pour monfieur de Mercueur, furent commis le procureur des Bourgeois & les quatre capitaines generaux aveq pouvoir de commettre à la garde perfonnes pour la tenir fous & de par les habitans, & ordonner des gages de ceux qui y feroient commis.

Le fabmedy 11ᵉ de novembre 1589, un advocat nommé *Maiſtre Guillaume Roüaut*, lequel infolemment & aveq effronterie faifoit profeffion de tenir le party du Roy & ufoit de paroles impudentes & injurieufes contre le general des habitans, eſtant comme il eſtoit l'un des capitaines de ville, fut deſtitué de fa charge de capitaine & en fon lieu & place fut mis & inſtitué capitaine *Nicolas Frotet fils de Joſſelin ſieur de la Landelle*, qui eſt Moy autheur ou efcrivain de ces memoires.

Enfuite apres cette deſtitution, fut apparu par le procureur fyndicq un enrolement des perfonnes cy deſſous nommez, lefquels l'aſſemblée ordonna eſtre mandez venir en l'aſſemblée lors congregée, pour les advertir & leur faire commandement d'y preſter & faire ferment de vivre & mourir en la religion catholicque, ap. & rom., & leur eſtre fait deffenfe de non à l'advenir parler ny dire chofes à l'adventage des huguenots ny contre l'honneur du general des habitans, fur peine d'eſtre mis & chaſſez hors la ville, & voicy leurs noms comme ils font & les ay trouvez & veus fur le regeſtre :

Robert Boullain Conterie, dernier procureur fyndicq les trois années 1585, 1586, 1587.

Miſſire Charles le Fer, chanoine de Saint Malo; Mʳᵉ Georges Prebieux advocat, huguenot de profeſſion; Gilles Grout, auſſi huguenot de profeſſion; Jan Thomas fils Jan; Pierre Thomas fils Laurens, huguenot de profeſſion; Martin Duré, auſſi huguenot de profeſſion; Jacques Duré fon fils, en pareil huguenot; Eſtienne Michelot, huguenot de profeſſion; Eſtienne Phelipes, Michel Collin, Guillaume Mazure, Bertran Guillebert.

Cela eſtoit f'attaquer à Monfieur de Fontaines, lequel portoit & fouſtenoit ces gens là, lefquels fe difoient ferviteurs du roy de Navarre, (ainfi parloit-on alors à Saint Malo); mais il patientoit & diſſimuloit en efperant de joüer fon jeu à la ruine des habitans, ne l'ofant en ce temps entreprendre, retenu de beaucoup de confiderations, mais principalement par lafcheté & impuiffance.

Le 14 novembre 1589, furent mandez venir par devant le Confeil maiftre Germain Leveillé le jeune, advocat, & Claude de la Marre Ville-l'Orideul, lefquels interrogez refpondirent avoir ouï maiftre Pierre Le Roy Champ d'Avoine, notaire royal, vomir des propos fcandaleux & injurieux contre l'honneur du general & particulier des habitans. Et iceux deux tefmoins, feparement enquis en abfence l'un de l'autre, depoferent y avoir environ quinze jours qu'ils avoient veu ledit maiftre Pierre Le Roy, lequel en prefence de plufieurs perfonnes difoit & proferoit plufieurs enormes & attroces injures contre l'honneur des habitans, difant entre autres chofes qu'il y avoit trois ou quatre cens bourgeois en la ville qui eftoient des trahiftres. Sur lefquelles depofitions ledit Le Roy mandé & interrogé, renia avoir proferé telles ny autres injures, declarant qu'il ne voudroit faire ni dire aucune chofe contre l'honneur du general ny particulier des habitans. Apres ces accufations & interrogations, fut arrefté que le fieur de Fontaines feroit informé de tout. Paffé de quoy, feroit ordonné ce que de raifon. Et pour aller trouver le fieur de Fontaines furent nommez le fieur de Lifle chanoine, le procureur fyndicq & Jan le Large la Barre.

De plus fut ledit procureur chargé obtenir & faire publier monitoires, affin d'avoir revelation de tels & autres propos contre la reverence deüe à la religion catholique & contre l'honneur des habitans, pour, paffé de l'information, y eftre pourveu ainfi que de raifon.

Le mefme jour apres midy, à trois heures, au Confeil fut par les deputez cy devant nommez fait rapport qu'ils avoient efté trouver le fieur de Fontaines. Lequel, apres avoir entendu la pleinte contre maiftre Pierre Le Roy & la refolution fur ce prife au Confeil leur avoit fait refponce qu'il fe rapportoit à eux d'y ordonner & pourvoir comme mieux leur fembleroit. Ouï lequel rapport, fut en prefence du fieur de la Perraudiere lieutenant & luy recueillant les voix & advis, arrefté que ledit

Le Roy, pour ces infolences & pour eviter à tels & plus grands maux, feroit contraint fortir hors la ville, fans efperance d'y pouvoir ny eftre fouffert y rentrer à l'advenir durant les prefens troubles.

Enfuite de ce que deffus, le jeudy feiziefme dud. moys de novembre 1589, fut faite au Confeil autre information que maiftre Jan Le Roy, frere dud. Pierre, avoit voulu offenfer Claude de la Marre tefmoin cy devant nommé, par ce qu'il avoit efté tefmoing contre ledit maiftre Pierre Le Roy fon frere; et informé qu'il auroit frappé ledit de la Marre, f'il n'en euft efté empefché par ceux qui fe trouverent prefens.

Apres laquelle information faite, fut des l'inftant arrefté que ledit maiftre Jan Le Roy feroit comme fon frere fait fortir & mis hors la ville fans y pouvoir rentrer à l'advenir, pendant les mefmes troubles. Cela fait entendre audit feigneur de Fontaines, fa refponce fut qu'il f'en rapportoit aux habitans. En confequence de quoy, ces ordonnances du Confeil furent executées & les deux nommez Le Roy, freres, expulfez hors la ville.

Fut en outre, en la mefme affemblée du Confeil, ordonné que les capitaines generaux advertiroient les capitaines particuliers de faire entendre aux huit hommes cy devant nommez en la derniere affemblée generale declarez fufpects qu'ils n'euffent d'or-en-avant à affifter aux gardes, feuft de jour ou de nuit, & leur faire deffenfes de porter aucunes armes fur les peines indites.

En la mefme affemblée du Confeil, furent chargez les capitaines generaux de faire remplir de terre les hauts des tours de la ville, affin d'y pouvoir commodement placer de l'artillerie pour la deffenfe & feureté de la place. Tout cela alloit & fe faifoit contre le feigneur de Fontaines; lequel le voïoit bien, mais eftoit contraint de le diffimuler, ne pouvant comme il ne le pouvoit empefcher.

En la mefme affemblée & en mefme heure, Geffroy Gaillard Boif-Joly, Laurens Grohando, Allain Le Cocq & Regnaut Loquet defererent au Confeil que le jour precedent un nommé

Piguelin pauvre charpentier, huguenot de profeſſion, avoit vomy pluſieurs horribles blaſphemes contre la reverence de la Religion & parlant des habitans en general les avoit appellez trahiſtres, menaçant qu'il empoiſonneroit les eaux de la pompe & qu'il en romproit les tuyaux & n'iroit jamais à la meſſe. Ceſte delation & teſmoinage ouïs en l'aſſemblée, où le ſieur de la Perraudiere eſtoit preſent & preſidoit & recueilloit les ſuffrages, fut arreſté qu'iceluy Piguelin & un ſien jeune fils feroient mis hors la ville, ſans eſpoir d'y rentrer. Et pour executer cette ordonnance fut commis Gilles Eberard ſieur du Coulombier qui les miſt hors la ville.

Les ſoldats du chaſteau, ſçachant fort bien que les comportemens des habitans & les ſermons des predicateurs ne plaiſoient pas au ſeigneur de Fontaines, ſe laiſſoient emporter à des licences debordées, diſant des injures aux predicateurs qui lors preſchoient l'Advent, & faiſoient & commettoient ces inſolences au beau milieu des ruës. De quoy pleintes furent addreſſées au ſeigneur de Fontaines, lequel promiſt les faire chaſtier, diſant n'approuver pas ſemblables inſolences.

Auſſi fut demandée aud. ſeigneur de Fontaines permiſſion de faire emplir de terre le haut des tours de la ville pour y placer du canon, ſous pretexte de mil ou douze cens Anglois qui venoient en Bretaigne au ſecours du roy de Navarre. Il leur accorda leur requeſte & les aſſeura que toujours il auroit aggreable & leur permettroit ce qu'ils trouveroient utile & neceſſaire à leur conſervation.

En ce temps il advint que le ſieur de Büeil, frere de la dame de Fontaynes, envoié par le Roy en Bretaigne, eſtant venu à Saint Malo voir le ſeigneur de Fontaines, ce ſeigneur de Büeil alla & feiſt un voyage de Saint Malo à Rennes. D'où, comme il retournoit un jour, eſtant aux environs du bourg de Saint Servan, au voiſinage de Saint Malo, il fut pris par quelques ſoldats de la garniſon de Chaſteau-Neuff & mené à Dinan, où il demeura quelque temps priſonnier. Les habitans de Saint Malo, voians led. ſieur de Büeil priſonnier à Dinan, aſſemblerent ſur cette occurence la Maifon de ville, en laquelle ils deputerent Michel Frotet fieur de la Bardeliere vers le fieur duc de Mercueur, qui lors eftoit à Dinan; pour le fupplier de vouloir faire mettre ledit fieur de Büeil en liberté. A laquelle fin furent efcrites lettres de fupplication de la part des habitans audit feigneur duc.

Le feigneur de Fontaines, voiant & confiderant les preventions de guerre de la part des habitans dont nous avons cy devant parlé, icelles capables de le mettre en jaloufie & meffiance, fe voulut auffi de fa part preparer pour obvier aux inconveniens qu'il craignoit. Si bien qu'un lundy au matin, 18ᵉ de decembre 1589, il avoit fait mettre fur la tour de *Quiqu'en groigne,* du cofté de la ville, nombre de gabions qu'il faifoit remplir de terre. Ce que veu par les habitans leur donna un peu d'allarme, eux prejugeans que les foupçons conceus par le feigneur de Fontaines auroient donné fubject à cette nouveauté; fi bien qu'en l'affemblée du Confeil qui fut ce mefme jour, il fut deputé vers luy affin de le fupplier de bannir de fon efprit toutes ces meffiances & luy renouveller de la part des habitans leurs proteftations de vouloir vivre & mourir en la religion cath., ap. & rom., fous fon authorité & obeiffance & de n'adherer aux heretiques, fans recongnoiftre autre authorité que la fienne, jufqu'à tant que Dieu euft donné à la France un roy tres-chreftien & catholique & pour plus d'affeurance de leurs veritables proteftations, les deputez furent chargez lui offrir pour hoftages de leur fidelité tel nombre des Bourgeois des plus apparens ou de leurs enfans à fon choix & nomination.

Plus, furent ces deputez chargez fupplier le feigneur de Fontaines leur vouloir tenir les promeffes par luy folemnellement jurées de les maintenir fous fon authorité, comme vous avez peu voir cy devant qu'il avoit juré le jour de la my-aouft; & qu'il luy pleuft faire deffenfes à fes foldats du chafteau de ne plus jeter des pierres, comme puis quelque temps ils jettoient, aux fentinelles qui eftoient pofées fur la muraille de la ville pour avoir l'œil & prendre garde fur le dehors de la porte de Saint

Thomas, qui eft proche & joignant la tour de Qui-qu'en groigne.

Pierre Rogues fieur de Tregueurry, l'un des quatorze capitaines de ville, fe defchargea de fa charge de capitaine qu'il avoit exercée troys ans. Ce fut le 21 decembre 1589. En la place duquel fut mis Michel Porée fieur de la Tour, pour entrer en cette charge pour les troys ans commençans en janvier 1590.

LIVRE DEUXIESME.

(1590)

Nous voicy arrivés en l'an 1590; & le mardy 23ᵉ de janvier duquel an, les capitaines de ville furent chargez de faire vuider hors icelle tous les forains qui s'y estoient de nouveau refugiez à cause des troubles.

Vous avez peu voir cy devant l'accommodement & traicté fait sur les troubles survenus le jour de la my-aoust 1589 entre le sieur de Fontaines & les habitans, par lequel il avoit solennellement juré & promis les conserver sans les forcer ny contraindre de prester obeissance au Roy de Navarre. Mais estant ledit Seigneur Roy venu à Laval, d'où il se preparoit de venir en Bretaigne & particulierement à Saint Malo; de laquelle venuë les habitans ayant eu advis en prirent une chaude allarme qui leur feist deputer quelque nombre d'entre eux vers le sieur de Fontaines pour luy rememorer ses sermens & promesses faites en ce traicté, le suppliant de leur tenir parolle & les conserver sans les vouloir contraindre ny submettre sous l'obeissance du Roy de Navarre. Mais le sieur de Fontaines qui tenoit pour infaillible la venuë du Roy en Bretaigne & à Saint Malo, levant le masque de ses dissimulations passées leur declara en bon françois que si le Roy venoit à Saint Malo, il ne pourroit refuser de luy ouvrir les portes. Cette response, conferée à tant d'autres advis qu'ils avoient & tant d'indices de ses sinistres intentions, ne leur laiſſa aucun ſubject de douter du deſſein qu'il avoit de les perdre. Ces apprehenſions conçeües au paravant eſtoient les cauſes qui les faiſoient prevoir à leurs affaires & uſer de toutes les preventions pour leur deffenſe que vous venez de voir cy devant.

Or pour bien entendre le detail de cet affaire de la venuë du Roy à Laval, il faut ſçavoir & vous vay dire que le Roy de Navarre apres avoir pris le Mans & autres pluſieurs villes, vint finalement à Laval, laquelle luy fut renduë, & feiſt le Roy ſon entrée ſolennelle en ladite ville le 9 decembre de l'an 1589.

Le prince de Dombes, lors lieutenant general en Bretaigne dans les armées du Roy, alla de Rennes où il reſidoit à Laval trouver Sa Majeſté, accompagné de grand nombre de nobleſſe; le principal ſubject du voiage de Monſieur le Prince affin de conferer au Roy des affaires de la province de Bretaigne, mais principalement de la ville de Saint Malo, les habitans de laquelle profeſſoient publiquement de n'obeir point au roy de Navarre; de quoy ils avoient fait publique & manifeſte declaration. Or le ſieur de Fontaines n'oſant les y forcer ny les y contraindre & n'oſant non plus admettre ny recevoir led. ſieur Prince de Dombes en la ville pour luy ayder contre les habitans, pour la deffiance qu'il avoit d'eſtre dechevallé de ſa place & du gouvernement. Le Prince voulut eſclarcir le Roy du tout, & cela eſtoit en partie la cauſe du voiage de mondit ſieur le Prince à Laval vers le Roy, de qui il recherchoit avoir un commandement expres de Sa Majeſté au ſieur de Fontaines. Mais le Roy, ſe voulant reſerver cette expedition, ne la voulut pas commettre audit ſieur prince, à cela convié par le ſieur de Fontaines, lequel n'oſant aller trouver le Roy à Laval luy avoit envoié perſonnes pour l'inviter à faire ce voiage de Saint Malo, là où le Roy eſtoit reſolu de venir. Ce qu'eſperant le ſieur de Fontaines & que Sa Majeſté y deuſt infailliblement arriver dedans fort peu de jours, avoit fait aux habitans la declaration, laquelle cy devant vous avez bien peu voir, que le Roy y venant il luy ouvriroit les portes.

Cette declaration doncq du sieur de Fontaines avoit jetté les habitans de Saint Malo dans le desespoir & les faisoit rechercher tous les moiens à eux possibles d'excogiter de se delivrer de telles apprehensions, & secoüer le joug du sieur de Fontaines; projectant or un expedient & tantost un autre, mais ils trouvoient partout du peril, craignant de faillir en un affaire auquel il n'est pas permis de pecher deux fois. Mais au plus fort de leurs apprehensions, ils s'en veirent delivrez par l'esloignement du Roy, lequel, rappellé par plusieurs affaires, fut contraint de retourner sur ses pas & de rompre son dessein de venir en Bretaigne. Et ainsi au plus fort des apprehensions les habitans de Saint Malo se sentirent delivrez des frayeurs de la ruine dont ils estoient menacez; & demeura au sieur de Fontaines le regret & le repentir de leur avoir ainsi ouvert le but de ses intentions, par luy fort longtemps paliées & dissimulées comme vous avez veu cy devant, jusques au point qu'il esperoit la venuë du Roy à Saint Malo, mais il ne pouvoit plus retracter ce qu'il leur en avoit dit & manifesté dont les habitans n'avoient gueres douté au paravant.

Les habitans, à ces causes bien empeschez de ce qu'ils pouvoient faire, projectoient les moyens de se rendre d'un coup maistres du chasteau pour tout à fait se delivrer de la crainte & du mal proche & infaillible dont ils se voioient menacez, & fort proche de tomber sur leurs testes.

Dans le plus violent de tant d'inquietudes, voicy qu'il survient un accident qui leur ouvrit la voie & le chemin à ce qu'ils desiroient & qui se machinoit entre bien peu de personnes d'entr'eux qui conduisoient les affaires bien asseurez des volontez & affections des autres habitans, lesquels se reposoient sur la prudence, affection, vigilance & probité de ceux qui conduisoient la navire de la ville parmy l'orage du temps. Or l'accident qui leur ouvrit la porte à ce dessein fut celuy que je vous vay dire.

Les soldats de la garnison de Chasteau-Neuff avoient pris & emmené vingt charges de toilles à des voituriers de

Vitré. De quoy les habitans de Saint Malo, pour le prejudice que cela faisoit au commerce & à ces pauvres gens de Vitré, en addresserent pleinte au seigneur de Fontaines & le supplierent qu'il leur promist d'envoier à Dinan quelqu'un des habitans faire pleinte de tels desordres au sieur marquis *de Chauffin*, frere du duc de Mercueur, à ce qu'il eust commandé au capitaine *Lamoureux* commandant à Chasteau-Neuff de rendre les toilles à ces voituriers qui en avoient esté spoliez. Et pour aller à Dinan furent nommez Ollivier Launay sieur de Launay-Ravilly & Estienne Richomme la Court.

Outre ceste diligence, les habitans encores envoierent à Chasteau-Neuff un d'entr'eux nommé *Louys de la Mote*, vulgairement dit *la Mote-Nordest*, à l'effect de recouvrer ces toilles. Cet habitant la Mote aiant doncq esté à Chasteau-Neuff, arriva un peu tard au bourg de Saint Servan. Là où en arrivant il fut miserablement tué & assaciné par aucuns des soldats du chasteau de Saint Malo. Cet acte inhumain fut estimé presque de toute la ville avoir esté perpetré par l'ordre & commandement du sieur de Fontaines. De quoy je me rapporte à ce qui en est [dit], car je n'en puis repondre, mais bien sçay-je & oseray dire que ce la Mote estoit particulierement hay par le sieur de Fontaines.

Ce Louys de la Mote que nous venons de dire avoir esté assaciné à Saint Servan par les gens du sieur de Fontaines avoit un nepveu, fils d'une sienne sœur nommée Francoise de la Mote. Le fils de cette sœur estoit nommé *Louys Le Maire* autrement *Chapelle Le Maire*. Ce Chapelle estoit l'un des soldats du chasteau où il avoit quelque commandement comme de caporal. Les habitans qui cherchoient quelque instrument propre à leur dessein, jettent les yeux sur ce soldat, s'addressent à luy d'autant plus hardiment qu'il estoit nay originaire de la ville, mais resident au chasteau. Ceux qui furent chargez de ce barguin luy parlent, le tentent, pressentent de loing son humeur & lui tastent le pouls.

On luy met devant les yeux son oncle tué par le commandement du sieur de Fontaines, la vengeance qu'il en doit &

peut prendre ſi tant ſoit peu il a de courage. On adjouſte à cet appetit de vengeance & de reſſentiment le merite qu'il acquerra par un bon ſervice à la religion catholique & à ſa patrie, qu'il delivrera d'un danger imminent de ruine. A tout quoy on adjouxte un loyer & une recompenſe d'huit mille beaux eſcus pour luy faire venir l'eau à la bouche qui lui ſeront donnez ſ'il veut preſter ſa main & ſon courage à l'execution d'un ſi brave & tant glorieux deſſein qui eſtoit d'ayder les habitans à prendre le chaſteau & ſ'en rendre les maiſtres, & ce par les meilleurs moyens & expediens deſquels avecq luy on pourroit adviſer ſ'il y vouloit entendre. Ces deux puiſſantes paſſions de vengeance & d'avarice ouvrirent à ce ſoldat & l'oreille & le cueur, ſi bien qu'il commença d'entendre à ce traité & finalement ſ'y rendit tout à fait, moiennant l'aſſeurance qu'on luy donna verbale de la ſomme d'huit mille eſcus pour recompenſe d'une telle & tant genereuſe action, laquelle d'ailleurs on lui repreſentoit comme œuvre meritoire, faite en faveur de la religion & qui redimeroit une ville & tant d'habitans de la ruine certaine que leur preparoit le ſieur de Fontaines. On le ſceut en effect tellement eſbranſler qu'il ouvrit le cueur & offrit ſes mains à l'execution d'un œuvre tant loüable. Cette mort de la Mote-Nordeſt eſtoit arrivée la nuit d'entre le 18ᵉ & 19ᵉ du mois de febvrier, l'an 1590.

Le lendemain de cette mort, lundy 19ᵉ febvrier dit an, le Conſeil aſſemblé deputa vers le ſieur de Fontaines, le procureur des Bourgeois, les feneſchal & alloüé. Lesquels le meſme jour & à la meſme heure l'allerent trouver au chaſteau pour luy faire pleinte de cet aſſacinat fait, comme il eſtoit vray, par aucuns de ſes ſoldats du chaſteau; leſquels apres ſ'eſtoient retirez au chaſteau de *la Latte*. Ces deputez retournez au Conſeil rapporterent que le ſieur de Fontaines leur avoit repondu qu'il vouloit que punition feuſt faite de ce crime & promis d'en eſcrire, comme en effect il en eſcrivit, au capitaine dud. chaſteau de la Latte, à ce qu'il rendiſt ces ſoldats aſſacins. Et pour aller à cet effect au chaſteau de la Latte fut commis & deputé Michel

Frotet sieur de la Bardeliere, l'un des capitaines generaux. Ce qu'il feist & exploita en ce voiage ne serviroit icy de rien & me feroit tordre le fil de ces memoires & pour tant je passe par là dessus pour reprendre le discours des affaires suivantes.

Apres doncq qu'on eut practiqué & gaigné ce Chapelle le Maire, & l'affaire communiqué par le syndicq à peu de personnes, au commencement, des principaux & plus affidez, leur soing principal fut des meshuy d'excogiter les moyens de pouvoir entrer dans le chasteau pour le surprendre, s'en emparer & rendre maistres. Plusieurs moyens pour parvenir à cette fin furent proposez & mis en avant entre les entrepreneurs & ce soldat. Apres tout quoy, le moyen que je vous vay dire & tres-particulierement descrire fut choisy & trouvé le meilleur. A cet expedient doncq s'arresterent les habitans avecq ce soldat & voicy quel fut ce moyen.

J'escry ces memoires plus en faveur de nos habitans de Saint Malo & successeurs qu'autres. Lesquels habitans congnoissans le chasteau, sa situation & sa structure sçauront mieux remarquer par ces memoires comment & par où ce dessein fut conduit & mené à fin.

Il y a quatre grosses tours au chasteau, l'une desquelles est appellée & dite *la Generale*. Laquelle avoit de hauteur cent cinq pieds, laquelle tour est bastie à pied droit, sans avoir au haut aucuns creneaux ou masse-coulis. De cette grosse tour une moitié est dedans la ville & l'autre moitié dehors. A cette tour se termine la muraille qui fait en cet endroit la closture de la ville. Le bout & extremité de ladite muraille se termine & est contiguë à cette tour & ceste muraille empesche que de nul endroit du chasteau on puisse voir au pied de la tour par le dehors de la ville. Si bien que ce lieu du pied de la tour par dehors la ville n'est veu, flanqué ny regardé de nul lieu dudit chasteau. Ceste tour fut doncq estimée estre le lieu commode pour par icelle entrer dans le chasteau pour le surprendre & ce pied de la tour par dehors la ville trouvé commode pour y porter l'eschelle & conduire les hommes pour executer cette tant hazardeuse entreprife; l'efchelle eftant au temps de l'execution tirée amont par ce foldat, alors tout feul encores de cette intelligence. Sera icy noté qu'en la jointure du bout de la muraille qui ferme la ville & joingt à cette tour fe forme l'angle des lignes droites & qui par confequent, comme nous avons dit, n'eft veu de nulle part du chafteau. Au haut de cette tour de la Generale, il y a des feneftres, ouvertures & embrazures, pour y placer de l'artillerie & du canon pour deffendre le chafteau; & l'une de ces embrazures eft juftement fituée en lieu où de nulle part du chafteau elle puiffe eftre veüe.

Cette tour doncq & cette feneftre fut trouvé le lieu plus propre & plus commode à l'execution, tant pour les confiderations devant dites que pour autant auffi qu'on ne mettoit jamais de fentinelle la nuit fur cette tour de la Generale, à caufe de fa haulteur eftimée hors de peril & danger d'efcalade. Et eftoit tant hors d'apparence que l'on peuft attenter par icelle que le fieur de Fontaines pour faire entendre à ceux qui luy donnoient advis de fe prendre garde de furprife par les habitans, leur difoit fouvent en fe riant de tels advertiffemens : « *Oui, vrayement, & par où me prendront-ils? Par la Generale?* » Ce qu'il dift arriva comme il l'avoit prophetifé, ainfi que vous verrez.

Pour parvenir à cette execution il fut refolu qu'il feroit fait une efchelle de cordes pour au temps qu'il feroit advifé f'en fervir, & pour faire cette efchelle, fut commife la charge à Michel Frotet fieur de la Bardeliere, l'un des quatre capitaines generaux; auquel fut baillé pour luy fervir & ayder en cela Gilles Girard le Tertre fort affectionné à la religion catholique & au bien & repos de fes concitoiens & demeura convenu entre les habitans entrepreneurs & Chapelle le Maire que les chofes neceffaires eftant difpofées, Chapelle le Maire fus nommé, une des nuits qu'il feroit de garde, jetteroit à l'heure qui feroit dite & affignée une ligne ou cordelette par la feneftre & embrafure de la tour que nous avons cy devant dit. A la quelle ficelle ou ligne, il attacheroit une pierre au bout, affin de la faire defcendre en bas à ce qu'elle vint plus facilement aux mains de ceux qui feroient deftinez pour donner l'efcalade pour entrer dans la tour. Les affaires ainfi difpofées fut convenu que ceux qui yroient à cette execution & à cette efcalade, lorfqu'ils feroient arrivez au pied de la tour attacheroient l'efchelle à la ligne qu'ils trouveroient pendante du haut de la tour d'où elle auroit efté jettée, & que cette efchelle ainfi attachée feroit tirée en haut par ce foldat Chapelle & attacheroit fortement cette efchelle avecq une corde laiffée au bout de l'efchelle à une couleuvrine qui eftoit fur la tour en l'embrazure ou feneftre dont nous avons parlé cy deffus. Ce que fait, monteroient par icelle en la tour ceux qui feroient nommez & choifis pour cette execution. Cela ainfi convenu entre les entrepreneurs & Chapelle le Maire, la finale execution fut remife à certain jour, duquel on conviendroit, apres que toutes les chofes & preparatifs à ce neceffaires feroient entierement difpofées & ordonnées de toutes parts.

Pour faire faire les cordes neceffaires à cette efchelle, la charge en fut commife à Nicolas Moreau Gervefaye, tres-homme de bien, auquel le fecret fut dit & decellé. Il les feift donques faire en la cour du Manoir Epifcopal. Et ces cordes furent faites de fil de caret blanc fans aucune tare ny gouetron, & ce fil un peu plus deflié & mieux peigné que le fil ordinaire duquel on fait les cafbles. Celuy qui les faifoit ne fçavoit pas à quoy on les devoit employer ny de quoy elles devoient fervir. Et le fil, & les cordes ainfi faites & difpofées, Bardeliere & Gilles Girard en feirent l'efchelle en une maifon, en laquelle pour lors ne demeuròit ny habitoit perfonne, de peur de defcouverture.

Je ne puis paffer fans remarquer qu'un habitant de Saint Malo nommé *Jan Thomas Pignonnet*, l'un de ceux qui donnoient des advis au fieur de Fontaines, ayant entré un matin en la cour du Manoir, en laquelle fe faifoient ces cordes de nouvelle façon, f'enquift de l'ouvrier qui eftoit celuy qui faifoit faire ces cordes & à quel ufage on les vouloit employer. A quoy par ce cordier fut refpondu que Nicolas Moreau Gervefaye les avoit commandées faire, mais ne fçavoir à quel ufage il les vouloit employer.

Neantmoins il est tres-certain que ce Jan Thomas en advertit le sieur de Fontaines, comme de chose qui devoit estre suspecte, mais on n'en feist pas autre perquisition ny autre enqueste.

Voilà les cordes & la matiere dont fut faite l'eschelle, la raison & l'ordre veulent que maintenant nous vous en representions la forme. Cette eschelle fut faite à trois montans ou trois cordons de mediocre grosseur, non trop gros ny trop gresles; les pas de degrez ou montans d'icelle furent faites de chevilles de boys esloignez & distans egalement les uns des autres entre l'un pas & l'autre, ainsi que sont d'ordinaire les pas montans ou eschellons des eschelles communes. Mais d'autant que cette tour de la Generale est bastie à pied droit & que cette eschelle de corde ne pouvoit estre esloignée de la muraille par le pied de l'eschelle, mais demeureroit penduë & droite depuis le haut jusqu'au bas de la tour, ce qui faisoit qu'elle eust touché par tout depuis le haut jusqu'au bas & toute joignante à la tour, ce qui eust empesché ceux qui devoient monter de pouvoir mettre commodement & les pieds & les mains en l'eschelle, si ainsi elle feust demeurée joignante à la muraille. Pour remedde à cela furent faites des roüelles de boys percés par le milieu & icelles mises en toute la longueur & haulteur de l'eschelle distantes de troys pieds en troys pieds en aucuns rollons de l'eschelle, affin d'empescher que l'eschelle ne joignist à la tour, mais qu'en l'esloignant un peu cela donnast moyen à ceux qui monteroient de poser leurs pieds sur ces rollons & de les prendre des mains pour y poüvoir mieux & plus facilement monter. Et d'autant encores qu'en montant & tirant en haut l'eschelle contre la tour, ces roüelles de boys pourroient faire du bruit; ces roüelles de boys tout autour de leur circonference furent garnies de drap pour empescher le bruit que la collision de ces roüelles de boys & de la tour pourroient causer en tirant l'eschelle pour la monter en haut.

Soit encores adverty le lecteur que les trois montans ou cordons entre lesquels estoient les deux rancs pour en chascun monter un homme, qui aux deux faisoient deux hommes de front; ces troys cordons, dy-je, par le haut de l'eschelle aboutiſſoient tous troys à un cordon qui eſtoit celuy du milieu. Lequel cordon du milieu faiſoit le bout de l'eſchelle par haut, & avoit ce cordon de long au bout de l'eſchelle quatre ou cinq braſſes de corde. Lequel cordon eſtoit ainſi laiſſé plus long affin de ſervir à attacher l'eſchelle pour la ſouſtenir ſur une couleuvrine du chaſteau, laquelle eſtoit placée ſur la tour, bracquée en la feneſtre & embrazeure par laquelle on deſſeignoit d'entrer dans le chaſteau pour ſ'en rendre les maiſtres. Cette eſchelle ainſi preſte, reſtoit venir à l'execution de ce deſſein grandement hazardeux & tout plein de peril pour les conſpirateurs, ſ'ils euſſent eſté deſcouverts & leur mine eſventée, comme il advient ſouvent.

Toutes ces choſes ainſi preparées & diſpoſées, ainſi que vous venez de voir & ne reſtant plus ſinon de venir à l'effect, ceux qui conduiſoient cette entrepriſe conferent avecq Chapelle le Maire, affin de convenir du temps, de l'heure & des moyens de venir au point de l'execution; mais ils le trouverent grandement eſtonné & fort irreſolu & leur diſt qu'en un affaire de telle importance il euſt bien deſiré avoir un compagnon avecq le confort & aſſiſtance duquel il peuſt & plus hardiment & plus ſeurement conduire cet ouvrage à ſa perfection, cela luy ſemblant difficile à un homme tout ſeul.

Cette nouvelle difficulté née ſur le point & en la neceſſité de l'execution, miſt les entrepreneurs en une merveilleuſe perplexité, ne ſçachant bonnement à qui ſ'addreſſer pour avoir un ſecond, eſtant fort perilleux de ſ'en deſcouvrir à plus d'un. Mais, en cette ſaeſon & en cette occurrence, il y avoit au chaſteau un canonnier eſcoſſois, nommé *James Roſſe*, lequel y eſtoit retenu contre ſon gré par le ſieur de Fontaines, ayant accouſtumé, long temps y avoit, de ſervir les habitans de Saint Malo ſur leurs navires, auſquels il eſtoit canonnier & gaignoit de bons gages.

Cet Eſcoſſois avoit eſté & eſtoit retenu par le ſieur de Fontaines pour ſervir de canonnier au chaſteau aveq promeſſe de bons gages, mais deſquels il ne recevoit denier ny maille, entretenu toujours d'esperance d'estre en fin bien paié, mais les arrhes de ce paiement n'arrivoient point. De quoy il addressoit souvent des pleintes à aucuns des Bourgeois qu'il avoit accoustumé de servir & tesmoignoit partout qu'il estoit mal content & fort mal satisfait de Monsieur de Fontaines, qui ne luy permettoit de faire ses voiages accoustumez ny gaigner de quoy vivre. Les entrepreneurs, au service de plusieurs desquels il avoit esté, n'ignorant point le mescontentement de cet homme & congnoissant son courage, jettent les yeux sur luy & luy font taster le poulx par l'un d'entr'eux. Il ne fut pas necessaire de grands discours ny puissantes persuasions à cet homme, lequel on trouva prest & disposé à tout faire. On luy feist promesse de deux mille escus de recompense dont il se contenta ; & apres s'estre bien asseuré de luy autant qu'il est possible en affaires de ce genre, on luy dist qu'il y avoit un soldat de la garnison qu'on avoit practiqué & auquel on le feroit parler & s'aboucher ensemble. L'aiant doncques trouvé ainsi disposé, on les fait se trouver luy & Chapelle le Maire en une maison où confortez de la presence l'un de l'autre & assistance qu'ils se promirent, ils promirent & jurerent avecq allegresse de ne manquer de cueur ny de courage à l'execution de cette glorieuse entreprise.

Apres leur entreveüe, on [se] remist à adviser du temps & de l'heure de l'execution. A quoy aiant bien pensé & consideré meûrement plusieurs circonstances, on remist & on resolut l'execution à la nuit du premier dimenche du caresme lors prochain, & lequel dimenche est vulgairement appellé à Saint Malo *le dimenche Crespier,* lequel dimenche en cet an 1590 estoit l'unziesme de mars.

L'assignation fut arrestée à ce jour de dimenche pour plusieurs considerations, la premiere qu'il estoit necessaire que ce feust la nuit d'une feste parce qu'aux nuits des autres jours tout le peuple, servans, servantes & autres, vont & viennent toute la nuit ou bonne partie d'icelle par la ville, les uns aux fours, les autres à la pompe querre de l'eau & à plusieurs autres necessités, desquelles ils s'abstiennent les nuits des jours de festes jusques à minuit ; &

ainfi le peuple n'allant & venant pas par la ville, il y avoit moins de peril que cette entreprife fe defcouvrift, comme il euft peu arriver f'il n'euft pas efté fefte.

Cette affignation ainfi prife, comme huit jours auparavant l'execution, toute la premiere femaine de carefme fut emploiée à achever de difpofer toutes les chofes requifes & neceffaires pour donner la derniere main à la perfection de cet œuvre. On feift un rolle de cinquante cinq jeunes hommes la plus part mariez, les autres non mariez, entre iceux quelques maiftres de navires & de jeunes mariniers, du courage, affection & fidelité de tous lefquels on avoit une entiere & pleine confiance.

On commift pour capitaines & conducteurs de cette gaillarde troupe en l'execution, Jan Pepin fieur de la Belinays & Michel Frotet fieur de la Bardeliere qui eftoient deux des capitaines generaux cy devant nommez. On feift choix & ellection de fix perfonnes un peu advancez en aage, de creance & d'authorité, pour parler à ces jeunes hommes & autres choifis pour l'execution, & la charge departie entre ces fix perfonnages pour en parler à ces efleus, chacun à ceux fur lefquels il avoit plus d'authorité & de credit, mais fans leur dire le fecret de l'affaire, (fi n'eftoit à fort peu), mais feulement pour les advertir de fe trouver vers les neuf heures du foir de ce dimenche avcq telles & telles armes, en la maifon de Joffelin Frotet fieur de la Landelle.

Au paravant on avoit defjà advifé du lieu du rendez-vous pour f'affembler; & fut ce rendez-vous affigné en la maifon de Joffelin Frotet fieur de la Landelle, fituée en la ruë qu'alors on nommoit *la Blaftrie* & fituée encore fort proche d'un degré fervant à monter fur la muraille de la ville contre *la Croix du fieff*, où ce degré fe void encore, mais a efté boufché pour l'incommodité qu'en recevoient les maifons voifines; (& de la porte de laquelle maifon du fieur de la Landelle à ladite montée n'y a que trente pas de diftance).

Sur la prevoiance auffi qu'en cette efchelle de corde fe trouveroit quelque obftacle non bien preveu qui ne reuffiroit pas peut eftre à fouhait, & fe pourroit trouver quelque refiftance aux entrans par icelle, on feift preparer les longues efchelles de boys, lefquelles d'ordinaire font dedans les cloiftres de la Cathedrale pour fervir aux couvreurs qui couvrent fur l'eglife; pour planter efcallade au chafteau tant par le dedans que par le dehors de la ville pour fecourir ceux qui auroient monté par l'efchelle de corde, fi meftier en eftoit. La charge de faire apporter ces efchelles pour f'en fervir en l'occafion, fi befoing en eftoit, fut donnée à maiftre Nicolas Jocet fieur de la Riviere, procureur fifcal de Saint Malo, qui l'accepta, & de les faire prendre aux cloiftres où elles eftoient par des hommes qu'à cette fin on luy bailla pour les apporter à l'entrée de la ruë de Saint Thomas au devant & proche du chafteau, lors qu'on dreferoit l'efcalade par la tour aveq l'efchelle de corde.

Autres furent commis & deftinez pour faire fonner les cloches de l'eglife, lorfque fe donneroit l'allarme & le bruit de l'attaque qui fe feroit au chafteau; & aux mefmes fut donnée charge de retarder ou advancer l'horologe, felon qu'il leur feroit envoié dire par le procureur fyndicq, lequel leur feroit fçavoir par homme de creance dont eftoit convenu entr'eux. Mais particulierement ils eftoient chargez, fi autre nouvel ordre ne leur eftoit envoié au contraire, de faire allonger les deux heures des dix à douze heures de la minuit, de les allonger, (dy-je,) jufques à une heure apres la minuit, en forte qu'il feuft environ une heure lors que l'horologe fonneroit la minuit; car ils fe gouvernoient au chafteau pour le changement de la garde par l'horologe de la ville & felon icelle ils difpofoient leurs gardes. Ce retardement de l'heure fe faifoit auffi affin que le montant de la mer approchaft les pieds des tours *des Dames* & de *la Generale*; à ce que la mer qui en feroit au pied empefchaft que les chiens du guet qui couchent hors la ville, fentant les hommes qui fe devoient rendre au pied de la Generale avecq l'efchelle de corde, ne donnaffent, en aboyant, l'allarme à ceux du chafteau, & leur donnaffent occafion par leurs abboys extraordinaires à telle heure de regarder plus attentivement au bas de la muraille.

Cette execution encore avoit efté remife à ce dimenche par ce qu'il eftoit abfoluement neceffaire que les quatre capitaines particuliers qui commandoient icelle nuit fur les murailles de la ville, deux d'iceux avant la minuit & les deux autres l'apres minuit, feuffent perfonnes affidées, fçavans & complices de cette intelligence, affin qu'ils peuffent fous quelque fpecieux pretexte retenir dans leur corps de garde ceux de leurs compagnies qui ne fçavoient rien de cette entreprife. Or le pretexte qu'ils prenoient d'ainfi les retenir fans leur faire faire des rondes, eftoit qu'ils leur faifoient entendre que le prince de Dombes eftoit appellé par le fieur de Fontaines, lequel devoit venir en celle nuit ou le lendemain pour faire & executer un faccagement general en la ville, pour lequel empefcher il eftoit de neceffité fe retenir enfemble.

Les quatre capitaines qui en cette nuitée commandoient fur les murs de la ville eftoient les cy deffous nommez, fçavoir :

Avant minuit : Nicolas Frotet fieur de la Landelle, (le *jeune Landelle* qui eftoit le compilateur de ces prefens memoires) [1]; Geffroy Gaillard fieur du Boif-Joly.

- Apres minuit : Gilles Eberard fieur du Colombier; Guillaume Jonchée fieur des Croix.

Or une chofe digne d'eftre notée & remarquée eft que depuis l'emotion que vous avez peu voir arrivée à la my-aouft 1589, les principaux partifans du fieur de Fontaines habitans de la ville, alors qu'ils concevoient quelques terreurs panniques & apprehenfions extraordinaires, avoient accouftumé le foir de leurs frayeurs de fe retirer & coucher au chafteau, & pour tant fut la charge donnée à quelques uns des conjurez d'avoir l'œil & prendre garde, fi ce foir là il f'y en retireroit aucuns alors qu'on fermeroit la porte du chafteau; pour de cette obfervation tirer conjecture f'ils auroient fenty aucune chofe de l'entreprife & fi leur mine eftoit efventée & defcouverte.

Toutes chofes pouvant fervir à ce deffein ainfi preveües, dif-

---

(1) Annotation du copifte du Ms. A.

posées & ordonnées, ce jour de dimenche premier de carefme unziefme de mars 1590 eftant arrivé, les entrepreneurs qui doutoient quel fucces pourroit avoir leur deffein, ne voulant rien obmettre qui peuft fervir en cas qu'ils failliffent leur coup, envoierent quelques perfonnes de creance des leurs, l'un à Dinan, l'autre à Dol, l'autre à Fougeres & ailleurs par toutes les garnifons voifines de Saint Malo qui eftoient de la Ligue, à chafcune place un deputé, pour advertir les gouverneurs & capitaines de ces places de leur entreprife, pour leur demander les forces & affiftances qu'ils leur pourroient envoier pour, en cas d'entreprife faillie, les faire aveq leurs troupes entrer dedans la ville. Mais eft icy digne d'animadverfion que les dits envoiez avoient leur leçon faite de ne point advertir les gouverneurs & capitaines defd. places qu'en obfervant la diftance des lieux ; & y aiant efgard, ne leur donner advis de cefte entreprife qu'en temps auquel il feuft du tout impoffible d'en donner advis à Saint Malo, de peur de defcouverture par ceux qui l'auroient trop toft appris, ainfi qu'il arrive & peut fouvent arriver par malice ou autrement en chofes de ce genre. Pour doncq eviter à cet inconvenient, ces perfonnes envoiées avoient leur ordre limité & expres d'obferver la regle de la chancellerie Romaine appellée *Regula de veriffimili notitia*.

Fut auffi arrefté entre tous ceux de l'entreprife que nul d'entre eux ne communieroit ou feroit aucunes externes ny extraordinaires actes de devotion de peur que de cet indice ceux du party contraire ne colligeaffent quelque chofe de ce deffein & priffent garde de plus pres fur les actions des entrepreneurs.

Auffi peu ne me femble devoir paffer fans vous faire une remarque, (à mon advis digne d'eftre notée), c'eft que l'apres midy de ce dimenche premier de carefme, en la nuit fuivante duquel jour fe devoit executer ce deffein, voicy qu'il furvient une nouvelle difficulté. Ce fut qu'environ les deux heures de l'apres midy, Chapelle le Maire, notre intelligent, vient trouver le procureur fyndicq en fa maifon & de cela je parle comme m'eftant trouvé prefent en cette conference. Ce Chapelle doncq, comme tout effrayé, luy dift, en ma prefence, qu'il craignoit & croioit que l'entreprife eftoit decouverte par ce, (difoit il), qu'il voioit tous les foldats de la garnifon non feulement, mais mefmes les femmes & enfans du chafteau, avoir toujours les yeux fichez fur luy; & que luy aiant affifté à voir difner le fieur de Fontaines, ce feigneur l'avoit toujours regardé, (ainfi qu'il luy avoit femblé), d'un œil tout autre qu'il n'avoit accouftumé. C'eft chofe eftrange que le ver de la confcience! Toute cette terreur & apprehenfion n'avoit nul fondement que fur la fyndereze, laquelle remord inceffamment ceux là lefquels f'engagent à faire quelque chofe encontre leur devoir, en un mot une Furie laquelle agite & becquette fans ceffe une ame criminelle de quelque deffein contre le devoir, l'honneur & la probité. A cela le Procureur doulcement luy remonftre que tout cela n'eftoit qu'une terreur de laquelle il fe falloit delivrer & qu'il n'eftoit plus à prefent temps de craindre au point où il eftoit requis de monftrer qu'il eftoit homme de courage & de refolution, mais que pour le conforter il falloit & eftoit neceffaire de faire venir *James l'Efcoffois* & fe refoudre en conferant enfemble à demeurer d'accord de ce qui eftoit bien & convenoit de faire.

On fait tant qu'on trouve l'Efcoffois, lequel enfin venu en la maifon du Procureur, il luy fut dit en prefence de Chapelle les apprehenfions dont il eftoit frappé. A tout quoy, ce James Efcoffois, affeuré comme un larron, dift qu'il n'y avoit aucun fubjeét de craindre & qu'il f'affeuroit bien de fervir luy feul en cette occafion, difant en affez mauvais françoys : « Moy fera » tout feul, laiffe faire moy, moy fera tout feul. » Cefte affeurance de l'Efcoffois, fes paroles refoluës & fon vifage tout plein de confiance, raffeurerent un peu Chapelle. Et fur ce point fe departirent & feparerent l'un de l'autre ; & l'un apres l'autre, en quelque diftance, fortirent feparement, ayant bien pris garde qu'en fortant du logix ils ne feuffent veus de perfonnes qui feuffent ou peuffent eftre fufpeétes d'adherer au party du feigneur de Fontaines. Neantmoins tout cela, Chapelle le Maire concluoit à remettre la partie à une autre foys. Ce qui ne fut pas trouvé bon, ne se pouvant des meshuy differer sans estre descouverte, car desjà plusieurs sçavoient l'affaire; du secret desquels on pouvoit avecq grande raison apparamment doubter; tous les hommes n'estans pas capables de supporter long temps le fardeau d'un secret de tant grande importance.

Aussi peu puis-je ou doibs-je passer sous le silence un trait de souplesse & habilité d'esprit de nostre Escossois, lequel fort peu de temps apres avoir sorty du logix du procureur syndicq comme vous venez d'entendre, s'en va droit au chasteau auquel il residoit, estant comme il estoit de la garnison; & affin de lever tous ombrages, si quelque soupçon on eust conceu de luy, prist un peu de vin clairet & de pain blanc, & monta sur les murs du chasteau; où estant il alla s'estendre & se coucher sur une plateforme qui est la pointe du chasteau, & aiant mis de ce pain & ce vin dans la bousche le mascha, se coucha sur la plate-forme comme s'il eust dormy & ayant rejetté ce pain & ce vin comme s'il l'eust vomy. De sorte que tous les soldats & autres qui le voioient en cet estat, croioient cet homme estre yvre, voiant un fleuve de vin tout meslé de pain blanc, sorty de la bousche de ce pauvre Escossois, lequel feignant dormir, de tous ceux qui le voioient estoit reputé yvre. Ovide dit en son livre *de Arte Amandi* quatre vers lesquels en cet endroit me semblent à propos :

> *Ebrietas ut vera nocet, sic ficta juvabit :*
> *Fac titubet blæso subdola lingua sono,*
> *Ut, quiquid facies dicesve protervius æquo,*
> *Credatur nimium causa fuisse merum.*

Cet Escossois passa en cet estat ce peu qui restoit de la journée, servant de spectacle & subject de risée à tous ceux du chasteau jusques à la nuit; laquelle venuë, il se retira en une chambrette en laquelle il estoit seul logé dans le chasteau, là où il se retenut jusques au temps auquel l'heure & le temps de l'execution de l'entreprise le rappella pour aller joüer son rolle avecq Chapelle le Maire, lequel estoit cette nuitée de garde; en laquelle commandoit le sieur de Chasteaux, frere naturel de la dame de Fontaines avecq vingt & six hommes au corps de garde. De ce nombre estoit Chapelle le Maire qui estoit caporal de cette escoüade, & alors y avoit environ six-vingts bons hommes de garnison audit chasteau. Car le sieur de Fontaines depuis le tumulte de la my-aoust 1589 en avoit grandement accreu & augmenté le nombre, la plus part desquels nouveaux venus, il avoit fait venir de son païs de Tourraine. Entre lesquels estoit un nommé *La Bruëre,* capitaine de ses gardes. Car en ce miserable temps de guerre tous les gouverneurs des villes avoient des gardes pour leurs personnes.

Tout estant ainsi disposé & en l'estat que vous venez de voir & le soir venu dud. jour de dimenche unziesme de mars de l'an 1590, vigille de Saint Gregoire, vers les neuf à dix heures du soir, ceux qui conduisoient l'affaire & ceux qui estoient advertis selon l'ordre à eux donné, se rendirent ainsi qu'il estoit convenu & arresté, les uns apres les autres, sans aucun bruit à la maison de Josselin Frotet sieur de la Landelle, lieu assigné pour le rendez-vous de l'assemblée & tous ces jeunes hommes choisis pour cet effect, sans qu'il eust esté dit, si n'estoit à fort peu d'eux, à quel dessein ny pourquoy ils y estoient venus, mais seulement qu'ils eussent à s'y rendre & y portassent leurs armes ordinaires; ce qui les pouvoit faire penser, pour y tenir simplement corps de garde comme souvent ils faisoient extraordinairement, or en une maison & tantost en un autre, selon l'ordre que leur donnoient les quatre capitaines generaux ou aucuns desd. capitaines auxquels ils obeissoient volontiers dans les differentes occasions qui se presentoient.

La porte du sieur de la Landelle estoit donques ouverte à tous ceux qui se presentoient pour y entrer, mais de tous ceux qui y entroient, on n'en laissoit ressortir un tout seul de peur de descouverture. Pour auquel inconvenient & peril obvier, il y avoit bonne & seure garde par dedans la maison [&] à la porte d'icelle, & estoit cette garde ainsi posée & establie à ce qu'aucun n'en peust sortir.

Discours du sieur de la Gicquelaye. 147

Quant à l'eschelle de corde qui devoit servir à monter, elle fut apportée à la maison susdite, par l'ordre de ceux qui l'avoient faite, ainsi que cy devant je vous ay fait entendre.

Cette troupe de jeunesse se rendit ainsi en l'assemblée en laquelle se trouverent les antiens; & à unze heures, & bien longtemps auparavant, ne defailloit pas un de tous ceux qui estoient advertis. Et tous en un profond silence attendoient de la bouche des antiens ce qu'il leur plairoit dire & ce qu'on desiroit d'eux, lors que Jean Picot sieur de la Gicquelaye, procureur syndic & l'un des principaux conducteurs de cet affaire, & auquel à cause de sa charge & de la creance que sa prudence & ses actions luy avoient acquis parmy ses concitoiens, aveq un visage serein & lequel ne sentoit rien de l'estonnement ny de la lascheté, mais au contraire avecq une contenance & gaye & asseurée, mais affaisonnée de gravité, parla à l'assemblée & leur dist en substance ce que vous allez lire en ces peu de parolles.

   Messieurs [1],

. . . .

. . . .

Ce discours finy, Bardeliere, l'un des deux capitaines generaux choisis pour la conduite de cette execution, parlant au nom

---

[1] Le discours de rigueur du chef des conjurés manque dans tous les manuscrits de La Landelle, qui n'avait sans doute pas eu le loisir de le composer. L'auteur du DISCOURS APOLOGETIQUE TRES-VERITABLE le donne en style indirect. On lit dans l'*Histoire et panorama d'un beau pays* (Dinan, 1861, p. 186) l'allocution suivante, dont la provenance n'est pas indiquée :

« Messieurs, nous sommes assemblez ycy pour une affaire de la derniere importance,
» puisqu'il s'agit non seulement de notre vie, mais de notre religion, qui nous doit
» estre plus chere que mille vies. On en veut à l'une & à l'autre, & si l'occasion
» s'en fut presentée, le seigneur de Fontaines auroit déjà executé ses mauvais desseins
» contre nous. Vous savez qu'il est d'intelligence avec le roi de Navarre, comme il
» nous l'a fait entendre clairement lorsqu'il dit que, s'il venoit à Saint Malo, il ne
» pourroit pas s'empescher de lui ouvrir les portes du chasteau & lui faire ouvrir celles
» de la ville; on n'ignore pas aussy qu'il a des intelligences avec le prince de Dombes,
» qu'il fait solliciter de venir à Saint Malo, pour saccager notre ville & nous oster la
» vie; & si Dieu par une bonté toute particuliere, n'eust detourné le dessein du roi de

de tous, rendit mille remerciemens aux antiens là prefens de ce qu'ils leur avoient voulu faire l'honneur de les avoir choifis & efleus & eftimez dignes d'executer ce genereux deffein. Lors en particulier chafcun offrit fa vie & de fe facrifier tres-volontiers pour conduire & mener à fin un fi bon œuvre; or, m'a-t-il femblé que cette troupe ainfi choifie merite bien que leurs noms & furnoms, foient en cet endroit inferez pour fervir de memoire à la pofterité, n'eftant pas raifonnable les fruftrer de l'honneur lequel eft deu aux belles, genereufes & loüables actions.

Voicy donques leurs noms autant que ma memoire me les a peu permettre : Jean Pepin fieur de la Belinaye, l'un des capitaines, Michel Frotet fieur de la Bardeliere, autre capitaine, Jan Martin Chapelle, Robert Heurtaut Bricourt, Michel Porée la Tour, Charles Hancelin, Guillaume Hancelin, Jan Boullain la Fontaine, Macé Gouverneur Joffays, Gilles Martin la Lande, Thomas Collin Pont-Giraut, Laurens Apvril Tirebouc, Eftienne Richomme la Court, Guillaume Dupré Préjardrel, Pierre Gravé Belle-Chauffée, Guillaume Collin Pucelinays, Jan Chevillé Briantays, Pierre Joly Limoylou, Jan Gaultier, marinier.

Toute cette petite troupe armée chafcun des armes qu'ils

» Navarre d'y venir, nous ne vous verrions plus, & nous ferions reduits dans l'etat le
» plus pitoyable. Je ne fais ce qui anime le fieur de Fontaines contre nous, n'ayant eu
» pour lui que des refpects & de la foumiffion; nous n'avons rien fait fans fon auto-
» rité; nous lui avons mefme donné librement deux mille efcus par an; cependant il
» nous regarde tous comme des rebelles & des brouillons, par ce que nous ne voulons
» pas nous foumettre au prince qui veut faire perir nos ames & les infefter du venin
» & de la playe criminelle de l'herefie, nous qui avons eté elevés dans l'Eglife de Dieu.
» Ne permettons pas, mes tres-chers compatriotes, qu'on faffe violence à notre fainte
» religion, & faifons tous nos efforts pour empefcher une telle violence, faifons tomber
» dans la foffe ceux qui l'ont creufée & oftons au fieur de Fontaines le gouvernement
» de notre ville, en nous rendant maiftres du chafteau que les rois precedents avoient
» confié à notre garde, par ce que nous leur avions donné des marques de notre grande
» fidelité. Vous favez que M. de Fontaines nous a ofté la garde de ce chafteau pour y
» loger avec lui une troupe de voleurs qu'il a fait venir de fon pays de Touraine, qui
» croient deja tenir nos biens & nos richeffes, & qui n'attendent avec impatience que
» le moment de f'en emparer. On vous a choifis pour cette expedition; nous n'en
» connaiffons point dans la ville de plus zelés que vous pour notre confervation & pour
» defendre la foy catholique. Je n'ay point befoin de vous y exhorter, eftans tous gens
» d'honneur & de courage; votre valeur eft connue, je ne puis que mettre l'affaire à
» vos foins fous la conduite de nos deux capitaines generaux. »

avoient estimé plus aptes & commodes à cette execution, sortit environ les unze heures ou unze heures & demie de la nuit, sortit, dys-je, de la maison du sieur de la Landelle, & par l'escalier qui sert de montée sur la muraille de la ville, qui est à *la Croix du fieff*. Entre lequel escalier & la maison que nous venons de dire, il n'y a de distance qu'environ trente-deux pas, car encore ce jour les ay-je mesurez. Portant avecq eux cette eschelle de cordes, montent par cet escalier sur la muraille de la ville pour par sur lesd. murs sortir dehors la ville.

Mais pour vous faire mieux entendre comme le tout se passa, il faut sçavoir que quand les portes de la ville se ferment au soir, cela se fait par les soldats du chasteau. A laquelle fermeture, lorsque les habitans de la ville font la garde, ils assistent en armes ausdites fermetures des portes & les soldats emportent les cleffs dans le chasteau, estant cette forme observée de tout temps. Cela donques premis pour entendre le reste, il faut aussi sçavoir que l'execution ayant à se faire par le dehors de la ville, il estoit de pure & absoluë necessité aux entrepreneurs ou à cette troupe de sortir hors icelle par dessur la muraille. Ce que pour faire plus commodement ils s'estoient munis & pourveus de quelques cordes affin de se devaler & descendre en bas dehors la ville pour se rendre au pied de la tour de la Generalle, au lieu auquel se devoit dresser & planter, & auquel en effet se planta l'escalade.

Estans donques tous montez par cet escalier, & estans sur la muraille la premiere chose qu'ils feirent fut de jetter leur eschelle en bas hors de la ville; & cela fait, à mesme temps ils se devalent tous les uns apres les autres par ces cordes qu'ils y avoient portées pour ce faire, & se devalent & descendent en cet endroit hors la ville qu'on appelle *le fieff* entre le quay & lad. tour de *la Generalle*. Et estans descendus, ils se mettent à couvert sous un navire qui estoit dans le lieu du Fieff, attendant de se mettre comme ils feirent tous ensemble. Car il est à noter qu'alors il faisoit clair presque comme en plain jour, & y avoit peril que s'ils ne se feussent ainsi mis à couvert, ceux du chasteau en faifant quelques rondes les euffent apperceus & pris l'allarme, ce qui euft rompu & empefché l'execution de l'entreprife, comme fouvent il arrive en telles occurrences.

Apres que tous furent defcendus & fe trouverent tous à couvert & affemblez à l'ombre de ce navire, ils en fortent & fe vont rendre à ce pan de muraille qui ferme la ville & qui conduift au pied de la tour de la Generalle. Auquel eftant tous arrivez & parvenus, ils trouverent une cordelette, au bout de laquelle eftoit attachée une pierre pour par fa pefanteur faire caller & defcendre en bas cette ficelle au pied de la tour & la faire plus facilement rencontrer. Cette cordelette y avoit efté mife & devalée par ces deux hommes de noftre intelligence affin de fervir à y attacher l'efchelle pour la pouvoir tirer amont de cette tour.

Ceux doncq qui eftoient au bas aveq leur efchelle, & trouvant cette cordelette, y attachent le bout de leur efchelle, laquelle incontinent eft par ces deux foldats tirée en haut & avec la corde qui faifoit le bout de l'efchelle l'attachent fermement à une couleuvrine, laquelle eftoit bracquée dedans cette ambrazure ou feneftre, laquelle feneftre fy void & eft encores de prefent [1].

A peine avoient ces deux foldats d'en haut achevé d'arrefter cette efchelle fur la couleuvrine, quand ceux d'embas impatiens de tant attendre fe jettent en l'efchelle, un chafcun defireux d'y monter le premier.

Celuy lequel f'y offrit & jetta le premier fut Michel Frotet fieur de la Bardeliere, l'un des deux capitaines qui conduifoient la troupe; avecq lequel enfuite fe jetta Charles Hancelin & enfuite chacun à qui mieux, nul ne fe monftrant pareffeux, fe jettans en l'efchelle, montent au haut de la tour. Là où eftant parvenus, ils ne furent pas à l'entrée fans difficulté, car la couleuvrine, fur laquelle eftoit l'efchelle attachée, chargée &

---

[1] Elle existe encore. Le comblement des fossés qui a diminué notablement la hauteur de la Générale est le seul changement apporté sur ce point à l'état des lieux.

affaiſſée de la peſanteur de tant d'hommes qui tous enſemble montoient en meſme temps, feiſt que la cullate de ce canon ſe hauſſa & en conſequent l'embouchcure ſe baiſſa, ſi bien que ſi la piece n'euſt eu ce rebord, lequel eſt d'ordinaire à l'emboucheure des canons, il eſt ſans doute que la corde qui y eſtoit attachée ſe feuſt depouillée & feroit l'eſchelle & tous ceux qui eſtoient en icelle tombez au pied de cette tour, d'où feroit enſuivy un inconvenient & un deſordre du tout irreparable. Mais ce rebord de l'emboucheure de la couleuvrine arreſta la corde & l'eſchelle, ſi bien qu'il ne ſ'enſuivit nul inconvenient, mais tous entrerent en la tour, fors & excepté un jeune gentilhomme eſtranger de la ville, lequel fortuitement, (comme je vous diray), ſe trouva en cette compagnie, & voicy comment & par quel hazard il ſ'y eſtoit trouvé.

Ce jeune gentilhomme appellé Langevinaye eſtoit un voiſin de Dinan & y refugié d'ordinaire à l'occaſion des troubles. Il avoit contracté quelques amitiez & habitudes avecq aucuns de ces jeunes hommes appellez à cette expedition. Leſquels ne ſçachant bonnement à quel deſſein ils eſtoient aſſignez en l'aſſemblée y menerent ce gentilhomme forain qui ne refuſa de ſe trouver où ils le voulurent conduire. Mais eſtant avecq les autres deſcendu dehors par la muraille, arrivé qu'il fut de compagnie au pied de la tour, voiant ſes compagnons monter par l'eſchelle, ſe jetta en icelle en devoir d'y monter comme eux, ce que ne pouvant faire ny ſeulement en monter ſix rollons ou pas d'icelle, tant eſtoit grande la peur qu'il concevoit d'un exercice tout nouveau de monter ſy haut, n'y eſtant pas accouſtumé, comme ſont tous les habitans de Saint Malo des leur plus tendre enfance. Je n'ay pas voulu paſſer ſans faire cette remarque & obſervation, & dire comme je croy qu'autre jeuneſſe que celle de Saint Malo ou que que ſoit perſonnes duits & accouſtumez à la navigation n'auroient oſé ny peu monter par cette eſchelle en une tour haute comme d'environ cent cinq pieds.

Voilà les noſtres ſains & ſauves montez par cette eſchelle ſur le haut de cette tour de la Generale fans aucun bruit & fans avoir efté fentis par ceux du chafteau, et s'eftants bien recongneus, ils repartent toute leur troupe en trois; l'une qui ne fut que d'environ de douze hommes, laquelle ils laifferent à la charge de Michel Porée la Tour, avecq ordre qui luy fut donné par les capitaines de ne fortir ny remuër de là pour quoi que ce feuft, mais de garder cette tour pour fervir de retraite en cas que befoing feuft. Car en cas d'eftre contraincts de fe retirer ou de reculler, on avoit fait deffein de garder cette tour, pour par icelle faire entrer des hommes daventage dans le chafteau pour le forcer enfin, car telle eftoit la refolution de ces entrepreneurs.

Le refte de la troupe fut reparty en deux bandes, en chafcune defquelles vous pouvez compter qu'il y pouvoit avoir environ de vingt & deux ou de vingt & trois hommes, compris en ce nombre les deux capitaines devant nommez. De ces deux brigades, l'une demeura à la charge de Jean Pepin Belinaye & l'autre fous la conduite & commandement de Michel Frotet Bardeliere.

Ce repartement ainfi fait & difpofé, ces troupes f'acheminent toutes deux, mais par diverfes voies vers le corps de garde du chafteau qui eftoit pofé fur un grand efcalier, par lequel du bas de la baffe cour du chafteau on monte & va-t-on en la tour de *Qui-qu'en groigne*. Iceluy corps de garde en une petite maifonnette fur ledit efcalier joignant la porte par laquelle on entre dans le vieux donjon. Le corps de garde pour la nuit n'avoit pas accouftumé d'eftre au paffé pofé en ce lieu, mais eftoit fur la pointe du chafteau, laquelle regarde fur le dehors; mais depuis la my-aouft de l'an 1589, le fieur de Fontaines ne fe craignant plus du dehors emploioit tout fon foing à fe prendre garde du dedans & des habitans qu'il craignoit & qui eftoit la caufe de les faire auffi craindre.

Nous avons dit cy devant que ces deux troupes f'acheminerent par diverfes voies au corps de garde. Ces diverfes voies font deux chemins efgallement diftans de la tour de la Generale

De la prise du chasteau.

de laquelle ils sortoient au corps de garde. Car l'une d'icelles marchant sur la muraille qui fait le front du chasteau vers la ville conduite par Jean Pepin Belinaye, l'autre troupe conduite par Michel Frotet Bardeliere marchoit vers ce corps de garde, par dessur une vieille muraille, laquelle antiennement avant la construction du chasteau faisoit la closture de la ville par le dehors, ainsi qu'elle se void & se peut voir encores.

Pour conducteurs de ces deux troupes, Chapelle Le Maire, comme retournant de faire une ronde, marchoit devant cette troupe de Belinaye, portant une petite lanterne dans sa main, la lumiere de laquelle sortant seulement par le devant d'icelle deroboit au sieur *de Chasteaux* qui commandoit au corps de garde & aux soldats qui y estoient la veüe de ceux qui venoient & marchoient apres Chapelle.

En l'autre troupe conduite par Bardeliere estoit James Rosse, Escossois, lequel la conduisoit & luy servoit de guide sans nulle autre lumiere que celle de la nuit.

Le sieur de Chasteaux, apercevant Chapelle aux rays de sa lumiere, luy dist comme en colere & en le reprenant de son trop long sejour : « Chapelle, vous avez esté bien long-temps à faire » vostre ronde, qu'est-ce qui peut ainsi vous avoir retardé ? » Mais comme il achevoit de dire ces parolles, voycy que ces deux troupes ensemble en mesme instant se jettent dans le corps de garde, les uns avecq l'espée, l'autre la pertuisanne, l'autre le pistolet & autres armes, & ainsi se rüans sur ces pauvres soldats. Il y en eut alors sept ou huit de tuez & autant de blessez, aucuns desquels blessez onques puis n'en guerirent. Le sieur de Chasteaux fut reservé sans lesion ou bleceurre. Aussi, ainsi surpris d'un tel estonnement, il ne se mist jamais en aucun devoir de deffense ny resistance. De la part des habitans, il n'y eut personne tué en cette attaque, mais seulement furent blecez Robert Heurtaut Bricourt & Thomas Colin Pont-Giraut. Le premier d'un grand coup d'espée en une main, & Thomas Colin Pont-Giraut aussi en une main d'un coup de pointe de hallebarde mais d'une fort legere blessure.

Au bruit de cette allarme, voilà toute la garnison debout, partie de laquelle en deux troupes vinrent au corps de garde où ils ouïrent la rumeur & le bruit, & là se mirent en devoir d'attacquer les habitans, mais ils furent aussi tost contrains se retirer laissant deux de ces nouveaux assaillans estendus morts sur la place. Car aiant recongneu les habitans & qu'ils estoient en grand nombre, le bruit & la peur leur faisant concevoir plus d'ennemys qu'il n'y en avoit, les uns s'en courent au donjon qui estoit le logement du sieur de Fontaines où se retirerent environ trente hommes conduits par *la Bruere,* capitaine de ses gardes, lesquels se jetterent là dedans pour se sauver & pour y faire la resistance que le temps & l'occasion leur pourroit conseiller & permettre. Autre partie, comme environ une douzaine d'hommes, se retirerent au logix du sieur de la Perraudiere, lieutenant du sieur de Fontaines. Autres prirent party de se retirer par chambres des logemens du chasteau comme troys, quatre & cinq & six ensemble en chascune chambre, selon que l'occasion leur en donnoit la commodité, & comme la crainte & la frayeur le leur pouvoit conseiller & permettre.

Le corps de garde ainsi deffait & les choses reduites au point que vous venez d'entendre, on s'asseura de la personne du sieur de Chasteaux, auquel on n'avoit fait & ne feist on aucun mal. Lequel sieur de Chasteaux & ce qu'il y avoit de soldats restez au corps de garde, furent tous desarmez & renfermez dans le mesme corps de garde, à la porte duquel furent posées des gardes de la troupe du capitaine Bardeliere, lequel comme vous allez voir demeura à la garde de toute la muraille & circonference du chasteau avec sa brigade.

Quant à Belinaye, il eut pour departement le bas du chasteau & descendit aveq sa brigade aussi & se rendit au corps de garde qui est au dedans du chasteau vis-à-vis de la grande porte & là prist son poste, c'est au lieu auquel on fait le corps de garde le jour. En ce corps de garde auquel il y a toujours du boys à feu, on alluma beau feu & aussi dans la cour du chasteau qu'on appelle *le Jeu de paulme* furent aussi allumez des feux en deux ou troys endroits pour au moien de leur lumiere se pouvoir d'autant mieux defcerner & s'entre-recongnoiftre.

Ce pendant l'allarme ne fut pas moindre en la ville qu'elle eftoit au chafteau. Car tout eftoit remply des bruits confus des voix, des cloches de l'eglife, des moufquetades, des harquebufades, lefquelles on tiroit plus dedans la ville que dedans le chafteau fans qu'il en feuft befoing ny de neceffité. Car tous ceux des corps de garde de la ville qui y avoient efté retenus par les deux capitaines qui eftoient de garde avant minuit, bien toft apres l'allarme commencée au chafteau furent congediez de fortir en liberté aveq leurs armes, & ceux des deux autres compagnies qui devoient apres minuit fucceder à la garde eftant levez & armez coururent tous en cette place de devant le chafteau où eftoit le grand bruit & la plus chaude allarme, & non feulement ces quatre compagnies de la ville, mais toute la ville mefme accourrut à ce bruit, hommes, femmes, voire jufqu'aux enfans, fi bien qu'il y avoit un bruit, comme nous avons dit, confus des voix des hommes, du fon des cloches, d'harquebufades & autres chofes que vous pouvez imaginer fe faire en femblables rencontres. Tout quoy engendroit un horrible & merveilleux tintamarre en la ville.

Comme tout fe paffoit en la façon que nous venons de dire, le procureur des Bourgeois, la charge duquel lui donnoit le pouvoir & l'obligeoit au foing d'avoir l'oeil à tout & de pourvoir à tout, f'eftoit rendu devant le chafteau avecq peu d'hommes, mais de toutes parts y eftoient accourus & accourroient fans ceffe infinis hommes en armes, mais principalement ceux des corps de gardes qui y arriverent les premiers comme nous avons dit.

Or il faut à prefent que je vous face voir ce qui fe feift depuis de plus particulier au dedans du chafteau, de quoy perfonne aucune ne fçauroit vous en dire plus de particularitez que moy qui fay ces memoires & voicy comment je l'ay peu mieux fçavoir.

Je vous diray donc que moy eftant l'un des capitaines qui

commandois avant minuit fur la muraille de la ville & avois mon pofte au corps de garde qui eft fur la Grande Porte de la ville, combien que la neceffité de retenir mes hommes au corps de garde & les tenir ferrez fans qu'il en fortift un tout feul me retenuft au corps de garde fans m'en pouvoir efloigner que bien peu, neantmoins je me difpenfois un peu, me repofant fur le foing de mon lieutenant & autres membres de ma compagnie, & allois & venois fans ceffe de mon corps de garde à ce degré qui devoit fervir à nos gens deftinez à l'efcalade. Et y allay & en vins tant de fois impatient d'un tan long retardement, quand voicy [que] ceux qui eftoient en la maifon où eftoit l'affemblée ouvrent la porte de cette maifon & fe rendent à l'efcalier par lequel ils monterent fur noftre muraille avecq leur efchelle, ainfi que cy devant nous avons defjà dit. Et après qu'eux defcendus fe furent rendus au pied de la tour, je les eu veus monter en icelle, comme je voiois le tout à mon aise; les voiant donques eftre jà tous montez, je vay à mon corps de garde là où je pris demye douzaine des plus affidez des miens & m'en vins defcendre devant le chafteau, là où je trouvay le fieur de la Gicquelaye, procureur, auffi accompagné de cinq ou fix hommes.

Et quelque temps apres, l'allarme commencant à faire le bruit que je vous ay dit, nous rompifmes la claveure qui ferme le bacul ou bavolet qui eft en l'entrée, pour entrer fur le pont dormant. Sur lequel incontinent nous nous trouvafmes plufieurs.

Là ledit procureur, lequel alloit fouvent au chafteau & avoit regardé en quelle façon eftoit le pont leveis & avoit obfervé qu'il y avoit deux petites chefnettes de fer qui fe mettoient à deux boucles auffi de fer qui font en la muraille fous la voulte de la grande porte dudit chafteau, dift : « Avons nous point icy » quelque gentil garçon marinier qui fe vueille hazarder d'entrer » par fus le pont leveix? » lequel eftoit levé, mais lequel ne joignoit pas au haut de la voulte, & fe pouvoit on bien couler entre le haut du pont & de la voulte pour y defcendre.

A quoy je repondy qu'il n'en falloit point chercher d'autre

que moy. Et à l'inftant je me defcharge d'une cuiraffe que j'avais fur le dos & au moien d'une efchelle que nous lancafmes de deffur le pont dormant où nous eftions jufques fur une petite plate-forme qui fert de baze au pont leveix, je paffe à chatons ou à quatre pieds par cette efchelle & arrivé au pont leveix, par les coftez duquel non bien joingts à la muraille qui porte cefte voulte, je monte & me devalle entre le pont et la porte du chafteau. Là où voulant deffaire ces chefnettes, je trouvay qu'il y avoit deux cadenats deffur qui ne permettoient pas qu'on abaiffaft le pont, ce qu'incontinent moy eftant remonté fur le haut dud. pont j'advertis le procureur de cet empefchement des cadenats & redefcendy entre le pont & la porte par dedans, attendant voir quelques uns des noftres qui eftoient dedans le chafteau, car encores n'en paroiffoit aucun dans le bas du chafteau, car cette diligence f'eftoit faite de mon entrée des le commencement que se donna l'allarme.

Or j'eftois entre ce pont & cette porte du chafteau bien longtemps avant que ces feux, defquels j'ay cy devant parlé, feuffent allumez & avant que les noftres feuffent defcendus en ce corps de garde qui eft au bas du chafteau où fe fait la garde fur jour. Ce qui pourroit faire fembler à aucuns qu'il y auroit quelque inverfion d'ordre en cette narration, pour les detromper de quoy, il faut fçavoir ce que je vous vay dire :

C'eft que Belinaye, l'un des deux capitaines conducteurs de ces gens qui eftoient entrez par l'efcalade, arriva à ce corps de garde du jour qui eft au dedans, prefque en la porte du chafteau, longtemps apres que j'eftois entré entre ce pont leveix & la porte dont j'ay fait mention, & faifoit porter quelques flambeaux allumez affin de fe pouvoir efclairer & conduire parmy l'obfcurité. A la lumiere defquels par quelques entre-ouvertures qui font en cette porte, je recongneus nos gens dont j'appellay aucuns par leurs noms, lefquels avecq quelques haches dont ils f'eftoient pourveus, (car ils avoient preveu beaucoup de chofes), ils me vouloient rompre le guichet de la porte, quand un nommé Guillaume Joly, l'un des portiers qui eftoit faefy des cleffs, fut

amené là par les noſtres qui l'avoient pris en ſon petit logix &
me fut le guichet ouvert, par lequel j'entray & me meſlay alors
avecq les noſtres; & ce fut alors que l'on feiſt allumer ces feux
dont nous avons parlé cy devant tant dans le corps de garde
que dans la baſſe court qu'on nomme *Jeu de paulme*.

En ce temps doncq auquel j'entray, nous n'avions point encore
bien recongneu l'eſtat de la place ny ce que pourroient ou voudroient entreprendre les ſoldats de cette garniſon pour leur
deffenſe, les uns deſquels, ainſi que bien loing cy devant nous
avons dit, s'eſtoient retirez au donjon auquel eſtoit logé le ſeigneur de Fontaines, autres au logix du ſieur de la Perraudiere,
les autres çà & là en diverſes chambres ainſi que vous avez peu
cy devant entendre.

Mais tout auſſi toſt entendant du bruit qui ſe faiſoit au logix
du ſieur de la Perraudiere lieutenant, nous jugeaſmes tout droit
qu'il y avoit des ſoldats retirez là dedans. Ce que veu & entendu
par Belinaye, il me bailla huit hommes des ſiens, accompagné
deſquels je traverſe la grand-court & vay droit au logis où ſe
faiſoit le bruit. Duquel logis, par quelques feneſtres & par la
porte entr'ouverte, ceux de dedans nous feirent une ſalve comme
d'une douzaine ou quinzaine de mouſquetades, aucune deſquelles
ne porta ſur perſonne & nul ne fut blecé.

Nous gaignons la muraille contre la porte du logis, lequel eſt
une maiſon plate, ſans aucun flanc qui la puiſſe deffendre où eſtant
à couvert & moy meſme parlant, nous ſommons Perraudiere de ſe
rendre, lors il demande: *A qui?* je luy repons qu'aux habitans qui
eſtions, ce diſois-je, cincq cens dans le chaſteau avecq grand
nombre de ſoldats de dehors, ce qu'il creut aiſement, oyant le
bruit horrible qui ſe faiſoit & dedans le chaſteau & dehors
iceluy, & outre qu'il oyoit appeller par nom çà & là des capitaines du duc de Mercueur, quoy qu'il n'y en euſt pas un ſeul,
n'y aiant encores que les noſtres entrez par l'eſcalade & moy
par où j'ay dit. Perraudiere, voiant qu'il n'eſperoit aucun
ſecours ny n'avoit forces pour reſiſter, ſe rend luy & ceux qui
eſtoient avecq luy la vie & bagues ſaulves, & nous eſtant ſa porte

ouverte, nous defarmafmes luy & les fiens; entre lefquels eftoit un nommé *Julien d'Auverfe*, fecretaire du fieur de Fontaines. Nous les amenons ainfi nuds & fans armes au corps de garde où eftoit Belinaye. En ce lieu je diray que la promeffe de vie & bagues faulves leur fut entretenuë & la leur fey exactement garder, ma parolle & ma foy leur eftant engagées.

Arrivez que nous fommes à ce corps de garde, nous y trouvons Belinaye, lequel & les fiens avoient les armes à la main, auquel Perraudiere addreffant la parolle dift : « Ha! Monfieur » de la Belinaye, voicy une miferable nuitée! » A quoy par Belinaye fut repondu ce que je vous vay dire fans y rien changer, alterer ny diminuër une feule parole :

« Monfieur, Monfieur, nous ne fommes pas à prefent en
» temps de difcourir, vous fçavez mieux qu'homme du monde
» que Monfieur de Fontaines nous a tirez comme par les che-
» veux nous forçant d'entreprendre ce que par la grâce de Dieu
» nous venons d'executer pour fauver le publicq, pour fauver
» cette ville, noftre vie & nos biens, mais remettons ce difcours
» à un autre faefon; allez vous en trouver Monfieur de Fon-
» taines & l'affeurez de la part des habitans, pour lefquels je
» vous donne parole dont je fuis le porteur, qu'il advife de
» demander tel party qu'il luy plaira, (cette place exceptée), &
» je l'en affeure de la part de la Communauté & lui pouvez bien
» dire que nous n'avons efté portez à cette entreprife pouffez de
» defir fur fa vie, fur fes biens, ny chofe qui luy appartienne,
» mais bien pour nous delivrer de la peur & de la crainte de
» noftre ruine entiere, à laquelle nous fçavons qu'il eftoit refolu,
» mais Dieu protecteur des ames innocentes nous en a prefervez.
» Allez doncq le trouver & l'affeurez de ce que je vous dy &
» qu'il n'aye doute ou crainte de mauvais traitement, car je
» vous donne ma parolle & ma foy qu'il n'aura que le regret &
» le deplaifir de quitter cette place. »

Le fieur de la Perraudiere fe deffend d'accepter cette commiffion & pria Belinaye d'y envoier d'Auverfe qui eftoit fecretaire du feigneur de Fontaines. D'Auverfe s'en excufe difant que cela convient mieux à fon lieutenant qu'à luy qui eft pauvre & chetiff fecretaire.

Perraudiere forcé d'accepter cette charge, s'achemine du corps de garde où nous eftions au donjeon, à la porte duquel je le conduis moy mefmes & laiffay deux des noftres attendre fon retour. Cette porte par laquelle il entra au donjeon eft une porte dedans le jeu de paulme. A laquelle porte eft une grille de fer non fermante à couliffe mais tournant fur fes gonds, & laquelle fut trouvée ouverte. Car les foldats lefquels à l'allarme s'eftoient retirez au donjeon, l'avoient par trop de peur laiffée ouverte apres eux. Par cette porte entra & monta le fieur de la Perraudiere au donjeon, auquel il efperoit encor trouver en vie le feigneur de Fontaines, mais il le trouva mort eftendu fur la place, comme vous pourrez voir fi vous prenez un peu la patience de lire ce qui fuift.

Le fieur de la Perraudiere eftant ainfi entré au donjon y tarda & fejourna environ trois quarts d'heure. D'où enfin il fortit & fut raconduit au corps de garde par les deux habitans qui l'attendoient à la porte, comme nous avons cy devant dit.

Alors Belinaye lui demanda ce qu'il rapportoit de la part de Monfieur de Fontaines. A quoy il feift refponce qu'il eftoit mort d'une moufquetade & qu'il eftoit eftendu sur les carreaux. Difant de plus que le capitaine la Bruere, capitaine de fes gardes, qui eftoit au donjon avecq trente bons foldats, eftoient refolus de fe bien deffendre, en attendant du fecours qu'ils efperoient ne leur pouvoir manquer dans breff temps. Nous courrons à cette porte du donjon, l'efcalier & montée duquel nous trouvons toute pleine & ambarraffée de coffres, de lits, bancelles & efcabeaux, avecq autres fortes de bagages que ceux de dedans y venoient de jetter pour en empefcher l'acces & en rendre la montée difficille aux affaillans. D'abbord nous les fommons de fe rendre & nous quitter la place. A quoi ils nous repondent à belles moufquetades au travers des barreaux de l'efcalier & avecq des parolles pleines de rodomontades, difant vouloir là mourir en fe deffendant, mais qu'auparavant mourir ils en envoieroient beaucoup en l'autre monde.

De la prise du chasteau.

Cela entendu par nous qui tenions le bas de la montée & le dedans de l'entrée de cette porte, commençons à rompre celle du magasin qui est sous le donjon au pied de l'escalier & entrons dans ce magasin dans lequel nous sçavions bien qu'estoient les pouldres du chasteau & nous en rendons maistres. De ce magasin nous tirons quelques barils de ces pouldres, y en laissant seulement trois ou quatre barils à l'effect que nous nous proposions, dont nous les menacions s'ils faisoient les mauvais, qui estoit de mettre le feu dedans ces pouldres pour les faire saulter en l'aer comme crapaux: Ce qu'oiant ces soldats & voiant le peril qu'ils ne pouvoient eviter, ils entrent à l'instant en composition, qui leur fut accordée, se rendans la vie saufve. Et combien que la vie leur fut seulement accordée, ils reçurent tout favorable & humain traitement. Et lors qu'ils s'en allerent & qu'ils se retirerent qui fut environ cinq ou six jours apres, il fut donné à chascun des soldats, non seulement à ceux qui estoient au donjon, dix escus à chascun de tous eux, pour ayder à se conduire là où ils voudroient aller, la part qu'ils se voudroient retirer.

Comme toutes ces choses se passoient au chasteau, bon nombre d'habitans qui estoient accourus au bruit de cette allarme, trouvant devant le chasteau les eschelles de boys que nous vous avons dit y avoir esté apportées, en dressent aucunes contre la tour de Qui-qu'en groigne, par lesquelles ils monterent, entrans ainsi au chasteau. Mais desjà la place estoit entierement prise & asseurée pour nous, & neantmoins ces nouveaux entrans furent ceux lesquels ne trouvant avoir plus rien à faire commencent à butiner & saccager les meubles de ces pauvres soldats; car encores n'avoit esté touché à aucune chose par les premiers entrans, beaucoup plus ententifs à asseurer leur conqueste qu'à penser au butin ny à aucun pillage, leur but estant tout autre que de friponner ces choses qui ne valoient du tout aux ames genereuses la peine d'y penser.

Il est bien vray neantmoins que quand Bardeliere, lequel, comme vous avez veu, estoit demeuré à la garde du circuit de la muraille, eut sceu la mort du sieur de Fontaines & que le donjon eſtoit rendu, ayant laiſſé la plus part de ſa brigade ſur la muraille en garde entra dedans le donjon preſque le premier par la porte qu'on appelle la porte de la chapelle avecq quelques uns des ſiens, là où la dame de Bouillé, veufve du cadet du ſieur de Fontaines le voiant, elle ſe jetta à luy comme pour aſſeurer ſa perſonne & luy bailla un ſacq lequel elle avoit receu du ſieur de Fontaines au bruit de l'allarme. Dans lequel ſacq il y avoit environ la valleur de ſix à ſept mil eſcus ou bien pres d'huit mil eſcus en eſcus ſol & en monnoye d'or de Portugal appellée *mil-rès*. Leſquels quelques jours apres Bardeliere raporta au repartement du butin, & de ce repartement il venoit à chacun de ceux qui avoient entré par l'eſchelle de corde environ cent cinquante cinq eſcus.

Les deux capitaines ne prirent point de part en ceſte diſtribution, mais partagerent entr'eux & le procureur ſyndicq certains joyaux appartenans à la dame de Fontaines, lors abſente en ſon païs de Tourraine. Il y avoit en l'eſcuirie environ de vingt chevaux, bons que mauvais. Les quatre meilleurs deſquels furent baillez l'un au procureur des bourgeois, un à Belinaye, un à Bardeliere, & à moy un. Le reſte fut pris & butiné apres le choix de ces quatre chevaux ainſi repartis. Et eſt à remarquer que perſonne n'avoit penſé ny eſtendu ſa main à la proye ni au butin juſqu'à ce que la mort de Monſieur de Fontaines feuſt ſceuë & divulguée. Mais auſſitôt qu'elle fut publiée, on ſe licentia apres ces meubles & quelques tapiſſeries, qui tendoient les ſales & chambres du donjon, & vaeſſelle d'argent en aſſez grande & bonne quantité.

Cependant que nous parlons de ces butins des meubles, je n'eſtime à propos de paſſer ſous ſilence ce qu'il advint à un vallet de chambre de Monſieur de Fontaines nommé *Morillon*. Ce vallet de chambre, voiant ſon maiſtre mort, ſ'empara de bonne partie des joyaux qu'il trouva au cabinet & les cacha ſur ſoy; & comme ainſi ſoit que les habitans ne fouillerent perſonne, ce Morillon vallet de chambre demeura ſaeſy de ces joyaux, leſquels, comme on a ſceu & appris, eſtoient de grande valleur. Ce pauvre

Morillon qui s'eſtimoit fort riche des joyaux de ſon maiſtre, environ huit jours apres ſa mort, s'achemina à Rennes. Auquel lieu il ne fut pas plus toſt arrivé que ſçachant que ce pauvre homme venoit de Saint-Malo, tout à l'inſtant le voilà ſaeſy & fait priſonnier à l'inſtance de l'abbé de Saint Melaine, oncle du ſieur de Fontaines. Et eſtant interrogé, fouillé & viſité fut trouvé ſaeſy de ces joyaux dont nous avons parlé. Et quoy qu'il peuſt dire & alleguer qu'il les avoit pris pour les conſerver & rendre à la dame de Fontaines, neantmoins il fut condamné d'eſtre pendu & eſtranglé. Ce qui fut executé incontinent apres.

La hayne & la rage qu'ils avoient conceuë à Rennes contre ceux de Saint Malo eſtoit telle que tout ce qui en venoit leur eſtoit en execration, mais principalement à tout le Parlement. Lequel à la chaude & en ſa collere, donna un arreſt [1] contre nombre des principaux habitans de Saint Malo, arreſt fort rigoureux auquel meſme les femmes ne furent epargnées, car juſqu'à deux ou trois braves femmes y furent employées. Mais ny hommes ny femmes ne s'en eſmeurent gueres, comme dans la ſuite de ces memoires vous pourrez voir, s'il vous plaiſt de les lire.

Je m'imagine qu'il ennuye au lecteur de n'avoir juſqu'à ici peu ſçavoir ny entendre quel peut eſtre le ſort du ſeigneur de Fontaines. La mort duquel vous avez bien peu voir ſans encore avoir ſceu comment elle arriva. Auſſi peu en pouvons nous dire les veritables particularitez, ne les aiant peu au vray apprendre des ſiens meſmes. Ce que nous en peuſmes ſçavoir d'eux eſt que ce ſeigneur s'eſtant au bruit de l'allarme eſveillé, ayant veſti ſes habits un peu trop lentement pour courir promptement, toute dilation miſe arriere, au remedde tant neceſſaire au mal qui luy arriva, il s'eſtoit habillé comme pour aller aux nopces ſans qu'une ſeule eſguillette manquaſt d'eſtre attachée. Tant y a ou que trop tard levé pour ſa deffenſe ou qu'arrivé trop toſt pour ſon malheur, habillé qu'il ſe veid, il monta en la haulte

---

[1] Voyez, à la ſuite des Mémoires, l'Arrêt du Parlement contre les Malouins.

salle de son donjon pour voir & descouvrir d'où procedoit le bruit, faisant porter un flambeau devant luy, la lumiere de ce flambeau estant veuë du dehors, quelqu'un des assaillans soit par une fenestre ou par quelque ouverture, de celles dont est percé le donjon pour servir de flancs & de deffense, atteignit par hasard ledit sieur de Fontaines environ l'une des mammelles & le perça de part en autre, la balle sortant auprès d'une de ses epaules & de ce seul coup il fut tout roide, sans sonner un seul mot, ce nous dirent ses gens, estendu mort sur les carreaux (1).

Voilà doncq quelle fut la mort de ce seigneur, heureux en sa vie, pour beaucoup de dons, de grâces dont il estoit doüé de l'esprit & du corps & de la fortune aussi. Ce seigneur avoit esté chery & favory du roy Charles neufiesme, son maistre, mais encor l'estimé-je plus heureux en sa mort de n'avoir point survescu son malheur d'avoir miserablement avecq la vie perdu une place en laquelle il s'estoit retiré exprès pour se mettre à couvert des orages miserables de la guerre civile; mais plus heureux encore eust-il esté si, content de sa fortune, il n'eust eu ce dessein de perdre les pauvres habitans de Saint Malo, desquels il est sans doute qu'il preparoit la perte & la ruine entiere; laquelle leur estoit infaillible & prochaine par la venuë du sieur prince de Dombes. Lequel a ce dessein appellé par le sieur de Fontaines s'estoit desjà acheminé & venu à Bescherel avecq une armée de quatre ou cinq mil hommes, avecq laquelle il venoit fondre sur ces pauvres habitans, lesquels doivent à Dieu leur salut & leur conservation, pour laquelle operer il pleut à sa toute puissante bonté & misericorde se servir de leurs mains & tout ainsi que jadis Mardochée les delivrer & faire perir celuy qui ne respiroit que leur sang & leurs vies, leurs honneurs & leurs biens.

Le lundy au matin, douziesme de mars, lendemain de la nuit de cette execution, la garde du chasteau fut baillée & commise au soing & à la charge du capitaine Bardeliere. Lequel y de-

---

(1) Cf. la version du Discours Apologetique.

meura avecq partie de ces jeunes hommes qui avoient efté employez à l'efcalade & outre luy en furent baillez quelques autres; tous lefquels pouvoient bien faire enfemble foixante hommes & plus.

Le mefme matin de ce lundy, les portes de la ville demeurerent fermées. Comme voicy arriver *La Garde Pont-Briand* avecq fa compaignie de chevaux-legers qu'il avoit à Dol en garnifon pour le duc de Mercueur, lequel f'arrefta à Parramé, donnant de fa venuë advis aux habitans; & prefque en mefme temps arrivent d'autres troupes de chevaux-legers & d'harquebufiers à cheval & quelques gens de pied, les tous conduits par un nommé *le capitaine Jan* & autres capitaines envoyez de Dinan par le marquis de Chauffyn, frere du duc de Mercueur, & qui y commandoit comme lieutenant dudit duc, fon frere. A tous lefquels capitaines & gens de guerre furent affignez quartiers aux environs de la ville, comme à Parramé, Saint Servan & autres lieux voifins. Les habitans n'eftimant pas qu'il convint ouvrir leurs portes ny de faire entrer tant de gens de guerre en la ville durant ce bruit & la confufion qui y eftoit encore, jufqu'à ce qu'ils euffent donné bon ordre aux affaires preffans & lors plus neceffaires.

Sur les huit heures du matin, le Confeil f'affembla pour deliberer fur les prefentes occurrences. Sur quoy en ce lieu me femble digne de remarque, combien il importoit pour la bonne conduite des affaires & feureté de la ville de trouver l'eftabliffement qui defja avoit efté fait du Confeil de la ville, du temps & fous l'authorité du fieur de Fontaines, gouverneur recongneu, & du confentement des habitans, lefquels trouvans cet ordre defja bien eftably fe trouverent hors du peril qui peut arriver en mutations femblables, quand par faute d'eftabliffemens defja faits, il eft neceffaire de faire nouveaux eftabliffements & nouvelles creations de confeil & autres officiers pour la direction des affaires. D'autant qu'en telles nouveautez, chafcun, f'eftimant digne d'entrer aux charges, ne veut cedder aux autres. D'où f'engendrent des defordres ou f'y peuvent rencontrer, mais specialement dans les villes où est grande l'egalité entre les concitoiens, comme elle est en celle cy de Saint Malo.

Une des premieres deliberations en cette assemblée fut de pourvoir & mettre ordre à la conservation & seureté du chasteau. Car quant au dedans de la ville tout y demeura en l'estat où estoient les choses au paravant, si bien qu'il n'y fut apporté ny fait aucun changement. Quant au chasteau, il fut arresté que Bardeliere y demeureroit capitaine pour la conservation d'iceluy, avecq ce nombre d'hommes que vous venez de voir cy devant; & ce, en attendant d'y pourvoir plus amplement, ainsi qu'il seroit jugé à propos pour l'advenir.

Cette assemblée du Conseil fut tenuë en la maison du procureur syndicq; & en icelle fut deliberé que tous ceux là qui s'estoient notoirement & à l'ouvert separez du corps des habitans & declarez estre du party du roy de Navarre & du sieur de Fontaines, seroient exilez & mis hors de la ville. Et de la deliberation qui en fut prise j'ay estimé devoir en cet endroit en inferer le texte, tel qu'il est rapporté sur le regestre du greffe de la ville, comme vous allez voir :

Du lundy xij mars au logix du procureur.

Apres sommaire information & meûre deliberation prise en l'assemblée du Conseil, a esté conclud que les ecclesiastiques & autres des habitans cy apres nommez seront mis hors & chassez de cette ville, fins & mettes d'icelles, comme perfides pour avoir enfreint l'edit d'Union qu'ils avoient cy devant promis, juré & signé, aiant depuis led. Edit tenu le party des heretiques & politiques, s'estant sequestrez & separez de l'union des catholiques de cette dite ville, faisans des conventicules assemblés & practiqués à part en leurs maisons & jardins pour soustenir le party du roy de Navarre, ses fauteurs & adherens, menaçant journellement de faire prendre cette ville par les forces dudit roy de Navarre, piller, ravager, tuer & saccager la plusfart des Bourgeois, manans & habitans catholiques d'icelle, les injuriant & appelant trahistres ligueurs. Desquels politiques partisans & perfides les noms ensuivent :

Robert Boullain Contrie lequel avoit esté procureur des Bourgeois, Mre Germain Leveillé, Jan Gouverneur Dorbelaye, Mre Georges Prebieux, Jan Thomas Pignonnet, Jullien Artur la Motte, Guillaume Colin Blanchefontaine, Pierre Thomas, Martin Duré, Mathurin Petit, Yves Petit, Eſtienne Chaton ſieur de la Jannaye, Michel le Fer, Gilles Grout.

Voilà ce qui fut fait de plus remarquable en ce jour là, au matin duquel avoient eſté pris & arreſtez tous les cy deſſur nommez en la maiſon epiſcopale, auxquels on donna perſonnes pour les garder de peur d'evaſion.

Au Conſeil, le mardy 13ᵉ mars 1590, fut ordonné au miſeur delivrer au procureur cent cinquante eſcus pour d'iceux faire preſent au capitaine Jan cy devant nommé, venu au ſecours des habitans comme vous avez peu voir. Et ordonné que la deſpenſe faite dans les hoſtelleries de la ville par ledit capitaine Jan & ſes ſoldats, auxquels en petit nombre l'entrée avoit eſté permiſe, ſeroit païée par le miſeur.

Le meſme jour, au Conſeil, furent taxez partie des bannis, dont cy devant eſt faite mention, aux ſommes de deniers cy apres, pour ſubvenir à partie des frays & deſpenſes qu'on eſtoit contraint & obligé de faire pour la conſervation de la ville & chaſteau. Et ſuivant cette deliberation ils furent taxez chaſcun comme enſuiſt :

Robert Boullain Contrie, 300 eſcus; Jan Thomas, 400; Maiſtre Germain Leveillé, 400; Guillaume Colin, 200; Martin Duré, 300; Mathurin Petit, 500; Yves Petit, 1000; Julien Artur la Mote le premier en ce rolle, 3000 eſcus [1].

Au paiement deſquelles ſommes fut ordonné qu'ils ſeroient contraints. Et pour faire la recepte deſdits deniers fut commis Geffroy Gaillard ſieur du Boyſ-Joly avecq pouvoir de les y contraindre & paſſé du paiement à luy enjoint les faire tous ſortir de la ville, deux jours apres qu'il auroit receu ces deniers.

Quant à Eſtienne Chaton ſieur de la Jannaye, Michel le Fer, Jan Gouverneur Dorbelaye & Gilles Grout, fut auſſi ordonné

---

[1] Voyez la Requête préſentée au Conseil du roi par Julien Artur et les autres bannis (D. Morice, Pr. III, 1579).

aud. Gaillard leur faire pareil commandement de vüider la ville dans les trois prochains jours fans paier aucune rançon.

Le procureur des Bourgeois, Fougeray & Graflarron furent chargez d'aller trouver le capitaine *la Chefnays Vaulouuet* venu en la ville & le remercier du prompt fecours qu'il avoit amené de Fougeres & lui faire don & prefent de ce qu'ils jugeroient à propos.

Le mercredy 14ᵉ du mefme mois, Boys-Jolly fut chargé de recheff de faire paier la taxe aux cy devant nommez & leur commander vüider la ville dans deux jours felon l'ordonnance.

En cette mefme affemblée, les gens du Confeil promirent & baillerent indamnité au procureur & aux quatre capitaines generaux de l'obligation en laquelle ils f'eftoient conftituez vers Gilles Eberard Coulombier de la fomme de 6000 efcus pour des biens qu'il avoit en Angleterre & à Danzicht.

Ce que deflus eft peu dire, mais pour vous faire bien entendre la caufe de cette promeffe à Coulombier & de l''indamnité, il faut fçavoir que Coulombier fufnommé eftoit un des capitaines de ville. Lequel, par la rencontre du jour, eftoit de garde la nuit du dimanche de l'entreprife fur le chafteau. Et eft trescertain que, n'euft efté cela, on ne luy euft pas communiqué de ce deffein, pour quelques raifons que je tayray, bien qu'il fuft brave homme & homme de bien; mais ayant à eftre la nuit de garde capitaine d'une compagnie, il fut jugé neceffaire luy en faire part. A quoy on le trouva un peu froid, & propofa au procureur qu'il avoit du bien en Angleterre, lequel pourroit eftre perdu à caufe de cette entreprife. Le procureur fcindic & les quatre capitaines generaux luy donnerent, fous leurs feignes privez, affeurance en cas de perte defd. biens de luy rendre & reftituer jufqu'à la fomme de 6000 efcus. Et voilà la caufe pour laquelle, en cette affemblée de Confeil, fut donnée indamnité auxd. procureur & capitaines generaux au nom de la Communauté de les indamnifer de leur promeffe vers ledit Coulombier.

Pareille indamnité leur fut encore donnée pour autre affeurance faite à Michel Porée la Tour de la fomme de 1,000 efcus;

à quoy fut eſtimée une huitieſme partie d'un navire, lequel ſe baſtiſſoit à Danzicht en Allemaigne.

Des le lendemain de la priſe du chaſteau, les biens des Anglois avoient eſté anotez. Mais ayant depuis plus meûrement conſideré combien il importoit à l'utilité publique d'entretenir la liberté du commerce aveq l'Anglois, il fut ordonné qu'ils ſeroient reſſaeſis de leurs biens arreſtez, deſquels leur fut donné main-levée, & à toute la nation angloiſe permis de venir trafficquer & commercer librement à Saint Malo comme au paſſé. Mais cette liberté leur fut reſtreinte & limitée au temps d'un an & cette permiſſion proclamée par la ville à ſon de trompe de l'ordonnance du Conſeil & deffenſes à toutes perſonnes de meſfaire ny meſdire aux Anglois, ſur peine de la vie.

Le meſme jour 14ᵉ de mars 1590, en la meſme aſſemblée du Conſeil, Michel Frotet ſieur de la Bardeliere, auparavant laiſſé à la garde du chaſteau comme vous avez peu voir, fut creé & inſtitué capitaine d'iceluy, pour un mois ſeulement, à commencer de ce jour; auquel, le procureur ſyndicq & les trois autres capitaines generaux furent chargez de compoſer une troupe de quarente ſoldats à gages pour mettre audit chaſteau. Auſquels commis fut donné pouvoir d'accorder avecq leſdits ſoldats pour leurs gages & ſolde, entretien & deſpenſe, comme ils verroient & jugeroient convenir; aveq pouvoir, leur donné en outre, de faire choix & eſlection de trente hommes ſur les quatre compagnies de la ville qui entroient chaſcune nuit en garde ſur les murs d'icelle, & de faire commandement aux trente hommes ſuſdits d'entrer chaſcun ſoir [les] jours de leurs gardes au chaſteau pour plus ample & maire ſeureté de la place, & à eux enjoint d'obeir audit capitaine Bardeliere. Et fut auſſi ledit Bardeliere chargé des munitions de guerre & de gueule qui eſtoient audit chaſteau. Deſquelles, au prealable, fut ordonné inventaire eſtre faite par le ſeneſchal, procureur fiſcal & aucuns autres habitans commis à cet effect & le greffier de la ville avecq eux, pour du tout faire proces verbal.

D'autant auſſi que dedans la ville il y avoit des biens meubles en plufieurs maifons d'habitans appartenant aux feigneurs de Chafteau-Neuff, de Coetquen, du Gué-Madeuc, de la Mouffays & autres feigneurs & gentilfhommes, & mefme à quelques roturiers de dehors la ville, furent par le Confeil commis le fenefchal, le procureur fifcal, François Grout fieur de Clos-Neuff, Olivier Launay fieur de Launay-Ravilly & Guillaume Pepin fieur de la Couldre, pour faire inventaire & certification defd. meubles aux fufnommez appartenans & à autres tenans notoirement le party du roy de Navarre, & iceux biens laiffer comme en depoft à la charge des habitans cheix lefquels ces biens feroient trouvez.

Et pour autant auffi qu'on ne pouvoit pas ignorer que le Parlement de Rennes ne fulminaft contre les habitans de Saint Malo & [qu'ils ne] maltraiteroient tous ceux qu'ils en pourroient attraper, lefd. habitans [aviferent] affin d'avoir fur qui ils peuffent revanger les injures qui leur feroient faites en recrimination des chofes arrivées. Le jeune feigneur de Gué-Madeuc, nommé *Touffaints du Gué-Madeuc*, fut par deliberation du Confeil laiffé au pouvoir d'Eftienne Richomme fieur de la Court, cheix lequel il avoit efté par le feigneur du Gué-Madeuc fon pere mis à demeurer aveq un pedagogue, & deffenfes faites audit Richomme de le laiffer f'en aller hors de la ville, mais commandé de le bien & foigneufement retenir & garder.

Le 15 mars fufdit 1590, en l'affemblée du Confeil, fut ordonné que deffenfes eftoient faites à toutes perfonnes de faire aucun port d'armes en la ville & d'entrer en quelques maifons que ce feuft, dedans ny hors icelle, pour y faire vifites ou recherches quelconques, fans l'expres commandement du Confeil, fur peine de punition corporelle & de mil efcus d'amende aux contrevenans. Cette prohibition & deffenfe fut faite & publiée affin de reprimer l'audace & contenir l'infolence d'aucuns, lefquels, fous pretexte de la diverfité des partys, entroient licentieufement dans les maifons de quelques uns qui avoient efté fufpects d'avoir adheré au party du roy de Navarre & aux paffions du fieur de Fontaines.

Le mesme jour, au Conseil, commission fut donnée à l'alloüé & substitut du procureur fiscal de faire certiffier les biens meubles qui se trouveroient en la ville appartenans aux heretiques, (ainsi portoit l'ordonnance), & pour assistans à cette commission furent adjoustez Gilles Eberard Coulombier & Guillaume Jonchée les Croix.

Aussi furent, en l'assemblée du Conseil, ledit jour, Bertran le Fer Limonnay & Jacques Porée Quatrevays chargez d'advertir tous les gentilshommes forains & autres personnes qui s'estoient refugiez en la ville d'en sortir dedans huit jours prochains avecq leurs femmes, enfans & serviteurs & d'emporter leurs biens, exceptez ceux qui de nouveau jureroient l'observation de l'edit d'Union entre les mains du duc de Mercueur, & de quoy ils feroient conster. Et neantmoins lequel serment les hommes ne seroient tollerez demeurer actuellement dans la ville, mais seulement leurs femmes & enfans, & y pourroient retirer leurs biens.

Furent aussi ces personnes commis chargez d'advertir tous les refugiez tollerés en lad. ville de prester semblable serment, mais particulierement & par expres ceux des paroisses de Chasteau-Neuff & de Cancalle auxquels commandement seroit fait de se retirer en leurs maisons, fors bien peu d'entre eux exceptez, lesquels avoient contribué quelque peu d'argent pour subvenir aux necessitez publiques de la ville.

Le 16 dudit mois de mars 1590, au Conseil, sur la remonstrance du procureur que les serviteurs domestiques du feu sieur de Fontaines supplioient les habitans qu'il leur pleust les ayder & secourir de quelque argent pour se conduire & pouvoir rendre en leur païs, sust arresté & conclud que Geffroy Gaillard Boys-Joly leur delivreroit quatre cens escus des deniers qu'il avoit receus ou recevroit de la taxe faite sur les heretiques, (ainsi est porté dans cette ordonnance sur le regestre duquel j'ay pris le present extrait).

Ce mesme jour, le seneschal, Josselin Frotet sieur de la Landelle & Olivier Launay sieur de Launay-Ravilly, furent chargez, au Conseil, de se transporter en la maison de Mre Georges Prebieux, notaire royal, & l'un des proscrits cy devant nommez pour luy faire commandement de leur exhiber & mettre en main un acte d'association d'entre aucuns habitans de la ville, lesquels s'estoient liguez & associez ensemble contre le repos de la ville & habitans, vivant encores le feu sieur de Fontaines, & de leurs promesses respectives s'estoit entr'eux passé acte rapporté par ledit Prebieux notaire, avecq charge & pouvoir auxdits trois deputez en cas que ledit Prebieux refusast de leur delivrer l'acte, de le faire mettre & constituer prisonnier sans remise.

Fut en pareil ordonné, au Conseil, à Bois-Joly Gaillard de delivrer au capitaine Launay le Breton cent escus dont la ville luy faisoit don pour recompense d'estre allé à Dinan vers le marquis de Chauffin, pour le requerir du secours qu'il envoia en l'occurence de la prise du chasteau.

Commission fut en pareil donnée au procureur & aux quatre capitaines generaux de se transporter le lendemain au chasteau pour voir quelles provisions de guerre & de gueulle y pouvoient estre & pour d'icelles y en laisser autant qu'ils jugeroient necessaires pour l'entretien & nourriture de cent hommes pour huit jours, & non plus pour les vivres; & au regard des poudres, balles & munitions de guerre furent ces deputez chargez d'y en laisser autant qu'ils estimeroient necessaires pour la deffense & conservation de la place.

Le lundy 19 mars dudit an 1590, en la Maison de ville generalle, Saint Nicolas chanoine deputé du chapitre, selon la coustume observée, feist une remonstrance, laquelle luy avoit esté suggerée par les gens du Conseil, lesquels estimoient que cette remonstrance estoit mieux seante dans la bouche d'un ecclesiastique que d'autre. Or par ce qui fut arresté sur cette remonstrance vous allez voir quelle elle estoit & à quoy elle tendoit. Et pour tant ay-je estimé devoir en cet endroit inserer de mot à mot l'ordonnance susmentionnée :

Sur la proposition faite par le sieur de Saint Nicolas, l'un de messieurs les chanoines de Saint Malo, comme par cy devant nous aurions promis

& juré de garder inviolablement l'edit d'Union, fans y contrevenir, comme auffi Monfieur de Fontaines noftre gouverneur de fa part l'avoit promis & juré & de n'adherer aucunement aux heretiques ny fauteurs d'herefie, en affeurance de quoy il auroit dit & protefté en prefence de perfonnes dignes de foy, en publicq, qu'il eftoit preft de le figner de fon propre fang & reiterer ledit ferment fur les faintes Evangiles entre les mains d'un ecclefiaftique fur l'affeurance qu'il donnoit aux Bourgeois & habitans de cette ville de les conferver en l'exercice de leur religion catholique, ap. & rom. & ne permettre & fouffrir qu'ils euffent prefté obeiffance à roy qui n'euft efté tres-chreftien & catholique, ainfi re-congneu en la France par le commun confentement des Eftats legiti-mement affemblez. Du depuis led. fieur de Fontaines fe feroit rangé au party du roy de Navarre, aiant dit ouvertement aux habitans de cette ville qu'il recevroit ledit roy & lui ouvriroit les portes de la ville & à ceux qui font fes ferviteurs, chofe averée & veriffiée par lettres & memoires mefme par fes comportemens, occafion que lefdits Bourgeois zelés & affectionnez à la confervation de leur religion catholique & deüement acertiorez de l'entreprife du Prince de Dombes laquelle favo-rifoit ledit fieur de Fontaines pour la furprife de cette ville qui fe devoit faire & executer dans peu de jours, auroient lefd. habitans par la grâce de Dieu prevenu la dite furprife, & fe feroient rendus maiftres du chafteau de la dite ville le dimenche unziefme du prefent mois fur la minuit, & furpris iceluy au moyen de l'efcallade d'une efchelle de corde faite par fur la tour appellée la Generalle par le dehors d'icelle, ont de ce jour les dits Bourgeois & habitans congregez & affemblez generalle-ment, rendant grâces à Dieu d'eftre delivrez de la fervitude de leurs ennemys les heretiques & politicques & leurs affociez, levant les mains à Dieu, promis & reiteré les promeffes precedentement par eux faites, jurant d'obferver & garder inviolablement l'edit d'Union de point en point fous l'auhorité & obeiffance de noftre roy catholique *Charles de Bourbon dixiefme*, à prefent detenu prifonnier que Dieu vueille mettre promptement en liberté & des princes catholiques.

Voilà les propres termes aufquels eft conceu cet article fur le regeftre de la ville, duquel je l'ay extrait fans y avoir changé une fillabe. Vous voiez là dedans comme un manifefte des habi-tans, des motifs de leur entreprife contre le fieur de Fontaines & laquelle ils avoient executée fe rendant maiftres du chafteau non feulement, mais de la ville mefme.

Fut encore en la mefme affemblée, ordonné que les fermiers

des impofts & billots paieroient & mettroient les prix de leurs fermes entre les mains du mifeur de la Communauté; & defquels paiemens & recepte la ville leur porteroit à tous & à chafcun garent perpetuel.

Belinaye & Guillaume Pepin la Coudre, en la mefme affemblée, furent deputez à Dinan vers le marquis de Chauffin pour luy donner les lettres que les habitans efcrivoient au duc de Mercueur pour luy rendre compte & relation de ce qui f'eftoit paffé en la prife du chafteau, & contenoient leurs excufes de n'avoir point deputé des leurs vers luy dont ils f'excufoient fur les dangers qui eftoient grands fur les chemins à caufe des gens de guerre. Les deputez retournez apparurent les lettres du marquis en refponce aux habitans aufquels il efcrivoit qu'il feroit tenir leurs lettres au duc fon frere.

Le mardy 27e du mefme moys de mars, fut deliberé & arrefté au Confeil, que deffenfes eftoient faites aux perfonnes bannis & mis hors de la ville de ne f'habituer au *Clos de Paulet* (1), territoire voifin d'icelle, fur peine d'eftre faits prifonniers de guerre. Cette deffenfe fut proclamée par la ville à fon de trompe.

Meffire Charles le Fer, chanoine de Saint Malo, l'un de ceux qui avoient efté mis hors la ville, en fe voulant retirer à Rennes aveq paffeport du Confeil, fut pris par quelques uns de la garnifon de Dinan, où il fut mené. Ce qu'entendant les habitans de Saint Malo, ils efcrivirent au marquis de Chauffin, le priant qu'il commandaft ce prifonnier eftre mis en liberté & qu'il luy pleuft de là en avant de deferer & avoir efgard aux paffe-ports qui feroient donnez par le Confeil eftably à Saint Malo & de ne les vouloir violer ny enfraindre. En fuite de quoy pour porter lefd. lettres & procurer la liberté du prifonnier fut deputé François Grout Clos-Neuff vers ledit fieur marquis qui eftoit à Dinan.

Outre ceux qui de la ville de Saint Malo avoient efté mis dehors & commandez fe retirer d'icelle, comme vous avez peu voir cy devant, en furent encore par deux fois fait fortir ceux

---

(1) Ou *Clos Poulet*, vieille appellation du territoire circonscrit par les marais de Dol et de Châteauneuf.

desquels les noms ensuivent, pour ce qu'ils estoient suspects aux habitans :

Jan Lasne, cordonnier; un appellé La Pointe, soldat du chasteau; un sien fils, aussi soldat du chasteau; Jacques Moysan, sergent; Macé Tellot; Jacques Chevalier; Mre Julien Bernardeau, chyrurgien; Pierre Gouays; un appellé Pillavoine, vieil morte-paie au chasteau; un nommé Pointel de Saint Meloir, des longtemps habitué en ville; Mre François Le Tanneur, apoticaire; un nommé La Maille, cuisinier; un nommé Nergan; Julien Rebouillaut; un appellé Saint Canet, mercier; un nommé Rouxeau; un nommé Guillebert, chyrurgien; Louis Martin & un sien freie, paroissiens de Saint Servan; Olivier Bugaut, forgeur; un nommé Moynet, tailleur; Misson, harquebusier, c'est-à-dire forgeur d'harquebuses.

Outre les susnommez fut encore faite une troisiesme liste d'autres qui encore furent commandez & contraints se retirer de la ville pour soupçons qu'on avoit d'eux, & fut ce troisiesme rolle fait au Conseil le 28e mars 1590 :

Mre Guillaume Roüaut, notaire & procureur; François Porée le Bois; Jan Crosnier Malherbe, condamné d'aller à Terre-Neufve; Georges de Gueneré; Georges Aline, qui paia deux cens escus; Guillaume Launay, cuisinier; Macé Pommerel; Pierre Chevauchart, orfeuvre; un gendre de Jan Chevauchart; La Fuye, qui avoit esté au sieur de Fontaines, marié à une femme nommée Isabeau Morel; Robert Garreau & deux fils & son gendre, qui avoient esté soldats au chasteau; Faby Thomas; Clair Angot, aussi autrefois soldat; Jacques Thomas; Michel Pourcel; Herodin, autrefois soldat au chasteau; Mre Jan Le Tailleux; la femme & fille de La Maille, cuisinier nommé en la seconde liste precedente celle cy; Nicolas Hervé, marinier, vulgairement appellé *Collas Madame;* la femme & enfans de Martin Duré, cy devant en la premiere liste des bannis; un Gaultier dit Grand-Maison, autrefois soldat au chasteau.

Aussi furent les paroissiens de Cancalle & ceux de Chasteau-Neuff commandez & contraints de sortir hors la ville, & furent actuellement expulsez hors icelle & tous les autres cy devant nommez.

Entre plufieurs traits de prudence & prevoiance politique, vous voiez cy deffur partie de celle de laquelle uferent les Bourgeois de Saint Malo pour & affin de repurger leur ville des perfonnes qui leur eftoient fufpectes. En quoy faifant, ils n'eftimerent pas qu'il feuft bien à propos d'y proceder tout à une fois, imitant en cela la practique des medecins; lefquels ne purgent pas les corps malades tout d'un coup & n'en tirent pas grande quantité de fang à une feule fois, crainte d'empirer au lieu d'amender les maladies.

Et le vendredy 30ᵉ de mars, moys & an fufdit, fut au Confeil refolu que les habitans de Grand-Ville en Normandie ne feroient de là en avant plus tollerez ny receus en Saint Malo pour y faire traficq ny commerce, & affin de le leur faire fçavoir furent quelques uns commis qui les en advertirent.

En mefme temps que l'acces à Saint Malo eft interdit aux habitans de Grand-Ville, il eft arrefté que le commerce y eft permis à ceux de Caen en Normandie & à eux loifible d'y venir aveq affeurance que leurs perfonnes & biens y feroient en toute feureté.

Deffenfes furent publiées de ne tirer pouldres, balles, ny autres munitions de guerre de Saint Malo pour porter aux ennemys & aux villes du party contraire, fur peine de confifcation aux contrevenans dont la moitié feroit acquife au delateur.

Les mefmes habitans de Saint Malo n'eftimant pas devoir laiffer les villes de la Province qui font fur la cofte fans leur donner advis de la prife du chafteau & de ce qui f'eftoit paffé en confequence, refolurent les en advertir & ce jour là mefme deputerent Mʳᵉ Jan Eberard Champ-Rond vers lefd. villes; pour auquel faire memoires & inftructions furent commis Landelle l'efné [1] & Belinaye. Les villes, auxquelles il fut efcrit & ce deputé envoyé, furent celles de Morlaix, Landreguier, Lannuyon, Saint Brieuc & Rofcoff.

En la mefme affemblée, 30 mars, audit Confeil, furent chargez

---

[1] *Le sieur de La Landelle mon père*, dit le remaniement par chapitres.

Saint Nicolas chanoine, l'alloüé, procureur fiscal, La Couldre & Chipaudiere pour dresser des lettres pour addresser & envoier au sieur duc de Mayenne & au Conseil de l'Union estably à Paris.

Le sabmedy dernier jour de mars 1590, le sieur de Chasteaux feist supplier par le procureur scindicq que permission lui feust donnée de se retirer de la ville, avecq luy le reste des domestiques du defunt sieur de Fontaines, & permission d'emporter le corps dud. sieur, lequel avoit esté embaulmé. Cette requeste luy fut accordée.

Pareille permission & congé fut donné au sieur de la Perraudiere, nagueres lieutenant en la place, & avecq ce d'emmener sa femme, ses serviteurs & ses biens & meubles, & de se retirer où bon luy sembleroit; & pouvoir donné au scindicq de faire donner au sieur de Chasteaux telle somme d'argent par le miseur que luy diroit led. Procureur pour faire sa retraite avec les serviteurs dud. sieur de Fontaines où bon lui sembleroit.

En la mesme assemblée du Conseil, ledit jour dernier de mars, fut prohibée la liberté du commerce à Saint Malo de toutes les villes, chasteaux, maisons, bourgs & bourgades de la Province, tenans le party du roy de Navarre & ses associez, & à eux prohibé & deffendu de non dorenavant venir en lad. ville pour le commerce ny autre pretexte; & ordonné que ce qui se trouveroit de biens en icelle appartenans aux heretiques & fauteurs d'heresies seroient inventorisez pour passé de ce estre ordonné ce que de raison, & fut protesté de leur faire la guerre comme à ennemys du party de la Sainte Union.

En ces mesmes jours & assemblée, furent nommez Saint Nicolas chanoine, l'alloüé, le procureur fiscal, Jacques Pepin Pré-Lambert & Michel Porée la Tour, & à eux commission donnée de se transporter en la maison de la damoiselle des Doüetz & y certiffier les biens & meubles qui se trouveroient cheix elle appartenans au sieur de Chasteau-Neuff; &, l'inventaire estant fait, faire porter iceux biens au logix de Jacques Porée Quatrevays, puis peu de jours creé par les habitans depositaire general; & que s'il se trouvoit d'autres biens appartenans à autres forains de la ville en quelque maison que ce feuft, qu'ils les feiffent en pareil certiffier pour en eftre puis apres ordonné ainfy que de raifon.

En ce temps là, il y avoit de petits logemens fur le bord du foffé du chafteau, fur la place qui eft dite de Saint Thomas. Dans lefquels du temps du fieur de Fontaines eftoient logez quelques artifans, foldats de la garnifon du chafteau. Le voifinage defquels eftant dangereux à la feureté de la place, furent par ordonnance du Confeil demolis, cette ordonnance du dernier jour de mars 1590.

Le lundy 2 apvril 1590, François Grout Clos-Neuff, qui eftoit allé à Dinan par ordre du Confeil pour folliciter la liberté du fieur de la Marre Meffire Michel le Fer, chanoine, prifonnier comme vous avez veu, eftant de retour de Dinan prefenta les lettres du marquis de Chauffin. Lefdites lettres contenoient ce qui enfuift :

Lettres du marquis de Chauffin [1].

Messieurs, le fieur de Clos-Neuff, voftre envoié, vous tefmoignera l'affection que j'ay apporté à la delivrance du prifonnier que vous demandez eftre eflargy ; mais eftant tombé en la main du fieur de la Vallée Pleumaudan, il f'eft tellement abfenté de moy que je n'ay eu moien de luy faire tenir mon commandement que je luy ay fait de le rendre. Je m'efforceré par toutes les voies à moy poffibles de faire mettre le prifonnier en liberté incontinent & je vous pric vous en affeurer. Ce pendant je vous prie vous affeurer que vos paffeports auront lieu la part où j'auré pouvoir, & ne fera jour que Monfieur mon frere & moy ne cherchions les moiens de faire oftention de la bonne volonté & intime affection que nous avons en voftre en-

[1] François de Lorraine, frère du duc de Mercœur, né en 1562

droit, la part que le subject s'en presentera, mesmes jusques à y exposer nos propres vies. Pour mon particulier, vous pouvez disposer de moy comme de celuy qui est du tout à vostre commandement d'aussi bon cueur que je prie Dieu le Createur, Messieurs, vous tenir en sa sainte garde & protection. De Dinan, dernier mars 1590.

Vostre plus affectionné amy à jamais,

FRANÇOIS DE LORRAINE.

Le mardy 3ᵉ jour d'apvril, le capitaine Jan [1], envoié par le duc de Mercueur à Saint Malo, leur presenta les lettres dud. seigneur; apres la lecture desquelles au Conseil fut ordonné icelles estre inserées au regestre, comme vous les allez voir :

Lettres du duc de Mercueur.

MESSIEURS, je penserois beaucoup manquer à l'affection que je vous ay, si je demeurois daventage à vous dire que je me resjouis infiniment avecq vous de la liberté entiere acquise à vostre relligion par la conqueste de ce qui vous retenoit sous la domination de ceux qui taschent à la nous destruire & vous asseurer que je ne faudray jamais en la bonne volonté que je vous ay toujours fait paroistre & de vous assister en toutes les occasions que vous en aurez besoing, ainsi que le capitaine Jan, auquel j'en ay au long communiqué, vous fera plus particulierement entendre. En cette intention je me recommande de tres-bon cueur à vos bonnes grâces, priant Dieu qu'il vous donne, Messieurs, bonne santé, longue & heureuse vie. A Nantes, le 25 mars 1590.

Vostre bien bon & asseuré amy,

PHILIPES EMANUEL DE LORRAINE.

---

[1] Aventurier espagnol au service de Mercœur.

En fuite fut au Confeil ordonné qu'il feroit fait prefent au capitaine Jan de trois cens efcus au nom de la Communauté, en recongnoiffance de la bonne volonté & affection qu'il avoit & tefmoignoit avoir au bien de leurs affaires.

Le lundy 9ᵉ d'apvril 1590, en l'affemblée de la Maifon de ville generale furent apparuz les articles compillez pour l'eftabliffement de la garnifon & ordre eftably pour la confervation du chafteau à l'advenir. Lefquels articles furent leus & approuvez par l'affemblée. Defquels articles l'infertion ne peut eftre que bonne en ce lieu, eftant chofe d'importance & qui pour tant merite bien la peine & loifir de les lire, par ceux qui prendront le plaifir de lire ce recueil. Voicy donc ces articles :

Articles pour la confervation du chafteau.

I. Sera fait ellection d'un capitaine & de fept habitans pour entrer en garnifon en la place pour le refte de cette année. Laquelle ellection fe fera par Meffieurs du Confeil, les quatorze capitaines & commis à la police, par billets, à ce que celuy capitaine ou celuy des habitans qui aura le plus de voix demeureront creez en la charge.

II. Pour le regard des fept habitans qui doivent affifter le capitaine y en aura quatre jeunes hommes, non mariez, qui toutes fois ne pourront eftre nommez qu'ils n'aient excedé l'aage de vingt-deux ans; & en fera nommé jufques à huit à ce que par entr'eux ils f'accordent lefquels y devront entrer, fans que les quatre reftans du nombre aient lieu d'aucune prerogative pour entrer en ladite place au temps à venir.

III. Les trois autres habitans doivent eftre perfonnes mariez ou qui l'aient efté, qui touteffois n'excederont l'aage de cinquante-cincq ans.

IV. Les trois plus antiens feront chargez & auront commandement chafcun fon jour de garde & tireront au fort qui devra eftre lieutenant en ladite place.

V. Leurs logis feront faits par le capitaine à tous enfemble à ce que par entr'eux ils les repartent au fort.

VI. Les quatre jeunes hommes feront logez par le capitaine dans le donjon.

VII. Les devants nommez & le refte de la garnifon, qui doit eftre compofée de quarente hommes & les fept outre, entreront en garde de quatre en quatre jours dont le capitaine aura un des jours de garde; & entreront audit chafteau le quinziefme du prefent mois.

VIII. Les capitaines de ville envoieront le foir qu'ils entreront en garde, incontinent apres la porte de la ville fermée, chafcun fix de leurs foldats au chafteau pour d'autant plus fortifier la garde d'iceluy.

IX. Sera accordé de gages au capitaine quatre cens efcus par an & paié au refpect du temps.

X. A chacun des trois plus antiens deux cens efcus.

XI. A chacun des quatre jeunes hommes deux cens efcus.

XII. Et aura le capitaine toute jurifdiction & pouvoir fur tous ceux de la garnifon comme en tel cas les capitaines ont accouftumé avoir, recongnoiffant la puiffance & authorité qu'il aura la tenir de Meffieurs les habitans de cette ville & ne recongnoiftre autre que eux, & à cette fin leur preftera le ferment en tel cas requis entre les mains du Procureur.

XIII. Comme en pareil feront tous ceux de la garnifon, prefent le capitaine, auquel particulierement ils prefteront le ferment fous l'authorité defd. habitans.

XIV. Et feront exempts les quatre capitaines generaux d'entrer audit chafteau en autre qualité que de capitaine d'iceluy, comme auffi feront exempts Meffieurs les juges & procureur fifcal de Saint Malo, le procureur des Bourgeois, les capitaines de ville, les commis à la police, Bertran le Fer Limonnay mifeur, & Servan Picot Saint Buc receveur des devoirs de l'Antienne Couftume.

Les articles cy deffur ont efté par les affiftans loüez & approuvez, veulent & confentent qu'ils fortent à effect felon leur forme & teneur.

Et pour proceder à l'ellection dudit capitaine & fept habitans a efté pris affignation à une heure apres midy de ce jour devant Meffieurs du Confeil où affifteront les capitaines de ville & les commis à la police.

En la mefme affemblée fut conclud que la porte de Saint Thomas, l'une des portes de la ville, feroit fermée de maçonnail; & pour faire executer cette ordonnance fut Guillaume le Fer Graflarron commis.

Le mefme jour à une heure apres midy, au Confeil, où affiftoient les capitaines de ville & les commis à la police, fut par le Procureur remonſtré qu'il eſtoit requis de proceder à l'ellection & nomination d'un capitaine & de ſept habitans pour l'eſtabliſſement, garde & conſervation du chaſteau aux fins des articles cy devant inſerez.

En l'endroit de cette remonſtrance du Procureur & avant proceder à l'effect d'icelle, Jan Porée Tertre-Galas, l'un deſdits ſieurs du Conſeil, propoſa qu'au prealable de pourvoir à l'ellection du capitaine & des ſept habitans pour le chaſteau, il luy ſembloit convenable & neceſſaire de creer & inſtituer un des habitans pour cheff & preſident du Conſeil au gouvernement de la ville & chaſteau, en attendant l'intention & volonté de Monſeigneur le duc de Mercueur, noſtre gouverneur.

Cette propoſition, (comme je le ſçay tres-bien), avoit eſté ſuggerée à ce bonhomme Tertre-Galas, afin qu'il la feiſt au Conſeil, car il n'eſtoit pas homme de cet eſprit pour l'avoir prepenſée, mais on l'avoit deſirée de luy qui eſtoit homme deſja antien & de l'ambition duquel on ne ſe meſſioit pas, luy n'en ayant point. Cette propoſition ayant eſté reſoluë entre les plus habilles, il fut eſtimé à propos de la faire propoſer par ce bonhomme comme choſe ſans autre plus profonde premeditation.

Le Conſeil, capitaines & commis à la police, voulans deliberer ſur cette non-attenduë propoſition & y proceder aux voix, fut par venerables Miſſire Jacques le Charpentier & Miſſire Pierre Rihouey, chanoines de Saint Malo, aſſiſtans au Conſeil comme deputez de Meſſieurs du Chapitre, remonſtré que telle creation & nomination de cheff & preſident leur pouvoit eſtre prejudiciable, attendu que les ſieurs du Chapitre eſtoient ſeigneurs ſpirituëls & temporels de la ville, auſquels, comme ils dirent, appartenoit de preſider. Neantmoins laquelle remonſtrance, fut par Meſſieurs du Conſeil ordonné qu'il ſeroit paſſé outre des à preſent à la nomination & creation d'un cheff & preſident ſous l'authorité du Roy & de Monſeigneur le duc de Mercueur, noſtre gouverneur, attendu que c'eſt choſe ou meſd. ſieurs du Chapitre n'ont intereſt non plus qu'ils avoient au paſſé & du temps de feu Monſieur de Fontaines ou ſes lieutenans, ne ſ'eftans jamais entremis des affaires de cette Communauté, eftant fondez les habitans en titre & accord de la feu reyne Anne, lequel leur a efté prefentement communiqué, pour juftifier leur poffeffion de fe pouvoir affembler en corps pour difpofer de leurs affaires, où prefidoit celuy qui commandoit en cette place fous l'authorité du Roy, où Meffieurs du Chapitre affiftoient fi bon leur fembloit fans qu'ils euffent en l'affemblée voix deliberative; fuppliant Meffieurs du Chapitre fe vouloir contenter tenir le ranc qu'ils avoient accouftumé tenir lors & du vivant des capitaines qui commandoient en ladite place, & ne vouloir trouver mauvais fi pour la confervation d'icelle lefdits habitans vouloient nommer un cheff & prefident, attendant en fçavoir l'intention de Monfeigneur le duc de Mercueur. Quoy voiant, lefdits Charpentier & Rihouey chanoines & leurs officiers fe font abfentez de ladite affemblée.

Non obftant laquelle abfence, a efté par Meffieurs du Confeil procedé à la creation & nomination d'un cheff & prefident. Et y procedant, ledit Jan Porée Tertre-Galas a pris les advis & oppinions de Meffieurs du Confeil, capitaines de ville & commis à la police, lefquels ont prefentement nommé, creé & inftitué pour cheff & prefident de cette dite ville Jan Picot fieur de la Gicquelaye, procureur des Bourgeois cy prefent & les procureurs fcindics fes fucceffeurs à venir, qui a pris & accepté ladite charge fous l'authorité du Roy & de Monfeigneur le duc de Mercueur noftre gouverneur, jufqu'au premier jour de janvier prochain; lequel preftera le ferment en tel cas requis entre les mains de Meffieurs du Confeil en la perfonne de Bernard Boullain fieur de la Riviere.

Et procedant à l'ellection du capitaine du chafteau ont efté nommez les quatre capitaines generaux, aiant autant de voix les uns que les autres. Ce que voiant, par l'advis de la compagnie ont tiré au fort à qui devoit demeurer, & ce faifant eft efcheu & advenu à Guillaume Jonchée fieur du Fougeray qui en a accepté la charge pour le refte de cette année, pour f'en acquitter felon & aux fins des articles cy devant inferez.

Auſſi ont eſté nommez & choiſis par l'ordre deſd. articles : Olivier Launay ſieur de Launay, Olivier Richomme Pré-Ravilly & Jan Maingard Villeguguen, mariez; Pierre Gravé Bellechauſſée, François Grout Boiſouzé, Gilles Martin & Thomas Colin, non mariez; auſquels & auſdits capitaines a eſté donné aſſignation venir ceans à ſabmedy prochain pour preſter le ferment de bien & deüement s'acquiter en l'exercice de leurs charges.

Il eſt ayſé de voir que ce que deſſur a eſté pris & extrait des regeſtres de la ville, à quoy je n'ay rien voulu changer ny ne changeray rien d'or-en-avant aux extraits que je prendré ſur leſdits regeſtres pour faire voir à nos ſucceſſeurs la naïfveté des choſes & comme elles paſſerent & ont paſſé en ce temps là.

Le mardy 10ᵉ d'apvril, au Conſeil où preſidoit le Procureur, Meſſire Julien Le Sieu venu de la part de Meſſieurs du Chapitre remonſtre que leſd. ſieurs du Chapitre n'ont pas deliberé de venir ceans ſi la meſme ſeance & authorité qu'ils avoient eüe puis un mois ne leur eſtoit permiſe. A quoy a eſté repondu audit Le Sieu que ſi leſd. ſieurs du Chapitre vouloient aſſiſter au Conſeil, ils y auroient tel & pareil degré qu'ils y avoient avant la priſe du chaſteau de cette ville. De ce que deſſur, vous colligerez que leſd. chanoines depuis la priſe du chaſteau avoient preſidé au Conſeil & aſſemblées de ville.

Fut fait lecture d'une lettre du ſieur marquis de Chauſſin qui promettoit faire mettre en liberté le ſieur Le Fer, chanoine, priſonnier.

Commiſſion fut donnée à Belinaye d'eſcrire au ſieur de Villars, gouverneur du Hâvre de Grâce, l'eſtat des affaires qui avoient paſſé en cette ville & luy faire excuſe de ce que les habitans avoient retenu pour un temps quelques canons qu'il avoit baillé à loüage ſur un navire, nommé *Le Saint Pierre,* qu'il avoit vendu à aucuns des habitans de Saint Malo.

Le mercredy 11ᵉ apvril, Regnaut Locquet, l'un des huiſſiers du Conſeil, y feiſt rapport avoir adverty Meſſieurs du Chapitre de s'y trouver à l'ordinaire, qui luy ont reſpondu ne s'y vouloir trouver, d'autant que l'affemblée n'eftoit legitime. Lequel Locquet dift au fieur de Lifle, l'un defd. chanoines, que Meffieurs du Confeil le renvoieroient vers eux & qu'il luy pleuft luy dire en ce cas où il les trouverroit. A quoy par ledit fieur de Lifle luy fut refpondu, mefprifant l'advertiffement, qu'il les trouveroit au Tallaz [1].

Le [jeudy] 12ᵉ dud. moys & an 1590, Bardeliere fut chargé au Confeil de faire commandement au fieur des Broffes & ceux de fa compagnie de fortir hors la ville dans ce jour & à fa femme de f'en retirer auffi dans quatre jours. Ce des Broffes eftoit nepveu du fieur de la Perraudiere & eftoit dans le chafteau lors de la prife, lequel feift tout l'effort que pouvoit faire un brave homme, & fut celuy lequel avoit bleffé Bricourt; auffi fut il blecé par ledit Bricourt d'une grande playe.

Le fabmedy enfuivant, en l'affemblée generalle tenuë en Maifon de ville, furent leües les chofes qui f'eftoient paffées au Confeil depuis le lundy dernier, les quelles furent par les habitans loüées & approuvées en prefence de venerables & difcrets Miffires Jacques le Charpentier & Pierre Rihouey, chanoines de l'eglife cathedrale de cette ville, deputez de Meffieurs de leur chapitre pour fe trouver en cette affemblée.

Entre plufieurs lectures qui furent faites, lecture fut faite de l'article contenant la nomination & ellection de la perfonne d'honorable homme Jan Picot fieur de la Gicquelaye, procureur des habitans, pour cheff & prefident du Confeil. Duquel les habitans cy prefens requirent & fupplierent lefd. chanoines prendre & recevoir le ferment de fe bien & fidellement porter en la charge. Ce que lefd. chanoines refuferent de faire, difant que ce n'eftoit le lieu pour ce faire mais dans leur eglife. A quoy, les habitans voulant obtemperer, declarerent aufd. fieurs chanoines, en prefence du fenefchal, alloüé & procureur fifcal, leurs officiers, qu'ils eftoient prefts & defiroient tout prefentement, fi bon euft femblé aufd. fieurs chanoines, faire compa-

[1] Voyez p. 35.

roiftre ledit fieur de la Gicquelaye, leur elleu cheff & préfident du Confeil, à cet effect devant eux en lad. eglife, pour par devant eux ou autres nommez par le Chapitre, prefter le ferment de fe porter fidellement en lad. charge. A quoy lefd. chanoines n'ont fait aucune refponce & fe feroient eux & leurfdits officiez retirez & abfentez.

Sur la retraite & abfence defd. fieurs chanoines & leurs officiers, fut à l'inftant par lefdits habitans ordonné que ledit fieur de la Gicquelaye feroit le ferment de fidellement fe porter en fa charge entre les mains de Bernard Boullain fieur de la Riviere, lors le plus antien de tous les prefens en l'affemblée. Ce que ledit Picot feift fur les Saintes Evangilles, promettant fe comporter bien & deüement & de fidellement f'acquiter en ladite charge.

En fuite Guillaume Jonchée fieur du Fougeray, elleu capitaine du chafteau, les trois habitans mariez & les quatre jeunes hommes non mariez, feirent le ferment entre les mains dudit Picot, lors préfident, de bien & deüement f'y acquiter en la garde & confervation du chafteau jufques au premier jour de janvier prochain & felon les articles ftatuez pour cet effect, aiant juré fur les Saintes Evangiles leur préfentées par led. procureur des Bourgeois.

Le fieur de la Gicquelaye remonftra que la commiffion donnée à Meffieurs du Confeil eftoit expirée des le feptiefme du prefent moys d'apvril & que pour tant il eftoit neceffaire d'en pourvoir & nommer d'autres en leurs places ou bien les continüer, (qui eftoit le but auquel tendoit cette remonftrance). Sur quoy apres meûre deliberation, l'affemblée continua lefd. fieurs du Confeil en leurs charges aveq pareil pouvoir & faculté qu'au paffé & ce jufques au premier jour de janvier prochain.

En la mefme affemblée generalle fut préfentée une requefte d'un nommé Guion Maçon, ferviteur de certains voituriers de Fougeres, tendante à ce qu'il pleuft aux habitans faire commandement à quelques foldats du *Pleffis-Bertran* de luy rendre nombre de charges de toilles par eux prifes & mifes dans le chafteau dudit Pleffis-Bertran. Veu laquelle requeste, fut conclud qu'attendant en faire pleintes au sieur duc de Mercueur, il en seroit escrit au sieur marquis de Chauffin son frere à Dinan, tous lesd. habitans disans unanimement que telles volleries ne se pouvoient plus souffrir; veu que les habitans de Saint Malo estoient de mesme party [1] & que lesdits voituriers avoient passeport du sieur evesque de Dol [2] & du sieur du Guebriand, gouverneur de Foulgeres. Fut conclud en outre que, si dorenavant ceux du Pleffis-Bertran continuoient tels exploits, l'entrée de cette ville leur seroit refusée & interdite.

En cette mesme assemblée, furent representées & leües plusieurs lettres & memoires trouvez au cabinet du sieur de Fontaines, apres sa mort & la prise du chasteau. Dans lesquelles se voioient à descouvert les desseins & machinations dudit sieur de Fontaines contre les habitans. Lequel sans doute projectoit leur ruine, les voulant contre les sermens solennels jurez, comme vous avez veu, non seulement sousmettre à la domination du roy de Navarre; mais en ce faisant les ruiner de fonds en comble, comme vous verrez par toutes lesd. lettres. Desquelles vous allez voir la teneur & pourrez de là juger combien il leur estoit necessaire de prevenir ce mal qui leur pendoit sur la teste & leur estoit preparé. Ce qui justifie assez & plus qu'à suffire l'innocence & la necessité de la prise du chasteau. Comme se voit par le contenu esdites lettres, lesquelles il fut par lesd. habitans en cette assemblée ordonné estre inserées au regestre du greffe de la Communauté & mises en leurs archives.

---

[1] Cf., p. 121.
[2] Charles d'Espinay, † le 12 septembre 1591.

Une lettre par le sieur de Fontaines escrite au Roy de Navarre.

SIRE,

Ce gentilhomme estant passé icy pour vous aller trouver de la part de Monsieur le prince de Dombes, je m'asseure qu'il fera si particulierement entendre à Vostre Majesté l'estat des affaires de cette province, qu'il ne m'est pas necessaire l'ennuier daventage sur ce subject; sinon, Sire, pour vous representer que je voy beaucoup de serviteurs que vous y avez se resouldre de prendre le party de la Ligue pour n'y voir des forces assez bastantes pour y faire aucun effort ni pour les pouvoir maintenir & conserver des tyrannies qu'ils reçoivent continüellement de vos ennemys; comme aussi c'est une nation fort inconstante & la plus-part composée de telle humeur qu'ils n'ont passion qu'à leur bien & utilité & à changer de party selon les evenemens de la fortune. C'est pourquoy il est de necessité que Vostre Majesté y pourvoie promptement, tant pour la conservation de son authorité que pour la manutention du pais. Ce que bien particulierement je representay à Vostre Majesté soudain apres la mort du feu roy & luy donnois toute asseurance de luy estre jusques au tombeau tres-humble & tres-fidelle serviteur, comme encore, Sire, je prendray la hardiesse de le vous protester, attendant que les effects de ma tres-devotieuse affection le puissent avecq plus de foy manifester à Vostre Majesté, qui me fera, s'il luy plaist cet honneur, pour le regard de cette place, d'adjouster foy à ce que luy dira le sieur de la Mote, que j'ay chargé de cette creance comme fidelle serviteur de Vostre Majesté, qui m'honorera, s'il luy plaist de ses commandemens pour y apporter toute l'obeissance que vous doit, Sire, vostre, etc.

De Saint Malo, cet xj septembre 1589 [1].

---

[1] La lettre qui suit celle-ci dans le Ms. a déjà été insérée par La Landelle. Voyez ci-dessus, p. 93.

Autre lettre du sieur de Fontaines au Roy.

SIRE,

Desirant estre toujours bien adverty de ce qui se seroit passé pour prevenir de bonne heure & m'opposer au mal que je congnoistré alterer au prejudice du bien de vostre service, j'ay à cette occasion prié tous mes amys que je congnois estre tres-fidelles serviteurs de Vostre Majesté me donner advis de jour en autre de ce qu'ils pourront apprendre. Ce qu'aiant effectüé un fort honneste homme par une lettre qu'il m'a envoiée, j'ay pensé estre à propos de la faire voir à Vostre Majesté qui considerera, s'il luy plaist, les points les plus importans pour y donner l'ordre qu'elle jugera y estre necessaire, pour ne laisser prendre adventage a ceux qui voudroient entreprendre sur son authorité, vous voiant, Sire, empesché ailleurs. Et pour donner plus de lieu à leur entreprise & attirer le plus d'hommes qu'ils pourront & ne laisser perdre courage à ceux qui leur sont acquis sur ce qui s'est passé de la mort de Monsieur de Guise, font encore des billets pleins de menteries, où ils rendent Vostre Majesté defavorisé de toutes choses & les villes toutes revoltées & ses subjects si mutinez qu'elle ne peut lever un seul homme; & au contraire sont ceux de la Ligue si forts qu'il ne vous reste en vostre royaulme lieu asseuré pour vous retirer. Ce sont petits artifices ausquels le vulgaire preste l'oreille & y adjouste foy tellement que ceux que j'ay veu du tout retirez depuis peu de jours reprennent cueur & sinon que je crains, etc. [1].

---

[1] Voyez la fin de cette lettre, p. 95.

Autre lettre du sieur de Fontaines au Roy.

Sire,

Depuis un memoire que j'ay hazardé pour faire tenir à Voſtre Majeſté, Monſieur de Mercueur a pris Foulgeres, ainſi qu'elle a peu entendre, par le moien d'un poltron qui commandoit dans le chaſteau qui le luy a remis entre les mains pour de l'argent [1]. Depuis ledit ſieur de Mercueur n'en a bougé & y eſt encore à cette heure, bien qu'il tienne Vitré aſſiegé qu'il penſe emporter pour y faire venir des forces & amaſſer toutes les communes des environs, pour tout cela ceux qui ſont dans la ville & au chaſteau font contenance de ne ſe vouloir rendre. Cette place eſt de grande importance tant pour garder l'entrée de la Bretaigne que pour la crainte qu'on a que Rennes ne ſe vouluſt ſeparer & ſe mettre avecq celuy qui ſe rendra maiſtre dudit Vitré; d'autant que c'eſt celle qui leur peut apporter autant d'incommodité & qui les peut plus neceſſiter. A cette occaſion, Voſtre Majeſté adviſera ſ'il luy plaiſt de la ſecourir, qui ſera par meſme moien envoier des forces par deçà qui y ſont tres-neceſſaires pour rallier ce que vous y avez de ſerviteurs qui ſans cela ne le peuvent faire pour ne ſe pouvoir mettre enſemble tout à un coup, & venant à la file & à petites troupes, comme il ne ſe peut faire autrement, ils ſeroient d'heure à autre combatus & mis en pieces, qui eſt choſe que pluſieurs apprehendent pour en eſtre menacez; ce que Voſtre Majeſté conſiderera, ſ'il luy plaiſt, & ſi elle trouve à propos d'envoier quelques troupes, je la ſupplie tres-humblement avoir aggreable que ma compagnie ſoit du nombre, m'aſſeurant qu'elle en vaudra bien une de Bretons. J'ay aujourdhuy veu Monſieur de Chaſteau-Neuff qui

---

[1] « Celui qui y commandoit en l'abſence du marquis de la Roche ne put reſiſter à 1500 eſcus que le duc lui donna. » (*Histoire particulière de la Ligue*, I, p. 40.)

eſt en tres-bonne volonté de vous faire un bon ſervice, aiant toujours mis peine de l'entretenir en cette bonne oppinion, le congnoiſſant, Sire, pour celuy de tout ce pais qui y a le plus de part, qui eſt autant de diminution de forces à vos ennemys & augmentation aux voſtres. Suivant ce que Voſtre Majeſté m'a commandé par ſa depeſche du xxiij^e du preſent, je l'ay fait ſçavoir en toute l'eſtenduë de ma charge qui a fait changer d'oppinion à beaucoup de gens, auſquels en avoit donné toute autre creance. Je ſuis icy fort menacé, etc. (1).

Lettre du ſieur de Cuſſé (2) au ſieur de Fontaines.

Monseigneur,

Dernierement que j'eus l'honneur de voir le Roy à Laval, il me commanda qu'auſſi-toſt que je ſerois de retour en ce lieu, je ne feiſſe faulte de vous advertir du deſſein qu'il a de vous aller voir, tant pour vous donner le moien de chaſtier les rebelles qui ſont dans voſtre ville, que pour tirer d'eux quelques commoditez pour l'advancement de ſes affaires. Je n'ay peu en cela ſatiſſaire au commandement qu'il m'en avoit fait juſqu'à cette heure, d'autant que j'ay fait un voiage à Tours, qui m'a fait perdre quinze jours de temps & n'en ſuis de retour que d'hyer. Celuy des voſtres qui eſt icy, ſ'en retournant vous trouver, vous deduira au long ce qui eſt de l'intention de Sa Majeſté & ſur cela en prendra voſtre advis & reſolution; eſtant reſoluë de ſ'y conduire du tout ſuivant ce que je luy en rapporteré de voſtre part, m'aiant aſſeuré qu'elle ne fera advancer ſon armée en ce pais, qu'elle n'aye de vos nouvelles

---

(1) Voyez la fin de cette lettre, p. 95.

(2) Jean de Bourgneuf, seigneur de Cucé, plus tard premier président au Parlement de Rennes, était alors un des membres les plus actifs du conseil particulier du duc de Montpensier.

par moy qui en doibs eſtre le porteur. Ce pendant, je vous ſupplie me faire l'honneur de me tenir tous jours en l'honneur de vos bonnes grâces, comme voſtre ſerviteur & comme celuy du monde ſur qui vous avez plus de puiſſance & commandement. Et ſur ce, vous aiant tres-humblement baiſé les mains, je prieray Dieu, Monſeigneur, vous donner en toute proſperité & ſanté longue & heureuſe vie.

De Rennes, le xe de janvier.

Par voſtre tres-humble & obeiſſant ſerviteur,

Cussé.

Et en ſuſcription : *A Monſeigneur de Fontaines, à Saint Malo.*

Par la lettre cy deſſur du ſieur de Cuſſé au ſieur de Fontaines, il vous eſt bien aiſé de voir que l'on traitoit de la ruine de la ville de Saint Malo & habitans d'icelle ; & par celle qui ſuit cy apres vous allez voir cette reſolution toute confirmée. Je l'ay auſſi extraicte du regeſtre de la Communauté pour vous faire voir le tout, affin que par leſd. lettres ſe puiſſe voir combien grand ſubject avoient les habitans de ſe prendre garde &, en faiſant ce que la neceſſité les contraignit de faire, deſtourner le mal qui leur pendoit ſur la teſte, comme ils ſeirent par la grâce de Dieu. Lequel, par ſa bonté & miſericorde, diſpoſa de tout autrement que la malice des hommes n'en avoit propoſé.

Autre lettre du ſieur de Cuſſé au ſieur de Fontaines.

Monseigneur,

J'ay inſtruit fort particulierement ce porteur de ce qui eſt la volonté du Roy, touchant ce qui depend de vous & qu'il m'avoit donné charge vous faire ſçavoir de ſa part, &, ſ'il m'euſt eſté poſſible, le vous dire moy-meſme. Mais aiant repreſenté à Sa Majeſté, comme il eſtoit du tout hors de ma puiffance d'avoir l'honneur de vous voir, il fe contenta fur l'affeurance que je luy donné de luy faire fçavoir par un tiers ce qu'il defiroit de vous. D'autant, Monfeigneur, que ceux qui font icy f'eftoient defjà donné l'efperance d'effectüer par voftre moyen ce que le Roy f'eft refervé. Ils font encore apres & croy qu'ils vous en importuneront. Mais je ne veux faillir à vous advertir qu'en ma prefence le Roy a deffendu à Monfieur le Prince [1] d'y rien entreprendre & luy dift qu'il vouloit luy mefme en perfonne l'executer de façon que je vous fupplie ne vouloir aucunement prefter l'oreille à toute l'importunité que ledit fieur Prince vous en pourra faire, attendu que vous feriez chofe fort defaggreable à Sa Majefté, & n'admettre auffi, f'il vous plaift, autre negotiateur de cet affaire que ce porteur de peur que vos deffeins ne feuffent defcouverts. Je le dy par ce que j'en voy icy deux ou trois qui afprement briguent & follicitent cette commiffion. S'il f'en addreffe à vous quelqu'un pour cet effect, je vous prie de l'en efloigner. Je ne veux auffi faillir à vous advertir que Sa Majefté m'a affeuré que la chofe effectüée, f'il y a du bon, que vous y aurez telle part que vous voudrez, reputant le fervice que vous luy ferez en cela tres-aggreable & grandement important à fes affaires. Je defire que me faciez l'honneur de me tenir toujours en l'honneur de vos bonnes grâces, comme celuy du monde qui vous a voüé le plus fidelle fervice & fur cette verité vous aiant baifé les mains, je vous fupplieray me croire, Monfeigneur,

Voftre tres-humble & affectionné ferviteur,

Cussé.

A Rennes, 13ᵉ janvier 1590.

En fufcription : *A Monfeigneur, Monfeigneur de Fontaines, à Saint Malo.*

[1] Le prince de Dombes.

Vous avez veu ou peu voir par la lecture de toutes ces lettres, le deſſein que le Roy & le ſieur de Fontaines avoient de ſe donner une curée de la ville de Saint Malo, à la ruine & deſolation entiere des habitans d'icelle; tous les biens deſquels on vouloit avoir pour en accommoder les affaires du Roy & perdre entierement tout ce peuple; mais Dieu en diſpoſa tout autrement que les hommes ne ſ'eſtoient propoſé. A luy en ſoit la gloire & honneur & grâce immortelle, à jamais! *Amen.*

Le lundy 16ᵉ apvril 1590, fut au Conſeil ordonné que publication feroit faite à cry publicq que la quarte partie des biens qui feroient confiſquez ſur les partiſans du roy de Navarre feroit donnée aux delateurs.

En ces jours eſtoit arrivé un navire de Saint Malo venant de Saint Lucques, nommé *le François*, dans lequel y avoit de l'argent appartenant à diverſes perſonnes. Et pour tant d'ordre du Conſeil furent toutes les lettres venuës en iceluy priſes; pour par icelles voir & apprendre ce qu'il y avoit de cet argent appartenant aux marchands de Vitré, Laval & autres tenans le party du roy de Navarre. Pour viſiter leſquelles lettres qui furent portées au logeix du Procureur, furent avecq luy commis Belinaye, Bardeliere, Bois-Joly & le greffier. Les habitans en cette nouveauté & changement avoient affaire d'argent pour ſubvenir aux neceſſitez publiques, ce qui faiſoit que tout leur eſtoit bon, pourveu qu'il feuſt pris ſur les ſerviteurs du roy de Navarre.

Le mardy 17ᵉ d'apvril 1590, au Conſeil, fut leüe une lettre du marquis de Chauſſin tendante à ce que les habitans euſſent preſté deux canons avecq leur attirail & poudres & bales neceſſaires, & le tout faire porter & rendre au hâvre de Dahoüet, & les bailler là au capitaine Roy qui commandoit à Lambale pour le duc de Mercueur, pour ſervir à batre le Guémadeuc [1]. Sur cette demande, commiſſion fut donnée aux quatre capitaines

---

[1] En Plénœuf.

generaux de delivrer audit capitaine Roy les deux plus gros canons de fer qui feuffent à Saint Malo avecq les munitions neceffaires, & le tout faire rendre audit port de Dahoüet. De tout quoy fut donné advis audit fieur Marquis.

Cette deliberation fut fuivie d'une commiffion donnée à Bardeliere de lever promptement trois cens volontaires, avecq lefquels il fortit de Saint Malo le lundy lendemain de Pafques. Et f'embarquerent avecq le canon & fe rendirent le mefme jour à Dahouet, où ils trouverent le capitaine Jan, lequel auffi avoit trois cens foldats amenés de Lambale. Les deux canons furent des le lendemain plantez devant la maifon du Guémadeuc & ceux de dedans fommez de fe rendre, mais leur refponce fut par plufieurs moufquetades. Nous battimes la coftale d'une fale en laquelle en trois ou quatre volées de nos deux canons fut fait une grande ouverture; & à mefme temps que l'ouverture fut faite en la coftale, on donna dedans la breche, mais on trouva cette fale habandonnée & le feu pris & attaché aux doubleures & à toute la charpente de ce baftiment. Tout le bois d'icelle aiant efté par ceux de dedans froté & enduit de tarc ou goüetron, voiant qu'ils ne pouvoient garder cette fale & y avoient mis le feu pour la faire habandonner aux affiegeans qui bientoft eurent efteint le feu. Les tenans, en fe retirant & habandonnant cette fale, fe retirerent en un logement de cette maifon qu'ils avoient retranché, dans lequel ils feirent trois bonnes heures de refiftance. Mais finalement furent contraints fe rendre la vie faufve tant feulement. Il y avoit là dedans quelques gentilfhommes du quartier, entre autres le fieur de la Goubelays; lequel au repartement qui fut fait des prifonniers demeura aux Malouins & fut amené à Saint Malo, où il paia à Bardeliere deux mil efcus de rançon, lefquels luy demeurerent fans qu'il en feift part à perfonne, par ce que perfonne n'en demanda participation.

Fut auffi advifé qu'il feroit fait prefent au fieur *de Vicques* qui tenoit le party de la Ligue en la baffe Normandie, de douze cens livres de fine pouldre d'harquebufe en recongnoiffance de quelques bons advis qu'il nous avoit donnez avant la prife du chafteau & autres bons offices par luy en divers temps rendus aux habitans.

Le mefme jour à deux heures apres midy au Confeil, Landelle & Bois-Joly furent commis pour faire rendre & reftitüer l'argent venu d'Efpagne dans *le François* à ceux aufquels il appartenoit, & pour charger Jan le Large la Barre, proprietaire dudit navire de partie des derniers venus en iceluy qui feroient appartenans aux habitans de Vitré & de Laval & autres tenans le party du roy de Navarre.

Le mercredy 18ᵉ apvril, au Confeil, fut veüe une lettre du feigneur duc de Mayenne qui fut la premiere qu'il efcrivit aux habitans de Saint Malo depuis la prife du chafteau. Auffi n'y avoit il que cinq femaines qu'il avoit efté pris, quand elle fut receue. Laquelle fut ordonné eftre inferée au regeftre de la ville dont enfuift la teneur :

Lettre du duc de Mayenne aux habitans de Saint Malo.

MESSIEURS, j'ay autant eu de joie de la liberté que vous avez acquife par le moien de la reduction de voftre chafteau que je portois de regret de la continuation de vos miferes par le moien de l'occupation d'iceluy & m'en conjouys avecq vous comme du plus grand heur qui vous euft fceu arriver, voulant croire que Dieu ne vous a point voulu faire paroiftre en cette extrefme occafion le foing qu'il veut avoir de ceux qui combatent pour fa querelle, fans qu'il vous en reüffiffe quelque fruit & contentement; n'eftant point, par la grâce de fa divine bonté, reduit à tel point que les moiens ne me reftent de vous garentir de la jufte apprehenfion que vous & tous les bons catholiques de ce royaume avez toujours eüé de l'inique domination des heretiques, comme nos ennemys publient. Car je vous rendray preuve de ce que je vous efcris dans peu de jours;

prenez feulement courage & ne vous eftonnez des artifices de nos ennemys, car vous aymant & eftimant comme je fay, je porteré tres-volontiers ma vie pour voftre liberté & confervation, quand l'occafion f'en prefentera. Et en cette volonté, apres m'eftre recommandé à vos bonnes grâces, je prieray Dieu, Meffieurs, qu'il vous ait en fa fainte & digne garde. A Soiffons, le xxvij^e mars 1590.

Voftre tres-affectionné,

Charles de Lorraine.

En fufcription : *A Meffieurs les efchevins & habitans de la ville de Saint Malo.*

Cette lettre, fi je ne me trompe, reffent bien la faibleffe & debilité dud. fieur duc de Mayenne, lequel donne des efperances qu'il n'avoit pas luy mefme & temoigne une grande meffiance de fes forces.

Vous avez cy devant veu comme les habitans de Saint Malo avoient envoyé un deputé vers les villes du pais bas, au retour duquel deputé les lettres des villes de Saint Brieuc, Lannyon & de Rofcoff, furent leües au Confeil le jour que deffur, icelles toutes pleines de proteftations de demeurer fermes au party de l'Union; & à voir leurs lettres vous euffiez jugé que ces villes recongnoiffoient une fuperiorité à celle de Saint Malo, & demandoient la continuation du commerce avecq ceux de lad. ville, comme au paffé.

Outre les biens meubles appartenans au fieur de Chafteau-Neuff trouvez au logix de la Demoifelle des Doüetz, lefquels avoient efté faefis, j'eftime n'eftre hors de propos de dire que lors de la prife du chafteau, il y avoit en la grande cave d'iceluy plufieurs coffres de bahus appartenans auffi audit fieur de Chafteau-Neuff; lefquels Belinaye, l'un des deux capitaines qui avoient commandé à la prife, feift des le matin lendemain d'icelle porter à fa maifon en intention, comme je fçay de certain, de les conferver pour led. fieur de Chafteau-Neuff & de les luy rendre. Mais cette action & procedé ne fut pas trouvée bonne au Confeil; & de fait, felon mon fens, il n'avoit pas bien fait; eftant de dangereufe confequence qu'un particulier fe vouluft arroger l'authorité de prendre ces biens là, encore que ce feuft à intention de les rendre à leur maiftre. Car f'ils eftoient acquis par droit de guerre, ils appartenoient au publicq, & f'il en falloit faire reftitution gratieufe, il eftoit auffi raifonnable que le gré & les remerciemens en feuffent auffi deües à la ville & non à un particulier.

Pour tant, furent commis le Procureur, la Barre, Tertre-Galas, Clos-Neuff, Bardeliere, Limonnay, Poupardrie, les Croix, le Vivier & Quatre-Vays depofitaire general, pour fe tranfporter l'apres midy dud. jour au logix de la demoifelle des Doüetz, affin de la faire jurer de n'avoir recellé aucuns biens appartenans audit fieur de Chafteau-Neuff & la deffaefir de ceux qui avoient efté certiffiez, avecq ordre à ces deputez de donner acte de receu par bon inventaire des biens qu'ils feroient emporter de cheix lad. demoifelle, &, paffé de ce, faire emporter lefd. biens en la maifon de Jacques Porée depofitaire general. Avoient auffi charge & pouvoir de fe tranfporter au logix de Belinaye pour certiffier les lettres, meubles & biens qu'il avoit fait emporter du chafteau cheix luy appartenans audit fieur de Chafteau-Neuff, comme vous venez de voir; & par mefme ordre eftoient chargez d'aller cheix Jan Boullain Grand-Pré pour y prendre les biens meubles qui y eftoient appartenans au fieur d'Arcona & de faire le tout porter au logix du depofitaire & de l'en charger par bon inventaire.

Le vendredy 20ᵉ d'apvril fur le rapport de Landelle, le Pré & Bois-Joly, deputez cy devant pour voir à qui appartenoit l'argent venu dans le navire *le François*, fut ordonnée main levée des deniers & autres biens venus en ce navire appartenans à ceux qui feroient notoirement du party de l'Union. Mais quant à ce qui appartenoit aux habitans de Vitré & de Laval & y demeurant, qui notoirement eftoient du party du roy de Navarre, ils furent laissez en depost au pouvoir de Jan le Large la Barre proprietaire dud. navire & chargé d'en respondre & de les représenter lorsque besoing seroit.

Le mercredy 25ᵉ apvril 1590, au Conseil, fut ordonné que la terre qui estoit sur l'isle du Grand Bés, proche de la ville, seroit jettée en la mer à ce que l'ennemy ne s'en peust servir à remplir gabions, ny faire retranchemens ou autres fortifications au prejudice de la ville, & pour le faire executer Saint Estienne & Limonnay commis.

Le mesme jour fut aussi ordonné, au Conseil, que les sous nommez seroient mis hors la ville, pour avoir tenu le party heretique, & pour leur faire commandement de sortir fut commission donnée à Jacques Pepin Pré-Lambert & à Michel Porée la Tour.

Voicy les noms de ces bannis :

Thomas Pommerel, Nicolas Guillebert, Pierre Giouaisel, François Blesuës un sien gendre, un nommé Le Val, un nommé Ozanne.

Vous voiez par tout ce qui precede quel soing & vigilance qu'apportoient les habitans de Saint Malo à prevenir tout ce qui leur pouvoit nuire, feust au dehors ou au dedans, en quoy veritablement ils n'obmettoient aucun devoir.

Le mesme jour le sieur de la Charronniere, envoié par le marquis de Chauffin, donna des lettres dud. sieur marquis; lesquelles furent leües au Conseil. Et par le Procureur fut referé que ledit sieur de la Charronniere, (car la lettre portoit creance), demandoit une couleuvrine pour attacquer & batre Couasquen (1) que ledit sieur marquis avoit fait sommer de se rendre & le tenoit assiegé. Sur quoy deliberant les habitans, jugeant bien qu'une seule couleuvrine estoit moins que suffisante pour batre la place, il fut resolu qu'on bailleroit deux couleuvrines audit sieur de la Charronniere, baillant caution bourgeoise de les restituer. Et qu'avecq icelles, on bailleroit pouldres, balles & l'attirail ne-

---

(1) Le château de Coetquen, situé dans la paroisse de Saint-Helen.

cessaire; & qu'on luy feroit conduire le tout au port de Livet en la riviere de Dinan, proche du chasteau de Coüetquen. Et pour faire cette diligence furent commis le Procureur, la Barre & Graslarron.

En la mesme assemblée du Conseil, fut ordonné publication estre faite des deffenses à toutes sortes de personnes d'achater aucuns heritages appartenans aux habitans qui avoient esté chassez hors la ville comme suspects au general.

En pareil y fut ordonné qu'il seroit proclamé que permission estoit donnée à toutes personnes de la ville, huit jours apres cette proclamation, de prendre comme prisonniers de guerre ceux ausquels avoit esté fait commandement sortir hors la ville pour avoir tenu le party contraire, en cas que dans ledit temps d'huit jours portez en cette ordonnance ils feussent trouvez en la ville; & deffenses faites aux forains & estrangers d'aller sur les murs & rampars de la ville sur peine de prison.

Le jeudy 26e dud. mois d'apvril 1590, au Conseil, fut ordonné que les capitaines de ville qui auroient esté de garde le jour, envoieroient le soir chascun six hommes des leurs au chasteau, l'un desquels envoiez porteroit en un billet signé de son capitaine les noms de la sixaine qu'il envoioit.

En pareil fut resolu que les capitaines, le jour de leur garde, seroient tenus apres avoir fermé la porte de la ville d'en porter les cleffs conduites par eux & leurs compagnies au logeix du procureur des Bourgeois, ainsi qu'on avoit de coustume durant les gouverneurs de les porter & conduire au chasteau.

Je fay icy une reflexion pensant combien est digne de consideration de ce que peut & vaut une bonne ville, en un party auquel elle se trouve portée. Ce qui me fait entrer en ceste meditation est ce que vous venez de voir, comme le marquis de Chauffin aiant demandé de l'artillerie, on le venoit d'asseurer de luy bailler deux couleuvrines avecq leur attirail. Ce qui luy avoit esté promis le jour d'hyer, & aujourdhuy 26 dudit moys, lendemain de ladite promesse, le sieur de Vicques, par personnes par luy envoiez expres & par lettres, prie les habitans de luy prefter les mefmes couleuvrines pour fervir à battre Pontorfon, qu'il vouloit affieger; lequel Pontorfon avoit puis fort peu de jours efté commencé à fortifier par le fieur de Lorges, aifné de Mont-Gommery, auquel un appellé Florimont avoit pour de l'argent mis le chafteau dud. Pontorfon entre mains; en laquelle place à prefent commandoit le cadet dud. fieur de Lorges, depuis comte de Mont-Gommery, car led. fieur de Lorges aifné eftoit lors prifonnier du fieur de Vicques dans le Mont Saint Michel.

Il eft d'autre part digne de confideration combien il eft inutile non feulement, mais fouvent dangereux & dommageable de fe trouver envelopé dans ces partis de rebellion, aufquels les partifans font toujours difetteux des chofes neceffaires pour bien mener à fin un deffein, foit il grand ou de peu d'importance.

Il fut doncq advifé au Confeil qu'on feroit des excufes au fieur de Vicques qu'on ne le pouvoit pour l'heure accommoder de ces deux couleuvrines, obftant qu'elles eftoient promifes au marquis de Chauffin pour affieger Coüetquen.

Le fabmedy 28ᵉ du mefme mois d'apvril, furent receües lettres du fieur de la Charronniere & leües dans le Confeil, & une du fieur marquis de Chauffin, portant advis de la reddition du chafteau de Coüetquen, & portant qu'il n'eftoit plus befoing d'envoier l'artillerie. Les lettres dud. fieur marquis de Chauffin toutes remplies de remerciemens aux habitans de leur bonne volonté & affection.

L'autre lettre eftoit du fieur de Vicques, envoiée par le fieur *de Moulinet*, bourgeois de Pontorfon, mais lequel f'en eftoit retiré pour ne demeurer fous la tirannye du fieur de Lorges. Cette lettre tendoit à ce que les habitans de Saint Malo l'accommodaffent des mefmes deux couleuvrines avecq l'attirail & de pouldres & balles pour tirer deux cens coups de canons, aiant deffein de f'en fervir à batre Pontorfon, qu'il difoit tenir affiegé, & lequel les huguenots commençoient à fortifier, ainfi que cy deffus a efté dit. Fut deliberé que ces deux couleuvrines feroient baillées audit fieur de Vicques avecq cent cinquante balles & de la poudre pour tirer autant de coups, à condition que Moulinet fufdit f'obligeaft & fe conftituaft caution de les rendre & reftitüer; & pour luy faire cette refponce & en traiter avecq lui furent commis le Procureur, la Barre, Belinaye & Graflarron.

Ce mefme jour, au Confeil, auquel les capitaines de ville & commis à la police affiftoient, le Procureur refera avoir conferé avecq le fieur de Moulinet & lui promis que les deux couleuvrines & attirail lui feroient baillées, pourveu que luy & le fieur des Aulnays venu avecq lui f'obligeaffent de les rendre & reftitüer. A quoy ils ne fe voulurent fous-mettre & pour tant fut refolu de ne les leur bailler fans caution. Laquelle caution fi ils vouloient bailler, ces pieces leur feroient menées & conduites à nos frays jufques au Pas-au-Beuff, & des lors fut commiffion donnée à Graflarron de faire cette diligence avecq les frays neceffaires, & les cy deffur nommez auffi commis pour prendre les feuretez d'aveq lefdits Moulinet & des Aulnays.

Le lundy dernier jour d'apvril, furent chargez Graflarron, Planchette & le greffier de fe tranfporter à la maifon de Maiftre Germain Leveillé, nagueres greffier de la Communauté & alors banny de la ville, comme vous avez peu voir, pour faire commandement à fa femme de leur bailler les papiers & regeftres de la Communauté du temps qu'il avoit efté greffier, aveq pouvoir de bailler acte d'acquit des livres que ladite femme leur delivreroit.

Le mardy premier jour de may 1590, au Confeil, auquel affiftoient les capitaines de ville & les commis à la police fut appareu & leüe une autre lettre du fieur de Vicques, par laquelle il prioit les habitans de lui faire preft de ces deux couleuvrines, offrant d'envoier un de fes enfans en hoftage de la reftitution. Sur quoy, fut conclud qu'elles lui feroient baillées fans hoftage avecq douze cens livres de pouldre & cent cinquante bales.

Le vendredy 4e dudit moys de may, Pierre le Gentilhomme, maiftre du navire *le Daufin*, preft à faire voiage en mer, fut mandé au Confeil où il prefta le ferment de maintenir autant qu'il pourroit les mariniers de fondit navire en la crainte de Dieu & au party de l'Union, & f'il en remarquoit aucuns dire ou faire chofe contraire à ce devoir, promift de les deferer au retour de fon voiage. La mefme diligence fe feift dorenavant en l'endroit de tous les maiftres des navires qui alloient en voiage, aufquels on faifoit prefter femblables fermens, affin de contenir en devoir & obeiffance tous les mariniers en general & chafcun en particulier.

Le fabmedy 5ᵉ dudit moys de may, au Confeil, furent nommez & deputez Belinaye, Graflarron, Limonnay & la Court-Richomme vers le fieur duc de Mercueur, lequel pour lors eftoit à Joffelin, pour luy faire offre de tous les fervices que luy pourroit rendre le general & le particulier de la ville, & pour luy rendre raifon de l'eftat des affaires d'icelle.

Je qui fçay le motiff de cette deputation advife le lecteur que cette deputation vers ledit fieur Duc eftoit pour le prevenir & l'empefcher que, fous pretexte de f'enquerir de l'eftat des affaires de la ville, il ne f'acheminaft & vint à Saint Malo, craignant que fa prefence prejudiciaft à la liberté de la ville & à la confervation d'icelle en l'eftat que les plus fages la vouloient maintenir, pendant la mifere & l'orage des troubles. De cette intention n'eftoient pas fçavans tous ces quatre deputez, d'autant que nous fçavons qu'aulcuns d'entre eux auroient bien defiré voir l'authorité dudit Duc eftablie en la ville, je ne nomme ni particularife perfonne, mais cela foit dit & remarqué en paffant comme chofe digne d'eftre confiderée pour conferer ce temps aveq celuy qui fuivit apres.

Le lundy 7ᵉ dudit moys & an, au Confeil, où furent prefens les capitaines de ville & commis à la police, fut ordonné que l'argent venu dans *le François*, appartenant aux habitans de Laval, feroit mis & delivré entre les mains du mifeur pour eftre emploié aux neceffitez de la Communauté, ce qui fut fait.

En la mefme affemblée, Thomas Porée Les Chefnes & Jan Boullain Riviere declarerent qu'eux deux & Guillaume Pepin La Coudre devoient au fieur de la Mettrie tenant le party contraire la somme de deux mil escus, desquels leur fut fait deffense de se dessaisir sur peine d'en repondre & indamnité à eux promise au nom de la ville.

Pareille declaration fut aussi faite par led. Thomas Porée, que luy & Jan Porée Tertre-Galais son pere devoient quatre cens escus à la dame de Beaufort. A laquelle dame aussi, Gilles Eberard Coulombier declara devoir pareille somme de quatre cens escus. A tous lesquels furent faites deffenses de s'en dessaisir & indamnité leur promise au nom de la ville. De tout ce que dessus est aisé à colliger que ceux qui devoient, estoient bien aises de faire ces declarations affin de ne paier leurs dettes ny courir en interests.

En ce temps de troubles, les deniers royaux n'estoient pas plus privilegiez que les biens des particuliers. Car, au mesme Conseil, fut mandé un nommé *Pierre le Fillous* sergent, fermier du devoir des brieffs [1]. Auquel commandement fut fait paier au miseur de la ville la demie-année qu'il devoit de sa ferme desd. brieffs, à faute de quoy faire il seroit constitué prisonnier & pareille indamnité à luy promise.

Les habitans, jettant par tout l'œil de la prevoiance dans l'advenir, donnerent charge à Bardeliere & Limonnay avecq le Procureur d'achater douze milliers de pouldres & tel nombre de balles à canon qu'ils verroient bon, & outre d'achater quantité de mintrailles & estofes pour faire fondre du canon pour la deffense de leur ville. Ces commissions du Conseil sont de l'8ᵉ may.

Ce mesme jour 8ᵉ may 1590, fut leüe au Conseil une lettre du duc de Mercueur aux habitans, ausquels il annonçoit la prise de Hennebont sur luy faite par le prince de Dombes. Cette lettre qui ne contenoit que la relation de la prise de lad. ville ne merite d'estre inserée.

Le mercredy 9ᵉ may, au Conseil, fut deputé Pierre Pepin la Planche, pour aller trouver le duc de Mayenne de la part des habitans de Saint Malo, avecq charge de luy donner à entendre

---

[1] Le devoir des brefs était établi sur le ravitaillement, le pilotage et le bris des navires.

de l'eſtat des affaires de la ville. Et particulierement eſtoit chargé des copies des lettres du Roy, de Monſieur de Fontaines & du ſieur de Cuſſé, dont vous avez veu cy devant des autants & des memoires trouvez au cabinet dud. ſieur de Fontaines. Sa deputation eſtoit principalement pour ſupplier ledit ſieur Duc de vouloir advoüer, valider & authoriſer par ſes Lettres Patentes tout ce qui ſ'eſtoit & paſſé & executé par les habitans de Saint Malo, tant dedans que dehors, comme la priſe des armes, la priſe du chaſteau, mort du ſieur de Fontaines, priſe de biens, eſtabliſſemens des garniſons & generalement tout ce que par leſd. habitans & par leur ordre & commandement avoit eſté fait, geré, negotié, commandé, executé, etc.

Je vous vay parler d'une commiſſion par le Conſeil donnée à Bardeliere & à Bricourt d'armer & eſquiper en mer une, deux pataches ou plus, ſelon qu'ils jugeroient convenable pour faire la guerre aux ennemys. Mais au prealable, il me ſemble convenable de vous dire le ſubject & la cauſe de cette commiſſion. Voicy donq le ſubject :

Le ſieur de Rays, commandant au Guildo pour le duc de Mercueur, donna advis au procureur des Bourgeois que le marquis de la Mouſſaye, vicomte de Saint Denoual, & autres gentilſhommes ſ'en venoient de Jarzay en un bateau pour deſcendre au chaſteau de la Latte, ledit ſieur de Rays donnoit cet advis au Procureur comme à perſonne publique. Aiant doncq eu cet advis, il en communiqua à aucuns du Conſeil, leſquels furent d'advis qu'il falloit meſnager le ſecret de cette affaire, de peur qu'elle ne feuſt eſventée. Et neantmoins ledit Procureur propoſa au Conſeil qu'il y avoit quelque occaſion pour laquelle il eſtoit neceſſaire de donner cette commiſſion auſdits Bardeliere & Bricourt d'armer deux ou trois pataches pour executer un deſſein & honorable & utile au publicq.

Cette permiſſion leur eſtant donnée & generalement à tous les habitans qui voudroient armer & mettre en mer, ces deux nommez enrollerent environ cent hommes qu'ils embarquerent avecq eux ſur deux pataches. Avecq leſquelles ils ſortirent le 27ᵉ de may 1590, la permiffion aiant efté donnée le 24ᵉ du mefme moys.

Or, foit que quelques uns du Confeil aufquels on avoit dit comme en fecret la caufe de cet armement ou comment que ce foit, aucuns que je ne veux point nommer feirent qu'un nommé *Jan Hacoul* arma auffi une patache, en laquelle il embarqua quarente hommes, & fortift & mift en mer le mefme jour & prefque à mefme heure que celles de Bardeliere & de Bricourt. Et le 28ᵉ dudit mois de may, foit que Jan Hacoul euft congnoiffance de cet affaire ou qu'il vouluft fuivre la pifte des autres, alla fe mettre fur la route d'entre les Portes, ou Cefambre, & le chafteau de la Latte, où ils pafferent tous la nuit. Au matin apres laquelle nuitée, qui fut le 28 dud. mois, fe leva une bruine tellement efpoiffe que l'on ne pouvoit voir, mais environ les fept heures de ce matin, le foleil diffipa cette bruine; & lors cette patache, en laquelle eftoit Jan Hacoul fe trouvant fort pres du chafteau de la Latte apperceut le bateau dans lequel eftoit le marquis de la Mouffaye entre le lieu où il eftoit & l'ifle de Cefambre, & incontinent mift le cap vers ce bateau & luy donne la chaffe. Quoy voiant, ceux du bateau dud. fieur de la Mouffaye changerent de route & au lieu de fuivre leur pointe vers ledit chafteau, ils fe mirent à courir vers Saint Malo, mais cette patache de Hacoul les pourfuit, laquelle enfin contraignit ce bateau fuiant de venir au lieu qu'on appelle *la Foffe du Neft*. Auquel lieu eftant parvenu & ne fçachant de quels gens ils eftoient chaffez & pourfuivis, incontinent le fieur de la Mouffaye & vicomte de Saint Denoual & autres qui eftoient au bateau en fortent à la hafte & fe jetterent en un petit bateau de ceux qui fervent au paffage en ladite foffe du Neft, & fe feirent porter en terre avant que ceux qui les pourfuivoient les peuffent atteindre, laiffant la dame de Saint Denoual dans le bateau d'où ils fortoient, elle ne fe pouvant defembarquer incommodée du mal de la marine.

Si l'intention du fieur de la Mouffaye fe voiant pourfuivy fut de faire fa retraite à Saint Malo ou bien d'entrer en la riviere de Dinan, fur le bord de laquelle eft fa maifon de Plouër, c'eft chofe dont je ne puis refpondre. Mais bien diray-je luy avoir ouï dire que fe voiant pourfuivy par des gens qu'il ne congnoiffoit point, il ayma mieux fe rendre à Saint Malo que fe voir entre mains de ces gens incongneus. Finalement il fortit de ce petit bateau de la Foffe du Neft & mift pied en terre au lieu auquel a depuis efté bafty un efperon [1] fous la *Tour mouillée* pour f'en aller entrer dedans la ville. A peine avoit il mis le pied en terre qu'il rencontra le fieur de la Landelle [2] qui fe trouva là avecq beaucoup de gens. Ledit fieur de la Landelle qui le congnoiffoit & eftoit congneu de luy, faluä led. fieur marquis avecq les devoirs de courtefies en telles rencontres accouftumées, luy demandant quelle fortune l'avoit là amené. Auquel le fieur de la Mouffaye refpondit que fe voulant retirer de Jarzé ou Guernezé au chafteau de la Latte & eftant fort proche d'iceluy, il fe veid pourfuivy d'une patache de gens de guerre & que ne congnoiffant quelles gens c'eftoient il avoit mieux aymé fe venir rendre à Saint Malo entre les mains de fes bons amys, defquels il efperoit traitement plus favorable que de tomber aux mains de gens qu'il ne congnoiffoit point.

Ces difcours les entretenurent jufqu'à la porte de la ville, à laquelle eftant arrivez, Landelle pria led. fieur marquis au cabaret qui eft à lad. porte, auquel les fermiers perçoivent les devoirs qui f'y paient; où pendant qu'ils fe repofoient, Landelle envoia advertir le procureur des Bourgeois de cette furvenuë & de la caufe affin qu'il vint au cabaret pour voir & advifer ce qui feroit bon & expedient de faire en cette nouvelle & non preveüe occurence d'affaires. Le Procureur ne tarda gueres à venir & trouvant en ce lieu le fieur de la Mouffaye & [l'ayant] faluë l'entretenut de fort peu de parolles & le pria par l'advis dud. Landelle & de bien peu d'habitans qui f'y trouverent d'aller prendre fon logeix & fon difner cheix luy Procureur. Auquel lieu il prift fon difner, accompagné de quelque peu

---

[1] En 1598.
[2] Josselin Frotet, sieur de la Landelle, père de l'auteur.

d'habitans, entre lesquels je me trouvai à difner. Et des l'inftant luy furent mis des gardes, fans touteffois qu'il f'en apperceuft. Car ceux qui y furent commis ne faifoient contenance, finon de tenir compagnie à fes gens & autres ferviteurs du vicomte de Saint Denoual auffi en la compagnie.

Apres le difner, le Procureur feift affembler le Confeil aux deux heures de l'apres-midy, où en premier lieu, il fut refolu que le bateau & mariniers d'iceluy feroient arreftez & que lefdits fieurs marquis de la Mouffaye & vicomte de Saint Denoual feroient arreftez & mis en la haute fale du donjon au chafteau, en la garde de Fougeray, capitaine dudit chafteau, lequel lors prefent en accepta la charge, auquel fieur de la Mouffaye feroit feulement donné de fes gens pour le fervir un valler de chambre & un lacqués. Et quant à un bafque domeftique dudit fieur marquis, Bouguelaye de Chafteau-Neuff & un architecte venu dans led. bateau, fut ordonné qu'ils feroient tous enfemble mis prifonniers en la tour de la Generale audit chafteau.

Fut en pareil conclud en cette affemblée que tous les prefens en icelle tout à l'inftant fe tranfporteroient au logix du Procureur pour affifter à l'interrogation defd. fieurs de la Mouffaye, vicomte de Saint Denoual & autres prifonniers, mefme des mariniers & maiftre du bateau; & pour vacquer à l'interrogation le Procureur commis & le greffier avecq luy pour rapporter les declarations de tous les prifonniers.

Voicy les noms de ceux qui avoient affifté au Confeil & qui avecq le procureur fcindyc furent prefens aux interrogations des prifonniers, ainfi que je les ay trouvez fur le regeftre :

Le Procureur, Fougeray, Riviere, la Barre, Henry Boullain, Saint Eftienne, Landelle, Tertre-Galas, Corgnaye, Quatre-Vayes, Pouparderie, Belinaye, Clos-Neuff, Planchette, Olivier Launay, Limonnay, les Croix, Graflarron, Chipaudiere.

Le lendemain qui fut le mardy 29ᵉ dud. mois de may 1590, fe prefenterent au Confeil Jan Hacoul & Guillaume du Pré, le premier capitaine de la patache qui avoit chaffé le bateau des prisonniers, le second maistre de lad. patache; avecq eux estoient Josselin Crosnier Rouaudaye, Charles Pepin Flourie & autres jeunes hommes qui s'estoient embarquez en lad. patache. Lesquels, apres que permission leur eust esté donnée d'entrer & de parler, supplierent les sieurs du Conseil qu'il leur pleust ordonner que le bagage par eux trouvé en un bateau de Grand-Ville, lesd. meubles appartenans au sieur de la Moussaye, vicomte de Saint Denoual & dame de Liscoüet, leur feust mis entre mains pour en disposer à leur volonté & aussi led. sieur Marquis & les autres prisonniers estans venus en ce bateau & mesme le bateau.

A laquelle demande fut par le scindyc fait responce que les prisonniers ne leur appartenoient point, s'estans venus rendre prisonniers entre les mains des habitans, ausquels en consequent ils appartenoient de droit, comme prisonniers de guerre. Et à cela par lesd. Hacoul & autres demandeurs fut repliqué estre bien d'accord de la declaration faite par led. sieur de la Moussaye & autres prisonniers, mais que neantmoins il soustenoit iceux prisonniers leur devoir appartenir de droit de guerre & avecq eux leurs meubles arrestez, & que neantmoins veu la contestation & pour eviter & obvier à tous proces, disputes & differens avecq le corps de ville, ils se submettoient à en passer par les advis de Bernard Boullain sieur de la Riviere, Jan le Large sieur de la Barre & de Jan Porée sieur de Tertre-Galays; si bien que du consentement desd. sieurs du Conseil pour la ville & dudit Hacoul & compagnons, il fut & demeura convenu & arresté qu'il en seroit passé par l'advis des trois personnages cy devant nommez pour en juger avec tout effect & congnoissance de cause. Ce qui aussi fut accepté par lesdits trois convenus, & ordonné qu'acte en seroit rapporté sous les seings des parties pour plus ample & maire seureté.

Le mercredy 30ᵉ dud. mois de may ne se passa au Conseil chose digne d'estre icy rapportée, sinon que le maistre & mariniers du bateau auquel estoit venu le sieur de la Moussays, furent ressaisis de leur bateau & eux laissez se retirer librement à Grand-Ville.

Fut aussi resolu que deffenses seroient faites à Françoys Blesuës, sa femme & enfans, de ne resider au bourg ny en la paroisse de Saint Servan, & Julien Maingard la Garde chargé de leur faire commandement de s'en retirer; la prevoiance des habitans ne se contentant pas d'avoir repurgé le dedans de la ville des personnes suspectes, si de plus ils ne banissoient du voisinage ce genre d'hommes, providence qui les rend tres-loüables.

Fut encore ordonné que le Procureur mettroit quelque homme à loger en une maison qui est au lieu où fut *La Citadelle*. Quelle maison avoit appartenu à une pauvre femme, nommée Henriette Goujon, & laquelle le sieur de Fontaines, en aiant spolié ladite Goujon, avoit baillée à un vieil morte-paye du chasteau qu'on appelloit la Ruë & en son surnom *Pill'Avoine*. Et ce fut en ce temps icy que les habitans s'amparerent de cette maison y faisant loger un homme. Elle a depuis esté baillée d'un consentement commun des seigneurs du Chapitre & de la Communauté, laissée pour logement & demeure de ceux qui ont possedé la prebende preceptoriale; lesquels l'ont toujours tenuë depuis & la tiennent encore à present. Cy apres sera dit en son lieu à quel titre le seigneur de Fontaines s'en estoit amparé.

Le vendredy premier jour de juin apres midy, au Conseil, le sieur *Prudent* fut introduit en la chambre, lequel feist entendre venir de la part du seigneur duc de Mayenne pour leur presenter ses lettres, & pour leur faire entendre l'estat des affaires & de son armée, & pour les asseurer de ses bienvueillance & affection envers eux. Vous allez voir en suite le contenu aux lettres :

Lettre du duc de Mayenne aux habitans de Saint Malo.

MESSIEURS, je ne sçay si les lettres que je vous escrivy apres l'heureuse reduction de vostre chasteau seront parvenuës jusqu'à vous, par lesquelles vous en avez peu voir l'estime que je fay de vostre genereuse resolution qui vous a delivrez des mains des hereticques, & selon le soing que j'ay pris de vostre conservation, je n'ay voulu differer davantage de vous asseurer par ce porteur que je vous envoye expres de la volonté que j'ay de vous assister & favoriser de tout ce qui depend de ma puissance, vous priant croire que lors que les occasions se presenteront, je vous en feray congnoistre les effects tres-veritables, m'y sentant obligé par la grande & singuliere affection que vous avez toujours fait paroistre au bien & advancement de nostre religion cath., ap. & rom., pour laquelle nous combatons, avecq esperance que Dieu favorisera nos armes. Je vous prie, Messieurs, de vouloir continüer vos bonnes intentions & selon les occurrences, prendre communication avecq Monsieur l'evesque d'Avranches (1), qui est de nos particuliers serviteurs & auquel j'ay toute confiance, & qui m'advertira soigneusement de ce qui importera vostre bien & conservation. Ce porteur vous dira l'estat de nos affaires & luy adjousterez, s'il vous plaist, toute foy & creance. Et apres mes tres-affectionnées recommandations à vos bonnes graces, je prie Dieu, Messieurs, vous avoir en sa sainte & digne garde. A Perronne, le 20 mai 1590.

Vostre tres-affectionné amy.

CHARLES DE LORRAINE.

J'estime digne de remarque ce que dit led. sieur duc de Mayenne qu'il remet les habitans à conferer et avoir communication particuliere avecq l'evesque d'Avranches, qui est (dit-il) de ses particuliers serviteurs. D'où se peut, à mon advis, colliger qu'il desiroit que ceux de cette ville de Saint Malo se liassent à luy particulierement & non au duc de Mercueur, gouverneur de Bretaigne & pour tel recongneu par tous ceux de la Ligue de la province. Cela estoit bien gratter les habitans où il leur demangeoit, eux, dy-je, qui n'avoient intention, sinon de se soustraire de son obeissance, pour le moins de ne se pas soumettre à sa puissance, ny absoluëment en ses mains. Quoy que

---

(1) François Péricaid, (1588-1639).

ce foit, la plus part des plus authorifez d'entre les habitans & ceux que de ce temps on eftimoit plus fages & plus gens de bien n'eftoient pas en deffein de f'affubjettir à luy, mais eftoient refolus de vivre en liberté pendant l'orage des troubles, dans lefquels il n'y avoit que defordre & que confufion. Et cette intention eftoit fuivie de la plus grande & plus faine partie de tous les habitans ou fort peu exceptez, comme vous pourrez voir en lifant ces memoires, fi vous prenez loifir & plaifir de les lire.

Ce dit fieur Prudent eftoit encore porteur d'une autre lettre, laquelle il prefenta au Confeil & d'icelle fut faite lecture en fa prefence, le but de laquelle tendoit à faire deputer des provinces & villes de l'Union des deputez pour fe trouver en une affemblée d'Eftats que Monfieur le duc de Mayenne defiroit convoquer, affin de faire advifer aux neceffitez & à la bonne conduite & direction des affaires de la Ligue. De laquelle led. fieur duc de Mayenne eftoit declaré & fe portoit pour cheff, & en cette qualité vouloit promouvoir cette affemblée d'Eftats, ainfi que vous pourrez colliger de fes lettres, dont voicy la copie.

Autre lettre du duc de Mayenne.

MESSIEURS, je vous ay ces jours paffez efcript pour l'affemblée que je defire faire à la fin de ce mois des deputez de toutes les provinces de ce royaume pour advifer d'une commune voix à ce qui eft plus important pour l'eftabliffement des affaires, & m'affeure que, felon l'affection que vous avez dignement fait paroiftre au bien & advancement de noftre religion cath., ap. & rom., vous aurez advifé à l'ellection de gens de bien pour fe trouver au lieu où je feré dans ledit temps; &, fi vous n'y avez encore fatiffait, je vous prie de le faire au plus toft qu'il vous fera poffible affin que tous enfemble nous arreftions une bonne refolution pour le fervice de Dieu & le bien de cet eftat. Et par ce que la difficulté des chemins ne permet telle seureté qu'il seroit bien necessaire, vous ne vous arresterez à remplir vostre deputation du nombre ordinaire & accoustumé, estant assez qu'un ou deux de chascun ordre viennent suffisamment informez, comme je m'asseure que vous sçaurez bien faire. N'estant la presente pour autre effect & apres m'estre recommandé à vos bonnes graces, je prie Dieu, Messieurs, qu'il vous ait en sa sainte & digne garde. A Perronne, ce 20 may 1590.

Vostre tres-affectionné amy,

Charles de Lorraine.

En suscription : *A Messieurs les eschevins & habitans de la ville de Saint Malo.*

Led. jour premier de juin à sept heures du soir, le Conseil fut assemblé. L'occasion de cette convocation à heure extraordinaire fut que le procureur syndicq receut lettres des habitans de Morlaix & du sieur de Launay, predicateur audit Morlaix; par lesquelles ils donnoient advis comme les habitans de Roscoff & de Pen-Paul, s'estoient rendus en l'obeissance du Prince de Dombes au party du Roy de Navarre contre les protestations paravant par eux faites. Ce qu'estant sceu & appris à Saint Malo, fut à l'instant ordonné qu'arrest seroit fait en un navire dud. Pen-Paul nommé *la Marguerite,* lors posée devant la ville. Ce qui fut des l'heure executé, & ordonné que les biens & marchandises qui se trouveroient dedans cedit navire seroient toutes portées cheix le depositaire & pour l'execution de cette ordonnance & faire du tout inventaire furent commis Les Croix, Clos-Neuff & Bois-Joly.

En cette mesme assemblée du Conseil, fut par le scindicq exposé que Olivier Angot demandoit permission d'armer un bateau en guerre, ne voulant declarer quel dessein il avoit. Et neantmoins furent deputez Landelle & la Barre le Large pour prendre acte de caution dudit Angot qu'il ne feroit rien au prejudice des conceffions & libertez donnees du commerce par les habitans; avecq faculté & pouvoir aufditz deputez de fe contenter de la pure & fimple obligation dudit Angot, apres qu'il leur auroit declaré fon deffein, f'ils voioient que bien feuft & fon entreprife meriter.

En la mefme affemblée, commiffion fut donnée à François Grout Clos-Neuff le jeune, fils d'autre François Grout Clos-Neuff l'efné, d'armer un navire aux frays de la ville pour aller à Brehat fe faefir d'un navire de Rofcoff, nommé le *Daufin*, appartenant aux habitans de Rofcoff; & pour faire les victüailles & depefches de ce navire Chipaudiere & Bois-Joly commis.

Fut auffi reiterée la publication de l'affeurance du corps de ville aux particuliers de la quarte partie des biens des heretiques à ceux qui les defcreroient, iceux delateurs feuffent habitans, forains ou eftrangers.

Le fecond jour defd. moys de juin & an 1590, deliberant quelle refponce il convenoit faire aux habitans de Morlaix, fut advifé qu'on leur efcriroit lettres de remerciemens; & fur l'advis de la revolte des habitans de Rofcoff & leur changement de party, Michel Frotet Bardeliere, l'un des capitaines generaux, fut deputé vers lefdits de Morlaix pour conferer avecq eux des moiens convenables pour entreprendre fur lefdits de Rofcoff, avecq charge d'affeurer ceux dudit Morlaix de deux cens bons hommes pour l'execution de l'entreprife & lefquels feroient fans dilation ny remife promptement envoiez au lieu du rendez-vous & faculté à Bardeliere pour faire fon voiage à Morlaix d'armer une patache aux frais de la ville, & indamnité luy promife de la ville de toute & telle incommodité qu'il recevroit de l'ennemy en faifant fon voiage.

Led. fieur Procureur remonftra encore qu'il avoit fait accompagner & efcorter le fieur Prudent que vous avez cy devant peu voir eftre venu de la part de Monfieur le duc de Mayenne; lequel Prudent f'en eftoit allé trouver le fieur de Vicques au

Mont-Saint-Michel. Cela fut loüé & trouvé bon par les sieurs du Conseil.

Bardeliere ne fut pas en peine d'executer la deputation de luy faite pour aller à Morlaix. Car des le lendemain, qui fut le dimanche 3ᵉ de juin dit an 1590, en l'assemblée generale, aux neuff heures du matin, fut resolu que quatre pataches seroient armées, & outre les mariniers y seroient mis six vingts hommes pour aller ayder & assister ceux de Morlaix à reprendre Roscoff, & pour cheff & capitaine de cet armement fut nommé led. sieur de la Bardeliere, lequel present à cette deliberation accepta cette charge & promist par serment y faire son devoir; & pour preparer les victüailles & autres choses necessaires pour l'armement susdit furent commis & nommez Allain Brisart Flourie, Gilles Girard, Guillaume Launay Tiollaye & Jan Guichet les Vaux.

Le lundy 4ᵉ du mesme mois de juin, au Conseil, Clos-Neuff & La Couldre, furent commis pour assister les sieurs de la Landelle & du Bois-Joly, affin de revoir & revisiter les lettres & memoires qui font mention des derniers arrestez aux habitans de Vitré venus dans *le François*, pour apres cela & leur rapport fait au Conseil estre ordonné ce que de raison.

Je vous ai cy devant fait esperer que je vous dirois sous quel pretexte le sieur de Fontaines s'estoit amparé de cette maison appartenante à cette pauvre femme, Henriette Goujon, dans les ruines de la Citadelle. Vous apprendrez doncq ces motifs du sieur de Fontaines & la suite par ce que je vous vay dire, & voicy ce que c'est :

Led. jour 4ᵉ juin 1590, au Conseil, Limonnay & les Croix feirent rapport avoir esté sollicitez par Henriette Goujon de l'assister au droit qu'elle disoit avoir en cette maison dont nous avons parlé & de faire entendre à Messieurs du Conseil l'estat de cet affaire. Pour quoy faire plus clairement entendre, cette pauvre femme avoit mis aux mains desd. Limonnay & les Croix les lettres & titres concernans cette maison, desquelles ils feirent rapport & lecture. Par ces lettres, il se voioit que par contract fait par le Roy au temps auquel fut bastie une Citadelle à Saint

Malo, au lieu auquel f'en voient encore les veftiges & les ruines, cette maifon qu'il falloit neceffairement enfermer en la Citadelle fut venduë au Roy pour la fomme de 275 livres, qui eftoient encore deües à cette pauvre femme, fors & excepté 50 livres qu'elle devoit à la Confrairie de Monfieur Saint Jan & 20 livres qu'elle avoit reçu du feu fieur de Bouillé & 6 efcus du feu fieur de Fontaines. Si bien qu'il eftoit encore deub la fomme de 187 livres, laquelle fomme fut ordonné au mifeur payer à cette pauvre femme & outre paier aux jurez de la Confrairie Saint Jan lad. fomme de 50 livres, & à ce moyen lad. Goujon ceda et relaiffa fon droit de lad. maifon à la Communauté, laquelle l'a depuis donnée & relaiffée aux precepteurs qui jouiroient de la prebende preceptoriale pour l'inftruction des enfans.

Qu'on me pardonne fi j'enfle ces prefens memoires de ces petites chofes, lefquelles à plufieurs ne fembleront dignes d'eftre efcriptes.

Ce mefme jour, au Confeil, fur advis receu qu'un navire filifbot du fieur de Chafteau-Neuff eftoit à Cancalle, fut ordonné que Bardeliere prendroit deux navires Olonnois qui eftoient devant la ville & y feroit embarquer les hommes defquels il f'eftoit affeuré pour le voiage de Rofcoff, & qu'avecq cet efquipage il iroit à Cancalle pour prendre ce navire, ce qu'apres avoir executé il pourfuivroit fon deffein à Rofcoff, à l'effect que vous avez veu ou peu voir cy devant.

Or, le mardy 5ᵉ dud. mois de juin nous arriva advis que le prince de Dombes eftoit à Combourg & aveq luy le fieur de Chafteau-Neuff. Fut au Confeil retardé le voiage de Bardeliere pour deux ou trois jours, pendant lefquels on prendroit des refolutions felon les occurrences.

Tous les jours venoient au Confeil des pleintes des prifes de bateaux venans en cette ville par une patache que Launay le Breton, capitaine au Pleffix-Bertrand, avoit en mer. Et pour tant furent chargez Coulombier & la Cour Richomme aller trouver ledit Launay le Breton pour l'advertir & prier de la part des

Juin 1590.

habitans de faire rendre quelques bateaux pris par fes gens chargez de marchandifes, & de l'advertir de non à l'advenir empefcher le commerce ny troubler les bateaux venans à Saint Malo. Ce que ne faifant pas, avoient charge de luy declarer & protefter de l'empefcher par toutes voies à eux poffibles & comme perfonne qui leur faifoit plus de tort & de prejudice que leurs ennemys declarez.

Le mercredy 6ᵉ dud. mois de juin, la Cour Richomme feift rapport au Confeil que luy & le fieur du Coulombier avoient efté au Pleffix-Bertran & declaré au capitaine Launay leur commiffion cy deffur, lequel leur auroit dit qu'il avoit fait rendre le bateau qui avoit efté hier pris par fes foldats & les lettres dont il eftoit chargé, mais qu'il avoit confifqué d'autres bateaux venans du pais des ennemys, les hommes y eftans aiant efté trouvez faefis de paffeports du comte de Torigny, mais qu'à l'advenir, il ne fouffriroit eftre fait aucun tort à aucuns allans à Saint Malo ou qui en fortiroient.

Le mefme jour 6ᵉ juin, Landelle, Graflarron & Quatre-Vays furent deputez pour faire faire inventaire des marchandifes d'un marchant de Tours. Lefquelles avoient efté portées dans la maifon du procureur fyndic pour, paffé de cette certification, faefir le depofitaire general des dites marchandifes.

Ce mefme jour encore, fut receu un advis donné par le capitaine *Lamoureux* qui commandoit dans Chafteau-Neuff pour le duc de Mercueur. Cet advis portoit que le fenefchal & alloué, un appellé Barriere Gingatz en fon nom, Jan Lemarchant & Pierre Robiou avoient tramé une entreprife pour furprendre le Chafteau-Neuff & couper la gorge à luy Lamoureux & à fes foldats, & prioit les habitans de vouloir faire conftituer prifonniers ces fus nommez, lefquels eftoient tollerez refider à Saint Malo. Prioit encore ledit capitaine de Chafteau-Neuff qu'il pleuft aux habitans de Saint Malo l'accommoder de fix moufquets, de fix arquebufes & de deux cuiraffes.

Sur cet advis fut arrefté que les fus nommez feroient mis prifonniers au Manoir, & affin de les prendre tous en mefme temps furent des l'heure commis autant de perfonnes du Confeil comme il y avoit d'hommes à faire prifonniers; apres laquelle capture refolu que perquifition feroit faite en leurs maifons affin de voir fi on y trouveroit quelques lettres portant ou faifant mention de l'entreprife & que de cette diligence on advertiroit led. capitaine Lamoureux. Auquel fut fait don & prefent de fix moufquets, deux cuiraffes & de cent livres de mefche d'harquebufe.

Le jeudi 7e juin, le fenefchal de Chafteau-Neuff & autres fus nommez, jà prifonniers au Manoir, prefenterent au Confeil leur requefte tendante à eflargiffement de leurs perfonnes, fur laquelle ne fut rien refpondu, attendant defcouvrir & apprendre fi ou non ils participoient en l'entreprife fur le chafteau de Chafteau-Neuff.

Permiffion fut donnée à Olivier le Turas & à Laurens Lefné, fur leur requefte verbale, d'armer en mer pour y faire la guerre aux ennemys de l'Union, avecq inhibition de ne prendre Anglois, Allemans, Flamens, Holandois, Hyrois ny Efcoffois, & à condition auffi d'amener leurs prifes à Saint Malo pour y eftre jugées, à la charge de l'huitiefme partie de la valeur des prifes au profit de la ville; à condition encore de bailler caution de deux mil efcus de ne rien faire contre les conditions à eux impofées comme cy deffur.

En ce temps fut baftie une tour en un endroit du mur de la ville qui regarde la *Foffe aux Dinanoys* qui fut depuis nommée par le peuple *la tour de la Mouffays,* comme fi ceux qui luy impoferent ce nom euffent voulu dire & fignifier que le fieur de la Mouffays eftant prifonnier en ce temps là, cette tour euft efté baftie de partie des deniers de fa rançon. Cefte tour eft à prefent tombée & le mur de la ville a efté relevé en l'endroit où eftoit cette tour, comme encore on peut voir en l'angle de ce mur.

Le vendredy 8e de juin 1590, les prifonniers de Chafteau-Neuff aiant prefenté feconde requefte, tendante à eflargiffement de leur prifon o l'offre de bailler caution de fe reprefenter en eftant requis, le Confeil ordonna qu'ils feroient eflargis, chafcun d'eux baillant caution bourgeoise de se representer sur peine de deux mil escus par teste & qu'à faute à eux de se representer les cautions paieroient ces sommes dites au duc de Mercueur; lesd. du Conseil pour luy acceptans, & à condition de paier les hommes commis pour les avoir gardez en leur prison; & à ces dites conditions ils furent eslargis.

Le mesme jour, aux huit heures du soir, le Conseil fut assemblé, sur la demande faite par Monsieur l'evesque de Dol par homme envoié expres & par lettres, d'estre assisté de quelque argent à prest. A quoy fut respondu qu'il luy seroit presté deux mil escus pour six moys, baillant caution de les rendre dans ce temps de six moys; & le Procureur commis pour aller à Dol vers led. sieur evesque pour luy faire cette offre & conferer avecq luy & confirmer une mutüelle correspondance pour les affaires communes & le bien des deux villes.

Le mardy 12e juin, au Conseil, à deux heures apres [midy], fut par le Procureur apparuë une lettre du sieur duc de Mercueur & d'icelle fait lecture, laquelle estoit de la teneur suivante :

Lettre du duc de Mercueur.

MESSIEURS, je suis tres-aise de la prise que vous me donnez advis avoir faite des sieurs de la Moussays, vicomte de Saint Denoual & autres, qui venoient des Isles pour se retirer au chasteau de la Late; & d'autant qu'ils sont d'assez grande consequence, principalement ledit sieur de la Moussaye, je m'asseure que ne les laisserez aller pour beaucoup de raisons que je ne vous representeray point, mais je vous prieray les faire garder tous deux jusques à ce que je sois par delà, qui sera dans peu de temps, pour y adviser avecq vous & aux autres affaires dont vous m'escrivez; vous remerciant au demeurant des nouvelles que vous m'avez aussi mandé de Normandie, desquelles j'avois desjà eu advis; Dieu vueille qu'elles soient veritables pour le bien de fon Eglife & le bien & contentement des bons & fidelles catholiques; & par ce que j'ay efté adverty que les habitans de Rofcoff fe font voulu feparer d'eux pour prendre le party du roy de Navarre contre leurs promeffes & fermens d'Union, je defire que vous faciez faefir tous leurs vacffeaux & marchandifes qu'ils ont en voftre hâvre & ville & les donner en charge à quelques uns pour les reprefenter lorfqu'il fera befoing affin que j'en ordonne. Sur ce, Meffieurs je prie Dieu qu'il vous ait en fa fainte garde. Du camp de Keraveron (1), 4ᵉ juin 1590.

Voftre bien bon & affeuré amy,

PHILIPES EMANUEL DE LORRAINE.

Le vendredy 15ᵉ de juin, au Confeil, le Procureur reprefenta avoir eu advertiffement que le fieur du Pont-Briand f'eftoit declaré du party des ennemys & qu'il fortifioit fa maifon, en laquelle il avoit defjà nombre de gens de guerre; & que la maifon eftoit en tel eftat que f'il n'y eftoit promptement pourveu elle pourroit apporter incommodité au païs & que peut eftre feroit il expedient en donner advis à Dinan, affin d'advifer enfemble au remedde qu'il y convenoit apporter. Sur quoy fut advifé d'envoier la Cour Richomme à Dinan pour en conferer au fieur de Ville-Serin & habitans de Dinan, & leur faire offre de trois cens hommes des noftres & du canon, pouldres, balles & attirail fuffifant pour battre cette maifon, tout quoy nous rendrions fur le lieu f'ils fe refolvoient de l'attaquer avecq nous. Et en fuite la Cour Richomme f'achemina à Dinan aveq lettres pour le fieur de la Ville-Serin & habitans de Dinan.

Le lundy 18ᵉ juin, en l'affemblée generalle, le Procureur feift entendre les caufes de la deputation de la Cour Richomme à Dinan. Lequel eftant là prefent feift rapport avoir parlé au fieur de Ville-Serin & habitans de Dinan, & leur offert de noftre part

---

(1) Probablement *Keraveon*, entre Auray et le port du Blavet.

deux couleuvrines, deux canons de fer aveq leur attirail & poudres & bales, avec cent cinquante hommes, dont ils remercioient les habitans de Saint Malo & de leur part offroient auffi ce qu'ils pourroient envoyer d'hommes tant habitans que foldats de Dinan de la garnifon. Ouï lequel rapport & fur la remonftrance du Procureur du peril qu'il y avoit de laiffer croiftre cette efpine, fut deliberé qu'aux frays de la ville feroient envoiez cent cinquante hommes pour fe joindre aveq les troupes qui viendroient de Dinan & de Dol & encores d'ailleurs. Pour commander aufquels hommes furent nommez & commis Belinaye, Graflarron & Bardeliere, & pour commiffaires de l'artillerie Coulombier & la Cour Richomme & pour commiffaires des vivres Jan Guichet les Vaux & Guillaume Launay Tiollays.

Le mercredy 20 juin 1590, certains marchands de la ville de Couftances, païs de Normandie, aiant prefenté leur requefte au Confeil & remonftré qu'une patache du capitaine Launay, commandant au Pleffix-Bertrand, leur avoit pris un bateau chargé de toilles & autres marchandifes qu'ils apportoient à Saint Malo & avoient emmené le bateau à Cancalle. Cela entendu, commiffion fut donnée à Jan Jonchée les Portes, à Laurens Lefné & Olivier le Turas d'aller avecq trois pataches qu'ils avoient toutes preftes & armées à Cancalle prendre tant la patache que le bateau de marchandifes, & amener auffi les hommes de la patache, fils les pouvoient prendre, & amener le tout à Saint Malo ; & de tout leur fut promis garent de la part de la ville.

Le 21 juin, au Confeil, on chargea maiftre Geffroy Lecomte Barbinaye d'aller trouver Monfieur l'evefque de Dol pour luy prefenter les lettres des habitans tendantes à le prier de les vouloir affifter d'une compagnie de celles de fa garnifon de Dol pour fervir au fiege de Pont-Briand.

En la mefme affemblée du Confeil, led. jour, furent apparuës deux lettres interceptées à un meffager que le capitaine Launay, lors eftant à Dinan, envoioit au Pleffis-Bertran ; par lefquelles il efcrivoit mandant que les marchandifes prifes dans le bateau dont nous avons parlé feuffent menées au Pleffis-Bertran. Ce qui eftoit une pure contravention aux proteftations par luy faites, comme vous avez veu cy devant, de ne troubler le commerce ny empefcher les allans & venans à Saint Malo, feuft par mer ou par terre.

Le fiege aiant efté mis devant la maifon du Pontbriand [1], en laquelle il y avoit nombre de gentilfhommes du païs & force foldats, le canon fut mis en batterie & la place fort furieufement batuë; ceux de dedans affiegez, voiant le fieur de Pont-Briand bleffé au vifage & eux sans efperance de fecours, fe rendirent à condition de vie & bagues fauves. Les conditions de la capitulation furent apportées & veües au Confeil le fabmedy 23ᵉ juin dit an 1590 [2]. Cette maifon du Pont-Briand, laquelle eftoit grandement fortifiée, fut demantelée & les foffez remplis.

Les habitans de Saint Malo, prevoiant la cueillette à venir lors proche, & les difficultez qu'auroient les habitans du plat païs voifin en la recolte des grains, eux ne fe voulant fubmettre à la puiffance d'aucun prince durant les troubles, voulurent avoir une compagnie de chevaux-legers pour batre l'eftrade & empefcher les courfes des ennemys fur le peuple des champs. Ce defir les feift envoier Guillaume Jonchée les Croix trouver un appellé *La Coudrays Bouleiller,* capitaine d'une compagnie de chevaux-legers, pour fçavoir f'il voudroit prendre commiffion des habitans de Saint Malo, fans recongnoiftre autre puiffance que celle defditz habitans, à quoy il le trouva entierement difpofé & fur le raport dudit les Croix fait au Confeil le 29 juin, furent commis le Procureur, Limonnaye & led. Les Croix, pour accorder des conditions avec le capitaine La Coudraye & en faire & dreffer les articles, ce qui fut fait, ainfi que vous verrez cy apres en fon lieu.

Le lendemain, qui fut 30ᵉ juin 1590, au Confeil, fut advifé qu'on efcriroit au duc de Mercueur fur les caufes des pleintes que luy faifoient les habitans des defordres, volleries & info-

---

[1] Dans la paroisse de Saint-Briac.
[2] Voyez ces conditions dans D. Morice, t V, col. 1511.

lences que journellement commettoient les foldats des garnifons de Chafteau-Neuff & de Pleffix-Bertran, à ce qu'il luy pleuft commander aux capitaines des places fufdites de f'abftenir de ces voies tant indeües & faire ceffer toutes ces violences en l'endroit des paifans habitans du plat pais.

Le mardy 3ᵉ juilet furent veües au Confeil les conditions arreftées aveq le capitaine la Coudraye, ainfi qu'elles enfuivent :

Le fieur de la Coudrays confirmant ce qu'il a promis à Meffieurs du Confeil de cette ville, eft d'accord des points & conditions cy apres, nous fouffignans, deputez à cette fin, acceptans pour garantir le prefent eftat fouffigné dudit fieur de la Coudrays.

Articles.

Ledit fieur de la Coudrays tiendra fa compagnie logée au manoir de Chafteau-Malo & ailleurs où il plaira aux habitans.

Sa compagnie fera compofée de vingt cuiraffes & trente harquebufiers à cheval.

Le temps de leurs gages commencera le premier de juilet prochain.

Huit jours apres fera monftre de fa compagnie par devant les commiffaires que mefdits fieurs luy bailleront.

Lefdits commiffaires demeureront juges capables d'ordonner du nombre de cuiraffes qu'ils congnoiftront en la compagnie dignes de porter cette qualité. Mefme congnoiffance de caufe prendront fur les harquebufiers à cheval.

Sera fait advance à la compagnie de deux mois que le commiffaire paiera à chacun gendarme & foldat au particulier fans que ledit commiffaire retienne aucune chofe de commiffion.

Laquelle compagnie nous retenons pour trois moys, fauff à continüer apres les trois moys expirez, fi Meffieurs les habitans en ont affaire.

Audit capitaine la Coudrays eft accordé cinquante efcus par moys; à fon lieutenant trente efcus, au cornette vingt efcus, aux cuiraffes à chacun dix efcus, aux harquebufiers à cheval huit efcus.

Ceux de ladite compagnie ne pourront prendre aucune chofe fans paier de gré à gré.

Pour voir qu'il n'y ait aucun abus, les habitans envoieront des leurs fur les lieux pour f'informer du defordre que lefdits gens de guerre y auroient peu faire. Ledit de la Coudrays fera tenu rendre juſtice à ceux qui feront pleinte de fes gens par l'advis de ceux qui à ce feront deputez. Et de là où il ne rendroit la juſtice que les pauvres paiſans en pourroient attendre, leſdits habitans le pourroient congedier de leur ſervice.

Le meſme jour, au Conſeil, fut fait lecture d'une lettre du ſieur duc de Mercueur, contenant ce qui enſuiſt :

Lettre du duc de Mercueur.

MESSIEURS, vous tenez un priſonnier appellé *Goubelays*, lequel j'ay entendu que vous voulez laiſſer aller & par ce que je defire pour beaucoup de raiſons qu'il ne forte fi toſt, je vous prie le garder juſques à ce que je fois par delà, où je fuis bien aife que vous ayez pourveu, comme vous avez fait, au Pont-Briand. Mais affin qu'il n'arrive cy apres aucun inconvenient pour vous ny pour les pauvres habitans d'alentour, j'envoie une commiſſion de faire abattre les fortereſſes de ladite maiſon. A quoy je fuis d'advis qu'on ne perde temps & qu'on aſſiege auſſi Miniac le plus toſt qu'on pourra, de peur que ceux qui l'ont furpris aient loiſir de ſe fortifier & munir. Ne voulant oublier de vous advertir que le prince de Dombes ſ'eſtant propoſé d'aſſieger cette ville, je m'y acheminay avecq partie de mes troupes & l'en ay ſi bien empeſché que, quelques efforts qu'il ayt peu faire, il n'a peu ſeulement entrer dans les forbourgs, & ſi y a perdu un bon nombre des meilleurs de ſes hommes, entre autres le baron de Joüé & un autre maiſtre de camp, deux capitaines d'harquebuſiers à cheval & un priſonnier ſans compter une infinité de ſoldats; ſans que j'en aye perdu que deux & un mareſchal des logix de l'une de mes compagnies de chevaux-legers qui eſt priſonnier, tellement que le prince de Dombes ſ'eſt retiré vers Auray aſſez faſché

& ennuié, tellement qu'il n'emporte toujours rien du noftre, Dieu mercy, lequel je prie vous avoir, Meffieurs, en fa fainte garde. De Vennes, ce 28ᵉ de juin 1590.

Voftre bien bon & affeuré ami,
PHILIPES EMANUEL DE LORRAINE.

En la mefme affemblée vindrent lettres & atteftations de l'evefque de Leon & des habitans de Morlaix en corps, des religion catholique d'Olivier Plougoulm [1] & de Hierofme Plougoulm fon frere & de leur zele & affection au party de l'Union, iceux Plougoulms proprietaires du navire *la Marguerite* de Pen-Paul arreftée à Saint Malo à caufe de la revolte de ceux de Rofcoff. Sur quoy fut ordonné que Guillaume le Hyr, maiftre dud. navire qui en pourfuivoit la liberté, auroit main-levée pourveu qu'il y euft commandement du duc de Mercueur, par ordre & commandement duquel le navire avoit efté arrefté. Et fut advifé que le fcindyc en efcriroit audit fieur Duc au nom de la ville, & que fes lettres feroient baillées au maiftre du navire pour le faire tenir audit fieur Duc.

L'evefque d'Avranches avoit envoié un des fiens à Saint Malo pour achater du canon & autres munitions de guerre, (car toute la Ligue du voifiné avoit recours en cette ville pour leurs neceffitez d'armes & chofes de ce genre), celuy qui avoit cette charge pria le Procureur de luy faire donner quelque efcorte pour la feureté de fes canons & armes qu'il emmenoit. Ce que luy fut accordé & commiffion donnée à Servan Le Blanc & Guillaume du Pré d'armer une patache pour le conduire, & commiffion aux mefmes fut donnée allant & venant de faire la guerre à l'ennemy.

Le 5ᵉ de juilet 1590, au Confeil, fut apparuë & leüe une lettre du fieur duc de Mercueur de la teneur fuivante :

---

[1] Les Ms. portent par erreur *Plougoulon*.

Lettre du duc de Mercueur.

MESSIEURS, j'avois defjà entendu la diligence & bon ordre qu'aviez donné à la prife du Pont-Briand & fur ce que cette place là me fembloit vous importer beaucoup [&] à tout ce quartier là, j'ay advifé de la faire rafer, comme m'en donnez advis, pour quoy j'ay envoié une commiffion au fieur *Guillaubé* pour y faire proceder, apres vous avoir adverty de mon intention là deffur, & vous convier auffi d'aller affieger Miniac, avant que ceux qui l'ont furpris fe feuffent munis & refolus dedans, dont je vous efcrivy par un mefme aveq d'autres particularitez dont je ne vous feray redite. Quant au Pleffix-Bertran je n'avois rien fceu de ce que m'en mandez & y pourvoiray bientoft eftant par delà, & aux autres affaires dont me faites mention par voftre lettre; eftant bien befoing d'advifer meûrement à ce que vous m'efcrivez pour les vaeffeaux de Flandres & Angleterre qui viennent traficquer en ce pais, car cela eft de grande importance, n'aiant point eu de congnoiffance qu'aucun ayt efté arrefté, finon un qui fut jetté par hazard, eftant blecé, à la cofte de Nantes, il y a quelque temps; lequel n'alloit aux villes de l'Union, comme il fe verifie fort bien par la charte-partie. Et fur ce que le fieur de la Coudre m'a prié luy donner un paffeport pour un autre navire flaman qui vouloit aller audit Nantes, je le luy ay fait depefcher & penfe qu'il l'aye eu de cette heure, bien aife au demeurant qu'ayez pris ce navire & patache que vous m'efcrivez appartenir aux fieur de Chafteau-Neuff & comte de Chemillé. Sur ce je prie Dieu, Meffieurs, vous avoir en fa fainte garde. Du camp à Vennes, ce 30 juin 1590.

Voftre bien bon & affeuré amy,

PHILIPES EMANUEL DE LORRAINE.

Juilet 1590.

En ce jour mefme le fenefchal de Dinan eftoit à Saint Malo porteur d'une lettre par luy efcrite par le duc de Mercueur & d'une autre pour les habitans de Dinan, auxquels il commandoit fe joindre aux habitans de Saint Malo pour d'un mutuel accord & forces communes affieger le chafteau de Miniac. De quoy led. fenefchal aiant conferé aux habitans & les lettres du duc veües au Confeil auquel fut arrefté qu'on refpondroit audit fenefchal que nous ne pouvions entreprendre ce fiege & que, pour le bien du païs, il euft efté beaucoup plus expedient de rafer & demollir le chafteau du Pleffix-Bertran pour faire ceffer les volleries & brigandages qu'exerçoient les foldats de cette garnifon contre les marchans frequentans à Saint Malo & fur les pauvres paifans du plat païs. De quoy led. fieur Duc ne faifoit aucune raifon, quelques pleintes qu'on luy en feift. De cette refponce le lecteur peut colliger que les habitans de Saint Malo ne defiroient pas l'accroiffement de forces ny de garnifons du duc de Mercueur au voifinage de leur ville.

En cette mefme affemblée de Confeil, furent veües deux lettres interceptées, l'une d'Eftienne Artur, l'autre de Julienne Artur, fa fœur, enfans de Julien Artur la Mote, refidant lors à Grand-Ville, apres avoir efté banny de Saint Malo, eftant comme vous avez peu voir de party contraire. Ces lettres [contenoient] des advis prejudiciables au public de la ville. L'efcriture en fut recongneüe par tefmoins & advoüées par lefdits Arturs, frere & fœur. Et pour tant fut arrefté qu'ils feroient chaffez & bannis hors la ville, en laquelle ils avoient efté tollerez & soufferts habiter depuis l'expulfion de leur pere.

Fut, au mefme Confeil, advifé qu'on efcriroit aux Eftats de Hollande, que le commerce feroit libre aux leurs, tout ainfi qu'au paffé, en cette ville, f'ils l'avoient aggreable; & en effect il leur en fut efcrit.

Avant la prife du chafteau, les religieux de Cezambre avoient efté conviez de faire des prieres particulieres en leur eglife pour le falut confervation & repos de cette ville & habitans. Et le 6ᵉ juilet leur fut paié & aumofné, ce qui leur eftoit deu jufqu'alors & furent de nouveau priez & chargez de continüer leurs prieres à Dieu en leur eglife à la mefme intention que deffur pour le falut & confervation du public de cette ville.

Ce mefme jour encore, au Confeil, fut prononcée la fentence arbitrale des convenus entre le general de la ville & les particuliers pretendans intereft en la prife & rançons defdits fieurs de la Mouffaye & vicomte de Saint Denoual. Par laquelle fentence il fut dit que ces particuliers armateurs de la patache de Jan Hacoul auroient deux mil efcus à prendre fur lefdites rançons & qu'en outre le butin qu'ils avoient pris au bateau defdits prifonniers leur demeuroit acquis. Cette fentence fut agreée & acceptée des parties.

Le mefme jour, en autre affemblée de Confeil, fut par le Procureur fait entendre avoir eu advis de divers lieux que le prince de Dombes venoit affieger Moncontour & qu'il y avoit danger qu'adverty que les noftres eftoient dans le Pont-Briand, lequel ils demantelloient, ce prince les vint à l'improvifte bloquer en cette maifon. Sur cela, fut ordonné au Procureur de les faire advertir de faire leur retraite en cette ville, & que pour ce faire ils commençaffent à deplacer le lendemain à dix heures du matin; & fut le Procureur chargé en efcrire au capitaine Bardeliere, qui commandoit en la place & la faifoit demanteller.

Le lendemain fut receüe une lettre de Bardeliere en refponce de celle d'hyer. Apres la lecture de laquelle fut advifé qu'on envoieroit quatre bateaux armez pour affifter les noftres en leur retraite, & fut charge donnée aux quatre fous nommez d'armer chacun un bateau, en chacun douze ou quinze hommes. Ceux qui furent chargez de cet armement, pour chacun d'eux commander un bateau, furent : Julien le Breton, Lucas Quinart, Laurens Lefné & Olivier le Turas.

Voicy un affaire qui requiert & demande voftre attention. Le fabmedy 7e juilet 1590 furvint une chofe non attenduë. Un grand navire de Saint Malo, nommé *le Saint Pierre*, duquel Thomas Gravé eftoit capitaine, retourna ce jour là d'un voiage de *Civita Vechia*, qui eft l'entrée du Tybre, fleuve qui va à

Rome; en ce navire s'eſtoit embarqué meſſire Charles de Bourgneuff, eveſque de Saint Malo, retournant de Rome en France, avecq luy quelques ſerviteurs de ſes domeſtiques. Dans le meſme navire s'eſtoient en pareil embarquez ſept ou huit jeunes gentilſhommes, leſquels avoient pris l'occaſion & commodité de ce navire pour revenir en France.

Ledit ſieur eveſque s'eſtant deſembarqué & avecq luy ceux de ſa ſuite, s'achemina droit au Manoir epiſcopal pour y prendre ſon logement, accompagné dudit Thomas Gravé & des gentilſhommes avecq luy venus dans le *Saint Pierre*. Toute la ville eſt auſſitoſt abreuvée de la nouvelle arrivée de ſon eveſque. Cette nouveauté non attendue fut cauſe qu'aprés quelque conference de nombre des principaux habitans enſemble ſur cette nouvelle & non preveüe occurrence, on feiſt incontinent aſſembler une Maiſon de ville generale.

La ville eſtant aſſemblée, fut en premier lieu ordonné que Thomas Gravé, capitaine de ce navire & quelques autres de l'eſquipage venus en iceluy ſeroient mandez venir pour eſtre interrogez affin d'informer l'aſſemblée des choſes dont elle deſiroit eſtre eſclaircie comme vous allez voir.

Thomas Gravé venu à ce mandement eſt interrogé qui eſtoit ce perſonnage venu en ſon navire, lequel s'eſtoit acheminé & allé loger au manoir epiſcopal? Reſpond led. Gravé qu'il ſe dit eſtre eveſque de Saint Malo. Gravé, enquis s'il ſçavoit quel party tenoit ce perſonnage? Reſpond luy avoir ouï dire qu'il ne tenoit aucun party & qu'il deſiroit vivre avecq les habitans de cette ville pour y exercer les fonctions d'eveſque; & luy avoir ouï dire qu'il ne ſerviroit jamais le roy de Navarre, s'il ne ſe faiſoit catholique & s'il n'eſtoit receu du Pape & des princes catholiques. Interrogé quels autres hommes eſtoient venus aveq led. eveſque & quel party ils tenoient? Reſpond qu'il y a un docteur de Sorbonne appellé *Peſchant* & trois ſerviteurs domeſtiques, leſquels à ſon advis ſont de l'humeur de leur maiſtre; qu'encores ſont venus paſſagers en ſon vaeſſeau ſix gentilſhommes nommez ou appellez, ſçavoir : le ſieur de Kerſervan, le fieur de Cremené, les fieurs de Porte-Neufve, de Louxiere & de Quereven, lefquels difent n'avoir encore point choifi aucun party & qu'ils prendront celuy que tiendront leurs parens.

Michel Boullain venu dans led. navire, interrogé f'il fçavoit de quel party eftoit ce perfonnage qui fe dit eftre evefque de Saint Malo? Refpond ne fçavoir quel party il tient pour ne f'en eftre pas declaré à luy & qu'il eftoit venu dans le mefme navire cinq ou fix gentilfhommes, mais ne fçavoir non plus quel party ils tenoient.

François Gravé, frere dudit Thomas, & venu audit vaeffeau, mandé & interrogé f'il congnoift celuy qui fe dit evefque de Saint Malo & les fix gentilfhommes venus dans le navire le *Saint Pierre?* Refpond les bien congnoiftre & qu'à fon advis ils tiennent le party de l'Union plus toft que celuy du roy de Navarre.

Les advis de l'affemblée pris apres le rapport de ces troys tefmoings, fut ordonné que commandement feroit fait à ce perfonnage fe difant evefque de Saint Malo de vuider tout à l'inftant le Manoir & de prendre autre logix en cette ville & qu'il luy feroit baillé des foldats pour la garde de fa perfonne, attendant en advertir monfeigneur le duc de Mercueur; & qu'auffi feroient donnez des gardes à tous ces gentilfhommes venus en ce navire, jufqu'à tant que ledit fieur Duc feuft adverty de tout, d'autant qu'on ne fçavoit quel party ils tenoient. Et pour le faire ainfi à tous eux entendre furent deputez les fieurs de Fougeray, de Limonnay & de Launay-Ravilly.

Fut auffi ordonné que leur bagage jà defcendu en terre feroit porté cheix le depofitaire general & inventorifé, & audit Gravé fait deffenfes fe deffaefir des autres hardes qui pouvoient encore eftre au bord de fon navire, appartenans audit perfonnage qui fe difoit evefque & commandement fait audit Gravé de les faire porter chez le depofitaire general. En l'inftant, Thomas Gravé declara que ce perfonnage luy devoit cincq cens efcus par acte qu'il en portoit fur luy, dont il proteftoit eftre paié fur la valleur defdites hardes & bagage.

Le lundy 9ᵉ juilet 1590, en Maiſon de ville generale, Fougeray, Limonnay & Launay feirent rapport que ſuivant la commiſſion que vous venez de voir, ils avoient eſté trouver le ſieur de Cuſſé ſe diſant eveſque & luy avoient fait entendre la charge qu'ils avoient de le faire deſloger du Manoir epiſcopal, luy n'eſtant point encore recongneu pour eveſque, & qu'aiant congnoiſſance certaine que le ſieur de Cuſſé (1), ſon frere aiſné, & tous ceux de leur maiſon eſtoient touz de party contraire, avoir eſté chargez le prier de ne trouver mauvais qu'on luy baillaſt des gardes pour ſ'aſſeurer de ſa perſonne; que de la part dudit ſieur de Cuſſé leur auroit eſté dit qu'il trouvoit bien eſtrange que les habitans ſe deſſiaſſent de luy qui eſtoit catholique & qui venoit de Rome d'aupres la perſonne du pape, & qu'il deſiroit vivre avecq les habitans pour y exercer les fonctions de la charge où Dieu l'avoit appellé, & qu'il eſtoit tres-fidelle ſerviteur du ſieur de Mercueur, & que ſi ceux de ſa maiſon tenoient le party contraire, il n'en pouvoit mais, ne pouvant reſpondre que de luy, & que ſ'il euſt eſté d'autre party, il ne ſe feuſt pas venu rendre en ce lieu, & avoit prié leſd. trois deputez faire entendre aux habitans qu'il les prioit de ne luy donner point des gardes.

En cette meſme aſſemblée, furent leües certaines lettres miſſives que ledit ſieur eveſque eſcrivoit au duc de Mercueur, leſquelles furent jugées ſans aucun prejudice des habitans.

Fut auſſi leüe la lettre que les habitans eſcrivoient audit ſieur duc de Mercueur ſur cette nouvelle occurence de la venuë dud. ſieur eveſque, auquel fut ordonné toutes ſes hardes & bagages luy eſtre remis en main, excepté ſes habits pontificaux & ſes lettres, & pour luy faire le tout delivrer Gras-Larron & Les Croix commis.

Voilà le recit hiſtorique de ce qui ſe paſſa à Saint Malo à la non preveüe arrivée dud. ſieur eveſque en icelle ville, ſelon que nous l'avons trouvé ſur les regeſtres de la Communauté, d'où eſt extrait ce que nous en venons de dire & ce qui eſt tres-

---

(1) Cf. p. 191.

veritable & dont nous avons veu l'hiſtoire. Apres il faut vous dire quels furent les motiffs qui porterent les habitans à ſe comporter en cette ſorte envers leur evesque.

Les habitans de Saint Malo, apres la priſe de leur chaſteau, voians les deſordres & violences des gens de guerre partout où ils eſtoient les maiſtres, affin de ſe conſerver francs & libres de cette ſubjection ſe propoſerent de former & eſtablir un gouvernement, (en apparence populaire), mais qui en effect tenoit beaucoup plus de l'ariſtocratie que de la democratie, en leur ville, conſiderant iceux habitans qu'un evesque à cauſe de ſa dignité d'evesque ne pouvoit faillir d'eſtre en grand reſpect en la ville & reuniroit beaucoup d'eſprits en un, n'eſtimerent pas qu'il feuſt utile à leur deſſein de laiſſer cet homme prendre plus profondes racines en la ville & pour tant des l'heure de ſa venue ils entrerent en ceſte crainte & ſe propoſerent de ne le laiſſer pas croupir en la ville. Et pour tant ſe propoſerent ils de faire ce qu'ils pourroient pour ſ'en deffaire, à quoy la matiere eſtoit toute diſpoſée par la conſideration des partis, tous les parens dudit ſieur evesque eſtants, comme ils eſtoient notoirement, affectionnez, (pour ne point dire paſſionnez), au party du roy de Navarre, & euſſent encore bien voulu leur evesque à Rome, ſe reſolurent de ne luy laiſſer en aucune façon faire ſes fonctions d'evesque & affin d'en eſtre deſchargez, ils eſcrivirent au duc de Mercueur les lettres que nous avons dit cy devant luy avoir eſté par eux envoiées, à ce qu'il luy pleuſt envoier quelques uns de ſiens pour luy emmener led. evesque pour diſpoſer de ſa perſonne, ainſi que bon luy ſembleroit. De ce qui ſe paſſa ſur ce ſubject il ſera cy apres parlé ſelon les occurences qui depuis arriverent & de ces choſes & chacune d'icelles nous parlerons en temps & lieu.

Au Conſeil tenu le 10e juilet 1590, Eſtienne & Julienne Artur, frere & ſœur, deſquels a eſté cy devant fait mention, ſur requeſte par eux preſentée & proteſtation de ne rien faire au prejudice du party de l'Union ny de la ville, apres quelque legere reprimende à eux faite, aiant eſgard à leur bas aage, furent tollerez reſider & demeurer en la ville.

La rançon du vicomte de Saint Denoual fut en la mefme affemblée de Confeil taxée à deux mil efcus paiables dans le mois, celle de Bouguelaye de Chafteau-Neuff à cincq cens efcus & celle du bafque de la Mouffays à pareille fomme de cincq cens efcus.

Et le jeudy 12ᵉ du mefme moys fut arrefté au Confeil que nul habitant [ne] feroit receu à caution des rançons des prifonniers de guerre. En la mefme affemblée du Confeil fut fait lecture d'une lettre de Monfieur le duc de Mayenne cy apres :

Lettre du duc de Mayenne.

MESSIEURS, les lettres que j'ay receu de vous du 16ᵉ du paffé, m'ont confirmé l'affeurance de vos bonnes intentions au bien & advancement de noftre fainte Relligion avecq le tefmoinage que m'en a donné le fieur chevalier Picard [1], lequel j'ay pris avecq autant de contentement que voftre merite & franchife m'en donne de fubject, defirant vous faire congnoiftre par quelque bon effect, l'affection que j'ay à voftre particuliere confervation, pour laquelle je vous jure que je n'efpargneré ny ma vie ny tout ce que Dieu m'a donné de moiens. J'ay veu ce que vous mandez pour l'ordre que vous donnez pour l'ellection de vos deputez pour les Eftats generaux que j'ay advifé d'affembler & il eft tres à propos que les formes accouftumées f'y obfervent, affin que d'un commun advis nous puiffions pourvoir à une bonne refolution pour le bien general de ce royaume & eftabliffement de noftre Relligion. Au furplus, Meffieurs, voiant voftre eglife cathedrale depourveüe de pafteur, j'ay penfé que pour le foulagement de vos confciences & le bien de voftre ville, vous feriez tres-aifes de voir cette dignité remplie d'un perfonnage duquel la fuffifance, capacité

---

[1] Il faut peut être corriger Pericard.

& bonne vie vous peuft apporter du contentement & de l'edification. Qui fait que Nous recongnoiffant que vous ne pourriez faire choix plus convenable que de Monfieur l'evefque d'Avranches, voftre voifin, tant pour fon infigne probité que pour l'affection qu'il a toujours tefmoignée à ce faint Party, aiant mefme acquis ce merite par une infinité de bons fervices que luy & tous fes freres font à noftre Relligion & particulierement le fieur *Pericard*, fecretaire d'Eftat, qui eft pres de moy, je vous en ay bien voulu efcrire pour vous prier de l'y recevoir, affeurant qu'il f'acquitera autant dignement de cette charge que vous le pourriez fouhaiter & que vous en recevrez en general & en particulier beaucoup de contentement & fatiffaction ; & apres m'eftre recommandé à vos bonnes graces, je prie Dieu, Meffieurs, qu'il vous ait en fa fainte & digne garde. Au camp de Laon, ce 18e juin 1590.

Voftre tres-affectionné amy,

CHARLES DE LORRAINE.

Vous voiez, ce me femble, des impertinences en cette lettre, lefquelles j'ayme mieux vous laiffer remarquer que de vous en faire des notes & pour tant je m'en tais & ne diray rien, finon que le fieur Pericard, fecretaire de Monfieur de Mayenne, eftoit celuy qui faifoit ouverture aux habitans de Saint Malo de recevoir Monfieur l'evefque d'Avranches, fon frere, pour leur evefque à Saint Malo, ce qui ne pouvoit dependre d'eux.

Le fabmedy 14e dudit mois de juilet 1590, au Confeil, furent veües les deux lettres du duc de Mercueur contenantes ce que vous allez voir.

Lettre du duc de Mercueur.

MESSIEURS, c'a efté bien fait d'arrefter le fieur de Cuffé qui fe dit voftre evefque, car vous fçavez que tous ſes parens ſont fort mal affectionnez aux catholiques, c'eſt pour quoi je feré bien aiſe que le reteniez, enſemble ceux qui ſont venus avecq luy, juſques à ce que je ſois par delà qui ſera bien toſt, & n'aurois tant tardé ſinon que je voulois pourvoir aux affaires qui eſtoient icy, & par ce que la pluſ-part de la nobleſſe qui m'aſſiſtoit ſ'eſt retirée pour ſe ra-freſchir, je la mande me venir incontinent trouver & eſpere dans peu de temps remettre mes forces ſus, affin d'em-peſcher les deſſeins de nos ennemys & attendant vous voir bien toſt & communiquer plus particulierement avecq vous tant de vos affaires qu'autres, je prie Dieu, Meſſieurs, vous avoir en ſa ſainte garde. De Joſſelin, 12ᵉ juillet 1590.

Voſtre bien bon & aſſeuré ami

PHILIPES EMANUEL DE LORRAINE.

Autre Lettre du ſieur duc de Mercueur.

MESSIEURS, affin que ſi l'une depeſche ſ'eſt perduë, l'autre vous ſoit tenuë, je vous fay cette ſeconde pour vous dire que je trouve bon qu'aiez arreſté le ſieur de Cuſſé qui ſe dit voſtre eveſque, par ce que comme vous ſçavez tous ſes parens n'ont aucune bonne volonté au party de la ſainte Union des catholiques, & vous prie à cette occaſion le retenir, enſemble ceux qui ſont avecq luy, juſqu'à ce que je ſois par delà, qui ſera bien toſt, pour pourvoir aux affaires dont m'eſcrivez & autant qu'il ſera neceſſaire dont nous communiquerons particulierement. Ce pendant je raſſemble mes forces pour rompre les deſ-ſeins des ennemys que j'eſpere faire reſſerrer bien toſt, n'eſtant la preſente à autre fin, je prie Dieu, Meſſieurs, vous avoir en ſa ſainte garde. De Joſſelin ce 12ᵉ juillet 1590,

Voſtre, etc.

Sur requeste presentée par les gentilshommes venus au *Saint Pierre*, leur fut permis d'envoier l'un d'entre eux querir de l'argent aux maisons d'un chascun d'eux pour paier Thomas Gravé, auquel ils devoient leurs passages, à condition que ceux qui demeuroient estoient respondans de representer celuy qu'ils envoioient, lorsqu'ils en seroient requis. L'envoié fut le sieur de Kerven.

Le dimenche 15ᵉ juilet 1590, au Conseil, fut fait lecture d'une lettre des habitans de Morlaix, requerans estre secourus de trois cens hommes & d'un millier de pouldres prevoiant un siege duquel le prince de Dombes les menaçoit. Ces lettres furent presentées par le scholastique de Lan-Dreguer [1] auquel fut respondu ne les pouvoir quant à present assister d'hommes par ce que nous avions l'ennemy voisin & presque sur les bras; & pour justifier que ce n'estoit pas faute d'affection, fut communiquée audit scholastique une lettre du sieur de Vicques, par laquelle il nous demandoit du secours d'hommes & munitions, ce qui luy avoit esté promis. Mais quant aux pouldres que demandoient lesd. de Morlaix, le scholastique faisant pour eux fut asseuré qu'ils seroient assistez de la quantité de poudre qu'ils demandoient avecq asseurance en outre leur donnée qu'en toutes occasions ils recevroient toujours l'assistance qui nous seroit possible.

Le lundy 16ᵉ dud. mois de juilet, fut fait responce à une lettre du sieur de Vicques par laquelle il demandoit deux couleuvrines, des poudres & des bales & assistance de trois à quatre cens hommes, luy fut respondu, (dy je), que puis peu de jours nous avions supplié le duc de Mercueur nous permettre d'assieger quelques chasteaux en nostre voisinage de Saint Malo, auquel effect [les habitans] avoient besoin de leurs hommes & de leurs couleuvrines & que nous ne le pouvions pas asseurer jusqu'à avoir responce dudit sieur Duc, mais que sitost qu'on auroit eu responce, on l'advertiroit de ce qui se pourroit faire.

Le sabmedy 28 juilet fut receüe une lettre du sieur de

[1] Treguier.

Chafteau-Neuff efcrite aux habitans tendante à les amener en quelque conference. De laquelle lettre voicy le contenu :

Lettre du fieur de Chafteau-Neuff.

MESSIEURS mes voifins, j'ay pris fort patiemment les pertes que je fuis au hazard de faire ou qui font defjà faites en voftre ville; ce qui m'en fait parler de mefme eft la confervation que vous avez faite de ce qui eftoit à moy en fon entier, ce qui me fait efperer que quand vous confidererez avecq quelle confiance je les y ay mis & avecq combien de raifon je ne pouvois trouver de lieu ny foy plus affeurée que chez ceux avecq lefquels je faifois fouvent mefme table, ceux avecq lefquels je n'avois jamais manqué d'amitié & une grande partie relevans leurs biens de moy, que vous ne voudriez me les retenir, Dieu me les aiant donnez bien acquis & n'eftant pris en fait de guerre ouverte, ce que je porterois plus aifement pour eftre un mal ufité & plus fupportable par lequel Noftre Seigneur nous veut punir fouvent & lequel fa puiffance ne trouve fi eftrange comme quand l'on obferve ce qui fe doit garder entre les infidelles mefmes. Je vous prie donq me faire cette courtefie que je puiffe fçavoir par ce porteur ce que je doibs efperer de noftre antienne amitié & f'il eft befoing pour ce fubject de conferer avecq quelqu'un des voftres, j'envoie un paffeport fous lequel vous le pouvez feurement envoier. Sur ce je finiray cette lettre me recommandant tres-affectueufement à vos bonnes graces, priant le Createur, Meffieurs mes voifins, vous donner ce qui vous eft neceffaire pour fa gloire & voftre repos. Ce 20 juillet 1590.

Voftre plus affectionné voifin
GUY DE RIEUX.

Je vous prie que je puiffe avoir refponce par ce porteur.

Le Confeil apres la lecture de cette lettre ordonna que le Procureur & Clos-Neuff feroient refponce verbale au porteur de cette lettre qu'il n'y avoit nul moyen de conferer avecq fon maiftre, attendu qu'il tient le party des heretiques contraire à noftre faint Party. (Ainfi eft efcrit au regeftre de la ville).

Le jeudy 2ᵉ d'aouft dit an, au Confeil, fut refolu que tous les Cancalays, lors refugiez à Saint Malo, feroient contrains f'en retirer comme mal affectionnez au faint Party & fufpects aux habitans; & pour les faire fortir furent les quatorze capitaines commis pour en faire commandement chacun à ceux qui feroient en fon quartier. Ce qui fut executé.

Ce mefme jour, le capitaine La Coudrays fe prefenta au Confeil où il exhiba une [lettre] à luy efcrite par Monfieur l'evefque de Dol, par laquelle il le prioit fe rendre le mefme jour à une heure apres midy pour fe joindre avecq le capitaine La Garde Pont-Briand, pour quelque deffein contre l'ennemy & le prioit d'en avoir permiffion des habitans de Saint Malo, par lefquels fut ordonné audit La Coudrays d'aller avecq fa troupe à l'affignation que luy donnoit Monfieur l'evefque de Dol & le fervir pour huit jours feulement eu efgard que fa compagnie eftoit lors neceffaire en ces quartiers à caufe de la recolte des biens & fruits de la terre qui eftoit prefte à fe faire, & le Procureur chargé d'efcrire audit fieur evefque.

Fut audit Confeil ordonné que Jacques Porée Quatre-Vays advertiroit François Porée Le Boys, fon parent, de fe retirer hors la ville comme fufpect aux habitans & en fuite en fut fait fortir.

En cette mefme affemblée du Confeil, fut fait venir le maiftre d'un bateau nommé *Jan Le Boeuff*, lequel fut interrogé par le Procureur qui eftoit celuy qui avoit fretté fon bateau pour l'envoier à Grandville? A quoy led. Le Boeuff refpondit qu'Eftienne Artur, fils Julien Artur La Mote, l'avoit prié d'aller avecq fon bateau à Grandville, feignant d'aller en pefcherie, pour advertir fon pere & ceux de Grandville qu'ils euffent à fe tenir fur leurs gardes & qu'on iroit bien toft les voir fi defjà l'on n'y eftoit allé, & que led. Eftienne Artur luy avoit dit qu'il n'eftoit pas bon à prefent d'efcrire aucunes lettres de peur qu'elles feuffent veües; ce qui fut par led. Le Boeuff par ferment attefté eftre veritable.

Fut par le Confeil, fur ce rapport, ordonné qu'Eftienne Artur fus nommé feroit chaffé & mis hors la ville, comme fufpect & pour avoir fauffé fon ferment de ne rien faire ny dire au prejudice d'eux ni du faint Party, & commandement luy fait d'en fortir dans le jeudy prochain pour tout terme & delay; et Olivier Richomme Pré-Ravily fon parent chargé de luy faire le commandement. Avant laquelle ordonnance, pour ne condamner pas un homme fans l'ouïr, fut mandé led. Artur au Confeil. Lequel interrogé defnia toujours avoir parlé audit Le Boeuff. Neantmoins quoy, fut l'ordonnance executée & led. Artur mis hors la ville, lequel alla trouver fon pere à Grandville d'où il ne revint point à Saint Malo jufqu'apres fa reduction au fervice du Roy.

En l'affemblée de Maifon de ville generale tenuë le fixiefme jour dudit moys d'aouft 1590, fut par le Procureur remonftré qu'il eftoit temps d'arrefter quelle rançon paieroit le fieur de la Mouffaye & que le Confeil n'y avoit voulu deliberer eftimant qu'elle devoit eftre taxée & arreftée par la Maifon de ville generale. Sur laquelle remonftrance, l'affaire fut renvoiée par l'affemblée par devant les fieurs du Confeil, les capitaines de ville & commis à la police, & des lors fut affignation prife pour ce faire à jeudy lors prochain avecq faculté à tous les habitans qui f'y voudroient trouver d'y affifter.

Et le jeudy 9ᵉ d'aouft, au Confeil, où prefens eftoient aucuns des capitaines & les commis à la police, la rançon dudit fieur de la Mouffaye fut taxée à vingt mil efcus fans efperance de rabeis paiables dans le premier jour d'octobre prochain, &, faute de paiement ledit temps paffé, qu'il paieroit chacun jour pour fa defpenfe vingt efcus, & permis audit fieur de jouir & fe faire paier des dettes luy deües en cette ville & f'en fervir au paiement de fa rançon, & quant à fes meubles trouvez en cette ville lors de la prife du chafteau declarez acquis à la ville, aveq refervation qu'en cas que ledit fieur de la Mouffaye mouruft, avant avoir paié fa rançon; de faire paier au profit de la ville ce qui luy eftoit deub par les particuliers.

En cette affemblée de Confeil, commandement fut fait à Fougeray, capitaine du chafteau, de ne laiffer entrer en iceluy aucunes perfonnes de dehors la ville de quelque qualité qu'ils peuffent eftre.

Le fabmedy 11ᵉ d'aouft, fur l'advis qu'on eut que quatre des gentifhommes venus dans le *Saint Pierre* f'en eftoient allez fans congé & eu efgard que le duc de Mercueur avoit mandé aux habitans de ne les laiffer aller, le fieur de Cremené fut mandé au Confeil & fut fon ferment pris de ne f'en aller fans permiffion des habitans, ce qu'il jura et promift & le figna au regeftre de la ville.

Le 15ᵉ d'aouft 1590, au Confeil, fut fait lecture d'une lettre du duc de Mercueur contenant ce que par icelle vous allez voir. Les capitaines de ville & les commis à la police eftoient prefens en cette affemblée de Confeil.

Lettre du duc de Mercueur.

MESSIEURS, congnoiffant combien nous importe Pont-Orfon, j'ay deliberé de le remettre en l'obeiffance des catholicques, mais parce qu'il n'eft pas aifé à prefent, fi je ne fuis aydé de voftre artillerie pour n'en avoir de plus commode, je vous prie m'en envoier avecq des munitions & le plus d'hommes que pourrez affin de nettoier ce pais icy de ceux qui le ruinent comme vous fçavez; & par ce qu'outre l'intereft particulier que vous y pouvez avoir, je fçay que vous portez tant d'affection à ce faint Party qu'il n'eft befoing de vous en faire autre recommendation, je ne vous allongeray la prefente, mais me remettré à Monfieur de Vicques à vous faire entendre le furplus.

Ce pendant vous vous pouvez asseurer que je demeureré eternellement, Messieurs,

Vostre bien bon & asseuré ami

PHILIPES EMANUEL DE LORRAINE.

'Depuis la presente faite, je me suis advisé de vous envoier le sieur de l'Espine, present porteur, qui vous fera amplement entendre de mes nouvelles & ce que Monsieur de Vicques vous eust peu escrire d'ailleurs. De Fougeres, 12 aoust 1590.

En suite desdites lettres, led. jour au Conseil à troys heures, Olivier Hacoul, Guyon Nepvou, & Jan Peletel, tous troys maistres de navires, furent choisiz & nommez pour la conduite du canon à Pont-Orson; & à cet effect ordonné que chacun d'eux prendroit une patache, en chacune desquelles mettroient vingt cincq à trente hommes d'esquipage, se pourvoiroient de victüailles; pour quoy faire, le miseur leur fourniroit argent.

Furent aussi nommez & engagez deux maistres canonniers qui prendroient pour leur assistance les hommes necessaires à l'artillerie. Des salaires desquels fut remis à deliberer au retour du voiage par l'advis des quatre capitaines generaux.

Pour presenter l'artillerie aud. sieur Duc & au sieur de Vicques fut commis Michel Porée La Tour qui en accepta la charge.

Le sabmedy 18 aoust, au Conseil, fut accordé passeport au sieur *Peschant*, docteur en Theologie, venu aveq le sieur de Cuffé se disant evesque, pour se pouvoir ledit Peschant retirer en quel lieu il voudroit.

Et le lundy 20ᵉ desd. moys & an, apres lecture faite au Conseil d'une lettre du sieur duc de Mercueur portant qu'il avoit veu attestations du sieur evesque de Leon & autres gens de bien qui certifioient Hamon Plougoulm, maistre du navire *La Marguerite* de Painpaul, estre catholique & du party de l'Union & qui en confequence ordonnoit fon navire luy eftre rendu aveq fes marchandifes eftans en iceluy; fut par le Confeil, capitaines de ville & commis à la police ordonné que le fuf nommé Plougoulm auroit main levée de fondit navire & marchandifes, & furent perfonnes commis pour les luy faire rendre.

Le jeudy 23 aouft dud. an, fut au Confeil refolu que les habitans de Saint Malo qui avoient efté mis hors comme partifans du roy de Navarre paieroient les devoirs de leurs marchandifes entrantes & fortantes tout ainfi que les eftrangers.

Et le fabmedy 25ᵉ du mefme moys, fur la veüe d'une lettre receüe du fieur de Vicques, fut refolu de luy efcrire & l'advifer que l'artillerie deplaceroit de Saint Malo le mardy enfuivant qui feroit le 28 du mefme moys.

Le dimenche enfuivant, 26 dud. moys, fut fait lecture au Confeil de la lettre du fieur duc de Mercueur dont la teneur enfuift :

Lettre du duc de Mercueur.

Messieurs, ayant entendu qu'aucuns des gentilfhommes qui avoient, y a quelque temps, efté arreftez aveq un des enfans du feu fieur de Cuffé, fe difant voftre evefque, venant d'Italie, fe font fauvez, j'ai bien voulu vous faire la prefente pour vous ramentevoir de ce que je vous avois par cy devant efcrit, que pour avoir toufjours recongneu ceux de lad. maifon de Cuffé fort ennemys de noftre faint Party & particullierement de voftre ville, il me fembloit bien à propos de ne laiffer aller led. pretendu evefque; de quoy je vous prie encores de recheff & confiderer de quelle importance il peut eftre; outre qu'il pourra en tout evenement fervir pour retirer quelqu'un des noftres. Que fi d'adventure il vous ennuie de le garder ou ne vouliez vous en charger plus longtemps, vous le me pouvez envoier ou m'advertir de voftre intention pour l'envoier querir. Et attendant de vos nouvelles là deſſur, je vous prie croire que vous me trouverez pour jamais.

Voſtre bon & affectionné amy,

PHILIPES EMANUEL DE LORRAINE.

A Fougeres, 23ᵉ aouſt 1590.

Deliberant ſur le contenu en lad. lettre, fut adviſé qu'il ſeroit eſcrit audit ſieur Duc & qu'il ſeroit ſupplié envoier querir led. ſieur eveſque & en attendant qu'il luy ſeroit baillé des gardes. Et pour communiquer lad. lettre aud. ſieur eveſque, furent commis le Procureur, Tertre-Galais & Clos-Neuff, meſme aveq charge de luy bailler des gardes.

Le lundy 27ᵉ dud. moys d'aouſt 1590, au Conſeil, le Procureur feiſt rapport que ſuivant la commiſſion cy deſſur, ils auroient baillé pour gardes au ſieur de Cuſſé, ſe diſant eveſque, venerables & diſcrets meſſires François de la Sale & Allain Le Maire, chanoines de Saint Malo, pour le repreſenter toutes fois & quantes. De quoy faire, leſd. deux chanoines preſens au Conſeil, preſterent le ſerment en tel cas requis de bien & fidellement ſ'acquitter de cette charge.

Le ſabmedy premier jour de ſeptembre [1] à quatre heures du ſoir au Conſeil, preſens les capitaines de ville & commis au pollice, fut leüe la lettre du ſieur duc de Mercueur cy apres inſerée.

Lettre du duc de Mercueur.

MESSIEURS, d'autant que j'eſpere eſtre bien toſt en vos quartiers, je vous prie faire encore bien garder juſqu'à ce temps le ſieur de Cuſſé, que je ne faudré d'envoier querir pour vous en deſcharger & par ce moien retirer quelques

---

[1] Un précieux document nous permet de compléter ou de corriger, à partir de ce moment, le journal de Frotet de La Landelle. C'est le registre contenant les délibérations de la Communauté du 5 septembre 1590 au 7 octobre 1591, le seul malheureusement qui ait subsisté des registres de la période d'indépendance.

prifonniers des noftres, qui eft la feule occafion pour quoy je n'ay voulu qu'il fortift fi toft, aveq ce que je fçay qu'il ne peut porter beaucoup d'affection à noftre party. Et me promettant qu'il ne vous ennuyera de le retenir jufqu'à ce que je fois par delà, je ne vous en diray daventage & prieray Dieu, ce pendant, vous avoir en fa fainte garde. De Fougeres, ce dernier jour d'aouft 1590.

Voftre bien bon & affeuré amy,

PHILIPES EMANUEL DE LORRAINE.

Apres la lecture de laquelle lettre, le Procureur feift entendre que le fieur duc de Mercueur devoit ce mefme jour arriver à Pontorfon & qu'il eftoit requis dreffer articles pour luy préfenter & qu'à cette fin il eftoit requis deputer nombre d'habitans pour l'aller trouver, feuft à Pontorfon ou à Dol. En fuite de laquelle remonftrance, fut conclud qu'il feroit nommé douze habitans pour en compagnie du Procureur aller trouver led. fieur Duc & luy prefenter les articles. Procedant à laquelle nomination fûrent à lad. fin nommez & deputez :

Jan Picot fieur de la Gicquelaye, procureur findyc; Guillaume le Fer fieur de Graflarron; Jan Pepin fieur de la Belinaye, en fon abfence Julien Pepin fieur de la Chipaudiere, fon frere; Michel Frotet fieur de la Bardeliere; Bertran le Fer fieur de Limmonay; Jan le Large fieur de la Barre; Joffelin Frotet fieur de la Landelle, en fon abfence Nicolas Frotet, fon fils aifné; Jean Porée fieur du Tertre-Galais; François Grout fieur des Clos-Neufs; Allain Maingard fieur de la Planchette; Jan Martin fieur de la Guerrandaye; Gilles Eberard fieur du Coulombier; Eftienne Richomme fieur de la Cour; Chriftophle Defnos, greffier de la ville.

Les articles eftoient defjà compilez & dreffez, y avoit long-temps, neantmoins pour la forme furent nommez perfonnes pour les dreffer & mettre en ordre.

Le lundy 3e jour de feptembre, fi j'ay bonne memoire [1], les deputez partirent de Saint Malo pour aller trouver le fieur Duc

---

[1] D'après le Registre des Délibérations, ce départ ne paraît avoir eu lieu que le 8 septembre.

au fiege de Pontorfon pour luy prefenter le cahyer de leurs remonftrances; & monterent à cheval en bel efquipage, partie d'iceux deputez bons gendarmes bien montez & armez, accompagnez de la compagnie de chevaux-legers du capitaine la Coudrays qui eftoit aux gages de la ville & affiftez encore d'huit ou dix gentilfhommes qui eftoient refugiez à Saint Malo, qui feirent le voiage aveq les deputez.

Ils pafferent à Dol où ils virent le fieur evefque de Dol, lequel fçavoit affez le deffein qu'ils avoient de demeurer à eux mefmes, fans fe fubmettre à perfonne, lequel au particulier leur loüa & approuva ce deffein, leur difant que f'il pouvoit il vivroit en pareille franchife, mais que la ville de Dol ny les habitans n'eftant point capables de fe conferver eux feuls, il luy eftoit force de fe fubmettre au duc de Mercueur, les pretentions duquel luy eftoient fufpectes.

Le foir du mefme jour, ils arriverent devant Pontorfon, où, ayant envoié un des leurs pour avoir departement, ils furent logez en un village aupres de Pontorfon appellé *La Ruë*. Dans lequel il y avoit une affez bonne maifon, dans laquelle les deputez & ce qu'il y avoit de gentilfhommes forains aveq eux fe logerent, & leur compagnie de chevaux-legers fe logea dans le mefme village, duquel ils accommoderent les advenuës & garnirent de bonnes barricades & la maifon de bons flancs, l'ayant percée à tous les angles & coings d'icelle & mife en bonne deffenfe. Auffi avoient ils bon befoing de fe tenir fur leurs gardes, pour ce que ce petit nombre de deputez valloit bien la peine d'enlever leur quartier pour les rançons qu'on en euft peu tirer, grandes & bonnes; à quoy j'adjoufte, [que l'on] euft peu d'autant plus librement faire deffein fur eux que ce quartier eftoit feparé du refte de l'armée par ce bras de la riviere de Coüefnon, laquelle, lorfqu'elle eftoit enflée par le montant de la mer, ne pouvoit eftre paffée à gué par l'armée pour les venir fecourir.

Le lendemain d'apres leur arrivée, ils allerent trouver le fieur duc de Mercueur en fon quartier & en fon logis, le falüerent & furent de luy receus aveq des paroles qui rendoient tefmoignage de ſa bonne volonté & affection envers eux & aveq un viſage gay & allegre qui reſſentoit ſa bien-vueillance. En un mot il ne fut point eſchars de bon viſage ny de bonnes paroles.

Ils luy feirent entendre, (ce que deſjà il ſçavoit aſſez), le but de leur deputation qui eſtoit de l'eſtre venu trouver pour luy preſenter leurs voeus & leurs tres-humbles ſervices, le ſuppliant avoir aggreable l'eſtabliſſement de l'ordre qu'ils avoient fait en leur ville pour la conſervation d'icelle pendant l'orage des guerres & luy preſenterent le cahyer de leurs remonſtrances & le ſupplierent icelles entheriner & aggreer comme tendantes au bien de ſon ſervice & de leur conſervation particuliere (1).

Il receut le cahyer de leurs remonſtrances & leur donna des paroles pleines d'eſperance d'y pourvoir & les expedier autant favorablement qu'il luy ſeroit poſſible.

Ils allerent le meſme jour trouver le ſieur de Vicques en ſon quartier, lequel les receut aveq tant d'accueil & de courteſies qu'il n'eſt pas poſſible à ma plume de les repreſenter aſſez au viff; il me ſuffiſt de dire qu'il ne leur pouvoit teſmoigner plus d'affections qu'il leur en rendoit. Auſſi ſe promettoit led. ſieur de Vicques que cela ne luy feroit pas inutile au deſſein qu'il avoit conceu d'eſtre par eux choiſy & eſleu capitaine & gouverneur & d'eux & de leur ville.

Il faut apres ces choſes parler de l'armée, (ſi touteſſois j'oſe ainſi l'appeler), je dirois mieux ſi je diſois un chetiff amas de peu de gens de guerre. Ledit ſieur de Vicques avoit environ deux mil hommes de pied & deux cens chevaux, bons que mauvais, & ledit ſieur Duc luy pouvoit avoir amené mil à douze cens hommes de pied & autres deux cens chevaux. Tout quoy n'eſtoit point ſuffiſant de bloquer ny aſſieger & bien moins de

---

(1) 6 ſeptembre 1590 — Les ſieurs des Cheſnes & Boullain Riviere commis pour faire mettre une baricque de vin en bouteilles du plus excellant qu'il ſe poura trouver & en outre faire remplir 30 bouteilles de vin de Canarye, leſquelles, aveq quelque peu d'oranges & limons, envoyront à Pontorſon, adreſſant au ſieur de la Tour, à ce que le Procureur eſtant par delà & luy les preſentent au nom des habitans à Monſeigneur de Mercueur & autres gentilſhommes de ſa ſuite.

— Il eſt donné decharge au Procureur de 2677 livres de poudre priſe au magaſin de la Tour Noſtre-Dame pour envoyer à Pontorſon. (Reg. des Délib.)

prendre Pontorſon, comme avoit bien oſé ſe promettre le ſieur de Vicques.

Neantmoins l'artillerie venuë de Saint Malo fut miſe en terre & apres quatre ou cinq jours miſe en batterie du coſté de la Normandie, où eſtoit toute cette armée ou pour mieux dire cette petite poignée de gens Bretons & Normans peſlemeſlez enſemble, & en ce peu de temps les tranchées conduites juſques ſur la contreſcarpe du foſſé de Pontorſon.

Leſdits ſieur Duc & de Vicques voyants bien eſtre foibles pour conduire à fin une entrepriſe de ce poids, prierent les deputez de faire venir quelque ſecours de Saint Malo. Ce qui feiſt qu'apres en avoir deliberé, ils envoierent un expres à Saint Malo, où incontinent Geffroy Gaillard ſieur de Boys-Joly fut nommé par les habitans pour lever une compagnie deſd. habitans. Laquelle fut incontinent faite d'environ ſix cens hommes volontaires, leſquels ſ'embarquerent; & le troiſieſme jour apres la demande qu'en avoient fait leſd. ſieur Duc & de Vicques arriva cette troupe par mer & par la riviere à Pontorſon, tous bien couverts & bien armez, de l'arrivée deſquels toute l'armée ſe reſjouit & conforta grandement. On donna quartier & logement à cette compagnie, laquelle ſe pouvoit bien appeller regiment; laquelle on laiſſa repoſer un jour, le lendemain duquel elle fut veüe en bataille, & fut beaucoup eſtimée. Si bien que le jour d'apres le ſieur de Vicques deſira qu'elle euſt entré en garde dans les tranchées pour la faire voir à quelques capitaines qui devoient ſortir de Pontorſon & venir diſner aveq ledit ſieur de Vicques. Ce qui fut le piege dans lequel il fut attrapé ainſi que vous allez entendre.

En la ville & chaſteau de Pontorſon, commandoit Montgommery, frere du ſieur de Lorges aiſné de leur maiſon, lors priſonnier au Mont Saint Michel, y retenu par le ſieur de Vicques.

Avecq ce jeune Montgommery en Pontorſon, entre autres capitaines eſtoit un appellé *La Couldrays*, lequel autrefoys avoit porté les armes ſous le ſieur de Vicques. Or un ſoir, comme les tranchées eſtoient juſques ſur la contreſcarpe, le ſieur de Vicques parlant des tranchées à ceux de dedans la place, leur demanda ſi La Couldrays eſtoit là ſur les murs & qu'il luy deſiroit parler. Ce que La Couldrays, apres avoir de ce obtenu permiſſion de Montgommery, voulut bien. Et apres pluſieurs paroles & brocards comme eſt de couſtume entre gens de differents partis aſſiegeans & aſſiegez, & principalement dans les guerres civiles; finalement Vicques demanda à La Couldrays, ſ'il voudroit le lendemain venir diſner aveq luy. Ce que, apres avoir obtenu permiſſion de Montgommery, il accepta. Et ſur ces termes ce pourpalé demeura & fut pour ce ſoir là interrompu par la ſurvenuë de la nuit.

Le lendemain, environ les neuf heures, Vicques ſe trouva aux tranchées & renouvellant les propos du ſoir demanda à parler à La Couldrays, lequel de deſſur les murs reſpondant à ceux qui luy parloient des tranchées, demanda ſi le ſieur de Vicques y eſtoit; à quoy luy aiant eſté reſpondu qu'il y eſtoit, La Couldrays diſt qu'il parle doncq affin que j'aye ſa parole ſous laquelle je me puiſſe commettre d'aller diſner avecq luy. Alors Vicques parlant à La Couldrays & le priant de ſortir pour ſe voir & parler enſemble, voicy que du corredor de la contreſcarpe ſortent trente ou quarente hommes qui ſe jetterent ſur le pré & courans à la teſte de la tranchée où ils avoient recongneu la voix & la parole du ſieur de Vicques, ils chargent ceux de la tranchée, & Vicques voiant ce qu'il n'attendoit pas ſort d'icelle & ſe jetta ſur le pré ou terrain dans lequel eſtoit cette tranchée, l'eſpée à la main luy trois ou quatrieſme & ſe deffent vaillamment; mais cet effort luy fut inutile, car ſurmonté par le nombre, il fut tué ſur le pré, & furent ſon eſpée & chapeau emportez par ceux de dedans, leſquels ſe retirerent fort contens de cet exploit qui fut un ſtratagemme pour ſe deffaire de ce capitaine, leur ennemy, capable de maintenir les affaires de la Ligue en cette Baſſe Normandie où il avoit de la creance.

Le capitaine La Couldrays & ces ſoldats avoient des avant jour au matin ſorty de Pont-Orſon, & ſ'eſtoient tenus cachez & à couvert dans le corredor de la contreſcarpe à deſſein d'attraper comme ils feirent ce cavalier autant brave, gallant & vaillant qu'autre de ſon temps, doüé de parties grandement recommendables & eſtimé un des meilleurs capitaines de chevaux-legers qu'il y euſt lors en France.

Le ſieur de Vicques mort, le duc de Mercueur, lequel n'eſtoit là venu qu'à ſa priere & pour l'aſſiſter en ce ſiege, ſe propoſa de deſloger. Et fut remarqué des le lendemain de cette mort de tous les Normans vous n'en euſſiez pas trouvé un tout ſeul, mais ſ'eſtoient retirez chacun où il avoit peu ſe ſauver.

Led. ſieur de Mercueur doncq deſlogea, mais avant ſon depart les deputez de Saint Malo, allerent à ſon logis le ſalüer, auſquels il diſt que juſqu'alors il n'avoit peu faire voir par ceux de ſon conſeil le cahyer de leurs remonſtrances, mais qu'il ſ'en venoit à Dinan où il les feroit voir en ſon conſeil & ſur iceux leur pourvoiroit autant favorablement qu'il luy ſeroit poſſible, les aymant & eſtimant, comme il faiſoit, leurs merites (1).

Les deputez, avant monter à cheval, ordonnerent à ceux qui avoient acconduit le canon & munitions de guerre de rembarquer le tout dans leurs bateaux, ſur leſquels ils feirent auſſi embarquer les gens de pied venus de Saint Malo pour faire leur retraite par la mer par laquelle ils eſtoient venus au ſiege.

Ces diligences faites, les deputez monterent à cheval & ſ'acheminerent à Saint Malo en compagnie dud. ſieur Duc, lequel ils accompagnerent juſqu'au chemin qui ſeparoit pour aller à Dol où le Duc ſ'achemina & les deputez droit à Saint Malo où ils arriverent le ſoir de ce jour là qui fut le [19ᵉ] de ſeptembre 1590 (2).

(1) Et ainſi nous donna congé avec tout plein de bonnes paroles, non touteſſois ſans y entremeſler quelques unes piquantes & qui ſentoient quelque aigreur contre noſtre eſtabliſſement & pretentions.

Ayant monté à cheval aveq luy, nous le laiſſaſmes à Dol, par ſur les foſſés duquel nous paſſaſmes & nous rendiſmes à Saint Malo; où nous fuſmes receus aveq acclamation de tout le peuple & au contentement de ceux qui n'avoient autre intention que de paſſer les orages de ce temps calamiteux juſqu'à voir le ſerein d'une bonne paix ſans nous ſubmettre à qui que ce fuſt qui peuſt opprimer une honneſte liberté en laquelle nous deſirions vivre pendant ces miſeres. Mais comme il arrive en tous nouveaux eſtabliſſements, il y avoit d'autres gens auxquels noſtre retour en ſanté & proſperité ne plaiſoit point. (B., f° 2, r°.)

(2) Ordonné que le ſieur de Limonnay, miſeur, aura aloüement & deſcharge en ſon compte de 145 eſcus 37ˢ 6ᵈ, pour les fraiz & depences faictes par Meſſieurs les deputez pendant qu'ilz ont eſté au ſiege de Pontorſon pour preſenter les articles à Monſeigneur de Mercueur. (Reg. des Délib., 24 ſept.)

Voilà le voiage defd. deputez vers led. fieur duc de Mercueur, le fiege de Pontorfon & la mort du fieur de Vicques, laquelle fut caufe de lever le fiege, lequel euft duré plus longtemps, fi elle ne feuft arrivée. De ce qui feuft arrivé je n'en pourrois rien dire; mais nous pouvons bien croire que, fans cette mort & l'evenement du fiege & retraite du duc de Mercueur, c'eft fans doute qu'il y auroit eu du bruit; car le prince de Dombes, pour le temps general des armées du Roy en Bretaigne, & qui avoit ramaffé toutes les forces de la province du party du Roy qui pouvoient eftre d'huit cens chevaux, la plufpart de la nobleffe du païs & trois à quatre mil hommes de pied, f'en venoit fondre fur nous qui avions moins de forces que le Prince. Et defjà le fieur de Vicques, fourny de bons efpions, fe refolvoit aveq ce qu'il avoit de cavallerie & partie de nos gens de pied d'aller au devant dud. Prince, laiffant au fiege les forces venuës de Saint Malo & quelques autres gens de pied pour la conservation du canon.

Ce gentilhomme, je dy le fieur de Vicques, eftoit hazardeux & neantmoins prevoiant & fe promettoit de donner efchecq à ce Prince, ce qui luy pouvoit fucceder peut eftre autant heureufement comme à Chafteau-Giron où fes ftratagemes joints à fa vaillance avoient efté caufe de la prife du comte de Soiffons, lorfque le Roy l'envoia en Bretaigne pour y tenir la place de Lieutenant General en fes armées, laquelle, au temps dont nous parlons, y tenoit le fieur prince de Dombes. Lequel comte de Soiffons, du temps du fiege de Pontorfon, eftoit encores prifonnier au chafteau de Nantes au pouvoir du fieur duc de Mercueur, d'où il fe retira quelque temps apres par un gentil ftratageme & induftrie qui meriteroit d'eftre recitée, mais cela n'eft pas de mon fubject [1] & pour tant je renvoie le lecteur à l'hiftoire de France de ce temps là.

---

[1] On sait qu'il se fit emporter du chateau de Nantes dans le panier d'un traiteur qui lui fournissait ses repas.

Ms. B. (1). — L'Hiſtoire ne doit point ſeulement ſervir d'une ſimple narration des choſes comme elles arrivent, mais en icelle ſe doivent faire les obſervations deſquelles les lecteurs peuvent faire & tirer profit pour leur inſtruction & contentement. Ce qui fait que pour cette fin je remarque en paſſant deux choſes : la premiere que ſi de Viques ne feuſt mort comme vous avez veu, il feuſt peut eſtre arrivé plus de mal à ceſte petite armée. Car comme vous avez peu apprandre cy devant, le prince de Dombes eſtoit à Rennes qui joignoit ce qu'il pouvoit de forces de Bretaigne & de Normandie pour venir lever le ſiege. Au devant duquel ledit de Viques faiſoit eſtat d'aller avecq ce que bonnement il euſt peu tirer de forces de cheval & de pied de devant la ville, la laiſſant tellement quellement aſſiegée. Et ne pouvant ſes forces eſgaler celles dudit Prince, il y avoit danger que luy qui eſtoit un des plus hazardeux & entreprenans capitaines de ſon temps ne receuſt du pire; bien que veritablement il avoit une grande creance parmy les gens de guerre & volontiers euſt peu faire quelque choſe de bon. Tant y a que nous ne pouvons dire ce qui fut arrivé, mais il eſt certain que nous allions au devant dudit Prince & ne luy euſſions pas laiſſé faire la moitié du chemin, mais Dieu en diſpoſa autrement que les hommes n'avoient propoſé.

Une autre remarque que je fais eſt la faulte qu'il me ſemble, ſoubz correction, que fiſt le duc de Mercueur, lequel voiant les comportemens deſdits de Saint Malo tendre à l'eſtabliſſement de quelque gouvernement populaire en leur ville, pour le moins pendant les troubles, ne ſceut mieux pourvoir à ſes affaires pour ſe rendre ſeigneur de leur ville, laquelle importoit tant à aſſeurer l'eſtat de ſes affaires en la province. Il avoit leu leur cahier, d'où il pouvoit colliger leur but & leur deſſein n'eſtre pas de ſe ſoubzmettre entierement ſous ſon pouvoir, ains de tendre à la

---

(1) Ici commence le fragment de la plus ancienne rédaction de Frotet de La Landelle conſervé à la Bibliot. Nat¹ᵉ, Ms. fr. 5553.

liberté. S'il m'eft loifible de dire ce que je croy qu'il devoit faire, je diré qu'il me femble qu'il leur devoit emplir les oreilles du vent de leurs propres loüanges, les chanter bien meriter du faint Party, qu'il avoit telle confiance de leur zele & affection que ne defiroit autre affeurance que leurs affections & ne pretendoit rien innover à leur [eftabliffement] & [ne refufer] de [leur donner] adveu de ce qu'ils avoient fait, ne jugeant raifonnable de fruftrer leurs faintes intentions & vertueufes actions de la gratification y deüe, qu'il commanderoit toutes lettres & expeditions leur en eftre depefchées & que pour tefmoigner à toute la ville l'effect de cefte fienne affection, il vouloit aller le leur protefter en leur ville, en laquelle pour leur lever tout fubject de deffiance, il f'achemineroit aveq eux mefmes, fans entrer en lad. ville qu'aveq une douzaine de gentilfhommes qui leur fuffent agreables & nullement fufpects.

S'il euft tenu cefte procedure & de fait venu à Dol comme il feift & de Dol à Saint Malo en tel & fi petit efquipage qu'il euft voulu, il euft mis en peine les plus habiles, lefquels bien que affez clairvoiants pour penetrer au dedans de fon deffein, euffent eu peut eftre du mal à imprimer la meffiance en l'efprit de leurs concitoiens qui eftoient auffi prefchés & veillés par aucuns partifans dudit Duc. Lefquels n'aiant telle part aux affaires qu'ils euffent defiré, ne refpiroient que de pouvoir introduire fon authorité en la ville. Pour à quoy parvenir, par practiques & fourdes menées ils effaioient à rendre odieux ce nouvel eftabliffement qu'ils defcrioient par toutes fortes d'inventions & plufieurs calomnies controuvées contre ceux qui n'avoient pour but que le falut & confervation de la ville & de leurs concitoiens, attendans que Dieu nous donnaft un roi catholique, telles eftant & ayant toujours efté leurs proteftations.

Quoiqu'il en foit il ne prit point cefte refolution, detourné à mon advis par l'efperance que fes partifans luy faifoient concevoir qu'il nous auroit aveq le temps par leur moien luy reprefentants l'eftat de noftre ville tout autre qu'il n'eftoit. Auffi tous ceux qui ne trouvoient pas l'eau bonne n'eftoient nulement capables de conduire aucune bonne entreprise à fin, partie d'eux estants plus violens que courageux.

Ms. A. — Apres doncques la mort du sieur de Vicques & le duc de Mercueur retiré à Dol; le prince de Dombes qui avoit assemblé les gens de guerre que vous venez d'entendre pour les employer au levement du siege de Pontorson, entendant que le siege estoit levé, il s'achemina vers Dol, où s'estoit retiré le duc de Mercueur & tenta quelques efforts contre les for-bourgs, dans l'un desquels se logea le duc de Mercueur sans vouloir s'enfermer ny en la ville ny au chasteau, mais par sorties & continuelles escarmouches, tantost à pied & tantost à cheval, feist bien recongnoistre aud. Prince & aux siens qu'il ne les craignoit gueres.

Ms: B. — Le sieur duc de Mercueur avoit escrit, par *la Place* son secretaire, à la Ville, led. Duc estant au siege de Pontorson demandant argent à prest aux habitans, sa lettre en datte du 19 septembre 1590 [1]. Au retour des deputés furent delivrés par prest audit secretaire deux mil escus, dont y a recepissé devant notaires, au bas de la dicte lettre, du 21 dud. mois. Est encore cette somme deüe.

Peu de jours apres nostre retour de Pontorson, Victor Jamet Vieuxville, Tristan le Bret, Macé Gouverneur & Laurent Apvril,

[1] Messieurs, d'aultant qu'il m'est besoing de trouver promptement de l'argent pour payer mes gens de guerre & que je n'en puis sy tost recouvrer qu'il m'est necessaire, j'envoie La Place, l'un de mes secretaires, principal porteur, par delà, pour vous prier comme je fays m'accommoder de quelque bonne somme, attendant que les deniers que j'ay donné charge de faire tenir du païs bas en vostre ville y soient arrivez, desquels je ne sauldray de vous rembourcer ce que me presterez. Et esperant ce plaisir de vous, je ne vous en feray autre priere ny alongeray la presente sy non pour vous dire que s'il est requis qu'ayez autre asseurance de moy, je ne sauldray de la vous envoyer telle que demourerez contans & de tout ce que saurez desirer d'ailleurs de moy qui seré pour jamais vostre bien bon & asseuré amy : PHILIPPES EMANUEL DE LORAINE.

Au camp de Pontorson, le 19 septembre 1590.

Et en superscription : *A Messieurs les nobles bourgeoys & habitans de Saint Malo.* (Registre des Délib., 20 sept. 1590.)

tous jeunes hommes de Saint Malo & portants les armes pour le duc de Mercueur & qui faifoient leur retraite au Plefſeis-Bertran où commandoit le capitaine Jan le Breton ſieur de Launay pour ledit ſieur Duc, ſ'eſtants preſentés à la porte de la ville pour y entrer, le capitaine qui lors eſtoit en garde leur voulut faire prendre leurs piſtolets, comme il eſtoit ordonné par la ville, ne les voulurent rendre, et pour tant leur fut l'entrée empeſchée. En revanche de quoy (1), ſ'en retournantz, paſſerent pres du Talatz, où lors eſtoient aucuns bateaux de Greneſé pour eſventer marchandiſes venuës dud. lieu à cauſe de la contagion qui y eſtoit. Aux marchans deſquels bateaux furent par les ſuſdits quatre de compagnie pris quelques bas de chauſſes d'eſtamine par force. Et ſe retirans rencontrerent un enfant nommé Charles Picot fils de [Jan Picot] ſieur de la Gicquelas (2) qui revenoit de Solidort qu'ils emmenerent & allerent rendre en l'armée du prince de Dombes laquelle lors eſtoit aupres de Chaſteau-Neuff. Et furent [pourſuivis avecq] quelque ſoing [par quelques] hommes qui ſur l'advis de ceſte priſe monterent à cheval pour les ſuivre & peu ſ'en falut qu'ils ne les priſſent, mais ils ſe ſauverent en l'armée, changeants de party, comme il eſtoit fort ordinaire en ces temps troublés. L'armée dudit ſieur Prince, qu'il avoit miſe aux champs pour venir lever le ſiege de Pontorſon, ſ'achemina lors à Dol où ces jeunes fouls luy porterent cet enfant, lequel pour eſtre ſoubz bas aage fut renvoïé par ledit ſieur Prince ſans rançon. De cette volerie fut informé, & aucuns de la ville commis pour ſçavoir du capitaine Launay ſi leſd. quatre jeunes hommes eſtoient ſoldats de ſa garniſon. Ce qu'il nia, diſant qu'ils eſtoient à Monſieur d'Arradon, mais qu'ils l'avoient aſſiſté au voiage de Pontorſon, pendant le ſiege, & ne luy eſtre autrement obligés (3).

(1) Paſſant au Val pres des femmes qui lavoint la buée, ils diſoint « Voilà le grand mercy de Meſſieurs de Saint Malo d'avoir eſté refuſez d'entrer en leur ville. » (Reg. des Délib., 26 ſept.)

(2) Procureur ſyndic.

(3) 24 ſeptembre 1590 — François le Gal ſieur de Coleſpel eſt toleré en ceſte ville juſqu'à ſ'informer de Meſſieurs de Morleix pour ſçavoir ſy ſon abſence, en tant que

Sur la fin de septembre, fut deputé Pierre Pepin à Paris [1] soubz pretexte de faire venir un fondeur d'artillerie pour faire fonte de quelques canons & couleuvrines pour le service de la ville.

L'armée du prince de Dombes n'ayant grand subject où elle peust s'emploier, estant conduite à Dol où estoit le duc de Mercueur, voulut attaquer ses forbourgs, mais sans aucun fruit. Et en l'attaque & en la deffense se passerent sept à huit jours en continuelles attaques & escarmouches où se perdirent plusieurs d'une & d'autre part. Et finalement se retira le Prince; lequel faisant contenance de vouloir attaquer Chasteau-Neuff, dans lequel estoit alors pour led. Duc un appellé *le capitaine Lamoureux*, Lorrain. Ce que prevoiant led. Duc, escrivit aux habitans de Saint Malo sa lettre dont la teneur ensuist.

personne d'honneur & grandement moyenné, leur faist quelque default craignant que quelques habitans de Morleix, mauvés patriotes, à son exemple voulussent aussy abandonner leur ville..... estant aprins que le sieur Collespel n'avoit james voulu signer l'Eedit d'Union, ordonné que led. sortira de ceste ville.

— Conclud que les hardes du sieur de Chasteau-Neuff, des sieurs de Guemadeuc, de Couesquen & de la Moussaye, seront vendus pour les deniers en provenant estre mis entre les mains du miseur de ceste ville pour employer aux frais urgens & necessaires d'icelle.

— Les deniers, thoilles & autres marchandises qui sont entre les mains de Janne Tubert femme Ollivier Duval appartenans à des Vitrias sont arrettez entre ses mains..... Le sieur de La Barre commis pour s'informer des comportemens de ceux à qui appartiennent lesd. deniers..... (Reg. des Délib.)

(1) 27 septembre 1590 — Le Procureur remonstre avoir conseré avecq un honneste homme parisien, lequel est prest d'aller à Paris par la voye de Rouan qui faist ofre de porter lectres de Messieurs les habitans soit à Paris ou Rouan s'ilz l'en veullent charger, & qu'il est à propos d'envoyer un jeune homme de ceste ville au lieu de Pierre le mesaiger qui avoit esté commis pour aller à Paris vers Messieurs de Bourdeaux, le Prevost des Marchands & Cote-Blanche pour faire venir en ceste ville ung maistre fondeur d'artillerye. Apres avoir meurement consideré le suject de ceste affaire & l'importance d'icelle, a esté conclud qu'il sera envoyé un honneste jeune homme de ceste ville au dict Paris avecq led. parisien..... Et procedant à la nomination dud. jeune homme a esté presentement nommé & deputé Me Pierre Pepin sieur de la Planche. (Reg. des Délib.)

Lettre de Mercueur aux habitans.

Messieurs, je viens tout prefentement d'eftre adverty que les enemis font refoluz d'aller attacquer Chafteau-Neuff & moy de leur faire foudain lever le fiege. Et par ce qu'ilz ne font affez fortz pour mener leur canon par terre, ils le font aller par mer, & à cefte fin font leur embarquement à Cancalle. De quoy je vous ay bien voulu donner advis; affin auffy que vous les oppreffiez de voftre part en tout ce que vous pourrez; & n'eftant la prefente à autre effect, priray Noftre Seigneur vous tenir, Meffieurs, en fa faincte & digne garde. A Dol, ce 27ᵉ feptembre 1590.

Voftre bien bon & affeuré amy,

PHILIPPES EMANUEL DE LORAINE.

Ms. A. — Le Prince [voyant] fes attacques & efforts inutiles contre Dol, envoia partie de fes troupes pour defloger le capitaine *Toullan* qui eftoit logé en une faillie maifon aux champs nommée *Seven* (1), mais il ne fut pas au pouvoir des royaux d'emporter cette maifon, à l'attaque de laquelle ils perdirent beaucoup des leurs & tout de mefmes aux attacques & efforts qu'ils feirent contre lefd. for-bourgs de Dol, fans que le Duc y receuft aucune perte notable. Ce qui feift, tous ces mauvais fucces & l'exceffive fechereffe & chaleur de la faefon, fi grande qu'ils n'avoient point d'eau pour les hommes & mauvaife pour les chevaux, que le Prince & fon armée fe leverent de là & fe retirerent à Rennes, congediant les foldats qu'il renvoia dedans leurs garnifons.

Ms. B. — En ce mefme temps & du mefme jour, 28ᵉ feptembre, fut deffendu aux mariniers dud. Saint Malo & des fins d'icelle d'aller ny traficquer en Angleterre ny aller en aucuns voiages freyer avec les Anglois; & en la Maifon generale de la

---

(1) Sevin en Plerguer, auj. Sevan.

ville fut faite l'ordonnance qui enfuift, laquelle j'ay creu devoir eftre icy infcrite :

Le Procureur remonftre qu'il y a aucuns mariniers de cette ville, & autres circonvoifins qui fe font acheminez de ces partyes pour voiager en mer aveq les Angloys heretiques; ce que mis en deliberation a efté par les affiftants ordonné que, pour coupper pied à l'advenir à telles licences, & affin de conferver ce qui eft du falut de ceux qui à l'advenir f'y voudront acheminer, il fera banny à cry publicq par les carrefours de cette ville que prohibitions & deffences feront faites à tous habitans de cefte ville de quelque qualité qu'ils puiffent eftre & autres circonvoifins de n'aller faire voiages en Angleterre ny ailleurs foubz le nom defd. Angloys; d'aultant que lefd. habitans font deüement informés qu'à aucuns de cefte ville l'on leur a faict jurer & prefter le ferment de fidelité au roy de Navarre, au dict Angleterre, & renoncer au party de la Saincte Union; fi ce n'eftoit en navires qui appartiennent aux habitans de cette ville & foubz la charge d'un maiftre qui fe prefentera ceans & preftera le ferment de fidelité aud. party de l'Union fur peine aux contrevenans d'eftre declarés enemys de cefte republique, banniz par confequent à perpetuité d'icelle, leurs femmes & enfans mis & chaffez hors de lad. ville.

Comme auffy eft prohibé & deffendu à tous habitans de cestedite ville ne faire achapt d'aucuns navires Angloys, fur peine de confifcation d'iceux.

Le tout ce que devant eft touteffois fans prejudice que les marchans Anglois ne puiffent d'icy en avant traficquer, aller & venir en cefte ville en toute feureté & liberté, comme ilz ont faict par le paffé fans qu'ilz en foient empefchez par aucuns defd. habitans.

Au mefme temps fut efcrit au pere *Benedict*, auteur de la Somme des Pechés, cordelier au couvent de Laval, qu'il ne prift point la peine de venir en cette ville pour prefcher l'Avant & Carefme, ayant auparavant obtenu fa chaire des feigneurs reverends du Chapitre [1]. Et chargerent les habitans La Planche, leur deputé, d'en procurer un à Paris pour le faire venir prefcher ledit Avant & Carefme.

Enfuite auffi de l'advis du duc de Mercueur que l'enemy

---

[1] « D'aultant qu'il eft refidant en une ville qui tient le party contraire à l'Union. » (*Reg. des Délib.*, 29 sept.)

devoit venir affieger Chafteau-Neuff, les Malouins firent ferrer tous les bateaux de la riviere de Dinan, à ce que l'enemy ne f'en peuft prevaloir; & feirent pourvoir le chafteau de Solidor de beaucoup de preventions requifes pour la deffenfe, fi d'avanture le Prince euft fait quelque deffein de l'attaquer.

Le 2ᵉ d'octobre, led. duc de Mercueur efcrivit de Dol une lettre aux habitans de Saint Malo de cette teneur.

Lettre de Mercueur aux habitans.

Messieurs, les enemys vinrent hier paroir en bataille à une lieuë pres d'icy, & incontinent je forty avecq ce que j'ay defja de forces aupres de moy & les mis auffi en bataille devant eulx, tellement que nous tenons la campagne d'une part & d'autre & n'y a qu'un ruiffeau entre nous deux, n'aiant pu gaingner ung poulce de terre fur moy, encores qu'ilz foient plus fortz de cavalerye que je ne fuis; & d'aultant qu'ilz ne font venuz icy que pour faire paffer leur canon pour aller affieger Chafteau-Neuff, je vous prie tenir le plus que vous pourez de pataches & autres vaeffeaux preftz pour donner où l'on verra qu'il fera befoing, efperant que dans peu de temps nous ferons quelque bon effect. Et par ce que vous fçavez combien vous importe ledit Chafteau-Neuff & autres places prochaines, fy les enemys f'en emparent, je m'affeure que ne faudrez de m'affifter à les deffendre, comme j'ay bien deliberé & d'y faire d'avantaige, f'il plaift à Dieu, lequel je prie en attendant, Meffieurs, vous avoir en fa fainete garde. De Dol, ce 2ᵉ octobre 1590.

Votre bien bon & affeuré amy,

Philippes Emmanuel de Loraine.

Sur quoy deliberant, fut arrefté que la patache de la ville feroit armée & envoiée vers Grandville & en la cofte defcouvrir l'embarquement du canon. De la conduite de laquelle fut chargé Henri Salmon aveq charge de faire cette defcouverture.

Vous avez cy devant veu comme meffire Charles de Bourgneuf, nommé par le Roy & pourveu à Romme de l'evefché de Saint Malo, avoit efté arrefté en lad. ville & gardes luy baillées, ne faifant aucune fonction d'evefque. De quoy ennuié & tendant à fe faire voir pour acquerir creance feift prier le Confeil luy permettre aller affifter & porter furplis en la proceffion qui fe devoit faire generale au dimenche prochain apres le 3ᵉ d'octobre. Ce qui lui fut abfolument denié, jufqu'à avoir fur ce l'advis du duc de Mercueur; qui eftoit un pretexte de cette denegation. Et fut prié de temporifer.

Le 5ᵉ octobre fut donné commiffion au procureur fyndic de faire demanteler la maifon epifcopale de Chafteau-Malo, diftante de la ville une lieuë & demie; à ce que les ennemis ne f'en emparaffent à la ruine du païs. Ce qui fut executé incontinent [1].

En ce mefme jour fut receüe une lettre du duc de Mercueur efcrite aux habitans dont la teneur enfuit.

Lettre du duc de Mercueur aux habitans.

MESSIEURS, je ne pance point qu'il puiffe venir d'artillerye aux ennemis fi ce n'eft de Grandville, d'où il fera bon que vous preniez toufjours garde, encores qu'ilz fe foint retirez d'icy apres avoir perdu ung bon nombre d'hommes & de qualité, fans qu'il aiêt efté tué que deux foldats des miens & le fieur de Guebriand aveq deux autres capitaines blecez qui font hors de danger, Dieu mercy; & croy que de mefhuy lefd. ennemys ne feront grandz effectz, car j'efpere dans peu de temps avoir bonne partie de mes forces aupres de moy & ne les laiffer inutilles. Au demeurant je vous remercie de la pouldre qu'avez envoyé au Vivier, où

---

[1] 1 octobre 1590 — Commission au Procureur de faire demanteler la maison des Landes Maupertuis *(Reg. des Délib.)*

j'ay sceu qu'elle est arrivée & l'ay envoié querir, mais la compagnye du capitaine La Coudraie passant par là donna l'espouvante aux archers du prevost de mon armée que je y avoie envoiez. Touteffois je la recevray aujourd'huy. Je vous prie m'escrire de vos nouvelles à toutes occasions & croire ce pendant que je suis vostre bien bon & asseuré amy.

PHILIPPES EMMANUEL DE LORAINE.

A Dol, ce 5ᵉ octobre 1590.

Presqu'en mesme jour, aucuns habitans de Vitré, ausquels avoient esté arrestez deniers venus d'Espagne dans le navire *le Francois* eurent main levée, entre lesquels estant Alfonce le Corvaisier & Jan de Montalembert & autres, verifians par serment qu'aucuns tenants le party du roy de Navarre n'y avoient interest aveq eux.

Le voiage aussi de La Planche desseigné pour aller trouver le duc du Maine fut diferé jusques à ce qu'on eust esté trouver le duc de Mercueur de la part des habitans pour avoir responce sur les articles luy presentés à Pontorson.

Aucuns des navires de Saint Malo estant à Terreneusve aiant fait prise de quelques navires de Grandville & les aiant amenés en la ville, furent jugés aux preneurs de bonne prise par le conseil de la ville.

Au mesme temps lesd. habitants reçurent une lettre du duc de Mayenne de la teneur & date suivante.

Lettre du duc de Mayenne aux habitans.

MESSIEURS, aussy tost que Monsieur le duc de Parme est arrivé avecq ses forces & que nous avons esté joinctz ensemble, je n'ay perdu une seule heure de temps pour m'advencer au secours de Paris & le relever de l'opression qu'il a jusqu'icy soufferte avecq tant de vertu & constance que l'honneur en demeure perpetuel aux gens de bien qui ont par cette preuve signalée rendu leur zelle & affection à la conservation de notre religion cath., ap. & rom. recommandable à la Posterité. Et comme je m'advançois avecque cette resolution, le roy de Navarre ayant nouvelles de mon aprochement n'a gueres tardé à lever le siege & à desloger des faulxbourgs dudict Paris, & à l'instant il y est entré des vivres & quelques commoditez. Je prepare d'ailleurs au ravictuaillement en assez bonne quantité pour remettre ce bon peuple en son premier estat; & maintenant nos armées sont si proches l'une de l'autre qu'il est fort dificille qu'elles se puissent eslongner sans quelque bon effect pour le bien de nostre religion. Ce m'est à la verité un extresme regret de voir tant de catholicques assister le roy de Navarre en l'establissement de l'heresye & eusse bien desiré de les attirer à l'Union generalle des catholicques comme je puis dire devant Dieu en avoir recherché toutes les voyes qu'il m'a esté possible; & desire, comme je fais encores avoir le moyen de pouvoir mettre ung repos en ce royaulme qui soit à l'honneur de Dieu & seureté de nostre religion & des catholicques; mais puisque les choses n'ont peu succeder en cela selon mon intention, j'espere aveq le secours de Monsieur le duc de Parme que j'ay recongneu avoir la mesme volonté & affection ne rien oublier pour affoiblir mes ennemys & conserver les bons catholicques. A quoy je n'espargneray ny ma vie ny ce que Dieu m'a donné de moyens. Et sur ce apres m'estre recommandé à vos bonnes graces, je priray Dieu, Messieurs, qu'il vous ayt en sa saincte & digne garde. Au camp de Ponponne, le 4ᵉ jour de septembre 1590.

Vostre tres-affectionné amy,

CHARLES DE LORAINE.

Et en superscription : *A Messieurs les gouverneur, maire & eschevins de la ville de Saint Malo.*

Ms. A. — Peu de jours apres, le duc de Mercueur apres avoir donné quelque ordre pour la seureté de cette villette de Dol se retira à Dinan & renvoya les siens aux garnisons, retenant aveq soy partie de la noblesse qui l'avoit suivy en cette occasion, faisant dessein de sejourner, comme il feist, quelque temps à Dinan pour donner & mettre ordre aux affaires de ce quartier de Dinan, de Lambale, Mon-Contour, Guingamp & autres places & chasteaux qu'il tenoit aux environs; mais principalement il s'y arresta affin de voir ce qu'il pourroit faire pour se rendre maistre absolu de la ville de Saint Malo. Ce soing estant, à mon advis, le plus grand qu'eust pour lors ce Duc, estimant, (comme il estoit vray), cette ville grandement importante à l'establissement de ses affaires & de son authorité en toute la province & en laquelle ville de Saint Malo il projectoit de faire un voiage, auquel il se disposoit; faisant estat, apres avoir un peu ressenty en quelle humeur seroient les habitans, venir à la sourdine & à l'improviste se presenter à la porte, n'estimant que les habitans, de la volonté de partie desquels & de leurs volontez à son establissement il s'asseuroit, avec lesquels il entretenoit quelques secrettes inteligences au mieux qu'il pouvoit, eussent la resolution de luy refuser les portes & l'entrée de leur ville, s'il s'y venoit presenter.

Mais d'autre part, ceux qui tenoient les resnes du gouvernement de cette petite ville craignoient toujours sa venuë en icelle, pour à quoy obvier, ils se proposoient de le prevenir & de l'aller trouver à Dinan pour avoir sa responce sur le cahyer de leurs remonstrances & supplications, comme ils feirent ainsi que vous allez voir cy apres.

Vous avez cy devant veu comme les articles par les deputez presentez aud. sieur Duc devant Pontorson n'y avoient peu estre respondus, y obstant le levement du siege, mais leur avoit promis & fait esperer qu'il les feroit voir par ceux de son Conseil & leur y pourvoiroit autant favorablement qu'il luy seroit possible. Led. sieur Duc donc, apres quelque sejour fait à Dol, s'estant acheminé à Dinan, les Malouins qui ne luy vouloient pas donner le temps de se resoudre de venir en leur ville, craignant que sa presence favorisée d'aucuns qui desiroient l'establiffement de fon authorité en la ville, n'y efmeuft quelque fedition au defadvantage de ceux qui n'afpiroient qu'à la confervation d'icelle, le voulurent prevenir par une deputation, laquelle ils feirent de plufieurs des plus apparens de la ville jufques au nombre de vingt & cinq perfonnes, deputation qui à plufieurs fembleroit exceffive & encores perilleufe de commettre au pouvoir de ce prince, lequel apparamment afpiroit à la tyrannie & ufurpation de la province, un fi grand nombre de perfonnes & de telle creance en la ville que fi ils euffent efté retenus, les habitans qui reftoient en icelle, à la plus part defquels touchoient ces deputez, fe feuffent trouvez bien empefchez de leurs refolutions. Mais les confiderations contraires qui les portoient à enfler cette deputation eftoient deux principales : la premiere eftoit affin de dementir une calomnie (1) que les ennemys du repos de la ville advançoient, fçavoir que l'eftat prefent des affaires n'eftoit point aggreable à la plufpart des habitans, mais que dix ou douze feulement affin de fatiffaire à leur ambition tenoient le peuple en l'humeur de ce gouvernement en apparence populaire. La feconde confideration eftoit la commodité & facilité que donnoit la riviere de Dinan de porter facilement leurs deputez par bateaux, veu le peu de diftance qu'il y a entre lefd. deux villes qui n'eft que de cincq lieuës.

Aux dits nommez cy deffur (2) qui avoient efté nommez & deputez à Pontorfon furent adjouftez en cette derniere deputation les cy apres nommez pour aller à Dinan de compagnie avec les premiers, fçavoir : Henry Boullain fieur du Vivier, Geffroy Gaillard Bois Joly, Guillaume Jonchée les Croix, Julien Pepin Chipaudiere, lequel ny Belinaye fon frere n'eftoient allez à Pontorfon bien que deputez, f'eftant excufez.

Ms. B. — Le jeudy 11 du mois d'octobre 1590, fut affemblée la Maifon de ville generale pour donner la commiffion aux deputés

---

(1) Que ledit fieur Duc eftoit prefque contraint de croire au rapport de certaines perfonnes qui avoient fon oreille (B. f° 5, r°).

(2) Page 244.

fus nommés pour aller trouver led. fieur duc de Mercueur. Ce qui fut fait ; & derecheff en cette affemblée furent leus bien intelligiblement lefd. articles pour voir fi la Communauté les trouvoit encore bons comme elle avoit fait au paffé ou fi elle y voudroit adjoufter ou diminüer. Quelle lecture faite, lefd. articles furent derecheff aprouvés fans aucun contredit & les deputés chargés d'aller le plus toft que faire fe pourroit trouver le fieur Duc à Dinan.

Ms. A. — Le mefme jour fut ordonné que les articles feroient inferez au regeftre de la Maifon de ville, pour plus claire intelligence. De tout quoy j'ay eftimé à propos d'inferer icy la teneur, je dy des articles des remonftrances & fupplications des habitans audit fieur Duc, defquels la teneur enfuift :

Articles prefentez à Monfeigneur le duc de Mercueur.

SONT LES REMONSTRANCES & fuplications que font les Bourgeoys & habitans de la ville de Saint Malo par leurs deputez à Monfeigneur le duc de Mercueur & de Penthevre, pair de France, prince du Saint Empire & de Martigues, gouverneur general de Bretaigne.

Premierement : Sera remonftré que la fincere affection que lefd. habitans ont de tout temps eüë à l'honneur de Dieu, confervation de la religion cath., ap. & rom., le defir de la profperité des princes catholicques & du fainct Party qu'ils maintiennent, & fpecialement de Monfeigneur, a efté la feulle caufe pour la quelle ils ont entreprins de tirer hors du chafteau de Saint Malo ceux qui ouvertement tenoint le party du roy de Navarre. Et pour ceft effect, lefd. habitans n'ont efpargné de mettre au hazard leurs vyes & tout ce qu'ils avoint de plus cher pour parvenir à l'execution d'une fi hazardeufe entreprife que celle dudict chafteau, laquelle jà a efté par la grace de Dieu executée auffy heureufement que bien & fainctement avoit efté entreprife ; ce qu'ilz vous fuplient tres-humblement avoir pour aggreable et fur ce leur donner vos lectres d'adveu, à ce que les eftrangers ny les voifins ne puiffent imputer ladicte execution à eux ny aux leurs qu'à une fainéte intention.

Sera auffy remonftré que des le temps du deffunct Roy Henry troifiefme, ils auroint eftably en lad. ville foubz l'authorité de feu Monfieur de Fontaines qui lors commandoit en ladicte ville & chafteau, ung confeil compofé de vingt quatre des habitans pour difpofer des affaires de lad. ville. Lequel confeil ainfy eftably, lefd. habitans ont toufjours depuis continué & fuplient Mondict Seigneur vouloir authorifer & avoir pour aggreable ce que les dictz habitans y ont conclud & arrefté au paffé & ce qui f'y fera à l'advenir, foubz fon authorité, pour les affaires de lad. ville.

Item, que, pour l'injure du temps & le peu de feureté qu'il y a eu par les chemins depuis la prife du chafteau, il leur a efté impoffible d'aller trouver Mondict Seigneur, encores qu'ils f'y foint acheminez, pour luy faire entendre au particulier leurs comportemens, pour fur iceux prendre fon bon confeil & advis en l'adminiftration de la garde & confervation de lad. ville & chafteau; ilz ont, ce neantmoings, eftably en leurs affemblees generales perfonnages d'entr'eux aufquelz ils ont donné la charge & adminiftration des affaires publicques de lad. ville & chafteau, confervation & garde d'icelle. Lefquelz perfonnages ilz ont trouvé dignes & capables de telles charges pour autant de temps qui leur a efté limité par lefd. habitans. Lefquelles charges ainfi par lefd. habitans baillées, ils fuplient Mondict Seigneur les avoir pour aggreables & les y confirmer à l'advenir, attendant que noftre Dieu par fa faincte grace les aye pourveus d'un Roy tres-chreftien & catholicque.

Et pour ce que lefdictz habitans, faifans la guerre à ceux qui tiennent le party contraire à la fainte Union, ont pris & arrefté les biens & marchandifes de ceux qui tiennent ledict contraire party, tant par mer que par terre, & mefmes pris des prifonniers; lefquelz biens & perfonnes ainfy pris de bonne guerre, ilz ont fait juger de bonne prife en leur confeil; lefquelz jugemenz par eulx faits & donnez contre ceulx du party contraire, ils fuplient Mondict Seigneur avoir pour aggreables & iceux valider & autorifer tant pour le paffé que pour l'advenir. Comme auffy fuplient Mondict Seigneur avoir pour aggreables les lettres, commiffions, armementz de vaeffeaux & paffeports par eux donnez.

Remonftrent que pour le bien des affaires de Mondict Seigneur, foulaigement des paroiffes voifines & plus aifement faire la recolte des grains, ilz ont mis fus foubz l'authorité de Mondict Seigneur une compagnie de vingt cuiraffes & quarente harquebufiers à cheval laquelle eft conduicte par le capitaine La Couldrays, l'un des capitaines de Mondict Seigneur; ce que lefd. habitans fuplient avoir pour aggreable, comme chofe qui ne regarde que fon fervice.

Et d'autant que les garnifons de Chafteau-Neuff, Miniac, le Pleffix Bertran & Couefquen, font & ont efté la ruine des paovres fubjects des parouaiffes voifines & mefmes la defolation & ruine des paovres marchans & voicturiers qui fouloient aller & venir en cefte ville, tant par mer que par terre, & qu'icelles garnifons ne fervent de rien au bien general de la province, joinct que les fubjects des feigneurs aufquels appartiennent lefdictz chafteaux font toujours defirans & attendans la reprife d'iceux par lefd. feigneurs, qui eft caufe que lefd. hommes & fubjectz ne portent aucune affection au fainct Party, ains font tout ce qu'ilz peuvent au contraire, foit par crainte ou autrement; auffy que les deniers deftinez pour l'entretien defdictes garnifons feront mieux employez au payement de la gendarmerie qui eft aux fortes villes qui faict vrayement la guerre à l'ennemy, fuplient tres-humblement lefdicts habitans Mondict Seigneur vouloir faire razer lefd. chafteaux & places fortes pour le bien, foulagement & advencement des affaires du fainct Party & maintien des villes, en l'enclos defquelles font lefd. chafteaux.

Sera auffi remonftré qu'il eft neceffaire aufdictz habitans pour l'entretien de la garnifon du chafteau de Saint Malo, reparations & fortifications de la ville que de la tour de Soulidor, faire de grandes depences qui peuvent monter chacun moys à peu pres de deux mil efcuz fol, & que pour ceft effect & mefme pour les depenfes du paffé de quoy font en refte de plus de trente mil efcuz, à quoy lefd. habitans font tenuz aux particuliers qui en ont faict les avences, Mondict Seigneur fera fuplié de permettre aufd. habitans fe cottifer par entr'eux, le fort aydant au foible, pour rembourcer lefd. particuliers des avences qui fe font faictes au paffé.

Et mefmes qu'il eft requis & neceffaire aufd. habitans faire fondre quelques artilleryes, remplir leurs magazins defquelz puis la prinfe du chafteau ilz ont efté evacüez pour le fervice du fainct Party, tant de pouldres, balles qu'autres munitions neceffaires, qu'il ne pourra eftre remis & reftably comme il le convient en cefte faeson, qu'il ne f'y face plus de quarente mil efcuz de depence & leur donner fes lectres à ce efgard.

Sera auffi fupplié Mondict Seigneur qu'un certain debvoir levé fur les marchandifes entrantes & fortantes de cefte ville, leur accordé du temps de feu Monfieur de Fontaines, foit continué à ce que lefd. habitans f'en puiffent ayder pour les affaires neceffaires de leur ville & de ce qui en depend, attendu que les habitans n'ont aucuns deniers communs.

Et qu'auffy Mondict Seigneur les laiffe joüir des impoftz & billotz qui fe paient en lad. ville & du droit de brieffz pour iceux deniers eftre convertiz & tourner au payement de la garnifon du chafteau de lad. ville & tour de Soulidor.

Sera auffi fupplié que les parouaiffes de Sainct Servan, Paframé, Sainct

Meloir, Cancalle, Sainct Jan des Garetz, Sainct Pere, Sainct Ydeuc, & Sainct Coulomb leur foint laiffées pour leur ayde, attendu que la plufpart defd. parouaiffes font à eux & à leurs fermiers & ferviteurs, & que les gens de guerre n'y puiffent demeurer au prejudice defd. habitans ny mefme des parouaiffiens, lefquelz lefd. habitans defirent eftre foulaigez de l'oppreffion defdicts gens de guerre par vous Mondict Seigneur.

Suplient auffy Mondict Seigneur vouloir fouffrir & permettre le commerce libre en cette ville par les eftrangers qui journellement y abordent fans qu'il leur foit donné empefchement, d'aultant qu'il eft impoffible maintenir lad. ville & habitans fans le commerce, attendu fa fituation & auffy que les villes voifines font fecouruës par le moyen dudict commerce de toutes chofes neceffaires.

Les deputez donques f'embarquerent le 11ᵉ jour du moys d'octobre 1590, affiftez d'environ deux cens hommes des leurs, fur des pataches armées, conduites & commandées par Charles Hancelin & Jan Pelletel, capitaines (1); & le mefme jour ils arriverent à Dinan. Là où on eut foing de leur donner leurs logemens par fourriers, mais au regard du lieu où ils devoient prendre leur repas, les deputez le choifirent au convent des Jacobins, auquel lefdits deputez fe trouverent enfemble, tant pour manger que pour traiter enfemble de leurs affaires communes.

Ms. B. — Le vendredy 12ᵉ defd. mois & an fe paffa fans qu'ils peuffent avoir audience dudit fieur Duc. Ce qui fe feift en ce jour fut falüer Monfeigneur l'evefque de Saint Brieuc (2) qui eftoit aupres dud. fieur Duc comme premier de fon Confeil & quel-

---

(1) Pour les y conduire furent efquipés quatre bateaux & galions en guerre affez fuffifans pour eftre affeurés contre toutes fortes d'entreprifes contre eux voiageans par lad. riviere, de laquelle par ce moien ils eftoient entierement les maiftres. (B., f° 5 v°.)

(2) Le fieur duc de Mercueur les feift entretenir deux jours entiers par l'evefque de Saint Brieuc, (nommé Langelier), lors grandement authorifé dans fes affaires & encores par les plus relevez de la nobleffe qui fuivoient led. fieur Duc. Le tout affin de les difpofer à ses intentions, leur faifant concevoir des efperances de reponces favorables à leurs demandes. Et par l'evefque de Saint Brieuc dans les conferences particulieres, leur faifoit propofer qu'ils requiffent & fuppliaffent le duc de leur bailler fon fils, lors aagé de troys à quatre ans, pour leur gouverneur en la ville de Saint Malo, pour un bon moyen & facille d'accommodement. (A. f° 187.)

ques seigneurs qui estoient bien clersemés aveq led. sieur Duc. Led. seigneur evesque les ayants tentez par diverses propositions leur faites sur le contenu desd. articles & autrement n'aprenant pas beaucoup de leur dessein qu'ils ne vouloient esclater qu'à l'audience qu'ils esperoient avoir le lendemain dud. sieur Duc, finalement leur feist concevoir toutes bonnes esperances d'emporter dud. sieur Duc les favorables expeditions qu'ils pouvoient desirer. Et ainsi se passa cette journée en visites sans autre succes dignes d'estre referez.

Le lendemain matin 13ᵉ jour dud. mois d'octobre, environ les dix heures du matin, led. sieur Duc ayant fait donner à telle heure assignation ausdits deputés de l'aller trouver, leur fut donné audience au couvent des Cordeliers, en une chambre assez petite qu'ils appeloient *garde-robbe* [environ les deux heures de l'apres midy]. En laquelle avec led. seigneur Duc ne se trouverent que led. evesque de Saint Brieuc, un appellé *Guillobé* qui estoit des principaux du conseil, [le sieur de la Ragotiere president en la Chambre des comptes à Nantes] & fort peu de gentilshommes.

Ms. A. — Tous les deputés qui estoient au nombre que vous avez veu se trouverent presens, excepté Guillaume Le Fer sieur de Grassarron, lequel estoit un peu suspect aux autres, non seulement parce qu'il avoit obtenu dud. sieur Duc un don de vingt quatre mil livres qu'il devoit au sieur de la Moussaye pour reste de paiement de l'acquest de *la Motte-Rouxel*, acquise d'aveq led. sieur de la Moussaye, lequel estant de la religion pretenduë reformée tenoit le party du Roy de Navarre, (comme on l'appeloit alors); mais encore ledit Le Fer estoit suspect aux autres par ce qu'il estoit remarqué & recongneu desirer que l'authorité du duc de Mercueur fust receüe en la ville de Saint Malo. Tant peut l'interest en l'endroit des hommes.

Avant que de parler d'affaires, led. sieur Duc voiant si grand nombre de deputez, comme voulant taxer la deputation de trop de nombre, leur demanda s'ils estoient tous presens & s'il en defailloit aucuns. Cette demande feift apprehender & craindre à aucuns d'entr'eux qu'il euft deffein de les retenir & arrefter. Et peu apres il leur parla en ces termes aufquels il n'y a rien ou fort peu de changé, mais quant à la fubftance il n'y a rien de changé, alteré, adjoufté ou diminüé.

Difcours du duc de Mercueur aux deputés de Saint Malo fur les articles luy prefentez.

MESSIEURS, j'ay veu & fait voir à mon confeil le cahyer de vos remonftrances. Du troifiefme article defquelles femblent
» dependre tous les autres & du contenu auquel apres que nous
» aurons convenu, il nous fera bien facile de nous accorder du
» furplus.

» Vous dites en cet article que n'ayant peu me venir trouver
» pour me faire entendre vos comportemens, pour fur iceux
» prendre mon bon confeil & advis en l'adminiftration de voftre
» chofe publique, vous y avez nommé & eftably perfonnages
» d'entre vous & mefme pour la confervation de voftre ville &
» chafteau; lefquels perfonnages vous avez eftimez dignes &
» capables & ce pour autant de temps que vous leur avez limité
» & demandez que je les y confirme, attendant que Dieu vous
» ayt donné un Roy tres-chreftien & catholique.

» Or, Meffieurs, j'eftime tant de vos prudences & de vos
» affections envers moy, que fi je defirois voftre advis fur vos
» demandes, vous ne me voudriez pas confeiller de faire une
» chofe tant prejudiciable non feulement à mon authorité,
» mais mefme à la dignité fouveraine des Roys. Et crain-
» droys, f'ils fortoient un jour de leurs tombeaux, qu'ils me
» feiffent reprimende, d'avoir laiffé en une monarchie fe for-
» mer à ma barbe un gouvernement populaire & une repu-
» blique.

» Vous fçavez trop bien, Meffieurs, en quel eftat nous vivons
» en la France, que la forme du gouvernement eft une monar-

» chie & que ce feroit une diformité fi les parties ne refpon-
» doient à la nature de leur tout. Voftre demande pour ce cheft
» va plus à la ruine de mon authorité qu'à voftre contentement.
» Vous n'ignorez point, &, fi vous ne le fçavez, je vous le veux
» apprendre, que voftre refolution de vouloir vivre en forme de
» republique eft toute pleine de difficultez & que tant plus petite
» eft voftre ville, d'autant plus y trouverez vous d'efpines,
» l'egalité qui eft grande entre vous qui tous eftes d'une pro-
» feffion & d'un genre de vie, & la trop grande congnoiffance
» que vous avez treftous les uns des autres y engendrera le
» mefprix. D'où il arrivera que ne vous pouvant entre-endurer,
» vous ferez contraints de vous jetter dans les bras de quelqu'un ;
» mais il eft fort à craindre qu'avant que vous aiez pris cette
» refolution, il foit arrivé parmy vous des defordres dont les
» dommages feront irreparables. Cette prevoiance me fait vous
» donner cet advis, plus pour voftre propre bien que pour nul
» intereft que j'en puiffe efperer.

» Meffieurs, il y a des moyens d'accommoder les affaires dont
» il vous a efté propofé quelques expediens, à quoy vous devez
» ferieufement penfer fans vous laiffer emporter à la violence
» ou bien feduire par les artifices de dix ou douze mutins de
» voftre ville ; lefquels pour fatiffaire à leur ambition, à leur
» avarice ou quelque autre paffion vitieufe, vous tiennent en
» cette humeur, & le confeil defquels, fi vous n'y prenez garde,
» vous precipitera dedans une ruine, de laquelle, fi vous rentrez
» en vous mefmes, vous efquiverez le peril. C'eft, Meffieurs,
» ce que je vous puis bonnement confeiller, porté à cela de
» nul autre intereft que de celuy que je prens en voftre con-
» fervation ; laquelle me fera toujours autant chere comme je
» recongnois grande & fincere l'affection que vous avez tef-
» moignée à noftre faint Party ; l'advancement duquel me fera
» toufjours en trop plus finguliere recommandation que n'eft
» ma propre vie.

» Advifez doncq, Meffieurs à changer en mieux vos confeils,
» vous eftes icy un tel nombre de deputez & qui avez telle part

» dans les affaires de voſtre ville que vous pouvez reſouldre de
» tout & le faire trouver bon au reſte de vos concitoyens (1). »

A ce diſcours dud. ſieur duc de Mercueur fut par le procureur des Bourgeois reſpondu à peu pres ce que enſuiſt :

« Monſeigneur,

Nous commencerons par les tres-humbles remerciemens que nous devons à voſtre Grandeur pour le teſmoinage qu'il
» luy plaiſt nous rendre de ſes affections en noſtre endroit par
» les advis ſalutaires qu'elle nous donne, leſquels nous con-
» gnoiſſons d'autant plus tendre à noſtre bien que cette verité
» nous eſt notoire, un peuple eſtre mieux regy & gouverné
» par la conduite d'un ſeul que par les caprices d'une multi-
» tude, aucuns d'entre leſquelles preferent bien ſouvent leur in-
» tereſt particulier à celuy du publicq ; & peut eſtre, ſi la liberté
» de ce choix eſtoit en la puiſſance de ceux qui ſommes icy
» preſens & deputez, le poids de vos raiſons nous forceroit
» volontiers d'embraſſer & ſuivre vos bons & ſalutaires conſeils,
» leſquels nous ne manquerons pas à noſtre pouvoir de fidelle-

---

(1) La première rédaction de La Landelle donne ce discours sous une forme moins délayée et sans doute plus rapprochée des paroles de Mercœur.

« Meſſieurs, j'ay veu vos articles du troiſieſme deſquels ſemblent dependre tous les autres ; car vous demandez par iceluy que je confirme & aye agreable l'eſtabliſſement que vous avez fait en voſtre ville & chaſteau pour la garde & conſervation d'icelle, ce que je ne puis ny doibs faire, cela eſtant trop prejudiciable à mon authorité, ayant comme j'ay l'honneur d'eſtre gouverneur de cette province ; & m'aſſeure que vous ne me le voudriez pas conſeiller ; auſſi ſuis-je trop jaloux de ma charge pour approuver cette forme de gouvernement, laquelle ſi je tolerois, je craindrois que les roys defunctz ſortans hors de leurs tombeaux me feiſſent reproche d'avoir laiſſé en mon gouvernement & à ma barbe ſe former une republique. Meſſieurs, demandez choſes raiſonnables & elles ne vous ſeront point deniées, mais pour ce cheff je ne le puis ny le doibz faire & ne vous y attendez vainement. Je vous ay fait faire quelques ouvertures par Monſeigneur l'eveſque de Saint Brieuc, auſquelles il me ſemble que vous ne devez pas reſiſter, eſtant un bon moien de vous aquerir repos & de conſerver mon authorité tout enſemble, laquelle je ne veux eſtablir en voſtre ville en vous chargeant de garniſons ; j'ay trop de teſmoignages de vos affections au ſaint Party pour y penſer ; vous adviſerez pour y faire reſponce, laquelle je vous conjure eſtre telle que nous en puiſſions tous enſemble recevoir le contentement que je vous ſouhaite. » (B. f° 7, r°).

» ment reprefenter à nos concitoiens, lefquels comme nous vou-
» lons bien croire fe difpoferoient de fuivre le joug d'un feul, tel
» que voftre prudence pourroit eflire, fi la memoire de celuy
» qu'ils viennent de fecoüer ne leur donnoit fubject d'appre-
» hender de retomber fous une autre peut eftre plus dure
» fervitude, leur intention n'eftant ny n'aiant jamais efté de fe
» fouftraire de l'obeiffance & fervice des Roys ny des gouver-
» neurs pour former une republicque ou gouvernement populaire.
» A quoy ils n'afpirent ny ne tendent aucunement. Que fi la
» mifere de la faefon les a induits à faire quelque eftabliffement
» pour la conduite & feureté de leurs affaires; ce n'a efté à
» autre fin que pour fe mettre à l'abry contre l'orage de ce
» miferable fiecle & à couvert contre l'infolence des gens de
» guerre, lefquels on void au-jourd'huy fe laiffer emporter à toutes
» fortes de licence & la plus part des gouverneurs des villes fe
» difpenfer de tout faire, pour extraordinaire qu'il puiffe eftre,
» n'eftimant pas avoir affez d'authorité fur les peuples, f'ils ne
» peuvent difpofer abfolument d'eux, de leur liberté, de leurs
» biens & de leurs vies.

» L'infidelité & la malice de plufieurs n'eft congneüe de per-
» fonne mieux que de voftre Grandeur, Monfeigneur, qui en
» avez fait l'experience au tres-grand prejudice de la chofe
» publique, ce qui nous fait croire que fi vous eftiez aux termes
» de choifir d'entre les voftres quelqu'un à la fidelité duquel
» elle vouluft commettre la feureté de la ville & chafteau de
» Saint Malo, elle ne feroit pas fans peine d'en faire l'ellection
» pour l'importance de la place & en un fiecle tant depravé
» comme celuy auquel nous vivons; que f'il fe faut repofer en
» affaire de cette importance fur la fidelité d'aucuns, nous croi-
» rons que c'eft principalement fur la noftre, puifqu'aiant là
» dedans ce que nous pouvons avoir de plus cher en ce monde,
» il eft à prefumer que nous employerons pour noftre confer-
» vation qui en depend tout ce que nous pourrons avoir de
» foing & de vigilance.

» Nous adjouftons à cela que nous ne nous fommes laiffez

» aucune esperance de reconciliation aveq le roy de Navarre,
» resolus que nous sommes de subir tout ce qui se peut imaginer
» plus tost que d'adherer au party des heretiques, & pouvons
» asseurer vostre Grandeur que le but de tous nos habitans n'est
» autre que de demeurer dans l'ordre & rentrer dans l'obeissance
» des Roys aussi tost que Dieu nous en aura donné un tres-
» chrestien & catholicque, & pour tel recongneu par les Estats du
» royaume legitimement assemblez.

» Ayez doncq, Monseigneur, aggreable, s'il plaist à vostre
» Grandeur, les tres-humbles remerciemens que nous vous fai-
» sons, entherinant nos tres-humbles requestes & supplications
» qui partent de la sincerité de nos cueurs & qui ne tendent
» qu'à vous tesmoigner par toutes sortes de preuves, que nous
» desirons demeurer en l'honneur de vos bonnes graces, comme
» vos tres-humbles, tres-obeissans, tres-affectionnez & devots
» serviteurs (1). »

Ms. B. — Plusieurs discours se passerent encores en repliques respectives, si bien que le fer s'eschauffant & la colere dudit sieur Duc, il ne peust qu'il ne laissast aller les paroles tesmoignes de son interieur, disant (2) : « Vous parlez d'un roy, mais

(1) On lit, au lieu de ce discours, dans la première rédaction des Mémoires :

A cela fut repliqué par lesd. deputez : les habitans n'avoir aucun dessein de republique ny avoir entrepris sur le chasteau de leur ville à cette intention, mais seulement pour se delivrer du peril duquel ils se voioient menacés estans sous le commandement du sieur de Fontaines, notoirement partisan du roy de Navarre, & lequel gouverneur par toutes sortes de demonstrations leur tesmoignoit avoir un mauvais dessein contre eux & leurs fortunes, & que l'apprehension d'un tel danger leur estoit toujours presente, n'osant bonnement se confier de la garde de leur ville ny chasteau en autres qu'en eux mesmes, que ceste garde ne pouvoit estre commise à personnes qui aveq apparence s'en deussent plus soigneusement & fidellement aquiter qu'eux qui y estoient obligez par l'interest de la conservation d'eux mesmes & de ce qu'ils avoient en ce monde de plus cher, & ce en attendant que Dieu ayant pitié du royaume nous donnast un roy tres-chrestien & catholique, pour tel recongneu par les Estats de France generalement assamblés. Et finalement lesd. deputez continuerent de suplier led. seigneur Duc avoir pour agreable led. establissement & ensuite le contenu auxdits articles, adjoustans n'avoir quant à eux pouvoir des habitans de se relascher d'aucun d'iceux articles. (B. f° 7, r°.)

(2) La colere luy tira ces paroles de la bouche : « Vous voilà doncq resolus en » vostre oppiniastreté, ce que vous estes icy de deputez pouvez, si vous voulez, vous » resouldre à ce qui est de vostre bien, & sçay que vous ne serez desdits de rien par vos » habitans, le bien desquels m'est plus cher qu'à eux-mesmes, & puis vous me parlez » d'un Roy, etc. » (A. f° 240, r°.)

» je veux bien que vous fçachez que les roys ne m'ont jamais
» fait la loy & quand ils me la voudront fayre j'ay de meil-
» leures villes que la voftre pour les empefcher. » Difant quoy
il mift la main fur la garde de fon efpée, paroles qui euffent à
mon advis efté mieux teües que dites, mais fa colere les feift
vomir à ce prince.

Là eftoit prefent entre autres un nommé Guillobé, du Confeil
dud. fieur Duc, qui dift que nous meritions que l'on nous feift
noftre proces, paroles qui furent fort bien recueillies des deputez qui tout haut lui repartirent qu'on ne faifoit point le proces
à des gens de bien comme eux. Et ces paroles depuis raportées
au general des habitans ne fervirent qu'à les conforter en la
refolution qu'ils avoient prife de fe conferver d'eux mefmes
durant les troubles. Tant y a que la converfation finit pour
l'heure, difant led. fieur Duc qu'il adviferoit de fa part à leur
donner tout contentement, les moiens de quoy il rechercheroit
par l'advis de fon Confeil, les exhortant, de leur part, de fe
rendre fouples à la raifon. Et fur ce fe retirerent pour aller
difner, car il eftoit tard.

Cependant quelque temps apres, un certain gentilhomme de
qualité & qui fuivoit led. Duc, de fon party, vint trouver un
des deputez, fon amy particulier, auquel il dift & affirma que
depuis la fin de la conference il avoit efté mis en deliberation
au Confeil dud. Duc fi ou non on devoit arrefter lesd. deputez,
de quoy la refolution avoit efté remife au lendemain, & qu'il ne
faifoit point feur pour nous à Dinan (1).

(1) Sur le foir de ce jour, un gentilhomme du pais qui lors fuivoit le party de ce duc & qui eftoit des plus advancez en fes bonnes graces, vint trouver un des deputez avecq lequel il avoit de particulieres habitudes, & luy dift en ces propres termes : « Je vous viens voir pour vous dire que fi nous vous gaignons, nous fommes perdus. » Or moy qui dès l'entrée de ces memoires ay fait profeffion de nommer les perfonnes, pour ne dementir point ma refolution, je vous diray que ce gentilhomme eftoit un feigneur de la Charronniere & le nom du deputé eftoit Pierre Eon les Hazets, lequel dift à Charronniere : « Je n'entends point voftre jargon, expliquez vous, f'il vous plaift. » A quoy Charronniere repondant dift : « Je vous donne advis que depuis que vous avez
» forty de la prefence de monfieur de Mercueur, il a efté mis en deliberation en fon
» Confeil, fi ou non on devoit arrefter & retenir ce que vous eftes icy de deputez, l'af-
» faire pour fon importance a efté remife à demain, penfez doncques à vos affaires, mais
» furtout ne me decouvrez pas. Et pour vous interpreter ce que je vous ay dit que fi

Et à la verité je croy que si nous eussions esté tous arrestez, comme il se pouvoit, c'estoit un grand moien pour rendre ledit Duc [maistre] absolument de Saint Malo, ayant esgard qu'il avoit là dedans bon nombre de partisans, cette deputation estant formée de ceux que vous avez entendu qui estoient tous personnes principales de lad. ville.

Nous ne nous arrestames pas longtemps entre peu de personnes à deliberer sur cet advis; mais jugeasmes tous du costé de la seureté & qu'il falloit se retirer. Ce que resolu & ne se pouvant faire jusqu'au lendemain faute de marée pour le reste de ce jour, le lendemain, sabmedy 13ᵉ octobre 1590, nous feismes apprester aux *Jacobins* nostre disner à l'ordinaire, mais au lieu d'aller disner on feist tenir tous les mariniers & soldats qui estoient au Pont à Dinan auxdits bateaux & patache prestz & les bateaux en pareil, & ce à peu de bruit. Et aussi tost que la marée fut arrivée sous lesd. bateaux, tous les deputez se trouverent au Pont où ils s'embarquerent [1] & cela avec tel silence & promptitude que nous estions arrivés à Saint Malo avant que led. Duc fust adverty de nostre partement; lequel maschant bien fort son frein dissimula le mieux qu'il put le regret qu'il avoit d'avoir failli à nous retenir comme un coup de partie.

» nous vous gaignons, nous sommes tous perdus, je l'ay dy par ce que nous sommes
» nombre de gentilshommes qui suivons Monsieur de Mercueur, les uns en esperance
» de recompenses, les autres pour ce que nos biens sont situez aux portes & voisinage
» des places qu'il tient en la province, & autres pour diverses considerations, qui tous
» ne sommes pas hors d'esperance de le voir un jour par force ou autrement reduit au
» service d'un Roy catholique, mais nous en perdrions tout a fait l'esperance, si à ce
» qu'il tient de villes dedans cette province, il avoit adjousté celle de Saint Malo,
» laquelle seule est capable de traverser & de faire avorter les desseins de ce prince; &
» pour tant je vous prie que sans parler de moy, vous donniez cet advis à vos condepu-
» tez, affin que tous ensemble pensiez à vos affaires & vous mettre en seureté. »
Cet advis rapporté par Les Hazets & l'affaire mis en deliberation dés le soir par entre cinq ou six, fut trouvé bon de le tenir secret jusques au lendemain & que sans bruit les capitaines des pataches seroient advertis de les tenir prestes (A. fᵒ 240, vᵒ).

(1) Sur les neuff heures du matin, la parole courut entre les deputez que chacun eust à se retirer à petites troupes vers le Pont à Dinan, où estoient les pataches; si bien que tous les deputez ne manquerent de se trouver au Pont sur le point que la mer y arrivoit & que les pataches furent à flot. Et à l'instant tous les deputez arrivez à propos s'embarquerent trestous, sans que nul demeurast excepté Grasarron, auquel pour bonnes considerations, on n'estima pas à propos communiquer cette retraite (A. fᵒ 241, rᵒ).

Cefte retraite ne fut pourtant pas fans avoir veu M. l'evefque de Saint Brieuc, lequel nous feift les ouvertures que vous entendrez au raport du Procureur, apres noftre arrivée à Saint Malo (1).

Des l'apres midi du dimanche 14ᵉ octobre 1590 qui fut le lendemain de l'arrivée des deputés à Saint Malo, la Maifon de ville fut affemblée generale où fe trouva un tres-grand nombre de perfonnes (2) pour entendre le raport defd. deputés.

Et en lad. affemblée, le Procureur remonftra que fuivant fa commiffion luy donnée & auxd. autres deputez par les habitans, ils auroient efté à Dinan trouver led. fieur duc de Mercueur, lequel ils auroient fuplié vouloir refpondre fur les articles cy deffus & iceux avoir agreable. Lequel feigneur Duc auroit refpondu ne le pouvoir ni devoir faire pour eftre chofe qui fait prejudice à fon authorité, ayant bonne affeurance que les habitans de cette ville ne voudront jamais fortir du faint party de l'Union & par confequent il f'affeure qu'ils ne voudront tenir à l'article troifiefme, & que ce qu'ils eftoient là de deputés pourroient remmeddier cet affaire, & que quant à luy il ne leur accorderoit jamais chofes contre fon authorité, non qu'il leur vouluft donner autres forces pour fe conferver, mais feulement entendoit leur donner un gentilhomme pour commander en la ville & chafteau foubz fon authorité, & que ce qu'ils eftoient de deputés euffent advifés enfemble pour faire que les habitants luy rendiffent en cela leur devoir; lefquels deputés f'eftant retirés à part refpondirent en fin ne pouvoir rien changer de l'intention de leurs concitoiens, n'eftant que deputés. Ce qui nous auroit caufé nous retirer, mais auparavant noftre retraite que le fieur evefque de Saint Brieuc & du *Chapeau Morin* [qui eftoit du Confeil du fieur Duc] auroient adverty les deputés de faire demander aux habitans que led. feigneur Duc euft eu fort agreable que nous

---

(1) 5 novembre 1590. — Le Procureur chargé d'envoyer à M. L'evefque de Saint Brieuc à Dinan : deux pains de fucre, une barique de vin de Gafcongne, & fix livres de confitures feiches, dont luy eft faict don par Meffieurs du Confeil au nom du Corps. (*Reg. des Delib.*)

(2) Une multitude extraordinaire de peuple portez de la curiofité & du defir de fçavoir ce qui f'eftoit paffé en ce voiage des deputez (A f° 241, r°).

luy cuffions demandé monfieur fon fils, duc de Peintevre, pour gouverneur, lequel alors pouvoit eftre aagé, de moins, d'un an ou deux.

Sur le tout de laquelle propofition, led. Procureur ayant pris les advis fut fans aucune contradiction refolu que led. fieur Duc feroit fuplié de recheff en toute doulceur & humilité, au nom du corps de lad. ville, avoir agreable accorder lefd. articles felon leur teneur foubs fon authorité, avec proteftation de l'affifter de là en avant des vies & biens des habitans pour la manutention du faint Party, attendant qu'il plaife à Dieu nous donner un roy tres-chreftien & catholique. Et pour commettre & deputer perfonnes affin d'en aller faire refponce aud. feigneur Duc, les fieurs du Confeil, capitaines de ville & commis à la police demeurerent chargés d'en nommer & deputer & en tel nombre qu'ils verront requis & neceffaire, etc. Et pour ce faire f'affemblerent à l'iffue de l'Affemblée generale.

Led. Confeil, capitaines & commis à la police deputerent, feulement pour la fin que vous venez de voir : led. Procureur, Limonnay, Bardeliere, Quatre-Vas & La Court Richomme, qui en accepterent la charge & f'acheminerent à Dinan.

D'où retournez apres avoir veu led. fieur Duc fuivant leur commiffion, ils feirent leur rapport en la Maifon de ville, en l'affemblée generale des Bourgeois & habitans [le jeudy 18ᵉ du moys d'octobre], en laquelle fe trouva grand amas de peuple. En laquelle led. procureur fyndic parlant feift raport que luy & les autres quatre deputés cy deffus nommés avoient efté à Dinan trouver led. fieur duc de Mercueur, auquel ils avoient donné à entendre la refolution prife en l'autre precedente Maifon de ville concernant les articles luy prefentez. Lequel leur auroit dit que la caufe pour laquelle les habitans n'avoient voulu accorder ce qu'il leur demandoit [1] ne procedoit d'ailleurs que de ce que le Pro-

---

(1) ... Venoit du defaut des precedens deputez qui n'avoient pas fidellement & fincerement fait entendre fes intentions ny la forme de fes demandes. Cela eftoit difertement accufer le procureur fyndic & les precedens deputez de n'avoir pas fait fidelle rapport de leur negotiation (A. fº 242, vº).

cureur n'avoit bien clairement fait entendre l'intention dud. fieur Duc auxd. habitans en la forme qu'elle leur avoit eftée propofée par led. fieur Duc. Et pour juftifier la verité led. Procureur requift partie des deputez du premier voiage d'attefter fi ou non il auroit rien obmis à reprefenter de ce qui leur avoit efté dit & propofé par led. fieur Duc. Tous lefquels, ftimulez de dire la verité, jurerent & attefterent led. Procureur avoir bien & deüement raporté les paroles & intentions dud. feigneur comme elles leur avoient efté dites, fans qu'il euft efté rien omis de la part dud. procureur findic. Et outre raporta led. Procureur avoir luy & les autres quatre deputez en cette derniere deputation fait entendre aud. fieur Duc en fubftance l'intention defd. habitans; & de leur part de recheff l'auroient humblement fuplié vouloir accorder lefd. articles. Ce qui fut ainfi attefté vray par les autres quatre deputez [1].

Remonftra davantage led. Procureur comme le fieur de Saint Laurens qui commandoit dans Dinan pour led. fieur Duc leur auroit propofé un expedient touchant le gouvernement de leur ville & chafteau, qui eftoit que fi les habitans d'icelle vouloient fuplier led. fieur Duc de leur accorder Monfieur fon fils duc de

---

[1] Meffieurs, j'envoye le capitaine Vaffeur & trois de mes gardes devers vous pour fe charger & amener en cefte ville les prifonniers de Chafteauneuft que le capitaine Lamoureux vous avoit dit me garder, vous ne ferez dificulté de les luy faire promptement delivrer & prandrez dudict Vaffeur certification de cefte delivrance, moiennant laquelle vous demourerez entierement dechargez defdits prifonniers, enfemble ceux qui les ont cautionnez, comme je vous en quiéte & defcharge par la prefente. Il y a auffy le fieur de Cucé qui eft auffy prifonnier de guerre par delà qui efcript à Monfieur de Saint Brieuc qu'il defireroit venir icy me trouver, fy vous avifez de l'envoyer avecq ceux de voftre ville qui retourneront devers moy pour traicter de vos affaires, je le trouveray fort bon & feray bien ayfe de le veoir. Et n'eftant la prefente à autre fin, je prye Dieu vous avoir en fa garde. De Dinan, le 13ᵉ jour d'octobre 1590. *Ainfin figné*, voftre bien bon & affuré amy,

PHILIPES EMANUEL DE LORRAINE.

Au pied de la lad. lectre :

Le capitaine Vaffeur, capitaine des gardes de Mgr le duc de Mercueur foubzfigné confeffe que, fuyvant le contenu de la lettre de mond. Seigneur cy deffur, ay ce jour receu de Meffieurs les Bourgeois & habitans de cefte ville de Saint Malo : noble homme Briand Lachoue fieur du Boifbonnier, Henry Guifchart fieur du Vautioux, Pierre Robiou, Jan Le Marchant, Olivier Gingaz Barriere, dont j'ay efté faify, etc. (*Reg. des Délib.*, 15 octobre.) Cf., p. 217.

Penthievre pour leur gouverneur qu'il s'affeuroit que cela feroit accepté par led. fieur Duc, lequel auroit agreable que l'un des habitans fuft & demeuraft fon lieutenant. Et que pour faire cette ouverture & en communiquer aux habitans led. fieur de Saint Laurens eftoit d'advis que lefd. cincq derniers deputez fuffent retournez à Saint Malo, difant led. fieur de Saint Laurens en avoir parlé à mond. fieur Duc.

Cette propofition donc mife fus & les inconveniens qui pourroient advenir de refufer cet expedient bien au long reprefentés par le findic, & que le temps pourroit faire que led. fieur Duc indigné d'un refus pourroit faire repentir lefd. habitans, bien qu'il leur euft proteflé toutes fortes de bienveillances, & que pour tant on y advifaft meûrement, remonftrances qu'il faifoit pour fe defcharger de la haine particuliere dud. feigneur & à ce que la refponce qu'on luy feroit fuft imputée au general, non à des particuliers.

Sur tout quoy les advis du general furent que led. fieur Duc feroit de recheff tres-humblement fuplié vouloir aggreer lefd. articles, & que l'eftabliffement fait pour le gouvernement & confervation defd. ville & chafteau foit continué à l'advenir foubz l'authorité dud. fieur Duc en la forme qu'elle eft, & ce en attendant qu'il plaife à Dieu nous donner un roy tres-chreftien & catholique, avcq proteftations reiterées defd. Bourgeois d'affifter le faint party de l'Union de leurs vies & biens. Et des lors en l'affemblée pour faire entendre cefte refolution furent deputés : Clos-Neuff, Colombier & Bouteveille [1].

Lefd. deputés donc f'acheminerent à Dinan où ils trouverent led. fieur Duc auquel ils feirent leur legation. De quoy & de la refponce qu'ils eurent dud. fieur Duc, iceux deputez retournés feirent leur raport en Maifon de ville generale, le dimenche 21 octobre 1590 apres midy. Où led. Clos-Neuff, parlant au

---

[1] Ainfi de jour en jour les meffiances croiffant, on envoioit moins de deputez, mais toufjours on les changeoit affin de faire voir & entendre à ce feigneur Duc que les habitans n'avoient qu'une feule & mefme volonté & intention de fe conferver en la forme de gouvernement par eux eftablie (A. f° 243, r°).

nom des deux autres deputés, dift qu'ayant, fuivant la commiffion leur donnée, efté à Dinan & là trouvé led. fieur Duc & fuplié de la part defd. habitants qu'il luy pleuft leur accorder les articles luy prefentez & avoir agreable l'eftabliffement fufdit, lequel fieur Duc leur auroit refpondu eftre chofe qu'il ne pouvoit faire ny accorder y allant trop de fon authorité, que bien avoit il agreable qu'ilz ordonnaffent du dedans de leur ville, & que pour le dehors c'eftoit à luy d'y pourvoir, & qu'il avoit envoié aveq eux un des fiens nommé *Du Vineau* [1] pour faire entendre fa volonté au general du peuple, fçachant bien led. feigneur, comme il leur avoit dit, que les affaires de leur Communauté fe manioient par trois ou quatre perfonnes ambitieufes de commander.

Led. fieur du Vineau deputé dud. fieur Duc eftoit prefent à ce raport, car auffi avoit on refolu que ledit raport fe feroit en fa prefence à ce qu'il fut temoing de cefte procedure. Lequel incontinent apres le raport defd. deputez prefenta une lettre de la part dud. fieur Duc, laquelle fut à l'inftant leüe, & ordonné eftre inferée, de la teneur fuivante :

Lettre du fieur duc de Mercueur aux Malouins.

Messieurs les habitans, j'avois eftymé que l'ouverture que vous ay faict de recevoir de moy ung gentilhomme en voftre ville vous euft efté auffy agreable qu'elle vous eft neceffaire comme le feul moien de nourrir la paix parmy vous & rompre le col aux defordres & confuzions qui arrivent le plus fouvent aux villes quand l'auctorité & le commandement tumbe aux mains de perfonnes efgalles. Mon intention n'a point efté autre que de vous donner ung gentilhomme d'honneur pour commander en voftre ville &

---

[1] Du Vigneau, gentilhomme ordinaire de la maison du Duc (A. f° 243, r°).

chasteau foubz mon auctorité fans autre forces que les
vostres mesmes. Mais ceux d'entre vous qui se veullent
amparer de cette auctorité pour satiffaire à leur ambition
& cupidité de commander ne vous ont voulu faire veoir
clair en cela ny rendre capables de mes intentions, lesquelles
en effect ne tendent à rien plus qu'à une meilleure seureté
de vostre ville, empescher un changement & innovation
des formes antiennes, chose de pernitieuse consequence, &
que ce qui appartient à mon auctorité ne feust alteré, ce
que je ne pourroys souffrir & satiffaire à mon honneur tout
ensemble; dont je vous ay bien voulu esclaircir par la presente & vous dire que sy les moiens me sont ostez de
vous pouvoir assister, secourir & ayder, avec le regret que
j'en porteré, je garderé pour le moins la bonne volonté
que j'en avois auparavant, autant bien disposé à vostre contantement que le sçauriez souhaiter, & dont je vous feré
sentir les effects toutes fois & quantes que vous voudrez
entrer en la recongnoissance de vous mesmes & de ce qui
m'est deu tant à cause de l'auctorité que j'ay en ceste province soubz l'auctorité royalle que pour les tesmoignages que
je rends incessament de l'affection que je porte à la
conservation du general d'icelle & d'un chascun en particulier; à quoy je n'espargneré jamais ma vye ny mes moiens
en toutes les inventions & artifices dont je me pourré
adviser. Et pour ce que le sieur du Vyneau, present porteur, vous fera plus particulierement entendre mon intention
suyvant la charge que je luy en ay donnée, je ne m'ex-
tendré davantaige pour vous prier le croire comme moy
mesme, & qu'au demeurant je feré toujours vostre bien bon
& asseuré amy.

Philippes Emanuel de Loraine.

A Dinan, le 20e octobre 1590.

En superscription : *A Messieurs les habitans de Saint Malo.*

Apres lecture de laquelle lettre, led. Du Vineau feift une longue harangue que je ne me charge de raporter (1). La conclufion de laquelle fut qu'il avoit efté envoié de la part dud. fieur Duc vers eux pour leur faire entendre comme fon intention & volonté avoit efté de leur donner Mgr le prince de Penthievre fon filz pour gouverneur, & pour lieutenant un des habitans de cette ville, fans y eftablir autres garnifons, à l'imitation de plufieurs bonnes villes de ce royaume.

Sur quoy apres avoir efté par les affiftans à lad. affemblée entendu la lecture de lad. lettre & remonftrances dud. Du Vineau & meûre deliberation, fut par lefd. affiftans, unanimement, fans contradiction aucune, conclud & arrefté que de recheff led. fieur Duc feroit fuplié vouloir accorder lefd. articles & avoir agreable l'ordre de l'eftabliffement mis pour le gouvernement defd. ville & chafteau foubz fon authorité & obeiffance. Ce que led. fieur Du Vineau a efté prié vouloir ainfi faire entendre aud. fieur Duc, lequel promift ce faire (2).

(1) Cette lettre achevée de lire, led. fieur du Vineau commença par une belle & bien elabourée harangue; auquel fut donnée fort belle audience La fin de tout ce difcours, lequel je n'ay peu recouvrer pour l'inferer en ce lieu, tendoit à perfuader aux habitans qu'il leur feroit impoffible, dans l'egalité qui eftoit parmy eux, de vivre longuement en l'eftat qu'ils avoient eftably par entre eux, ny en la forme de ce gouvernement auquel ils vouloient vivre; & que pour eviter aux maux qui f'en pouvoient craindre, il n'y avoit plus feur ny affeuré remedde que de f'accommoder aveq Monfieur le duc de Mercueur, de la part duquel il promettoit & faifoit efperer toute forte de bon & favorable traitement; pour à quoy parvenir, il leur donneroit le prince de Peinthevre, fon fils, pour gouverneur & un lieutenant au choix de la communauté d'entre les habitans, fans leur vouloir donner aucunes garnifons que celles qu'il defiroit de leurs cueurs & de leurs affections envers luy & à l'advancement du faint Party.

Cette harangue, riche veritablement de toutes les fleurs de bien dire & de plufieurs bonnes & fortes raifons, prononcée aveq fort belle & bonne grace par ledit Du Vineau, la Compagnie ne voulut pas remettre ny differer la deliberation de leur reponce; mais en la prefence dud. Du Vineau furent les advis de toute l'affiftance pris & recueillis. Cette affemblée eftoit telle & tant nombreufe qu'il n'y avoit place vuide en la Maifon de ville (A. f° 244, r°).

(2) Non fans eftonnement de voir cette tant unanime refolution laquelle dementoit les calomnies & impoftures, defquelles les mal affectionnez aux habitans entretenoient led. fieur Duc, luy faifant entendre qu'il n'y avoit que dix ou douze ambitieux qui fomentaffent parmy le peuple ce defir de liberté (A. f° 244, v°).

2 novembre. — Acquit au mifeur de 70 efcus fol qui ont efté prefentez aux fieurs Du Vigneau & de La Vallee, gentilfhommes ordinaires de Mgr de Mercueur à l'occafion du voiage qu'ils ont faict en cefte ville (*Reg. des Délib.*)

Presqu'en mesme temps, les paroissiens de Saint Servan ayant presenté requeste au Conseil de lad. ville, & ce fut le 22e octobre 1590, à ce qu'on eust escrit au capitaine Lamoureux de ne les contraindre d'aller aux corvées & fortifications de Chasteau-Neuff dont il estoit capitaine & où il les contraignoit aller sur grosses peines aux defaillans, lesd. habitans, ne voulant donner subject aud. sieur Duc de penser qu'ils voulussent rien entreprendre à son prejudice, ne feirent autre responce à lad. requeste sinon qu'ils se pourveussent vers led. sieur Duc pour leur y estre pourveu de remede.

Fut aussi conclud [au Conseil] qu'on escriroit aud. sieur Duc en responce de celle par luy escrite par led. Du Vineau, lequel pendant le peu de sejour qu'il feist à Saint Malo dist au Procureur que led. sieur Duc desiroit qu'on luy envoiast messire Charles de Bourgneuff, pretendu evesque de Saint Malo, à Dinan. Ce que representé au Conseil led. 22e octobre, fut advisé qu'on feroit entendre aud. sieur Du Vineau que les habitans suplioient led. sieur Duc ne leur point commander qu'ils menassent ou envoiassent led. De Bourgneuff à Dinan, eu esgard qu'il s'estoit venu jetter entre leurs bras, joingt qu'il estoit gisant au lit malade y avoit plus de quinze jours [1].

Aussi fut escrit une lettre par le sieur de Saint Laurens aux habitans tendant à les prier lui envoier & accomoder du canon pour attaquer quelques petites places voisines & nuisibles à Saint Malo & à Dinan. Sur laquelle missive deliberant, fut respondu aud. sieur de Saint Laurent n'y avoir lors moien de luy envoier du canon, attendu que les troupes dud. sieur Duc se retiroient vers les païs bas [2].

(1) Dans le courant d'octobre eurent lieu plusieurs expulsions :

5 octobre. — Jan Jamet, sa femme, sa belle fille, Guillaume Lebret Leboscq, Pierre Chevauchart.

8 octobre. — La veuve du sieur du Lupin, pour avoir tenu plusieurs propos contre le party de l'Union & l'honneur des habitans.

22 octobre. — Jan Lasne, François Leroy Plascheux, Ruby, accusés d'avoir donné plusieurs advertissemens aux ennemys & adheré avecq eulx, leur envoyé plusieurs commoditez de ceste ville (*Reg. des Délib.*)

(2) ... s'acheminoit avecq toutes ses forces au païs de la basse Bretaigne. (A. f° 245, v°.)

Ms. A. — En ce temps là, y avoit plufieurs navires de Saint Malo retournez de Terre-neufve, où ils avoient pris quelques navires de Grand-Ville dont ils pourfuivoient adjudication leur eftre faite comme pris fur les ennemys du faint Party, fauteurs du party du roy de Navarre. Lefquels, apres les formalitez en tel cas accouftumées, furent par le Confeil adjugées aux maiftres & proprietaires des navires preneurs, le Confeil jugeant fouverainement defd. prifes fans appel, auffi n'euffent eu lefd. capitaines & maiftres adjudication de leurs prifes par devant les juges de Dinan, auxquels comme prochains juges royaux la jurifdiction & congnoiffance defd. prifes appartenoit. D'autant que lefd. juges de Dinan eftant fous le pouvoir du fieur Duc de Mercueur n'euffent pas voulu ny ofé rendre cette juftice à ceux de Saint Malo, fi bien qu'il falloit de neceffité que le Confeil prift congnoiffance de telles prifes & en feift l'adjudication; la neceffité (qui eft une dure loi) le requerant ainfi en ce temps miferable pendant lequel *tant vaut homme, tant vaut fa terre.* La ville prenoit l'huitiefme partie defdites prifes pour fon droit (1).

Le vendredy fecond jour de novembre fut veüe & leüe au Confeil une miffive du duc de Mercueur demandant qu'on luy euft envoié quelques canonniers dont il avoit affaire & une autre lettre dud. feigneur Duc, tendante à ce que les habitans euffent fait bailler au fieur de Ville-Serin, capitaine de fes gardes, un navire qui avoit efté pris au Pont-Briand, lorfqu'il fut affiegé & pris par lefd. habitans de Saint Malo (2).

A la premiere defd. lettres fut refolu qu'il luy feroit envoié deux canonniers & repondant à la feconde, fut advifé qu'il fe-

---

(1) Voyez à la fin du volume la note collective fur les prifes des Malouins pendant la Ligue.

(2) Meffieurs les habitans, ayant befoing de quelques canonniers pour fervir aux exploictz que je me propofe faire fur nos ennemys, je vous prie que de ceux qui font en voftre ville m'en envoyez trois ou quatre des meilleurs en la plus grande dilligence qu'il fera poffible, leur donnant leur adreffe au fieur de la Charonniere, grand maiftre de l'artillerye en ce pays; il les recevra & les fera payer & entretenir comme les autres de façon qu'ils n'auront occafion à fe malcontenter. Et pour ce que c'eft pour fervir à

roit dit que le navire appartenoit aux habitans, ainſi qu'ils l'avoient defjà fait entendre à Villeſerin qui le pretendoit ſien.

Ms. B. — Vous avez cy devant entendu le retardement du voiage que La Planche devoit faire à Paris, mais depuis avoir eu les refus dud. ſieur Duc d'advoüer l'eſtat des affaires de Saint Malo, les Malouins ſe reſolurent d'envoier led. La Planche trouver le ſeigneur duc de Maienne pour avoir ſon adveu de ce qui ſ'eſtoit fait, & deputez commis pour dreſſer ſes memoires & inſtructions.

On remarquera que les habitans de Saint Malo euſſent eſté bien faſchés que led. ſieur Duc leur euſt accordé leurs demandes, eſtimans bien meilleur pour eux le refus que l'octroy & d'eſtre mal plus toſt que en bonne intelligence avec luy, ce qu'ils fomentoient à leur pouvoir, rien ne leur eſtant plus aggreable que les menaces dont led. ſeigneur & les ſiens uſoient à l'encontre d'eux; & ce aſſin de tenir le peuple de lad. ville en la haine dud. ſeigneur, les deſſeins duquel eſtoient grandement ſuſpectz d'ambition auxd. habitans, leſquels pour tant eſtoient bien aiſes de rechercher un adveu bien eſlongné, tel que celuy du duc de Mayenne, plus toſt que d'en avoir un plus pres dudit ſieur duc de Mercueur. Ce qui à la verité venoit mieux à leurs deſſeins qui eſtoient de n'avoir point de maiſtre, pour le moins pendant les miſeres du temps.

Environ donc les premiers jours de novembre 1590, led. La Planche fut depeſché aveq amples memoires pour aller trouver

la cauſe commune, je m'aſſure que je recevray ce plaiſir de vous a qui ne la feray plus longue que pour vous aſſeurer que je feray toufjours voſtre bien bon & aſſeuré amy.

PHILIPPES EMANUEL DE LORAINE.

A Dinan, ce 29ᵉ jour d'octobre 1590.

Meſſieurs les habitans, le capitaine Villeſerin m'a faict entendre que, lorſqu'il alla devant la maiſon du Pontbriand, il prit là auprès ung navire apartenant à l'ennemy, lequel a efté depuis mené en voſtre ville. Et pour ce que lad. priſe luy apartient, je vous prie par la preſente luy delivrer led. vaeſſeau & l'en laiſſer diſpoſer comme bon luy ſemblera. A quoy eſtymant qu'il ne ſe trouvera de difficulté je ne la feray plus longue, etc (Même date.) (*Reg. des Délib.*, 2 novembre.)

led. fieur duc de Mayenne & fejourner quelque temps aupres de fa perfonne, & mefme pour aller à Paris & Roüan pour entretenir quelque intelligence & correfpondance entre les Confeils de l'Union eftablie auxd. deux villes & les habitans de Saint Malo, & fut chargé de lettres pour led. fieur duc de Mayenne & lefd. Confeils. La teneur de laquelle efcrite aud. fieur Duc, j'ay jugé à propos d'inferer en ce lieu.

Lettre des habitans de Saint Malo au fieur duc de Mayenne, gouverneur & lieutenant general de l'Eftat, Maison & Couronne de France.

MONSEIGNEUR

CE que nous avons plus defiré, apres que Dieu nous a mis entre les mains cefte place libre de nos ennemys, eftoit de vous avoir peu faire entendre l'eftat de nos affaires & comportemens depuis la prife du chafteau de cette ville jufqu'à prefent que nous avons jugé le chemin aucunement libre par la voye de la mer, vous ayant pour cet effect depefché le fieur de la Planche, l'un de nos concitoiens, lequel plus particulierement vous fera entendre l'eftat de noftre eftabliffement à la confervation de cefte ville & chafteau; vous fupliant, Monfeigneur, voulloir efcrire à Sa Majefté Catholicque, aux feigneuryes de Venife, de Gennes, Vice-roy de Naples, en noftre faveur, à ce qu'il leur plaife permettre aux habitans de cefte ville qui ordinairement vont aux villes maritimes de leur obeiffance de pouvoir tirer des poudres, canons & autres munitions de guerre pour en accomoder par deczà, comme nous faifons, au general & au particulier de noftre fainct Party; vous fupliant auffy voulloir employer Monfeigneur le prince de Parme à ce qu'il luy plaife fuplier Sa Majefté Catholicque, au moien de l'affurance que nous vous fuplions luy donner de nos comportemens & sinceres affections, qu'il nous face donner aux lieux de son obeissance tout bon & doux traitement, & voulloir croire que nous demeurerons tous-jours au mesme zele & affection où Dieu par sa sainte grace nous a conduictz jusques icy comme voz tres-affectionnez serviteurs. En ceste volonté, nous suplirons Dieu, Monseigneur, vous conserver en tres-parfaite santé tres-longue & tres-heureuse vie. A Saint Malo, ce 3ᵉ novembre 1590.

Vos tres-humbles & tres-affectionnés serviteurs,

Les bourgeois & habitans de Saint Malo.

Par commandement de Messieurs les habitans : *Desnos.*

J'ay jugé en pareil devoir inserer les lettres escrites aux corps des villes de Paris & Roüan & au sieur de Villars, gouverneur du Havre-de-Grace, mesme le memoire donné pour instruction aud. La Planche pour plus claire intelligence de tout le contenu en ce morceau d'histoire.

Lettre des habitans de Saint Malo au corps de ville de Paris.

Messieurs,

Tout ainsy que nous avons par le passé porté ung extresme regret de vostre longue affliction, aussy avons nous receu ung singulier contantement de vostre heureuse delivrance qu'il a pleu à nostre bon Dieu vous donner par une tant vertueuse resolution. De quoy nous le louons de toute nostre affection, de ce grand & signalé miracle dont il a usé en vostre endroict, comme de chose qui importe le salut general de tous les bons & fidelles catholicques uniz, desquels vous estes le rempar & asseurance, soubz lequel les gens de bien esperent ung jour veoir revivre l'estat de ce royaume si longuement affligé. Et tout ainsy, Messieurs, que par le passé vous avez eu soing de nous & que par vos sainctz advertissements, nous avons pris cueur & asseurance de nous delivrer des ennemys de nostre saincte Religion, nous vous suplions ne voulloir prendre en mauvaise part sy nous n'avons plus tost envoié des nostres vers vous pour vous remercier de tant de bons offices qu'il vous a pleu faire en nostre endroict, que mesme pour vous faire entendre l'estat & establissement de nos affaires dempuis la prise du chasteau de ceste ville, congnoissant le peril des chemins & le siege continüel de vostre ville, vous asseurant que ce n'a esté faute de bonne volonté; ains en icelle nous avons deputés le sieur de la Planche, l'un de nos habitans, pour vous faire entendre nostre saincte intention; lequel particulierement vous fera entendre l'estat de nos affaires & tant ce qui s'est passé depuis la prise dudict chasteau que mesme l'ordre & establissement que nous avons donné pour la conservation de ceste place tant importante au bien general de ceste province, ce qu'il vous sçaura deduire par le menu, & auquel nous remettans, vous suplions de toute nostre affection vouloir continuer en nostre endroict la bonne volonté qu'il vous a pleu nous porter; de quoy nous ne ferons jamais ingratz, nous conformans toujours à vos sainctes intentions comme ceux qui desirent demeurer uniz en la saincte religion catholicque, apostolicque & romaine, emploier nos vies & moiens pour la conservation d'icelle & pour vostre service particulier. En ceste asseurance, nous prions Dieu, Messieurs, vous conserver en parfaite santé tres-longue & heureuse vye. A Saint Malo, ce 3ᵉ novembre 1590.

Vos tres-humbles & affectionnés serviteurs,

Les bourgeois et habitans de Saint Malo.

Et en superscription : *A Messieurs, Messieurs les maire & eschevins du corps de ville de Paris.*

Lettre des habitans de Saint Malo au corps de ville de Roüan.

MESSIEURS,

AYANT deputé le fieur de la Planche, l'un de nos habitans, pour s'acheminer vers Meffieurs de Paris pour les affaires de noftre ville, nous luy avons donné charge de vous fallüer de noftre part & vous faire entendre le zelle & affection que nous avons toujours porté au bien general de la fainéte Union & à tous ceux qui font en cette mefme volonté comme vous eftes, vous fuplians nous tenir toujours en vos bonnes graces & nous affifter de vos bons & fainéts advertiffemens au bien general de cefte fainéte caufe, comme de noftre part nous ferons le femblable en tout ce qui regarde le sainét Party et le bien general & particulier de voftre ville, dont le fieur de la Planche vous pourra plus particulierement rendre certains & affeurez. Auquel nous remettans, nous prions Dieu, Meffieurs, vous conferver en parfaite santé tres-longue & heureufe vye. A Saint Malo, ce 3ᵉ novembre 1590, etc.

En fufcription : *A Meffieurs, Meffieurs du Confeil de l'Union des catholicques eftably à Roüan.*

Lettre des habitans au fieur de Villars, gouverneur du Havre-de-Grace.

MONSIEUR,

AYANT deputé le fieur de la Planche, l'un de nos concitoiens pour aller trouver Monfeigneur le duc de Mayne, nous l'avons chargé de vous falüer & vous faire offre de ce qui depend de noſtre petit pouvoir, choſe dont vous pouvez diſpoſer comme de vos tres-humbles & affectionnez ſerviteurs. En ceſte volonté, nous prions Dieu, Monſieur, vous conſerver en tres-bonne ſanté tres-bonne & tres-heureuſe vye. A Saint-Malo, ce 3ᵉ novembre 1590.

Vos tres-humbles & affectionnés ſerviteurs,

Les bourgeois & habitans de Saint Malo.

Par commandement de Meſſieurs les habitans, *Desnos.*

Memoires & inſtructions pour le ſieur de la Planche, deputé de Saint Malo.

Le ſieur de la Planche fera venir deux maiſtres fondeux de Paris en cette ville pour fondre des canons de batryc & quatre couleuvrines royalles; avec leſquelz marchandera pour la façon au meilleur compte qu'il pourra, eſtant premierement bien informé de la forme que l'on uſe par delà & bien aſſeuré de la capacité deſd. fondeux, premier que parler à eulx; auxquels promectra toutes eſtoffes de la principale matiere que des materiaulx qu'il convient pour la fonte & façon d'icelles. Et ſy leſd. fondeux faiſoient difficulté de ſ'acheminer ença ſans eſtre aſſeurez de leurs ranczons, vous les pourez aſſeurer juſqu'à la ſomme de cent eſcuz, ſ'il arrivoit qu'ils fuſſent pris des ennemis.

Fera venir un predicateur de Sorbonne ou autre perſonnage capable pour nous annoncer la parolle de Dieu ce Careſme prochain; lequel neantmoings, ſy la commodité y eſt, il fera venir plus toſt que le Careſme; auquel promectra pour le decquit de ſa ranczon, ſi autrement n'y vouloit venir, juſqu'à la ſomme de cent eſcuz en cas qu'il tumbaſt aux mains des ennemys. Et luy pourrez donner aſſeurance que ſon Careſme luy pourra valoir du moings quatre cens livres.

Vous obtiendrez lettres de Meſſeigneurs le duc de Mayne & prince de Parme favorables à Sa Majeſté Catholicque, les ſeigneuryes de Veniſe & de Gênes & le Vice-roy de Naples, à ce que les habitants de Saint Malo faiſans leur negociation ordinaire ſejournans ſur les terres de l'obeiſſance deſd. Roy Catholicque, Seigneuryes de Veniſe, de Gennes & Vice-roy de Naples, il leur ſoit permis de tirer des pouldres, canons & autres attirails de guerre; & que par les lectres que meſd. ſeigneurs le duc de Mayne & prince de Parme eſcriront il leur plaiſe faire entendre à Sa Majeſté catholicque, Seigneuries & Vice-roy qu'il ne leur eſt poſſible de pouvoir aſſiſter de leurs lectres chaſcun particulier habitant dud. Saint Malo, pour leurs voiages eſtre choſes celeres & eſtant loing d'eulx comme ilz ſont, joingte la miſere & incommodité des chemins qui ne ſont nulement libres, mais les voulloir ſuplier pour recongnoiſtre leſd. habitans qu'ils eſcrivent aux gouverneurs des villes de leur obeiſſance ſituez ſur les coſtes de la mer qu'ilz ſe contentent de voir les paſſeportz & certificats deſd. habitans de Saint Malo.

Vous preſenterez les lectres de Meſſieurs de ceſte ville à Monſieur de Villars, avecq offre de leur part de luy demeurer tres-affectionnez ſerviteurs.

A Meſſieurs de Roüan preſenterez les lectres de Meſſieurs les habitans de ceſte ville, ayant charge de vous congratuler avecq eulx.

A Meſſieurs de Paris preſenterez les lettres de Meſſieurs de ceſte ville, les remerciant au nom d'iceux de leurs bons & ſaincts advertiſſementz avecq priere de les voulloir continüer.

Vous pourſuivrez des lettres de Mgr le prince de Parme par la faveur de Mgr le duc de Mayenne à ce qu'il prie le Roy ſon maiſtre que les habitans de Saint Malo ſe trouvant aux lieux de ſon obeiſſance reçoivent de ſes ſubjectz tout doux & favorable traitement.

Vous demeurerez à Paris & à la ſuite de l'armée juſqu'à avoir advis des habitans de vous retirer.

Arreſté à Saint Malo, ſoubz le ſeing du greffier de lad. ville & Communauté, le 3e novembre 1590. Desnos (1).

Ms. A. — Ces memoires ne contiennent ſinon ce que vous y voiez, mais neantmoins le principal ſubject du voiage de la Planche eſtoit affin de rechercher de Monſieur le duc de Mayenne un adveu de la priſe des armes, priſe du chaſteau de leur ville & choſes en conſequence & approbation de l'eſtabliſſement par eux fait pour la forme du gouvernement de leur ville. De quoy ils avoient eſté refuſez par le duc de Mercueur par l'imprudence de ſon Conſeil, lequel (ſ'il m'eſt permis de dire ce que j'en penſe), faiſoit une lourde faute de denier l'adveu &

(1) 5 novembre 1590. — Le ſieur de Limonnay eſt chargé d'accepter & payer les lectres de change que tirera ſur luy le ſieur de la Planche juſq'à la ſomme de 300 eſcuz ſol. (*Reg. des Delib.*)

aggreer ce qui eſtoit fait & eſtably. Le temps qui eſt un ſouverain medecin & les occaſions luy euſſent meſnagé & acquis la ſubmiſſion des habitans ſ'il les euſt flattez, les peuples ne ſe prenant jamais que par la doulceur. Mais les princes ont des mouvemens & leurs Conſeils ſont fort ſouvent preoccupez de paſſions qui les empeſchent de choiſir ce qui eſt le meilleur pour prendre ce qui ſeroit meilleur de fuir & eviter.

Les habitans de Saint Malo, au contraire, fins & adviſez, ſçavoient bien que pour paſſer cette mauvaiſe ſaeſon, en laquelle toute puiſſance, autre que la leur, leur eſtoit ſuſpecte, & pour ſe maintenir en l'eſtat qu'ils avoient eſtably & deſiroient maintenir en leur ville, un maiſtre tel qu'eſtoit le duc de Mercueur & ſi près d'eux ne leur eſtoit pas bon, eſtoient bien aiſes de voir ce prince ſe bander contre eux & leur avoir refuſé ſon adveu; au lieu duquel, celuy du duc de Mayenne, eſloigné d'eux, leur eſtoit bien meilleur & bien plus repondant au deſſein qu'ils avoient de n'admettre en leur ville perſonne pour leur commander, pendant l'orage de cette guerre civile [1].

Ms. B. — En ce meſme temps fut receüe une lettre miſſive du ſieur eveſque d'Avranches, Pericard, qui donnoit advis de quelque canon qui ſe devoit acheminer pour ſervir au ſiege d'Avranches auquel ſe preparoit monſieur le duc de Montpenſier, à ce que les habitans euſſent entrepris ſur led. canon. Mais ſon advis ne portant guere de certitude, on ne put faire deſſein là deſſus; mais l'aſſeura t'on de toute aſſiſtance poſſible en cas que led. ſieur duc de Montpenſier l'allaſt aſſieger [2].

---

[1] Meſſieurs, je vous prie ne faire difficulté de recevoir en voſtre ville les De Saint Cires de Dinan attendant mon retour & la commodité de les ouyr. Et n'eſtant la preſente à autre fin, me recommande à vous & prie le Createur vous avoir en ſa ſainte garde. A Dinan, ce 30 octobre 1590. *Ainſin ſigné* voſtre bon & aſſeuré amy,

PHILIPPES EMANUEL DE LORAINE.

(*Reg. des Délib.*, 5 novembre).

[2] Mais cette apprehenſion n'eſtoit qu'une terreur pannique & qui n'eut point d'efect (A. f° 248, r°).

Ms. A. — Le sieur de la Moussaye, prisonnier comme vous avez peu voir cy devant, fut condamné par le Conseil de payer comptant ses depends depuis son emprisonnement jusqu'à ce jour sixiesme de novembre & d'un basque, sien serviteur; & condemné payer vingt escus par jour, par faute d'avoir payé sa rançon dans le temps à luy prefix pour ce faire qui estoit passé des le premier jour de ce moys d'octobre 1590 (1).

Ms. B. — Le 6ᵉ novembre, dit an, fut fait lecture d'une lettre du sieur evesque de Dol (2), par laquelle il prioit lesd. habitans l'assister de 150 soldats; d'autant disoit sa lettre que mond. sieur le duc de Montpensier devoit venir voir Monsieur le prince de Dombes, son fils, en Bretagne. Ce qui faisoit redouter aud. sieur evesque qu'à leur entreveüe ils ne desseignassent d'assieger la ville de Dol. Sur quoy deliberant, le Conseil nomma & pria Bardeliere de lever lad. troupe & s'acheminer à Dol au plus tost. Ce qu'il accepta & promist faire. Et de fait incontinent leva une troupe de 150 mousquetaires avec lesquels il se jetta en Dol; auquel lieu il sejourna deux mois. Et furent envoiées aud. lieu poudres & munitions de guerre, la ville de Dol estant importante au voisinage de Saint Malo, d'où elle n'est distante que de cinq lieuës.

Pendant le sejour que feist le capitaine Bardeliere à Dol, une apres disnée (3), la sentinelle qui estoit sur le clocher pour decouvrir sonna l'alarme & donna advis de nombre de cavallerie qu'elle voioit du costé de Pontorson dans le Terrain, car cette ville est pour grand partye environnée de marrests. Ce qui causa que le sieur marquis de Chauffin, frere du sieur duc de Mercueur, prend les armes & avec luy le sieur de Broon, frere de l'evesque dud. lieu, lequel sejournoit y avoit jà longtemps aud. Dol avec led. sieur evesque, & aveq eux environ trente

---

(1) Et sera resserré dans la chambre derriere le dongeon (*Reg. des Délib.*, 6 novembre).
(2) Apprehendant un siege & ne se confiant pas fort au duc de Mercueur (A. f° 248, v°).
(3) Le 7 ou le 8 janvier 1591. Cf. le journal de Pichart (D. Morice, pr. III, 1720); Morin, v° Antoine d'Espinay sgr de Broon.

cavaliers armés & quelques gens de pied, entre autres le capitaine Bardeliere & bonne partie de sa troupe. Lesquels gens de pied marchans au grand pas ne voyans encores paroistre aucun de l'ennemy & se trouvans en une plaine sans fossés, un peu esloignés au dehors du forbourg de la *Porte d'ahaut,* la cavalerie de Dol qui avoit advancé un peu plus que les gens de pied voit paroistre sur un petit tertre environ de cinquante chevaux, lesquels sans les marchander fondent sur ceux de Dol inferieurs en nombre. Ceste cavalerie avoit sorty de Pontorson conduite par le sieur de Lorges, puisné du comte de Montgommery, aisné de cette maison, lequel aveq sa troupe se fourra pesle-mesle parmi cette cavalerie de Dol où d'abord le sieur de Broon fut tué de quinze à vingt coups d'espée, n'ayant pas en montant peu endosser ses armes, ayant nourry un peu de cuisine pendant le sien sejour à Dol qui l'empescha de se pouvoir armer, & estoit seulement couvert d'une casaque de velours violet toute chamarrée de croix de Lorraine de clinquant d'argent. Aussi fut tué un gentilhomme appellé *Pont-Belle-Noue* & quelques chevaux-legers jusqu'à deux ou trois. Finalement ces huguenots faisoient tres-mal les affaires des catholiques, sans que le duc de Lorges, qui estoit meslé n'ayant point de culotes, fut frappé dans les reins de deux ou trois coups d'espée par un chevau-leger appellé *La Serre,* forain de Bretaigne, dont il tumba roide mort. Ce que voyant son frere puisné, à present comte de Montgommery, ralie tous ses compagnons & se retire, n'ayant plus grand soin que d'aller asseurer la place de Pontorson & laissant son frere pour les gages, le cheval duquel se retira vers les siens, comme celui du sieur de Broon vers les nostres, le champ demeurant à ceux de Dol aveq le corps, lequel fut recongneu à la levée de sa visiere estre le duc de Lorges. Ce qui ayda à oublier la perte du sieur de Broon.

Lesd. gens de pied par cet accident retournerent à la ville excepté un capitaine nommé *Gainiere* ou *Gainyais* & un La Riviere son lieutenant, tous deux Poitevins qui furent pris; & led. Ganiais depuis tué de sang froid sur la dispute de deux soldats qui le pretendirent chacun eftre fon prifonnier, comme fouvent il arrive. Ce fut par cette mort que le cadet de Montgommery demeura faefy & gouverneur comme il eft à prefent de Pontorfon (1) où il a fait fes affaires comme on voit, & au moien de laquelle place il tient tout ce quartier des environs en fervitude & fubjection, & f'eft fait comte de Montgommery par acqueft d'avec fon aifné.

Ce qui avoit caufé la demeure dud. fieur marquis de Chauffin à Dol fut que luy fe defirant retirer en Lorraine, le fieur duc de Mercueur avoit efcrit aux habitans de Saint Malo en date du 5ᵉ novembre (2) les priant accommoder fon frere de navires pour paffer luy, fon train, chevaux & equipages au Havre (3). Ce que lui aiant promis, il vint à Saint Malo, où aiant changé de deffein, il f'en alla à Dol, lors que le capitaine Bardeliere & fa compaignie f'y acheminerent, qui lui fervoient d'efcorte pour fa feureté.

Non feulement en Bretagne, mais encores toute la cofte & pais bas de Normandie avoient recours en leurs affaires aux habitans de Saint Malo. Le capitaine *La Carrée* (4), lors commandant au Mont-Saint-Michel, efcrivit & envoia un gentilhomme auxd. habitans, les requerans l'affifter de quelques 25 ou 30 foldats

(1) Gabriel de Lorges, comte de Montgomery, conferva Pontorfon jufqu'en 1621, ou il vendit cette place à Louis XIII.

(2) Meffieurs, d'aultant que Monfieur le marquis, mon frere, eft fur fon partement pour aller a Rouen & de là en autres endroictz pour le bien general de cefte caufe, nous avons avifé par enfemble que la route de la mer luy fera beaucoup plus feure que celle de la terre, qui faict que je vous prie avecq luy le voulloir accomoder de vaeffeau propre à ceft effect qu'il fera payer. Et me promectant que ferez tres-volontiers cela pour les occafions fufdictes, ne vous en diray davantage que pour prier Noftre Seigneur vous donner, Meffieurs, en fanté bonne longue vye. De Joffelin, ce 5ᵉ novembre 1590. Voftre bien bon & affeuré amy,
PHILIPPES EMANUEL DE LORRAINE.

— Preparatifs divers, armement de vaiffeaux & « d'une chippe du Neft » pour aller à Dinart, bourgeois commis pour faire faire « de la patifferye tant de poiffon que de viande, » etc. (*Reg des Delib.*, 8 novembre.)

(3) Sous pretexte de l'envoier pour affaire d'importance, mais en effect c'eftoit que led. marquis eftoit à charge audit fieur Duc, fon frere, qui f'en voulloit defcharger comme de perfonne inutile (A. f° 249, v°).

(4) La Carriere. *(Reg. des Delib.)*

pour la feureté de la place en cas que M. de Montpenfier vint au fiege d'Avranches; duquel secours il fut affeuré & d'autres munitions neceffaires aveq promeffe de les luy envoier touteffois & quantes que befoing en feroit, eftant impoffible d'affieger la place qu'ils n'euffent moien par mer d'y jetter tout le fecours qu'ils luy feroient malgré l'ennemy.

La mauvaife intelligence qu'il y avoit entre les gens du Chapitre de Saint Malo & les habitants tenoit les derniers en quelque peine, non par crainte du pouvoir dudit Chapitre, mais prevoians ce qui fe pourroit dire que la ville & le Chapitre fuffent divifés, & apprehendans d'ailleurs que ceux qui defiroient l'eftabliffement & gouvernement prefent ne fe serviffent de ce fubject pour pretexte. La caufe de cette divifion procedoit du regret qu'avoient lefd. du Chapitre de fe voir prefider aux affemblées du Confeil & aux Maifons de ville par le procureur findic [1]. Quel droit lefd. habitants difoient avoir, & de fait donnoient la preféance à leur Procureur pendant cefte forme de gouvernement comme à premier officier de leur Maifon de ville, la Communauté reprefentant colectivement, comme ils difoient, la fouveraineté en laquelle ils avoient eftably cefte forme populaire. Et pour reunir ces deux corps enfemble, le Confeil commift aucuns d'entre eux pour dreffer certains articles foubz condition defquels lefd. du Chapitre, qui font feigneurs temporels de lad. ville, peuffent demeurer & vivre unis en une feule volonté & affection pour le bien & feureté de tous enfemble.

Comme donc vous avez peu voir cy devant & comme il arrive fouvent qu'en un nouvel eftabliffement l'eftat des affaires n'eft pas agreable à tous pour divers refpects & confiderations des uns ou des autres, il y avoit aucuns d'entre les habitans de lad. ville qui par fourdes menées & fecretes practiques f'efforcoient de debaucher ceux des habitans qu'ils euffent peu trouver

---

[1] Les doyen, chanoines & Chapitre qui font aveq l'evefque NOMINE COLLECTIVO feigneurs fpirituels & temporels de lad. ville, portoient aveq impatience de voir les habitans, leurs fubjects, tenir les refnes du gouvernement (A. f° 250, r°).

difpofés à embraffer quelque fubject de nouveauté au regime d'icelle, leur rendants à leur pouvoir les perfonnes qui eftoient en creance & gouvernement odieufes & defcriées, & l'eftat des affaires autant qu'ils pouvoient par diverfes calomnies. En quoy ils profitoient affez peu, par ce que ceux qui eftoient entrez en l'adminiftration eftoient tous ou la plufpart perfonnes de creance & de moiens en lad. ville, & le commun d'icelle fe trouvant fort à fon aife fous cefte forme de gouvernement, principalement en un temps auquel autant qu'il y avoit de gouverneurs ou capitaines aux villes de la Ligue eftoient autans de tirans; & joingt que le mefme peuple qui confiftoit pour la plufpart en mariniers n'avoit aucune affection à la Ligue ou Union & moins à l'advancement des affaires du duc de Mercueur f'en portant cheff en la province, ne pouvoit eftre feduit à fuivre une autre affection que celle de ceux qui alors gouvernoient la ville qu'ils voioient tendre à la liberté, & voiant d'ailleurs les comportemens de tels pertubateurs fembler plus favorifer le party dud. fieur Duc & tendre à l'introduction de fon authorité en la ville eftoient du tout alienés de leurs intentions. Auffi appelloit on ceux qui tafchoient à cette nouveauté : la *petite Ligue*, à la diference de ceux qui eftoient ancrez en creance & aux affaires qui fe difoient de l'*Union*, & neantmoins ne tefmoignoient pas leurs comportemens avoir autre but que de conferver la ville & chafteau en liberté & au pouvoir des habitans pendant la mifere des troubles de la France. Entre ces brouillons y en avoit aucuns du Confeil eftably en lad. ville, mais qui y avoient perdu credit.

Combien donc que leurs efforts reuffiffent vains en tout ce qu'ils entreprenoient, fut neantmoins jugé neceffaire par ceux qui tendoient à la feule confervation fans regarder ny cà ny là la faveur des grands, que, pour rendre le peuple & un chafcun plus retenu en mefme volonté & plus refolu à un but, il feroit expedient dreffer quelques articles & les faire jurer à tous indiferemment. Ce qui fut faict comme vous entendrez cy apres.

Mais d'autant que les gens du Chapitre de lad. ville font feigneurs temporels & que ceux qui afpiroient à des nouveautés eftoient en fort eftroite intelligence aveq lefd. chanoines qui ne pouvoient porter fe voir prefider au Confeil & en Maifon de ville par le findic, & tous enfemble eftoient mal contens du gouvernement prefent, il fut jugé à propos [1] communiquer particulierement lefd. articles, lorfqu'ils feroient dreffés, aux dits du Chapitre, & les prier de f'unir à nous en une mefme volonté pour noftre confervation.

Pour dreffer les articles furent commis Limonnay & Poupardrie, lefquels, le 8ᵉ novembre 1590, les reprefenterent au Confeil. Lefdits articles ayant efté compilés & reprefentés furent mis aux mains de Riviere Boulain, Tertre Galas, La Barre Le Large & Saint Eftienne pour les prefenter auxd. fieurs du Chapitre. Ce qu'ils feirent. Et le 12ᵉ dud. mois, lefd. deputez feirent raport au Confeil avoir fuivant la charge leur commife communiqué iceux articles aux dits du Chapitre qui auroient demandé temps de les voir pour y faire refponce.

Ces articles, defquels je vous feray voir la teneur cy apres, n'eftoient point tant faits pour lefd. du Chapitre comme pour d'aucuns habitans qui par divers moiens tendoient à rendre l'eftat prefent odieux afin d'y aporter quelque changement. A quoy on vouloit pourvoir par cette jurée d'articles qu'on defiroit eftre faite par tous les habitans pour eviter la divifion.

En ce mefme temps le fieur de Rays efcrivit à la Communauté tendant à ce que part luy fut faite de la rançon du fieur de la Mouffaye, prifonnier à Saint-Malo, comme cy devant avez peu entendre, par ce qu'il avoit donné advis du retour dud. fieur de la Mouffaye de l'ifle de Jarfé au chafteau de La Latte. A quoy luy fut refpondu que ceux auxquels il avoit donné tel advis n'avoient point fait cette prife ny auffi autres bateaux qui f'eftoient armés à ce deffein, mais que led. fieur prifonnier fuiant les pourfuivans f'eftoit rendu entre les bras

---

[1] Pour leur tendre un piege pour les attrapper (A. fᵒ 250, rᵒ).

de la ville où il estoit arrivé & estoit prisonnier de la Communauté.

Ceste responce & ne luy vouloir la Communauté dud. Saint Malo faire aucune part de lad. rançon l'irrita tellement que quelque temps apres il retint prisonnier La Court Richomme au chasteau du Guildo, où led. de Rays commandoit & où led. La Court estoit allé le trouver pour quelque autre subject. Mais il en fit mauvaise garde, car il se sauva habilement quelques jours apres & laissa led. de Rays aveq le seul regret de l'avoir pris & laissé evader sans son gré.

Ms. A. — Le lundy 12ᵉ de novembre, La Barre feist rapport au Conseil, où estoient les capitaines de ville & commis à la police, qu'il avoit, aveq les deux autres cy devant nommez deputez, communiqué les articles cy devant mentionnez à Messieurs du Chapitre, lesquels les avoient retenus pour les voir & iceux veus y venir repondre en la premiere assemblée generale de la Maison de ville (1).

Le 14ᵉ du mesme moys de novembre, au Conseil, lettres furent leûes de l'evesque d'Avranches, par lesquelles il prioit les habitans qu'on eust accommodé le sieur de Matan, capitaine de Tombelaine, de quelque quantité de pouldres. Ce qui luy fut accordé & luy furent donnez aveq lesdites pouldres quelques barils de souffre.

Le jeudy 15 novembre 1590, les articles furent corrigez au Conseil où assistoient les capitaines de ville & commis à la po-

---

(1) 12 novembre. — Messieurs du Conseil permettent au sieur du Faouet de tirer de Saint Malo trois milliers de poudre & 200 balles pour faire la guerre aux ennemys du saint party de l'Union.

— Comme il auroit esté cy divent deliberé de defrayer monsieur le marquis de Chauffin, ses gentilshommes, serviteurs & chevaulx, attendant qu'ils se fussent embarquez dans le navire de Gravé lequel a maintenant mis à la voille, reste à sçavoir sy la ville doibt defrayer mon dict seigneur pendant qu'il sejournera. Par Messieurs a esté conclud que la depense faicte du temps que sont en ceste ville jucq au jour d'hyer, iceluy communs, sera payee à leur logeis.

— Antoine Courtin, sieur du Cheval-Blancq, institué capitaine de Souhdort, aux gages de 300 escus. A la charge qu'il aura aveq luy 3 bons soldats, 1 serviteur, 1 servante & 2 chiens de bon guet. (*Reg. des Delib.*)

lice & ordonné qu'ils feroient de recheff communiquez au seigneurs du Chapitre (1).

Ms. B. — Le sabmedy 17ᵉ novembre, Landelle [l'esné], Fougeray & Le Vivier ayants esté deputés vers les gens du Chapitre pour sçavoir s'ils avoient pris resolution sur les articles leur laissés en communication, font raport lesd. du Chapitre n'avoir encores peu dresser la responce qu'ils desiroient faire par escrit, ayant demandé temps pour ce faire jusqu'à cinc heure du soir dud. jour. Ce qui leur fut accordé.

Et à mesme temps furent lesd. trois cy devant nommés commis pour aller trouver monsieur Fallon, predicateur & theologal de la ville (2), pour l'advertir de la part du Conseil & le prier qu'à l'advenir il ne s'advancast seditieusement, comme il avoit fait en sa derniere predication, contre l'honneur de la ville & l'estat present des affaires, par ce que cela pouvoit alterer le repos & s'en tenoient offencés les habitans. Ces seditieuses predications estoient solicitées par ceux qui aspiroient à la nouveauté en faveur du duc de Mercueur, car tous tels brouillons congnoissoient bien n'avoir la capacité de conserver la ville en la liberté en laquelle elle estoit, leur dessein & volonté estant, s'ils pouvoient, de la faire tumber au pouvoir du duc de Mercueur. Ce qui ne pouvoit de meshui arriver sans l'aparente ruyne de ceux qui avoient entrepris la conserver libre en l'estat qu'elle estoit & reduire la ville & habitans soubz la servitude où estoient les autres villes auxquelles commandoit le duc de Mercueur.

Or bien que lesd. du Chapitre n'eussent pris temps que jusqu'à cinc heures du soir, neantmoins ils ne faisoient nulle responce, ce qui causa que le lundy 19 dud. novembre, la Maison de ville generale fut assemblée pour deliberer desd. articles &,

---

(1) 15 novembre. — Charge au Procureur de demander aux religieux de *Saezambie* la continuation des prieres qu'ils font à l'intention des habitans depuis le jour de la prise du chasteau. (*Reg. des Délib.*)

(2) Les predicateurs poussez par aucuns, voire par ceux du Chapitre, debachoient contre le corps general & contre l'estat des affaires, mais notamment un petit Jacobin nommé Fallon, theologal de Saint Malo (A. f° 251, r°).

s'ils eftoient trouvez falutaires par l'Affemblée, les jurer & faire jurer à tous indiferemment.

En lad. Affemblée donc, qui fut merveilleufement populaire, fut à haulte & intelligible voix fait lecture defd. articles. Apres laquelle lecture fut par Giquelais, procureur findic, fait quelque remonftrance du fubject & motiff defd. articles. Ce qu'il dift & remonftra eft cy inferé ainfy qu'il eft infcrit avant lefd. articles de mot à mot fur le regeftre de la ville, fans y avoir voulu rien changer, bien que pour l'ornement du langage il peuft eftre requis.

Remonftrances du procureur des Bourgeoys (1).

Par honorable homme Jean Picot fieur de la Giquelaye, procureur des Bourgeoys & habitans de cefte ville de Saint Malo, a efté remonftré que l'eftat deplorable des guerres civilles dont nous voions ce royaume affligé & en particulier cefte province, le peu d'efperance que nous avons d'y veoir de longtemps un affeuré repos, nous doibt fervir pour pendant ces miferes & calamnitez nous unir enfemble afin de regarder aux chofes plus requifes & neceffaires dependantes de noftre confervation.

Confiderans en premier lieu de quel zele & affection nous avons embraffé le party de la faincte Union, le bien & advancement de la religion cath., ap. & rom., iceluy juré & figné voire au temps auquel nos ennemys efperoint triumpher de nous, & que par iceluy ferment nous avons promis & juré nous oppofer à ung roy heretique & fauteur d'herefye, & de n'en recongnoiftre jamais aucun qui ne foit catholicque, ainfin recongneu en la France par les Eftats catholicques legitimement affemblez; eft il que noftre bon Dieu congnoiffant noftre fain&te intention a tant fait pour nous que par un miracle divin, il nous a retirez & affranchiz du joug de ceux qui contre tout droit divin & humain, violans leur foi par tant de fois promife, nous penfoint rendre foubz la fervitude d'un roi hereticque & que fur iceux ennemys du fainct Party nous avons eu tant de vigueur que nous les avons tirez

(1) *Reg. des Délib.*, 19 novembre.

hors d'une des plus fortes places de ce royaume, ayans fait vuider hors ceux tant de lad. ville & chasteau tenant le party contraire à lad. Union, sans respect ny exception de peres, freres ny parens.

Que sy en cela nous avons fait un signalé service au sainct Party dont nous sommes recommandables à jamais à la Posterité, qui est ce qui avecq raison puisse dire que nous ne soyons capables & dignes de conserver en toute fidelité ce que par la grace de Dieu, luy se servant de nous, nous avons justement conquis en peril de nos vyes ?

Considerans aussy le comportement des gens de guerre, la part où ils commandent, le peu de seureté qu'il y a eu & y a encores, aux capitaines auxquels on laisse les villes & chasteaux en garde, en prenons exemples sur nos voisins affin de nous rendre saiges & advisez en ce qui nous regarde de plus pres, laissant arriere toutes inimitiés particulieres pour embrasser le salut general duquel depend nostre conservation.

Voions ung peu de pres l'astuce des envieux de nostre repos, lesquelz n'espargnent par tous moyens & artifices à eux possibles de vouloir faire croire que nous sommes divisez en ceste ville & sont entendre que trois à quatre habitans envieux de l'honneur de dominer cested. ville manient & meuvent le reste des habitans à leur devotion & fantezie, faisant courir tous ces faulx bruits afin de nous rendre odieux à ceux lesquels nous tiennent en honneur & tres-bonne opinion.

Et affin de fermer la bouche à telle sorte de gens mal affectionnez à nostre conservation, lesquels sont plus tost desireux de voir le schisme & division en nostre ville que d'y apporter une bonne paix & concorde, nous devons de toute nostre affection, ainsin que vrais & fidelles catholiques nous unir ensemble promettre & jurer devant Dieu de nous conserver pendant ces miseres soubz l'authorité de Monseigneur le duc de Mercueur, gouverneur de cette province, & toujours le suplier vouloir avoir pour agreable l'establissement que nous avons fait pour la conservation de ceste ville & chasteau, attendant que nostre Dieu par sa saincte grace aye pourveu l'estat de ce royaume d'un Roy tres-chrestien & catholicque ainsi receu & recogneu en la France par les Estats catholicques legitimement assemblez duquel nous puissions esperer le fruict que nous esperons de nostre fidelité.

Nous devons suplier, Messieurs du venerable Chapitre de cette ville vouloir en ceste sy saincte & bonne resolution nous assister, nous unissans avecq eux & eux avecques nous, afin que d'une mesme volonté & affection nous puissions tous ensemble en unité garder & conserver ceste place à celui auquel nostre Dieu l'a destinée, sçavoir, à ung Roy tres-chrestien & catholicque comme chose qui depend de l'estat de ce royaume.

Laquelle propofition & remonftrance par les habitans, cy prefens, bien & meûrement entenduë, ont d'une mefme volonté & confentement promis & juré, jurent & promectent garder & obferver les Articles fuyvants :

Articles.

I. Nous jurons & promectons devant Dieu ce que nous avons par cy devant fait de nous maintenir avecq fon ayde en la religion cath., ap. & rom., garder & obferver l'Eedict de la faincte Union & n'efpargner nos biens ny nos vyes pour le bien & advancement du fainct Party, & en confequence de ce, nous fuplions Meffieurs du venerable Chapitre de cefte ville de nous unir aveq eux & eux avecques nous, que tous enfemble d'une mefme volonté nous puiffions par la grace de Dieu donner raifon de ce dont il luy a pleu nous faire confervateurs, attendans que l'Eftat foit pourveu d'un roy tres-chreftien & catholicque ainfin recongneu en la France par les Eftats catholicques legitimement affemblez.

II. Nous jurons auffy de conferver & garder à noftre puiffance, foubz l'authorité de Monfeigneur le duc de Mercueur, gouverneur de la province, cefte ville & chafteau, & ce fuyvant l'eftabliffement que nous avons mis & eftably pour la confervation & garde d'icelle ville & chafteau, fans y efpargner ny nos vyes & moiens, fauff & fans prejudice que fy lefd. habitans advifent par cy apres de faire ouvrir le chafteau vers lad. ville faire le pourront.

III. Jurons & promectons de maintenir & fuporter à noftre pouvoir ceux lefquels feront conftitués aux charges publicques de cefte ville & chafteau contre tous ceux qui voudroient entreprendre à caufe de leurfd. charges au prejudice de leur honneur & de noftre confervation.

IV. Jurons auffy de tenir pour ennemis tous ceux qui dorefnavant pour quelque caufe que ce foit, foient habitans ou eftrangers, voudroient troubler le repos & confervation de cefted. ville, lefquelz des à prefent nous difons & repetons dignes de fortir d'icelle ville, apres que il y aura efté bien & deuement informé avecq bonne congnoiffance de caufe, l'execution f'en faifant par le corps general de cefte ville.

V. Comme auffy nous tenons pour ennemys du repos publicq de cefte dite ville ceux des habitans qui apres avoir entendu les articles cy deffur ne les voudroint jurer & figner & qui apres les avoir jurés & fignés f'en voudroint departir pour quelque caufe que ce foit.

VI. Jurons & promectons de nous remettre de toutes querelles & inimitiez particulieres mcües & à mouvoir pour en paſſer au jugement de Meſſieurs du Conſeil de ceſted. ville pour icelles aſſopir & eſtaindre & nous rendre amys ſur les peines qui y eſcheent.

Et pour conformation & approbation deſd. articles, nous ſoubz ſignez Bourgeois & habitans de ceſted. ville de Saint Malo promectons à Dieu le Createur de garder & obſerver inviolablement le contenu deſd. articles cy deſſur. En teſmoing de quoy avons ſigné au preſent regiſtre.

Leſquels articles furent des lors ſignés de pluſieurs, & par pluſieurs jours depuis, par la plus part & meilleure partie deſd. habitans au regeſtre de la ville [1], d'où j'ay extrait ce que deſſus.

D'aventaige a eſté faict lecture de la reſponce faicte auxd. articles cy devant inſerez par le ſieur doyen & chanoines du venerable Chapitre de l'egliſe cathedrale de Saint-Malo. Laquelle a eſté par les ſieurs de La Landelle, du Vivier, & du Fougeray referé eſtre la meſme qui leur a eſté delivrée par Monſieur le doien de lad. eglife, touteſſois non ſignée, pour la preſenter à Meſſieurs les habitans de ceſte ville. Laquelle reſponce a eſté ordonnée eſtre inſerée comme enſuiſt.

Reſponce du Chapitre aux articles.

LES doyen & chanoines du venerable Chapitre de Saint Malo, ſeigneurs ſpiritüels & temporels de lad. ville, aſſemblez en leur Chapitre en forme politicque & maniere accouſtumée apres le ſon de la cloche, ayant veu leſd. articles leur preſentez par Henry Boullain ſieur du Vivier, Joſſelin Frotet ſieur de la Landelle & Guillaume Jonchée ſieur du Fougeray, commis & deputez au nom de tous les habitans de lad. ville.

Diſent & reſpondent n'avoir tous leurs moyens & commoditez ny meſme leur propre vye en ſy grande & entiere recommandation comme ilz deſirent & ſouhaitent que l'Eedict de la ſaincte Union aveq tout ſon effect & teneur ſoit inviolablement obſervé & gardé ſelon & au deſir

---

[1] Auquel y a douze feuillets de papier remplis des ſignes deſd. habitans (A. f° 254, r°).

que sainctement & religieufement il a efté juré en cefte ville aultant reveramment & folemnellement qu'en aucune autre de cefte province, voire mefme du royaulme, par chafcun en fon ordre & en prefence de tous affemblement en l'eglife cathedrale de lad. ville apres une proceffion generale faicte par l'advis & de l'ordonnance defd. fieurs du Chapitre, à l'iffuë de laquelle la saincte meffe auroit efté dite & celebrée, où chafcun en fon ordre auroit baifé la Saincte Croix & touché le Sainct Evangile en atteftation & affeurance qu'ils vouloient tous affemblement & en ung corps vivre & mourir au pied de la Croix de Jefus-Chrift pour compatir avecq luy, deffendre & conferver aux perilz & defpens de leurs vyes & moyens fa saincte foy catholicque & religion de noz peres. Ce qui fut faict apres la predication, mefmes apres l'Eedict avoir efté leu de celluy qui prefchoit, de mot à mot, afin de faire entendre à ung chafcun le ferment & la promeffe que l'on faifoit à Dieu & à fon Eglife, fon efpoufe & noftre mere, enfemble les punitions & vengeances qui eftoient tumbées au paffé & tumberont à l'advenir fur ceux qui tranfgrefferoint ung tel ferment. Et de faict il ne fe juftifie point que, depuis le ferment ainfy folennellement faict & depuis la repurgation generale faicte apres la prinfe & reduction du chafteau de ceux qui ne l'avoint prefté ou l'ayant prefté qui l'auroint violé, qu'aucuns de quelque ordre, qualité & condition qu'ilz foyent, l'ayent violé; que f'il f'en trouve aucun avecq congnoiffance de caufe de quelque condition qu'ils puiffent eftre, lefd. du Chapitre font d'advis qu'on procede allencontre par les voyes & rigueurs de droict & juftice portées par led. Eedict.

De forte qu'il eft hors de propos & n'eft befoing repeter le ferment ainfy qu'il eft porté par le premier article, tant pour n'avoir efté violé d'aucuns, comme dit eft cy deffus, que pour n'avoir commandement de ce faire du Confeil general de l'Union de tous les catholicques ou du Lieutenant general de l'Eftat & Couronne de France ny du gouverneur de cefte province. D'abondant, comme nous n'avons de cela aucun exemple des villes principalles de l'Union des catholicques, à l'imitation defquelles nous puiffions faire telle repetition de fermens, au contraire, certaines villes qui fe font revoltées & defunies d'avecq les catholicques ont ufé de leurs motiffz de telle repetition.

En ce qui eft du fecond article où il eft dit que lefd. du Chapitre jureront conferver à leur puiffance cefte ville & chafteau foubz l'aucthorité de mon dict feigneur de Mercueur, fuyvant l'eftabliffement faict par lefd. habitans; difent lefd. du Chapitre vouloir bien prefter led. ferment moyennant que led. eftabliffement foit aucthorifé de mon dict feigneur & qu'ilz font preftz le fuplier avecq eulx le vouloir avoir agreable & l'aucthorifer, pourveu qu'en l'affemblée du Confeil le rancq qui leur apartient de tout droict ne leur foit denyé comme il a efté jufqu'a prefent & que lefd. habitans les recongnoiffent tant en ce lieu qu'en tous autres pour leurs feigneurs fpirituelz & temporelz; autrement ne peuvent faire lad. fuplication par ce que ce feroit directement contrevenir au ferment qu'ilz ont faict à leur reception, contre les privillaiges ecclefiafticques & contre les droictz de leur feigneurye.

Et pour le troifiefme article, où il eft dit que lefd. du Chapitre jureront de maintenir & fuporter à leur pouvoir ceux qui feront mis aux charges publiques tant de cefte ville que du chafteau; difent led. article eftre raifonnable, moyennant qu'ils y foint eftabliz & aucthorifez ainfin que dict eft.

Quant au quatriefme article, où il eft dit que lefd. du Chapitre jureront tenir & reputer pour ennemys ceux qui troubleront le repos publicq; led. article eft raifonnable, moyennant que ce foit aveq fufifante difcuffion & bonne congnoiffance de caufe de ceux auquelz il appartient.

Pour le regard du cinquiefme & dernier article, lefd. du Chapitre y emploient la refponce que devant au premier article.

Par la refponce defd. du Chapitre à ces articles, il eft aifé à juger de leur affection qui eftoit ailleurs portée qu'à la confervation de la ville & chafteau en l'eftat qu'ils eftoient, requerans l'adveu du fieur duc de Mercueur & defirans eftre cheffs du Confeil & par confequent des affaires. Ce qui n'eftoit de leur gibier [1].

De tout ce on peut coliger que, fi Dieu nous a fait la grace de nous conferver parmi tant de troubles, ce n'a efté ny de leur induftrie & mefme de leur affection. Laquelle fi on euft fuivy on euft mis lad. ville & chafteau aux mains & au pouvoir dud. fieur duc de Mercueur, qui euft efté la ruyne de lad. ville & enfuite euft grandement incommodé le refte de la

---

[1] Celuy qui entreprend efcrire & rapporter memoires hiftoriques des chofes, doit fur toutes chofes eviter la paffion & preoccupation. C'eft pourquoy je m'abstiens d'apporter icy ma paffion, fi aucune eft, pour commenter fur la refponce defd. fieurs du Chapitre à ces articles, mais bien diray je qu'aucuns d'entre les habitans les entretenoient en cet humeur, lefquels n'avoient tous enfemble l'efprit, l'induftrie, la prudence ny le courage de conduire ny conferver la ville ny les affaires au but où les bonnes intentions du general des habitans avoit deffein de les conduire (A. f° 255, v°).

Province, lad. ville eſtant de plus d'importance que tout ce que tenoit led. ſieur Duc en toute la Bretagne.

Le 22ᵉ novembre, au Conſeil, fut aparuë une lettre de Saint Planchix, [gentilhomme normant marié en ceſte ville], qui les adviſoit que le capitaine La Carrée (1) du Mont Saint Michel, avoit dreſſé une partie pour mettre lad. place entre les mains des ennemys; laquelle decouverte, auroit eſté led. capitaine mis priſonnier; & demandoit vingt ou trente hommes pour la conſervation de lad. place, qui furent accordés, & commiſſion donnée à Belle-Chauſſée Pierre Gravé de lever & mener vingt hommes aud. Mont Saint Michel, où il ſ'en alaſt toſt apres & fut cauſe en grand partie d'aſſurer lad. place où il y avoit de la diviſion entre les religieux & ſoldats (2).

Pour fin de cette année 1590 furent faits aucuns reglemens nouveaux pour le regime & gouvernement de la choſe publique. Entre autres par ce qu'il eſtoit requis de choiſir & nommer un procureur ſindic pour ſucceder à Gicquelais, duquel le temps de la charge expiroit par trois ans finiſſans au dernier du mois de decembre 1590, fut arreſté en Maiſon de ville generale qu'au lieu de trois ans que duroit la charge deſd. Procureurs, elle ſeroit reduite à deux ans. Et ce fait & conclud, fut remis l'eſlection du nouveau Procureur au Conſeil de lad. ville, aux capitaines de ville, commis à la police [& baillifs des eaux (3)], aveq eux appelés pour lad. eſlection le ſeneſchal, aloüé & procureur fiſcal de la juridiction. Leſquels aſſemblés à cet effect, par les ſuffrages donnés par billet (4) ſe trouva nommé & eſleu pour procureur

---

(1) La Carriere *(Reg. des Délib.)*

(2) En ceſte ſaeſon tout le voiſinage de Bretaigne & de Normandie recouroient à Saint Malo pour eſtre promptement & fidellement ſecourus & affiſtez (A. fᵒ 256, vᵒ).

(3) Et à iceux adjoignirent autres habitans qu'ils nommerent des l'inſtant, entre leſquels furent nommez Mʳᵉ Charles Chevillé, ſeneſchal, Mʳᵉ Guillaume Lefné, alloué, & maiſtre Nicolas Jocet, procureur, ſous clauſe expreſſe que leſdits officiers y aſſiſteroient en qualité d'habitans (A. fᵒ 256, vᵒ).

(4) Pourſuyvant à lad. nomination ont leſd. convenuz mis & delivré leurs brevets & billets ſur la table de ceſte Aſſemblée, leſquels ont eſté evangeliſez par M. le Procureur & autres à ceſt effect commis *(Reg. des Délib.*, 28 novembre)

findic *Guillaume Jonchée fieur du Fougeray,* lequel lors eftoit capitaine au chafteau.

Et pour ce qu'auffi le capitaine du chafteau ne devoit y eftre que le temps d'un an & eftoit requis y en nommer & eftablir un en cheff au lieu dud. Jonchée, & trois autres hommes mariés & quatre non mariés pour affifter le capitaine en cheff qui feroit efleu à la garde & confervation de la place, lad. nomination ayant efté commife à ceux dud. Confeil, capitaines de ville & commis à la police, fenefchal, alloué & procureur fifcal, ayant enfemble procédé à lad. eflection par billets, trouverent choifir & nommer, fçavoir : Allain Maingard fieur de la Planchette pour capitaine en cheff dud. chafteau, & pour les trois hommes mariés : Jullien Crofnier fieur de Touffan, Eftienne Richomme fieur de La Court & Pierre Eon fieur des Hazetz, & les quatre non mariés : Jacques Gaillard fieur du Moulinet, Nicolas Philipe fieur de la Villehoux, Françoys Grout fieur de Clofneuff, le jeune, & Jan Boulain fieur de La Fontaine.

Auxquelles eflection & nomination fut procédé & furent faites les 28ᵉ & dernier jour de novembre. Toutes lefquelles eflections faites, lefd. nommés & efleus prefterent le ferment entre les mains du procureur findic de bien fidelement & deüement fe comporter chacun en fa charge, de feconder led. Maingard en fa charge de capitaine du chafteau & les autres chafcun en fon degré, de le bien & fidellement garder & conferver, obferver les commandemens qui leur feroient faits par les habitans & gens du Confeil touchant la garde & confervation dud. chafteau, d'en refpondre auxd. habitans de la ville en corps fans recongnoiftre autre qu'eux & fans aucune autre congnoiffance de caufe, promettans & jurans, f'ils defcouvroient ou congnoiffoient aucune chofe que fuft au prejudice de lad. ville, d'en advertir les habitans & gens du Confeil. Ce qu'aiant juré, ils fignerent au regeftre en divers jours, comme cy deffus eft dit.

Ayant pourveu à la nomination d'un procureur findic, capitaine en cheff & autres pour commander aud. chafteau, on delibera quelques jours apres fur le changement du Confeil. Et par ce que depuis l'inftitution & eftabliffement d'iceluy il eftoit toujours demeuré fans aucun changement, aucuns habitans craignoient que lefd. du Confeil vouluffent continuer cette authorité. A quoy nul d'iceux ne penfoit, cefte charge eftant onereufe & ennuieufe à tous. Mais eux mefmes pourveurent à cela; car le lundy 3ᵉ jour de decembre 1590, en l'Affemblée generale fut par le procureur findic remonftré que le temps limité auxd. du Confeil expiroit le dernier jour de ce prefent mois de decembre, & qu'il eftoit requis en nommer & commettre d'autres en leurs places pour entrer en exercice le premier jour de l'an prochain 1591, & que lefd. du Confeil defiroient eftre defchargés des peines qu'ils avoient eûës au paffé.

Sur laquelle propofition fut arrefté par l'Affemblée generale (1) que pour l'advenir le Confeil fuft & demeuraft compofé de dix huit perfonnes & le Procureur en outre. Defquels dix huit en feroit par ceux qui auroient fait les autres elections nommé, par billets, neuff du nombre des confeillers qui lors eftoient en charge & neuff autres de perfonnes capables qui feroient prifes du general des habitans (2). Suivant quelle deliberation, lefd. convenuz pour faire lad. nomination nommerent des antiens confeillers, fcavoir :

Jean Picot fieur de la Gicquelaye qui fortoit de la charge de fyndicq (3), Bernard Boullain fieur de la Riviere, Jean Porée fieur du Tertre-Gallayx, Joffelin Frotet fieur de la Landelle, Bertran le Fer fieur de Limonnay, Jan le Large fieur de la Barre, Jan Pepin fieur de la Belinaye, Eftienne Gaultier fieur de la Corgnaye, Olivier Launay fieur de Launay-Ravily.

---

(1) Meffieurs du Chapitre eftant advertis de f'y trouver (*Reg. des Délib.*, 3 décembre).

(2) Ne pourront eftre nommez pour entrer aud. Confeil les deux freres, le pere & le filz, ny les deux gendres avec le beau pere; bien y pourront eftre le beau pere & le gendre (*Id.*).

(3) Neantmoings que led. fe foit voulu excufer fur les grands affaires furvenuz durant fa charge qui l'auroient empefché d'entendre nullement à fes affaires domefticques & particulieres (*Id.*).

Pour nouveaux confeillers fe trouverent nommés le lendemain par le mefme ordre :

Jan Grout fieur de la Merveille, Jacques Boullain fieur de Sainte-Anne, Allain Martin fieur de la Chapelle, Guillaume Colin fieur du Pont-Giraut, Jan Porée fieur de la Salle, Eftienne Richomme fieur de la Court, Jan Martin fieur de la Gueraudaye, Jan Maingard fieur de la Ville-Guguen, Thomas Gravé fieur de la Boute-Veille.

Auquel Confeil comme au paffé prefideroit le procureur des Bourgeois; le tout defd. elections & nominations faites comme eft raporté au regeftre foubz l'authorité du fieur duc de Mercueur (1).

Le mefme jour 3ᵉ decembre, fur remonftrance faite par le Procureur que le fabmedy dernier, fur le foir, le fieur de Cuffé, fe difant evefque de Saint Malo, auroit efté pris hors de la ville en habit diffimulé & indecent fe voulant retirer hors lad. ville; lequel à l'inftant fut mené aveq le mefme habit au logeis du fieur doyen, devant lequel & en prefence d'aucuns chanoines du chapitre de Saint Malo & des antiens habitans auroit efté interrogé & depuis remené à fon logeis & relaiffé en la garde de deux habitans & depuis jufqu'à ce jour gardé chafcun jour par deux hommes de chafcune des compagnies qui eftoient lefd. jours en garde; requerant qu'on advifaft comme à l'advenir on fe gouverneroit en cet affaire (2).

Sur quoy fut advifé qu'il luy feroit baillé trois hommes à fes frais qui de là en avant prendroient garde à fes actions à ce

(1) Sans prejudice touteffois que Meffieurs du venerable Chapitre affiftent & entrent aud. Confeil, fy bon leur femble, pour y avoir le mefme rancq & pareille prerogative qu'ils y avoint du temps de noz gouverneurs (*Reg. des Delib.*, 4 décembre).

(2) Mre Julien Le Sieu, receveur du chapitre, fait rapport, fuivant la charge qu'il avoit eûe du Procureur, avoir fait demander à Meffieurs du Chapitre f'ils avoient aggreable fe charger de la garde de la perfonne du fieur evefque de Saint Malo, que lefd. fieurs du Chapitre avoient fait refponce ne f'en vouloir charger. Auffi dift led. Le Sieu les avoir advertis fe trouver fi bon leur fembloit a la nouvelle eflection & changement qui l'apres midy dudit jour fe devoit faire en Maifon de ville generale de partie de Meffieurs du Confeil de la ville (A. fᵒ 257, rᵒ).

qu'il ne fe retiraft de lad. ville comme il avoit voulu faire (1).

Le 17 dud. mois de decembre, fur demande faite auxd. habitans par led. evefque d'Avranches d'un millier de poudres pour la defence de la ville d'Avranches (2), il luy fut accordé & fait tenir au Mont Saint Michel où il le defiroit avoir, & fut tiré du magafin de la tour des *Champs Vauverts*.

[L'evefque de Dol demanda l'affiftance qu'il recevoit de la compagnie de gens de pied du fieur de la Bardeliere luy eftre continüée. Ce qui lui fut accordé pour ung moys*a*.]

Le fieur de la Mouffaie prifonnier ne faifant aucune diligence de paier fa rançon de 20,000 efcus à laquelle il avoit efté taxé, fut advifé de le referrer plus court (3) qu'il n'eftoit afin de le convier à paier plus fort fa rançon.

Fut auffi permis aux Anglois de venir trafiquer en cette ville comme au paffé (4).

Le dernier jour de decembre, Fougeray capitaine au chafteau fut defchargé de lad. garde dud. chafteau & prifonniers qui y eftoient, à la charge de le remettre comme il feift le lendemain

---

(1) Led. fieur Procureur remonftre avoir conferé avec Monfieur de Saint Malo comme Mᵉ Guillaume Le Fer & Le Grand, prefbtre anglois, au jour d'hier furent commis pour deux de fes gardes, lequel fieur de Saint Malo defire n'avoir led. prefbtre anglois, d'aultant qu'il eft eftranger, & qu'il a volonté d'en avoir d'autres. Sur quoy apres avoir deliberé meurement fur ceft affaire, Jacques Grout & Pierre Grout ont efté prefentement deputez pour avoir la garde de la perfonne dud. fieur evefque avecq led. fieur Le Fer pour le refte de cefte année feullement, lefquelz feront tenuz de coucher à un logeix; ce que lefd. Groutz ont accepté & juré par leur foy & ferment y faire tout leur debvoir à eulx poffible, en refpondre à Meffieurs les habitans lorfqu'ils les en requerront ; leur permis de conduire lediât fieur evefque au fervice divin en l'eglife & ailleurs, comme fur les murs de cefte ville, fur le fable d'icelle, & mefme faire le tour de lad. ville pour prandre l'air, fe pourmener lorfqu'ils le jugeront à propos, & feront lefd. gardes aux fraiz dud. fieur evefque (*Reg. des Délib*, 4 decembre).

(2) 20 decembre. — Defenfe de tirer vins, fel & autres victuailles pour porter en la Normandye ny mefmes à Cancalle & le Pas-au-Beuff, le temps d'ung moys à caufe du fiege d'Avranches (*Reg. des Delib.*).

(3) Auquel & à fon garçon ne fera a l'advenir donné que du pain & de l'eau pour leurs vivres (*Reg. des Délib*, 27 decembre).

(4) Comme auffy aux marchans Flamands, Hirois & Efcoffoys. (*Id.*, 29 decembre.)

aux mains de Planchette nommé capitaine pour l'année 1591 (1).

Encores fut fait don de 200 efcus au fieur de Matan, capitaine de Tombelaine, pour paier les foldats, fans quoy il ne pouvoit plus tenir sa place.

Et le jour dernier dud. an en l'Affemblée generale, la rançon du fieur de la Mouffaie fut moderée à 15000 efcus. Fut en ce compris les defpans à la charge de paier lad. fomme dans deux mois.

Ainfi donc paffa cet an 1590 comme vous avez peu voir & remarquer ce que j'ay raporté ici le plus fidelement & fuccinctement que j'ay peu, m'eftant plus eftendu à la verité qu'à l'ornement du langage, n'ayant la verité befoing de façon ny defguifement. Et avec ce je finis ce livre pour prendre un peu haleine pour rentrer en la narration des chofes faites & gerées en & dehors la ville par les habitans d'icelle.

(1) Comme auffy le fieur de la Gicquelaye remonftre que ce jourd'huy expire le temps de fa charge de Procureur, aiant regret de n'avoir peu f'en acquiter auffy dignement que fa droicte intention a toufjours efté drecée à ne regarder que ce qui eftoit du falut general au Sainct Party & de la confervation de cefte ville, que comme Dieu luy a faict congnoiftre que c'eft luy qui guide & mene par la main ceux entre les mains defquelz les charges publicques font commifes, que auffy il efpere que Dieu par fa faincte Grace ne fera pas moindre affiftance à celuy qui doibt reprefenter le rancq dont il a efté honoré, fupliant Meffieurs en general & en particulier d'avoir toufjours affection a ce qui eft de l'honneur de Dieu & confervation du publicq & fe voulloir reprefenter l'eftat des affaires calamiteufes en ce miferable fiecle; combien que Dieu nous a faict tant de graces par defus nos pareilz que quant bien il ne nous feroit demeuré que la pleine & entiere liberté de l'exercice de la religion catholicque, l'honneur de nos petites familles, encores aurions avantaiges fur toutes autres communautez; que en cefte & autres confiderations, eftans rempliz de tous moyens, tout artyfan & paovre journalier gaingnant encore fa journee, nous devons affifter d'effect à noftre pouvoir le Sainct Party. Supliant au furplus Meffieurs de prandre a bonne part les actions paffees comme de perfonne qui a eu toufjours l'œil bande à ce qui eftoit du bien & repos de la chofe publicque, laiffant fes œuvres en bonne evidence qu'il f'afeure porter bon tefmoignaige de fes bonnes intentions (*Reg. des Délib.*, 31 decembre)

LIVRE TROISIESME

(1591)

Ms. B (1). — La premiere affemblée du Confeil de l'an 1591 fut tenüe le 3ᵉ de janvier en laquelle prefidoit Fougeray, procureur nouvellement efleu, & où affiftoient ceux dud. Confeil, excepté un ou deux, les capitaines de ville & commis à la police. Led. Procureur commença par une exhortation aux prefens de f'unir & conformer en une feule volonté pour le bien & confervation du general, relaiffant arriere toutes partialités & animofités, afin de confpirer tous enfemble au but, qui nous devoit eftre le feul, de la gloire de Dieu & confervation de noftre fainéte religion & de la ville (2).

Furent commiffaires deputés du Confeil aveq led. Procureur pour faire prefter de nouveau à l'entrée de l'an le ferment de fidelité au corps de ville. Et la garde du fieur de la Mouffaye auparavant commife aud. Fougeray fut baillée à Planchette, nouveau capitaine au chafteau.

Et par ce que, comme vous avez veu cy devant, en la derniere Affemblée generale la rançon du fieur de la Mouffaie avoit efté reduite en ce compris les depans à quinze mil efcus; neantmoins, le 5ᵉ dud. janvier, ayant efté reprefenté au Confeil par

---

(1) F° 23, r°

(2) Les fieurs de la Gicquelaye & de la Belmaye pour n'eftre uniz & joinéz l'un avec l'autre comme ils avoint accouftumé, à caufe de quelque petite alteration d'amitye, comparoiftront ceans pour f'unir enfemble (*Reg. des Delib.*, 3 janvier 1591).

Planchette, en la garde duquel il eftoit au chafteau, que led. fieur de la Mouffaie ayant entendu que plufieurs en lad. affemblée avoient incliné à luy faire meilleure & plus favorable compofition, il fuplioit lefd. du Confeil & affemblée des capitaines le vouloir traiter plus gratieufement à la charge qu'il paieroit lad. rançon dans le premier jour de mars. Sur quoy inclinant le Confeil, capitaines & policeux, la reduifirent à 12,000 efcuz & à 500 efcuz pour fon bafque, paiant en outre 6 efcuz par jour, comme il avoit efté taxé apres la prife.

Et en l'endroit fut reprefenté par Giquelaye, naguere Procureur, une lettre du fieur duc de Mercueur en date du 4ᵉ juin 1590. Par laquelle eftant leüe il conftoit que led. fieur Duc prioit lefd. habitans de ne laiffer fortir ny relafcher led. fieur de la Mouffaie & le vicomte de Saint-Denoual prifonniers. Quelle lettre avoit efté dans le temps leüe au Confeil [1]. Et confideré que led. fieur Duc n'avoit depuis parlé ny efcrit de cette affaire, fut conclud que lefd. prifonniers aiant fatiffait au paiement de leurs rançons & depans feroient conduits & menés en lieu de feurcté.

Et pour ce que le fenefchal de Saint-Malo avoit, fans y faire appeler le procureur des Bourgeois comme eftoit accouftumé, mis le prix au vin, furent deputez aucuns pour le prier & l'advertir de n'en ufer ainfi à l'advenir, & luy dire qu'il permift fans autre forme de procès aux taverniers de vendre le vin à 8 sols le pot, qui eftoit plus cher que la taxe dud. fenefchal. Peut eftre trouvera t'on ridicule cette remarque qui n'eft pas fans caufe neanmoins, ains fert pour monftrer que les officiers de la juftice ne trouvoient pas de leur gout l'eftabliffement par ce qu'eux ou leurs feigneurs n'y prefidoient pas.

Les habitans d'ailleurs prenoient leur eftre fait tort par ce que de tout temps, le gouverneur ou fon lieutenant & le procureur des Bourgeois y appellés, on avoit accouftumé mettre le prix au vin; & à cette taxe n'avoit efté appellé led. Procureur,

---

[1] Page 219.

lequel lefd. habitants pretendoient reprefenter fous & de par eux le cheff du gouvernement, fi bien que par double raifon, il y devoit eftre appellé & affifter à lad. taxation.

Fut auffi ordonné que de là en avant le Procureur, qui avoit accouftumé aller feul par la ville comme toute autre perfonne privée, auroit quatre hommes à fa fuite qui porteroient des cafaques d'archers de provoft.

Le lundy 7ᵉ janvier 1591, fur ce qu'il y avoit encores quelques habitants qui n'avoient figné lefd. articles cy deffus (1) & que nouvellement par les navires venus d'Efpagne il eftoit arrivé grand nombre d'hommes abfens de la ville au temps de la jurée defd. articles, fut ordonné aux capitaines d'advertir tous les nouveaux venus & autres qui n'auroient figné iceux le faire fur les peines portées auxd. articles. Et pour fçavoir au vray le nombre d'eftrangers & forains qui eftoient en la ville furent chargés lefd. capitaines, chafcun en fon quanton, en faire role pour le reprefenter au Confeil.

Paul Heurtault, capitaine du navire *la Salamandre,* & Julien Le Breton, capitaine du *petit Daufin,* demanderent en lad. Affemblée qu'adjudication leur euft efté faicte d'un navire de Dieppe nommé *le Pierre* qu'ils avoient pris revenans d'Efpagne, comme appartenant à gens du party du roy de Navarre. De quoy ils furent appointez informer & à celle fin commiffaires leur donnés. Et depuis ne leur fut adjugé, f'eftant trouvé led. navire faefy d'un paffeport du duc de Mayenne & d'un autre du fieur de Villars capitaine du Havre & un du roy de Navarre. Et en eut led. navire main levée & fut remis en liberté (2).

Le lundy 14ᵉ janvier 1591, en l'affemblée du Confeil, fut

---

(1) Des fieurs du Confeil, Graflarron & La Couldre n'avoient pas encore figné (A. fº 258, rº.).

(2) 12 janvier. — Au Confeil, le Procureur chargé d'avifer le fenefchal de Dinan de l'homicide de deux pauvres femmes qui furent brulées à *Rotrefneuc* le dimanche precedent.

— Led. fieur Procureur remonftre avoir faict accommoder ung bateau au capitaine La Gaivoulliere & aux fieurs de Valongnes & de l'Efcorthe pour aller au Mont Saint Michel & de là à Avranches pour conferer avecq Monfieur d'Avranches pour affaires de la part de Monfieur de Tavannes... (*Reg. des Délib.*).

ordonné que l'affemblée generale de Maifon de ville feroit convoquée au lundy enfuivant 21 du mefme mois, pour ordonner de l'execution requife à faire contre les habitans de la ville qui n'avoient voulu mais refufoient opiniaftrement jurer & figner lefd. articles cy deffus mentionnez, & n'entendant comprendre ceux qui par fimple obmiffion ou negligence avoient diferé, mais feulement les refufanz.

Et par ce que, comme il arrive fouvent, aucuns, voire la plufpart des habitans, ayant refpects les uns aux autres ne difoient tant librement qu'il eftoit neceffaire ce qu'ilz fçavoient utile à la conservation de la ville lorfque ce qu'ils pouvoient fçavoir concernoit aucuns d'entre eux, fut ce jour mefme ordonné que de là en avant, le fecond lundy de chafcun mois, les gens du Confeil, capitaines de ville & commis à la police, viendroient chacun en l'affemblée du Confeil garni de billets, pour par apres iceux avoir efté mis en un chapeau en eftre fait ouverture & lecture, fans qu'on fceuft congnoiftre de qui feroient lefd. billets, afin de pourvoir à ce qu'on apprendroit par iceux felon les occurrences & exigences des chofes.

C'eftoit bien un moien pour defcouvrir beaucoup de chofes neceffaires au bien public, mais auffi eftoit ouvrir la porte aux calomnies. Neantmoins cela dura jufqu'au temps cy apres que je vous remarque cefte ordonnance avoir efté abrogée; de la quelle pourtant on fe trouva fort bien pour un temps. Et fe defcouvrirent beaucoup de chofes par ce moyen qui fuffent demeurées cachées & peut eftre avec danger de quelque inconvenient à la ville. Ceux qui affectionnoient l'eftabliffement du duc de Mercueur & de fon authorité en la ville, trouvoient cette introduction tres-mauvaife. Auffi eftoit ce contre eux que cette nouvelle baterie fe dreffoit.

Fut en la mefme Affemblée deliberé de faire quelque fondation au jour Saint Gregoire deformais, en commemoration de la prife du chafteau qui avoit efté à pareil jour 1590 [1]. Et enfuite fut

---

[1] Et furent commis deputez pour en traiter & conferer aux fieurs du Chapitre (A. f° 258, v°).

depuis fait lad. fondation d'une proceſſion annuel au ſoir dudit jour, de la grande egliſe à la chapelle Saint Thomas. Ce qui fut depuis abrogé par un article de l'edit de reunion de lad. ville au ſervice du roy, comme cy apres pourrez entendre (1).

Ce meſme jour 14ᵉ janvier pluſieurs ſignerent au regiſtre du greffe de la ville les articles cy deſſus mentionnez (2).

Le lundy 21 dud. mois de janvier 1591, fut au Conſeil leüe une lettre de Bardeliere diſant avoir deſir de ſe retirer de Dol avec ſa compagnie, ſi cela eſtoit agreable aux habitans. Sur quoy luy fut mandé qu'il ſe retiraſt lorſque bon luy ſembleroit. Et pour luy faire faire quelque eſcorte de cavalerie, le Procureur fut chargé d'y pourvoir; ſuivant tout quoy led. Bardeliere retourna quelques jours apres.

Et ſur lecture d'une lettre du ſieur de Matan, capitaine de Tombelaine, le Procureur fut chargé envoier un bateau aud. lieu de Tombelaine aveq ſix hommes pour raporter certaines nouvelles d'Avranches, lors aſſiegée & du Mont Saint Michel. Et furent envoiez aud. de Matan quelques pipes de biſcuit.

En ce jour fut preſenté requeſte par le ſieur de Cuſſé, eveſque de Saint Malo, tendante à ce que les gardes luy fuſſent oſtées, excepté Guillaume Le Fer, depuis chanoine, aveq offre de

(1) 14 janvier. — Jan Porée La Salle commis pour prier Monſieur de Combleczac, l'un de Meſſieurs les chanoines de ceſte ville vouloir dire & celebrer une meſſe en baſſe voix au davent de l'autel Noſtre Dame touz les lundiz de chacune ſepmaine à l'heure de prime, où aſſiſteront tous Meſſieurs du Conſeil, en la forme que feu Monſieur Bergeot avoit accouſtumé de la celebrer.

— Louage d'un bateau pour conduire à Dinan un gentilhomme envoyé par l'évêque d'Avranches à Mercœur pour obtenir des secours.

— Nouvelles defenses d'aller naviguer en Angleterre.

— Don gratuit de quinze écus à Guillaume le Normant, de Tréguier, porteur de lettres du duc du Maine & de M. de Tavannes au duc de Mercœur, afin qu'il puiſſe retirer ces lettres ſaiſies comme gage par le maître du navire sur lequel il était venu de Rouen.

17 janvier. — Commiſſaires nommés pour inventorier les hardes de Clerambault, partiſan du roy de Navarre, ſaiſies dans un bahut dépoſé chez Pierre Jocet (*Reg. des Délib.*).

(2) Ce jour furent à l'iſſue de l'Aſſemblée remplis troys fueillets de papier des ſignes de ceux qui jurerent & ſouſcripvirent les articles (A. fº 258, vº).

prefter ferment de ne fe retirer fans le gré & confentement des habitants. Ce qui luy fut ainfi accordé (1) & prefta ferment.

Ms. A. — Le mardy 22ᵉ de janvier 1591, en l'Affemblée generale, le Procureur remonftra cette congregation eftre faite en partie pour fçavoir quelle peine il fera à propos d'ordonner contre ceux des habitans qui n'ont voulu & ne voudront jurer & figner les articles de l'union des uns avec les autres cy devant confentis, jurez, fignez & promis par le corps general de la Ville. En cet endroit, Graflarron, lequel n'avoit encore figné lefdits articles, fe prefenta & declara les vouloir jurer & figner & la teneur d'iceux garder inviolablement. A quoy il fut receu & de ce jour les jura & figna au rang des fieurs du Confeil qui les avoient jurez & fignez le 19ᵉ jour de novembre dernier.

Fut leüe une lettre du fieur de Villeferin, capitaine des gardes du fieur duc de Mercueur, aveq deux lettres miffives dud. fieur duc portant affignation pour les Eftats de Bretaigne en la ville de Nantes au 12ᵉ de febvrier lors prochain & pour l'affignation de l'affemblée des Eftats generaux du Royaume en la ville d'Orleans au 25ᵉ dudit moys. Il ne fera peut eftre pas ennuyeux de lire la teneur defd. lettres, defquelles on pourra colliger en partie quel eftoit en la France l'eftat des affaires en ce temps là.

Lettre du duc de Mercueur [2].

MESSIEURS les habitans, j'ay receu une depefche pour la tenuë des Eftats generaulx du Royaulme affignez en la ville d'Orleans au 20ᵉ du prefent & attens de jour à

---

(1) Par ce qu'il jureroit fa foy & ferment entre les mains des fieurs du Chapitre, où feroient prefens le procureur de ville, Gicquelays, la Barre, Tertregalais & Landelle, de ne fortir de cette ville fans la permiffion des fieurs du Confeil ny d'efcrire aucunes lettres miffives fans les communiquer au Procureur fur les peines portées par lad. requefte (A. f° 259, v°).

(2) *Reg. des Délib.*, f° 111, v°.

autre celle qui me vient encores de la continuation au mesme lieu jusques au 25ᵉ du prochain. De quoy, je m'asseure, vous recevrez autant de contentement qu'il y a d'esperance que c'est un moyen de parvenir au restablissement de nostre saincte religion, extirpation des heresies, soubz l'authorité d'un Roy recongneu catholicque & le bien & conservation du royaulme. Et affin que ceulx qui seront deputez de cette province soient mieux instruictz & informez de ce qu'ils auront à representer & leurs cahyers plus meûrement drecez & arrestez, joingt que sans cela j'avois resolu la convocation des Estats de ce pais, à quoy il y a longtemps que je taschois, pour faire prendre d'un commun consentement une resolution aux affaires survenuz & mesmes pour ceux de la guerre; de quoy jusqu'à icy j'ay tousjours esté diverty à mon tres-grand regret; j'ay advisé les assigner au 12ᵉ du prochain en la ville de Nantes comme le lieu plus commode pour les deputez qui s'y trouveront & pour ceux qui de là iront aux Estats generaux. Vous ne faudrez de commettre & deputer gens autant bien instruictz & congnoissans les affaires que zelez & affectionnez à la manutention de nostre Religion & au bien & conservation du pais & les depescher pour se rendre audict Nantes, aveq memoires & instructions & tout pouvoir requis, aud. 12ᵉ du prochain; affin que, tous ensemblement & d'un commun accord aiant mis un bon reglement auxd. affaires, aucuns d'eux s'acheminent ausdits Estatz generaulx, d'où nous ne pouvons esperer qu'une bonne & salutaire resolution. Et m'asseurant qu'aporterez toute vostre affection à une sy bonne occasion, je ne vous feray autre recommandation que de la diligence qui en cecy est tres-requise, ne voulant oublier à vous dire qu'il y a passeportz & saufconduictz de toutes partz pour ceux qui iront ausd. Estats generaulx & que vos deputez, se rendants à Vennes au commencement dud. moys prochain, y trouveront l'escorte necessaire pour aller audict Nantes, soit par mer ou par terre, comme ilz la vouldront choisir. Sur ce, Messieurs les habitans, je prie Dieu qu'il vous ait en sa saincte garde. A Vennes, le 18ᵉ jour de janvier 1591.

Voſtre bien bon & aſſeuré amy,

PHILIPPES EMANUEL DE LORAINE.

En ſuſcription : *A Meſſieurs les Bourgeoys & habitans de la ville de Saint Malo.*

Autre lettre du meſme auſd. habitans.

MESSIEURS, je me prepare tant que je puis pour aller ſecourir meſſieurs d'Avranches, je vous prie ce pendant les aſſiſter & ſecourir promptement de ce qu'ilz auroint neceſſité; &, ſi vous avez quelques navires pretz, prendre garde à des pouldres que je ſuis adverty qui doivent venir à Monſieur de Montpenſier, & à Monſieur de Chaſteau-Neuff qui ſe doibt embarquer à Grandville pour paſſer à Breſt. Je m'aſſeure que vous ne perdrez temps & que vous ferez touſjours d'avantaige congnoiſtre la bonne afection qu'avez au party de noſtre ſaincte Union.

Je ſuis voſtre bien bon & plus aſſeuré amy

PHILIPPES EMANUEL DE LORAINE.

A Vennes, ce 16ᵉ janvier 1591.

Ms. B. — La teneur deſd. lettres entenduë par la generalité, elle remiſt au Conſeil à deliberer ſi ou non on devoit deputer, & en cas que leſd. du Conſeil trouvaſſent expedient de le faire, ils furent auſſi chargés de nommer & deputer perſonnes à ceſt effect.

Le vendredy 25ᵉ janvier, au Conſeil, fut leüe une lettre

sieur evesque de Dol en remerciement de l'assistance receüe de Bardeliere & sa compagnie. Fut aussi remonstré par le Procureur que le sieur de la Charronniere estoit venu en ceste ville & luy auroit donné certain advertissement pour les affaires de nostre saint Party qu'il n'estoit à propos de divulguer où il est necessaire de faire de grands frais. De soigner à quoy fut chargé led. Procureur & prié faire les fraiz aveq asseurance de remboursement.

Il y avoit quelque temps que pour ne sçay quelles jeunesses faites par Macé Gouverneur Jossaie & Laurens Apvril [1] ils avoient esté mis & constitués prisonniers au chasteau de Saint Malo, iceux furent demandés au Conseil par Carnas [2], chevalier, de Dinan, qui avoit une compagnie pour le sieur Duc, affin de s'en servir en sa compagnie. A quoy inclinans mesme en consideration de ce qu'il disoit estre question du service dud. sieur Duc, ils luy furent delivrés & à ce moyen sortirent de prison en laquelle ils estoient taillés de faire longtemps.

Fut aussi ordonné qu'un appellé Benoit Le Cerff, [marchant angloys], marié, alié & residant en cette ville, seroit adverty de faire profession de la religion cath., ap. & rom., iroit à la messe & feroit toutes autres choses decentes à un catholicque, faute de quoy seroit chassé & mis hors la ville.

Fut encores en lad. assemblée de Conseil fait une liste d'aucuns habitans & forains suspects pour les mettre hors lad. ville. Desquels les noms suivent :

Un gentilhomme nommé le sieur de Bretonniere Couauran, refugié; André Morel de Vitré & Jean Morel son frere; Michel Gueret de S. Malo; le sieur du Vau-Salmon, voisin de la ville & refugié en icelle, & femme; Guillaume Guischart de Chasteauneuff; Baiere; le fils du sieur de Vauteoux; Guillaume de Gennes de Vitré; La Grange; Le Faucheux; Jan Crosnier Malherbe; Jan Nouel fils Jacques; Thomas Pommerel de S. Malo, lors huguenot; Jacques du Verger de Vitré; ung cordonnier demeurant à vis de Jean Mabille.

[1] Page 253.
[2] Carnays (*Reg. des Délib.*)

Pour lesquels faire vuider fut donné charge aux capitaines, chacun en son quartier; ce qui fut executé.

Le lundy 28ᵉ du mesme mois de janvier, furent en l'assemblée du Conseil leües deux lettres de Messieurs du parlement estably à Nantes & des maire & eschevins dud. Nantes, envoiées auxd. habitans par M. *Toutblanc*, advocat general aud. parlement. Par lesquelles, concurantes à mesme fin, advis estoit donné auxd. habitans de se prendre garde de predicateurs qui devoient prescher le caresme prochain à venir. D'autant, portoient lesd. lettres que lesd. sieurs du Parlement estoient advertis qu'ils avoient esté gaignez & corrompus par les heretiques afin de semer de la division entre les catholiques de la ville de Saint Malo pour parvenir au but de leurs entreprises [1]. Au contenu desquelles fut fait responce par lettres que nous aurions l'œil ouvert à la manutention de la religion, advancement de nostre saint Party & à nostre conservation particuliere.

Et en la mesme Assemblée ayant esté remonstré par le Procureur que, suivant la commission donnée au Conseil par le corps de ville le 21 du present, il estoit necessaire en premier lieu adviser s'il estoit requis de deputer personnes pour aller aux Estats de la province assignés à Nantes au 22ᵉ du prochain. Ce que mis en deliberation, fut resolu qu'on n'y deputeroit point du tout, y obstant la difficulté & danger qu'il y avoit sur les chemins à cause de la guerre. Mais cette difficulté n'estoit qu'un pretexte coloré pour s'en abstenir; car quand bien les chemins eussent esté libres, les habitans n'estoient pas resoluz d'y envoier, ayant determiné se conserver en cet interregne par eux-mesmes; & en consequence ne vouloient assister aux Estats, à ce qu'il ne s'i decretast en iceux chose qui fust prejudiciable à cette resolution. En quoi ils faisoient à mon advis prudemment & plus

---

[1] Cet advis estoit une contre-ruse qui partoit de l'artifice du duc de Merceur, lequel sçachant que pour eviter d'avoir des predicateurs de son inteligence, de celle du Chapitre & de quelques habitans mal affectionnez au bien de la ville & à l'estat present, on avoit chargé La Planche d'en envoier un de Paris, lequel n'eust encores peu estre practiqué par led. Duc & ses supposts (A. f° 261.)

feurement. Et au regard des Eftats generaux, fut dit & avifé que fi l'affignation continuë, on advifera d'y deputer, f'il eftoit jugé à propos.

Plus remonftra led. fieur Procureur avoir leu la teneur d'une lettre luy baillée de la part du fieur duc de Mercueur par le fieur de la Charronniere; d'autant qu'il n'i eftoit requis lors de la reception d'icelle en divulguer le contenu. Mais que fuivant icelle & la commiffion luy donnée, comme avez peu voir cy devant, il auroit envoié deux pataches & trente arquebufiers pour faire efcorte au capitaine Carnas pour le conduire & fa compagnie à Tombelaine, pour apres le faire entrer en Avranches lors affiegée. Et il prit encore aveq autres gens de guerre envoyés de Dinan par le capitaine Villeferin, & de Dol par led. fieur de la Charronniere, pour le fecours dud. Avranches. Et de cette lettre enfuift le contenu.

Lettre du duc de Mercueur.

MESSIEURS, Dieu m'a fait la grace d'avoir reduit Hennebond qui n'eft pas ung petit adventaige à noftre fainct Party, tant pour l'importance de la place que pour le gaing de quatre canons de batrye, deux couleuvrines & bon nombre de munitions. Depuis ceft exploict, j'ai eu quelque longueur pour en partir, c'a efté pour eftablir la garnifon, faire refaire les brefches & netoier le canon, qui font caufe que je ne me fuis plus toft peu difpofer à aller fecourir Avranches, dont neantmoings je fuis en eftat & preparé pour partir bien toft. Ce pendant je vous prie par l'afection qu'avez au fainct Party d'envoier audit Avranches le nombre d'hommes & de munitions que vous pourra dire le fieur de la Charroniere, lequel j'envoie avecq quelques foldatz davant pour vous faire fur ce entendre mon intention & faire couler le fecours aud. Avranches. Je ne vous reprefente point les moyens, vous les difcuterez aveq la conſequence du faict ne la pouvant ignorer; mais je vous diray, Meſſieurs, que ſauvant ceſte place ceux qui y mettront la main auront de beaucoup profité au ſainct Party. Voſtre afection recongneüe vous y convye aſſez; touteſſoys, je ne puis tenir de vous en faire autre recommandation particuliere, vous aſſeurant que je deſire eſtre conſervé en vos bonnes graces comme la perſonne de ce monde qui vous ſouhaite & a devotion de vous ſouhaiter autant de bien & de contantement que ſçauriez attendre & d'amytié de voſtre bien bon & aſſeuré amy.

PHILIPPES EMANUEL DE LORAINE.

A Vennes, ce 13e janvier 1591.

Vous avez peu voir cy devant comme le capitaine Carnas & ſa compagnie auroient eſté embarqués dans deux pataches aveq autres ſoldats de Dinan & Dol pour aller au Mont Saint Michel & Tombelaine, pour de là ſe couler dans la ville d'Avranches lors aſſiegée. Lequel Carnas ayant jeté du ſecours d'environ cent hommes en lad. ville aſſiegée s'en vint à Saint Malo, mais en paſſant au Mont Saint Michel, il trouva moien de faire embarquer aveq ſoy le ſieur de La Rochelle qui lors eſtoit dans led. Mont Saint Michel en qualité de capitaine d'iceluy & l'auroit amené, moytié de ſon gré & partie contre, parce qu'il avoit eſté adverty par ceux de dedans que led. ſieur de La Rochelle leur eſtoit grandement ſuſpect de vouloir remettre lad. place entre les mains du ſieur de Montpenſier.

Aveq lequel Carnas eſtoit en pareil venu le ſieur de Matan, capitaine de Tombelaine. Leſquels Carnas & de Matan advertirent le Conſeil de Saint Malo du danger qu'il y avoit que la place du Mont Saint Michel ſe perdiſt, s'il n'y eſtoit promptement pourveu.

Ce qui mis en deliberation en l'aſſemblée du Conſeil, le 31 janvier à 3 heures apres midy, fut conclud qu'il ſeroit promptement depefché une patache aveq 30 hommes pour, fi faire fe pouvoit, entrer dans led. Mont Saint Michel pour affeurer lad. place, crainte que le fieur duc de Montpenfier proche d'icelle aveq fon armée f'en fut faefy & rendu maiftre. Ce qui fut executé. Et fut efcrit de cet affaire par led. Confeil au fieur de la Ville-Serin à Dinan & au Confeil y eftably par led. fieur duc de Mercueur, à ce qu'ils y euffent pourveu ainfi qu'ils euffent jugé convenir.

Enfuite de quoy, des le lendemain 1er jour de febvrier arriverent à Saint Malo le capitaine Rays & Launay Bouteiller, chanoine de Dol, depefchez du Confeil eftably à Dinan pour f'acheminer au Mont Saint Michel. Ce qu'ayant fait entendre au procureur fyndic, le Confeil fut affemblé & fur la demande defd. de Rays & Bouteiller armées deux pataches aveq mariniers & foldats pour les conduire & pour affeurer ceux du Mont Saint Michel de la preudhomie & fidelité dud. De Rais aux habitans dud. lieu, ceux de Saint Malo envoierent Boifoufé (1); pour ce qu'ils fçavoient affez que ceux du Mont prendroient plus d'affeurance de leur part que de ce que leur auroient peu dire led. De Rays ou autres. Et pour le regard du capitaine La Rochelle, lefd. habitans de Saint Malo en relaifferent l'entiere difpofition auxd. De Rays & Bouteiller & f'en defchargerent fur eux, ne fe voulans ingerer plus avant en la congnoiffance de toutes les difficultés qu'il pourroit avoir en cet affaire.

Et le 2e de febvrier, fur remonftrance faite au Confeil par led. De Matan du peu de moiens qu'il avoit pour maintenir le peu qu'il avoit de garnifon à Tombelaine, luy fut donné pour ayde de frais cent efcus fol qui luy furent delivrez.

Le lundy 4e de febvrier 1591, en l'Affemblée generale, l'effection & choix d'un deputé pour aller aux Eftats generaux fut remife au Confeil, mefme pour juger fi ou non on y en devoit envoier aucun.

Fut auffi arrefté en lad. Affemblée generale que, en cas que

---

(1) François Grout Boifouzé congneu des religieux de l'abbaye (A. f° 262, v°).

de là en avant il fuſt requis pour la conſervation de la ville mettre aucuns habitans ou eſtrangers hors d'icelle, que le jugement du banniſſement des habitans ne ſe pourroit faire que par le general deſd. habitans en leur aſſemblée de Maiſon de ville; mais pour le regard des eſtrangers ou forains le jugement en fut remis à ceux du Conſeil.

En la meſme Aſſemblée, fut adviſé qu'il ſeroit de nouveau mis quatre jeunes hommes dans le chaſteau pour fortifier d'autant ſa garniſon; dont le choix fut remis au Procureur & à Planchette capitaine dud. chaſteau. Et fut adviſé que le ſieur de la Goubelas [1], priſonnier de guerre de Bardeliere, pris en la maiſon du Guemadeuc, comme avez peu cy devant avoir veu, & lors mis pour le garder au chaſteau de la ville, ſeroit mis & reſſerré en une des tours, meſme que de là en avant nul priſonnier de guerre ny autre ne ſeroit mis aud. chaſteau pour eviter aux inconveniens qui en pourroient arriver [2].

Auſſi fut fait lecture d'une lettre du ſieur eveſque de Dol, adviſant les habitans qu'il eſtoit menacé d'un ſiege par le duc de Montpenſier, & prioit qu'on luy euſt envoié quelque ſecours d'hommes & munitions. Ce que mis en deliberation, fut reſolu de le ſecourir & aſſiſter, & commiſſion donnée au Conſeil de nommer & choiſir des capitaines pour ce ſecours en tel nombre d'hommes qu'ils jugeroient à propos aveq les munitions requiſes.

Le capitaine La Rochelle que vous venez d'entendre eſtre à Saint Malo accuſé d'avoir voulu rendre le Mont Saint Michel à Monſieur de Montpenſier preſenta requeſte en la Maiſon de ville generale tendante à ce que luy & un religieux de l'abbaye dud. lieu, autheur, comme diſoit La Rochelle, de cette accuſation, ne ſortiſſent de cette ville, ains fuſſent renvoiés à Dinan devant le Conſeil y eſtably. Ayant eſgard à laquelle requeſte, leſd. habitans qui ne vouloient mettre la main aux affaires d'autruy

---

[1] De la Goubelaye (*Reg. des Delib.*).

[2] Led. Bardeliere depuis retira ſon priſonnier du chaſteau qui lui paya deux mil eſcus de rançon (A. f° 263, r°).

les renvoierent par devant led. Confeil eftably à Dinan pour advifer fur le contenu en lad. requefte.

Le vendredy 8ᵉ febvrier 1591, au Confeil, fut fait lecture d'une lettre du fieur evefque de Dol contenant que incontinent que le duc de Montpenfier auroit entré en Avranches, qui avoit capitulé de fe rendre à certain temps, il feroit tourner la tefte de fes troupes vers Dol pour l'affieger. Et pour tant requeroit les habitans le vouloir fecourir d'hommes & luy envoier un millier de poudres qu'il promettoit reftablir. Quel fecours & poudres il prioit tenir prefts pour fortir lorfqu'il le demanderoit. Ce que confideré & combien la ville de Dol eftoit importante au faint Party en celle province & voifine de Saint Malo, fut refolu & luy fut refpondu qu'on luy envoieroit deux cents hommes entreftenuz aux frais de la Communauté de Saint Malo, & qu'auffi le millier de poudres luy feroit envoié. Et furent nommés capitaines (1) & les poudres envoiées. Mais depuis le duc de Montpenfier ayant congedié fon armée, Dol demeura exempt de l'aprehenfion d'un fiege & n'eut befoing de ce fecours, les habitans de Saint Malo ayant montré autant de bonne volonté, laquelle ils euffent mife en effect fi befoing euft efté.

Auffi furent leües deux lettres miffives du duc de Mercueur, la premiere du 2ᵉ de janvier, l'autre du 3ᵉ de febvrier, lefquelles j'ay bien voulu inferer icy pour faire voir aux lecteurs en quels termes vivoient alors aveq luy lefd. habitans & de là faciliter grandement la congnoiffance de l'eftat d'alors de lad. ville.

(1) Sur la demande de ce fecours, le Confeil qui avoit la commiffion du corps de ville de choifir & nommer un cheff & capitaine pour la conduite & commandement de ce fecours, de fon advis non feulement, mais de celuy de plufieurs des principaux affectionnez à la confervation de la ville en l'eftat qu'elle eftoit alors, pour fermer la bouche à aucuns trop affectionnez au duc de Mercueur & qui avoient toujours en la bouche le faint Party, l'affiftance qu'on y devoit & mil autres difcours que tenoient ces perfonnes fufpectes au general & à l'eftat prefent des affaires, f'advifernt d'en nommer aucuns d'eux pour conduire & commander ce fecours, & pour tant affemblez au Confeil nommerent à cet effect Belinaye, Graffarron & Chipaudiere & le premier de ces trois qui en accepteroit la charge... Les deputez allez vers ces trois perfonnages rapporterent au Confeil que tous troys f'eftoient excufez d'accepter cette charge, les uns fur leur indifpofition & les autres difans n'eftre propres à f'aquiter de cette charge, n'ayant aucune experience des affaires de la guerre (A. f° 264, r°).

Lettre du duc de Mercueur [1].

Messieurs les habitans, l'interest qu'avez au restablissement des affaires alterez par le malheur du temps en ce pays qui depend d'une bonne resolution qui se pourra prendre à la tenuë des Estaz que j'ay assignez au 12ᵉ du prochain à Nantes & la lettre que je vous en ay escrit pour vous en advertir & disposer d'y envoier voz deputez, vous convient, je m'asseure, assez de les y faire trouver sans qu'il soit besoing de recharge à cest effect. Touteffois la necessité desd. affaires le requerant & la tenuë des Estats generaulx où cette province ne doibt manquer non plus que les aultres, voire y doibt estre des premieres, estant si proche, j'ay advisé vous faire encores ceste recharge & prier de ne faillir y faire acheminer voz deputez aud. Nantes, prenan chemin par Vennes, comme je vous ay mandé. Ce que me prometant de vous je ne la feray plus longue que pour vous asseurer que je suis vostre bien bon & asseuré amy.

Philippes Emanuel de Lorraine.

A Vennes, le 2ᵉ janvier 1591.

L'autre lettre estoit de la teneur suivante :

Autre lettre du mesme.

Messieurs, j'ay receu la vostre du 29ᵉ du passé, sur celle que je vous avois faict pour vous convier & advertir d'envoier vos deputez aux Estaz que j'ay assignez à Nantes affin d'assister à ce qui se traitera & resoudra pour les affaires particulieres du pais & à la deputation de ceux qui

---

[1] *Reg. des Délib.*

devront aller aux Eftaz generaulx à Orleans; & pour refponce je vous diray que je ne vous puis excufer de compareftre auxdits Eftaz, n'eftant chofe qui depende de mon interest particulier, & auffi peu approuver les difficultez qu'en faictes ny les confiderations que mettez en avant qui fervent plus de couleur & couverture à l'envye qu'avez, ou pour mieux dire qu'aucuns d'entre vous ont, de vous diftraire du corps general de la Province pour penfer faire une petite republicque à part & feparée que pour vous excufer en ceft endroict. Car l'ordre que j'ay donné pour la feure conduite de ceux qui fe rendront auxdits Eftaz, & mefmes pour ceux de voftre ville & autres des quartiers de delà, eft tel qu'ils ne peuvent courir aucuns rifques par les chemins, comme par ma precedente & le fieur de la Villeferin vous en auriez efté advertis. Et puis quant le malheur ariveroit de la prinfe d'aucuns d'entre vous, les bons gages que je tiens de l'ennemy l'empefcheroint de leur faire ny permettre qu'il leur feuft faict aucun deplaifir en leurs perfonnes. Je vous prie de confiderer ce que vous innovez, la confequence d'une difficulté fi peu appuiée de raifon & d'aparance & ce que pourront dire les troys ordres des Eftaz & communautez des autres villes de cette province, voiant la voftre feulle manquer en une fi neceffaire convocation. Je ne fçay comme vous vous laiffez ainfy aller à la perfuafion de quelques particuliers d'entre vous & que n'ouvrez les yeux au mal où elle vous conduict & auquel fans doute ne fçaurez efquiver fi ne recongnoiffez leur erreur de bonne heure & ne vous retenez en voz limites & antiennes formes de vivre, que je vous reprefente icy, voiant clair en ce qui fe trame d'innovation parmy vous & comme voftre amy qui regreterois le mal que je prevoy vous en ariver. Vous dites n'y avoir aucuns qui fe veullent metre par pais pour la crainde qu'ilz ont de tomber es mains des ennemys, mais que fi je vous envoie ung paffeport tel qu'il f'en donne pour les Eftaz generaulx que vous y en ferez acheminer foit par terre ou autrement. Le voiage de Nantes eft beaucoup plus court, ayfé & moins hazardeux, de forte que f'il n'y a que cefte difficulté, elle doit bien ceffer; & quant audict paffeport, il n'y en a point de particulier pour voftre ville, mais un general pour tous les deputez de la Province, qui enfemblement iront auxd. Eftaz generaulx. Sy vous perfiftez en cette opinion, que je regreterois fort, vous ferez trouver quelqu'un de voftre ville pour faire voftre excufe à l'affemblée des Eftaz, affin qu'ilz la jugent ainfi qu'ilz voiront & qu'il ne leur demeure opinion que je ne vous y aye conviez & interpellez comme il a failli & comme il eft de tout temps en tel cas accouftumé. Au demeurant, je n'oublieray à vous dire, que je loüe infiniement l'afection qu'aportez au fecours d'Avranches, tant d'hommes que de munitions, & l'ordre qu'avez mis pour effayer d'empefcher que les ennemys ne reçoivent des munitions par la mer & le cours du voiage du fieur de Chafteauneuff qui eft fi proche de vous que vous pouvez aifement decouvrir fon partement. Je veux croire que n'y perdrez point temps & pour fin vous diray que je fuis voftre bien bon & affeuré amy.

Philippes Emanuel de Lorraine.

A Vennes, le 3ᵉ febvrier 1591.

Apres le daté eftoit efcrit :

J'entends que le fieur de la Mouffaye a fa liberté & qu'il en prent tant en voftre ville qu'il n'y a feftin ny affemblée où il n'affifte, fy vous ne le congnoiffiez, je le vous depainderoys de fes couleurs, il fufira que pour ce qui eft de mon debvoir à voftre intereft, n'y allant rien du mien particulier, je vous reprefente qu'il feroit bon de le retenir en cefte faefon & fy n'y donnez autre ordre je crains qu'il vous en arive de l'inconvenient à la fin.

Vous voiez par ces lettres la crainte qu'avoit led. fieur Duc que lad. ville lui efchapaft & que, fe diftraiant du corps general de la Province, elle vouluft penfer à quelque nouvelle forme de gouvernement de republique, comme il arrive quelquefois que les villes en un eftat troublé ufant de l'occafion fe mettent en liberté. Eft auffi à remarquer le fchifme qu'il defiroit faire gliffer parmy les habitants difant qu'il n'y avoit que peu d'entre eux qui les feiffent oppiniaftrer en cette refolution; & puis la crainte que led. fieur de la Mouffaie qui eftoit prifonnier ne remüaft quelque chofe en l'affection des habitants pour les faire fortir du party de l'Union. En quoy il fe trompoit, car au temps qu'il efcrivoit led. fieur prifonnier eftoit affez retenu; mais bien luy avoit efté puis quelques jours permis aller par la ville pour moyenner le prix de fa rançon. Ce qu'il feift vendant quelques fiefs & heritages qu'il avoit à la bienfeance d'aucuns habitans.

Veu neantmoins tout cela, les lettres dud. fieur Duc ne peurent eftre d'affez bon encre qu'elles peuffent efbranler la ferme refolution qu'avoient prife lefd. habitans de fe conferver d'eux mefmes pendant ces troubles fans fe fubmettre en effect à qui que ce fuft de quelque party qu'il fuft, roy, prince, gouverneur ou autre (1).

Et pour tant fut advifé qu'il feroit de recheff efcrit aud. fieur Duc pour le fuplier en toute humilité nous vouloir excuser d'affifter aufd. Eftats avec proteftation de l'affifter & fervir de nos biens, vies & moiens pour le maintien de noftre faint Party & fon fervice particulier.

Ms. A. — Par ce qu'aucuns des habitans fomentoient la divifion en la ville & defiroient amener en mefpris l'authorité du Confeil affin d'introduire l'authorité du duc de Mercueur, fut en l'affemblée du Confeil, prefens les capitaines, conclud & arrefté que tous les habitans de la ville & autres refidens en

---

(1) En quoy ils femblent avoir fait prudemment puifqu'ils avoient moyen en telles confufions & defordres fe maintenir fans fubmettre eux ny leur ville à la fubjection de qui que ce peuft eftre (A. f° 265, v°).

icelle qui feroient mandez venir parler aufdits fieurs du Confeil par les huiffiers de la ville, feroient tenus d'y obeir & f'y prefenter, fans f'en pouvoir excufer, fur peine d'eftre declarez defobeiffans. Cela fe faifoit affin de convaincre de defobeiffance ceux là lefquels ne trouvans pas bon l'eftat des affaires, fembloient vouloir mefprifer & abatre l'authorité de la ville & du Confeil, affin d'amener les chofes en confufion & defordre.

Ms. B. — En ce mefme jour & affemblée furent deputés deux perfonnes pour aller trouver le doien de Saint Malo pour en fçavoir fi les gens du Chapitre voudroient recevoir le ferment du fieur de Cuffé, evefque de Saint Malo, qu'il ne fortiroit de cette ville fans la permiffion des habitans, à quoy ils l'avoient receu preftant le ferment aux mains defd. du Chapitre. Lefquels deputez retournez pendant lad. affemblée du Confeil, feirent raport avoir parlé aud. doien qui leur avoit dit lefd. du Chapitre n'eftre refoluz de recevoir le ferment dud. fieur de Cuffé, evefque. Apres lequel raport l'affaire mife en deliberation, apres lecture d'une requefte prefentée au Confeil par led. fieur de Cuffé efcrite de fa propre main & laquelle j'ay voulu infcrire icy, fut refolu & advifé qu'il feroit receu à prefter le ferment & ce entre les mains du procureur des Bourgeois, jurant que fans leur permiffion expreffe il ne fortiroit ni partiroit de lad. ville & ne feroit aucune refcriptions ny autres chofes prejudiciables au repos public de la ville & pour recevoir led. ferment furent commis aveq led. Procureur quatre autres des gens du Confeil aveq le greffier. Et de la requefte qu'il prefenta la teneur enfuift.

Requefte de Monfieur de Saint Malo au Confeil.

MESSIEURS, comme l'ouvrier ne feroit eftimé qui aiant commencé quelque beau cheff d'œuvre laifferoit couler par fa negligence l'occafion & le temps d'y mettre la derniere main & de le rendre à une fin parfaicte & par ainfi viendroit à perdre tout le fruict de fon labeur precedent; de mefme ferois je à bon droict repris, fi, aiant mené par voftre faveur l'affaire de laquelle je vous avois requis ces jours paffez jufqu'à fon periode, je manquois d'haleine au milieu de la courfe & par pareffe m'efchapoit des mains le bien que je m'eftimois jà tout acquis; lequel n'eftant touteffois autre que de demeurer en voftre ville fans gardes, fur ma foy de n'en fortir que de voftre bon gré & advis, j'ay penfé que pour eviter tout foupçon, il n'eftoit mal à propos ny inconvenient, fi par la prefente efcripte & fignée de ma main je vous jurois & promectois la garder inviolable & fans tache au peril mefme de ma vie jufques à tant qu'aiant deftiné des deputez pour m'ouïr de leurs oreilles ils vous puiffent faire raport du ferment que je leur auray donné, par leur propre boufche. Ce qu'eftant plus que raifonnable je vous prie mettre en execution & de moy, outre que commettrez une efpece de juftice de mettre au moings en plus de liberté celuy qui en debvroit jouir d'une pleine. Je prieray Dieu vous maintenir en toute profperité à jamais & vous vouloir illuminer de fon fainct Efprit en tous voz confeilz & deliberations.

Signé, CHARLES DE BOURGNEUFF,
Evefque de Saint Malo.

Ms. A. — Il n'eft pas mal à propos d'inferer en cet endroit le ferment cy devant mentionné fait & prefté par le fieur evefque de Saint Malo en la forme cy apres :

Du 14e jour de febvrier à deux heures apres midy, fur ce que meffire Charles de Bourg-neuff auroit par cy devant prefenté fa requefte à Meffieurs du Confeil de cefte ville de Saint Malo tendante à ce qu'il leur pleuft luy permettre à l'advenir eftre laiffé fous fa foy & ferment fans gardes, fors meffire Guillaume Le Fer, affeurant fur fon ferment ne fortir hors cefte ville fans la permiffion de mefd. fieurs du Confeil d'icelle, repondant à fa dicte requefte, il luy auroit efté ainfi accordé, & pour prendre & recevoir fondict ferment ont efté commis Monfieur le Procureur des habitans de lad. ville & trois de Meffieurs du Confeil qui font honorables Jan Picot fieur de la Gicquelays, Jan Porée fieur du Tertre-Galaix, & Joffelin Frotet fieur de la Landelle. Lefquels fuivant leur dicte commiffion ont pris & receu le ferment dudit fieur de Bourg-Neuff, qu'il a prefté & juré fur les faintes Efcritures entre les mains dud. fieur Procureur, qu'il ne fortira hors de cefte ville & n'en partira fans la permiffion & licence defd. fieurs du Confeil ny fera aucunes refcriptions ny chofes qui foient prejudiciables au repos public de cefte dicte ville, & l'a figné :

Charles de Bourgneuff,
Evefque de Saint Malo.

Ms. B. — Et en la mefme Affemblée & aud. jour 8ᵉ de febvrier, fut deputé Clofneuff ⁽¹⁾ pour aller aux Eftats generaux affignés à Orleans ⁽²⁾ & procure & memoires depuis luy delivrés à cette fin ; mais ce voyage ne fut pas effectué, n'y aiant eu finalement aucune affemblée ny tenuë d'Eftats à Orleans où ils eftoient convoqués. Et en un mot toutes ces demonftrations de les vouloir affembler n'eftoient que pour entretenir le peuple en haleine. Mais les cheffz du party n'avoient rien tant à defagré que la tenué defd. Eftats generaux defquels ils fuioient à leur pouvoir la tenuë.

Le fabmedy 9ᵉ dud. mois, au Confeil, fut aparué une lettre du fieur evefque de Dol, lequel demandoit qu'on euft preffé l'acheminement du fecours qu'il attendoit de Saint Malo. Ce qu'on preffa le plus qu'il fut poffible, prevoyans un fiege de lad. ville de Dol par le duc de Montpenfier. De quoy il y avoit grande apparence.

Et d'autant que, fur l'apprehenfion de ce fiege, le capitaine Launay Le Breton qui eftoit dans le Pleffeix Bertran faifoit contenance de vouloir envoier fes meubles & fa femme en cette ville dont il eftoit originaire. Cela entendu par ceux de la ville, le Confeil ordonna qu'il ne feroit permis luy ny fa femme fe refugier en icelle, par ce qu'ils eftoient recongneus pour perfonnes amateurs de divifion & qui femoient par paroles & effects, lors & comme ils pouvoient, le fchifme entre les habitans. Et

---

(1) Francoys Grout fieur de Clofneuff.

(2) Et fut La Planche ja envoié aupres du duc de Mayenne emploié en la procure en l'abfence & defaut dud. Clofneuff (A. f° 267, v°).

furent les capitaines de ville chargés leur empefcher l'entrée de la ville s'ils s'y prefentoient. Pour dire vray, led. Launay defiroit l'introduction de l'authorité du duc de Mercueur en la ville contre la refolution & liberté des habitans, entre lefquels & led. Duc f'efchauffoit chaque jour la deffiance & mauvaife intelligence.

Se prefenta auffi un nommé *Nicolas Buret*, fondeux d'artillerie, aud. Confeil, venu pour le fervice d'icelle en execution d'un marché fait entre luy & La Planche envoié à Paris, comme avez entendu, partie affin de faire venir led. fondeux; lequel depuis fondit fix couleuvrines de 16 pieds de long & deux canons de baterie qui font à prefent en lad. ville.

Fut auffi ordonné que les femmes [1] de ceux qui avoient efté mis hors la ville & f'eftoient refugiés en Angleterre & aux ifles de Jarzé & Guernefé ne feroient tolerées en cefte ville, apres avoir efté trouver leurs maris jufques aux lieux où ils eftoient refugiés, pour eviter aux inconveniens qui en pourroient fourdre. Et enfuite de ce une femme, nommée Perrine Sourget, fut condamnée en 20 efcus d'amande pour avoir retiré chez elle une fienne fille, nommée Perrine Defchamps, femme d'un des bannis de lad. ville, aveq commination de plus griefve peine en femblable faute. Et fut mife lad. Defchamps des le jour hors lad. ville aveq deffenfe d'y retourner.

Le jeudy 14ᵉ dud. febvrier 1591, au Confeil, fut ordonné une compagnie de gens à gages de 18 hommes pour fortir & coucher hors la ville de nuit & y faire garde toutes les nuits pour eviter aux furprifes, aplications de petards & autres ftratagemmes des ennemis, mefme pour la confervation des navires, crainte que quelques-uns entrepriffent y mettre le feu. Ce qui eftoit chofe tres-bonne & neceffaire; et fut entretenuë lad. compagnie à ceft effect.

Fut auffi reçüe une lettre de l'evefque de Dol difant avoir receu les poudres luy envoiées & que pour le fecours qu'on lui

---

(1) Des politicques fufpects (A. f° 268, r°).

envoioit qu'il n'eſtoit plus neceſſaire, par ce que le Duc de Montpenſier & ſon fils le prince de Dombes ſe retiroient l'un à Caen, l'autre à Rennes, apres la reddition de la ville d'Avranches, & remercioit les habitans de leur bonne volonté & des effects d'icelle.

Ms. A. — Cloſneuff, cy devant deputé pour aller à Orleans aux Eſtats generaux, diſt en l'aſſemblée du Conſeil avoir entendu qu'il n'y en aura point, d'ailleurs avoir appris le peril eſtre tel par les chemins qu'il n'y a moyen de paſſer, & demande d'eſtre diſpenſé de ce voiage. Ce qui luy fut accordé & fut reſolu d'en nommer un autre & qu'il ſeroit eſcrit à la Planche qui eſtoit aupres du duc de Mayenne & lui ſeroit envoié procure pour ſ'y trouver & aſſiſter auxd. Eſtats en qualité de deputé de S. Malo.

Le vendredy 15ᵉ de febvrier, Jacques Le Fer, fils du ſieur de Limonnay, fut au Conſeil nommé & deputé pour aller aux Eſtats generaux à Orleans & fut en outre reſolu qu'on envoieroit un homme de pied à La Planche (1) pour l'advertir de ſe trouver auxd. Eſtats, comme deputez de la ville de Saint Malo luy & ledit Le Fer.

Ms. B. — Le lundy 18ᵉ de febvrier, furent mandés dix ou douze maiſtres de navires & interrogés au Conſeil ſ'ils avoient aux voyages qu'ils avoient faits recongneu aucuns des hommes de leurs charges & eſquipages affectionnez au party du roy de Navarre plus qu'à noſtre ſaint Party. Fut par leſd. maiſtres dit n'avoir recongneu aucuns affectionnez au party du roy de Navarre. Neantmoins furent chargés aller trouver un à un le procureur des Bourgeoys pour luy en dire ſecrettement la verité.

Ms. A. — L'eſtat des affaires ne pouvant être mieux repreſenté hiſtoriquement que par la lecture des choſes paſſées reellement, car quand les compilateurs d'hiſtoires ou memoires ne

---

(1) Par la voie de Rouan (*Reg. des Délib.*).

se restreignent à cela ils disent tout ce qui leur plaist & employent leurs passions pour comment. Ce que voulant eviter, j'employe plus tost les lettres & memoires de ce qui s'est passé veritablement que des narrations mesmes ; cela me fait encore en cet endroit inserer une missive du duc de Mercueur escrite aux habitans de Saint Malo, leüe au Conseil le sabmedy 23ᵉ dud. moys, de la teneur suivante :

Lettre du duc de Mercueur.

MESSIEURS, j'ay entendu que le sieur de La Rochelle aiant voulu user d'une trahyson pour delivrer la place du Mont Saint Michel à nos ennemys, Dieu auroit permis qu'il est à present prisonnier en vostre ville. Et d'aultant qu'il avoit prins commission & argent de moy pour la conservation de lad. place, je vous prye, s'il est vray qu'il soit par delà, l'envoier en toute seureté à Dynan avecq son lieutenant, affin de sçavoir les autheurs de lad. traïson & beaucoup d'autres particularitez qu'ils pourront peut estre declarer, importans à nostre saint Party ; au prejudice duquel j'ay aussi esté adverty que Messieurs du Chapitre de vostre ville veullent admettre & recevoir le sieur de Cucé pour vostre evesque, je vous prie vous souvenir de ce que je vous ay cy devant escrit de la mauvaise affection que tous ses parans portent au bien de la saincte Union des catholicques. Et au demourant ne faillez de deputer quelques uns d'entre vous pour se trouver à l'assemblée des Estaz de ce pais convocquez à Nantes au 12ᵉ de ce moys, lesquels je feray diferer quelques jours pour donner loysir à ung chacun de s'y trouver, pour y resouldre quelque chose de bon au contantement des gens de bien ; & regardez à deputer quelques uns capables pour aller aux Estats generaux assignez à Orleans. En attendant, je prie Dieu, Messieurs, vous

avoir en fa sainɟe garde. De Vennes, ce 7ᵉ febvrier 1591.
Voſtre bien bon & aſſeuré amy.

Philipes Emanuel de Loraine ⁽¹⁾.

Ms. B. — En ce temps, un doɟeur de Sorbonne nommé Cormeraye, envoié de Paris par La Planche, eſtant arrivé à Saint Malo, lui fut donné logement & pourveu juſqu'à ſes habits & autres choſes pour ſa perſonne; de quoy il avoit bien affaire, eſtant venu en mauvais eſquipage pour mieux paſſer pais & affin d'eviter les perils des chemins (2).

Le 7ᵉ jour de mars, au Conſeil, ſur remonſtrance faite par le Procureur qu'aucuns maiſtres de navires allant à Terre-Neufve demandoient permiſſion de prendre les Baſques qui ſont du party contraire, ſi aucuns ils pouvoient prendre, à Terre-Neufve ou Canada, fut reſolu que deffenſes feroient faites auxd. maiſtres & tous autres de cette ville d'attenter ny prendre aucune choſe contre leſd. Baſques, bien que du party contraire, pour n'alterer le commerce de Terre-Neufve & Canada.

Fut apparuë & leuë en lad. aſſemblée du Conſeil une lettre du ſieur eveſque d'Avranches narrant aux habitans la forme de la capitulation & reddition d'Avranches.

---

(1) Nous trouvons encore dans le Registre des Délibérations, à la date du 28 février, la lettre suivante :

Meſſieurs les habitans, la memoire de feu Monſieur de Vicques & l'afeɟion qu'il a porté au bien de noſtre ſainɟ Party, pour lequel il a perdu la vye, ſont ſy recents & congneuz meſmes de vous que je ne m'arreſteray davantaige à vous le repreſenter pour vous prier de tenir main à ce que Madame de Vicques ſoit payée de 500 eſcuz qui luy ſont deuz par un appellé Boiſroger, eſtant à preſent en voſtre ville, fuyvant les obligations qu'elle en a ſur luy, quelques longueurs & dificultez qu'il pouroit meſtre en avant; je reputeray le plaiſir que la diɟe dame recevra de vous en ceſt endroiɟ comme à moy meſme, pour en prendre revanche en ce que me voudrez employer d'auſſy bon cucur que je deſire l'occaſion ſe preſenter de vous faire pareſtre combien je ſuis voſtre bien bon & aſſeuré amy.

Philippes Emanuel de Loraine.

(Sans date).

(2) Commandement au miſeur de payer à Pierre Saillier, meſſaiger, 25 ecuz 2/3 pour ſon ſallaire & deſpence d'avoir eſté avecq led. ſieur Cormeraye, auquel voiage il a eſte cent quatre jours, à raiſon de 12 ſols 6 deniers par jour & 4 eſcuz pour ſes deſpences (*Reg. des Délib.*, 2 mars).

Le fabmedy 9ᵉ mars, Chapelle Le Maire [1] qui avoit efté de l'intelligence de dedans le chafteau pour introduire les habitans, fe prefenta au Confeil & leur dift avoir refolu faire un voyage en Efpagne, & pour tant leur demandoit congé par ce qu'il avoit toujours du depuis demeuré aud. chafteau, mais au fonds on luy faifoit jouer ce perfonnage pour aveq moins de honte le tirer dud. chafteau [2], car aucun deffein n'avoit-il de voyager. Au lieu de luy accorder voyager, on le mift au chafteau de Solidort & en fut tiré le bonhomme Anthoine Courtin. Depuis led. Chapelle ayant eu quelques intelligences aveq les ennemis en fut tiré, car fur le refus fait de l'entrée du chafteau de Solidort au Procureur, fur fon raport on le feift bloquer & déjà le canon deplaçoit pour l'aller battre quand retournant à foy & en fon devoir il remift la place au pouvoir defd. habitans.

Le mercredi 13ᵉ mars, en l'affemblée du Confeil, fut remonftré par le procureur fyndic avoir reçu advertiffement que Michel Le Fer, originaire de Saint Malo & banny d'icelle comme tenant le party du roy de Navarre, lequel f'eftoit retiré à Grandville [3],

---

[1] Commandement au mifeur de payer au fieur de La Chapelle 2,000 efcuz fol. luy deuz par Meffieurs les habitans de refte de la fomme de 8,000 efcuz luy promis pour avoir favorifé l'entreprinfe du chafteau de cefted. ville (*Reg. des Délib.*, 7 mars).

[2] Car ayant fait le trait à Monfieur de Fontaines on ne fe confioit pas beaucoup en luy. Ses actions, fes allées & venues, eftoient efclairées comme d'un homme lequel ayant trahy fon maiftre en pourroit encore faire autant (A. f° 270, v°).

[3] Aveq commiffion foit de l'Admiral ou du gouverneur de Grandville, il avoit equipé en guerre quelques bateaux aveq lefquels ayant pris & à foy fait adjuger un navire Olonnois fort grand voilier, il l'avoit armé & equipé en guerre ; & aveq ce navire faifoit la guerre fur les advenues & entrée du Havre & port de Saint Malo où il eftimoit, la ville eftant d'un grand commerce, faire fortune par les prifes qu'il y pourroit faire. Et de fait aveq fon navire bien armé, tant d'hommes que de munitions de guerre, eftoit venu vers le cap de Frehelle qui eft à quatre lieues à la veue de Saint Malo, où il commençoit à faire butin fur les navires & bateaux qui alloient à lad. ville & qui en fortoient, & en rendoit l'abord & l'advenue difficiles & dangereux. On le laiffa huit ou dix jours exercer ce villain meftier de pyraterie pour l'attrapper fous la confiance qu'il avoit de n'y avoir rien affez capable de luy courir fus. Mais comme il arrive fouvent aux hommes de fe perdre dans l'infolence, laquelle nourrie & fomentée en fes commencemens par quelques bons fuccez les rend prefumptueux & les fait fe croire & eftimer invincibles ; tel eftoit ce capitaine Le Fer, lequel enflé du vent de quelques petites prifes de legere importance f'eftimoit defjà comme un autre Pycrochole monarque de l'univers (A. f° 271, r°)

y avoit armé un navire Olonnois aveq lequel il eftoit pofé pres du chafteau de La Latte pour prendre les navires & bateaux venans en cette ville & fortans d'icelle, au prejudice du Party & liberté de commerce. Ce que mis en deliberation & confideré l'importance de cet affaire, fut advifé qu'il y failloit pourvoir aveq diligence & pour cet effect qu'il feroit armé deux ou trois navires pour aller aborder & prendre ce corfaire (1). De quoy faire, des le foir, commiffion fut donnée à Paul Heurtaut Le Tertre & François Grout Boifoufé, lors jeunes hommes, lefquels feirent telle diligence que des la nuit mefme ils f'embarquerent & allerent où eftoit led. navire qu'ilz inveftirent à l'ancre jettant nombre d'hommes dedans & y fauterent eux mefmes & f'en rendirent maiftres. Et à cet abordage fut tué led. Michel Le Fer & un fien parent nommé Eftienne Le Fer, pere des deux chanoines de lad. ville, qui auffi eftoit refugié aud. Granville & f'eftoit embarqué fur led. navire à exercer le beau meftier de piraterie. Et fans mort d'aucun excepté defd. deux perfonnages, fut pris led. navire & amené des le matin dud. jour devant la ville, où il fut adjugé quelques jours apres de bonne prife (2) auxd. Heurtaut & Grout & leurs compagnons pour une moitié

(1) La promptitude en telles matieres eft l'ame des bons & heureux fuccez, ce qui fut experimenté vray en cette occafion. Car des le foir du mefme jour ces deux jeunes hommes capitaines nommez f'embarquerent fur deux petits navires, lefquels ils prirent au devant de la ville & la nuit mefme fans autre dilation ny remife fortirent & fe feignans eftre navires marchans voulurent bien eftre veus de ce navire, lequel ayant mis à la voile des qu'il les apperceut pour les fuivre les eut incontinent attrapez & atteints; qui eftoit ce que defiroient ces deux capitaines fortis de Saint Malo. Lefquels au mefme inftant que le capitaine Le Fer les voulut inveftir, il eft tout eftonné de fe voir abordé par ces deux navires & voir faulter dans fon navire quatre vingts hommes qui à la chaude ne luy donnerent loifir de fe deffendre, mais fut tué d'abord & un fien oncle nommé Eftienne Le Fer, pere de deux chanoines de Saint Malo, lequel en avoit efté chaffé comme tenant le party des heretiques & en pareil fes deux fils chanoines en avoient efté bannis, comme vous l'avez peu voir cy devant en ces Memoires. Aveq lefd. Michel & Eftienne Le Fer, capitaines de ce navire, furent en la furie de cet abordage tuez environ trente hommes de l'ennemy. Et des le matin les navires retournerent à Saint Malo aveq leur prife, lefquels pouvoient bien dire en ce petit exploit ce que Cefar efcrivoit de la Germanie au Senat à Rome (A. f° 271, v°).

(2) Comme ayant commiffion du Roy de Navarre de faire la guerre à ceux du S. Party & particulierement fur les habitans de S. Malo, felon lefd. commiffions du 26 mars 1590, fignées HENRY, par le roy, Potier (Reg. des Délib., 15 mars).

& l'autre moitié au corps de lad. ville aux depans de laquelle f'eftoit fait l'armement, & fut vendu deux mil efcus. A cette prife fe remarquera que la prompte execution aux affaires de la guerre eft ce qui fait reuffir à heureufe fin les entreprifes, comme il arriva en cette occafion que le mercredy l'affaire eftant deliberée, le lendemain jeudy le navire eftoit à huit heures du matin pris & amené devant la ville.

Le jeudy 14e dud. mois & an, au Confeil, furent prefentées par le procureur fyndic lettres du fieur duc de Mayenne & du Prevoft des Marchans & Efchevins de Paris à Meffieurs les habitans, envoiées par La Planche en refponce de celles qui de la part de lad. ville de Saint Malo avoient efté efcrites aufd. fieur Duc & Parifiens; de laquelle lettre de Monfeigneur de Mayenne la teneur enfuit :

Lettre du fieur duc de Mayenne.

MESSIEURS, je vous ay des le mois de novembre dernier envoié mes lettres pour vous prier de faire proceder à l'eflection des deputez de voftre Province affin de fe trouver à l'affemblée que j'avois indiété à Orleans au 20e de ce moys pour rechercher les moiens de pourveoir d'un commun advis & confentement à ce qui pouroit eftre du falut de cet Eftat & de la confervation de la religion catholicque, apoftolicque & romaine, comme n'ayant jamais eu autre intention que celle là; & feys des ce mefme temps à ceft effeét tenir aux gouverneurs de voftred. Province les paffeportz du roy de Navarre neceffaires pour la feureté defd. deputez. Mais n'aiant eu depuis aucunes nouvelles de vous fur ce fubjeét, voiant le temps porté par lefd. paffeportz expirer & craignant que lefd. deputez fe mettant en chemin ne leur arrivaft quelque fortune, j'ay bien voulu vous en advertir & vous prier de m'efclarcir au plus toft de ce qui aura efté faiét pour lad. depputation en l'eftenduë de voftre Parlement, faifant fcavoir à ceux qui auront efté nommez de fe tenir preftz avecq leurs memoires pour au temps que je manderé aux baillifz de voftre jurifdiction, & non plus toft, les faire acheminer au lieu qui fera advifé avecq la feurté & commodité neceffaires; vous priant ce pendant de maintenir toutes chofes en voftre quartier en l'efperance que nous pouvons prandre que Dieu favorifera bien toft nos fainctes intentions d'un bon fuccez, n'aiant rien en plus grande recommandation que la gloire & advancement de fon fainct fervice. Et apres m'eftre recommandé à vos bonnes graces, je prieray Dieu, Meffieurs, qu'il vous ait en fa fainéte & digne garde. A Soiffons, le 22e jour de janvier 1591.

 Voftre affectionné amy

CHARLES DE LORAINE

 Et plus bas : *Pericard* & en fuperfcription : *A meffieurs les efchevins & habitans de Saint-Malo.*

Le 28e jour de mars fur plufieurs plaintes precedentes faites des excez & ravages que faifoient fur les habitans du plat pais les foldats du capitaine Launay, commandant au Pleffeix Bertran, fut commiffion decernée par ceux du Confeil à Mre Blaife Simon d'informer du fubject des plaintes pour f'en fervir en temps & lieu. Ce qui fut fait; car ces extorfions offenfoint grandement lefd. habitans par ce que principalement à leur recommandation lad. place du Pleffeix Bertran avoit efté baillée aud. capitaine Launay, comme à un de leurs cytoiens, croyant que il f'y comporteroit mieux que tout autre [1], le contraire de quoy ils experimentoient journellement.

Le dimanche dernier de mars, La Planche que vous avez cy devant entendu avoir efté envoié vers le fieur duc de Mayenne

---

[1] Ce qui fut des le vivant du fieur de Fontaines (A. f° 272, r°).

eſtant retourné en compagnie d'un gentilhomme (1) de la part dud. ſieur Duc, le Conſeil fut aſſemblé; auquel ayant eſté par le ſindic fait entendre que le ſubject de la venuë de ce gentilhomme eſtoit pour paſſer au Mont Saint Michel pour voir le ſieur eveſque d'Avranches & conferer aveq luy de la part dud. ſieur Duc, fut adviſé de luy faire ſon voiage, & par ce qu'il avoit perdu ſon eſquipage en venant ſur les chemins, luy furent donnés par la ville cent eſcuz pour ſe recquiper. Et ainſi quelques jours apres ſ'embarqua & fut porté au Mont Saint Michel pour y trouver led. ſieur eveſque d'Avranches.

Le lundy 1ᵉʳ jour d'apvril 1591, en la Maiſon de ville generale, furent par le procureur ſindic apparuës les lettres du duc de Maienne eſcrites aux habitans par La Planche cy devant vers luy deputé. La lecture deſquelles cy inſerées vous fera congnoiſtre le contentement qu'il recevoit que cette ville euſt recours à luy. En ſuite de quoy, il leur envoioit ſes lettres d'adveu pour tout ce qui ſ'eſtoit paſſé en lad. ville avant & depuis la priſe du chaſteau d'icelle. De l'inſertion deſquelles j'ay creu que le lecteur recevroit plaiſir. Vous trouverez donc led. adveu apres leſd. lettres cy apres.

Lettre du ſieur duc de Mayenne.

MESSIEURS, j'ay receu par le ſieur de La Planche, voſtre deputé, le contantement que j'attendois il y a long-temps avecq un deſir infiny d'eſtre informé particulierement de vos nouvelles comme il me les a repreſentées, ayant eſté tres-aiſe de veoir la ferme continuation de vos bonnes volontez que je tiens aveq eſtime, loüant de tout mon cueur la franchiſe que vous avez dignement faict paraiſtre juſques à cette heure, dont l'honneur vous demeure ſignalé entre les principales villes de ce royaulme. Je vous prie de

(1) De la maiſon de ce Duc nommé la Febvrie (A. f° 272, v°).

vouloir continüer & croire que je vous affifteray aveq toute affection du pouvoir & des moiens que Dieu m'a mis en main & n'efpargneray chofe qui foit en ma puiffance pour vous faire congnoiftre l'eftime que je fais de vos actions & comportemens, m'affeurant que vous les formerez toujours aveq voftre prudence accouftumée à ce qui eft de la confervation de noftre religion cath., ap. et rom. & du bien general; & n'aiant rien de fy cher que l'accroiffement de vos biens & fortunes, je vous envoie les depefches que vous defirez pour la liberté de voftre commerce; & y adjouteray tres-volontiers tout ce que vous jugerez neceffaire pour voftre contantement que je veux embraffer aveq autant d'affection que voftre merite m'en donne de fubject. J'ay faict entendre aud. fieur de La Planche le bon eftat des affaires & l'efperance que nous avons de remettre dans peu de temps ce que le malheur nous a fait perdre en Normandye & particulierement à Avranches; où la genereufe & conftante refolution de Monfieur l'Evefque & de la nobleffe qui y a valeureufement combatu doit eftre fort eftimée; vous priant ce pendant d'avoir en finguliere recommendation ceux de la dicte ville en general & fpecialement ledit fieur Evefque, par l'advis & prudence duquel vous conduifant en vos affaires vous n'en pourez recevoir que beaucoup de contantement & fatiffaction. Et me remettant à la fufifance dud. fieur de La Planche, lequel je vous prie de croire de ce qu'il vous dira de ma part comme moymefme, apres mes affectionnées recommandations à vos bonnes graces, je prieray Dieu, Meffieurs, qu'il vous ait en fa faincte & digne garde. A Soiffons, le 24ᵉ jour de febvrier 1591.

Voftre tres-affectionné amy,

CHARLES DE LORAINE.

Et plus bas: Meffieurs, fi toft que le porteur vous aura faict entendre ce dont il eft chargé, je vous fupplie le renvoier par deczà afin que felon les occafions qui fe prefenteront je vous puiffe faire part de mes nouvelles.

Lettres d'Adveu pour les habitans de Saint Malo.

CHARLES de Loraine, duc de Mayenne, lieutenant general de l'Eftat & Couronne de France, à tous ceux qui ces prefentes lettres verront, falut. Les habitans & principaux bourgeoys de la ville de Saint Malo de l'Ifle en Bretaigne, ayans efté contrainctz pour leur repos, liberté & affeurance de noftre religion cath., ap. & rom., en laquelle ils jugeoint par beaucoup d'effectz & d'aparences que l'on les vouloit traverfer à leur ruyne & defolation, de fe faefir & amparer du chafteau de leurd. ville, faire nouveaux eftabliffemens d'officiers en icelle, foit pour la police ou pour les garnifons, il fe feroit en cefte execution paffé plufieurs chofes defquelles ils craindroint à l'advenir eftre recherchez f'ils n'auroint pour ce regard noz lectres d'adveu & auctorifation, & recongnoiffant lefd. habitans n'avoir efté pouffez à telles chofes que pour le zele & ardante affection qu'ilz ont à noftre dicte religion & à leur patrye & qu'ils ont efté incitez de la neceffité & de l'aprehenfion de leur evidente ruyne à faire ce qu'ilz ont faict; fçavoir faifons nous que, de l'advis du Confeil eftably pres de Nous, en vertu de noftre pouvoir, avons approuvé, validé & auctorifé, comme de faict Nous approuvons, validons & auctorifons par ces prefentes tant la prife & faefiffement qu'ils ont faict dud. chafteau de leur ville, eftabliffement d'officiers pour la police d'icelle & garnifons, que tout ce qui f'est enfuivy pour raifon des chofes fufdites, circonftances & deppendances, difons & declarons qu'ilz n'ont rien faict en ceft endroit que tres à propos pour le bien & adventaige de noftre dicte religion & feureté de leur dicte ville, n'entendant qu'ilz en foient, ores ny à l'advenir, en general & en particulier, recherchez en leurs corps ny en leurs biens, pour quelque caufe & occafion que ce foit; impofant fur ce fillance perpetuel à tous Meffieurs les Procureurs generaux prefens & à venir & tous autres. Sy prions Meffieurs des Courtz de Parlement que du contenu en la prefente validation & auctorifation, circonftances & dependances, ilz ayent à faire joyr & ufer plainement & paifiblement lefd. habitans de lad. ville de Sainct Malo, ceffant & faifant ceffer tous troubles & empefchemens au contraire; car ainfy il a efté trouvé jufte & raifonnable. En tefmoing de quoy, Nous avons faict mettre le feel de nos armes à cefte dicte prefente.

Donné à Soiffons, le 23ᵉ jour de febvrier mil cincq cens quatre vingts unze. Ainfin figné foubz le reply :

CHARLES DE LORAINE.

Et fur le reply : par Monfeigneur, *Pericard;* & fcellé du grand feel de cyre rouge.

Apres cette lecture, d'autant que la miffive dud. fieur Duc portoit creance, comparut en lad. Affemblée led. La Planche. Lequel feift particulierement entendre le cours de fon voyage & qu'outre le contenu en lad. miffive il avoit charge dud. fieur Duc de les prier & exhorter de continüer toujours en l'affection du faint Party comme au paffé & qu'ils le trouveroient toujours preft d'embraffer tout ce qui pourroit fervir à leur bien & contentement & confervation à laquelle il leur recommandoit avoir l'œil & veiller foigneufement, comme le meilleur moien de conferver leur religion & ayder leurs voifins qui fe trouvoient avoir neceffité de leur affiftance, particulierement le fieur evefque d'Avranches qu'ils fçavent avoir de toute leur affection embraffé le faint Party; que le faifant ils l'obligeroient de plus en plus à affectionner leur bien, repos & contentement & les prioit en outre le tenir fouvent adverty de l'eftat de leurs affaires & de ce qui fe pafferoit en Bretaigne.

Auſſi furent par led. La Planche preſentées & apparuës les lettres dud. ſieur duc de Mayenne addreſſantes au roy d'Eſpagne, prince de Parme, seigneuries de Veniſe, Gennes, Viceroy de Naples & Sicille. Leſquelles eſtoient favorables auxd. habitans pour avoir libre & ſeur accez aux pais, terres & ſeigneuries deſd. ſeigneurs, roy & republique & meſme à ce qu'ils peuſſent avoir liberté d'en tirer poudres & autres munitions pour le ſervice du ſaint Party.

Et par ce que leſd. habitans & Conſeil de lad. ville avoient de longtemps preveu que le ſieur duc de Mercueur, indigné de les avoir veu recourir à une autre authorité qu'à la ſienne pour eſtre advoüez & de ce qu'ils ne vouloient aucunement ſ'y ſubmettre ni leur ville & liberté à luy ny à ſa volonté, ne manqueroit de deſcrier ſ'il pouvoit leurs actions & comportemens en l'endroit du roy d'Eſpagne pour les faire perdre la liberté du commerce qu'ils font d'ordinaire grand en ces pais, avoient toujours attendu les lettres de faveur cy deſſus mentionnées aveq deſſein de deputer quelqu'un d'entre eux vers le roy d'Eſpagne pour rebouſcher les calomnies deſquelles on les voudroit charger. Pour ces cauſes & autres fut remonſtré par le procureur ſindic qu'il ſeroit tres-expedient & ſalutaire de faire telle deputation en Eſpagne. Ce qui fut trouvé à propos par la Communauté & en ſuitte de ce fut depuis deputé *Julien Croſnier ſieur de la Briantais*, jeune & galant homme, aſſez nourry aux affaires d'Eſpagne [1], lequel y alla & cy apres pourrez voir ce qu'il y feiſt & combien ſon voiage fut utile contre les calomnies deſquels on les chargeoit envers le roy d'Eſpagne pour les faire bannir de ſes pais qui eſt où le meilleur de leur trafic & commerce ſ'exerce.

---

[1] Meſſieurs ordonnent... qu'il ne retourne en ceſte ville ſ'il obtient traicte deſd. munitions en Andelouſye, Cartagennes, Aliquant, Cadis ou Seville par ce que auſd. lieux il trouvera aiſement des deniers pour en faire achapt; mes ſ'il n'obtient permiſſion d'en tirer auſd. lieux, ains a Naples, il retournera en ceſte ville premier que ſ'y acheminer afin de deliberer ſur l'execution de ſon voiage (*Reg. des Délib.,* 18 avril).

Ms. A. — Fut ordonné que copie des lettres d'adveu dudit fieur duc de Mayenne feroit delivré à tous & chacun des habitans qui en voudroient retirer, & le greffier chargé de leur en delivrer fans autre formalité qu'à leur fimple & premiere demande. Je n'ay pas eftimé fuperflu vous faire voir l'autant d'une autre lettre miffive dud. fieur Duc efcrite aufd. habitans.

Lettre du duc de Mayenne.

MESSIEURS, j'ay trop d'affeurance de votre fidelité & affection au Sainct Party par les dignes preuves que vous en avez rendues, & puis dire avecq verité que tout ce Party vous a de l'obligation. Croyez que j'ay cela fy imprimé dedans mon ame que je n'auray jamais autre volonté pour ce qui fera de voftre particuliere confervation que ce que vous mefmes en fouhaiterez, demeurez doncq fermes fur cette verité & continüez d'affifter vos voifins & specialement ceux d'Avranches, de tout ce qui fera de voftre puiffance & attendant que je vous puiffe rendre plus particuliere preuve de ma bonne volonté, je vous priray croire ce que vous dira ce bon religieux [1] qui m'a dit fort particulierement de vos nouvelles. Et apres m'eftre recommandé à vos bonnes graces, je prieray le Createur, Meffieurs, qu'il vous ait en fa saincte & digne garde. A Soiffons le 7ᵉ janvier 1591.

Voftre tres-affectionné amy,

CHARLES DE LORAINE.

Cette lettre, comme il fe collige du daté, eftoit efcrite avant celles venues par la Planche.

---

[1] Commandement au mileur de payer 16 efcus a un religieux du couvent de Lamballe envoyé expres à Paris afin de f'informer des affaires de là haut (*Reg. des Délib.*, 11 fevrier).

Voila doncq l'adveu par le duc de Mercueur refusé aux habitans de Saint Malo leur donné par le duc de Mayenne, cheff du party, ce qui faschoit grandement au duc de Mercueur; mais il ne s'en falloit prendre qu'à soy mesme & à la violence & ignorance de ses nouveaux Conseillers d'Estat, l'humeur desquels estoit fomentée par aucuns habitans de Saint Malo; lesquels, n'aiant pas tant de part aux affaires comme ils presumoient meriter, entretenoient le duc de Mercueur en creance qu'il ne falloit sinon se monstrer rigide aux habitans, reprouver leurs comportemens, user des menaces & de mauvais effects envers eux pour les reduire à sa volonté; en quoy ils se trompoient grandement. Car moy qui ne suis que le recompilateur des presens Memoires & qui avois plus de part au secret des affaires de la ville que je ne voulois & desquelles par consideration je feignois de m'esloigner pour eviter la jalousie ordinaire entre des habitans, vous puis asseurer que nous qui n'avions que le desir & le dessein de nous conserver pendant le malheur des troubles, n'avions rien de plus aggreable que les rigueurs & le mal que nous faisoit le duc de Mercueur, car alors le commun peuple qui est toujours fluctüant, approuvoit d'autant plus nostre resolution, & si ledit Duc se feust comporté au rebours de ces conseils violens, il est certain qu'il eust trompé les simples, voire mesme aucuns des clairvoians, car les peuples veulent estre flattez. Mais la passion & l'imprudence de nos contraires, (pour ne point dire ennemys), estoit cause de faire prendre audit Duc le contrepied du chemin qu'il devoit suivre; ce qui est digne de consideration.

En ce temps, Saint Laurens, gouverneur à Dinan, conduisant quelques troupes du duc de Mercueur, fut deffait aupres de Moncontour par les gens du Roy commandez par le marquis de Coetquen, beau pere dudit Saint Laurens, lequel fut envoié & conduit prisonnier à Guingamp, d'où depuis il se sauva; mais cela n'est pas de mon subject qui n'ay entrepris par ces Memoires de faire voir que les affaires qui concernent la ville de Saint Malo & habitans; lesquels aiant eu promptement la nouvelle de cette deroute s'assemblerent en Conseil. Auquel il fut resolu d'en donner promptement advis au Conseil establi à Dinan par le duc de Mercueur & qu'on leur feroit offre de tout ce dont ils estimeroient avoir affaire & toute l'assistance dont ils auroient besoing en ce triste accident.

Ms. B. — Le jeudi 18ᵉ apvril, un gentilhomme du sieur duc de Mayenne, nommé La Febvrie, vint à Saint Malo, retournant du Mont Saint Michel & basse Normandie, apres avoir conferé aveq la noblesse du pais du party de l'Union & particulierement au sieur evesque d'Avranches de la part du sieur duc de Maienne. Lequel fut accommodé de passage & argent, qui luy faisoit bien besoin, pour retourner à Roüan trouver led. sieur Duc; & fut prié d'asseurer son maistre de la resolution en quoy estoient lesd. habitans de vivre & mourir dans le saint Party & prié de leur part rendre les remerciemens qu'ils devoient aud. sieur Duc pour les bienfaits qu'ils reçoivent de luy & plusieurs honnestes offices. Et luy furent escrites lettres de cette substance & à M. Pericard, secretaire d'Estat, en le remerciant des favorables expeditions faites des lettres & adveu que devant⁽¹⁾.

Ms. A. — Aveq la Febvrie estoit un religieux du Mont Saint Michel, lequel desiroit passer à Roüan, pour de là aller trouver ledit seigneur duc de Mayenne. Quel religieux requerroit le Conseil l'accommoder de quelque argent, le Conseil donna charge au miseur luy donner une lettre de change pour recevoir à Roüan 50 escus, le Conseil aymant mieux luy donner une lettre que de l'argent, aiant esgard que plusieurs de ces moines sont des fripons & que celuy cy avant partir de Saint Malo auroit peut estre dependu & gasté cet argent dont on l'accommodoit. Aucuns de ceux qui liront ces Memoires pour-

---

(1) En remerciement des faveurs qu'en leur consideration il avoit fait à La Planche, leur deputé, lequel s'en louoit grandement (A. f° 277, r°).

ront faire rifée que je remarque icy chofe de tant petite confideration, mais qu'ils le me pardonnent f'il leur plaift.

Ce mefme jour, fut au Confeil ordonné que deffenfes feroient publiées à tous mariniers habitans de la ville de naviguer en Angleterre pour le danger qu'il y avoit de fe laiffer corrompre en la religion & mœurs; lefdits du Confeil n'obmettans rien à faire en ce temps auquel il eftoit requis de contenir le peuple dans l'affection au Saint Party.

Ms. B. — Ce mefme jour fe firent plufieurs reglemens concernant les affaires & polices de la ville, mais principalement fut arrefté que de là en avant tous les quatorze capitaines f'affembleroient tous les premiers lundis des mois cheix le procureur fyndic pour advifer auxd. chofes concernant la garde & confervation de la ville; & furent deffenfes faites à tous particuliers d'achater poudres, balles ny munitions de guerre qu'apres le refus qu'auroit fait le mifeur de les prendre & achater pour la ville affin de fournir le magafin d'icelle.

Et fut deffendu au capitaine du chafteau de non laiffer entrer aucuns eftrangiers dans le chafteau, foubz quelque pretexte que ce peut eftre, pour eviter aux inconveniens qui en pourroient arriver.

Ce jour, ayant efté fait ouverture & lecture de plufieurs brevets, ayant efté fans nommer perfonne donné par lefd. brevets advis que aucuns parloient librement au prejudice du repos de la ville, fut conclud & arrefté qu'on procederoit contre ceux qui oferoient de là en avant tomber en telle faute comme contre perturbateurs du repos public.

Le fabmedy 20ᵉ d'apvril, fur plufieurs plaintes faites par ceux des champs au Confeil des excez & pilleries que faifoient les foldats de la charge du capitaine Launay le Breton qui commandoit au Pleffeix Bertran, furent deputez vers le fieur de Saint Laurens Bardeliere & Colombier pour lui en demander raifon. Ce qu'ils feirent. Et le 24ᵉ dud., retournez de Dinan, feirent raport avoir eu affeurance dud. fieur de Saint

Laurens [1] que d'or en avant il feroit en forte que tout subject de telles plaintes cesseroit. De quoy il asseura les habitans par lettre.

Feirent aussi raport que le sieur evesque de Saint Brieuc & le sieur de Saint Laurens prioient instamment les habitans vouloir secourir l'Isle de Brehat de quelques forces & pataches, par ce que le sieur prince de Dombes estant aux environs de lad. isle faisoit à Paimpol preparer [2] bateaux & autres choses necessaires pour attaquer lad. isle & s'en amparer afin de la bailler à l'Anglois [3] pour sa retraite & asseurance du secours qu'il fournissoit au roy de Navarre. Ce que mis en deliberation, fut advisé qu'on y envoieroit en deux pataches cent hommes, pour capitaine desquels fut commis *Pierre Gravé Belle-Chauffée* qui l'accepta, & commission luy delivrée de lever promptement lad. compagnie aux frais de la ville. Et ce pendant François Grout Boisousé chargé d'esquiper un galion & en diligence aller à Brehat les advertir [4] des secours à ce qu'ils eussent resoluëment, attendant lad. assistance, conservé l'isle à leur pouvoir. Ce qui fut promptement executé par led. Boisousé. Et le capitaine dud. Brehat desirant envoier sa femme en ceste ville, lui fut accordé au Conseil, aveq une seule servante sans autre train.

Le jeudy 25ᵉ jour d'apvril, jour saint Marc, fut receüe & leüe une lettre d'un appellé *le sergent Gascon* qui escrivoit du Plesseix Bertran de laquelle la teneur ensuit; & apres laquelle je vous

---

(1) Referans luy avoir remonstré les plaintes qui estoient faites journellement à Saint Malo des ravages & pilleries que font le capitaine Launay & ses gens aux pauvres paisans qui apportent des commoditez en leur ville & les deffenses qu'il avoit fait publier d'y rien apporter sur peine de la vie; de quoy les habitans luy avoient bien voulu faire cette plainte affin qu'il y eut apporté le remedde necessaire; que ce qu'ils en faisoient, estoit par honneur & par deference, s'estimans assez puissans pour y donner ordre, mais ne l'avoir voulu entreprendre sans avoir recherché le moyen d'obvier à ces maux par l'authorité du sieur duc de Mercueur & de luy dit sieur de Saint Laurens; mais qu'en defaut à eux d'y donner ordre ils seroient contrains d'y employer les moiens que Dieu leur avoit mis en main (A. f° 278, r°).

(2) Par le capitaine la Tremblays (*Id.*).

(3) Au grand prejudice de nostre Saint Party, de la Province & du service du sieur duc de Mercueur auquel cette isle appartenoit en particulier (A. f° 278, v°).

(4) Advertir les insulaires & noblesse refugiée en l'isle (*Id.*).

diré le subject d'icelle & comme le chasteau avoit esté surpris & resurpris en deux ou trois jours & ce qui arriva de ces surprises.

Messieurs de Saint Malo,

Je vous envoie ce porteur en toute diligence pour vous faire entendre comme je me suis saisy & rendu maistre du chasteau du Plesseix Bertran & en ay chassé les trahistres & ennemys qui estoient dedans, & l'ay faict pour le sainct Party & service de Monseigneur de Mercueur par le commandement que m'en a fait mon capitaine Monsieur de la Fontaine Beaufils; je vous prie tout incontinent la presente receüe vous m'envoyez du secours d'hommes & autres commoditez pour la seureté de la place, n'aiant avec moy qu'huit hommes assez fatiguez & lassez; aussy que les ennemys sont nombre aux environs de la place. Et ce faisant ferez beaucoup pour le service de Monseigneur & pour vous.

Ainsin signé : Vostre serviteur,

Le sergent Gascon.

Sur quoy fut advisé d'envoier au Plesseix Bertran & à ceste fin Giquelays commis pour y mener quarante salades qui alors se pouvoient faire en ville, en habitans & refugiés; & Bardeliere & La Tour chargez de conduire chascun cent harquebusiers. Ce qui fut fait en une heure apres l'advis & conduit aupres dud. chasteau; mais arrivez qu'ils furent, led. sergent Gascon feist sortir un de ses gens qui sur toutes les troupes choisist seulement cincq soldats des plus chetiffs pour leur aider à garder le chasteau, qui estoit habilement fait, crainte que ce qu'il venoit de faire aux autres, comme vous allez voir, ne luy fust fait par ceux qu'il eust peu recevoir s'il en eust eu nombre & quelques gens habiles & remüans.

Pour vous faire entendre cecy, il faut prendre la chose de plus long. Vous avez veu cy devant que le capitaine Launay, apres la prise du Plessix Bertran faite par le duc de Mercueur, avoit esté mis capitaine en iceluy. Or ce capitaine Launay faisant sa plus continüelle residence à Dinan se raportoit de la garde de la place à un Gascon qu'il y avoit mis qui s'en portoit son lieutenant. Ce capitaine gascon s'estant proposé changer de party ⁽¹⁾ & en changeant fe rendre maiftre dud. chafteau, en ayant conferé à aucuns foldats qu'il y trouva difpofez, f'eftoit rendu maiftre de lad. place, environ le 20ᵉ du mois d'apvril & en avoit chaffé & mis hors ceux qui n'eftoient de fon intelligence & entreprife ⁽²⁾, & fe declara pour le roy de Navarre, mais neanmoins fans ofer recevoir aucunes forces par ce qu'il craignoit eftre auffi toft jetté dehors par ceux qu'il y pourroit recevoir.

En ces perplexités, un capitaine de chevaux legers, dit *La Fontaine Beaufils*, qui lors avoit fa compagnie à Dinan envoia un fien fergent, auffi Gafcon, qui eftoit de la congnoiffance de ce capitaine revolté, avec fept ou huit de fes compagnons; aveq lefquels il vint trouver led. capitaine au chafteau & luy feift facilement croire que la vieille congnoiffance & le defir de courir fa fortune l'avoient meu de le venir trouver aveq cefte brigade pour l'ayder & fecourir à la confervation de lad. place & à faire la guerre à bon efcient. Ce que ce revolté trop credule & peut eftre forcé de neceffité, ne fçachant bonnement à qui fe fier, accepta & ainfi le logea & fes compagnons dans le chafteau ⁽³⁾. Mais il n'y tarda qu'un jour que des le lendemain, qui eftoit le jour faint Marc, le fergent nouveau venu feignit vouloir aller à la guerre & venir donner coup de piftolet aux portes de Saint Malo. Mais le capitaine dift qu'il vouloit luy mefme faire le coup & de fait monte à cheval, luy troifiefme, l'un de ceux qui

---

(1) Chofe fort ordinaire en ce temps là parmy les foldats, & fe promettant qu'en ce faifant il f'ouvroit le chemin à une grande fortune au moyen de cette place fituée auprès d'une bonne ville, comme eft celle de Saint Malo, & fituée en un pais qui n'avoit encore efté pillé ny ruiné, finon par cette garnifon du Pleffix Bertran (A. f⁰ 278, v⁰).

(2) Et ce fait, il arbore une enfeigne blanche fur l'une des tours du chafteau & fait crier *Vive le Roy*, publiant qu'il fe vouloit rendre du party du roy de Navarre, & incontinent en donna advis au prince de Dombes qui pour lors eftoit à Rennes, lequel incontinent luy envoia des forces, mais ce Gafcon les ayant pour fufpectes, etc. (A. f⁰ 279, r⁰).

(3) Le capitaine, fortifié de refolution & de courage par ce nouveau fecours qu'il efperoit luy eftre venu tant à point, contraignit quelques gens que le prince de Dombes luy avoit envoyé de Rennes, lefquels logeoient & rodoient aux environs, de defloger d'auprès du chafteau (A. f⁰ 279, v⁰).

l'accompagnoient eftant un des compagnons du fergent, lequel demeura ce pendant en la place. De laquelle toft apres il fe rendit maiftre & en chaffa ceux qu'i avoit laiffé le capitaine; lequel eftant donc venu à Saint Malo f'arrefta contre la clofture qui eft comme une fauffe braie du chafteau (1). Et pendant ce fejour celuy qui eftoit au fergent Gafcon vint jufqu'à la porte de la ville aveq l'autre foldat qui ne fçavoit point la charge que celui-cy avoit du fergent, qui eftoit, foubz feintife de venir donner le coup de piftolet à la porte, d'advertir f'il y euft eu moien de pouvoir faire fortir quelques gens de cheval pour arrefter led. capitaine Gafcon qui l'eftoit attendant à la clofture.

Arrivé à la porte, il parle à Bois-Joly qui lors commandoit en garde & luy difant fon deffein. Cela fut fi long, pour le doute & crainte de quelque trait double, que ce capitaine voiant tout ce retardement fe douta d'eftre trahy & fur tant f'en retourna au plus toft au galop vers le Pleffeix Bertran où il fut pourfuivy par fept ou huit qui montafmes à cheval (2). Mais tout ce que nous peufmes faire fut prendre langue de luy qui ne couroit gueres loing devant nous, affez touteffois pour n'eftre point atteint. Arrivé devant le chafteau il trouva la porte fermée & luy fut dit de deffus les murailles qu'il euft à fe retirer fur peine d'eftre tiré d'harquebufades. Ce que voyant il f'en va tout defefpéré, ne fçay pas où il fe retira.

Voilà donc les furprifes & refurprifes de cette place en deux ou trois jours. Laquelle depuis, comme vous entendrez, fut ruinée par commiffion du duc de Mercueur à la pure inftance des habitans de Saint Malo pour fe tirer cefte efpine du pied, comme vous verrez en fon lieu. Ce qui fut accordé par led. fieur Duc au moien d'unze mil & tant d'efcus que luy fournirent & de quoy luy feirent don lefd. habitans.

---

(1) Vers les prochains moulins du Scillon (A. f° 280, r°).
(2) Le foupçon de fupercherie levé par la caution & hoftage des deux chevaux legers *(Id.)*

Ce qui avoit efté ordonné de troupes (1) allerent donc jufqu'à la porte prefque ou aux environs dud. chafteau, duquel fortit un foldat qui, comme vous avez defjà veu, choifit fur toutes nos troupes cinq foldats de la plus mauvaife mine pour les retenu quelque temps ; & voiant qu'ils ne vouloient recevoir autre chofe nous en retournafmes à Saint Malo. Et ainfi revint la place au pouvoir & authorité du fieur Duc fous la charge du capitaine La Fontaine Beaufils, eftranger de la Province, qui la tint par les fiens jufqu'à ce que led. fieur Duc n'accordaft aux habitans de Saint Malo le demantelement, comme il feift.

Ms. A. — Il y avoit longtemps que les habitans de Saint Malo pour l'amplification du commerce defiroient un eftabliffement de *Juges Confuls* en leur ville à l'imitation de plufieurs bonnes villes du royaulme. Si que plufieurs, affectionnans ce deffein, le feirent propofer au Confeil par le Procureur le 4ᵉ jour de may 1591 ; ce qui fut refolu de pourfuivre aupres du duc de Mayenne, efperant bien que rien ne leur feroit refufé en ce temps, auquel on faifoit eftat de ceux qui avoient du pouvoir, tel que l'avoient alors les habitans de Saint Malo.

Remonftra auffi le Procureur que l'on avoit auffi beaucoup d'autres chofes à pourfuivre & qu'il importoit de tenir quelqu'un aupres du fieur duc de Mayenne pour les affaires occurrentes de la Communauté, à quoy les lettres receues par La Planche fembloient nous convier.

Cela mis en deliberation, fut pour plufieurs bonnes & importantes raifons refolu & advifé qu'on pourfuivroit l'eftabliffement defdits Juges Confuls, & que pour l'obtenir il feroit député

---

(1) Ce pendant ceux qui avoient forty de S. Malo à cheval arriverent à la porte du chafteau & parlerent au fergent, luy faifant offre de ce dont il avoit befoing, & le conforterent en la refolution qu'il avoit de fervir le Saint Party... & les remercia ne voulant rien recevoir de leur part. Ce que voiant, ils reviennent à S. Malo. Ce fergent gafcon, apres avoir remercié & refufé ces cavaliers de S. Malo defquels il fe deffioit bien que ce feuffent des principaux de la ville comme Gicquelays, Landelle le jeune, Chapelle Martin, & autres tant de la ville que quelques uns de la nobleffe du pais refugiez pour lors à S. Malo pour l'injure du temps, f'advifa incontinent apres leur depart envoier un des fiens à S. Malo (A. f° 280, v°).

deux hommes vers led. duc de Mayenne, defquels par cy apres on feroit choix & nomination.

Fut encore advifé que pour l'utilité & amplification du commerce, liberté feroit donnée aux Anglois & Flamens d'y pouvoir venir & trafiquer en toute affeurance, ce qui eftoit de grande utilité à la ville qui reçoit grands profits du commerce de ces deux nations.

Le defir d'obtenir l'erection des Juges Confuls n'eftoit pas le principal motiff des habitans de deputer vers le fieur duc de Mayenne, mais ils y eftoient portez par plufieurs autres confiderations entre lefquelles eftoit celle cy, fçavoir qu'ils f'eftoient acquis le duc de Mercueur pour ennemy, non feulement en refufant fon authorité en leur ville, mais encore ayant efté rechercher l'adveu du duc de Mayenne; & ne doubtant point que le duc de Mercueur feroit ce qu'il pourroit envers celuy de Mayenne pour les efloigner de fes bonnes graces; & de fait il feift toujours contre eux ce qui luy fut poffible, non feulement aupres du duc de Mayenne, mais mefme en la Province & par tout ailleurs, & les traita toujours comme ennemys, neantmoins toutes feintes & diffimulations dont il ufaft. Et ne tenoient lefdits Malouins, (ceux pour le moins qui ne regardoient qu'à fe conferver pendant l'orage de la guerre), ledit duc de Mercueur pour moins ennemy que le roy de Navarre; & de fait il les haïffoit d'une hayne parfaite, les travaillant fous divers & exquis pretextes, croiant par telles voyes les reduire à fa volonté; mais c'eftoit prendre juftement le contrepied, car ceux qui conduifoient les affaires n'eftoient pas perfonnes qu'on peuft avoir par rigueurs, la doulceur y euft plus operé, mais il n'eftoit plus temps de la mettre en practique.

Le lundy doncq 6e jour du moys de may 1591, la Maifon de ville generale fut affemblée, en laquelle les deliberations paffées au dernier moys furent leües & approuvées felon la couftume depuis peu introduite, fpecialement la refolution de pourfuivre les lettres pour l'eftabliffement des Juges Confuls. Et pour aller trouver le duc de Mayenne avoient efté defjà nommez & deputez Bardeliere & La Planche par le Conſeil, qui en avoient accepté la charge, aveq promeſſe d'indaemnité de la part de la ville en cas que par malheur ils tombaſſent priſonniers des ennemys pendant leur voiage; leſquels deputez, comme il fut par le Procureur remonſtré en l'Aſſemblée, avoient party le matin de ce jour pour l'execution de leur commiſſion ſur un navire de ceſte ville qui alloit à Roüan, aveq les memoires & inſtructions neceſſaires reſolus au Conſeil, preſens les capitaines & polices. Ce qui fut d'abondant ratifié, approuvé & trouvé bon par toute l'Aſſemblée.

Ms. B. — En ce temps ſ'eſtoit appreſté ce ſecours d'Anglois pour leſd. ennemis, c'eſt à dire pour le roy de Navarre, lequel devoit venir en Bretagne & deſcendre à Brehat, comme vous avez peu voir.

Et en meſme façon ſ'attendoient auſſi quelques navires venans d'Eſpagne de Saint-Lucques, dans leſquels ſ'eſtoit chargé grand nombre d'argent & autres biens. Ce qui cauſa que les proprietaires deſd. navires preſenterent leur requeſte au Conſeil remonſtrant ce que deſſus & que, à cauſe que dans leſd. navires venoient grand nombre de finances tant aux habitants appartenantes qu'à pluſieurs autres forains & pour prevenir le mal qui pouvoit arriver ſi leſd. navires de Saint Malo, en faiſant route par devant Brehat & en *La Manche* que nous appellons, euſſent eſté rencontrés par l'armée Angloiſe, il eſtoit requis depeſcher quelques pataches pour aller hors Oueſſant rencontrer leſd. navires retournans d'Eſpagne pour les advertir de lad. armée & ne venir à Saint Malo, ains de relaſcher en quelque lieu delà *Le Ras,* attendant voir ce que feroient leſd. Anglois. Mais par ce que cela ne ſe pouvoit faire ſans frais & par ce qu'apres les frais faits peut eſtre il ſe trouveroit des perſonnes refuſans y contribüer, leſd. proprietaires deſirerent avoir l'authorité du Conſeil de la ville (1) pour puis apres contraindre les

---

(1) Ceux du Conſeil, la plus part deſquels eſtoient intereſſez auxd. navires, congnoiſſant l'importance de l'affaire & la neceſſité dud. advis permirent de faire cet armemement qui fut tellement utile... (A. fº 283, rº).

refufans. Ce qui fut accordé aux demandeurs (1). Et en fuite furent armées deux pataches qui trouverent *le Croiſſant* & *le Daufin* hors Ouëſſant, & fur l'advis relafcherent à Blavet où les Efpagnols avoient fait un fort. Et là arrivés y fejournerent juſqu'apres le retour de l'armée en Angleterre. Apres quoy revint led. navire en cefte ville. Et pendant le fejour à Blavet furent fort bien receus des Efpagnols, defquels ils faifoient trop de confiance; car fi les Efpagnols euſſent voulu ils fe feroient à tous moments rendus maiftres defd. navires qui valloient mieux que trois cents mil efcus (2). En quoy les noſtres fe monſtrerent trop confiants & les autres trop gens de bien pour gens de guerre. Cette faute eſt plus à remarquer qu'à imiter.

Du mardy 7ᵉ may, au Confeil, fut par aucuns autres que le Procureur remonſtré que à prefent que nous avions l'adveu de Monfieur de Mayenne de la prife du chafteau & de ce qui f'eftoit fait en confequence, mefme de l'eſtabliſſement & ordre qui avoit efté mis en la ville & chafteau pour les conferver pendant les troubles, il fembloit qu'en confequence le gouvernement de lad. ville & chafteau demeuroit en mains des habitants foubz l'authorité des Princes catholiques, & que le Procureur findic en eftant & devant eftre, comme il eft, reprefentant la perfonne de lad. ville & chafteau, il eftoit bien raifonnable & à propos que led. Procureur confervaft & gardaft les mefmes grades & honneurs qu'avoient les precedents capitaines qui ont commandé en lad. ville & chafteau. Sur quoy fut conclud aud. Confeil que d'ore en avant led. procureur des Bourgeois aura, confervera & gardera les mefmes grades & honneurs qu'avoient les capitaines de ville & chafteau par le

---

(1) Au marcq la livre tant fur lefd. navires que biens qui font dans iceux enfemble fur tous les vaeſſeaux d'icelle ville chargez pour lefd. habitans… venans d'Efpaigne, du Deftroict, Canarye, Portugal, Bifcaye dans un moys… (*Reg. des Délib.*, 6 mai).

(2) Ce qui eft digne d'eftre confideré eft que ces Efpagnols n'eſſaierent de faire quelque fupperchcrie auxdits navires dans lefquels ils fçavoient qu'il y avoit plus de cincq cens mil efcus en argent & qu'ils avoient un fpecieux pretexte d'arrefter, eu efgard que ces navires venoient d'Efpagne, d'où contre les lois du païs & contre les deffenfes ils avoient tiré ces deniers. Cette probité ne fe feuft pas trouvée dans nos Francoys (A. f° 283, r°).

paſſé, que neantmoins il tarderoit l'execution de ce decret juſqu'à l'Aſſemblée prochaine generale des habitans.

Ms. A. — Par le ſieur de la Landelle, en la meſme Aſſemblée, fut remonſtré que le navire dans lequel ſ'eſtoit embarquez Bardeliere & La Planche eſtoit relaſché, ce pendant qu'on eſtoit à la Maiſon de ville, par faute de bon vent, & que nouvelles venoient de venir que le roy de Navarre avoit pris la ville de Chartres & que les ennemys eſtoient tout aux environs de Paris, ce qui mettoit une grande difficulté au voiage deſd. deputez; requerant qu'on adviſaſt ſ'il feroit pas meilleur, comme eſtoit ſon advis, de rompre leur voiage que de le pourſuivre. Il remonſtroit cela pour l'aprehenſion qu'il avoit que Bardeliere, lequel eſtoit ſon frere, tombaſt au pouvoir des ennemys [1]. Son affection eſtoit loüable, comme d'un frere, mais ce neantmoins l'Aſſemblée reſolut, ſans avoir eſgard à tout cela, que les deputez pourſuivroient leur voiage vers ledit ſieur duc de Mayenne à l'effect de leur commiſſion.

Ms. B. — Le ſabmedy 11ᵉ may, au Conſeil, ſur l'advertiſſement receu que l'armée Angloiſe eſtoit de l'iſle de Jarſé preſte à paſſer en Bretagne vers Brehat, fut adviſé d'envoier Guillaume Dupré aveq une patache equipée de douze hommes en donner advis à Pierre Gravé capitaine d'une compagnie que vous avez cy devant entendu avoir eſté envoiée aud. Brehat pour ſecours, à ce qu'il ne fut ſurpris.

Le meſme jour, furent deputez chargez de faire entendre à Meſſieurs du Chapitre comme leur alloüé avoit mis le prix du vin ſans y avoir, ſelon la formule, appellé les habitans & que faute aud. alloüé de les y avoir appellez ils trouveroient raiſonnable qu'il les y feiſt appeller pour de nouveau proceder au

---

[1] Attendu le peril des chemins occupez par les ennemys aux environs de Paris à cauſe de ladite prinſe de Chartres, & ſy fortune vouloit que led. ſieur de la Bardeliere tomberoit entre leurs mains, il ne pouroit aiſement ſe ſauver comme feroit led. ſieur de la Planche pour ce qu'il eſtoit l'un des entrepreneurs à la prinſe du Chaſteau... (*Reg. des Délib.,* 7 mai).

mefme effect, à faute de quoy lefd. habitants eftoient deliberés de le mettre eux mefmes à prix. Et en attendant refponce feirent publier à ban une deffenfe aux taverniers de ne vendre le vin à plus de 8 fols le pot, qui eftoit le dernier prix mis aux vins, & commiffaires deputés pour informer de la levée de deniers faite entre les taverniers pour faire prefent aud. alloüé pour hauffer comme il avoit fait le prix dud. vin [1].

Le 13e jour dud. mois, Guillaume Dupré, encore à Brehat retourné, fait fon raport avoir efté aud. Brehat & revenant avoir veu l'armée Angloife, compofée de 33 navires, qui tendoit vers lad. ifle; aux environs de laquelle, dans le terrain, eftoit le prince de Dombes aveq fon armée pour la recevoir & joindre lefd. forces Angloifes aveq les fiennes, & n'y avoit pour tant pas apparence que ceux qui eftoient en lad. ifle de Brehat la peuffent conferver contre tant de forces enfemble.

Ce qu'entendu, fut refolu d'envoier une troupe de vingt foldats à Cezambre pour empefcher quelque entreprife qu'y voudroient faire les Anglois, pour la conduite de laquelle fut nommé Jean Martin Chapelle. Et furent deputez nommés pour aller voir f'il eftoit à propos fortifier lad. ifle de Cezambre. Et depuis, fçavoir le 17e dud. mois de may, les deputez feirent raport qu'il feroit bon faire une petite tour vers le Nort de lad. ifle, le plus pres du couvent qu'on pourroit. Mais deliberant fur ce raport fut advifé de fuperceder à un autre temps & voir ce qu'entreprendroit lad. armée Angloife [2].

Le fabmedy 18e de may, fut apparu au Confeil par le Procu-

---

[1] Sur refus du chapitre il eft permis aux taverniers de vendre le vin à tel prix qu'ils aviferont & le Confeil les garantit de toutes recherches (*Reg. des Délib.*, 18 mai).

[2] 16 mai 1591. — Au Confeil, le peuple fera adverty d'augmenter fa devotion au jour de faint Jan prochain.

— La jeuneffe de lad. ville fera follicitée de f'acouftrer en toute humilité ainfin que l'on faifoit au paffé.

— Sera fait commandement aux femmes politicques de ne parler indifcretement comme elles font journellement, lefquelles fe refjouiffent de la venué de l'Angloys en Bretagne.

— Meffieurs du Chapitre feront priés de deffendre à leur vicaire de bennir par mariage une infinité de vacabonds refugiez & renicoles qui font en cefte ville, lefquelz pour

reur le cahier de ce qui f'eftoit arrefté en la derniere affemblée des Eftats tenus à Nantes, figné du greffier des Eftats *Rehaut,* & deux lettres miffives addreffantes aux habitants de Saint Malo, l'une du Procureur findic defd. Eftats, l'autre des Maire & Efchevins de Nantes (1), aveq un acte de ferment fait par le fieur Duc de Mercueur & les deputez auxd. Eftats, des fuplications de la part defd. Eftats aud. fieur Duc aveq une pancharte de l'impofition de certains devoirs fur les marchandifes contenuës en icelle pancharte, aveq des memoires concernans lad. pancharte. Le tout receu par led. Procureur par les mains du fieur de la Manniette, expres deputé defd. Eftats vers les habitans de Saint Malo; lequel introduit au Confeil (2), auquel auffi affiftoient les capitaines de ville & commis aux polices, a fait entendre le fubject & occafion de fon dit voyage & deputation vers eux de la part defd. Eftats. Apres quoy, led. fieur de la

f'y habituer f'y marient, & d'avoir l'oil fur le grand nombre de prefbtres eftrangers refugiez.

— Mefures prifes pour que les habitans foient preferez aux eftrangers pour le louage des maifons... fur la plainte faicte à M. le Procureur par grand nombre de paours habitans de cefte ville, lefquels ne peuvent trouver maifons à louaige, pour eftre defd. maifons queque foit la meilleure partye occupez par les refugiez & que d'ailleurs il y a perfonnes qui au prejudice du publicq font offices de courtiers en forte que tel logeis eft coreté trois ou quatre foiz... (*Reg. des Délib.*)

(1) Defquelles je n'ay peu recouvrer des coppies pour les inferer en ces Memoires (A. f° 285, v°). — Voyez à la fuite des Mémoires la *Pancarte des Etats de la Ligue.*

(2) Et là, par une longue & premeditée harangue, feift entendre le fubject de fon voiage n'eftre à autre fin que pour leur faire entendre le regret que tous les ordres avoient eu de ce que les habitans de Saint Malo n'avoient par leurs deputez comparus en l'affemblée des Eftats comme ils en avoient efte advertis, priez & femonds par le fieur duc de Mercueur, gouverneur de la province, que les Eftats avoient telle affeurance de leur zele & affection au faint Party qu'ils fe promettoient que toutes les faintes & bonnes refolutions par eux des Eftats prifes, feroient approuvées & fuivies par les habitans de Saint Malo, qu'entre plufieurs confentemens des Eftats, ils en avoient donné un à l'eftabliffement d'une pancharte pour la levée de certains deniers impofez fur les marchandifes entrantes & fortantes dedans & dehors la province, affin par ce moyen de faire & trouver un fonds pour les neceffitez de la guerre & pour la manutention du faint Party; que les Eftats avoient telle confiance en la ferveur des habitans de Saint Malo au bien & falut du general qu'ils ne feroient difficulté de confentir la levée & impofition de cette pancharte eftre eftablie & receue en leur ville, reprefenta l'obligation & la neceffité qu'ils avoient de n'y apporter aucune refiftance. Son difcours tout enflé de fort belles paroles, mais non tellement fuccrées que les auditeurs les peuffent ny vouluffent goufter (A. f° 284 r°).

Manniette s'estant retiré, fut advisé que l'on feroit six coppies de toutes lettres, pancharte, ferment & autres actes pour communiquer le tout à toute la ville ⁽¹⁾, pour passé de ce y faire responce par la Maison de ville generale.

Le mesme jour aussi, furent deputez vers le Chapitre pour le prier avoir aggreable que lesd. habitans feissent venir de Paris un docteur [de Sorbonne] pour prescher en la ville l'Advent & Caresme. Ce qu'ils faisoient craignant que par menées on ne leur eust envoié quelque predicateur mal affectionné à eux & à l'estat auquel ils se desiroient maintenir pendant les troubles.

Le 22ᵉ dud. mois, furent leües au Conseil lettres des religieux de Saint Michel contenantes que le sieur de Matan, capitaine de Tombelaine, se vouloit rendre du party du Roy. Sur quoy fut advisé que le Procureur lui escriroit soubz autre pretexte & y envoieroit homme capable de descouvrir, si estre pouvoit, l'intention dud. de Matan.

Le 25ᵉ jour dud. mois de may, les deputés vers Messieurs du Chapitre pour un predicateur font raport avoir eu responce que lesd. sieurs du Chapitre avoient pourveu d'un predicateur pour les proschains Advent & Caresme. Sur quoy neantmoins fut conclud ⁽²⁾ que Bardeliere & La Planche allant à Paris en rechercheroient un & prendroient permission & commission du Legat estant à Paris ⁽³⁾.

Vous avez peu voir cy dessus comme la responce qui se devoit faire au sieur de la Manniette, deputé des Estats tenus à Nantes, avoit esté remise par le Conseil à la Maison de ville generale. Laquelle, apres que les coppies de tout ce que vous avez entendu eurent couru quelque temps parmi les habitans,

---

(1) Tout quoy seroit baillé pour estre veu & examiné par lesd. habitans, entre & parmy lesquels on feroit courir lesd. coppies par forme de communication, affin d'y penser meûrement & de leur rememorer leurs fermens & faire voir s'il y avoit aucune chose contenuë aux deliberations des Estats qui y feust prejudiciable (A. f° 284 v°).

(2) Eu esgard au grand fruit qu'avoit produit Cormerays, dernier predicateur, à l'edification des consciences (A. f° 285 r°).

(3) Affin que le predicateur qu'ils feroient venir peust legitimement occuper cette chaire (*Id.*)

fut aſſemblée le 29ᵉ de may, où le Procureur remonſtra la venuë dud. deputé des Eſtats aux fins d'eſtablir le devoir & pancharte ſuſdite. De quoy, enſemble des lettres & memoires, fut de recheff fait lecture, bien que perſonne n'en ignoraſt des meſhuy, aiant le tout couru par la ville. Neantmoins le Procureur pria l'Aſſemblée d'y deliberer, leur remonſtrant les inconveniens qui pouvoient ſuivre en cas qu'ils refuſaſſent de recevoir lad. pancharte & nouvel eſtabliſſement, & finalement d'y faire la reſponce telle qu'ils penſoient & jugeoient convenir & eſtre raiſonnable [1].

Sur quoy, leſd. habitans, avec unanime reſolution & volonté, dirent & declarerent ne pouvoir recevoir lad. pancharte ny eſtabliſſement de nouveaux devoirs pour pluſieurs raiſons, mais principalement par ce que de tel eſtabliſſement enſuivroit infailliblement la ruine de lad. ville qui ne vivant que du ſeul commerce le banniroit par ce moien de leur ville à leur entiere deſolation; mais que de tout leur pouvoir ils ſerviroient & aſſiſteroient Monſieur le duc de Mercueur, gouverneur; & chargerent le Conſeil de faire cette reſponce [2].

Le 1ᵉʳ jour de juin 1591, en l'Aſſemblée generale pour la fin qui enſuiſt aſſemblée, fut fait lecture des deux miſſives faites au Procureur ſindic des Eſtats & aux maire & eſchevins de Nantes. La teneur deſquelles j'ay bien voulu icy inſerer. Elles furent approuvées par le corps general & baillées au ſieur de la Maniette, deputé, comme vous avez entendu deſſus, des Eſtats.

---

[1] Requiſt l'Aſſemblée vouloir trouver quelque moien & bon expedient pour contenter leſd. ſieurs des Eſtats, & qu'ils digeraſſent bien les inconveniens qui pouvoient arriver & ſourdre d'un abſolu refus en cas qu'ils ſ'y reſoluſſent (A. f° 285 v°).

[2] Fut neantmoins conclud qu'on feroit la plus doulce & civile reponce au Procureur des Eſtats, aux Maire & Eſchevins de Nantes qui ſe pourroit, toutes pleines d'offres & proteſtations de ſervir le ſieur duc de Mercueur & aſſiſter les Eſtats & le païs de toute leur puiſſance (A. f° 286, r°).

Lettre des habitans de Saint Malo au Procureur syndic des Estats [2].

Monsieur, nous avons receu la vostre par Monsieur de La Manniette avecq la pancharte, acte du serment & cahyer des ordonnances faictes en l'assemblée des Estaz de ce pais, & ouï ce qu'il a pleu audit sieur de La Manniette nous representer de vostre part; de tout quoy nous avons donné ample communication aux habitans de ceste ville tant en general comme au particulier pour y faire responce; laquelle ne servira pour autre fin que pour vous suplier faire entendre à Messieurs des Estaz ne voulloir trouver estrange sy lesd. habitans ne peuvent admetre ny recevoir icelle pancharte accordée ausdits Estaz pour plusieurs causes & raisons legitimes que le temps & la saeson ne nous permect vous representer; nous vous dirons seullement pour ne vous ennuyer d'un long discours que le peu de commerce qui nous reste en ceste miserable saeson est celuy de la mer, par le moien duquel avecq la grace de Dieu nous maintenons l'entretien & conservation de douze ou quinze mille ames en l'enclos de ceste ville; hors les murs de laquelle nous n'avons ayde ny secours ny ne le pouvons avoir d'aucun aux frays & despances requises & necessaires pour la conservation & maintien de ceste ville, & sommes & avons esté reserrez de sy pres par les garnisons voisines de l'un & de l'autre party, par mer & par terre, dempuis ces miseres, que le peu de commerce qui nous reste nous couste sy cher que venans à y voulloir metre ce subscide insuportable seroit du tout metre le peuple de cested. ville qui n'a autre moyen que par icelluy en desespoir, dont peut estre s'en pouroit ensuivre avecq le temps la perte ruine & desolation de ceste place.

(2) *Reg. des Délib.*, f° 190 r°.

Secundement, mesd. sieurs des Estaz seront advisez & supliez de considerer que puis les deux ans derniers nous avons faict de grandes despances, tant pour parvenir à la reduction & prise du chasteau de ceste ville que conservation d'icelluy, & mettront aussy en consideration les depances que nous avons faictes en l'assistance de nostre Sainct Party, tant en l'endroict des villes voisines de la Province qu'aux autres hors icelle, à quoy nous n'avons esté negligens lors que nous avons jugé estre necessaire y devoir remeddier. Quelles despances nous justifierons se monter jucq'à present à plus de quatre vingt mil escuz [1] dont nous n'avons demandé aucune chose au general ny au particulier. Nous vous dirons aussy que conservant ceste ville & chasteau soubz l'auctorité de Monseigneur le duc de Mercueur, gouverneur en la Province, à nos despans, nous ne pensons pas faire peu de service au bien general de nostre Sainct Party ny de la Province en particulier, attendant que nostre Dieu aye pourveu l'estat de ce royaulme d'un roy tres-chrestien & catholicque ; nous avons juré ainsy que les autres villes catholicques l'Eedit de la Saincte Union, lequel nous desirons maintenir à nostre pouvoir sans nous en departir pour quelque cause que ce soit. Que sy toutes ces choses lesquelles nous vous representons & à Messieurs des Estaz & suplions les considerer ne sont assez sufisantes pour devoir entrer & estre mises en ligne de compte, & que quelques uns mal affectionnez au bien de nostre repos voulussent mettre en avant que nous eussions desir ou volonté de nous distraire d'un si sainct & pieux service que celuy que nous avons voüé au Sainct Party, secours de la Province & service particulier de Monseigneur, nous suplirons tres-humblement mesdits sieurs des Estaz de vouloir plus tost croire aux effectz que aux parolles & que nous demeurerons toujours tres-fidelles servi-

---

(1) Voyez plus loin l'*Estat des pertes*, etc.

teurs du pais pour y apporter, hors noftre ruyne, toute l'affiftance à nous poffible & qu'ilz foient moyen envers mondit feigneur à ce qu'il luy plaife nous voulloir regarder d'un bon œil & nous donner les moyens faciles par lefquels nous puiffions, fans noftre ruyne & defolation, l'ayder & fecourir felon les moyens qu'il a pleu à noftre Dieu nous donner; lefquelz nous emploierons toufjours & lorfqu'il luy plaira nous honorer de fes commandementz, avecq nos propres vyes, pour une fi fainéte & jufte querelle, bien, repos, confervation du pais & fon fervice particulier. De quoy nous vous fupplions le voulloir affeurer, luy reprefentant fidellement ce que nous avons faiét, ce que nous faifons & pouvons faire à l'advenir pour le bien & avancement de noftre Sainét Party que nous avons en telle recommendation qu'apres l'honneur de Dieu, caufe generale & particuliere confervation, nous n'avons rien de fy cher. En cette affeurance nous vous prefenterons nos plus affectionnées recommendations à vos bonnes graces & prierons Dieu, Monfieur, vous conferver en toute profperité & fanté & heureux fuccez de vos bons & fainéts defirs. A Sainét Malo, le premier jour de juin 1591.

Vos bien humbles & affectionnez ferviteurs,

Les Bourgeoys & habitans de la ville de Sainét-Malo.

Par commandement de Meffieurs les habitans, *Defnos.*
En fuperfcription : *A Monfieur le Procureur General des Eftaz, à Nantes.*

Lettre des mefmes en refponce à Meffieurs les Maire & Efchevins de Nantes.

MESSIEURS, nous avons receu les leétres qu'il vous a pleu nous efcrire par Monfieur de La Manniette par lefquelles nous congnoiffons l'afection & volonté qu'avez en noftre endroict, laquelle nous vous fuplions voulloir maintenir & croire avecq toute affeurance qu'apres l'honneur de Dieu, caufe generale & particuliere confervation, nous n'avons rien en fi grande recommendation que le repos univerfel de cefte Province, bien & avencement du Sainct Party à la ruyne des hereticques & leurs fauteurs, à quoy nous fommes refolus & determinez employer nos vyes & moiens ainfy que vrays & fidelles catholicques doibvent. Nous avons veu & faict entendre aux habitans de cefte ville ce que Meffieurs des Eftaz ont faict & ordonné en leur affemblée tenuë en voftre ville; ce que lefd. habitans n'ont peu recevoir pour plufieurs raifons que la faefon ne nous permect vous deduire plus particulierement & ont fur ce faict refponce au procureur defd. Eftaz qui eft que, fans noftre ruine & future defollation, nous ne pouvons admetre ny recevoir la pancharte pour n'avoir en cefte ville autre moien de nous maintenir que le peu de commerce qui nous refte, lequel eft defjà tant alteré par les garnifons voifines qu'y adjouftant un fubfcide à nous infuportable feroit du tout metre le peuple de cefted. ville en defefpoir, dont f'en pouroit enfuivre la ruyne d'icelle ville, hors les murs de laquelle nous n'avons ayde ny fecours aucun, ny n'en avons encores demandé au general ny au particulier; & fy pouvons juftifier de depances dempuis deux ans en l'affiftance du Sainct Party que reduction du chafteau de noftre ville plus de quatre vingts mil efcuz; que fy c'eft chofe qui ne puiffe entrer en confideration, nous fuplirons toufjours neantmoings tous ceux qui ont congneu noz fainctes intentions de croire que noz effectz ne tendent qu'au but où ils doivent vifer & n'ont peu eftre à mauvaife intention. Et affin, Meffieurs, de vous rendre plus certains de nos fainctes & bonnes intentions & empefcher qu'en voz prefences nous ne foions ditz autres que vraiz zelateurs du bien du pais & tres-affectionnez à la caufe generale du Sainct Party, nous vous fuplirons de croire que lors & forz qu'il plaira à Monfeigneur le duc de Mercueur, noftre gouverneur, nous regarder d'un bon œil & nous donner les moyens facilles, felon noftre pouvoir, de le fervir, fecourir & ayder en cefte faincte querelle, hors noftre ruyne & defollation, nous le ferons de tout noftre cueur & comme fes plus fidelles & obeiffants ferviteurs. En cefte affeurance, nous vous prefenterons nos bien humbles recommendations à voz bonnes graces & vous prierons nous voulloir toufjours aymer comme voz tres-affectionnez amys & ferviteurs.

Les Bourgeoys & habitans de Sainct Malo.

A Sainct Malo, le premier jour de juin 1591 [1].

Le mefme jour 1er de juin, fut receu une lettre de la part du fieur evefque de Dol, par laquelle led. fieur de Dol efcrivoit avoir receu advis du fieur duc de Mercueur de luy envoier toutes les forces qu'il avoit à Dol; à quoy il auroit obey, fi bien que lad. ville de Dol demeuroit deftituée de gens de guerre & en confequent expofée aux furprifes des ennemis; & demandoit eftre affifté de cent hommes. Ce que mis au Confeil en deliberation, fut refolu qu'il feroit affifté, &, pour conduire une compagnie aud. Dol, Nicolas Frotet fieur de la Landelle fut prié. Lequel l'ayant accepté leva une compagnie de fix vingts hommes, entre lefquels f'enrolerent plufieurs jeunes hommes des meilleures familles, pour le refpect dud. capitaine, qui feirent monftre & furent paiez pour un mois. Et quelque temps apres f'acheminerent à Dol où ils tarderent deux mois en garnifon. De ce qui leur fucceda pendant leur fejour à Dol, nous le dirons cy apres en fon temps.

Vous avez peu voir comme Pierre Gravé Belle-Chauffée fut envoié à Brehat fur l'apprehenfion de l'armée Angloife. Laquelle eftant parvenuë à la cofte de Bretagne & amparée de la ville de

---

[1] Cette pièce termine le Ms. A. Ce qui suit est uniquement emprunté au Ms. B. (Bibl. Nat^{le}, Fds. Fr., 5553.)

Pempol en Gouëlo qu'on leur bailla pour retraite, led. Belle-Chauffée fut contraint habandonner l'iſle de Brehat & ſe retirer à Saint Malo ayant fait quelques priſes de navires, en ſ'en revenant, ſur l'ennemy. Quoy veu par les habitans de Saint Malo & ſolicités par aucuns des inſulaires de Brehat qui leur raporterent que le capitaine L'Epine Boulanger & quelques autres François avoient eſté mis en lad. iſle en garniſon & qu'il n'y avoit qu'un failly chaſteau de peu de deffence, furent induits à entreprendre ſur lad. iſle.

Pour quoy faire donnerent charge au capitaine Jan Jonchée ſieur des Portes (1) d'attaquer lad. iſle aveq trois pataches, dans leſquelles il pouvoit avoir ſix vingts hommes ſoudoyés par leſd. habitans, aveq leſquels il faiſoit la guerre en la coſte de Normandie, principalement au *Pas-au-beuff* qui eſt une petite eſcale de Pontorſon tenu lors par le ſieur de Montgommery; avecq lequel, outre qu'il eſtoit de party contraire & huguenot, les habitans de Saint Malo avoient de mauvais meſnage pour des levées qu'il pretendoit faire dans les paroiſſes voiſines de Saint Malo pour l'entretien de ſa garniſon de Pontorſon. Ce qu'ils luy vouloient faire quitter comme finalement ils feirent.

Aveq ce peu de forces donques, led. Jonchée donna à l'iſle de Brehat où aveq quelques inſulaires il força un meſchant petit chaſteau qui y eſtoit & prit priſonnier le capitaine L'Epine Boulanger, le capitaine Le Four & quelques autres de commandement. Et de là eſcrivit aux habitans par lettres qui furent ouvertes au Conſeil le lundy 3ᵉ juin 1591, par leſquelles il demandoit du ſecours & quel ordre les habitans de Saint Malo vouloient qu'il tenîſt en la conſervation de lad. iſle. Sur quoy fut adviſé de luy envoier trente ou quarante hommes aux frais du butin fait en lad. iſle & qu'il ſeroit eſcrit au ſieur de Saint Laurens à ce qu'il pourveut, ſi bon lui ſembloit, à la conſerva-

---

(1) 1ᵉʳ juin 1591. — Eſt permis au capitaine Jean Jonchée ſieur des Portes d'armer & eſquiper navires pour faire la guerre aux ennemys par ce qu'il ne pourra prendre ſur les Angloys, Allemans, Hirois & Eſcoſſois & amenera les priſes qu'il fera en ce lieu pour les faire juger, & particulierement eſſayera ſurprendre les ennemys qui ont pris l'iſle de Brehat & demolir leurs fortifications (*Reg. des Délib.*).

tion de lad. iſle n'eſtant pas le deſſein deſd. habitans de ſ'en charger (1).

Le 4ᵉ jour du meſme mois, fut en Maiſon de ville ordonné faire proclamations & deffences qu'aucuns eſtrangers, meſme les regnicoles, n'euſſent à ſe marier en lad. ville, & commandement aux refugiez en icelle puis les troubles de ſ'en retirer dans breffs jours. Et furent faits autres regles pour eviter au danger deſd. nouveaux ſurvenuz en lad. ville.

Et par ce que des le 7ᵉ du mois de may, comme vous avez peu voir, il avoit eſté ordonné au Conſeil, ſoubz le bon plaiſir du corps general, que le procureur ſindic repreſentant le cheff de la ville & chaſteau auroit les meſmes grades & honneurs qu'au paſſé avoient les capitaines dud. chaſteau; apres lecture des autres concluſions & de la ſuſdite, elle fut loüée & ratifiée. Et en conſequent de recheff conclud que led. procureur ſindic auroit à l'advenir les meſmes honneurs, grades & qualités qu'au paſſé avoient les capitaines de la ville & chaſteau.

L'8ᵉ dud. mois de juin, Jan Jonchée Les Portes preſenta ſa requeſte au Conſeil tendante à l'adjudication de bonne priſe des capitaines L'Epine, Le Four & quelques autres ſoldats pris en Brehat & outre de deux bateaux de Grandville par luy auſſi pris. Sur quoy fut renvoié par devant Mʳᵉ Blaiſe Simon, advocat de la Court, refugié en lad. ville, pour informer de ceſd. priſes & faire interroger les priſonniers. A quoy ayant vacqué led. Simon & du tout fait ſon raport au Conſeil, le lundy 10ᵉ dud. mois furent leſd. priſonniers & bateaux par le Conſeil adjugés de bonne priſe aud. Jonchée aveq pouvoir d'en diſpoſer ainſi qu'il verroit. Et quant aux mariniers deſd. bateaux furent congediés pour ſe retirer ſans rançon.

Les ennemis du repos de lad. ville n'oublioient rien qui peuſt ſervir à en troubler le calme, mais faiſoient preſcher au ſcandale de tous contre les actions des gens du Conſeil eſtably, juſqu'à

---

(1) Ce pendant leſd. ſoldats qui ont conquis lad. iſle & ceux qu'on y envoie feront advertis ſe comporter honneſtement ſans faire aucun ravaige ny ennuy aux iſliens, ains les traicter le plus doucement que faire ſe pourra (Reg. des Délib., 3 juin).

faire, le mardy 11ᵉ de juin, prefcher par un doƈteur theologal nommé *Falon*, que le Confeil de lad. ville deliberoit des chofes fottes contre l'honneur de Dieu & fon eglife. Ce que led. jour raporté au Confeil & mis en deliberation furent deputés aucuns pour parler aud. doƈteur, pour paffé de ce en faire raport au lendemain à l'Affemblée generale.

Et en fuite, des le lendemain 12ᵉ, les deputés vers led. Falon font leur raport en la Maifon de ville generale & difent avoir fait leur legation aud. Falon, lequel leur auroit dit ne devoir leur rendre raifon de ce qu'il prefchoit, neantmoins n'avoir entendu taxer le Confeil de la ville, ains en termes generaux entendu des confeils des princes & grands feigneurs; neantmoins quoy, luy avoir fait entendre qu'il y avoit ample information de ce qu'il auroit prefché & qu'il advifaft à l'advenir de regler fes predications, à faute de quoy & f'il luy advenoit de prefcher fcandaleufement qu'il feroit mis hors lad. ville comme perfonne feditieufe [1].

Le 15ᵉ juin, fut ordonné au Confeil que Jan Gouverneur Saint Eftienne & Julien Crofnier Touffan ayantz entendu aux reparations & fortifications pour le fervice de la ville auroient, fçavoir led. Gouverneur 80 efcus par an & led. Crofnier 60 efcus, au prorata du temps qu'ils auroient fervy.

Led. jour de fabmedy 15ᵉ jour de juin, apres midy, fut affemblée la Maifon de ville generale, où furent prefentées trois lettres du fieur duc de Mayenne en diverfes dattes que le Procureur avoit receu le matin par un religieux [2] aveq deux Arrefts de la Cour du Parlement de Paris. De tout quoy, lettres & Arrefts, la teneur enfuift [3].

---

[1] Cf., p. 300.

[2] Par F. Gilles Blouin, religieux du couvent des Cordeliers de Caen & forbanj dud. lieu pour avoir tenu le party de la Sainƈte Union (*Reg. des Délib.*, 15 juin).

[3] Ces pièces manquent dans le Ms. 5553. Nous les empruntons au regiftre des **Délibérations** (f° 199, v°).

Lettre du duc de Mayenne.

MESSIEURS, l'affemblée à laquelle je vous conviay dernierement par mes lectres pour refouldre avecq l'avis de toutes les provinces des moiens qui fe trouveroient plus expediens pour l'avencement de noftre saincte Religion & bien general de ce royaume aiant efté intermife pour quelques confiderations, j'ay depuis avifé qu'il eftoit neceffaire pour le bien de cet eftat de continüer & pourfuivre la fin de cefte convocation, de laquelle je fuis mefme requis & invité par Meffieurs de la Court du Parlement de Paris; au moyen de quoy, je vous prieray de faire plus promptement que vous pourrez ellection de vos deputez, fi defjà ne l'avez faict, & les faire partir en toute dilligence avecq l'efcorte que leur donnera pour feurté de leur voiage Monfieur de Mercueur, gouverneur de la Province, auquel j'efcrips particullierement à ceft effect, defirant qu'ils fe puiffent rendre en cefte ville de Reins le dernier jour de may prochain ou plus toft, f'il eft poffible, où j'ay pareillement affigné les deputez de toutes les autres provinces pour, avecq voftre meûre deliberation prinfe de l'avis de tous les corps & ordres de ceft Eftat, pourveoir aux meilleurs remedes qui fe pourront trouver pour la confervation de noftre saincte Religion & bien de ceft Eftat. A quoy il n'y a point de doubte que nous emploians avecq le zelle & droicte intention que nous devons & que je m'affeure que chafcun de nous y aportera, Dieu ne nous en face reffentir les fruits falutaires pour l'avencement de fon sainct fervice & manutention de ce royaume. De quoy je le fuplye de tout mon cœur, & qu'il vous tienne, apres m'eftre recommandé à vos bonnes graces, Meffieurs, en fa saincte & digne garde. Efcript à Reins, le 23ᵉ jour d'apvril 1591.

Voftre tres-affectionné amy

CHARLES DE LORAINE.

Et plus bas : *Pericard* & en superscription : *A Messieurs les eschevins, conseillers & habitans de la ville de Saint Malo.*

Autre lettre de mondict seigneur.

MESSIEURS, j'ay sceu avecq un regret indicible le desastre avenu au sieur de la Planche vostre député, lequel, s'en retournant vers vous amplement instruit des affaires sur la charge que vous luy aviez donnée, a esté submergé à la vuë du Havre de Grace sans avoir peu estre secouru [1]. Et encores que vous aiez rendu preuve de votre vraye affection à ceste saincte cause & à mon particulier par des tesmoinages incroiables; j'esperois que son arrivée vous confirmeroit d'aventaige en ceste bonne volonté & vous aporteroit toute satisfaction en ce que vous desirez de moy. Mais en attendant que vous en aiez plus particuliere asseurance par un gentilhomme des miens que je vous enverray un de ces jours, vous recevrez avecq celle cy un *duplicata* des lectres dont led. feu sieur de la Planche m'avoit requis de vostre part, vous priant au surplus, suyvant l'instance que je luy avois faicte pour vous en parler, trouver bon puisque vostre Evesque tient le party contraire que Monsieur l'evesque d'Avranches, vostre voisin, de la fidelité & affection duquel vous avez assez de preuve, jouisse du revenu de vostre dit evesché au lieu du sien qui est occupé, en attendant que par Sa Sainteté autrement en ait esté ordonné. Cela l'obligera d'avantaige à ce qui sera de vostre bien & conservation, & moy en particulier n'auray moings de subject de vous en vouloir du bien & de le recognoistre en quelque autre endroit, de sorte que vous aurez occasion de croire que c'est chose qui m'a esté tres-agreable. Et remettant le surplus à ma premiere depesche, je prieray Dieu,

---

[1] C'etait un faux bruit. Voyez à l'Index *Pierre Pepin sieur de la Planche.*

Messieurs, apres m'eftre recommandé à vos bonnes graces vous avoir en fa fainéte & digne garde. A Reins, le 25ᵉ jour d'avril 1591.

Voftre tres-affectionné amy

CHARLES DE LORAINE.

Autre lettre de mon dict feigneur.

MESSIEURS, je m'eftois preparé avecq beaucoup d'affection au fecours de la ville de Chartres & m'eftois defjà avencé avecq quelque cavallerye que j'avois affemblée efperant eftre en peu de jours renforcé d'un bon nombre d'autre que j'avois mandé d'ailleurs en intention de marcher à force ouverte pour effayer par ung bon effect de lever le fiege & delivrer lad. ville affiegée, n'aiant cependant perdu aucune occafion d'y faire entrer quelques hommes pour le foulaigement des affiegez, &, durant l'attente de ces gens de guerre qui ont apporté plus de longueur que la neceffité des affaires ne requeroit, je n'ay voulu perdre temps & l'ay employé à la liberté de la riviere de Marne pour la commodité de la ville de Paris qui s'en eft refentye par ung grand convoy de bleds & vivres, aiant pris par force Laigny, La Ferté foubz Jouarre & la ville & chafteau de Chafteau-Thierry, où Dieu m'a affifté d'un fuccez auffy heureux que j'euffe fceu defirer. Je fuis venu en cefte ville pour donner ordre à quelques affaires preffées & importantes comme vous verrez par d'autres defpefches qui vous feront envoyées; & n'eftant cefte cy à autre effect, je prieray Dieu, Meffieurs, qu'il vous tienne en fa fainéte & digne garde. A Reins, ce 25ᵉ jour d'avril 1591.

Ainfin figné : Voftre tres-affectionné amy

CHARLES DE LORAINE.

Arreſt de la Cour de Parlement ſur le pouvoir de Monſieur le duc de Mayenne, Lieutenant general de l'Eſtat royal & Couronne de France.

Extraict des Regiſtres du Parlement.

Sur les remonſtrances faictes à la Court, toutes les chambres d'icelle aſſemblées, par le Procureur general du Roy, & la matiere miſe en deliberation, la dicte Court a ordonné & enjoinct à toutes villes, communautés & perſonnes de quelque eſtat, qualité, dignité & condition qu'elles ſoint, de recongnoiſtre, reſpecter & honorer le ſieur duc de Mayenne, pair de France, comme Lieutenant general de l'Eſtat royal & couronne de France, luy porter en ceſte qualité toute obeiſſance düe; & leur a fait inhibitions & deffences de dire, faire ou entreprendre choſe tendant à diminution de ſon pouvoir & auctorité & aura led. Procureur general commiſſion pour informer des contraventions qui feront faictes au preſent Arreſt, lequel à ceſte fin ſera leu & publié en jugement mardy prochain à la prononciation des Arreſtz, à ce qu'aucun n'en pretende cauſe d'ignorance. Faict en Parlement, le 6ᵉ jour d'avril 1591.

Publié en jugement à la prononciation generale des Arreſtz, le 9ᵉ jour dud. moys d'avril. Et ſuyvant la requeſte faicte par le Procureur general du Roy, la Court a ordonné & ordonne que led. Arreſt ſera leu & publié en jugement en tous les ſieges royaux de ce reſſort, l'audiance tenant, & à ceſte fin l'extraict d'icelluy envoyé aux ſubſtituz dud. Procureur general du Roy pour en faire les dilligences & en certiffier lad. Court ſix ſepmaines apres avoir iceluy receu.

Autre Arreſt.

Extraict des Regiſtres du Parlement.

Sur les remonſtrances faictes à la Court, toutes les chambres d'icelle aſſemblées, par le Procureur general du Roy, lad. Court a arreſté qu'elle envoira vers le ſeigneur duc de Mayenne aucuns du corps d'icelle pour l'advertir, que, pour obvier aux deſordres qui proviennent par faute d'intelligence & correſpondance entre les villes de l'Union, il ſeroit à propos enjoindre aux villes capitales des provinces de deputer quelque notable perfonne pour eftre à la fuite afin de recevoir fes commandements, entendre fes volontez & les faire entendre à leurs provinces, conferer les uns aveq les autres des moyens d'unir foubz fon obeiffance toutes les provinces & de remeftre & reftablir l'ordre ancien des finances, & par mefme moyen fera led. feigneur Duc requis & fuplié de prendre led. corps de Parlement en general & en particulier en fa protection, conferver l'honneur & dignité dud. Parlement & maintenir les anciens privillaiges d'icelluy fans permettre qu'ilz foient enfraintz & violez en aucuns des officiers dud. corps. Et à cefte fin ont efté commis & deputez Mre Pierre Le Maiftre, Prefident es Enqueftes de la Court, & Jan Du Vivier, confeiller en icelle. Faict en Parlement le 6e jour d'avril l'an 1591, figné *Du Tillet*.

Collationné à l'original par moy confeiller & fecretaire d'Eftat, figné *Pericard*.

Apres laquelle lecture, fut conclud que les deputez pour dreffer les memoires de Michel Frotet fieur de la Bardeliere & de Pierre Pepin fieur de la Planche, commis pour aller trouver le fieur duc de Mayenne, renouvelleroient leurs lettres miffives qu'ils efcrivoient aud. fieur Duc & le remercieroient du foing qu'il a du repos & confervation de lad. ville. En outre confentirent lefd. habitans procure à leurs deputés pour affifter aux Eftats generaux (1). Et furent icelles lettres & Arrefts communiqués aux gens du Chapitre pour d'un commun accord en faire faire publication.

Auffy fut remonftré en l'Affemblée qu'un chanoine, nommé Mre Pierre Rihouey, du titre de Saint Nicolas, avoit efté recongneu cy devant adherer aux factions de ceux qui n'aimoient pas le repos de cefte ville & avoit efté par les gens du Confeil jugé devoir eftre mis hors icelle. A quoy ils n'avoient voulu paffer outre que cela ne fut reprefenté au general. Ce que mis en deliberation, la Maifon de ville ordonna qu'il feroit contraint fortir dans quinzaine.

---

(1) Les proprietaires du navire *le Feuis* allant à Rouan feront accommodez de deux petis canons de fonte verte appartenant à la ville, par ce qu'ils ne feront charger led. navire d'une trop grande charge tant afin que plus aifement ils puiffent paffer & mieux fe battre contre les ennemys qui les voudront atacquer que pour accommoder les deputez vers Monfeigneur de Mayenne qui paffent au dit navire (*Reg. des Délib.*, 15 juin).

Et le 17ᵉ dud., au Conseil, le Procureur ayant remonstré la deliberation de l'expulsion dud. Rihouey il fut advisé qu'on rassembleroit la Maison de ville pour sçavoir si elle jugeoit le temps de son issuë devoir estre abrevié.

Furent, ce mesme jour, en lad. assemblée du Conseil, apparuës deux lettres missives que Jan Jocet sieur du Cremeur, connestable de Saint Malo, escrivoit à Dinan, lesquelles il adressoit à André Morel Bretonniere de Vitré & à Jan Le Breton sieur de Launay estans aud. Dinan, datées du 15ᵉ de juin. Desquelles apres lecture faite, avoit esté mandé au Conseil Pierre Morel, serviteur dud. Bretonniere, & de Vitré, qu'on auroit trouvé saesy desd. lettres, qui dist les avoir receües dud. sieur de Cremeur pour delivrer à leurs adresses; apres laquelle interrogation fut fait commandement à un huissier du Conseil d'aller advertir led. Cremeur de venir parler aux sieurs dud. Conseil qui feist responce ne le pouvoir faire & qu'il feroit tort à son maistre, entendant le duc de Mercueur. Quel refus veu, furent chargés Jacques Boulain Sainte Anne & Gilles Eberard sieur du Colombier d'aler le trouver pour sçavoir s'il advoüoit lesd. lettres & qui sont ceux de qui il entend parler par *le petit nombre des gens de bien*.

Et des le lendemain 18ᵉ dud. mois, deliberant sur l'expulsion de Saint Nicolas, chanoine, fut conclud que commandement luy feroit fait de se retirer le lendemain pour tous termes.

En pareil, le Procureur ayant apparu en l'Assemblée generale les deux lettres de Cremeur & d'icelles fait lecture, & veu les advertissements qu'il donnoit des affaires de ceste ville & des deliberations du Conseil, entendu le refus dud. Cremeur d'obeir au Conseil; ouïs aussi Jaques Boulain & Gilles Eberard vers led. Cremeur deputez qui ont raporté avoir parlé à luy qui a advoüe avoir escrit lesd. lettres, par lesquelles il ne pense avoir rien escrit prejudiciable au Corps general, & que, sur la demande luy faite de ce qu'il entend parler par ce mot de « petit nombre des gens de bien, » leur auroit fait responce que c'estoit d'une petite troupe d'harquebusiers qu'il avoit aux champs. Sur quoy & sur les remonftrances dud. Procureur fut conclud que led. fieur de Cremeur feroit prié fe retirer dans la fin du mois (1).

Le 19ᵉ juin, raport fut fait par Jan Chevillé fieur de la Briantas avoir adverty Saint Nicolas de fe retirer qui luy auroit refpondu qu'il en confereroit au Chapitre (2).

Et le lendemain 20ᵉ dud., fe prefenterent trois chanoines du Chapitre au Confeil, remonftrans avoir efté deputés de leur Chapitre pour prier Meffieurs du Confeil ne tirer à confequence l'ordonnance de l'expulfion de Saint Nicolas. Difans iceux chanoines le Confeil n'avoir juridiction fur luy & qu'il n'eftoit point feditieux comme il a efté accufé, mais fort doux et paifible. A quoy ceux du Confeil auroient fait refponce ne pouvoir rompre lad. ordonnance pour avoir efté arreftée par le Corps general. Et furent deputés nommez pour prier Meffieurs du Chapitre (3) ne trouver mauvais lad. ordonnance & que cela ne regarde aucunement le corps de leur Chapitre, mais la perfonne de cet homme turbulent & factieux, & qu'au parfin ils entendent luy faire practiquer l'ordonnance.

Fut auffi apparuë la miffive efcrite au fieur duc de Mayenne par Bardeliere & La Planche vers luy deputez dont la teneur enfuift (4).

---

(1) 17 juin 1591. — Commiffion delivrée à Bernart Le Gueré & autres de Brehat pour armer une patache afin de courir fus aux ennemis du Saint Party (*Reg. des Délib.*).

(2) 19 juin. — Lettres de courfe octroyées à Pierre & Allain Gravé moyennant une caution de 2,000 efcus.

Secours de poudre & canonnier aux gages de la Communauté accordés aux religieux de Saezambre pour la défenfe de leur île.

Envoi d'une Lettre de Pierre Le Bigot fieur du Breil, procureur des Bourgeois de Fougeres, au duc de Mercueur, afin de l'avertir « au fujet du fieur de la Noue qui a paffé Laval & Vitré. »

20 juin. — Secours de 100 efcus remboursables en Efpagne par lettres de change accordé à Manuel d'Andrade, Portugais, porteur de lettres de Sa Majefté Catholique au prince de Parme, qui fe charge d'une lettre des habitants pour ce dernier (*Id.*).

(3) Dont ils font tres-fideles ferviteurs, les refpectant comme leurs feigneurs fpirituels & temporels (*Id.*).

(4) *Reg. des Délib.* à la date du 20 juin (f° 207, r°).

Lettre des habitans de Saint Malo au sieur duc de Mayenne.

Monseigneur,

Il y a deux moys passez que nous avons deputé deux de nos habitans, les sieurs de la Bardeliere & de la Planche en intention d'accompagner le sieur de la Feburye pour vous aller trouver & vous faire entendre & representer ce qui s'est passé à ces cartiers depuis l'arrivée du sieur de la Planche & pour vous suplier tres-humblement, apres vous avoir rendu graces de tant de bienfaictz qu'il vous a pleu nous faire, nous continüer les bonnes affections qu'il vous plaist nous porter & donner à nos deputez le contantement que vous jugerez estre necessaire pour le maintien & conservation de ceste ville. La cause d'un sy long retardement à nosd. deputez a esté la contrarietté du temps qui jusques à present les a retenuz à nostre grand regret, mais, comme la longueur du temps amene tousjours nouveaux sujectz, nous avons rechargé nosd. deputez de vous representer tout ce qui s'est passé depuis le partement du sieur de la Feburye. Depuis lequel temps & puis huit jours, nous avons receu vos lettres du 25e avril aveq le *duplicata* des lettres que vous aviez octroyées aud. sieur de la Planche en nostre faveur. De quoy nous avons receu ung tres-grand contantement pour avoir congneu la continuation de vos bonnes volontez & du soing qu'il vous plaist avoir de nous. Nous avons aussy donné à nosd. deputez charge & pouvoir de se presenter aux Estats par vous convocquez avecq les autres deputez des provinces, villes & communautez catholicques & pour se tenir pres de vous afin de recevoir voz commandementz, pour l'execution desquelz nous sommes tousjours pretz d'employer nos vyes & moyens pour la deffence de nostre saincte religion cath., ap. & rom., & vostre service particulier. De quoy nosd. deputez vous pouront plus particulierement asseurer, comme aussy ilz vous informeront de l'estat de nostre evesque, de son revenu & mesme de ses comportemens depuis son arrivée en ceste ville, & du soing que nous avons à la conservation de ceste place que nous preferons, apres l'honneur de Dieu & vostre service, à toutes autres choses considerans l'importance d'icelle. Et nous remetans au parfur en nosd. deputez pour plus particulierement vous representer nos comportemens en l'establissement de nostre conservation & des choses necessaires à nostre maintien, nous vous suplions tres-humblement les voulloir ouyr & croire ce qu'ils vous diront de nostre part & continüer en noz endroicts l'affection & bonne volonté qu'il vous plaist nous porter à ce que nous puissions en continuant l'affection que nous avons à noſtre ſainɥe cauſe & voſtre ſervice particulier demeurer à jamais obligez à prier Dieu, Monſeigneur, qu'il vous doint en parfaiɥe ſanté tres-longue & tres-heureuſe vye. A Saint Malo, ce 20ᵉ juin 1591.

Vos tres-humbles & tres-obeiſſans ſerviteurs,

Les bourgeois & habitants de Sainɥ Malo.

Le meſme jour 20ᵉ juin, furent envoiés deux deputez vers monſieur l'eveſque de Leon, nagueres refugié en ceſte ville, l'advertir que quand aucuns eſtrangers y veulent ſ'eſtablir & ſejourner ils ont recours au Conſeil de la ville pour avoir d'eux permiſſion d'y reſider, & outre le prier de ne vouloir prendre congnoiſſance des affaires de la ville. Ce qu'il promiſt faire & les remercia de l'advis ⁽¹⁾.

Le 28ᵉ juin, au Conſeil, ſur lecture faite d'une miſſive du ſieur de Villeſerin, lors commandant à Dinan, diſant que le comte de Chemilly avoit mis hors le chaſteau de Miniac nombre de ſoldats qui y eſtoient, leſquels ſ'eſtoient jettez en la maiſon de Saint Meleuc en Pleudihen, que les ayant fait recongnoiſtre auroit trouvé ne les pouvoir prendre ſans canon. Pour quoy prioit les habitans l'accommoder de canon & de nombre d'hommes pour attaquer & prendre cette maiſon. A quoy il fut reſpondu qu'on lui preſteroit trois canons de fer coulé ſemblables à ceux qui avoient eſté portez à la priſe du Guemadeuc, avecq des poudres, bales & munitions. Mais qu'ils ne pouvoient fournir d'hommes à preſent. Ce refus d'hommes eſtoit pour le mauvais meſnage auquel nous eſtions deſjà aveq le ſieur de Mercueur & les ſiens.

En ce temps, furent pris pluſieurs bateaux par diverſes pataches armées en guerre, de Saint Malo; partie deſquels furent adjugées aux preneurs au 28ᵉ juin.

Et d'autant que la guerre eſtant entre l'Anglois & l'Eſpagnol,

---

(1) 22 juin. — Repriſe par ordre du Procureur d'un bateau de Plancoüet capturé devant Liſlerboux, à la ſortie de Saint Malo, par les ſoldats du capitaine Roger & reſtitution aux marins de Plancouet dans l'intérêt de la conſervation du commerce.

26 juin. — Permiſſion à Joſſelin Croſnier Rouaudaye d'armer des pataches pour faire la guerre aux ennemis pendant un mois, moyennant caution de 2,000 écus (*Reg. des Délib.*)

plufieurs Anglois fe fervoient d'aucuns de Saint Malo pour faire trafic en Efpagne; ce qui eftoit grandement prejudiciable au commerce de lad. ville; fut par decret du corps general du lundy 1er de juillet publié deffenfes à toutes perfonnes habitans de lad. ville de non prefter fon nom auxd. Anglois, & auffi deffendu d'aller aux ifles de Jarzé, Grenefé ou Angleterre trafiquer, fur peine d'eftre defclarez ennemys & eftre chaffez hors lad. ville, aveq deffences à toutes perfonnes, notamment aux femmes des bannys pour le party du roy de Navarre, d'aller aufd. lieux d'Angleterre & ifles fufdites fans permiffion du Confeil fur les mefmes peines. Et lad. ordonnance fans prejudice que les Anglois & autres defd. ifles peuffent venir librement en cefte ville, en laquelle libre accez & recez leur eftoit concedé par lad. ordonnance.

En la mefme Affemblée, fut remonftré par le Procureur que les foldats du Pleffeix-Bertran, tenant le party de l'Union, pilloient & ravageoient marchans & toutes fortes de gens venans en cette ville au grand dommage d'icelle. Sur quoy fut refolu qu'on deputeroit à Dinan, vers le confeil du fieur duc de Mercueur y eftably, pour en faire pleinte; aveq declaration qu'on feroit qu'à faute auxd. foldats de f'en abftenir les habitans y pourvoiroient par voie de fait.

Et fut auffy, foubz pretexte du feu que les ennemis fe jactoient mettre aux navires, ordonné une compagnie de 25 hommes pour coucher la nuit hors la ville pour empefcher ce deffein.

Pendant le fejour que le fieur de la Landelle feift à Dol avecq fa compagnie de gens de pied arriva la perte de nombre des fiens par l'accident que je vous vais dire. Le navire *le Croiffant* que vous avez entendu avoir relafché en Blavet pour crainéte de l'armée Angloife arrivant depuis à Saint Malo, tirant, comme c'eft la coutume, une volée de canon à l'arrivée, un canon de fer coulé rompit qui feift un grand oultrage au vaiffeau, & entre autres maux arriva que Jaques Pepin Pré-Lambert qui en eftoit capitaine tomba & f'offenfa la tefte, de laquelle bleffure enfin il mourut. Mais avant fa mort fut mandé venir à Saint Malo un excellent chirurgien de Dol nommé ou apellé Lourmaye, lequel ayant quelque temps traité le malade reprift chemin pour venir à Dol, mais par la mer, & venoit pour defembarquer au Vivier en la grefve de Dol. Pour faire efcorte auquel chirurgien à fon defembarquement & le conduire à Dol, fut efcrit aud. fieur de la Landelle qu'il euft envoié aucuns des fiens pour le recevoir au Vivier. Suivant quoy, des le foir vegille du Sacre, il commanda à Des Gouets, premier fergent de fa compagnie, eftranger, de prendre une dixaine de foldats, & allaft au Vivier à l'effect que deffus. Mais Paul Heurtaut le Tertre, lieutenant de lad. compagnie, avecq nombre de jeuneffe, voulurent eftre de la partie, fans qu'il fuft au pouvoir du capitaine d'empefcher ce fang bouillant d'y aller.

Et de fait, le matin du jour de la Fefte-Dieu de l'an 1591 [1], partirent de Dol fous lefd. lieutenant & fergent trente hommes en tout qui allerent au Vivier & affeirent leur corps de garde, attendant l'arrivée du bateau qui devoit apporter le chirurgien, dans de vieilles mafures qui font fur le pont dud. Vivier. Et à peine avoit retourné au corps de garde le fergent qui venoit de pofer des fentinelles aux advenuës qu'on entend du corps de garde les coups d'harquebufe que tirerent lefd. fentinelles. Ce qui mift l'allarme au corps de garde où l'une des fentinelles retirée apres fon coup tiré les advertift de nombre de cavaliers furvenus.

Or cette troupe eftoit celle de Montgommery, capitaine de Pontorfon, qui avoit cinquante montures qui attendirent qu'environ fix vingts hommes de pied qui les fuivoient fuffent arrivez, lefquels finalement venus, apres quelque efcarmouche entre les uns & les autres, furent finalement contraints les Malouins par le nombre de fe retirer dans ces mafures, affez bien percées, mais fans aucun toict ny couverture. Dans lefquelles fe deffendans bravement & longuement ils feirent perdre la vie à un appellé Villaines, gentilhomme fort bien

[1] 13 juin.

voulu de Montgommery, & à plufieurs foldats. Ce que voiant Montgommery les fait fommer fe rendre. A quoy finalement ils entendirent & capitulerent de fortir, vie, bagues & armes fauves, aveq liberté de fe retirer à Dol. Mais contre cefte promeffe ainfi jurée par Montgommery au fergent Des Gouets qui fortit fur hoftages pour prendre fa parole, lorfque ces gens de bien fortirent, il en fut tué de fang froid jufques à douze & le refte retenus prifonniers & menez à Pontorfon fauf quatre ou cinq qui joüerent d'efchapatoires apres eftre pris.

Le bruit de cette attaque venu à Dol au temps qu'on aloit à la proceffion du Saint Sacrement, le capitaine Landelle envoie advertir le fieur evefque de Dol, lors malade au lit, & luy demande permiffion de fortir, ce qui luy fut accordé; & led. evefque commanda à Ville Hatin, capitaine de fes gardes, car tout le monde en ce temps là faifoit le roy, qu'il euft auffy forty. Si bien que le tout recueilli Landelle fort, & avec lefd. gardes faifoit environ fix vingtz hommes, fans aucune cavalerie fors quatre gentilfhommes Normans refugiés à Dol qui monterent à cheval. Et les premiers arrivez au Vivier retournent dire aud. Landelle & gens de pied qui f'advançoient au grand pas que c'eftoit fait & qu'il y avoit des morts tant des uns que des autres quelques vingt cinq hommes. Neantmoins il donna jufques là & donna ordre de faire apporter les fiens à Dol qui furent enterrez en l'eglife des Carmes de Dol. Quant à ceux de l'en-nemy, ils demeurerent pour partage des chiens & des corbeaux.

Les noms des morts en cette occafion font : Guillaudeu, Marc Heurtaut de Vitré, Jan Eon Salmonnas le jeune, Jan Leroy Villechenet, Laurens Renoul, Jan Madre, Olivier Le Breton, Pierre Lafne, Jan Moynet, Jaques Alouis, Julien Hamel, Guillaume Touaifnon, Guillaume Regnardeau..... les prifonniers furent : **Paul Heurtaut Le Tertre**, lieutenant de la compagnie; le fieur des Gouets, fergent eftranger; Jan La Choüe Gour-doüere, Joffelin Crofnier L'Ourmelet [1]...

---

[1] M. de Mongommery a dreffé une embufcade le jour du Sacre dernier à ceux de Dol & de Saint Malo qui alloient en proceffion à Mont Dol où il les a tres-bien

Le second dimanche apres led. jour du Sacre, le capitaine Landelle eut en partie sa revanche sur ceux du party contraire. Mais elle eust esté bien entiere sans la faute d'un nommé le capitaine La Riviere qui par faute de congnoissance se retira trop tost, dont vous entendrez en ce discours suivant; pour de quoy vous donner plus de lumiere, il faut prendre la chose d'un peu plus loing.

Vous avez cy devant peu voir comme il y avoit de mauvais mesnage, outre la cause generale, entre les habitants de Saint Malo & Montgommery sur les subsides que vouloit lever Montgommery sur les paroisses du Clos de Paulet que les habitants entreprenoient de maintenir. Sur quoy & sur la continüation des deportemens de Montgommery qui persistoit à les cotiser & contraindre, ceux de Saint Malo luy avoient mis en teste deux pataches qui sans cesse estoient en la coste du Pas-au-beuff & prenoient tout ce qui y alloit & venoit. Ce qui incommodoit grandement Montgommery qui au moien de ce passage tiroit de grands devoirs sur les marchandises allantes & venantes. Et non seulement Pontorson en demeuroit incommodé, mais de plus Grandville en ressentoit tout plein de dommages; car le voisinage est tel que lesd. pataches couroient sans cesse vers Grandville & prenoient tout ce qui alloit & venoit comme sur gens de party contraire.

De quoy piqués ceux de Granville, le dimenche susd., ayans dans leur havre deux navires tout prestz, l'un un navire flibot qui chargeoit des toilles de Noyalles pour Flandres & qui estoit à demy plein desd. toilles en balot & un autre nommé *l'Asne* de Grandville se resolvent à se delivrer de l'importunité de ces pataches. Et pour ce faire font embarquer dans les deux navires grand nombre d'hommes, parmy eux la fleur & eslite de toute leur ville & sortent apres ces pataches. Lesquelles, se voiant

estrillez, & en est demeuré plus de 30 morts & grand nombre de prisonniers avec un gros butin, dont il en est venu en ce jour partie en ceste ville (de Rennes) pour vendre y envoyé par les soldats; on a depuis continüé, & ce butin est pour tout certain.

(Journal de M° Pichart, 15 juin.)

pourfuivies & la partie n'eftre pas tenable pour la difparité des uns navires aux autres, fe refolurent à la fuite et furent contraints pour fe fauver d'affever dans la greve foubz le Vivier. Et comme elles eftoient de moindre tirant d'eau que les Granvillas, elles ne peurent eftre joinctes & auffi les hommes fe fauverent à terre & f'acheminerent à Dol. Ceux qui commandoient aufd. deux pataches eftoient deux freres, l'un Jan Jonchée fieur des Portes & l'autre fon frere Bertran Jonchée Les Moulins. Lefquels arriverent à Dol fur les midy & en l'efpouvante qu'ilz apportoient feirent entendre à Landelle ce que vous avez ouï, adjouftans que les deux navires affeveroient auffi & qu'ils fe pourroient prendre, difans avoir quelques canons en leurs pataches qui ferviroient à batre lefd. navires & qu'il n'eftoit befoing que de poudre. Occafion qu'affez peu inftruit de ce rapport, licence du fieur evefque de Dol obtenuë, Landelle rallia fa troupe, à laquelle fe joignirent plufieurs gentilfhommes refugiés à Dol, entre autres le fieur de Guerman, La Motte-Chaux [1] & autres. Se joignit auffi le capitaine La Riviere, Poitevin, qui avoit environ vingt hommes, & encores plufieurs volontaires. Et avecq ce fort de Dol, ayant auparavant fait fortir Boiffufé, Aubigny, La Lande-de-Rou & une bonne troupe de Normans cavaliers, qui puis fix jours eftoient arrivez à Dol, qui precederent les gens de pied au Vivier. Où arrivez lefd. cavaliers & voyans ce flibot efchoüé à fec, f'aprocherent faifans bravades, mais les plus hardis fe retirerent promptement, ayant efté accueillis à belles harquebufades entremeflées de canonnades qui en blefferent aucuns & leur tuerent quelques chevaux.

Les gens de pied arrivez & veu l'eftat de cet affaire, Landelle envoie au village pour querir du bois & des haches pour rompre le navire & y mettre le feu, mais on ne trouva aucun bois mais bien de la paille dont furent apportés quelques fais & cinq petits hachots bufcherons, avecq quoy, apres qu'à bort des pataches on eut fait boire les gens de pied, leur fut commandé de f'ef-

[1] La Motte-au-Chauf.

pandre & fans fe tenir joingtz en aucune façon on donnaft deffous le navire flibot ainfi affevé; le commandement accompagné de l'exemple du capitaine qui marcha le premier, une pertuifanne en une main & un de ces hachots en l'autre. Bien qu'il failloit venir de plus de quinze cents pas tout à defcouvert dans la grefve, le deffous du navire fut gaigné fans perte d'un feul homme ny bleffure aucune. Les foldats avoient commandement des qu'ils approcheroient de la portée des harquebufes de ne ceffer de tirer à travers ceux qui eftoient fur le haut du navire. Ce qu'ils feirent fi bien qu'il en mourut plufieurs du navire, entre autres deux braves hommes de Grandville, un appellé Aliaume & l'autre des Douettiz. Auquel abord furent fervis les affaillans à coups de canon & moufquets fans f'en montrer ceux du navire aucunement chiches.

Le deffous du navire gaigné, les affaillans travaillerent aveq ces petits hachots & firent fi bien que dans les regaies ou façons du navire derriere & devant ils feirent cinq trous ou pertuis, par le moindre defquels on euft paffé un chapeau, bord & tout. Et par ce que les voiles du navire eftoient demeurées tenduës fans que les verges fuffent abattuës, les affaillans effaierent d'y mettre le feu comme au cordage, ayant à cet effect lié des faifceaux de paille au bout des picques & le feu mis en la paille. Mais ceux de dedans avecques halebardes, brigades & pertuifannes, reculerent le feu qui ne put jamais prendre aux toilles, d'autant qu'il ne faifoit aucun vent & que le feu ne faifoit que monter amont, eftant d'ailleurs empefchés d'aprocher par ceux de dedans.

Voiant cet effort vain, les affaillants mettent du feu de paille dans les pertuis, mais outre que le feu de paille ne prend bien en matiere dure comme le bois de la bordaille, ceux du navire jettoient par le dedans de l'eau, de la biere & autres liqueurs pour efteindre le feu.

Et ainfi fe maintinrent l'efpace de trois heures, ne fervit leur offrir compofition, ils craignoient la revange du jour du Sacre. Neantmoins eftant le navire percé en cinq endroits comme il eſtoit, ils euſſent eſté forcés ſe rendre, mais le capitaine La Riviere, duquel mention a eſté faicte cy deſſus, voïant que la mer remontoit qui court avec violence en ces greſves & qu'elle aprochoit fort pres du vaeſſeau, s'addreſſe au capitaine Landelle & luy diſt qu'il ſe fault retirer & que la mer les y contraignoit. A quoy luy fut reparty par Landelle qu'au contraire il falloit opiniaſtrer & qu'il falloit attendre que la mer fut deſoubz par ce que ſi ceux de dedans ne ſe vouloient rendre, pour le moins les aſſaillans auroient le contentement de les voir perdre & noyer ſ'ils attendoient à ce qu'ils fuſſent contraints par la mer d'habandonner leur entrepriſe.

Neantmoins peu de temps apres, led. capitaine La Riviere ſe retire, & apres luy pluſieurs tant des ſiens que de ceux de Landelle. Lequel demeure en fin luy huit ou dixieme ſoubz le navire. Jan Morel La Grange, ſon enſeigne, le convie de ſe retirer, luy remonſtrant le peu de gens qui luy reſtoient & que ſ'il ne vouloit ſe retirer, il l'habandonneroit. Quoy voiant, il ſe retire.

Et n'eſt raiſonnable de derober l'honneur à ceux que l'honneur & le courage avoient fait demeurer juſques en l'extremité du peril aveq leur capitaine ſous ce navire. Ceux là furent : La Grange Morel, enſeigne ſuſd., Jacques Jocet Barbotas, Thomas Chenu Chaſteau Guerin, Macé Gouverneur Joſſaie, René Potier, Jan Nouël La Barre, deux pauvres ſoldats de Saint Malo cordonniers appellés Les Febures, l'eſné Boiſgry, Jan Jonchée capitaine ſuſd. des pataches, & un Eſpaignol.

Se voyant donc le capitaine Landelle reduit à ce point & ſi petit nombre de gens, en force de ſe retirer, fait ſa retraite & comme par meſpris du peril au petit pas; mais ceux du dedans du navire jugeant ceſte neceſſité de ſe retirer avoient bordé le bord de mouſquetaires qui ne furent eſchars de poudre ny de balles ſur luy ny ſes compagnons. Un deſquels, qui fut le plus jeune des deux ſoldats ſurnommés Les Febures, fut frappé d'un coup de mouſquet en l'eſpaule qui luy ſortoit ſoubz le tetin gauche; duquel coup il tomba à dents. Ce qu'apperceu par le capitaine Landelle il retourna ſur ſes pas & à l'aide du frere, l'un & l'autre prenant le blecé par le colet de fon pourpoinct, le retirerent du pouvoir des ennemis, ne voulant leur laiffer aucune chofe de quoy pouvoir fe vanter que de la perte des leurs. Ainfi relaiffez ceux du navire fautent dehors & au mieux qu'ils peurent raccomoderent le defaut de leur navire autant que la mer leur en donnaft de loifir. Laquelle les preffans furent contrains rentrer en leur navire, lequel, ayant efté bien toft apres mis à flot, tafche à rejoindre le navire de *l'Afne* qui eftoit toujours demeuré en mer; mais led. navire *l'Afne* croyant le flibot conquis & au pouvoir des Malouins ne fait que fuir vers Grandville où il entra & apres luy le flibot prefque plain d'eau. Lequel f'il euft eu encores une lieuë de courfe neceffaire eftoit infailliblement perdu pour l'eau qui entroit par les trous ainfy faits, mais Dieu en difpofa autrement.

Eft à remarquer que ce jour fut tellement chaut qu'un des foldats de Landelle, nommé Groifel, mourut de chaut, pour le moins travaillé de chaut & de foiff, en f'en retournant beuvant de l'eau du Bié de Dol, mourut tout roide en l'inftant qu'il eut bu de l'eau.

En la mefme Affemblée generale tenuë le lundy 1ᵉʳ jour de Juilet, fut conclud qu'il feroit envoié un deputé vers le roy d'Efpagne pour luy prefenter les lettres de Monfieur de Mayenne & mefnager la feureté du commerce des habitans de lad. ville en Efpagne. Tout quoy fut fait & deliberé, quelque autre pretexte de quoy on deguifaft cette deputation, pour rompre le coul aux calomnies defquelles on fçavoit que le duc de Mercueur vouloit charger les habitans vers le roy d'Efpagne pour les faire interdire en fes pais. A laquelle fin fut deputé Julien Crofnier Briantais qui en accepta la charge.

Le fieur evefque de Dol ayant prié les habitans de continüer la foude à la compagnie du capitaine Landelle & le laiffer à Dol, fut plus toft accordé 400 livres pour un mois aud. evefque, ne defirant led. capitaine tarder plus de temps en cette miferable ville où il n'y avoit honneur ny reputation à acquerir, d'ailleurs fçachant eftre fufpect au duc de Mercueur qui craignoit qu'il fe voulut emparer de la ville de Dol pour les habitants de Saint Malo, defquels il redoutoit le deffein.

En ce temps, & precifement le 6ᵉ juillet, Allain le Maire Chapelle qui nous avoit introduits au chafteau de Saint Malo, requift le Confeil que, fuivant la promeffe à luy faite de luy bailler la capitaineiie du chafteau de Solidort, il leur pleuft l'y inftaller par la remife que luy en faifoit Anthoine Courtin, capitaine en iceluy. Ce qu'ils eurent agreable & ce d'autant plus qu'ils le defiroient voir hors du chafteau de la ville, la trahifon eftant aymée, mais les trahiftres toujours fufpects comme leur eftoit led. Chapelle.

Jan Maingard Villeguguen, ayant efté deputé vers le confeil à Dinan pour faire plainte des excez que faifoit le capitaine Roger & foldats du Pleffeix-Bertran, raporta que lefd. du Confeil de Dinan auroient repondu n'avoir encores receu tels advis & qu'ils donneroient ordre de faire ceffer tous fubjects de plaintes de ce cofté là.

Auffi apparut led. Maingard une lettre du fieur duc de Mercueur dont la teneur enfuift.

Lettre du duc de Mercueur.

MESSIEURS les habitans, j'ay entendu que vous voulez mettre dehors de voftre ville le fieur de Cremeur fans en avoir fceu le fubject que je ne me puis immaginer ny que l'on le puiffe accufer que d'eftre homme d'honneur, bon catholicque, & qui en a faict pareftre les effects en beaucoup de bonnes occafions dont je puis rendre tefmoinage, fy cela ou pour m'avoir fuivy le vous rendoit fufpect vous femeriez une finiftre opinion de vous parmy les gens de bien qui vous blafmeroint toufjours fy cefte deliberation eftoit executée. Vous y penferez meûrement pour ne faire chofe de quoy vous feriez apres fafchez & croyez au demeurant que je fuys voftre bien bon & affeuré amy.

PHILIPPE EMMANUEL DE LORAINE.

Au camp de Corlay, le 1ᵉʳ de juillet 1591.

En pareil, led. Maingard feift raport au Confeil qu'à fon embarquement à Dinan le procureur du Roy à Dinan luy auroit fait fignifier un acte d'opofition fur ce que les gens du Confeil de cefte ville f'ingeroient de juger les prifes qui fe faifoient en guerre.

Ceux de Morlaix envoierent en ce temps un des leurs, appellé Francois Henry, vers le Confeil de la ville pour avoir permiffion de tirer huit à dix milliers de poudre. Ce qui luy fut permis.

Et l'8e de juillet, fut leüe une lettre du fieur duc de Mercueur, tendante à avoir quelques piques pour Lambale qui creignoit un fiege, la teneur de laquelle enfuift.

Autre lettre du duc de Mercueur.

MESSIEURS les habitans, je vous prie acommoder le capitaine Mefnaige de quelques 30 ou 40 piques pour fervir à la deffence de Lambale & les luy faire tenir en la meilleure diligence qu'il fe poura; f'il y avoit moyen d'en recouvrer d'ailleurs, je ne vous euffe demandé ce plaifir pour n'incommoder d'autant voftre ville à laquelle je les feray remplacer ou payer ainfi que l'on voudra. M'affeurant que je ne feré refufé, je ne feray plus longue lettre que pour vous dire que je fuis voftre, etc.

A Corlay, le 2e juillet 1591.

Par la lecture de cette lettre il fe collige qu'à regret led. fieur Duc avoit recours aux habitans de Saint Malo, mais qu'il ne f'en pouvoit paffer. Lefd. piques furent envoiées au nombre de 60 au Guildo pour eftre acheminées à Lambale des le mefme jour qu'elles furent demandées. Et jamais de telle promptitude n'ufoient gens du monde comme faifoient lefd. habitans en toutes leurs affaires.

En ce mefme temps, un gentilhomme de la compagnie de

Boiffufé, lors fejournant à Dol, vint en Saint Malo pour rechercher la commodité du paffaige par mer pour aller trouver le fieur duc de Mayenne; & ayant conferé au procureur findic qui en feift raport au Confeil de ce qu'atendant trouver paffaige commode ils defireroint eftre occupez à faire la guerre en ce quartier, fut advifé qu'on efcriroit au capitaine Landelle, encores eftant à Dol, fçavoir dud. Boiffufé f'il voudroit moiennant quelque honnefte prefent venir en ce Clos de Paulet faire la guerre pour affeurer la recolte des fruits lors proche à venir. A quoy ne fe peut accorder led. Boiffufé & n'y vint point, aiant d'autres deffeins.

Et le 9 juillet, fut leüe au Confeil une lettre de Villeferin, capitaine à Dinan; par laquelle il demandoit eftre accommodé de 3,000 efcus pour paier la garnifon de Dinan. De quoy on f'excufa fur faute d'argent.

Et en mefme temps fut fait lecture au Confeil d'une autre lettre des religieux & bourgeois du Mont Saint Michel tendante à ce qu'on les euft affiftés de vingt foldats & d'un canonnier. Ce qui leur fut accordé pourveu qu'ils logeaffent lefd. foldats au haut de la place, le tout aux gages de la ville de Saint Malo.

Toft apres, ce fut le 11e juillet, furent receües lettres defd. religieux infiftant fur le fecours cy devant demandé aveq promeffe de le bien loger. Mais par mefme fut receüe & leüe autre lettre du fieur de Minterre (1), capitaine de la place, qui difoit avoir entendu que lefd. religieux avoient demandé du fecours, de quoy il difoit n'avoir affaire, mais qu'il efcriroit au fieur duc de Mercueur à ce qu'il pourveuft à la feureté de lad. place & que ce pendant il mettroit peine à la garder. Sur quoy fut de recheff efcrit aux religieux les affeurant du fecours demandé, mais qu'ils f'accordaffent aveq led. Minterre & qu'ils logeaffent led. fecours au haut de la forterefle.

Et le 12e dud. mois, fut chargé le Procureur faire levée d'une compagnie de quarante foldats pour les occurences, & luy en-

---

(1) Minfterre (*Reg. des Delib.*).

chargé les enroller par le choix du fieur de la Landelle, nagueres retourné de Dol (1).

En ce temps, la dame d'Arconay fe prefente pour avoir fes biens pris en cette ville & au chafteau lors de la prife. De quoy elle eut main levée (2).

Et le 13e juillet fufd. mois, fut leüe une lettre au Confeil des religieux du Mont Saint Michel difant qu'ils avoient chaffé fept ou huit trahiftres & prioient qu'on leur envoiaft du fecours promptement & que la porte leur feroit ouverte au grand & au large. Sur quoy deliberant fut nommé La Motte Saint-Plancheix, gentilhomme Normant marié en cette ville, auquel furent baillez vingt hommes aux gages de cefte ville, & chargé de f'acheminer avec led. fecours au Mont. Ce qu'il feift des le lendemain. Mais neantmoins il ne fut receu en la place par ce qu'avant fon arrivée Boiffufé y eftoit entré.

Le 16e, fut receüe une lettre du fieur de Boiffufé qui f'eftoit jetté dans le Mont Saint Michel & une des religieux, concurentes en la demande qu'ils faifoient d'un canonnier & que commandement fuft fait à Henry Bruflé, fermier du Prieuré en Saint-Meloir, de leur paier ce qu'il devoit. A quoy fut refpondu felon leur demande.

Et en la mefme Affemblée fut leüe une lettre du capitaine Rais eftant au Guildo, difant que le prince de Dombes auroit promis mettre le chafteau du Guildo aux mains du fieur de la Mouffas (3), requerant led. fieur de Rays qu'on l'affeure fi ou non il fera affifté par les habitans de fecours en cas de fiege.

(1) 12 juillet. — Les gueuz & mandians, lefquels font puiffans de travailler feront contrainctz travailler aux rampars autrement feront chaffez hors cefte ville, leur fera payé leurs journées.....
— Les commis au Police font chargez d'aller trouver Meffieurs du Chapitre pour les prier faire commandement à leurs officiers de faire punir les blaffemateurs du nom de Dieu. (*Reg. des Délib.*)

(2) Arrêt du Confeil d'Etat du 25 avril 1590, Lettres conformes du duc de Mayenne aux habitans de S. Malo du mois d'août 1590 en faveur de « Marie de Grillet veuve de meffire Gafpard d'Arconnai fieur du Quefnay & de Roncey lequel a perdu la vye à la bataille d'Ivry contre les hereticques. » (*Id.*, 13 et 15 juillet.)

(3) La Mouffaye (*Id.*).

De quoy il fut affeuré & qu'on l'affifteroit de tout le pouvoir de la ville.

Fut en pareil receu lettre de Monfieur l'evefque de Dol en remerciement aux habitants de 300 efcus qu'ils luy auroient fait delivrer en preft cy devant par le capitaine Landelle [1] eftant à Dol.

Le 18ᵉ juillet, les proprietaires du *Saint Pierre* & du *Daufin*, navires de cefte ville, furent mandez venir au Confeil faire declaration de quel nombre d'artillerie ils eftoient faefis appartenans au fieur de Chafteauneuff, apparoir leurs actes & obligations, paier & rendre compte du loüage d'icelle à la ville, aveq promeffe de la part de la ville de garent valable.

Et le 19ᵉ fut receüe une lettre de Boyfufé eftant au Mont Saint Michel demandant fecours de vin & bifcuit. Auquel furent envoiez trois tonneaux vin & dix pipes de bifcuit [2].

Les mal contens de l'eftat prefent de la ville de Saint Malo avoient tant gaigné en l'efprit du duc de Mercueur qu'ils luy avoient imprimé qu'elle feroit divorce d'aveq le party des catholiques. Ce qui fe collige de la lecture d'une fienne lettre [3] dont la teneur enfuift, & encores que lad. ville luy rendoit de l'affiftance en ce que bonnement elle pouvoit.

Lettre du duc de Mercueur [4].

MESSIEURS, j'ay receu la voftre avecq grande joye & alegreffe de voir voftre bonne continüation à noftre fainct Party, lequel vous fortifiez avecq offres de nombre de vivres

---

(1) — Commandement au mifeur de payer à Nicolas Frotet Landelle 144 efcuz 42 ˢ. ᵗ., pour fraiz & mifes par luy faictes lorfqu'il eftoit en garnifon à Dol (*Reg. des Délib.*, 24 août).

(2) Information contre plufieurs foldats du chafteau dont un avoit dit : « Qu'ils devoint daguetter leur capitaine » & un autre : « Qu'on ne fçavoit ce que l'on brafloit aux bourgeoys. » (*Id.*, 22 et 23 juillet.)

(3) Delivrée par Mᵉ Jullien de La Toufche deputé par Meffieurs du Confeil aller trouver mond. feigneur; lequel de La Toufche a comparu ceans & faict entendre le difcours de fon voiage (*Id.*, 24 juillet).

(4) *Id.*, 24 juillet.

& munitions, chose que j'accepte de tres-bon cueur tant pour la necessité que j'en puis avoir que aussy pour ce qu'ils viennent de la part de ceux que j'ayme & affectionne beaucoup & comme j'en feray preuve & tesmoinage où l'occasion s'en pourra presenter. Ce que je vous prie de croire & vous en asseurer. Je ne desire sy tost avoir vosd. vivres & munitions pour ce que j'espere m'acheminer vers voz cartiers & en nettoyer infinyes petites places qui ruynent & gastent le pais. Là elles me pourront servir fort à propos & sans incommodité de charroy ny de voicture; & aussy en sentirez vostre commodité particuliere. Touteffois, si j'estois appellé ailleurs où il me seroit requis & necessaire d'en avoir autres que celles que j'ay, je ne faudray à vous le mander pour en ceste occasion me servir de vostre offre; où je finiray pour vous dire que je vous suys & feray à jamais vostre bien bon & plus asseuré amy.

PHILIPPE EMMANUEL DE LORAINE.

De Rotrenan, ce 13e juillet 1591.

Par ce aussi qu'on a voulu calomnier les habitans & Conseil de la ville de s'estre trop engagé au roy d'Espagne, j'ay bien voulu inserer icy la teneur des lettres escrites à Sa Majesté Catholique par Briantays, leur deputé vers elle, avecq les memoires & instructions qu'il portoit. Par où on verra que le dessein n'estoit que d'asseurer la liberté de leur commerce en Espagne, lequel le duc de Mercueur par le conseil d'aucuns se vouloit efforcer de leur faire interdire; & d'ailleurs pour avoir licence de tirer quelques poudres & munitions des pais de son obeissance, estant lors difficile d'en recouvrer d'ailleurs. Voicy donc en suite la teneur desd. lettres & memoires & commission [1].

---

[1] Ces pieces manquent dans le Ms. 5553, nous les trouvons au *Registre des Déliberations* à la date du 24 juillet (f° 233 r°).

Lettre escripte à Sa Majesté catholicque.

SIRE,

AYANS congneu par tant de dignes effectz de combien Voſtre Majeſté eſt affectionnée à la conſervation de la religion catholicque, apoſtolicque & romaine & manutention de l'eſtat de ce royaume, nous avons pris la hardieſſe comme voz tres-humbles & tres-obeiſſans ſerviteurs de vous repreſenter combien de devoir nous avons faict en l'endroit de celuy qui commandoit ceſte ville & chaſteau pour le voulloir attirer à ſuyvre le ſainct Party des princes catholicques de ce royaume, nous eſtans ſubmis à toutes choſes qu'il euſt ſceu demander de nous, pour ne tumber ſoubz la puiſſance & domination d'un roy hereticque. Ce que ne pouvans obtenir & eſtans ſur le bort & pres de reſentir les effectz de la miſerable ſervitude des hereticques & leurs fauteurs, ayant imploré l'aide & ſecours en noſtre plus grande neceſſité des princes catholicques, leſquelz ne nous pouvans ſecourir pour eſtre empeſchez ailleurs, reſoluſmes, metans noſtre ſeulle eſperance en Dieu, de nous liberer & affranchir de la ſervitude à laquelle nous eſtions reduitz, & au peril & hazart de nos vyes emportaſmes ceſte place, l'une des plus fortes de ce royaume, où le port eſt tres-bon, & en miſmes hors ceux qui tenoint le party des hereticques pour de toute noſtre affection nous unir & joindre aveq le general des princes & communaultez catholicques de ce royaume en la deffence de noſtre saincte Religion & conſervation de l'eſtat de ce royaume; où depuis avoir receu noſtre liberté nous n'avons eſpargné nos vyes ny moiens pour le ſouſtien & deffence de la cauſe generalle ny de nos voiſins catholicques en particulier tant par mer que par terre. De tout quoy les Princes catholicques tiendront Voſtre Majeſté aſſeurée & particulierement

Monseigneur le duc de Mayenne, lieutenant general de cest estat, lequel nous a tant honorez que de nous donner ses lettres favorables adressantes à Vostre Majesté, lesquelles nous avons accompaignées de la presente par nostre deputé envoyé vers Vostre Majesté avecq charge & commission de luy presenter nostre tres-humble service & la suplier tres-humblement, comme nous faisons en toute humilité, en consideration de la grande despence que nous faisons en l'assistance de la cause generale, villes voisines de nostre sainct Party que contre les Angloys, noz voisins ennemys, de nous permettre de lever bon nombre de pouldres, balles & autres munitions de guerre que nous ne pouvons recouvrer en ceste saeson des endroits confederez aux hereticques, qu'il plaise à Vostre Majesté sur la creance que nous donnons à nostre deputé nous voulloir tant honorer que de le voulloir ouïr sur ce qu'il fera de nostre part tres-humble requeste à Vostre Majesté, de luy voulloir faire donner prompte expedition; à ce que outre l'obligation d'un tres-humble service que nous avons voüé à Vostre Majesté, nous puissions, continüans l'affection que nous avions à la cause generalle & assistance de nos voisins catholicques, demeurer à jamais obligez à prier Dieu, Sire, qu'il vous donne en parfaicte santé tres-longue & tres-heureuse vye.

A Sainct Malo, ce 24ᵉ jour de juillet 1591.

Vos tres-humbles & tres-obeissans serviteurs,

Les Bourgeoys & habitans de Sainct Malo.

Commission au sieur de la Briantaye.

Nous les gens tenans le Conseil de la Saincte Union des Catholicques establiy en ceste ville de Sainct Malo soubz l'auctorité de Monseigneur le duc de Mercueur & de Penthievre, pair de France, prince du Saint Empire & de Martigues, gouverneur de Bretaigne, avons commis & deputé & par les presentes commetons & deputons honorable homme *Julien Crosnier sieur de la Brientaye*, l'un des bourgeoys & habitans de cefted. ville, pour aller vers Sa Majefté Catholicque prefenter à fad. Majefté lettres de Monfeigneur le duc de Mayenne, lieutenant general de l'Eftat royal & couronne de France, enfemble autres lettres miffives de Meffieurs les habitans de cefted. ville, à ce qu'il plaife à fad. Majefté, voulloir permettre & foufrir que tous les vaeffeaux de lad. ville allans traficquer & negotier aux ports & havres de fon obeiffance y foint en toute feurté & liberté; & que led. Crofnier & fes commis puiffent tirer tel nombre de pouldres, balles & autres munitions de guerre qu'il plaira à fad. Majefté luy permettre, afin d'en faire aport en ce havre pour en fecourir & ayder les villes & forhtereffes tenans noftre fainct Party. Et pour faire achapt defd. munitions de guerre, enfemble pour les frais du voiage dud. Crofnier & commis, luy avons donné pouvoir & commiffion de prendre & tirer par lettre d'efchange fur le corps general de cefted. ville & communaulté jufqu'à la fomme de dix mil efcuz fol une fois payez. Laquelle promectons fur l'hipothecque general des biens de lad. ville & communaulté payer & faire delivrer à ceux qui feront denommez aufd. lettres d'efchange dans le temps porté par icelles apres la reception. Et generalement aurons pour agreable tout ce qui fera faict, greé & negotié par led. Crofnier en l'execution de fond. voiage & ce qui en depend & tout ce qu'il jugera utile & neceffaire pour l'avencement & bien publicq de cefted. ville. Et outre promectons payer fa ranczon, capital & mifes, cas avenant qu'il feroit pris prifonnier durant led. voiage & le rendre libre en plaine & entiere liberté. En tefmoing de quoy, avons ordonné luy eftre delivré le prefent acte foubz le feing de noftre greffier & fcel de lad. ville. Donné en noftre Confeil deüement affemblé, le mercredy 24ᵉ jour de juillet 1591.

Memoire au fieur de la Briantaye.

MEMOIRE au fieur de la Briantaye faict par nous foubz figné commiffaires deputez à cet effect par Meffieurs du Confeil de cefte ville de Sainct Malo de ce qu'il doibt negotier vers Sa Majefté Catholicque pour le bien general de cefte ville, enfuyvant la Commiffion luy donnée par mefd. fieurs.

Premierement. Prefentera à fad. Majefté Catholicque le tres-humble fervice de Meffieurs les habitans avecq proteftation de la continüation d'iceluy, enfemble les lettres de Monfeigneur le duc de Mayenne avecq les lettres de la communaulté d'icelle ville, luy faifant entendre de quel zele & affection ilz ont embraffé la caufe generale, bien & avencement du Sainct Party des catholicques de ce royaume.

Suplira en toute humilité fad. Majefté de voulloir continüer le commerce libre par tous les ports & havres de fon obeiffance aux hommes & vaeffaux de cefted. ville, lefquelz ont de tout temps accouftumé d'y aller traficquer, & qu'ayans lefd vaeffeaux paffeportz du Confeil de l'Union des catholicques, eftably en icelle ville foubz l'authorité de Monfeigneur de Mayenne, n'y foint nullement incommodez en leurs perfonnes & biens, ny puiffent recevoir aucun trouble, deftourbier, arreftz ny empefchements comme aucuns ont foufert par le paffé en plufieurs endroictz d'Efpaigne par les officiers de fad. Majefté & comme encore font de prefent arreftez trois vaeffeaux de cefted. ville aux ifles des Canaryes par le gouverneur d'icelle qui eft don Louys de la Coyva & de Varennes (1).

Suplira fad. Majefté voulloir permettre aud. Crofnier de tirer 600 quintaux de pouldre & nombre de falpetre, finablement telle quantité qu'il pourra obtenir.

Et, paffé d'avoir obtenu & faict fes depefches en Court, envoiera en diligence par deczà le jeune homme qui l'accompagne avecq ung aultant de tout ce qu'il aura expedié afin de faire entendre fon intention & refolution à Meffieurs les habitans de cefted. ville. Et f'acheminera led. fieur de la Brientaye fur les lieux où fa licence f'extendra pour faire achapt defd. pouldres & falpetres foit en Efpaigne ou Endeloufye, &, pour ce faire, prendre deniers à change ou à preft, à condition fy faire fe peult que les prefteurs prennent le rifque, & plus toft leur donnera quelqu'interet, & autrement en la meilleure forme qu'il jugera à propos pour eftre payez par deczà fuyvant l'ordre qu'il en donnera. Queque foit, led. fieur de la Briantaye a charge de faire en cefte negociation pendant & durant fond. voiage tout ce qu'il jugera eftre le plus utile & profitable pour le bien publicq de cefte ville, le tout aux fins de la commiffion luy en donnée par meffieurs du Confeil de cefted. ville.

Arrefté foubz nos feings, le 24e jour de juillet 1591,

Ainfin figné : Guillaume JONCHÉE FOUGERAY, Jan PORÉE, Thomas GRAVÉ, Jan PEPIN (2).

(1) D. Louis de la Cueva, marquis de Bedmar.

(2) 24 juillet. — Lettres de faveur octroyées à Eftienne Oreal fieur de la Villeguerin adreffantes aux fieurs alcade de Bilbault & autres officiers de S. M. C. pour les prier voulloir donner tout bon traictement au fieur de la Brientaye, enfemble au capitaine, marchans, maiftres & mariniers du *petit Croiffant* ou f'embarque led. fieur.

— Autres lettres d'atteftation octroyées à Thomas Gravé fieur de la Bouteveille vers S. M. C. comme il eft bon catholicque & que en l'an 1588 il achata du fieur de Villars le navire le *Saint Pierre*, lequel il fit voiager en l'an 1589 au deftroit de Jubaltar pour luy fervir ce que de raifon à caufe d'un procez qu'il a en Cartagennes pour avoir efté accufé d'eftre Angloys & piratte (*Reg. des Délib.*).

Led. fieur duc de Mercueur par tous moiens effaioit à tirer argent des habitans de Saint Malo, tant pour les affoiblir par ce moien que pour autres confiderations qu'il pouvoit avoir à ce le mouvans. Qui fut, à mon advis, caufe pourquoy il leur efcrivit fa lettre, dont la teneur enfuit, tendante à leur faire mettre entre mains du Treforier des Eftats ou autres quatre mil efcuz; de quoy il fut refufé fur excufe de faute d'argent.

Lettre du duc de Mercueur [1]

MESSIEURS, à cefte derniere tenuë d'Eftaz à Nantes, Meffieurs defd. Eftatz refolvans les devoirs de la pencarte pour des deniers en provenans entretenir les gens de guerre neceffaires tant à la campagne que garnifons des villes, chafteaux & places fortes du pays, jugerent bien que lefd. devoirs ne pouroint pour le commencement fatiffaire pour eftre la faefon la plus morte; & neantmoins, afin que cela ne caufaft du retardement & alteration mefmement pour lefd. garnifons, chargerent & donnerent pouvoir à leur Treforier prendre par forme de preft où il f'en pouroit trouver jufques à 60,000 efcuz dont il feroit le rembourfement des deniers de lad. pancarte. A quoy il a donné quelque commencement aux lieux où l'occafion a efté urgente; mais ne pouvant une fi notable fomme fe trouver en un feul endroit & led. Treforier fe tranfporter promptement aux lieux où elle fe peult en partye recouvrer, ne cependant lefd. garnifons patir aucune dilation, je me fuis advifé de vous prier vouloir faire preft & avence de la fomme de 4,000 efcuz & la faire metre entre les mains de Me Guillaume Hamon [2], receveur des deniers ordinaires & extraordinaires à Dinan, pour eftre par luy employez au

---

[1] *Reg. des Délib.*, 25 juillet, f° 235 v°.
[2] Sieur de La Villeneuffve, porteur de lad. Lettre (*Id.*).

payement des gens de guerre de la garnifon de lad. ville, par fa fimple quictance qui l'en rendra chargé; & j'en feray incontinent advertir led. Treforier des Eftaz qui ne fauldra de vous en faire la promeffe en vertu de fond. pouvoir pour en eftre payez & rembourcez des deniers de lad. pancarte au temps qu'il limitera; & attendant cefte affeurance je prometz par la prefente de luy fatiffaire & aud. rembourcement, & en tout cas repondz de lad. fomme de 4,000 efcuz, en privé nom, pour la vous payer à la premiere demande que m'en ferez en me rapportant la promeffe dud. Hamon. Et voulant croire voftre affection telle à noftre Sainct Party que ne voudriez de voftre part le voir en difgrace par faulte de ce fecours, je ne vous en feray plus grand inftance que pour vous affeurer que j'en reffentiray le plaifir comme faict à moy mefme & d'aultant que j'ay en recommandation le bien des affaires de noftre faincte caufe. Sur ce, je demeure voftre bien bon & affeuré amy.

Philippes Emmanuel de Loraine.

Au camp de Roftrenan, le 17e juillet 1591.

Apres la levée du fiege de Lamballe, fut efcrite par le duc de Mercueur aux habitans une lettre dont la teneur enfuift tendante à avoir des provifions pour le ravictüaillement de Lamballe; aux fins de laquelle fut envoié à Daoüet aveq promptitude 25 pipes vin, 15 pipes bifcuit & 500 livres de poudre, qui eftoit ce qu'il demandoit.

Lettre du duc de Mercueur [1].

MESSIEURS, ayant par la grace de Dieu fait acheminer mon armée pour lever le fiege de Lamballe en la plus grande dilligence que peut faire une grande armée &

---

(1) *Reg. des Délib.*, 26 juillet. f° 236 v°.

telle que l'apprehention ou la peur qu'ont eûé les ennemys ne leur a voulu permettre d'atendre, comme j'euffe bien defiré avecq la belle refolution des paovres habitans, foldatz affectionnez à leur religion, qui ont fy heureufement foutenu outre la perte de leurs moyens nombre d'effortz & telz que leurs pofterités en feront à jamez honorées. Et pour ce que je me fuis refervé l'offre de munitions qu'il vous pleuft dernierement de me faire pour le rafrefchiffement de mon armée laquelle en a befoing, c'eft pourquoy je vous prierai donc d'y envoier 25 ou 30 pipes de vin par mer au port de Daoüet, avecq un bon nombre de bledz & 500 livres de pouldre & autres munitions pour le rafrefchiffement des gens de guerre, qui me femble vous fera plus commode que par charroy pour votre feurté, attendant que je deface une infinité de petites places ennemyes qui ruynent le pays que j'efpere reduyre devant que m'en efloigner. Et ce faifant me ferez plaifir que je tafcheray en autre occafion m'en revancher aveq telle affection que je prieray Noftre Seigneur vous avoir, Meffieurs, en fa faincte & digne garde. Au camp de Plenée Jugon, ce 24ᵉ de juillet 1591.

Voftre bien bon & affeuré amy,

PHILIPPES EMMANUEL DE LORAINE.

En ce mefme temps qui fut le 26ᵉ juillet, lecture faite au Confeil d'une lettre de Villeferin demandant quelque affiftance de canon & munitions pour prendre la maifon de Saint Meleuc, comme vous avez cy devant peu voir, fut affeuré de deux ou trois canons femblables à ceux dont nous avions batu la maifon de Guefmadeuc & de quoy tirer deux cents coups de canon, fuyvant l'offre cy devant luy faite [1].

---

[1] 27 juillet. — Lettre du Procureur des Bourgeoys de Fougeres par laquelle il prie Meffieurs voulloir accompaigner une lettre qu'il efcript à Mgr de Mayenne de leur lettre de faveur pour fervir à la delivrance des thoilles, apartenans à des marchans catholicques de Fougeres & de Vitré, prinfes au Pas-au-Beuff par les capitaines Boiffufé & Montfervan, commandans au Mont Saint Michel (*Reg. des Délib.*).

Et le 29ᵉ dud. mois, Cormerais, docteur en Theologie, retourné de l'armée du duc de Mercueur, defira eftre ouy au Confeil, où introduit leur dift eftre chargé les affeurer de l'affection dud. fieur Duc pour les affifter en toutes occafions, puis dift avoir donné une lettre [1] de Dom Jouan de l'Aguila [2], general des armées des Efpagnols, dont lecture fut faite & veu qu'elle tendoit à recevoir defd. habitans en forme de preft fix à fept mil efcus pour ayder au paiement de fes foldats aveq promeffe de les rendre fi toft que les galeres que lors il attendoit d'Efpagne feroient arrivées aveq de l'argent. A quoy fut advifé qu'on tarderoit de faire refponce jufqu'à voir ce que pourroient avoir trouvé à emprunter trois ou quatre habitans de la ville deputés à rechercher les bonnes volontés pour l'affiftance du faint Parti & que du fuccez de cefte recherche dependroit la refponce qui feroit faite aud. Dom Jouan.

Plus dift led. Cormerais avoir de la part defd. habitants fait offre des fix chevaux qui reftoient en cefte ville pris fur le fieur de Chafteauneuff. A quoy led. fieur Duc auroit refpondu eftre lors fort empefché & ne pouvoir entendre à aucune chofe de ce genre eftant attentiff à autres grandes affaires. Si bien que de là conclüoit le mefme docteur qu'il n'y avoit apparence qu'il euft cette offre agreable pour l'accepter. Ce que veu, fut conclud qu'ils feroient vendus.

Le 30ᵉ jour de juillet, en l'Affemblée generale qui fut fort grande, fut remonftré par le Procureur ce que cy devant vous venez d'entendre, fçavoir que le fieur Cormerais, docteur en Sorbonne, revenant de l'armée du fieur duc de Mercueur avoit eu charge de Dom Jouan de l'Aguila, general des Efpagnols, de demander quelque affiftance de deniers & jufques à fix ou fept mil efcus aux habitans fuivant la demande dud. Dom Jouan en l'endroit apparuë; & requeroit led. Procureur qu'on advifaft à la refponce & ce qu'on feroit fur cefte demande & mefme à celle que faifoit led. fieur duc de Mercueur d'eftre en pareil fecouru

---

[1] Datée de Plenée Jugon, 26 juillet 1591 (*Reg. des Délib.*).
[2] Don Juan d'Aquila. Le Ms. l'appelle à tort Don Julio.

de quelque fomme de deniers, de quoy il eſtoit grandement neceſſiteux, parce que le Conſeil n'avoit jugé deliberer là deſſus ſans l'advis de l'Aſſemblée & juſqu'à ce qu'on euſt tenté ſ'il ſe trouveroit parmi les habitans des volontaires qui preſtaſſent quelques bonnes ſommes pour leur eſtre cy aprés rembourcées des deniers de la ville. Remonſtrant outre que ce qu'il pouvoit colliger de l'intention de pluſieurs eſtoit qu'on ne devoit ſe faire trop tirer l'oreille, ains faire quelque aſſiſtance au Party, paſſé d'avoir fait la cueillette parmy les volontaires, & ſ'il ſe trouvoit quelque homme notable pour la preſenter & donner aud. ſieur Duc, mais ce faiſant tirer de luy quelque condition qui peuſt reuſſir au bien, utilité & ſoulagement de la ville, meſme des pauvres habitans des paroiſſes des champs nos voiſins.

Ce que mis en deliberation, fut conclud qu'on tenteroit une levée de 12 mil eſcus parmy les volontaires habitans, d'autant que nous n'avions lors aucuns deniers, aveq promeſſe de rembourſement dans trois ans & rente des deniers au denier quinze aux preſteurs ſur l'obligation du Corps general de la ville, & pour adviſer aux conditions qu'on devoit demander au ſieur duc de Mercueur luy donnant cette ſomme, cela fut renvoié par devant le Conſeil.

En lad. Aſſemblée, ſ'eſtant trouvé aucuns qui deſiroient qu'on euſt des lors adviſé aux conditions qu'on devoit demander preſentant leſd. 12 mil eſcus, fut reſolu que, paravant fournir lad. ſomme, on requerroit led. ſieur Duc de faire demanteler le Pleſſeix-Bertrand & nous laiſſaſt les paroiſſes de Cancale, Saint Colomb, Saint Meloir, Saint Ideuc, Paramé, Saint Jan des Guerets & Saint Servan pour nous ayder aux frais de l'entretien d'une compagnie de chevaux legers pour la tuition des paroiſſes voiſines. Ce que ne faiſant point, on ne luy feiſt point auſſi le preſent & aſſiſtance. Et que de plus le ſieur Duc ſeroit informé des dommages qu'apportoient à tout ce quartier les garniſons de Miniac, Le Rouvre, Le Cobatz [1], Couaſquen, Saint Meleuc &

---

[1] Châteaux du Rouvre en Saint-Pierre de Plesguen, du Cobas en Lanhelin.

autres bicoques occupées des ennemis & feroit suplié de l'en vouloir delivrer.

Et neantmoins, ce que dessus estant ainsi resolu & deliberé, comme la plus part des habitans se furent retirés de l'Assemblée, aucuns revoquerent en doute s'il avoit passé aux voix qu'on demandast des conditions.

Le Procureur voulut bien recueillir derecheff les voix de ceux qui estoient restés; se trouva vingt voix concluantes à luy bailler lad. somme sans aucune condition, & dix sept voix seulement tenantes aux conditions. Sur quoy pour ne laisser le Lecteur & la Posterité ignorante de la cause de ces reprises de voix, je les veux advertir qu'y ayant deux partis en la ville, l'un, & à mon jugement le plus sain, qui n'avoit pour but que la gloire de Dieu, conservation de la religion & le salut particulier de la ville pendant les troubles sans tourner la veüe ny les desseins vers qui que ce fust des princes ou seigneurs, l'autre vitieux qui ne trouvoit pas bon l'estat present des affaires & partant qui ne tendoit qu'aux advantages du duc de Mercueur qu'ils eussent bien voulu voir maistre de la ville. Ce qu'estant difficile, voire impossible de faire, veu que le premier & le plus sain party estoit grandement fort, authorisé & suivy de l'acclamation de tous, ceux qui estoient de cette cabale eussent bien voulu que la ville eust porté tous ses moiens aux pieds dud. sieur Duc sans en tirer advantage, qui n'eust pas esté prudence ny bon conseil.

Et pour tant, neantmoins ceste derniere opinion faite apres le depart de la Maison de Ville, fut raporté & arresté que l'on commettroit quatre personnes de qualité & creance pour faire recherche des bonnes volontés & qu'apres leur raport on adviseroit sur le tout, qui estoit une table d'attache pour frustrer les mauvais desseins de cette cabale. Aussi n'estoit-il pas raisonnable de retracter par l'advis de trente sept voix ce qui venoit d'estre resolu par les oppinions de plus de quatre cents hommes.

Les deputés designés à cette recherche feirent leur rapport des le lendemain 31 juillet, au Conseil, n'avoir peu trouver que huit mil efcus & qu'il y avoit la plus part de ceux qui offroient de prefter qui faifoient leurs offres à condition de demander la demolition du Pleffeix-Bertran & le fubfide des paroiffes cy deffus pour ayder à l'entretien d'une garnifon; fur quoy furent chargés de continüer leur recherche pour trouver, fi eftre pouvoit, la fomme de douze mil efcus aveq ou fans condition pour puis apres advifer à ce qui feroit trouvé plus expedient, & que ce pendant il feroit tardé de faire refponce fur la demande faicte de la part de Dom Jouan de l'Aguila.

Et des le lendemain 1er jour d'aouft, au Confeil, lefd. deputés feirent raport avoir trouvé encore mil efcus de nouvelles promeffes, aux conditions de la demolition du Pleffeix-Bertran & autres cy deffus. Quel raport mis en deliberation, furent derechef lefd. deputés chargés fçavoir de ceux qui offroient fans condition f'ils tiendront ainfi à leurs offres d'autant que fans lefd. conditions lad. fomme ne fe peut trouver, qui refpondirent qu'ils y tiendroient. Et ce pendant fut advifé qu'on prefteroit à Dom Jouan de l'Aguila 4,000 efcus, lefquels on le prieroit de faire rendre en Efpagne entre les mains de Julien Crofnier, lors député de la ville aupres du roi d'Efpagne. Ce qui eft encores & fera à executer d'icy à longtemps. De quoy fut led. Dom Jouan adverty & que ce qui avoit retardé la refponce eftoit que les habitans eftoient fur la recherche d'argent pour en accommoder led. fieur Duc. En quoy ils vouloient tefmoigner à Dom Jouan non feulement leur bonne volonté, mais leur pouvoir, pour en eftre d'autant plus en meilleure odeur envers luy & fon maiftre.

Et enfin le 3e jour d'aouft, les deputés pour lad. cueillette feirent raport au Confeil avoir trouvé en leur recherche jufqu'à 11,000 efcus. Ce qu'ayant efté entendu par le Confeil on delibera qu'on feroit offre de lad. fomme au fieur duc de Mercueur aux conditions cy devant. Sçavoir que le Pleffeix-Bertran feroit rafé & que les paroiffes fus mentionnées leur feroient relaiffées franches pour iceux habitans en pouvoir tirer fubfide pour ayder à l'entretien d'une garnifon. Ce qu'on ordonna eftre efcrit aud. fieur Duc.

Du mefme jour apres midy fut receüe une lettre dud. fieur Duc demandant des piques; de laquelle la teneur enfuift.

Lettre du duc de Mercueur.

MESSIEURS, j'ay befoing de picques & n'en puis trouver ailleurs qu'en voftre ville, je vous prie de m'en envoyer encores jufques à cent & les me faire tenir à Dynan, où j'efcris au capitaine Villeferin qu'il les face recevoir pour me envoier, & me mandant ce qu'elles coufteront je les feray paier, & m'affeurant qu'en voudrez bien faire l'advance je ne vous en feray autre recommandation ny la prefente plus longue que pour vous affeurer qu'en general & particulier vous me trouverez toujours voftre bien bon & affeuré amy.

PHILIPPES EMMANUEL DE LORAINE.

Au camp à Jugon, ce 2ᵉ jour d'aougft 1591.

Je vous ay auffy nagueres faict une depefche pour avoir quelques vivres de voftre ville pour fecourir mon armée, mais je n'en ay eu aucune refponce que j'atens chacun jour.

Aux fins de laquelle lettre fut chargé led. Procureur d'envoier lefd. piques & en advifer led. fieur Duc comme auffi de la refponce jà faite à fa demande des vivres qu'on luy avoit accordé & eftoient prefts lors qu'il en auroit befoing. Et le Procureur ayant efté chargé d'efcrire touchant les 11,000 efcus cy devant mentionnés apparut cefte minute de lettre qui fut trouvée bonne par le Confeil.

Requefte au duc de Mercueur [1].

Monfeigneur,

Nous eftans fondez fur l'efperance que nous avons que Voftre Grandeur nous recongnoift du nombre de fes fidelles ferviteurs catho-

---

(1) *Reg. des Delib.*, 3 août 1591.

licques bien affectionnez à la confervation de noftre faincte religion & advancement du Sainct Party, avons penfé que comme à telz elle donneroit quelque foulaigement aux chofes qui dependent de fa puiffance & dont elle eft de nous fupliée. Ce que confiderans & qu'il eft neceffaire que nous aydions de nos moyens les affaires de la guerre felon noftre puiffance, avons referché la plus facile voye pour parvenir à quelque honnefte levée de deniers pour en affifter Voftre Grandeur, n'y en ayant de communs pour le prefent en noftre ville, les ayans defpanduz la part où nous en avons efté requis pour l'affiftance de noftre Sainct Party, nous avons tenté l'affection des habitans volontaires de cefted. ville. Lefquelz nous ont faict promeffe & affeurance de la fomme de unze mil efcuz à les prefter au Corps de Ville, foubz l'efperance que Voftre Grandeur ne nous refufera point de cefte tres-humble requefte, par laquelle nous la fuplions tres-humblement voulloir foullaiger & defcharger les paroüeffes voifines, & qui nous apartiennent pour la plus part en propriettez, de la garnifon du Pleffeix-Bertran, faire demolir & razer lad. place tant pour l'oppreffion qu'elle faict aux paoures paifans que pour beaucoup d'autres tors & violences dont lad. garnifon uze journellement en leurs endroicts & dont nous vous avons par cy davent tres-humblement fuplié, & nous donner auffy pour noftre foulaigement & des paifans les fept paroüeffes prochaines voifines de cefted. ville pour avecq l'ayde d'icelles entretenir une compagnye affin de favorifer la recolte des grains d'icelles & empefcher l'ennemy de les oppreffer comme il faict tous les jours fans aucun empefchement; lefquelles paroüeffes nous defirons foulaiger à noftre pouvoir d'aultant que d'icelles nous recevons la plus part de nos commoditez. Et efperans que cefte tres-humble requefte & fuplication ne nous fera denyée de Voftre Grandeur pour eftre jufte & raifonnable & dont nous ne luy ferions inftance fy nous penfions eftre chofe qui apportaft tant foit peu d'incommodité au bien general de noftre Sainct Party; quoy faifant, Monfeigneur, nous nous metions en devoir de recueillir parmy nous icelle fomme d'11,000 efcuz en l'enclos de noftre ville pour n'avoir ayde ny fecours de forbourgs, n'y en ayant aucuns, ny paroüeffes, ainfi que les autres de cefte province, affin de la vous prefenter de toute noftre affection. Et oultre pour la priere que nous a faict Dom Jouan de l'Aguila, colonel des Efpaignols de voftre armée, de luy accommoder quelque partye d'argent pour l'entretien de fes foldats, efperans que c'eft chofe dont vous pouvez recevoir contantement, nous fommes fur luy trouver & bailler à preft la fomme de 4,000 efcuz, lefquelz nous efperons faire employer en Efpaigne en pouldres & autres munitions de guerre pour en fubvenir Voftre Grandeur & les voifins catholiques qui en auront befoing. Et d'aultant, Monfeigneur, que nous efperons que vous nous jugerez dignes de cefte courtoyfie, laquelle nous vous fuplions de recheff tres-humblement nous voulloir accorder, nous joindrons cefte obligation avecq tant d'autres que nous avons à Voftre Grandeur de telle affection qu'il ne fera jour de noftre vye que nous n'emploirons avecq la vye tous les moyens que Dieu nous a donnez pour l'affiftance de noftre Sainct Party & voftre fervice particulier; ce que vous congnoiftrez par les effects nous honorant de vos commandements; & vous aymans, Monfeigneur, comme

Vos tres-humbles & tres-obeiffans ferviteurs,
Les bourgeoys & habitans de la ville de Saint Malo.
A Saint Malo, le 3ᵉ d'aouft 1591.
Par commandement de Meffieurs les habitans, *Defnos*.

Cette lettre pouvoit mettre led. Duc en jaloufie de ce que lefd. habitans euffent tant foit peu de correfpondance avec Dom Jouan.

En ce temps, le fieur de Villars, gouverneur de Roüan & du Havre de grace, efcrivit aux habitans en faveur de certains marchans de Caen, auxquels avoit efté pris par aucuns de cefte ville une barque chargée de 22 tonnes de vin, & prioit qu'en vertu de paffeports qu'ils avoient de luy, lad. barque & vin fuffent rendus. A quoy fut refpondu felon la verité que les mariniers de lad. barque ayant efté interrogés & trouvés faefis d'un paffeport du roy de Navarre & d'un autre de Monfieur de Matignon, elle avoit efté jugée de bonne prife & n'y avoit des mefhuy remmede de la pouvoir faire rendre.

Et, le 6ᵉ dud. mois d'aouft, fut receu lettre de Dom Jouan de l'Aguila priant les habitans fuivant leurs lettres qu'il avoit receües lui prefter la fomme de 4,000 efcus qu'il promettoit faire rendre en Efpagne à leur deputé, & pour les recevoir envoioit l'*Alferez* [1] Paredes auquel il prioit delivrer lad. fomme, lad.

---

[1] Enseigne. On rencontre deux autres personnages du nom de Paredes dans l'armée de D. Juan d'Aquila: Thomas de Paredes, l'héroïque défenseur de Crozon en 1594, François de Paredes, *pagador general* des troupes espagnoles.

lettre fignée : voftre bon & affectionné amy pour vous faire fervice. *Dom Jouan de l'Aguila.* Lad. lettre eft demeurée aux mains du Procureur.

Comme auffi a efté apparu un acte & lettre d'affeurance de lad. fomme efcrite en langage efpagnol, figné *Dom Jouan.* Lequel en pareil demeura entre mains dud. Procureur.

Et mis en deliberation fut conclud que lad. fomme de 4,000 efcus feroit delivrée aud. *Alferez* Paredes par Bertran le Fer fieur de Limonnay, mifeur. Ce qui fut fait.

Le naturel des princes eft d'accepter tout ce qui leur eft offert d'advantageux pour eux & ne donner jamais que ce qu'ils ne peuvent refufer; ce que vous allez voir par la lettre fuivante du duc de Mercueur aux habitans de Saint Malo. L'offre defquels luy faite d'11,000 efcus & de vivres pour fon armée il accepte, fans leur rien accorder de leurs demandes.

Voicy donc ce que contenoit cette lettre leüe au Confeil le 7ᵉ dud. aouft.

Lettre du duc de Mercueur [1].

MESSIEURS, Dieu fcrutateur des cueurs & volontés des hommes eft tefmoing, & le comportement de mes actions, fy depuis que j'ay pris les armes pour ce Sainct Party, j'ay eu autre defir & affection que l'augmentation d'iceluy, pour laquelle j'ay expofé vye, biens & moyens, lefquelz depuis font tous poffedez de l'ennemy, & jamais aucune confideration de bien particulier ne m'a faict poftpofer & metre en arriere le bien publicq. A ce le debvoir de ma confcience m'oblige, le ferment de l'Union fy folemnellement juré m'y convie. Auffi vous autres, Meffieurs, de voftre part en avez rendu tefmoinage pour y avoir apporté de beaux effects, il ne refte qu'une continüation, de laquelle la preuve fe prefente à cette heure où

---

(1) *Reg. des Delib.*, fº 246 vº

la neceffité eft fi preignante qui vous doibt inciter à nous affifter de vos biens & moyens fans aucun efgard du Pleffeix-Bertran & ce que me demandez ; comme de ma part ce n'eft aucune confideration qui m'efmeut de vous efcrire que la publicque, n'y metant en rien du mien particulier. Si la demolition du Pleffeix-Bertrand & la contribution des paroiffes que demandez eft chofe qui puiffe aporter profit au publicq, pouffé de deux chofes, l'une du defir de vous gratifier, l'autre parce que je defire aporter au publicq ce qu'il me fera poffible, eftant à Dinan où j'efpere eftre bien toft, je ne fauldray à y donner ordre & m'efforceray de vous en contenter. Et vous convyant au furplus de voftre part de regarder à la neceffité de cefte armée, laquelle eft de tres-grande confequence & importance, & femble pour le prefent ne pouvoir eftre affiftée que de vous ; & m'affeurant qu'aurez confiance en ce que je vous efcript, ne la feray plus longue fors pour me recommander de bon cueur à vos bonnes graces, priant Dieu, Meffieurs, vous donner les fiennes fainctes. Du camp à Jugon, ce 5ᵉ jour d'aouft 1591.

Votre bien bon & affeuré amy,

PHILIPPES EMMANUEL DE LORAINE

Fut auffi leüe la lettre que led. fieur Duc efcrivoit au Procureur en fon particulier le remerciant de l'envoi des piques & de la diligence qu'il y avoit apportée.

Deliberant fur quoy fut refolu qu'il tarderoit de faire refponce aud. fieur Duc jufqu'à ce qu'il fuft à Dinan où on advifa qu'on l'envoieroit trouver par quelques uns pour mefnager cette demolition du Pleffeix-Bertran & autres demandes ; & au regard des vivres, le Procureur fut chargé faire promptement tenir à Dinan, 25 pipes vin, 25 pipes pain, bifcuit, & 500 livres de poudre d'harquebufe. Le tout addreffé au fieur de Villeferin pour les recevoir & acheminer à l'armée.

Fut auffi, ce mefme jour, ordonné que les biens & meubles du fieur de Chafteauneuff pris en cefte ville à la prife du chafteau

& mises cheix le depositaire seroient vendus, & commissaires nommés pour y proceder & ordonné que les deniers en provenans seroient mis aux mains du miseur.

L'8ᵉ, fut au Conseil leüe une lettre du sieur de Boissuzé qui s'estoit rendu maistre du Mont Saint Michel, qui estoit un remerciement aux habitans des munitions luy envoiées.

Fut aussi ordonné que les femmes de ceux qui avoient esté mis hors ceste ville pour adherer au party du roy de Navarre ne feroient tolerées rentrer en ceste ville, ayant esté vers leurs marys sans avoir eu permission du Conseil.

Le sieur duc de Mercueur en ce temps pria les habitans par lettre expresse d'arrester tous soldats espagnols qui se retireroient en leur ville & de l'en advertir. A quoy fut gardé estat (1).

Le 14ᵉ jour d'aoust, sur avis du sieur de Villeserin qu'il avoit receu le biscuit, mais que l'armée estoit fort disetteuse & que les soldats ne vouloient de biscuit mais bien du pain d'ammunition, fut chargé le Procureur faire faire en diligence 20,000 pains d'ammunition & iceux envoier à Dinan pour estre envoiez au secours de l'armée.

Les ennemys du repos des habitans de lad. ville de Saint Malo n'oublioient à remüer pierre aucune pour le troubler, rendant les actions d'iceux habitans odieuses par toutes sortes de calomnies. Pour ausquelles donner plus de foy se servirent de personnes, la condition desquels peust d'autant plus donner de creances à telles impostures. De quoy fut descouvert un eschantillon, comme vous allez entendre.

Vous vous souvenez bien de la deputation faicte cy devant par les habitans de Saint Malo de Michel Frotet sieur de la Bardeliere & Pierre Pepin sieur de la Planche vers le sieur duc

---

(1) 8 août. — Une sentinelle sera establye à l'advenir sur la poincte du chasteau, laquelle y tiendra assiduellement & sonnera la cloche qui y est establye autant de coups comme elle voira ariver de cavaliers... & monstrera ung estandart pour donner à congnoistre de quel costé ils viennent

— Jan Grout Merveille commis pour compter avec l'hotesse de l'Image Saint Jacques de la despense faicte aud. logeix par F. Mathieu Aguiere, deputé de S. M. C. vers Mgr de Mayenne, & de celle de l'*Alferez* Paredes (*Reg. des Délib.*).

de Mayenne. Lefd. deputés arrivés auprès dud. fieur Duc, leur feroient tombées en mains certaines lettres & memoires, fçavoir, deux lettres miffives de l'evefque de Saint Brieuc, archichancelier du duc de Mercueur efcrites aux fieurs evefques de Senlis & de Noyon & une autre miffive du docteur Cormerais aud. evefque de Senlis, deux cahiers de memoires & inftructions efcrites par les fieurs du chapitre de Saint Malo fignés de O. Dupré, leur fecretaire. De tout quoy fut fait ouverture & lecture au Confeil led. jour 14ᵉ d'aouft.

Et d'autant que la lettre du docteur Cormerais eftoit pleine de fauffes fupofitions & calomnies contre l'honneur des habitans, fut led. Cormerais mandé venir en l'affemblée du Confeil, lequel introduit auroit recongneu & advoüé lad. lettre & confeffé l'avoir fignée. Et fur les pleintes que contre luy forma le procureur findic des dites calomnies, led. Cormerais declara tenir pour bien efcrit le contenu en lad. lettre, fe fubmettant au jugement de qui on voudroit pour l'interpretation de lad. lettre. Enquis fi le corps de lad. lettre eftoit de fon efcriture; dit qu'*ouy*. A quoy luy fut dit qu'il n'efcrivoit pas tant bien; & lui repondant dit *qu'il efcrivoit bien quant il vouloit*, jurant fur fon Dieu & à foy de prebftre que c'eftoit fon efcriture. Luy dit par led. Procureur qu'il avoit efté folicité par aucuns à efcrire ces calomnies; jure de recheff par les Saintes Ordres n'y avoir efté pouffé d'aucun. Luy dit par led. Procureur qu'on n'auroit jamais eftimé de luy qu'il euft voulu efcrire chofes tant fauffes & controuvées contre l'honneur & bien des habitans; luy fut enjoingt de fe retirer & qu'on adviferoit là deffus. Led. Cormerais fe retirant dit n'eftre point fafché d'avoir efcrit lad. lettre, mais bien qu'elle fuft tombée aux mains defd. habitans [1].

Et fur ce qu'aucuns de la compagnie dirent recongnoiftre le corps de lad. lettre eftre de l'efcriture de Servan Picot, le jeune, fieur de Saint Buc; fut iceluy mandé au Confeil. Auquel eftant introduit auroit efté monftré lad. lettre & luy demandé fi

---

[1] M. le Procureur eft prié de ne plus tenir en fa table Monfieur Cormerays eftant perfonne duquel les habitans ont receu de fy mauves office (*Reg. des Délib.*, 19 août).

c'eftoit fon efcriture ; lequel Picot advoüa l'avoir efcrite à la priere dud. docteur Cormerais duquel elle eftoit feulement fignée. Et apres en avoir ouy lecture dift qu'il ne penfoit nulement pour tout ce ny en ce qu'elle contenoit avoir offencé Meffieurs les habitans ny ne le voudroit avoir fait & qu'il eft du tout dedié à faire fervice au public. Apres quoy fut fait retirer de la chambre du Confeil.

Apres fon iffuë, fut trouvé bon de mander maiftre Olivier Dupré, fecretaire du Chapitre, lequel ne f'eftant trouvé pour le jour, fut commandé à un des huiffiers l'advertir fe trouver le lendemain matin au Confeil, heure ordinaire.

Le fieur de la Febvrie, gentilhomme de Monfeigneur de Mayenne fe prefenta au Confeil aveq des Lettres dud. fieur Duc contenantes ce qui enfuift.

Lettre du duc de Mayenne[1].

MESSIEURS, j'ay receu avecq un extrefme contantement l'affeurance que me donnez de vos bonnes volontez par voz lettres que m'a randuës de voftre part le fieur de la Febvrye, lequel outre cela m'a tefmoigné la vraye affection que vous portez à cefte faincte caufe & à moy en particulier. Je ne puis pour le prefent que vous en remercier avecq proteftation où les occafions fe prefenteront de pouvoir vous rendre preuve de l'eftime que j'en fais que je l'embrafferay avecq l'ardeur que vous fçauriez defirer de moi qui vous ayme en general & en particulier aultant que perfonne que vous pourriez congnoiftre, ainfi que le fieur de la Febvrye que j'envoye vers vous vous poura plus particulierement tefmoigner, lequel j'ay chargé de vous reprefenter, outre ce que vous en recongnoiffez, combien la confervation du Mont Saint Michel & de Tombelaine importent à voftre repos & feureté, en n'ayant aucun moyen maintenant à caufe de la diftance des lieux de pouvoir reme-

[1] *Reg. des Délib.*, f° 255 v°.

dier aux neceſſités deſd. places, ſur ce que m'a dit de voſtre part led. ſieur de la Febvrye, j'ai adviſé de vous prier comme je faiz de toute mon affection de les vouloir ſecourir, ſçavoir, celle dud. Mont Saint Michel des munitions & avictüaillement contenuz au memoire que vous rendra led. ſieur de la Febvrye, preſent porteur, enſemble de ſept mois des eſtaz & apoinctemens des ſoldatz qui tiennent garniſon eſd. places, ſçavoir, de quatre du paſſé & de troys pour l'advenir ſuyvant les memoires que j'en ay faict drecer & que j'ay ſignez. Quant à Tombelaine, je remetray à voſtre prudence d'y pourveoir en ſorte que la place puiſſe eſtre aſſeurée à ce Party. Et affin que vous puiſſiez mieux eſtre informez des neceſſitez d'icelles vous pourez deputer quelq'un d'entre vous experimenté en telles choſes pour ſe tranſporter ſur les lieux & voir à l'oil ce que d'icy je ne puis juger avecq aſſeurance que je vous donne ſur ma parolle que me raportant eſtat au vray de tout ce que vous aurez fourny, je vous en feray actüellement rembourſer par deczà ou vous donneray lettre de change pour Eſpaigne ou Flandres, de ſorte que vous en recevrez contantement, remetant le bon meſnage qui ſe doibt garder en telle choſe à ce que vous en aviſerez, me confiant tellement en vous que perſonne à ce que je croy n'y pouroit proceder avecq plus de fidelité & ſincerité. C'eſt choſe qui vous importe & au general de ce royaulme dont les merites vous demeureront outre l'obligation que je vous en auray avecq tous les gens de bien de ceſt eſtat, vous priant encores un coup de ne en rien oublier en ceſte occaſion. Et pour ce que les Religieux du Mont Saint Michel ainſy qu'ils m'ont fait entendre ont fourny 300 eſcus pour le payement d'un moys de lad. garniſon, je vous prieray ſur les quatre du paſſé de les rembourſer de 300 eſcus & faire payer au ſieur de la Maurionnaye, prenant quictance de luy, 150 eſcus qu'il a avancez pour les affaires de ce Party. Je vous tiendrai compte fidelle de tout pour vous rendre ſatiſfaicts de ce que vous aurez avencé ainsy que je vous promects encores de n'y manquer. Et pour cest effect la présente vous servira de seureté, outre ce que vous en dit led. sieur de la Febvrye, lequel je vous prie croire sur ce subject comme moy mesme, qui prie Dieu, Messieurs, après m'estre recommandé à voz bonnes graces qu'il vous ayt en sa saincte & digne garde. A Amyens, ce 20ᵉ jour de juin 1591.

  Vostre affectionné amy,

Charles de Lorayne.

 Et plus bas : *Marteau*.

Le 16ᵉ dud. mois d'aoust, comparut au Conseil Mʳᵉ Olivier Dupré, secretaire du Chapitre, ayant esté mandé d'y venir. Auquel furent montrés des memoires des gens du Chapitre signés de luy & contenants des calomnies & fausses suppositions prejudiciables à l'honneur des habitans, lequel a dit qu'on ne se devoit prendre à luy de les avoir signés mais auxd. sieurs du Chapitre desquels il est secretaire & par le commandement desquels il l'a fait. Sur quoy luy aiant esté repliqué par le Procureur qu'on n'eust pas attendu cela de luy, ayant, comme il avoit, juré les Articles des habitans & ayant eu l'honneur d'avoir esté une année du corps du Conseil, bien qu'il ne fust natif ny originaire de cette ville, & sur tant le fait retirer luy disant qu'on adviseroit ce qui seroit à faire sur ce subject.

En la mesme assemblée de Conseil & mesme jour, se presenta un gentilhomme du duc de Mayenne, porteur de la lettre de son maistre, dont ensuist la teneur.

Lettre du duc de Mayenne [1].

Messieurs, le sieur de la Febvrie qui est maintenant pres de vous vous aura asseuré de la vraye affection que je vous porte, touteffois se presentant nouvelle occa-

---

(1) *Reg. des Délib.*, fº 256 vº.

sion de le vous temoigner par le sieur de la Roche, l'un de mes escuyers, je n'ay voulu faillir à le charger de ceste lettre pour accuser la reception des vostres du 20ᵉ du passé & vous prier de le croire de ce qu'il vous dira de ma part comme moy mesme, qui ay esté infinyment aise de voir les sieurs de la Bardeliere & de la Planche, voz deputez, qui m'ont confirmé la mesme creance que j'ay en voz bonnes volontez que je tiens avecq l'estime que je dois, vous priant ne vous point lasser & croire que je vous assisterai toujours de tout ce qui dependra de ma puissance pour l'affection particuliere que je vous porte & sur ceste verité, apres m'estre recommandé à voz bonnes graces, je prieray Dieu, Messieurs, vous tenir en sa saincte & digne garde. A Roüen, ce 16ᵉ juillet 1591.

Vostre tres-affectionné amy,

Charles de Loraine.

Apres lecture de laquelle, led. sieur de la Roche a confirmé de bouche l'affection dud. sieur Duc à l'endroit des habitans. Et deliberans sur le contenu en icelle & sur celle reçeüe du 14ᵉ du present mois, fut deputé le Procureur aveq charge de s'assister de tels du Conseil qu'il verroit bon pour conferer avec le sieur de la Febvrie touchant les affaires du Mont Saint Michel, considerant qu'il y est arrivé du changement depuis les lettres dud. sieur Duc & ce auparavant que faire responce aud. sieur de la Febvrie.

Pour les lettres & calomnies du docteur Cormerais, des gens du Chapitre & de l'evesque de Saint Brieux, furent les gens du Conseil commis pour les examiner plus exactement & en delivrer coppies à aucuns du Chapitre s'ils en desirent avoir. Pour passé de leur en avoir conferé, & passé de leur responce, estre d'icelle fait raport au Conseil pour y deliberer ce que de raison.

Fut aussi le mesme jour receüe une lettre des sieurs de Boissusé & Montservan estans dans le Mont Saint Michel, par le procureur du roy d'Avranches, iceux demandans estre assistez & se remettans à la creance par eux donnée au porteur, lequel a suivant sa creance demandé de la part de Boissusé & de Montservan d'estre secouru de 30 cuirasses pour faire un bon effect & accommodez de 800 livres de bled. A quoy a esté dit ne pouvoir les assister dud. nombre de cuirasses pour ne les avoir en ceste ville. Et au surplus qu'il tarderoit du reste de la response jusqu'apres avoir conferé avec le sieur de la Febvrie. Ce que le Procureur fut chargé faire ainsi entendre aud. procureur du roy.

Le 19e, au Conseil, fut introduit le sieur de la Febvrie, gentilhomme susdit du duc de Mayenne, lequel les a asseurés que led. seigneur est toujours desireux d'assister les habitans de tout son pouvoir & l'avoit depesché pour s'acheminer au Mont Saint Michel pour donner ordre aux affaires & conservation de lad. place, comme est à plain contenu aux memoires envoyés par led. sieur Duc ausd. habitans, mais pour ce que depuis la date desd. lettres dud. sieur Duc il estoit arrivé changement aud. Mont Saint Michel, a dit qu'il desiroit bien s'y acheminer pour en recongnoistre l'estat, bien aise d'estre assisté de quelque habitant, qu'il ne fust point congneu en lad. place. Sur quoy luy fut donné asseurance de lui fournir une patache & soldats pour l'y conduire aux frais de la ville sans vouloir qu'aucun habitant allast pour y entrer &, au surplus, de tarder de deliberer jusqu'à son retour & apres avoir recongneu l'estat des affaires de lad. place & intentions de ceux qui s'en estoient nouvellement rendus maistres, qui estoient les susd. Boissufé & Montservan aveq nombre de Normans gentilshommes & soldats.

Furent led. jour ordonnés commissaires pour faire descharge & se saesir de nombre de canons & pieces d'artillerie appartenans au sieur de Chasteauneuff, tenant le parti du roy de Navarre, qui estoient dans les navires le *Saint Pierre* & le *Grand Dausin*

Fut resolu & deliberé que Servan Picot Saint Buc seroit adverty se retirer de ceste ville pour avoir escrit une lettre pour Cormerais tant prejudiciable à l'honneur des habitans.

Et au regard de l'ordonnance contre le fieur de Cremeur, conneftable de lad. ville, qu'il euft à fortir d'icelle; en confideration que depuis lad. ordonnance le fieur duc de Mercueur avoit efcrit en fa faveur, fut arrefté qu'il feroit tardé de l'execution jufqu'apres l'Affemblée generale.

Et pour le regard de Mre Olivier Dupré qu'il feroit adverty par Guillaume Jonchée fieur des Croix qu'on avoit trouvé fort eftrange qu'il euft figné les memoires des gens du Chapitre & que plus toft que ce faire il devoit quitter la charge de leur fecretaire, qu'il euft à fe comporter à l'advenir fans offenfer les habitans qui autrement y fçauroient bien remmedier.

Et pour ce que plufieurs foldats & gentilfhommes amenoient icy leurs prifonniers de guerre en feureté pour en tirer rançons, fut advifé qu'il n'y en feroit plus receu aucuns f'ils n'eftoient auxd. habitans. Qui fut une bonne & falutaire ordonnance.

Le mefme jour encore, fut affemblé le Confeil pour entendre le fieur d'Aubigny, gentilhomme du Conftantin, deputé de Boiffufé & nobleffe du Mont Saint Michel pour requerir comme il feift qu'on affiftaft eux & la place de bled & munitions, eux n'en pouvant avoir du terrain à caufe de la venüe de Montgommery, Canify & comte de Torigny qui ne fouffroient eftre rien mis ny conduit en lad. place(1). Sur quoy fut advifé qu'on leur envoieroit 200 boüeffaux froment & nombres de fitres à ce que par faute de munitions cefte place ne fe perdift.

Le 20e jour du mois d'aouft, en l'Affemblée generale, fut par le Procureur remonftré icelle eftre affemblée extraordinairement pour y faire lecture des deliberations arreftées par le Confeil depuis le 5e du prefant mois jufques à ce jour. Defquelles a

---

(1) Difant le fieur d'Aubigné que lad. place eftant munie le fieur de Boiffufé & autres gentilhommes fe retireront de Mgr de Mayenne, qu'ilz euffent fort defiré une troupe d'entr'eux f'eftablir icy auprès pour favorifer la recolte, que fy Meffieurs de cefte ville ont befoing c'eft chofe où ilz defireroient eftre employez pourveu qu'ilz leur donnent quelque maifon de retraite aux environs de cefte ville.. Meffieurs les remercient tres-humblement pour ce qu'il n'i a aux environs de cefte ville aucunes maifons fortes pour les loger & que celles qui y font ont efté demantelées... (*Reg. des Délib.*, 19 août).

esté faite lecture & icelles confirmées & approuvées par les assistans qui estoient en grand nombre qui veulent qu'elles sortent à effect & soient executées.

Aussi fut fait entendre à lad. Assemblée les calomnies & faulses suppositions contre l'honneur des habitans portées par les lettres missives escrites par l'evesque de Saint Brieuc à Messieurs les evesques de Noyon & de Senlis & celles contenües en la lettre missive du docteur Cormerais, nagueres preschant la parole de Dieu en ceste ville, escrite aud. sieur evesque de Senlis & les cahiers des memoires des gens du Chapitre; de tout quoy fut fait lecture en lad. Assemblée & par là veu les mauvaises intentions declarées contre le general de ceste ville; que d'autant que Servan Picot le jeune auroit de sa main escrit la lettre dud. Cormerais, le Conseil l'auroit declaré meriter estre mis hors de lad. ville, à l'execution de quoi n'auroient voulu passer outre, ains en auroient remis la resolution finale à la Maison de ville & corps general pour y deliberer. En l'endroit de laquelle remonstrance, Servan Picot l'esné, pere dud. Picot, s'estant presenté & aiant suplié l'Assemblée vouloir remettre ceste faute à son fils sans tirer à consequence l'ordonnance du Conseil; neantmoins laquelle suplication, les advis de la compagnie pris, fut de recheff ordonné que sond. fils seroit mis hors lad. ville & commandement au capitaine du quanton ou il demeuroit le faire vuider dans le dimanche lors prochain.

Le 23ᵉ dud., fut receue une lettre du sieur duc de Mercueur dont la teneur ensuist.

Lettre du duc de Mercueur.

MESSIEURS, je vous ay cy davent representé la disette qui se trouve en ceste armée principalement de pain, neantmoins vous l'en avez secouruë de si peu que, ne s'en pouvant trouver ailleurs plus commodement qu'en vostre ville, je suis contrainct de vous prier encore de subvenir à ceste necessité urgente & d'en faire delivrer bon nombre au commissaire des vivres de mad. armée qui est à Dinan pour y donner ordre ; mais il m'a escript qu'il n'y a point de moyen d'y recouvrer de pain ; & m'asseurant qu'avez tant d'affection à ce qui regarde le bien de nostre Sainct Party que voudrez bien la faire davantaige paroir en ceste occasion ; je ne vous en feray autre recommandation ny la presente plus longue que pour vous prier croire qu'en general & particulier vous me trouverez toujours vostre bien bon & asseuré amy.

PHILIPPES EMMANUEL DE LORAINE.

Au camp à Jugon, le 22ᵉ aoust 1591.

Outre cette lettre, il y en avoit une pour le particulier du Procureur, par laquelle led. sieur Duc le prioit de faire qu'on armast quelques navires pour porter en diligence des soldats à Morlaix que l'ennemy faisoit contenance de vouloir assieger.

Ausd. deux lettres fut escrit aud. sieur Duc le nombre de pain, vin, poudres & munitions envoiées les derniers jours à Dinan au sieur de Villeserin & que, pour le present, il estoit impossible fournir du pain n'y en aiant aucuns vieux bleds en cette ville & la recolte des nouveaux estre rendue fort difficile par les garnisons voisines tant d'un party que de l'autre, que si le commissaire faisoit amener des bleds en cette ville on les y feroit convertir promptement en pain ; au regart des vaisseaux qu'il desire pour Morlaix que, s'il plaisoit aud. sieur Duc mander le nombre qu'il en avoit besoin & le nombre des soldats & dans quel temps qu'ils vouloient qu'ils fussent envoiés, qu'ils seroient prests pour recevoir en cela ses commandements.

Led. sieur duc de Mercueur s'estant enfin acheminé à Dinan, les habitans de Saint Malo pour se preparer à tous evenements redoublerent leurs gardes & se disposerent à prevenir toutes sortes d'entreprises sur leur ville; de quoy tous s'acquitorent aveq grand soin; feirent mettre les chesnes de fer en estat de les tendre & feirent tout plein de precautions contre toutes entreprises.

Le 29ᵉ dud. mois d'aouft, le fieur de la Febvrye retourné du Mont Saint Michel defira eftre ouï au Confeil où il remonftra avoir trouvé la place defnüée de toutes fortes de munitions & vivres neceffaires à la confervation d'icelle, laquelle il affura fe feroit perduë fans le concours de cefte ville ; & a requis le Confeil vouloir y fubvenir felon l'eftat de ce fait au Confeil du fieur duc de Mayenne qu'il leur a laiffé. Et f'eftant retiré, veu au Confeil led. eftat fut trouvé revenir par chafcun an à environ 9,000 efcus. Sur quoy fut refolu ne fe pouvoir charger de l'entretien de lad. place, mais de peur qu'elle ne fe perde faute de vivres fut refolu qu'on la fourniroit de vivres pour trois mois, attendant que led. fieur Duc pourveuft & donnaft ordre. Et l'entretien defd. vivres fut promis & arrefté par chafcun defd. trois mois à 80 boüeceaux froment, 400 livres de lart, 120 livres de beurre, 12 barriques de fitre & 10 chartées de gros bois. De quoy on advertira led. fieur Duc f'excufant de plus grande charge.

Le 28ᵉ d'aouft, Julien Launay fieur de Langavan & François Grout fieur de Boiffufé avoient efté envoiés vers le fieur duc de Mercueur à Dinan pour luy faire offre reiterée des chevaux qui avoient efté au fieur de Chafteauneuff qui jufqu'alors n'avoient efté vendus. Lefquels le dernier jour d'aouft retournés feirent raport au Confeil que led. fieur Duc remercioit lefd. habitans pour lefd. chevaux & n'en avoit point de befoing, comme il le leur feift entendre par la lettre dont la teneur enfuift.

Lettre du duc de Mercueur [1]

MESSIEURS, je fuis à prefent fy bien accommodé de chevaux que je feroys mary de vous incommoder de ceux dont vous m'avez faict offre, lefquels j'accepterois

(1) *Reg. des Délib.*, fᵒ 264 vᵒ, 31 août.

volontiers fi j'en avois befoing comme j'ay plus particulierement faict entendre à ceux qu'avez envoyé vers moy. Et parce qu'ils m'ont dit n'avoir aucune charge de me parler de l'affaire dont vous m'aviez nagueres efcript, laquelle j'avois remis à refouldre en cefte ville, fi vous avez volonté de pourfuivre cefte negociation là, vous pourez envoyer quelques deputez par deczà afin d'y avifer, & vous pouvez affeurer que je tafcheray de vous en donner autant de contentement que je defire, non feulement en cela, mais partout ailleurs que les occafions f'en prefenteront. Car je fuys & me trouverez toujours voftre bien bon & affeuré amy (1).

PHILIPPES EMANUEL DE LORAINE.

Sur quoy deliberant, lefd. du Confeil ordonnerent que lefd. chevaux feroient vendus à l'encan & commiffaires à ce nommés. Et par ce que la lettre convioit lefd. habitans à pourfuivre la negociation encommencée de bailler 12,000 efcus pour la demolition du Pleffeix Bertran & autres conditions, pour cefte fin, voulans iceux habitans eftre affeurez de la continüation des volontez de ceux qui avoient fait des offres, rechargerent les deputez à cette recherche pour f'affeurer de l'intention des promettans. Lefquels, l'apres midy dud. jour, affeurerent des lors la continuation des bonnes volontés & que les habitants tenoient a leurs offres aux conditions demandées.

Et pour tant furent deputés Gilles Eberard fieur du Colombier & Olivier Richomme fieur du Pré-Ravily pour aller trouver à Dinan led. fieur Duc de Mercueur & l'affeurer que les particuliers qui promettoient lad. fomme tenoient à leurs promeffes à condition de faire de la part dud. feigneur demanteler & rafer le Pleffeix-Bertran & leur accorder les fept paroiffes demandées. Et furent chargés lefd. deputés, fi leurs offres de l'argent eftoient acceptées & que led. fieur Duc vouluft tirer en longueur lad. demolition, qu'ils offriffent le recevoir en garde aveq promeffe

(1) Sans date.

cauptionnée qu'ils feroient de le faire rafer dans trois mois, s'il leur eftoit mis entre mains.

Dom Jouan de l'Aguila envoia par exprès prier les habitans de luy faire rendre fes foldats fuitifs qui eftoient au Mont Saint Michel & d'arrefter tous les foldats efpagnols qui fe retireroient en leur ville. Ce qu'ils promirent faire par lettre, laquelle le Procureur fut chargé luy efcrire pour l'en affeurer.

Requeroit aufli led. general n'eftre preffé reftitüer les 4,000 efcus qu'il avoit receu en preft defd. habitans jufqu'à la venue d'une fomme d'argent qu'il attendoit par une feconde armée qu'il difoit attendre d'Efpagne. A quoy fut refpondu qu'on ne le defiroit pas incommoder fur lad. reftitution qu'il feroit à fa commodité.

Le 3ᵉ feptembre, les deputés vers le fieur Duc à Dinan eftant retournés feirent raport lui avoir expofé la charge qu'ils avoient de la ville, qui les a affeurés leur vouloir donner tout contentement, comme ils apparurent par lettre dud. feigneur portant ce qui enfuift.

Lettre du duc de Mercueur [1].

MESSIEURS, vos deputés m'ont faict entendre la charge qu'ils avoient prins du Corps de voftre ville pour la negociation de l'affaire dont m'avez cy davant efcript, de laquelle je defire vous rendre contans comme de toutes autres chofes que panferez vous aporter de l'utilité, ainfy que j'ay particularifé à vofd. deputez; fur la fuffifance defquelz me remetant à vous eclarfir de ma volouté & intention je ne vous allongeray la prefente que pour vous affeurer que me trouverez toufjours voftre bien bon & affectionné amy.

PHILIPPES EMMANUEL DE LORAINE.

A Dinan, ce 2ᵉ jour de feptembre 1591.

[1] *Reg. des Delib.*, fº 266 vº.

Et pour la creance portée par lad. miſſive ont fait raport que l'intention dud. ſieur Duc eſt de remettre la place aux mains deſd. habitans pour la faire raſer comme inutile & pour l'entretien d'une compagnie leur accorde les ſept paroiſſes cy devant demandées. Ce qu'entendu par le Conſeil, fut reſolu qu'on pourſuivroit cette affaire en toute diligence & pour cet effect que memoires feroient dreſſés pour en faire expedier les lettres par led. ſieur Duc, & pour cet effect commiſſaires nommés.

Et dès led. jour 3ᵉ ſeptembre, les capitaines & commis aux polices adjoincts au Conſeil, y furent veues les memoires & ſupplications pour led. ſieur Duc. Leſquels ayant eſté trouvés bons, furent rechargés leſd. Colombier & Pré-Ravily pour retourner à Dinan pour achever ceſte negociation. Ce qu'ils feirent, & ce pendant les deputez à la recherche des 12,000 eſcus chargés d'en faire la recepte & en bailler acte de recepiſſé. De quoy le Corps leur feroit garent.

Le 6ᵉ ſeptembre, les deputez vers led. ſieur Duc de Mercueur eſtans retournés de Dinan aparurent une lettre dud. ſieur Duc aveq deux commiſſions, l'une pour la demolition du Pleiſſeix-Bertran, l'autre pour l'exemption des ſuſd. ſept paroiſſes. Apres la lecture de tout quoy, fut trouvé que celle pour leſd. paroiſſes n'eſtoit pas en la forme entierement comme on la demandoit, & pour tant en fut refait une nouvelle & miſe aux mains du ſieur de la Place, l'un des ſecretaires dud. ſieur Duc à ce qu'il l'euſt renvoiée à Dinan à Galiniere, premier deſd. ſecretaires, pour la faire expedier en la forme. Ce qui fut fait.

Le 7ᵉ dud., le Conſeil, les capitaines & polices aſſemblés, fut remonſtré par le Procureur que le ſieur eveſque de Saint Malo ſ'eſtoit fait le matin dud. jour recevoir en Chapitre & avoit pris poſſeſſion de la maiſon epiſcopale, où il eſpere aller loger, faiſant eſtat d'officier le lendemain, jour de Notre Dame, & que ſ'eſtant reconcilié aveq le Duc de Mercueur il n'en avoit rien fait entendre aux habitans & requiſt led. Procureur qu'on euſt à deliberer ſur cela.

Les advis là deſſus furent qu'on devoit deputer vers led. ſieur evefque pour le prier de ne paffer outre jufques à ce que le Vice-Legat & le duc de Mayenne euffent efté advertis & leurs intentions fceües là deffus, l'un reprefentant Sa Sainteté, l'autre l'Eftat royal de France, parce qu'on ne le trouvoit pas bien affectionné au faint Party. Et furent chargés les deputez luy dire que f'il paffoit outre on luy bailleroit des gardes à fes frais. Et de fait luy furent envoiez des deputez.

Le 9ᵉ dud., un nommé Morionnaye, religieux du Mont Saint Michel, fe prefenta pour demander affiftance de vivres & munitions portant lettres du prieur & religieux, & femblablement le procureur du roy d'Avranches refidant aud. Mont Saint Michel & le fieur de la Varde, l'un des capitaines de la place, qui prefenterent deux miffives des fieurs de Boiffufé & de Montfervan qui prient vouloir convertir les vivres & munitions leur promifes en argent pour fervir à la paie des foldats qui n'avoient rien touché puis fept mois. Sur quoy fut accordé aux religieux de leur fournir 400 livres de lart, 6 pipes fitres, 300 livres beurre, 100 livres de chandelle & 10 chartées de gros bois, fi mieux n'aymoient recevoir cent efcus pour les employer en ce qu'ils jugeroient à propos. Et au regard dud. procureur du roy & capitaine La Varde leur fut refpondu que pour le premier mois on convertirait les munitions en deniers eftimés pour led. mois à 400 livres, ce qu'on leur feroit tenir & pour les autres deux mois à la mefme raifon.

Le 12ᵉ dud., furent auffi donnez cent efcus au fieur de la Febvrie, gentilhomme du duc de Mayenne, pour les frais de fon voyage & la depence par luy faite en cette ville fut païée à fon logement [1].

[1] La Febvrie avait remis le 6 feptembre la lettre fuivante de Mayenne

Meffieurs, pour ce que je doubte que le fieur de la Febvrie, prefent porteur, ne foit payé de l'affignation que je luy ay donnée pour fon voiage fi toft que je defirerois, je vous prie f'il a befoing de quelque argent luy en ferez donner par quelque receveur ou vous mefmes l'en fecourerez, vous affeurant que je vous feray incontinant rembourcer ce que luy auriez avencé pour luy donner moyen de faire fond voiage tant pour aller que pour retourner pres de moy. Ce que me promettant je prieray Dieu, Meffieurs qu'il vous ait en fa tres-fainte & digne garde D'Amiens, ce 22ᵉ jour de juin 1591.

Votre tres-affectionné amy,

CHARLES DE LORAINE

Et plus bas. *Marteau.*

Et outre les choses cy devant dites furent encores promis 40 boueceaux froment aux moines du Mont Saint Michel. Et fur autre recharge de demandes par lettres dud. Boissufé, difant vouloir aller trouver le duc de Mayenne, priant l'accommoder d'argent pour le paiement de ses soldats, fut respondu que faifant retirer ses troupes on lui feroit tenir 800 livres, outre les 400 convertis de vivres en argent pour un mois & les deux autres mois arrivans, les munitions leur promifes ou bien 400 livres par mois, aveq advis que passé lefd. trois mois ils eussent à se pourvoir & chercher remede ailleurs, les habitans ne se voulant charger de l'entretien de leur garnison, ne se pouvant faire.

Vous voyez que cefte place du Mont Saint Michel ne fubfifta un long temps que par les vivres des habitans. De quoy s'il faut dire mon advis, je trouve que les Malouins faifoient plus qu'ils ne devoient; mais, outre l'affection, ils y eftoient comme contraints pour fe rendre favorable le duc de Mayenne, ayans le duc de Mercueur comme ennemy, bien que non declaré, mais qui n'avoit nullement agreables leurs deportemens, les princes n'aymant jamais les republiques qui se maintiennent en liberté comme faifoit Saint Malo.

Il y avoit encores autre confideration qui les forçoit *quafi* à ces depances, c'eftoit la continuelle criaillerie d'aucuns habitans aufquels l'eftat prefent de lad. ville ne plaifoit pas, qui fans ceffe objectoient que nous n'aydions point au Party & que nous ne faifions que pour nous. Pour auxquels fermer la bouche on eftoit contraint à tant de depances, leur intention eftant d'appauvrir la ville & qu'à manque de moiens publics, elle fut contrainéte se jetter aux bras du duc de Mercueur duquel ils eftoient, ou bonne partie, partifans.

Le fieur duc de Mercueur en ce temps demanda aux habitans de Saint Malo qu'ils efquipaffent un navire & une patache pour paffer le marquis de Chauffin fon frere à Roüen où il le vouloit envoier. Sur quoy fut refpondu & efcrit qu'il n'y avoit point de feureté à prefent pour paffer au Havre de Grace, y obftant le grand nombre de navires de guerre Anglois, Hollandois & autres ennemys qui gardoient l'entrée & sortie du Havre, dans lequel il y avoit lors trois mois qu'un navire de Saint Malo estoit sans en pouvoir sortir retenu par la crainte du peril de rencontrer tant de navires de guerre.

Les deputés vers le sieur evesque de Saint Malo feirent raport luy avoir fait leur legation & que la ville trouvoit estrange la liberté qu'il se donnoit [1] sans, comme vous avez veu, leur permission & le priant de ne prendre point plus d'authorité, jusqu'à sçavoir les intentions du sieur Vice-Legat en France & du duc de Mayenne, sur les peines de luy donner des gardes à ses frais. A quoy il respondit qu'il verroit ce qu'il auroit à faire & ne prendroit garde à son pouvoir de faire chose prejudiciable aux habitans.

Le 17 septembre, fut au Conseil leue une lettre d'un certain, se disant deputé du roy d'Espagne, escrivant de Nantes au procureur des Bourgeois estre commis par le roy, son maistre, pour decouvrir ceux des ennemys qui faisoient trafic en Espagne soubs le nom & manteau des habitans de Saint Malo. A quoy fut respondu que nous n'en congnoissions aucuns de la ville qui couvrissent aucuns heretiques ny ennemis pour faire led. trafic, que si nous en descouvrions on luy en donneroit advis.

Aussi plusieurs maistres de navires prests à aller en Espagne furent mandez au Conseil & à iceux enjoingt avoir l'œil ne permettre qu'aucuns hommes des leurs eussent parlé au desavantage du saint Party ny à l'advantage du party contraire & leur serment pris de faire fidelle raport au Conseil si aucuns y contrevenoient. Ce qu'ils jurerent de faire.

Le 20ᵉ du mesme mois, fut remonstré par le Procureur que plusieurs forains venoient trouver le sieur evesque de Saint Malo. En quoy il y avoit du danger de quelque chose qui ne fust pas utile au public. Occasion que deputez luy furent envoiés pour l'advertir de prendre garde à soy et luy dire qu'il

---

[1] Messieurs les habitans trouvent fort estrange que contre sa foy il soit party de ceste ville & allé à Dinan sans leur permission (*Reg. des Délib.*, 11 septembre).

ne pouvoit pas ignorer qu'il ne fust fort suspect aux habitans &
à leur conservation, à cause de quoy ils l'auroient quelque temps
tenu comme prisonnier & depuis eslargy sous sa foi, attendant
responce du Vice-Legat & du duc de Mayenne qu'on avoit
adverty de ses comportemens. C'est pourquoy il fut adverty
d'avoir de là en avant plus d'esgard aux prieres des habitans, à
faute de quoy & si tost qu'il fera choses à ce contraire il sera
fait sortir hors de la ville.

Les habitans de Fougeres en ce temps deputerent à Saint
Malo pour avoir permission d'en tirer quantité de poudres,
mèche & autres munitions de guerre. Ce qui leur fut permis.

Le 21e dud. mois, fut leue au Conseil une lettre du sieur
marquis de Chauffin, instant qu'on l'eust accommodé d'un
navire & patache sans esgard du danger qu'il y avoit à passer
au Havre de Grace & qu'il essaieroit le hasard. A quoy fut
respondu par lettres le danger estre grand & imminent, & au
surplus que nous ne luy pourrions rendre le service en telle
seureté que nous desirerions & que si mal arrivoit à sa personne
s'estant jetté entre leurs bras, ilz auroient toute leur vie que
regretter ; à quoy ils desiroient eviter, plus pour la consideration de sa seureté que pour toute autre. Mais en un mot les
habitans n'avoient point envie de le laisser venir à Saint Malo,
où il y avoit toujours quelques uns qui ne trouvans l'estat
present à leur gré estoient partisans du duc de Mercueur,
duquel led. sieur Marquis estoit frere.

Les deputés vers l'evesque ayant fait leur raport de ce qu'il
leur auroit respondu, fut resolu de luy bailler quatre soldats de
gardes à ses frais & gages ; & commission donnée au Procureur
de faire choix de quatre soldats pour servir de gardes susdits
pour prendre garde sur ses actions [1] & outre le capitaine du

---

[1] Veoir tous ceux qui vront & viendront à sa maison, empescher qu'il ne luy soit delivré aucunes lettres qu'elles ne soient premierement communicquées à M. le Procureur, ne pourra escrire aucunes rescriptions qu'il ne les monstre ausd. gardes pour tout soudain les communicquer aud. sieur Procureur, deulx desquels gardes, lorsqu'il sortira de sa maison pour aller par cette ville en quelque lieu que ce puisse estre, le suyvront (*Reg des Delib*, 24 septembre).

quanton où logeoit led. fieur evefque chargé de vifiter fouvent fon logeix & y prendre garde à ce que mal n'arrivaft.

Et le 26ᵉ, furent commis aucuns deputés pour faire entendre aud. fieur evefque les caufes de cefte baille de gardes eftre qu'on l'avoit à fufpect & mal affecté aux repos & confervation de la ville & habitans d'icelle.

Et le 27ᵉ, au Confeil, le Procureur prefenta lettres du fieur duc de Mercueur & la commiffion telle qu'on la demandoit pour l'entretenement d'une compagnie de chevaux legers. La lettre contenoit ce qui enfuift.

Lettre du duc de Mercueur [1]

MESSIEURS, j'ay ouy vos deputez lefquelz m'ont declaré de voftre part ce qu'ilz avoint charge de me donner à entendre. Je vous prie de croire que en tout ce qui me fera poffible je defire vous gratifier & pour vous en faire preuve j'ay acordé la demolition du Pleffeix-Bertran & pour ceft effect j'ay commandé les expeditions neceffaires; & oultre, jalous & convoiteux de voftre confervation, je vous acorde une compagnye de cinquante chevaulx legers, pour l'entretenement de laquelle les paroiffes de Cancalle, Sainct Coulomb, Sainct Ideuc, Sainct Meloir, Paframé, Sainct Jan des Guerets & Sainct Servan contriburont à la folde & payement de lad. compagnye, fans pouvoir contribuer ailleurs, à la charge que la levée des deniers fur icelles ne fe fera finon que lors que lad. compagnye fera fur pied; & en voftre confideration voulons lefd. paroiffes eftre immunes & exemptes des gens de guerre; & pour le regard du capitaine lorfqu'il fera advifé par vous autres eftre expediant de l'avoir, m'efcrivant celuy que vous adviferez pour capitaine de lad. compagnye, m'affeurant que vous

(1) *Reg. des Delib.*, fᵒ 276 rᵒ.

en ferez une bonne eflection, je feray expedier la commiſſion en ſon nom. Où finiray par vous dire & aſſeurer que je ſuys & feray voſtre bien bon & aſſeuré amy.

PHILIPPES EMMANUEL DE LORAINE.

Du camp à Dinan, ce.... ſeptembre 1591.

Commiſſion pour la demolition du Pleſſeix-Bertran.

Philippes Emanuel de Loraine, duc de Mercueur, de Penthevre, pair de France, prince du Sainct Empire & de Martigues, gouverneur de Bretaigne, aux procureurs & bourgeoys de la ville de Sainct Malo, ſalut. D'autant que le grant nombre de garniſons n'aporte que foule & opreſſion au peuple & que deſirons le ſoulaiger autant qu'il nous eſt poſſible, nous avons trouvé eſtre requis & à propos de demanteler & ruyner les forteresses de la meilleure partye des places dont les ennemys ſe pouroint prevaloir s'ils s'en emparoint & leſquelles ne peuvent que peu ſervir à noſtre saincte cauſe ; & congnoiſſant entr'autres que le chaſteau du Pleſſeix-Bertran, voiſin de voſtred. ville y importeroit beaucoup ſy leſd. ennemys s'en rendoyent maiſtres, comme ilz avoint meſmes nagueres faict, ſy l'on n'euſt uſé de grande dilligence à la repriſe de lad. place. Nous avons trouvé eſtre plus utile de la faire demolir que d'y entretenir une garniſon, atendu meſmement qu'elle eſt proche dud. Sainct Malo, de ceſte ville de Dinan, de Dol, Chaſteauneuff & autres lieux tenans le party de la Saincte Union. A ces cauſes, vous mandons & donnons pouvoir en l'abſence d'un Roy recongneu catholicque de faire abatre toutes & chacunes les forteresses qui peuvent eſtre aud. chaſteau du Pleſſeix-Bertran & metre lad. place en tel eſtat qu'elle ne puiſſe ſervir de retraite à perſonne pour y faire la guerre en quelque faczon que ce ſoit, & pour acceleration de lad. demolition vous contraindrez ou ferez contraindre par toutes voyes & rigueurs les habitans des paroiſſes circonvoiſines d'y aller travailler chacun jour juſques & durant tel temps que trouverez eſtre requis. De ce faire vous donnons pouvoir & commiſſion, mandant au capitaine La Fontaine ou ſon lieutenant, commandant en noſtre abſence en lad. place, ou autres qui y ſont à preſent de par nous, vous y laiſſer entrer ou autres que y envoierez pour lad. demolition. Donné au camp à Dynan, le quart jour de ſeptembre 1591.

PHILIPPES EMANUEL DE LORAINE.

Et plus bas, par Monſeigneur, *Galiniere*; ſcellé.

*Commiſſion pour la contribution des ſept paroiſſes à l'entre-
tenement d'une compagnie de chevaux legers.*

Philippes Emmanuel de Loraine, duc de Mercueur de Penthevre, pair de France, prince du Sainct Empire & de Martigues, gouverneur de Bretaigne, defirant foulaiger les habitans de la ville de Sainct Malo en tout ce qu'il nous fera poſſible & conferver les paroiſſes de Paraſmé, Sainct Ydeuc, Sainct Coulomb, Cancalle, Sainct Meloir, Sainct Jouan & Sainct Servan, leſquelles ilz nous ont faict entendre pour la plus part leur apartenir, & defchargei icelles paroiſſes de la foulle & opreſſion des gens de guerre que tenons fus en ce pais pour la confervation de la religion catholicque, apoſtolicque & romaine, & meſmes de toutes impofitions & levées de deniers qui pourroint eſtre faictes fur leſd. paroiſſes, excepté les tailles ordinaires, foit pour fubvenir à l'entretien des garnifons ou autres levées. Nous deffendons tres-expreſſement à tous capitaines, cheffz & conducteurs de nos gens de guerre, tant de cheval que de pied, de quelque nation qu'ilz foient, foldats & autres qu'il apartiendra aufquels ces prefentes feront monſtrées d'aller loger, prendre ny fouraiger aucuns vivres ou victuailles eſd. paroiſſes & à tous juges & oficiers qu'il apartiendra, impofer, taxer ny faire lever aucuns deniers fur leſd. paroiſſes pour ce que nous les en avons exemptées & defchargeons par ces prefentes en faveur deſd. habitans de Sainct Malo, aufquelz nous avons donné & donnons leſd. paroiſſes pour contribuer à la folde & payement de 30 cuiraſſes & 50 arqueboufiers. qui feront mis fus foubz noſtre auctorité pour la confervation tant de lad. ville que deſd. paroiſſes & advencement de noſtre Sainct Party lorſqu'il fera requis & neceſſaire, fans pouvoir contribuer ailleurs, à la charge que la levée des deniers fur eux ne fe fera finon lorſque la compagnye fera fur pied; & en cefte confideration voulons leſd. paroiſſes eſtre immunes & exemptes de gens de guerre, prenons & metons les habitans deſd. paroiſſes en noſtre protection & fauvegarde fpeciale, voulons & ordonnons que lad. compagnye eſtant fur pied, leſd. paroiſſes foient taxées à l'entretenement d'icelle & que f'il fe trouve aucun fy temeraire de contrevenir à cefte noſtre intention en aucune forte que ce foit, punition en foit faicte fy rigoureufe qu'elle ferve d'exemple aux autres.

Donné à Nantes, le 21ᵉ jour de feptembre 1591.

PHILIPPES EMMANUEL DE LORAINE

Et plus bas : par Monfeigneur, *Galimere:* & fcellé.

Lefd. deux Commiffions obtenuës, le Procureur & Eftienne Richomme furent deputés pour conferer aveq La Fontaine Beaufils, capitaine en cheff aud. chafteau, pour advifer aux moiens de la demolition.

Et le 28ᵉ dud., feirent raport avoir accordé aveq led. capitaine que pour 500 efcus & 100 efcus pour le vin de fes compagnons il entreprendroit la demolition; & commandement fait à tous artifans d'aller à lad. demolition moyennant le falaire & paiement de leurs journées & les paroiffes mandées pour y aller travailler.

Fut donné au fieur de la Place cent efcus pour le retardement qu'il avoit fait en cefte ville pour les affaires des Commiffions fufdites.

Louis Le Maire, qui avoit fervy à l'entreprife du Chafteau & fut prié honneftement fe tirer dud. chafteau de Saint Malo, gratifié de la capitainerie du chafteau de Solidort, fut mandé au Confeil le 6ᵉ d'octobre; auquel ayant fait entendre les conditions aufquelles il entroit en lad. place pour y commander en qualité de capitaine foubz l'authorité des habitans, refufa de figner lefd. articles. Et d'autant que lad. place ne luy avoit efté baillée que pour autant de temps qu'il plairoit aux habitans, veu led. refus fut arrefté qu'il jureroit fe reprefenter mardy lors prochain au Confeil pour figner lefd. conditions des habitans. Ce qu'il jura entre les mains dud. Procureur.

Le capitaine Lamoureux, capitaine de Chafteau-Neuff foubz le duc de Mercueur, efcrivit une lettre leüe au Confeil led. 6ᵉ octobre, priant les habitans ne trouver mauvais f'il faifoit aller les paroiffiens des paroiffes exemptes par led. fieur Duc à la corvée pour la fortification de lad. place de Chafteau-Neuff. A quoy fut refpondu & prié led. capitaine Lamoureux de f'abftenir de les y contraindre par ce que lefd. habitans eftoient refolus conferver ce qui leur avoit efté accordé par led. fieur duc de Mercueur.

Louis Le Maire fe prefenta au Confeil l'8ᵉ d'octobre, où il jura & figna les articles & conditions aufquelles luy eftoit baillé en garde le chafteau de Solidort.

Et par ce que plufieurs foldats ayant porté les armes pour le party contraire venoient en cefte ville foubz pretexte de marchans, fut publié deffenfe à tous foldats ayants porté les armes pour le party contraire d'y venir en qualité de marchans fur peine d'eftre pris prifonniers de guerre & punis comme efpions.

Et, le mefme jour, fut leüe une lettre du fieur duc de Mercueur dont j'ay voulu inferer icy la teneur (1).

A laquelle fut fait refponfe n'y avoir à prefent moien d'accommoder led. fieur Marquis de Chauffin de paffage, mais qu'on parleroit au fieur Parent qui lors avoit une remberge à Saint Malo à ce que, f'il avoit agreable paffer led. fieur Marquis, les habitans reforceroient fon efquipage de nombre d'hommes; & pour le regard de l'evefque de Leon (2), qu'il ne vouloit fe mettre fur mer pendant l'hiver où on alloit entrer.

Les deputés des paroiffes relaiffées aux habitans de Saint Malo par le fieur duc de Mercueur fe prefenterent au Confeil, le 9e d'octobre, où leur furent baillées à chacun un autant de la conceffion & Commiffion dud. fieur Duc pour en conferer à leur paroiffes au dimenche lors prochain, pour, paffé de ce, faire raport des refolutions sur le contenu en lad. Commiffion.

Le 12e du mois d'octobre, fut receüe au Confeil & leüe une lettre du fieur duc de Mayenne contenant ce qui enfuift (3), laquelle fut advifé qu'avant y deliberer feroit communiquée aux gens du Chapitre.

Et, le 14e, fut receüe & leüe au Confeil une lettre du capitaine Lamoureux, lequel efcrivoit que, nonobftant le relés fait par le fieur Duc des fept paroiffes aux habitans, fi n'entendoit il les exempter d'aller à la corvée pour la fortification de Chafteau-Neuff. Et deliberant là deffus, fut conclud qu'on envoieroit

---

(1) Cette lettre manque. Frotet dans le Ms. que nous reproduisons néglige fréquemment d'insérer les pièces tout en réservant l'espace nécessaire pour les transcrire ultérieurement. Nous avons pu jusqu'ici compléter ces lacunes à l'aide du Registre des délibérations, mais celui-ci s'arrête à la date du 7 octobre 1591.

(2) Roland de Neufville, réfugié à Saint-Malo (Cf. p. 381).

(3) La lettre manque.

quelque honnefte homme voir led. Lamoureux, lui faire entendre la refolution en quoy eftoient les habitans de conferver lefd. paroiffes ; contre lefquelles f'il attentoit, on eftoit refolu de fe mettre en debvoir d'en prendre raifon par toutes voies.

Le fieur de Boiffufé avoit depefché le capitaine Beauport & efcrit aux habitans les priant le vouloir fecourir en l'extrefme neceffité où il fe trouvoit de vivres & de munitions. A quoy fut fait refponfe qu'on l'affifteroit de ce qu'on luy avoit promis. Auffi fe prefenta un religieux, nommé La Motte, faifant pareille demande de vivres pour les prieur & religieux. A quoy fut conclud que lefd. religieux feroient affiftés de vivres comme cy devant leur avoit efté promis.

Et deliberant fur le contenu en la derniere lettre du fieur duc de Mayenne, fut advifé qu'elle feroit communiquée aud. fieur evefque, & auquel feroit enjoingt de fe retirer de cefte ville felon l'intention dud. fieur Duc, & ce dans le 24ᵉ du mois.

Auffi comparurent au Confeil les deputés des paroiffes fufd. qui declarerent avoir fait faire lecture aux profnes des grandes meffes defd. mandemens & Commiffion du fieur de Mercueur & n'avoir leurs paroiffiens à debattre d'y obeir & faire le contenu en icelles.

Outre furent pris leurs fermens qu'ils advertiroient les habitants f'ils defcouvroient chofes prejudiciables à cefte ville & paroiffes, & qu'ils ne receleroient aucuns foldats en leurs maifons, & f'il f'en trouvoit aucuns aufd. paroiffes qui en recelaffent qu'ils en advertiroient promptement le procureur findic de la ville affin d'y pourveoir de remede. A faute de quoy & de faire ce devoir, a efté fait entendre aufd. deputez que les contrevenans feroient pris comme prifonniers de guerre & ceux qui receleroient lefd. foldats punis comme trahiftres & voleurs.

Le 16ᵉ dud., ayant advis que le fieur marquis de Chauffin eftoit arrivé à Cefambre où il fe trouvoit en difette de commodités, fut envoyé un honnefte homme vers luy, luy prefenter des vivres, vins & rafrefchiffemens.

Comme auffi fut refolu qu'on demanderoit au fieur duc de

Mercueur la Commiffion pour la compagnie de chevaux legers au nom du procureur findic pour capitaine d'icelle.

Les deputés vers le fieur evefque feirent raport qu'il leur auroit refpondu le temps eftre trop breff & fuplioit luy eftre prolongé pour pendant iceluy pouvoir luy mefme donner advis de fes deportemens & intentions au fieur duc de Mayenne. Sur quoy fut neantmoins refolu qu'on efcriroit aud. fieur Duc qu'il avoit efté prié de fe retirer ; ce qu'il auroit promis faire.

Le 17ᵉ dud., furent, au Confeil, apparuës lettres du fieur de Montgommery & de Ravardiere, fon beau frere, ufufruitiers du Pleffeix-Bertran, tendantes à ce que les habitans leur feiffent raifon de la ruine du Pleffeix-Bertran. A faute de quoy menaçoient de brufler les maifons & metairies des habitans de cefte ville eftans aux champs. Sur quoy fut fait refponce que je regrette n'avoir pas, par ce qu'aux rodomontades qu'ils faifoient on leur en feift d'autres de pareille eftoffe.

Et le 19ᵉ, le capitaine Lamoureux envoia *La Touraine*, fon lieutenant, demander des poudres, des piques & autres munitions & preventions contre le fiege duquel il difoit qu'on le menaçoit, & outre requerir qu'on permift les paroiffes aller à la corvée. Quoy veu & pour l'exigence du cas, fut advifé qu'on lui permettroit les corvées par trois femaines à une paroiffe par jour, à condition que les defaillans feroient executés par l'ordre du Confeil de la ville fur le rolle qui leur feroit envoyé des defaillans aufd. corvées ; & quant aux munitions que nous n'en avions point en magafin, mais qu'il y en avoit chez des particuliers de qui il en pourroit acheter. Luy furent données feulement deux douzaines de piques du magafin.

Sur ce que l'evefque ne f'eftoit retiré dans le 24ᵉ du mois d'octobre, furent de nouveau deputés chargés l'advertir dans fabmedy lors prochain de fe retirer par ce qu'on avoit affeuré le fieur duc de Mayenne qu'il avoit promis, obeiffant à fa volonté, d'ainfi le faire, fçavoir de fe retirer, &, à faute à luy de le faire à leur priere, on le luy feroit faire par voie de fait.

Le 28ᵉ, feirent lefd. deputez leur raport avoir fait cefte

injonction aud. fieur evefque qui les auroit affeurez qu'il fe retireroit, & avoit envoié à Dinan prendre un logeix, fe plaignant au refte d'avoir nombre d'ennemis & envieux en cefte ville.

Fut auffi propofé baftir une maifon au Talas pour loger la compagnie qu'on fe propofoit de lever, la Maifon de Santé qui y eft n'eftant jugée fuffifante pour loger lad. compagnie.

Le duc de Mercueur fur la demande qu'on luy avoit faite de nommer pour capitaine de la compagnie le Procureur feift la refponce qui enfuift (1).

Laquelle refponce veüe, fut advifé en attendant de lever dix ou douze cuiraffes & vingt arquebufiers, attendant augmenter la troupe, & aveq ce peu favorifer les champs voifins au mieux qu'on pourroit.

Ceux du chateau de La Latte craignans le voifinage de la ville font advertir par le fieur du Bouillon (2), capitaine dud. chafteau, qu'il ne pretend ny defire incommoder les allans & venans de cefte ville.

Sur le raport fait par des deputez qui avoient efté envoiés vers les fieurs du Chapitre les prians ne faire ny leurs officiers faire aucunes bannies, fans en avoir conferé au Confeil & eu leur approbation; & outre de faire remettre le marché au bled où antiennement il eftoit; que lefd. du Chapitre & officiers avoient refpondu n'y eftre tenus & n'avoir jamais en matiere de police demandé cefte permiffion aux gouverneurs de la ville, fi n'eftoit pour lettres envoiées de par le Roy, & ne fe vouloient affubjettir à chofe indeue. Le Procureur fut chargé de faire comparoir tous les fergents, tambours & trompettes, par devant luy pour leur faire deffences, fans fa permiffion ou du Confeil, de ne lire en public par la ville aucuns mandemens de quelque part qu'ils fuffent emanés.

Apres une accufation formée contre une nommée Françoife Blondel femme de Goubin, demeurans à la cale de Guidalet, & interrogations de plufieurs tefmoins, elle en pareil ouïe en fes

---

(1) Le Ms. ne donne que les premiers mots de cette lettre : Meffieurs je me joindré toujours...

(2) De Gouyon ?

responces, confessions & denegations, & confrontations luy faites des tesmoins, fut convaincuë d'avoir par lettres & personnes envoiées à Sainct Colomb à la dame du Fougeray, voulu faire prendre prisonnier par les ennemis un riche boulanger, nommé Jan Degueneuc, demeurant à la maison de Grasfarron. Le tout du proceis fait par devant le Conseil, fut icelle Blondel jugée & condamner vüider & sortir hors de cette ville sans y pouvoir estre receüe ny restituée à l'advenir.

Le second jour de novembre, au Conseil, furent leües lettres du sieur de Villars, gouverneur de Roüan & du Havre, tendantes à ce que les habitans de Saint Malo l'eussent accomodé de dix ou douze milliers de poudre pour servir à la deffense de Roüan que le roy de Navarre se preparoit d'assieger; à quoy fut respondu le priant d'excuser n'ayant moien de luy faire cette commodité, la ville estant fort degarnie de poudre pour en avoir accommodé en divers lieux & endroits pour le saint Party.

Plus fut leüe autre lettre du sieur duc de Mayenne dont la teneur ensuift [1].

Vous avez peu voir sur la fin de l'année derniere, lors qu'il fut question de changer les officiers de la ville, comme procureur sindic, gens du Conseil, capitaine du Chasteau & autres pour l'assister, & autres, le Conseil s'en estoit reservé la puissance ou luy avoit esté donnée par le Corps general à iceux adjoingts quelque nombre d'habitans, mais ceux ausquels l'estat present des affaires ne plaisoit pas descrioient tant qu'en eux estoit cette procedure, disans que le Conseil usurpoit une souveraine authorité & qu'enfin on feroit une Oligarchie du regime de la ville & en un mot que le tout degenereroit en Tyrannie, & avoient resolu de faire cette ellection par brigue que desjà ils avoient formée. Ce murmure estoit tellement public que ceux dud. Conseil qui veritablement en tous leurs deportemens n'avoient dessein que de conserver pendant cet orage des guerres civiles la navire de

---

[1] Le Ms. n'en donne que les premiers mots : Messieurs, ayant sceu que les forces...

la Communauté & finalement la conduire à bon port, n'en peurent ignorer, & pour tant voulans rendre vaines toutes ces calomnies & eviter auſſi les brigues, en l'Aſſemblée generale tenüe le 4ᵉ de novembre 1591, fut remonſtré par le Procureur que le temps eſtoit bien toſt arrivé auquel il convenoit donner des ſucceſſeurs aux officiers qui ſortoient de charge & que l'an paſſé, outre ceux du Conſeil on avoit nommé des habitans pour nommer & eſlire leſd. officiers, mais qu'il ſçavoit que pluſieurs ſ'offenſoient d'avoir eſté laiſſez en arriere dud. nombre ne ſ'eſtimans moins meriter que ceux qu'on avoit adjoingtz auſd. du Conſeil. Ce qu'il avoit bien voulu repreſenter afin d'oſter toutes ſortes de murmures & meſcontentemens & qu'à cette fin on adviſaſt ſ'il ſeroit pas à propos de remettre cette eſlection auſd. du Conſeil, capitaines de ville & commis au police.

Sur quoy le Procureur voulant recueillir les voix, par les premiers du Conſeil oppoſans fut dit n'eſtre raiſonnable qu'eux du Conſeil, capitaines de ville & commis au police, donnaſſent avis là deſſus, mais eſtoit plus convenable que le reſte du general en adviſaſt & deliberaſt comme à eux appartenant la vraye faculté de deliberer, non à ceux qui eſtoient auſd. charges. Et ainſi ſans prendre les voix dud. Conſeil, capitaines ni commis au police, par les voix & ſuffrages du reſte qui eſtoit le Corps des habitans, fut ceſte commiſſion donnée d'eſlire des ſucceſſeurs à ceux qui ſortoient de charge. De quoy la Communauté ſans contradiction donna pouvoir & commiſſion auſd. du Conſeil, capitaines de ville & commis à la police.

Et d'autant que le nombre des conſeillers ſembloit trop grand, fut reſolu qu'au lieu de neuf nouveaux qui avoient eſté ſubſtitüez l'an paſſé pour autant qui en ſortoient, il ſuffiroit d'en nommer ſix en cette nouvelle eſlection, pour beaucoup de raiſons. Et ainſi fut ceſte commiſſion donnée au grand deplaiſir de ceux qui n'avoient deſſein que de troubler le repos & faire trouver mauvaiſes les affaires.

Il ſemble y avoir quelque fatalité en cette place du Mont Saint Michel & qu'elle doit eſtre en continüelle agitation &

mouvement. Le 7ᵉ jour de novembre, fut reçûe une lettre de Boiſſuſé adviſant que les religieux dud. lieu & quelques ſoldats ſ'eſtoient emparés & rendus maiſtres du haut de la place & abbaie qu'ils appellent le Chaſteau & qu'il y avoit apparence que leur deſſein eſtoit de le remettre au party contraire, pour quoy prioit led. ſieur de Boiſſuſé les habitants de deputer quelque homme de creance pour ſ'eſclaircir de l'intention deſd. religieux pour eviter aux incommodités ; & prioit leur faire tenir des vivres & munitions.

Ce que mis en deliberation, Olivier Richomme ſieur de Pré-Ravily fut deputé pour aller aud. Mont Saint Michel & ſuaider à ſon pouvoir leſd. religieux de ſe remettre au pouvoir dud. ſieur de Boiſſuſé qui les conſerveroit mieux qu'eux ne le ſçauroient faire & à lui permis ſe faire accompagner aux frais de la ville.

Voyant auſſi que le ſieur eveſque ne ſe retiroit ſuivant ce qui luy avoit eſté enjoingt, Eſtienne Gautier ſieur de la Corgnaye & Jean Martin ſieur de la Gueraudaie furent deputés pour luy en faire reiterée priere. A quoy il leur reſpondit que luy mettant en main un autant de la lettre du duc de Mayenne & de la deliberation du Conſeil il ſe retireroit. Sur laquelle reſponce dud. eveſque deliberant, fut adviſé que ſ'eſtant retiré on adviſeroit ſi ou non on lui devroit delivrer leſd. lettres & decret du Conſeil & leſd. deputés luy allerent de recheff dire qu'il euſt à ſe retirer dans le lendemain. A quoy il reſpondit que luy delivrant autant de lad. lettre & ordonnance & ſes lettres & accoutremens il eſt preſt de ſortir. Sur quoy deliberant, fut encores dit qu'il ſeroit adverty faute à luy de ſe retirer dans demain il y ſeroit contraint par toutes voies & en cas qu'il ſe veuille ſans contrainte retirer luy ſeroit delivré autant de tout par le greffier & ſ'il falloit uſer de contrainte ne luy ſeroit baillé acte aucun de ceux qu'il demandoit.

Le 9ᵉ novembre, au Conſeil, preſens les capitaines & polices, fut apparüe une lettre de Jacques Gaillard ſieur de la Simonnaye, par laquelle il adviſoit qu'apres avoir rendu le ſieur eveſque de Saint Malo au couvent des Jacobins de Dinan, le ſieur de Saint

Laurens manda Eftienne Richomme fieur de la Court d'aller parler à luy & qu'apres avoir pris congé dud. fieur de Saint Laurens, f'en revenans par fur les foffés de Dinan, pres la porte Saint Malo [1], le capitaine Rays ayant forti de la ville accompagné de cinq cavaliers auroit pris & emmené led. Richomme & donné un coup d'efpée à François Grout fieur de Boifoufé; & demande led. Gaillard efcrivant qu'on luy mande fi luy & led. Boifoufé f'en doivent venir.

Sur quoy deliberant, fut advifé qu'on envoieroit un homme au Guildo voir quel traitement eftoit fait aud. Richomme & que le Procureur efcriroit à Simonnaye & Boifoufé f'en venir le lendemain apres avoir demandé efcorte pour leur feureté au fieur de Saint Laurens foubz la protection duquel ils efperoient eftre. Iceux avoient accompagné led. fieur evefque par commiffion de la ville. Et fut remis à deliberer du refte jufqu'apres la venuë des dits.

L'11e dud., lefd. Gaillard & Grout eftant revenus de Dinan feirent raport comme avoit efté pris led. Richomme & led. Grout blecé revenans de conduire & accompagner le fieur evefque à Dinan. Ce qu'entendu fut refolu qu'on envoieroit un meffager au fieur de Saint Laurens & qu'on luy efcriroit au nom des habitans priant faire commandement aud. fieur de Rays de renvoier led. Richomme quitte & libre, & qu'on lui auroit envoié quelqu'un des habitans de la ville pour cet affaire, mais qu'ils ne f'eftimoient plus en feureté à Dinan attendu l'exces commis aux perfonnes dud. Richomme prifonnier & dud. Grout blecé.

Le 13e dud. novembre, par le Confeil, les capitaines & commis à la police, affemblez, fut eflu & nommé pour capitaine du Chafteau pour la prochaine année Jan Picot fieur de la Gicquelaye, nommé aux billets.

Le 14e, fur la refponce par efcrit faite par le fieur de Saint Laurens, fut refolu d'en communiquer au Corps general, & pour

---

(1) A Dinan.

le faire à mefme heure, Renaut Loquet, trompette de la ville, fut chargé aller publier la Maifon de ville à heure prefente.

Laquelle eftant affemblée, environ les unze heures du matin, & fort populeufe, par le Procureur fut remonftré que fuivant les lettres du fieur duc de Mayenne on auroit prié le fieur evefque de Saint Malo fe vouloir retirer de cette ville. A quoy f'eftant accordé auroit defiré eftre accompagné de quelques honneftes hommes jufqu'à Dinan à l'occafion du peril des chemins. Ce qui auroit fait que led. Procureur auroit prié Eftienne Richomme fieur de la Court, Jaques Gaillard fieur de la Simonnaye, François Grout fieur de Boifoufé & autres, accompagner led. fieur evefque jufqu'à Dinan. De laquelle fortans apres avoir efté falüer le fieur de Saint Laurens, gouverneur d'icelle, & fe retirans, auroient fur les foffés de lad. ville efté attaqués du fieur de Rays, capitaine du Guildo ; lequel auroit, accompagné de cinq cavaliers, pris & emmené Eftienne Richomme fieur de la Court & blecé Boifoufé d'un coup d'efpée fur la tefte. De quoy le Confeil adverty auroit incontinent efcrit aud. fieur de Saint Laurens pour le prier vouloir commander aud. fieur de Rais remettre led. fieur de la Court en liberté, comme ont fait apparoir par la minute de la lettre efcrite aud. fieur de Saint Laurens & par fa refponce auffi en l'inftant leüe en l'Affemblée ; laquelle dit que cet acte dud. fieur de Rays l'a tellement offencé qu'incontinent il en a fait plainte au fieur duc de Mercueur & qu'il prioit les habitans vouloir ne f'ennuier jufqu'à ce qu'il euft refponce dud. fieur Duc. Neantmoins quoy fut refolu qu'on efcriroit de recheff aud. fieur de Saint Laurens qu'on le prioit que fans attendre refponfe dud. fieur Duc il feift commandement au fieur de Rays de mettre led. fieur de la Court en liberté.

Le 15ᵉ novembre aud. an, furent nommés pour affiftans le fieur de la Gicquelaie, efleu capitaine du Chafteau pour l'an prochain, pour les trois hommes mariez : Francois Picot fieur de Rocabay, Jan Martin fieur de la Chapelle & Guillaume Gouverneur fieur de Leffart; & pour les non mariez : Jacques Le Fer fieur de Limonnay, Paul Heurtaut fieur du Tertre, Jullien

Launay fieur de Longaunay & Nicolas Baudran fieur de la Maffuere; les tous nommez par les billets.

Le 16ᵉ, Jan Durant, l'un des huiffiers du Confeil, retourné de devers le fieur de Saint Laurens, rendit au Confeil fa lettre qu'il efcrivoit aux habitans & celle qu'il efcrivoit aud. fieur de Rays pour luy commander remettre en liberté le fieur de la Court, mais prioit les habitans vouloir envoier quelqu'un des leurs vers led. fieur de Rays pour lui en faire priere.

Sur quoy fut deliberé qu'on reprieroit led. fieur de Saint Laurens faire remettre led. fieur de la Court en liberté fans obliger la Communauté à aucune entremife ny priere vers led. fieur de Rays, envers lequel ils n'eftoient refolus d'ufer d'aucunes priere & prenoient cet affaire grandement à cueur, la foy & liberté & feureté publique ayant efté violée.

Ayant les commis pour les nouvelles nominations procedé aux eflections & baillé leurs fuffrages par brevets, fe trouverent nommez pour les fix commiffaires nouveaux pour l'an 1592. Bertran Le Fer fieur de Limonnay, Gille Eberard fieur du Colombier, Thomas Porée fieur des Chefnes, Eftienne Salmon fieur de Portecharles, Jan Boulain fieur de Grandpré.

De recheff, lettres arriverent des religieux du Mont Saint Michel & du fieur de Boiffufé, par lefquels ils prioient refpectivement les habitans d'envoier quelqu'un d'entr'eux pour les ouïr & accorder de leurs differens. Si bien qu'Olivier Richomme defjà nommé à cet effect fut rechargé d'y aller, lequel f'en excufa.

Les habitans voyant les mauvais offices leur rendus par Cormerais, docteur, & fon ingratitude envers eux qui luy avoient rendu toutes fortes d'honneurs & recompenfé graffement de fes peines deputerent vers le Chapitre pour le prier de ne luy conceder la chaire pour l'Advent & Carefme à venir, mais au fieur *Clutin*, docteur, lequel eftoit en cette ville. Lefquels deputés feirent rapport au Confeil lefd. du Chapitre avoir refpondu que defjà ils avoient promis la chaire aud. Cormerais.

Fut auffi efcrit de recheff au fieur duc de Mercueur, le fupliant inftamment donner la Commiffion de capitaine de la compagnie de chevaux legers au Procureur.

Le 23ᵉ novembre, le Procureur remonftra eftre adverty que depuis que le fieur evefque f'eft retiré à Dinan, il entretient des praƈtiques aveq aucun du Chapitre mal affeƈtionnés à notre repos & confervation & pourfuivant nous mettre en mauvaife odeur vers le Nonce, [Monfieur] de Saftelin ⁽¹⁾ & le fieur duc de Mayenne. De quoy il dit qu'il eft à propos d'advertir les fieurs de la Bardeliere & de la Planche pour prevenir des calomnies qui nous pourroient prejudicier; ce qui fut ainfi jugé convenir. Et leur fut efcrit fort amplement, advis leur donné en toutes façons à eux poffibles de prevenir les calomnies & mauvaifes intentions dud. evefque & Chapitre. Pour ce que parmi ceux qui venoient d'eftre nommés pour nouveaux confeillers y en avoit aucuns point trop roides en la refolution qu'on avoit de fe maintenir vers tous, & qu'il falloit pourtant fortifier led. Confeil de perfonnes de refolution, on feift commettre à la police trois de ceux qui avoient fervy deux ans au Confeil & qui par raifon de leur temps ecoulé en fortoient, par ce que on fe propofoit de les appeler, comme auffi les capitaines de ville, au Confeil pour le fortifier contre les entreprifes de ceux à qui l'eftat des affaires ne plaifoit pas. Et furent nommés ces trois antiens confeillers pour police : Joffelin Frotet fieur de la Landelle, Françoys Grout fieur de Clofneuff & Eftienne Gautier fieur de la Corgnaye.

Les 11,000 efcus promis par les particuliers furent recueillies, & icelle fomme paiée & baillée au fieur de la Place, fecretaire dud. fieur Duc, au moien du pouvoir qu'il en avoit.

En l'Affemblée generale tenue le 2ᵉ decembre, les nouveaux confeillers, capitaine du chafteau & autres officiers, prefterent ferment; & fpecialement Gicquelais, efleu capitaine du Chafteau, jura faire fon devoir de le conferver à fon pouvoir, foubz l'authorité des habitans en general & gens du Confeil, fans recon-

---

(1) Sestolino Lampineto, secrétaire du Nonce Landriano. Cf. Cayet, Chron. Novenaire (Michaud, p. 291).

noiſtre autre qu'eux ny ſans pouvoir prendre autre congnoiſſance de cauſe que les volontez & commandemens deſd. habitans & Conſeil.

En l'Aſſemblée generale tenuë le 6e decembre, fut leüe une lettre de Madame la Mareſchale de Joyeuſe & du chevalier d'Oiſe, frere du ſieur de Villars, par laquelle ils prioient les habitans les accommoder de dix milliers de poudre & la faire porter au Havre de Grace que led. ſieur de Villars en avoit degarny pour en munir la ville de Roüan, & promettoient en faire tenir le paiement. Sur quoy adviſant, furent chargez deux deputés ſ'informer ſ'il y avoit aucuns particuliers qui en euſſent & les vouluſſent envoier au Havre où ils ſeroient bien paiés, & qu'il tarderoit de faire reſponce juſqu'à voir ce qui ſ'en trouveroit parmy les particuliers.

Eſtienne Richomme, que vous avez entendu avoir eſté pris à Dinan & amené priſonnier au Guildo par le capitaine Rays, ſ'eſtant ſauvé & tiré de là par un gentil ſtratagemme & retourné en cette ville, fit entendre en lad. Aſſemblée qu'il ſçavoit que depuis ſon evaſion du Guildo led. ſieur de Rays juroit qu'autant d'habitans qu'il trouveroit à ſon advantage il les prendroit priſonniers, fuſſent ils dans le Champ à Dinan, ſans que perſonne l'en peuſt empeſcher, dont il advertiſſoit l'Aſſemblée à ce que chaſcun ſe priſt garde. Et neantmoins fut adviſé que le ſieur des Clos, retenu priſonnier au chaſteau pour repreſailles, ſeroit mis en liberté; auquel le Procureur fut chargé de dire qu'il euſt adverty le ſieur de Rais que ſ'il faiſoit le moindre deplaiſir du monde à aucun de la ville ou empeſche les vivres & commodités venans en icelle, qu'on rompra la teſte à luy & à quiconque des ſiens l'entreprendront & ſeront traités comme ennemis.

En ce temps encore, ſ'eſmeurent des queſtions entre les habitants & chanoines ſur les prerogatives d'entre leur procureur ſindic & les officiers du Chapitre, les habitans pretendans led. Procureur devoir preceder aux inceſſions & proceſſions & autres actions publiques le ſeneſchal & autres officiers du Chapitre; & deputerent vers le ſeneſchal pour l'advertir qu'il ſ'abſteniſt de vouloir preceder led. Procureur, comme il s'estoit efforcé puis peu en une procession; disant lesd. habitans que leurd. Procureur representoit le gouverneur de la ville; pour quoy faire aparoir lui communiquerent les lettres du sieur duc de Mayenne qui luy attribüoit cette qualité & furent chargés lesd. deputés d'advertir led. seneschal de ne s'advancer pas de là en avant de preceder leurd. Procureur. Ce que s'il entreprenoit, qu'il s'apeurast de recevoir tel affront qu'il auroit dorenavant subject de ne prendre que le rang qui luy apartenoit.

Le 12ᵉ decembre, fut leüe une lettre dud. sieur duc de Mercueur (1) par la teneur de laquelle vous verrez ses intentions touchant les plaintes qu'on luy avoit fait de Lamoureux, capitaine de Chasteau-neuff, & la plainte de la violence commise contre Estienne Richomme prisonnier au Guildo.

Et parce que les lettres qu'on avoit escrit aud. sieur Duc portoient une plainte contre le seneschal de Dinan qui avoit imposé les sept paroisses, relaissées par led. sieur Duc aux habitans; fut resolu que led. sieur Duc seroit de recheff suplié nous faire jouir du don qu'il nous avoit fait desd. paroisses sans permettre qu'elles fussent taxées, comme les avoit fait led. seneschal de Dinan & de quoy on avoit fait plainte qui seroit reiterée par expres qu'on y envoieroit.

Y eut grand dispute entre les deputés de la ville chargés de faire publier en la court de Saint Malo les lettres d'Adveu & Declaration sur icelles du sieur duc de Mayenne, lesquelles furent opposées par les officiers de la Juridiction. Ce qui raporté & le proces verbal du tout leu au Conseil, furent lesd. deputez rechargés de se presenter en la court de Saint Malo, & là dire & declarer ausd. officiers qu'à faute à eux de faire lire, registrer & publier lesd. lettres d'Adveu & de Declaration sur icelles ils y feroient garder estat par toutes voies, & chargiés de prendre les officiers à partie & protester contre eux comme rebelles à celuy qui representoit le prince souverain; & outre chargés de sommer

---

(1) Le Ms n'en donne que les premiers mots : Messieurs, si ceux qui....

lesd. officiers d'advertir le procureur des Bourgeois de l'affignation qui feroit mife pour mettre le vin à un prix, à ce que led. Procureur y affiftaft comme premier officier & reprefentant le gouverneur de la ville & mefme en qualité de procureur des Bourgeois, & generalement chargés de faire fur cela tout ce qu'ils jugeroient à propos.

Un nommé Cuffy, capitaine Normant, ayant efté mandé venir en cefte ville pour prendre la charge d'une troupe, vint en cette ville & fut apointé. Les habitans aymans mieux fe fervir de luy que d'aucuns de la Province, tant leur eftoit fufpect tout ce qui dependoit du duc de Mercueur.

Le mercredy 18e decembre, fur plufieurs fubterfuges des officiers de la Juridiction de mettre le prix au vin, neantmoins affignations par eux données, & fur l'inftance faite par les habitans que leur Procureur y fuft appellé en cette qualité & mefme comme premier officier & reprefentant le gouverneur, le Confeil affemblé, apres le raport des deputez qui avoient eftés chargés d'aller fommer lefd. officiers de leurs fufd. pretentions, fut refolu qu'on procederoit à mettre le vin qui fe vent en detail à prix. Et pour ce faire furent appellés plufieurs Bourgeois, marchans groffiers regnicoles & eftrangiers, & aucun taverniers. Par la bouche defquels information faite du prix, valeur & frais fur le vin, fut taxé à 8 fouls & 8 deniers le pot, aveq deffenfes à toutes perfonnes de le vendre à davantage; & en cas que les taverniers fuffent inquietés par les officiers de la court de Saint Malo qu'ils euffent à en advertir la police qui en donneroit advis au Confeil qui leur pourvoiroit de remmedde. Voila de manifeftes entreprifes de juridiction, mais quoy [1]...

Vous avez veu cy devant comme pour tirer Chapelle Le Maire honneftement du chafteau de Saint Malo, on luy avoit accordé la capitainerie du chafteau de Solidort où il pouvoit eftre moins prejudiciable. Mais en ce temps on eut quelque vent qu'il f'accommodoit aveq le fieur duc de Mercueur par l'entremife d'au-

---

[1] Phrase inachevée dans le Ms.

cuns de fes partifans qui eftoient en ville, & pour tant fut advifé au fecret de l'en tirer & ce doucement fans bruit. Pour à quoy parvenir, fut advifé que le Procureur, feignant aller vifiter quelque navire qui eftoit dans le havre de Solidort, f'accompagneroit de quelques fiens nepveux pour lever tout ombrage aveq Le Maire & fous pretexte de le vifiter entreroit au chafteau duquel il fe rendroit maiftre.

Mais il arriva que Chapelle le priant de goufter de fon vin & led. Procureur voulant entrer, il luy voulut regler fon train à deux ou à trois, la compagnie dud. Procureur n'eftant que de fept à huit perfonnes. Ce que voyant il luy dift qu'il n'y entreroit pas à cefte condition & que les deffenfes qu'il avoit des habitans de ne laiffer entrer perfonne plus fort que luy ne f'entendoient pas dud. Procureur qu'il devoit congnoiftre pour cheff de la ville. Et pour tant f'en revint & ayant fait raport au Confeil, au mefme temps fut apparuë une lettre dud. Chapelle donnant telle quelle fatiffaction de fon fait. Et neantmoins on deputa vers luy Jan Picot fieur de la Gicquelaye & Allain Maingard fieur de la Planchette, lefquels, luy ayant remonftré fa faute, le trouverent endurcy & leur dift avoir fait ce refus ayant entendu que le Procureur l'en vouloit mettre hors pour y mettre un fien parent. Et ce pendant attendant la refponfe des deputés, furent nommés Jan Chevillé fieur de la Briantaye & Pierre Gravé fieur de la Belle-Chauffée pour chafcun aveq 50 hommes fortir des le foir & aller bloquer lad. place. Ce qu'ils feirent incontinent environ les fept heures du foir; ce pendant commiffaires nommés pour faire fortir deux canons au lendemain matin qui fe trouverent preft à rouller des le point du jour.

Mais des les fept heures du matin, comme la porte ouvroit, entra Jan Chevillé fieur de la Briantaye, lequel f'en alla droit au Confeil & Chapelle f'en alla à fa maifon qui eftoit venu de Solidort aveq luy. Led. Briantaye trouva defjà le Confeil affemblé qui nommoient des capitaines pour cet affaire de Solidort & avifoient aux chofes neceffaires. Il leur dift n'eftre befoing de fe travailler davantage de cet affaire par ce que, ayant des le foir precedent bloqué la place luy & Belle-Chauffée, ils auroient fait que led. Chapelle avoit remis la place aux mains dud. parlant & dud. Belle-Chauffée, lequel y avoit entré & partie de fa compagnie; & que luy avoit pris charge de conduire Chapelle en ville. Ce que voyant, tous ces preparatifs pour le fiege cefferent à l'inftant.

Et le lundy 23ᵉ dud., comparut led. Chapelle au Confeil requerant fa faute luy eftre pardonnée & qu'il fuft remis en lad. place. Ce qui lui fut remonftré n'eftre pas convenable à la feureté de fa perfonne ny biens & qu'il feroit mieux en la ville où il feroit regardé & chery de tous les habitans comme au paffé. Et, ce fait, fut pourveu à la feureté de la place.

Le 28ᵉ dud., fut aparuë & leüe une lettre du fieur duc de Mercueur, au Confeil, de laquelle j'ai ici inferé la teneur (1).

Sur quoy fut refolu qu'on efcriroit au fieur de la Chefnais (2) que nous avions tant fubvenu à tous nos voifins du Party que nous ne pouvions plus rien fournir. De quoy il fut prié nous excufer.

Ayant efté remonftré par le Procureur que les Articles jurés & fignés par les habitans pour leur confervation n'avoient encores efté fignés ny jurés par les officiers du Chapitre; pour quoy furent deputés perfonnes vers le fenefchal pour lui bailler & communiquer un autant defd. Articles fignés & garentis du greffier de la Communauté aveq advis de fe trouver le lendemain au Confeil pour en la prefence dud. Confeil les jurer & figner, à faute encourir aux peines portées par lefd. Articles.

Le raport defd. deputés entendu qui eftoit que led. fenefchal ne figneroit lefd. Articles qu'on n'euft auffi interpellé l'aloüé & le procureur fifcal de faire le mefme; fur quoy furent nommés autres deputés vers led. fenefchal pour le fommer de refpondre precifement fi ou non il les fignera & de fa refponfe feront raport à lundy prochain.

(1) Le Ms. n'en donne que les premiers mots : Meffieurs, vous fçavez....
(2) La Chesnaie Valoüuet.

Le lundy 30°, fut au Conseil creé capitaine de Solidort un vieux soldat du chasteau de ceste ville, nommé Antoine Courtin, qui le receut desd. habitans aveq serment de le leur remettre toutes fois & quantes.

Les deputés vers le seneschal feirent raport avoir eu pour response qu'il aymeroit mieux avoir perdu un de ses bras que d'avoir signé les Articles comme bourgeois & qu'on aye à parler à l'aloüé & au procureur fiscal. Quelle responfe entenduë fut, à l'insttance d'aucuns siens amys, sursys de deliberer, jusqu'à un mois ensuivant.

LIVRE QUATRIESME

(1592)

Nous voicy arrivés en l'an 1592 qui commença par une remonftrance faite, le 2ᵉ de janvier, par le Procureur difant qu'en ce commencement d'année il a penfé eftre de fon devoir de fuplier les fieurs du Confeil, capitaines de ville & commis à la police, tous prefens, vouloir embraffer le foin de l'honneur de Dieu de la caufe publique & de la confervation particuliere de la ville & Chafteau en l'eftat qu'eftoient à prefent les affaires fuivant les fermens que nous en avions juré, fans aucunement flefchir ny nous devoyer d'une fi fainte refolution, affin que tous enfemble en peuffions un jour rendre compte à celuy auquel noftre Dieu l'avoit deftiné, fçavoir, à un roy catholique ainfi recogneu par toute la France, affin que, comme bons & fideles catholiques & concitoiens, nous & noftre pofterité peuffions recevoir le fruit de noftre fidélité.

Remonftrant encore led. Procureur que la rage des ennemys de noftre repos ne faifoit chacun jour qu'augmenter, menaçans que quoiqu'il tardaft ils triompheroient un jour de nos rigueurs, de quoy il jugeoit à propos nous advertir en general affin que chafcun en particulier f'efforçaft d'eluder l'effet de leur mauvais prefages & pernitieufes intentions. Et pria les gens du Confeil, capitaines de ville & commis à la police, d'affifter tous les jours de lundy à la fainte Meffe ordonnée eftre celebrée en l'honneur du Saint Efprit en l'eglife cathedrale de cette ville, reclamant fon affiftance en nos affemblées & deliberations; interpellant auffi lefd. du Confeil d'affifter tous les jours de Confeil qui font trois fois la femaine, & les capitaines & polices lors qu'ils y feroient mandez, fans f'excufer fur les affaires particulieres, eftant bien requis en un temps miferable & calamiteux que chafcun contribüaft ce qui eftoit de fon pouvoir à la confervation du General.

Apres lefquelles remonftrances & interpellations, tous promirent apporter leur foing & pouvoir à ce qui concernoit le falut du General

Fut fait lecture de deux lettres des fieurs de Boiffufé & Montfervan, tendantes à ce qu'il pleuft aux habitans leur donner retraicte pour 12 gentilfhommes & à leurs prifonniers, attendant commodité d'aller trouver le fieur duc de Mayenne.

L'affaire mife en deliberation, attendu l'affection que lefd. fieurs avoient toujours montré à la caufe, leur requefte fut accordée, les affeurant de leur retraicte pour quelque temps & feureté pour leurs prifonniers eftans gens de guerre & non paifans. Ce que le Procureur fut chargé faire entendre au capitaine Bonport, porteur de leurfd. lettres.

Arriva, au mefme temps, un gentilhomme appellé le fieur de Baranton, porteur de lettres du fieur duc de Mercueur. La teneur defquelles j'ai penfé eftre bien à propos eftre icy inferée [1].

Apres la lecture de laquelle & ouy led. fieur de Baranton qui ne dift rien outre la teneur d'icelle, fut advifé qu'on affeureroit led. fieur Duc qu'on luy fourniroit les vaeffeaux, hommes, munitions & victüailles qu'il demandoit pour paffer led. nombre de foldats; mais qu'il feroit fuplié de la part des habitans que l'embarcage fe feift au port d'Eftablehon [2] pour eviter que les foldats ne fe jettaffent dans les paroiffes voifines & y commif-

---

[1] Le Ms. n'en donne que les premiers mots: Meffieurs, eftant la ville de Roüan...
[2] Establehon ou Port-Stablon sur la Rance, mentionné déjà p. 34 sous la mauvaise forme d'Ecablehon, aujourd'hui Port-Saint-Jean dans la commune de la Ville-ès-Nonais.

fent du defordre, & qu'en fuite de cette declaration on efcriroit aud. fieur Duc.

Le 7°, fut ordonné, au Confeil, que les capitaines de ville prendroient chafcun en fon quartier les armes des refugiés en icelle, pour les leur rendre lorfqu'ils fe retireroient entierement de lad. ville. Et furent ordonnés des vifiteurs pour les navires eftrangiers. Ce que defjà pour les années paffées on avoit practiqué pour fçavoir ce que venoit en iceux pour eviter aux inconveniens.

On avoit fait inftance au fieur duc de Mercueur de faire radreffer un efgail auquel les paroiffes nous relaiffées avoient efté impofées par le fenefchal de Dinan. La refponce qu'il y feift, dont la teneur enfuift (1), vous apprendra ce qu'il y voulut & peuft faire.

Le 19ᵉ dud. mois, au Confeil, où eftoient prefens les capitaines de ville & commis à la police, fut remonftré par le Procureur que le fieur de Villeferin & le fieur de Gennes, le dernier eftant au fieur de Villars, venoient d'entrer en cette ville, qui l'avoient adverty en entrant avoir certaines affaires à reprefenter aux habitans concernant le bien du Party. Quoy entendu, fut refolu qu'on leur envoieroit dire que f'il leur plaifoit venir ils auroient audience. A laquelle fin on deputa vers eux. Lefquels arrivés, led. fieur de Gennes auroit fait verbalement entendre à la compagnie que le roy de Navarre pourfuivant le fiege qu'il avoit mis devant Roüan, le Confeil avoit deputé les fieurs de Tournant & de la Foffe, l'un pour aller trouver le prince de Parme & l'autre le duc de Mayenne, & luy, parlant, vers le duc de Mercueur, pour les fuplier vouloir fecourir lad. ville qui eft de la confequence qu'on peut juger au faint Party, & pour le fecours de laquelle led. fieur duc de Mercueur l'ayant affeuré de quelque infanterie auroit pour la proximité jugé neceffaire de la faire embarquer à Saint Malo, fur l'affeurance que les habitans d'icelle fourniroient navires & efquipages pour tranfporter lad. infanterie au Havre

(1) La lettre manque.

de Grace. Sur quoy il auroit defiré & fuplié refponce favorable à cefte demande.

Apres quoy, le fieur de Villeferin prefenta une lettre des maire & efchevins de Nantes aveq un extrait du regiftre de leur Maifon de ville & une procure defd. maire & efchevins. De tout quoy lecture faite, fut veu le tout defd. lettres & autres depefches tendre à ce que lefd. habitans de Saint Malo euffent voulu fecourir & ayder la ville de Roüan de 14 milliers de poudres qu'iceux de Nantes defiroient fournir en affiftance & fecours de lad. ville de Roüan. Pour paiement de quoy, la procure portoit pouvoir auxd. fieurs de Villeferin & Gennes de f'obliger de 4,000 efcus, requerant qu'on advifaft fur cela & fift refponce conforme à leurs intentions. Apres quoy, le Procureur leur demanda f'ilz avoient aucunes lettres du fieur duc de Mercueur touchant led. embarquement. A quoy refpondans que non, fe retirerent.

Fut remis au lendemain à advifer fur le tout par ce que plufieurs des gens du Confeil, à caufe de la fefte[1], eftoient abfens, & que ce pendant on fçauroit defd. deux gentilfhommes quel nombre d'hommes on defiroit embarquer affin de fçavoir quels vaeffeaux feroient requis pour cet effect.

Et le lendemain 20e, deliberant au Confeil, prefens les capitaines & polices, fut refolu qu'on fourniroit les vaeffeaux & tout ce qui eftoit neceffaire pour paffer mille foldats, que led. fieur de Gennes auroit dit aux deputés vers luy pour fçavoir le nombre, pourveu qu'il fournit Commiffion du fieur duc de Mercueur de ce faire comme gouverneur de la Province, à ce que, fi le malheur faifoit tomber nos gens en mains des ennemys, ils ne fuffent sans adveu.

Et au regard de la demande des 14 milliers de poudre, fut refpondu n'en pouvoir fournir pour ce que le magafin de la ville en eftoit fort efpuifé pour les fecours & affiftances que nous en avions fait aux voifins & autres du party de l'Union.

[1] La fête de saint Vincent, premier patron de la ville, qui se célébrait le second dimanche après l'Épiphanie.

Francois Grout Boisoufé fut nommé general des navires armés pour conduire les soldats au Havre pour le secours de Roüan, dans lesquels pour ce que le sieur marquis de Chauffin s'embarquoit fut ordonné au Procureur les faire pourvoir de rafreschiffemens requis à son voyage.

Le 1er jour de febvrier, fut apparuë lettre du duc de Mercueur ; par la teneur de laquelle vous verrez plus veritablement son intention que par aucune autre relation (1).

Apres la lecture de laquelle, fut resolu qu'encores qu'il n'y eust point de Commission, comme vous avez peu voir qu'on l'avoit desirée, que neantmoins on feroit diligence d'aprester les vaisseaux, à ce que faute d'iceux le secours ne fust resolu.

Le mesme jour, se presenterent aucuns habitans de Cancale au Conseil, remonstrans qu'il y avoit en leur paroisse environ six vingts Espagnols qui commettoient toutes les insolences que soldats peuvent faire en pais d'ennemy, requerant qu'on feist qu'ilz se retirassent de leurd. paroisse. Sur quoy fut deputé vers eux un religieux Espagnol estant en cette ville, pour l'escorte duquel ils estoient venus, à ce qu'il les feist retirer ou se comporter plus modestement & reglement, autrement qu'on les chargeroit. A quoy il donna ordre & se contenirent en regle & discipline.

L'apres midy dud. jour, fut receüe une lettre du sieur de Vaugine, conducteur des compagnies du duc de Mercueur pour le secours de Roüan, par laquelle il prioit tenir les navires prests pour recevoir lesd. soldats qu'il desiroit faire embarquer le lendemain. A quoy fut respondu que tout estoit prest, comme en effect il estoit.

Le 6e dud. mois de febvrier, à une lettre receüe d'un Espagnol estant à Nantes, le vray nom duquel ne se put bien lire, se disant commis & deputé du roy d'Espagne, & demandant secours d'argent à condition de le faire rendre en Espagne à lettre de change aveq permission de le pouvoir librement tirer, fut respondu que la Communauté n'avoit à present deniers, ayant fait de grands frais pour secourir la cause.

(1) Premiers mots : Messieurs, tout ainsy que je vous...

Le 10ᵉ de febvrier, au Conseil, presens les capitaines & commis à la police, le Procureur representa que le temps prefixé au feneschal de figner les Articles eftoit paffé & qu'on advifaft ce qu'il convenoit là deffus. Fut deliberé qu'il feroit envoié deputez vers luy pour le prier venir prefentement au Conseil aud. effect, aufquels il auroit refpondu n'eftre requis d'y aller par ce qu'il n'eftoit pas refolu de le figner & qu'il fuffifoit qu'il eftoit bon citadin. Ce qu'entendu, les advis de tous pris concoururent, unanimement, en l'oppinion qu'il eftoit digne d'eftre mis hors cette ville; l'execution de quoy feroit remife à un mois par ce que fa femme eftoit prefte d'accoucher.

Et à mefme inftant, furent deputés deux de la Compagnie pour advertir l'alloüé de les venir figner à la premiere affemblée du Conseil.

L'11ᵉ dud., lettres furent apparuës de Jullien Crofnier fieur de la Briantais, deputé en Efpagne, qui dit avoir obtenu licence du roy d'Efpagne de tirer de fes magafins 800 quintaux de poudres & 1,000 quintaux de falpetre, & demande qu'on luy face provifion pour le paiement. Ce que mis en deliberation, fut ordonné au mifeur luy faire tenir credit de 10,000 efcus; ce qui fut fait.

Fut auffi remonftré par le Procureur que hier, environ deux heures apres midy, parurent au bout de la Chauffée deux cavaliers qui, fuivant l'efpée au poing ceux qui fortoient de la ville, prirent & emmenerent un pauvre charpentier d'icelle. Quoy voyant monterent à cheval le fieur de la Landelle le jeune, la Garde Pontbriand, Vauroüaut & Vaudurant pour les charger. Mais eftant foubz la pointe du Chafteau leur fut dit qu'on croioit qu'il y avoit embufcade dreffée pour attirer aucuns. Ce qui feift que les fufdits fortis de la ville, prenans garde à eux, pourfuivirent lefd. deux cavaliers qui de vray les attirerent en une embufcade de quelques harquebufiers. Nonobftant quoy, furent pris lefd. deux cavaliers & trois harquebufiers & amenez prifonniers au Chafteau. D'où ils ne fortirent qu'ils n'euffent efté demandez par La Fontaine-Beaufils, capitaine de chevaux legiers du duc de Mercueur, qui les advoüa & demanda. Et ils lui furent rendus.

Febvrier 1592.

Le 13ᵉ, raport fut fait au Conseil par le deputé vers l'aloüé que led. aloüé estoit tout prest de signer lesd. Articles, ce qu'il feroit lorsqu'il plairoit auxd. sieurs du Conseil le mander. Ensuite de quoy fut mandé led. aloüé Mʳᵉ Guillaume Lesné sieur de la Huprie, lequel dist n'avoir jamais esté ny vouloir estre que bon catholique & bon patriote & comme tel vouloir vivre & mourir, mais n'avoir entendu la teneur des Articles, desquels il requist lecture lui estre faicte. Apres quoy, il dist les trouver justes & raisonnables & estre les gens du Conseil tels qu'il n'avoit rien veu ordonner par eux qui ne tendist au bien du public & conservation de la ville & signa lesd. Articles sur le registre.

Deux soldats apporterent lettres du capitaine La Fontaine Beaufils, demandant qu'on luy eust renvoié ses soldats prisonniers comme avez ouy, & que s'ils avoient fait tort à personne qu'il les chastieroit. A quoy fut respondu que le sieur duc de Mercueur nous avoit donné l'execution des sept paroisses prochaines voisines de ceste ville, l'une desquelles estoit Saint Meloir, dans laquelle led. La Fontaine estoit & sa compagnie, de laquelle sans sejourner ny faire tort en icelle ny aux autres il eust à se retirer, & que passé de sa retraite on adviseroit à ce qu'il demandoit. Et finalement, sur une seconde, luy furent renvoiez ses soldats.

Le 15ᵉ dud. febvrier, furent chargés deux du Conseil de parler à Mʳᵉ Nicolas Jocet sieur de la Riviere, procureur fiscal, & le prier se joindre aux habitans & jurer & signer les Articles dont estoit cas, pour faire raport au prochain Conseil de la responce qu'il leur auroit faite.

Le 21 dud. mois, raport fut fait au Conseil par les deputés vers le procureur fiscal qui leur auroit respondu ne s'estre jamais desuny d'avec les habitans & qu'ils luy feissent communication desd. Articles, lesquels il promettoit jurer s'il n'y avoit rien prejudiciable à sa conservation.

Fut aussi advisé d'envoier un messager en l'armée de Monsieur de Mayenne aux sieurs de la Bardeliere & de la Planche, pour fçavoir l'eftat au vray des affaires, mefme pour obtenir dud. fieur duc de Mayenne Commiffion pour les navires qui portoient le fecours de Roüan, le duc de Mercueur n'ayant donné la fienne outre la lettre qu'il en avoit efcrite.

Sur plufieurs plaintes & doleances que journellement on recevoit des paroiffiens voifins de la ville, des infolences & injures que commettoient les foldats du capitaine Lamoureux de Chafteau-Neuff; de quoy depuis que les paroiffes avoient efté relaiffés par le fieur duc de Mercueur on avoit fait plufieurs doleances & efcrit aux fieurs de Saint Laurens, du Confeil eftably à Dinan, & mefme aud. capitaine Lamoureux, fut advifé de faire à lundy, lors prochain, affifter les capitaines de ville & polices au Confeil pour prendre une refolution de ce qu'il convenoit faire pour donner fin à ces maux.

Et aud. jour de lundy, au Confeil, prefens lefd. capitaines & polices, le Procureur remonftra ce que deffus & adjoufta qu'il avoit outre efté adverty que les paroiffiens des paroiffes nous relaiffées par led. fieur Duc eftoient advertis de faire taxe & efgail fur eux de certaines fommes de deniers, en quoy elles eftoient impofées par le fenefchal de Dinan pour l'entretien des garnifons de Dinan & Chafteau-Neuff, & ce pour la demie année qui devoit commencer le 1ᵉʳ jour de mars lors prochain. Ce que mis en deliberation, fut advifé qu'il feroit efcrit au fenefchal de Dinan, & feroit prié ne comprendre en la taxe qu'il faifoit lefd. paroiffes, nous laiffans jouir de l'execution nous accordée par led. fieur Duc, à laquelle, n'en ignorant point, il devoit garder eftat ans pour le prefent ny pour l'advenir comprendre lefd. paroiffes en l'efgail & contribution pour lefd. garnifons de Dinan & Chafteauneuff.

Et pour le regard des ravages & infolences, que pour quelques confiderations il feroit tardé d'y advifer de là à quelque temps.

Les deputez vers Mʳᵉ Charles Chevillé fieur du Val, fenefchal de Saint Malo, feirent raport l'avoir adverty un mois apres l'accouchement de fa femme de fé retirer de cefte ville, attendu qu'il n'avoit voulu jurer ny figner les Articles. A quoy auroit respondu que ce temps là expiré il se disposeroit à se retirer.

Aussi, les deputés vers Mre Nicolas Jocet sieur de la Riviere, procureur fiscal, font raport luy avoir delivré un autant des Articles & retourné depuis vers luy pour avoir la responce qui a esté que le temps estoit breff & qu'estant officier des sieurs du Chapitre il estoit bien raisonnable qu'il leur en conferast. Pour quoy pouvoir faire, demandoit huit jours de temps; ce qui luy fut accordé, à ce qu'il ne peust dire qu'on le voulust surprendre.

Le 28e dud., fut par le Procureur remonstré avoir esté presentement adverty qu'un courrier, envoié expres par les consuls de Marseille aux habitans de ceste ville pour affaire d'importance, auroit esté arresté à Dinan, & ses lettres ouvertes & retenuës par le sieur de Saint Laurens qui auroit eu advis dud. courrier & lettres par Bagot, connestable de Dinan. Sur quoy fut deputé vers le sieur de Saint Laurens pour luy faire instance renvoier led. courrier & rendre les lettres.

Aussi furent apparuës lettres du sieur de Gouyon, capitaine du Havre de Grace, escrites par les navires qui avoient porté le secours du duc de Mercueur aud. Havre, par lesquelles il remercioit grandement les habitans de leur prompt devoir à faire led. secours, & disoit qu'il sçavoit que le sieur de Villars leur en auroit beaucoup d'obligation & regretteroit ne leur avoir peu escrire, mais qu'il estoit enfermé dans Roüan assiegée par le roy de Navarre; que quant aud. secours, qu'estant petit & lui demeurant inutile sur les bras, il avoit jugé ne le retenir, mais le renvoier en Bretaigne sur les mesmes vaisseaux qui l'avoient porté au Havre.

Et de fait il avoit renvoié toute ceste infanterie qui estoit arrivée. Ainsi ce beau secours du duc de Mercueur, qui ne l'envoioit que par forme d'aquit, fut du tout inutile & sans fruit aux assiegez. Led. de Gouyon adjoustoit en sa lettre qu'il renvoioit led. secours parce que les princes de Parme & duc de Mayenne estoient sur le point de secourir Roüan & en faire lever le siege.

Le Procureur proposa qu'estant le sieur de la Bardeliere retourné du voiage qu'il avoit fait vers le sieur duc de Mayenne, defireroit eftre ouï en la compagnie pour bien leur faire entendre ce qu'il a fait en fon voiage. Sur quoy fut mandé venir.

Et introduit reprefenta verbalement qu'aux fins de la commiffion, luy donnée & au fieur de la Planche pour aller trouver Monfieur de Mayenne, ils fe feroient acheminés à Roüan où eftoit led. fieur Duc, au mois de Juillet dernier, auquel lieu ils l'auroient falüé & luy fait entendre avoir efté deputez pour le trouver en l'Affemblée des Eftats, & pour fuivre l'erection d'une juridiction de juges & confuls en la ville de Saint Malo, & enfemble pour avoir Lettres d'Amplification fur l'Adveu auparavant donné par led. fieur aux habitans pour la prife du Chafteau & luy auroient donné ample relation des affaires de lad. ville fuivant la charge qu'ils avoient de ce faire ; que led. fieur Duc auroit receu grand contentement d'entendre nouvelles de lad. ville & habitans, & auroit haut loüé l'affection qu'ils auroient toujours monftré avoir & apporté à l'advancement de cefte fainte caufe y emploiant ainfi librement leurs vies & moiens; de quoy le faint Party leur eftoit grandement tenu & obligé, & que pour fon particulier il n'y avoit rien dont les habitans le vouluffent requerir qu'il ne leur accordaft tres-volontiers, & que pour leurs depefches ils en feiffent memoires & f'en adreffaffent à l'un de fes fecretaires, auxquels il commanderoit les faire expedier.

Et neantmoins, parce que led. fieur Duc eftoit alors fort empefché à donner ordre aux affaires de la ville de Roüan, ils auroient remis leurs affaires à autre meilleure commodité qui fe prefenta eftant led. fieur Duc à Han. Où prenant l'occafion aux cheveux luy auroient prefenté requefte tendante à l'eftabliffement de lad. juridiction des juges & confuls, ayant au prealable confulté l'affaire, ayant fait voir au Confeil quel eftoit & pouvoit eftre l'intereft du Chapitre dud. Saint Malo, les chanoines duquel font feigneurs fpiritüels & temporels de lad. ville, lefquels en cefte qualité auroient toujours de leur pouvoir empefché l'eftabliffement de lad. juridiction, & auroient fait entendre aud. Confeil que le plus grand intereft de pleinte que peuffent avoir lefd. chanoines eftoit pour la diminution de leurs greffes.

Sur quoy, le Confeil leur auroit refpondu tout cela n'eftre fuffifant pour empefcher lad. erection, eftant cela fondé en Edit general donné par les roys de France pour l'abreviation des proces, au foulagement du peuple, & n'eftre pas raifonnable qu'une bonne ville en laquelle il fe fait ample commerce fuft privée du benefice de l'Edit dont jouiffent la plupart des bonnes villes de ce royaume; en plufieurs defquelles les chanoines & chapitres font feigneurs fpirituels & temporels tout ainfi qu'en celle de Saint Malo, comme à Reims, Beauvais & autres qui jouiffent du benefice dud. Edit, fans que pour ce les chanoines & chapitres ayent eu aucune recompenfe pour quelque pretexte que ce foit, eftans lefd. feigneurs chanoines comme tous autres feigneurs tenus à rendre à leurs fubjects la plus prompte & brefve juftice qu'il eft poffible, eftant le bien & falut general preferable au particulier. Si bien que la requefte ayant efté prefentée au Confeil d'Eftat, elle auroit efté trouvée jufte & raifonnable; & en fuite Lettres de lad. Erection & Eftabliffement efté expediées en la forme qu'il fe pouvoit voir par lefd. lettres en l'endroit apparües par led. fieur de la Bardeliere & auffi celles d'Amplification fur l'Adveu dud. fieur Duc, defquelles fut lors fait lecture en l'affemblée du Confeil.

Reprefenta, en outre, le fieur de la Bardeliere que Meffieurs dud. Confeil d'Eftat aupres dud. fieur duc de Mayenne auroient defiré entendre la forme eftablie en lad. ville & Chafteau pour le regime, gouvernement & confervation d'iceux. Elle leur auroit efté reprefentée & fait entendre par luy & led. fieur de la Planche, fon condeputé. Laquelle vüe aud. Confeil, auroit efté non feulement approuvée, mais loüée & trouvée eftre prudemment eftablie en l'eftat qu'elle eftoit, exhortans lefd. fieurs du Confeil d'Eftat les habitans à perfifter en leurs faintes refolutions & maintenir cefte forme de gouvernement comme tres-bonne & tres-bien eftablie & ordonnée, & avoir l'œil à leur confervation contre toutes fortes de gens qui les voudroient troubler en cefte forme de vivre.

De plus feift entendre que, fuivant l'ordre qu'ils auroient receu des fieurs du Confeil de lad. ville d'obtenir un paffeport general dud. feigneur Duc pour la commodité du trafic, ilz en auroient obtenu & fait expedier un en forme.

Qu'auffi ils auroient obtenu Commiffion au nom du Procureur findic pour une compagnie de chevaux legers de quarante falades & foixante harquebufiers à cheval.

Que toutes ces lettres & expeditions leur auroient efté franchement accordées fans y avoir efté apprefté difficulté, encores que les ennemys du repos & confervation de lad. ville n'ayent obmis aucuns artifices ny calomnies pour rendre les habitans odieux au fieur duc de Mayenne & defcrier leurs actions & comportemens, impofans une infinité de faits faux & controuvés qui auroient efté relevés par luy parlant & le fieur de la Planche, auffi deputé, à la confufion des impofteurs, fi qu'il n'eftoit demeuré autre impreffion que bonne aud. fieur Duc defd. habitans & de leurs actions. Auquel dit fieur Duc ils n'auroient manqué de reprefenter le refus fait par aucuns des officiers de la Court de Saint Malo de faire lire & regiftrer fes lettres. Ce qu'il auroit trouvé fort mauvais comme partant d'une intention de defcrier & amoindrir fon authorité, & auroit commandé aufd. deputés de le faire entendre à fon Confeil d'Eftat pour y eftre par eux pourveu ce que de raifon.

Auroit encores led. fieur de la Bardeliere fait entendre qu'eftant fur le point de f'en revenir, auroit quelques jours avant fon depart efté prendre congé dud. fieur Duc pour recevoir l'honneur de fes commandemens & luy rendre les tres-humbles remerciemens luy deubz pour la bonne affection qu'il apportoit aux affaires de lad. ville & habitans, & l'auroit fuplié fi aucuns fe prefentoient plus pour calomnier lefd. habitans & leurs actions, fon bon plaifir fuft n'y adjoufter foy qu'au prealable il ne les euft ouïs & entendus en leurs juftes deffences. A quoy led. fieur Duc auroit refpondu qu'il n'avoit jamais adjoufté foy à aucun mauvais raport, voyant leurs comportemens dementir toutes fortes de calomnies, & qu'il leur conferveroit toujours une oreille pour entendre leur juftification contre toutes fortes de calomnies & auroit chargé led. fieur de la Bardeliere d'afleurer les habitans de fon affection en leur endroit, congnoiffant le zele duquel ils ont embraffé le faint Party & la continüation de leurs bonnes volontés & effects à l'advancement d'iceluy, qu'il ne fera jamais fans en avoir memoire & n'y aura rien en fon pouvoir dont il ne fubvienne auxd. habitans; & que ce qui regarde l'eftabliffement fait pour la confervation de la ville il le trouve tresbon & ordonné tres à propos, & defire qu'on y continüe. Ce qu'il auroit repeté deux ou trois fois, ayant deffendu aud. fieur de la Bardeliere de partir fans fes lettres miffives pour lefd. habitans. Et luy ayant depuis donné congé fe retirer, il voulut que le fieur de la Planche demeuraft aupres de luy pour quelque temps; ce qu'il auroit fait, & y feroit attendant l'ordre qu'il plairoit aux habitans luy donner. Il f'en feroit donc venu & auroit apporté les lettres dud. fieur du Maine, dont la teneur enfuift.

Lettre du fieur duc de Mayenne.

MESSIEURS, la lettre que j'ay receüe de vous nous fait congnoiftre les effects de la franche affection que vous continüez à l'advancement du bien general de cette caufe, à laquelle vous apportez librement vos moiens, embraffant ouvertement toutes les depances qui fe prefentent en vos quartiers, que je ne puis que vous en remercier de tout mon cœur par cefte cy, vous affeurant que ces tefmoinages ont tellement adjoufté à la premiere refolution de vous affifter de tout ce que Dieu m'a donné de pouvoir que j'efpere vous faire congnoiftre aveq verité que je ne veux laiffer inutile la creance & confiance que vous avez prife en l'affeurance que je vous en ay cy devant donnée, en ayant conferé particulierement aveq le fieur de la Bardeliere, prefent porteur, qui vous reprefentera l'eftat des affaires de deçà & ce que je luy ay de nouveau confirmé pour voftre repos & confervation que je tiens chere comme ma vie. Je vous envoie les paſſeports que vous defirez pour Efpagne aveq lettres que j'efcris à fa Majeſté Catholique pour vous eſlargir en cela la faveur qui vous eſt neceſſaire; & en meilleure occaſion vous reſſentirez toujours les meſmes preuves de ma vraye affection; vous priant de vouloir encores pour quelque temps continüer la depence & entretenement du Mont Saint Michel dont vous jugez aſſez la confequence qui vous importe comme au general de ce royaulme; & je vous en auray obligation particuliere pour m'en revancher en toutes autres occaſions, me remettant du furplus fur le fidelle porteur, priant Dieu apres mes affectionnées recommandations à vos bonnes graces qu'il vous ayt, Meſſieurs, en fa faincte & digne garde. A Amiens, le 22ᵉ janvier 1592.

Voſtre tres-affectionné ami

CHARLES DE LORRAINE.

J'ay outre cette lettre jugé n'eſtre hors de propos d'inferer en cet endroit les lettres d'Amplification de la Commiſſion pour le procureur findic pour une compagnie de chevaux legers & du paſſeport general qui ferviront toujours à plus claire congnoiſſance du contenu en ces Memoires [1].

Le lundy 2ᵉ de mars, la Maiſon de ville generale aſſemblée, les cy devant deputés vers le procureur fifcal feirent raport avoir eu finalement refponce de luy qu'il ne pouvoit jurer ny figner lefd. Articles où il y alloit de fa confcience, eſtans prejudiciables à ceux du Chapitre defquels il eſtoit officier; que quant à luy il eſtoit bon & fidelle habitant. Sur quoy auroit eſté prié venir en la Maiſon de ville generale aſſignée à ce jour pour jurer & figner lefd. Articles ou dire les caufes qui le retenoient de jurer ou figner lefd. Articles; ce qu'il auroit refufé faire. Sur quoy fut adviſé que les meſmes deputés retourneroient vers luy le prier venir en la prefente Aſſemblée dire les caufes de ce deny. Ce

---

[1] Ces pièces manquent.

qu'ils feirent; mais, retournés, feirent raport qu'il avoit refpondu n'y pouvoir ny devoir venir.

Les mefmes deputés furent chargés auffi d'aller vers le fenefchal pour le prier de venir en lad. Affemblée dire les raifons empefchantes de jurer & figner lefd. Articles. Lefquels feirent raport ne l'avoir trouvé au logeix, mais feulement fa femme, qui leur ayant demandé ce qu'ils vouloient aud. fenefchal, fon mary, & que, luy en ayant dit le fubject, leur feift refponce que fon mary n'eftoit pas au logeix, mais que, quand bien il y feroit, il ne fe tranfporteroit point à la Maifon de ville ny jureroit ny figneroit leurs Articles.

Sur quoy toute l'Affemblée deliberant, fut led. procureur fifcal jugé digne de fortir & eftre mis hors de la ville, & qu'il en fortiroit dans un mois du jour prefent, pour avoir refufé jurer & figner les Articles que tous les gens de bien & bons citoyens avoient tous folemnellement jurez. Et qu'au regard du fenefchal qui avoit efté condamné fortir un mois apres l'accouchement de fa femme, que le terme de fortir luy eftoit remis en pareil à un mois à compter de ce jour, pour toutes prefixions & delays; & deputés deux de la Compagnie pour le leur faire entendre.

Le 3ᵉ jour de mars, les habitans voyans le deny que le duc de Mercueur avoit fait d'advoüer la prife du Chafteau & leur Eftabliffement, & autres chofes faites & à faire en confequence, & qu'au lieu de les proteger il leur faifoit rendre toutes fortes de mauvais offices par tous les fiens en toutes occafions, & pour tant avoient eu recours au fieur duc de Mayenne, qui, au contraire, leur auroit donné fes lettres d'Adveu, Amplification fur icelles[1], & toutes fortes d'expeditions favorables, & tefmoigné en

---

(1)   Lettres d'ampliation de l'Aveu

Extraict des Regiftres du Confeil d'Eftat.

Sur la requefte prefentée par les Bourgeois, manans & habitans de la ville de Sainct-Malo, tendant à ce que, en confequence des Lettres patentes par eulx obtenues le 23ᵉ de febvrier dernier portant approbation de la prife & faifie du Chafteau, comme aiant efté faicte pour le fervice de la faincte Vnion des catholicques, tous les reiglemens par eulx ordonnez pour la feuretté de lad. ville, tant pour la garnifon & garde du

toutes occurrences leur vouloir beaucoup de bien, fut refolu de changer la forme defd. habitans en tous leurs actes & paffeports, & qu'au lieu de dire *foubz l'authorité du fieur duc de Mercueur*, tous paffeports & autres expeditions du Corps de ville & Confeil porteroient *foubz l'authorité du duc de Mayenne, Lieutenant general de l'Eftat & Couronne de France*[1]; & que tous les paffeports que la ville donneroit, en vertu du paffeport general dud. fieur duc de Mayenne, feroient fignés du Procureur findic & du greffier & fcellés du fceau de la ville.

Chafteau que pour l'eftabliffement du confeil & des officiers de la police, foient approuvez & confirmez ; Monfeigneur eftant au Confeil, deuëment informé de quel zele & affection ils ont efté pouffez à une fi louable & digne refolution, a ordonné que les reiglementz par eulx faictz feront gardez & obfervez en tous leurs poincts par provifion, & que, pour l'execution d'iceulx & de toutes les autres occurrances qui fe prefenteront où y fera befoin d'affembler le Confeil & les principaulx habitans de lad. ville felon l'exigence & importance du faict, lefd. affemblées feront indictes par ordonnance du procureur comme eftant le principal officier de lad. ville, qui aura la preféance & commandement en icelles ; & en ce qui touſche les jugemens qui ont efté par eulx donnez pour les prifes & prifonniers de guerre & autres tenantz le party contraire, lefd. fuppliants feront defchargez des rançons qui ont efté emploiées aux affaires publicques, fans que pour quelque caufe que ce foyt ils en puiffent eftre recherchez ny inquietez. Comme auffy pour l'advenir les deniers qui proceddent des prinfes feront emploiez à l'effect que deffus ; & en ce qui concerne la continuation par eulx pretenduë du debvoir qu'ils prennent fur les marchandifes entrans & fortans de lad. ville des le temps du feu fieur de Fontaines, mefmes des impoftz qui ont efté levez de tout temps fur lefd. denrées & marchandifes, fera veu l'eftat du vray defd. debvoirs & impoftz & de la defpence & employ des deniers qui en font proceddez, pour, ce faict, ordonner tant fur lad. continuation que fur le maniement & diftribution defd. deniers. Faict au Confeil d'Eftat tenu à Reims, le 9ᵉ jour de feptembre l'an 1591. — Collat., PERICARD. (Arch. S.-Malo, EE 4-118.) — Cf. p. 345 ci-deffus.

(1) Peu de pièces portent cette fufcription. Le compte des nouvelles impofitions pour 1592 (Arch. S.-M., CC 18, anc., 376), intitulé : « C'eft le deal & papier de la nouvelle impofition exigée en cefte ville tant du temps du feu fieur de Fonteyneᵉ que du depuis par Mʳˢ les bourgeois & habitans & gens du Confeil de lad. ville fur les marchandifes entrantes & fortantes en lad. ville & mettes d'icelles... » porte en tête cette commiffion :

Nous les gens tenans le Confeil eftably en cefte ville de S.-Malo, foubz l'auctorité de Mgr le duc de Mayenne, Lieutenant general de l'Eftat & Couronne de France, avons ce jour donné & par ces prefentes donnons à Servan Picot fr de Sᵗ-Bucq, Guillaume Gaultier fr de Lambeftil, Pierre Joliff fr de Lymoillou, d'examiner le prefent compte... nous prefenté par Jacques Porée fr de Quatrevays, commis à la recepte... en préfence de Guillaume Jonchée fr du Fougeray, procureur fcindicq en l'an dud. compte. Faict & conclud en noftre Confeil duëment affemblé, où eftoient prefens les capitaines & officiers de police, le 18ᵉ de decembre 1593. Par commandement du Confeil, DESNOS, greffier.

Le 7e de mars, fur raport qu'il y avoit nombre de foldats de la Ligue à Cancale, leur fut envoyé denoncer qu'à faulte à eux de fe retirer on les chargeroit fans autre ceremonie.

Bien que les comportements des habitans au paffé euffent affez tefmoigné qu'ilz n'avoient pas deffein de faire trouver leurs deputez aux Eftats; neantmoins, le fieur duc de Mercueur pour les confiderations qu'il pouvoit avoir leur efcrivit cette lettre pour les y convier, la lecture vous en apprendra la teneur [1].

Ce que mis en deliberation a efté conclud qu'aucuns deputés ne feroient envoyés aufd. Eftats, pour le danger qu'ils pourroient courir à caufe des gens de guerre, parmy lefquels, non plus d'un que d'autre party, nous n'avions point de feureté, comme l'experience le nous apprenoit chaque jour. Et fut advifé d'efcrire en refponce aud. fieur Duc & le prier nous en excufer. Ce qui fut ainfi efcrit.

Auffi fut ce mefme jour refolu qu'on efcriroit à Monfieur le duc de Mayenne, à Monfieur Pericard, confeiller & fecretaire d'Eftat, à Monfieur le prefident Lemaitre, auffi confeiller d'Eftat, & les advifant de l'arrivée du fieur de la Bardeliere & du raport qu'il auroit fait de leurs loüables affections pour leur en rendre tres-humble remerciement.

Et en pareil, qu'on efcriroit au fieur de la Planche l'arrivée dud. Bardeliere, & que luy euft à fe retenir aupres dud. feigneur Duc jufqu'à eftre mandé f'en revenir.

Le vendredy 13e mars, au Confeil, où eftoient les capitaines & commis aux polices, par Jan Porée La Salle & Jan Maingard Villeguguen fut fait raport avoir, fuivant la charge leur donnée, adverty Mre Charles Cheville, fenefchal, & Mre Nicolas Jocet, procureur fifcal, qu'ils euffent à fe retirer de la ville dans le fecond jour d'apvril prochain. A quoy ils auroient refpondu qu'ils obeiroient & fe retireroient dans led. temps.

Le 17e dud., fur plufieurs algarades des ennemis, lefquels à cheval donnoient bien fouvent jufques à deux ou trois cens pas

---

[1] Elle manque. Premiers mots : Meffieurs, le privilege de ce pais...

des portes & murs de la ville & faifoient quelque fois du mal, fut refolu que la compagnie des chevaux legers feroit levée pour obvier à ces frequentes courfes ; & pour ce que les gens de guerre ne font bien dans les villes de la nature de Saint Malo, que lad. compagnie feroit logée au Tallat, en la Maifon de fanté. Laquelle feroit accommodée tant de chambres & efcuries pour le logement, que de quatre tourelles aux quatre coings d'icelle pour fervir de flancs & deffenfes.

Le 19ᵉ dud. mois, au Confeil, fut ordonné qu'il feroit publié qu'il eftoit loifible à tous habitans de la ville de Saint Malo de prendre, comme prifonniers de guerre, tous ceux qu'ils pourroient rencontrer qui auroient efté mis hors lad. ville pour le party du roy de Navarre, & qu'ils leur feroient jugés de bonne prife. Ce qui fe feift par ce qu'ils approchoient fouvent en leurs maifons ou de leurs amis aux champs, où ils pouvoient avoir des conferences de mauvaife confequence.

Et d'autant que aucuns habitans fe licentioient d'armer pataches pour faire la guerre à ceux de party contraire, fans commiffion d'aucun, fut auffi ordonné que deffenfe feroit publiée à toutes perfonnes de lad. ville, & y eftans, de non armer aucuns navires, pataches ou bateaux pour faire la guerre fans commiffion du Confeil.

Et le lundy 23ᵉ dud., fur remonftrances des grands frais neceffaires & de la faulte de fonds, pour y fubvenir fut arrefté qu'on impoferoit de nouveau fur chafcun tonneau de vin qui fe prendroit en cette ville, fins & mettes d'icelle, pour eftre tranfporté par charroy, 4 efcus, & fur celuy qui f'enleveroit par mer 2 efcus par tonneau, fans rien lever fur les vins d'Efpagne qui fe tranfporteroient aux royaumes eftrangers. Et bien qu'il n'y euft fur le vin du pais qui fe chargeoit par mer que 2 efcus par tonneau, neantmoins fut ordonné qu'on en prendroit 4 fur chafcun tonneau qui iroit à Dinan. Ce qui fe feift par ce que defjà le mauvais mefnage & le peu d'intelligence qu'il y avoit entre le fieur duc de Mercueur & les fiens & les habitans de la ville de Saint Malo fe continüoit & f'efchauffoit chafcun jour de plus en plus.

Si bien que ceux dud. Saint Malo voulurent par cet eschantillon faire voir au sieur Duc & les siens qu'ils auroient moien de les fascher.

Le mardy 24ᵉ mars, à sept heures du soir, au Conseil, où estoient les capitaines de ville & commis au police, fut remonstré par le Procureur comme les ennemis s'estoient approchés en deçà de Chasteau-neuff; & qu'entre quelques troupes, celle d'un appelé *le capitaine Champcourt* s'estoit venu loger dans le fort & moulin de mer de Quinart (1), à une lieüe de la ville, proche du bourg de Saint Jouan; & que cette seule compagnie faisoit plus de ravages que toute la garnison de Chasteau-Neuff ny autres compagnies qui estoient autour dud. chasteau & soubz faveur d'iceluy.

Sur quoy deliberant, fut advisé que des quatorze capitaines seroient nommés presentement par l'Assemblée quatre, qui seroient chargés de s'assister chacun de 50 hommes; & que outre il sortiroit aveq eux trente soldats du Chasteau, soubz la conduite d'un des jeunes hommes qui y commandoient soubz les mariés chacun jour; & qu'encores Thomas Colin Pontgiraut, qui estoit au Tallats avec les harquebusiers de la troupe qui se levoit, joindroit les susd. compagnies en passant aveq 50 soldats dud. Tallats. Ce que deliberé, & les capitaines presens s'estant submis à cette nomination, furent nommés des l'heure : Jan Cheville Briantaye, Robert Heurtaut Bricourt, Pierre Eon les Hazets & Pierre Gravé Belle-Chauffée, qui accepterent cette charge. Et, estant remis à leur ellection de choisir un des anciens du Conseil pour avoir commandement sur tous, nommerent Bertran le Fer Limonnay, lequel aussi accepta cette charge.

Et sans autre dilation, en sortant de lad. Assemblée, chascun des capitaines feist sa troupe du nombre leur ordonné, & ceux du Chasteau aussi se rendirent prests à sortir des l'apres minuit, comme ils feirent, & ayant joingt Pontgiraut passant au Tallaz, arriverent vers les quatre heures du matin à Quinart; où, à l'aube du jour, ayant donné bon ordre pour leur seureté sur

---

(1) Quinart, sur la Rance, dans la commune de Saint Jouan des Guerets.

les advenües de Chafteau-Neuff & autres, ils inveftirent led. fort de Quinart & le moulin qui en eft proche & qui luy eft contigu par une chauffée qui va de l'un à l'autre; où, apres toute la refiftance de ceux de dedans, le fort & moulin furent forcés & à l'entrée y eut plus de vingt hommes des tenans tués. Et ne fut befoing emploier le canon en cette execution, le tout f'executant à coups de main, fi bien que, des les unze heures du matin, ceux qui avoient forti de la ville pour cette expedition arriverent à Saint Malo. De bonne fortune pour Champcourt, capitaine de cefte compagnie, il eftoit cette nuitée allé coucher cheix fes parents en la ville de Chafteau-Neuff d'où il eftoit originaire, & à ce moien efchappa la mort ou la prifon. Il avoit efté fait fortir un canon qui fe conduifoit par la riviere de Dinan aveq 50 hommes; mais, comme j'ay predit, on ne le mit point en œuvre.

Je n'ay cy devant, ce me femble, fait mention comme le capitaine Lamoureux, qui commandoit de par Monfieur le duc de Mercueur dans Chafteau-Neuff, aiant un jour forty aveq bonne partie de fes troupes pour aller à la guerre & aiant laiffé un appellé *le capitaine La Tourraine*, fon lieutenant en la place, aveq quelques foldats; ce lieutenant qui avoit practiqué quelques uns defd. foldats, ayant trouvé moyen que de ceux qui reftoient au chafteau quand Lamoureux en fortit fuffent de fon intelligence, fe rendit maiftre de la place mettant dehors ceux qui n'eftoient point de fa cabale. Si bien qu'au retour de Lamoureux on luy refufa la porte & fut chaffé à belles harquebufades & contraint fe retirer à Dinan. Et de cette façon led. La Tourraine, fon lieutenant, f'eftant rendu maiftre de la place, y feift arborer une enfeigne blanche & feift declaration tenir le party du roy de Navarre. Et eftoit foubz cette faveur que Champcourt & autres capitaines de ce party f'eftoient acheminés à Chafteau-Neuff. Mais led. La Tourraine, qui avoit des bourreaux en l'ame de la perfidie par luy commife, ne f'ofoit fier en eux & eftoit en toutes les perplexités du monde, ne fçachant bonnement en qui il pouvoit prendre confiance, n'en ayant guere en fes foldats mesmes desquels il se deffioit & de tout le monde, tant est la trahison une dangereuse beste pour celui qui en use. Ces apprehensions, desquelles les habitans de Saint Malo le sçavoient gesné, leur feirent tenter led. La Tourraine sur leur remettre la place en main moiennant une bonne somme d'argent de recompense, de laquelle ils luy feirent porter parole par un homme leur confident; &, par l'advis de bonne partie des habitans qui plus de part avoient aux affaires, luy avoient fait offrir 8,000 escus pour leur remettre la place en main. Luy, qui ne se vouloit fier qu'à bonnes enseignes, tenoit lors un jeune homme de Vitré prisonnier, nommé Jean du Verger L'Epinay; lequel soubz pretexte d'aller chercher sa rançon accordée, il laissa aller sous sa foi à Saint Malo & par luy escrivit une lettre. Laquelle apparuë au Conseil portoit qu'on eust declaré l'intention du Procureur aud. L'Epinay son prisonnier.

Sur quoy fut le Procureur chargé de toute cette negociation, qui feist entendre au dit L'Epinay qu'il avoit de vray fait faire l'offre des 8,000 escus & qu'il en pouvoit asseurer La Tourraine, & qu'en outre il le pouvoit asseurer qu'il seroit en seureté luy & les siens en cette ville pour un an de temps & d'estre porté en lieu de seureté, lequel led. La Tourraine adviseroit, par ce qu'il remist lad. place au pouvoir des habitans. Et ainsi led. L'Epinay retourna vers La Tourraine, du succes de quoy nous aurons soing de parler à son temps.

Et laisserons ce pourparler de remise pour vous dire que le 27ᵉ dud. mois, au Conseil, fut apparuë par le Procureur une lettre de Messieurs des Estats du party du duc de Mercueur, assemblés en la ville de Vennes, qui portoit priere aux habitans de Saint Malo d'envoier leurs deputés en lad. ville pour assister ausd. Estats. A quoy fut conclud qu'on ne feroit aucune responce.

C'est une maxime, que pour conserver longtemps les estats & polices en leur entier il les faut souvent reduire à leurs principes & commencemens. Ce que consideré par les plus sages des habitans de Saint Malo s'adviserent de faire non seulement jurer, mais encore de recheff inserer sur les registres un nouveau serment entre les gens du Confeil, capitaines de ville & commis au police, par lequel ils peuffent eftre plus eftroitement liez à leur confervation.

Et à cefte fin, le lundy 6ᵉ d'apvril, feirent que leur Procureur findic en une Affemblée generale remonftra ce qui enfuift :

Que pour l'ardente affection que lefd. fieurs du Confeil de la ville, capitaines de ville & commis au police, avoient à leur patrie & à la confervation de la ville & chafteau dud. Saint Malo, auroient jugé neceffaire f'aftreindre plus que jamais à regarder de plus pres aux chofes dont pouvoit dependre la confervation defd. ville & Chafteau en la fin & maniere cy devant eftablie; & à cefte fin, auroient dreffé des Articles pour iceux jurer & figner les garder inviolablement fans y deroger, mais, eftant chofe qui femble lier plus eftroitement que les formes ordinaires, bien qu'ils fe fubmettent d'une franche volonté à l'obfervation d'iceux, ils n'avoient voulu paffer outre fans les communiquer à l'Affemblée.

Et en l'endroit de cefte remonftrance furent lefd. Articles leus & releus par plufieurs fois pour plus claire intelligence d'iceux par la Compagnie, laquelle les approuva & ratifia & le contenu en iceux, voiant qu'il n'y avoit rien prejudiciable à leur confervation, mais qu'au contraire le tout defd. Articles n'avoit pour but que leur feureté & repos.

Enfuite de ce que deffus, des le mefme jour, la Compagnie f'eftant departie, led. Procureur, les gens du Confeil, les capitaines & commis à la police, eftant entrés en la chambre du Confeil, le Procureur en prefence des officiers de ville feift la remonftrance qui enfuift :

Que pour demeurer fermes en la refolution que les habitans de la ville avoient prife pour la deffence de la religion cath., ap. & rom., advancement de noftre Saint Party, feureté & confervation defd. ville & Chafteau, & affin que les habitans peuffent eftre maintenus en union & concorde les uns aveq les autres, la juftice gardée au pauvre comme au riche, à l'eftranger comme au naturel, & que chafcun felon fa charge fe difpofe à fuivre la volonté & intention des habitans; & que rien ne puiffe eftre alteré du premier eftabliffement par eux inftitué, loüé & approuvé des Princes catholiques de ce Royaume, & que le murmure qui pourroit intervenir entre lefd. habitans foit empefché, enfemble les prāctiques, menées & intelligences que les ennemis pourroient faire, tant dedans que dehors la ville, au prejudice du repos & confervation d'icelle & defd. habitans, il eſt tres-neceffaire que cefte Compagnie fur laquelle le general des habitans fe repofe foit actüellement & continüellement bandée à avoir l'œil & prevoir aux chofes neceffaires à l'augmentation de l'honneur de Dieu, advancement du Saint Party, repos & confervation de cefte ville & habitans. Et affin que ceux de lad. Compagnie pendant le temps des charges qui leur font commifes, foient particulierement unis en volonté & bonne intention pour embraffer le falut public, fuivant l'intention du Corps general des habitans, il eſt requis que, pour fervir d'exemple au refte, tous les officiers foient liez & joingts par Serment & foubs leurs fignes de garder inviolablement de point en point les Articles cy apres fans y contrevenir, attendu qu'il n'eſt queſtion en iceux que de l'honneur de Dieu, advancement du Saint Party & confervation de lad. ville & habitans, lefquels en Corps auroient eſté d'advis de cefte plus eftroicte liaifon.

Premierement (1)....

(1) Fin du Ms. B, Fds fr. 5553.

REQUESTE AU ROY

SUR LE FAICT

DES

MONNOIES

Ce mémoire que nous avons trouvé aux archives de Saint-Malo (FF 1, n° 22) a été composé, quant au fond, par N. Frotet de la Landelle en 1614, lors des nouveaux Édits sur les Monnaies. Quoiqu'il ait dû être réimprimé plusieurs fois, de 1615 à 1636, selon que la nécessité de répondre aux différents Édits monétaires le requérait, il n'en est pas moins excessivement rare[1]. Il a sa place naturelle à la suite de l'ouvrage de N. Frotet, d'autant plus qu'il se réfère par ses développements à l'histoire de Saint-Malo pendant la Ligue.

L'exemplaire que nous avons sous les yeux ne porte ni date ni nom d'imprimeur. Il vise des poursuites qui eurent lieu en 1634 contre plusieurs habitants.

On lit dans le compte du miseur de 1615 :

Plus led. contable a payé au fieur de La Roche Bruflé la fomme de 66ˡ. 8ˢ, pour vacation d'avoir efcrit le memoire dreffé par monfieur de La Landelle pour porter à la Court touchant la verification de l'Eedict des Monnoies, ainfin qu'il eſt porté par mandat dud. fieur Procureur, en dabte de l'11ᵉ mars 1615, figné, *Jan Boullain*.

— Suivant mandat dud. fieur Procureur, en dabte du 19ᵉ mars 1615, le contable a payé à Pierre Marfigay, maiftre imprimeur, la fomme de 18 livres, pour avoir imprimé nombre de memoires en forme de Requefte pour porter à Meffieurs de la Court fur la veriffication de l'Eedict des Monnoies, à ce qu'il plaife le modifier en ce qui touche l'article des reales d'Efpaigne [2].

---

[1] C'est par erreur qu'un second exemplaire est indiqué à l'Inventaire des Arch. de Saint-Malo dans le carton FF. 3.

[2] Arch. S. Malo CC. 6-364, f° 55, 59.

AV ROY
Et à Noſſeigneurs de ſon Conſeil

Sont les tres-humbles remonſtrances, ſupplications & memoires que font & preſentent au Roy & à Noſſeigneurs de ſon Conſeil les Bourgeois & Habitans de ſa ville de Sainct Malo, en ſuite de la Requeſte preſentée à Sa Majeſté & à nos dits Seigneurs, à ce que leur bon plaiſir ſoit de les voir & meurement conſiderer, & ſur le contenu en iceux & en la dite Requeſte pouruoir aux Supplians autant fauorablement qu'ils oſent eſperer de la bonté & equité naturelle de ſa Majeſté, iuſtice & prudence de nos dits Seigneurs : au bien, repos & tranquillité des Supplians.

Sire, il eſt certain qu'il n'y a rien qui tant puiſſe apporter l'abondance en voſtre Eſtat que le trafic. Et ceſte verité bien recongneuë par les Roys vos predeceſſeurs, ils auroient touſiours au paſſé chery & curieuſement cultiué l'entretien & liberté du commerce : duquel, comme d'vne viue ſource ont decoulé & decoulent les richeſſes qui ſe voyent à preſent en ceſtuy voſtre Royaume, à l'augmentation & accroiſſement de la gloire, puiſſance & ſplendeur d'iceluy.

Le commerce, (bien qu'on le peuſt infiniment ſubdiuiſer), eſt double, l'vn qui s'exerce entre les regnicoles & l'autre qui ſe fait auec les Eſtrangers par vne mutuelle negociation & correſpondance des vns & des autres : De ce dernier & par le moyen d'iceluy, les choſes neceſſaires leur ſont reſpectivement fournies par ceux chez qui elles abondent, & par vne telle communication eſt entretenuë la ſocieté preſque entre tous les hommes.

De ceſte admirable diuerſité qui ſe rencontre entre tant de nations qui habitent la terre, bien qu'autant differentes entr'elles en complexions, en mœurs, en religions, forme & genre de vie, comme eſloignées les vnes des autres par l'immenſité des mers, & eſpaces des terres qui les diuiſent & ſeparent d'enſemble, reſulte vn concert & harmonie tellement agreable, que de ces diuers mondes, (s'il faut ainſi parler), tant differens entr'eux, par le moyen & benefice du commerce ſe forme comme vne ſeule Republicque, conduite par celuy lequel, gouuernant cette Monarchie de l'Vniuers par ſa puiſſance, ſageſſe & prouidence, atteint puiſſamment de l'vne à l'autre fin, diſpoſant toutes choſes auec ſuauité.

Ce commerce de nous à l'Eſtranger ſe fait encore en deux façons : de ceux venans chez nous, y apportant les choſes dont nous auons beſoin & en remportant celles qui leur ſont neceſſaires, & nous au contraire allans chez l'Eſtranger, auquel nous fourniſſons ce qui lui fait deffaut, & de là rapportons les choſes neceſſaires à la commune vtilité & des vns & des autres. Sur quoy on pourroit mouuoir queſtion, ſçauoir lequel eſt plus vtile, ou que l'Eſtranger vienne faire trafic en France, ou que nous allions le voir juſques dedans ſon pays.

Ceſte queſtion ne requiert pas, ce ſemble, vn profond examen : Car il eſt tres-certain, & l'experience, (docte maiſtreſſe des choſes), nous enſeigne, qu'il eſt bien plus vtile, & bien plus profitable, que nous allions faire trafic chez l'Eſtranger, que de l'endurer le venir faire en France : Nous diſons endurer, car ſi nous le pouuions empeſcher d'y venir, ce ne nous ſeroit pas vn mediocre traict de prudence politique en matiere de commerce. Ce qui ſe peut monſtrer par diuerſes raiſons, deſquelles nous ferons icy voir quelques vnes.

Premierement, nous ofons dire qu'il eſt bien neceſſaire que voſtre Majeſté ſe rende fort & puiſſant en mer, & qu'elle ne ſçauroit former vn deſſein plus genereux, ny qui la rende plus formidable à tous ſes ennemis.

A ce glorieux deſſein, il eſt abſolument neceſſaire d'auoir pluſieurs vaiſſeaux ; ce que bien recogneu & preueu par voſtre Majeſté, elle en a defià fait bâtir vn grand nombre, outre leſquels les habitans des ports & villes maritimes en ont dès longtemps fait, & font encore iournellement conſtruire pour ſ'en feruir aux nauigations & trafic ordinaire qu'ils entretiennent auec les Eſtrangers.

Ceſte neceſſité de la conſtruction de tant de vaiſſeaux pour feruir au commerce, nourrit, entretient & ſubtante infinis Charpentiers, Calefats, & autres perſonnes de feruice, leſquels ou la plus-part ſans ceſte vtile occupation, feroient contrains ſ'arreſter au cult & labourage des champs, ou, qui pis eſt, demeureroient pauures & mendians dedans l'oiſiueté, comme inutile charge & vain poids de la terre.

En ſuite, ce commerce que nous allons faire chez l'Eſtranger nous donne vn grand nombre de Capitaines de mer, Pilotes, Maiſtres & Mariniers, leſquels nourris, duits, & exercitez en la nauigation & en guerre nauale (à quoy ce genre de vie eſt ſujet), ſe trouueront en toutes occurences tous preſts & diſpoſez au feruice de voſtre Majeſté, ſans que pendant le temps qu'ils feront employez au trafic ils ſoient aucunement à charge à vos finances.

Or, Sire, entre toutes les Villes maritimes de voſtre Royaume, celle de Sainct Malo située en la coſte de voſtre Prouince de Bretagne, icelle ville limitrophe & contiguë de Normandye, ſemble auoir eſté par la prouidence diuine & fagacité de la nature, poſée, fondée & baſtie au lieu auquel elle eſt, non feulement pour feruir de frontieres, & comme d'vn rempart en temps de guerre contre les Eſtrangers, mais encore pour feruir en temps de paix de baſe & de fondement au plus beau, plus vtile & plus ample commerce qui ſe face auiourd'huy en

France, tant auec l'Eſtranger, ſpecialement en Eſpagne, d'où nous vient tout l'argent que nous voyons en France, qu'auec les Regnicoles & naturels François : & ce auec vne telle vtilité & profit à tous vos ſubjets, que les bons effects qui en reuiennent ſe font mieux reſſentir par la pratique, que ce peu de diſcours ne le peut faire entendre.

Les vtilitez qui en reuiennent à la France ſont telles qu'il nous eſt impoſſible de les pouuoir bonnement denombrer, eſtant certain que puis pluſieurs années les habitans de voſtre ville de Sainct Malo ont fait & font encor vn trafic chez l'Eſpagnol, & ailleurs, pour exercer lequel, ils ont fait baſtir & conſtruire au port d'icelle ville, en voſtre prouince de Bretagne, en Hollande & ailleurs, grand nombre de nauires, chaſcun d'iceux du port depuis cent iuſques à cinq cens tonneaux, qu'ils enuoyent en Eſpagne & chez nos alliez, où ils portent beaucoup de marchandiſes & denrées de la France, leſquelles ſans ce tranſport nous ſeroient ſuperfluës, & de la meſme Eſpagne principalement, nous en rapportent d'autres qui nous ſont neceſſaires. Et outre ces marchandiſes leſquelles en reuiennent, ils en rapportent encore de l'or & de l'argent, en reales, barres & lingots, qui ſeruent comme l'on voit, à l'enrichiſſement & ſplendeur de l'Eſtat.

Les habitans de voſtre dite ville de Sainct Malo, leſquels ſont tous marchans & mariniers, où l'vn & l'autre enſemble, ont touſiours eſté recogneus traicter auec vne telle fidelité, candeur & legalité, & tenir leurs nauires armez, equipez, & pourueus de tel nombre d'hommes, ſoldats, mariniers, & choſes neceſſaires, qu'auiourd'huy ce qu'il peut y auoir de marchands en voſtre ville de Paris qui traictent en Eſpagne, mais principalement en voſtre ville de Roüen (les marchands de laquelle, tant François que Hollandois, meſmes les Eſpagnols reſidans en icelle, tous leſquels font trafic & commerce en Eſpagne), & encore autres villes de voſtre prouince de Normandie, la Coſte de laquelle eſt ſterile de bons haures, voire meſmes les autres villes de voſtre prouince de Bretagne, combien que situées sur de bons ports de mer, n'enuoyent plus leurs toilles (en quoy confiste leur principal commerce), ny leurs autres marchandises en Espagne (les bleds exceptez), si ce n'eft par la voye du port de Sainct Malo. Et ne font plus voftre dite ville de Roüen, ny en consequent Paris & autres villes de voftre Royaume, comme Tours, Orleans, & autres entre Loire & la Seine, pourueuës de marchandises de tout genre qui s'apportent d'Efpagne, par aucune autre voye que par celle de voftre ville & port de Sainct Malo, ne se trouuant affeurance meilleure pour la conseruation de leurs effects qu'en la fidelité & traictement legal de vos suppliants habitans en icelle, ny feureté meilleure contre les incursions des infinis Corsaires qui infestent la mer, sinon dans les vaiffeaux armez & equippez en cefte voftre ville, par laquelle les chofes qui font fuperfluës font exportées hors de la France, & celles qui nous manquent nous en font rapportées, à la commune vtilité des marchands vos subjets exerçans le commerce, mais encore au profit, vtilité & bien de voftre feruice, par l'augmentation des droictz & reuenuz de voftre Majesté, qui se tirent des deuoirs que les neceffitez d'vn grand Eftat tel que le voftre obligent d'impofer aux entrées & sorties de tant de marchandises.

Il eft encore vray de dire, que les plus vifues fources d'où defluent les richeffes, tant l'or comme l'argent, tant abondant en France, font les Indes occidentales, depuis la defcouuerture defquelles, vos subjets habitans de voftre ville de Sainct Malo en ont plus apporté d'Efpagne qu'aucuns autres de ce Royaume, non seulement pour eux, qui y ont la moindre part, mais à l'vtilité de vos autres subjects de diuerfes prouinces, trafiquans par icelle. Si, qu'auec verité on peut bien affeurer que cefte voftre ville eft la porte la plus ample, & par laquelle il entre plus de richeffes en France que par tout autre lieu de voftre Royaume.

Pour preuue de ce que nous venons de dire, que la porte de Sainct Malo eft bien la plus patente à l'or & à l'argent qui nous vient de dehors, il fait à remarquer qu'il n'y a ville en France contre les habitans de laquelle on face des recherches de ceux-là qui en tirent, ou foit en general ou en particulier, fi ce n'eft à l'encontre de ceux de Sainct Malo; ce qu'on ne feroit pas, s'il n'y en entroit point, puifqu'il eft tres-certain, *qu'on ne peut fortir d'vn cloiftre fans y entrer premierement.*

Cette traicte d'or & d'argent que par vn flux continu font vos fubjets des Royaumes d'Efpagne, ne fe faict fans peril de vos pauures marchands, lefquels eftans furpris en delict flagrant, courent fortune de perdre non feulement les chofes trouuées en deprehenfion, mais encor de leurs vies. Ce qui neantmoins arriue rarement, d'autant que les Iuges, lefquels en ont la charge, conniuent auec vos fubjets, qui leur font des prefens & recompenfes pour diffimuler ces traictes, & pour fe redimer de ces vexations.

C'eft chofe remarquable & digne de circonfpection, que quelques maux qu'en diuers temps ayent fouffert vos fubjets en Efpagne, ne font point arriuez par les delations des Efpagnols, mais par la perfidie & trahifon des François, lefquels mal infpirez à l'encontre de nous, ont toufiours donné caufe au mal de vos fubjets.

Voilà vne partie des utilitez que ce commerce & la conftruction de tant de vaiffeaux & nourriture de tant d'hommes duits à l'exercice d'iceluy apportent en temps de paix.

Nous foit loifible à prefent de monftrer & faire voir celles qu'il apporte & peut apporter en temps de guerre. Ce que nous efperons auffi faire, par ce que l'experience nous peut auoir appris par les feruices rendus aux Roys & à l'Eftat.

Soubz le regne d'vn de nos Roys, ne reftant plus aux Anglois que la place du Mont Sainct Michel en Normandie, laquelle eftant bloquée par vne armée de terre, les habitans de Sainct Malo armerent à leurs frais vn nombre de nauires, pour empefcher le fecours & rauitaillement que les Anglois y conduifoient par mer, lequel elle empefcha, ayant battu, deffaict & mis en defroute l'Armée de mer Angloife qui f'efforçoit de rafraifchir la place. Pour recongnoiffance de ce feruice, le Roy leur donna vn priuilege de pouuoir tirer tous les ans de Bourdeaux & de La Rochelle iufques à cinq cens tonneaux de vin francs & quittes de tous deuoirs, dont le tiltre fe peut faire voir dans les Archives de ladite Communauté de Sainct Malo.

En l'an 1575, les habitans de voftre ville de Sainct Malo picquez des prifes & pertes à eux arriuées par les Corfaires de la Rochelle, qui lors infeftoient la mer de leurs pirateries, rechercherent vne commiffion du Roy d'armer contre les Rochelois, foubs laquelle permiffion ils mirent fus cinq de leurs plus grands nauires, armez & equipez de toutes chofes neceffaires, & fur iceux plus de douze cens hommes, auec lefquels ils recoignerent ces Pirates iufques dans la Rochelle, d'où ils les empefcherent de fortir bien le temps de trois mois, prirent & amenerent à Sainct Malo nombre de nauires Anglois & autres, lefquels portoient des commoditez à la Rochelle; entre lefquels en fut pris vn, dans lequel furent trouuez des memoires & inftructions, lefquels furent portez au Roy, qui apprit par iceux toute la cabale d'vne ligue formée entre aucuns Princes & Seigneurs de ce Royaume, la Royne Elizabeth d'Angleterre & quelques potentats d'Allemagne. Les deux confidens, porteurs de ces memoires, l'vn nommé Abraham, l'autre la Moiffonniere, au lieu d'aller à la Rochelle où eftoit leur deffein, furent amenez à Sainct Malo, & de là conduits à Paris, où par la perte de leurs teftes ils expierent en partie le crime de perfides & traiftres à leur Roy.

Mais pourroit on auoir de meilleurs tefmoignages que ceux-là qui fe tirent des mefmes ennemis. En l'an 1595, le duc de Mercœur ayant experimenté voftre ville de Sainct Malo auoir efté vn des plus grands obftacles au deffein qu'il auoit de renouueller les pretentions de Charles de Blois & Comtes de Penthieure, tendant à f'emparer de voftre Prouince de Bretagne, delegua & enuoya vn des fiens nommé du Vineau à Madrid, pour y faire interdire, comme il fit, le trafic à ceux de Sainct Malo; aufquels (ainfi qu'à tous les autres François) bien que feruiteurs du Roy, eftoit permis le commerce en Efpagne;

ceste interdiction indicte contre la dite ville apporta aux supplians perte de deux cens mil escus. Cette interdiction se voit iustifiée par vn Mandement du Roy d'Espagne, qu'ils appellent *Cedula Real*, enuoyée au Gouuerneur de la ville de Malaga, laquelle *Cedula Real*, entre plusieurs enuoyées aux Gouuerneurs de ses autres villes, nous inserons icy.

EL REY.

Mⁱ *Corrigedor de la ciudad de Malaga, aunque os hemos mandado escreuir a cerca del cuidado que deueis de tener de embargar los nauios que a essa ciudad y a la de Veles vinieren naturales de la villa de San Malo : Y entendiendo que en esta ocasion an de venir algunos a estas dichas dos ciudades, y particularmente a la de Malaga el gran galeon de los Frotetes a cargo de Juan Guinel su fator y de Gicquelais, y el nauio nombrado el Bernabe, que pertenece al moço Landelle Frotet, que son los mas perniciosos de la dicha villa : a parecido bien aduertir os dello y encargar la muy mucho, y mandar os como lo hago que si an llegado los duhos navios y sino quando llegaren o otros de la decha San Malo, los aresteis y detengais, y assegu-*

LE ROY.

MON Gouuerneur de la Cité de Malaga, encore que i'aye commandé de vous escrire touchant le soin que vous deuez avoir d'arrester tous les nauires lesquels arriuent à icelle ville, & à celle de Vels Malaga des naturels de la ville de S. Malo. Et ayant entendu qu'en cette occasion il en doit venir aucuns à icelles deux villes, & particulierement à celle de Malaga le grand galion des Frotets, lequel vient à la charge de Jean Guinel leur facteur, & de Gicquelais, & le nauire nommé le Bernabé, lequel appartient à de la Landelle Frotet le jeune, lesquels sont les plus pernicieux de ladite ville. Il m'a semblé bon de vous en aduertir, & vous en charger tres-expressément comme ie fay, que si lesdits nauires sont arriuez ou sinon quand ils ar-

riueront, ou autres de ladite ville de S. Malo, vous les arreftiez & deteniez & vous en affeuriez de forte qu'ils ne puiffent faire efcapade, vous aduifant qu'à ce deffein ils apportent voiles, cables & autres doubles appareils : & les marchandifes qui viendront en iceux inuentoriferez par devant Nottaire, fçachant bien qu'en cela fe commettent des fraudes, par le moyen de l'ayde que leur font les marchands Efpagnols leurs correfpondans : Et m'aduiferez de ce qui f'y fera & enuoyerez copie des fufdits inuentaires. De Lanpelle, ce 23 d'Octobre 1595.	*rareis os dellos de manera que no puedan hazer tiro, aduirtiendo os a que para ello traen velas, xarcias y otros appareios doblados, y la hazienda que viniere en ellos la inventareis par ante efcriuano, entendiendo a que en efto fuole aver fraudes por el aiuda que les hazen los mercaderes Efpannoles fus correfpondientes, y auifar me heis de la que fe hiziere embiando copia de los inventarios. De Lanpello, en 23 de Otubre de mil y quinientos y nonentay cinco.*
Par commandement du Roy noftre Seigneur.	*Por Mandado del Rey nueftro fennor.*
ANDRÉ DE PRADA.	ANDRES DE PRADA.

L'euenement fit voir bien toft apres que le duc de Mercœur, ny le Roy d'Efpagne, ne f'eftoient point trompez, & que l'apprehenfion qu'auoit conceu ce Duc n'eftoit pas vaine : Car dès trois ans apres cette interdiction, les habitans de voftre ville de Dinan defirans fecoüer le ioug des garnifons du Duc de Mercœur, qui tenoit leur liberté opprimée, ne pouuant iceux de Dinan trouuer en Bretagne qui les peuft affifter à ce deffein, finon les habitans de S. Malo, par lefquels, apres le concert fait entr'eux, & l'aduis donné au feu Roy de cette refolution, & le commandement receu de fa Majefté de l'executer, voftre dite ville de Dinan se vid par deux mil habitans sortis de S. Malo deliurée de seruitude par l'execution de cette hardie entreprise, contre laquelle vne orageuse nuict, le vent du tout contraire, & tous les elemens sembloient auoir conspiré, neantmoins tant d'obstacle, les Bourgeois de Dinan recouurerent leur douce liberté, & le roy l'vne des meilleures villes de la Prouince.

Cette prise de ville fut de telle importance, que celle de Nantes, & autres que le Duc de Mercœur tenoit encor en Bretagne, faisant tout à l'ouuert demonstration de vouloir suiure l'exemple de Dinan : Ce Duc n'esperant plus de salut qu'en la clemence du Roy, enuoya ses Agens trouuer sa Majesté à Angers où la seule occurrence de la prise de Dinan l'appelloit, où la paix fut concluë, & le Duc & tous les Espagnols venus à son secours contrains de receuoir la loy telle qu'il pleut au Roy leur imposer. Ce seruice ne se pouuoit faire que par ceux de S. Malo, & ceux de S. Malo n'eussent esté capables de le conduire à fin, si par le benefice & moyen du commerce S. Malo n'eust esté vn seminaire d'hommes nez, exercitez & nourris à la guerre.

Pendant ces derniers troubles, vostre Majesté n'a point trouué aucun plus prompts seruices par la mer contre les Rochelois qu'en la ville de Sainct Malo, en laquelle à vne fois ont esté armez vingt nauires, & à l'autre fois dix, mis sus & equippez d'hommes, & toutes autres choses necessaires, auec vne telle celerité, que cette promptitude à peine se peut croire : A quoy seruoit l'entreprise du trafic, qui fait qu'en tout temps toutes les choses necessaires aux armemens de mer s'y trouuent toutes prestes. Et s'il nous est permis de parler ainsi, *jacet omnis ad vndam materies*.

Semblables & autres seruices se peuuent tousiours attendre de l'affection, obeissance & fidelité de vos supplians, tandis que le commerce leur poura estre libre, sans lequel cette vostre ville seroit bien la plus pauure de tout vostre Royaume : Comme celle qui est bastie en vne petite Isle, sur vn rocher entierement sterile, du tout inhabité il y a huict cens ans, & pour peupler lequel, & y attirer des habitans, les Roys & Princes du pays y auoient donné priuilege d'azile, & impunité de crimes à ces nouueaux Colons, lesquels auec le temps par leur resolution, industrie, nauigations & trafic, ont fait de ce rocher, de cette petite Isle, vne des bonnes villes de vostre Royaume, les bourgeois de laquelle portans le nom François en toutes les parties du monde, sont beaucoup plus congneus, cheris & estimez des peuples estrangers qu'ils ne sont pas en France : D'où encore il resulte vne autre vtilité, qui est que vos subjets qui font le commerce chez l'Estranger descouurent sa puissance ou foiblesse, & ne se trouuera peut estre personne qui en puissent mieux donner des aduis. Et c'est encore vn des fruicts qui se tirent d'aller faire nostre commerce chez l'Estranger, plus tost que de le laisser venir le faire en France.

Nous n'obmettrons qu'au temps de la ligue formée entre le Pape, l'Empereur Charles le quint, l'Anglois & autres contre la France, les habitans de Sainct Malo, qui ne viuent que du commerce, n'ayans plus aucun trafic que celuy de la guerre, la faisoient iournellement telle aux Flamans subjets de l'Empereur, aux Anglois & aux Espagnols, que ces nations auoient point de plus aspres ennemis en la mer que les nauires armez à S. Malo pour leur faire la guerre; & tellement la leur faisoient-ils, que les Anglois mesme n'estoient pas asseurez dedans leurs propres haures. En ce temps-là, ils prirent & amenerent à S. Malo plusieurs nauires Flamans, Espagnols & Anglois, & est chose digne d'estre icy remarquée que les Flamans & Anglois asseurans les vns les autres, comme est accoustumé entre marchands, les Asseureurs actifs prenant pour les asseurez passifs les risques & perils de prises par amis ou ennemis, pertes par feu, par mer & autres cas fortuits, pensez ou non pensez (comme portent les actes d'asseurances), exceptoient tousiours, & ne vouloient asseurer contre les nauires de S. Malo. Et si nous n'auons degeneré de la valeur de nos peres, on nous peut estimer en temps de guerre aussi aspres persecuteurs des ennemis du Roy, comme on nous recongnoist dans la tranquilité pour fideles marchands.

Nous repofions en affeurance à l'ombre de vos lauriers, & viuions en tranquilité à l'abry de noftre innocence, quand nous fommes aduertis que quelques efprits mal-faifans, portez d'enuie, de haine, ou de quelque autre paffion vicieufe, f'eftoient rendus delateurs en voftre Chambre de l'Arcenal à l'encontre de trois de nos concitoyens, aufquels ils imputent d'auoir puis quelque temps fait fortir du Royaume de l'or & de l'argent, tant en realles d'Efpagne qu'en barres & lingots.

Sur telles delations, Noffeigneurs de la Chambre de l'Arcenal auroient decreté adiournemens perfonnels : Depuis, fur le deffaut des accufez, conuertis en prife de corps, pour l'execution defquels feroient defcendus Huiffiers en voftre ville de Sainct Malo, où n'ayant point trouuez les accufez, ils auroient procedé & procedent encore par annotations de biens, & les appellent à ban.

Ces mefmes delateurs, & autres à leur imitation, fe jactent & vantent de faire le femblable, voullans par telles voyes intimider les fimples, afin foubs ce pretexte de tirer d'eux de l'argent, pour leur donner repos, fe jactans comme ils font de rendre criminelle la plus pure innocence.

Or, SIRE, combien que la fincerité de nos cœurs & la candeur de nos actions foit vn affez puiffant rampart pour nous mettre à couuert contre tous les faux bruicts, & que iufqu'à icy en ayant eftimé les autheurs plus dignes de mefpris que de repartie, nous ayons dedaigné de nous en efmouuoir, neantmoins ayans efté aduertis que les artifans de ces detractions en auoient bien ofé prophaner les oreilles facrées de voftre Majefté, il ne f'eft pas peû faire que nous n'ayons eu l'ame atteinte d'vne iufte douleur, de voir que non feulement par ces delations, mais encore par d'autres impoftures, on nous vouloit iniurieufement rauir l'honneur, que nous cheriffons plus que noftre propre vie, de demeurer en l'eftime de voftre Majefté tels que nous profeffons & qu'en effect nous fommes fes tres-humbles, tresobeiffans & tres-fidelles feruiteurs & fubjets.

Dedans l'impatience de ce reffentiment, les habitans de voftre ville de Sainct Malo conceuans toute esperance que voftre Majefté n'auroit defagreable de receuoir profternez à fes pieds fes fidelles fubjets : Avons deputé vers elle, afin de la falüer, prefenter nos vœux & les vrayes affeurances de la continuation de nos tres-humbles feruices & fidelitez : Et pour deuant la Majefté de Dieu & la voftre proteíter de noftre innocence, que nous conferuerons iufques dans le tombeau, non feulement nos mains, mais encor nos penfées, pures & nettes de la moindre tache d'infidelité.

Cette deputation eft encore pour faire voir à voftre Majefté combien vaines & infructueufes, & au contraire combien pernicieufes, font ces delations au bien de voftre Eftat, par l'entiere ruine du commerce, dont defià nous fentons de tres-mauuais effects. Et plufieurs croyent, non fans grande apparence, que ces mefmes autheurs font & ont efté caufe de la defcouuerture qui s'eft faicte en Efpagne au retour des deux dernieres flottes qui font venues des Indes.

En fuite de cela, Adrien le Borgne, Conful des François en la ville de S. Lucques, le Juge des traictes (qu'ils appellent *Alcade de Sacas*), & aucuns de fes gardes, ont efté faicts prifonniers, le premier accufé d'auoir corrompu ledit *Alcade*, & l'*Alcade* d'auoir conniué & diffimulé les traictes qui fe font par les Nauires François.

Les bruicts de ces recherches qui font publics en France, font defià paruenus aux oreilles de l'Ambaffadeur d'Efpagne, & autres efpions qu'ils tiennent parmy nous : Et ont refueillé le Roy d'Efpagne en fon Confeil (qui a bien befoin d'argent) & de faire ouurir les yeux fur les nauires eftrangers, mais plus fur les François, pour les prendre en deffaut, à quoy noftre exemple les induira fans doute, & toutes ces recherches, ces enqueftes & informations de deçà, bien qu'elles ne voyent point le iour, feruiront de tefmoins aux mefmes Espagnols : mais fur tout, les aduis qu'on croit que leur donnent ces mefmes delateurs, & les ouuertures qu'ils font pour en tirer profit. Ce qui eft fort vrayfemblable : Car qui eft une fois mauuais eft toufiours prefumé tel.

Sire, il eſt à craindre qu'il n'arriue dans le commerce par la malice de ces delateurs, ce qui autrefois arriua à vne ancienne ville d'Italie, qu'on dit auoir eſté ruinée par des ſerpens. Et ce feroit veritablement choſe d'eternelle memoire, & digne du tiltre glorieux que porte voſtre Majeſté, ſi pour le bien de ſes peuples elle ſe reſoluoit de faire chaſtier ces viperes, ce genre d'hommes nez à la ruine du public. Le chaſtiment deſquels feroit le meilleur theriaque qui ſe peuſt compoſer pour guerir les morſures de leurs dents venimeuſes.

Vos ſubjets de Paris, de Roüen, & d'ailleurs, qui ſe ſeruent de la commodité de vos nauires de S. Malo, craignant ces recherches d'Eſpagne, auſquelles nous ouurons la porte, prendront vne autre route, & feront, comme deſià ils commencent de faire, leur trafic par la voye d'Angleterre, de Dunquerque & d'ailleurs, pour plus facilement tirer l'argent d'Eſpagne, ſans plus l'oſer apporter en France, comme depuis n'a gueres pluſieurs l'ont pratiqué.

Mais ſuppoſé, (ce que nous ne croyons ny n'auoüons non plus), qu'il ſ'en fuſt tiré : Nous n'eſtimons pas, (ſauf correction), que cette faute deuſt eſtre chaſtiée, meſmes ſelon les ordonnances de voſtre Royaume.

Car, Sire, les peines les plus rigoureuſes indictes par les ordonnances, portent confiſcation de corps & de biens, mais c'eſt contre ceux qui ſe trouueront eſtre pris en delict flagrant : Car on n'a iamais veu iuſques à preſent qu'il ſe ſoit fait recherche contre aucune perſonne pour les choſes paſſées pour la traicte d'argent. Combien donc pourroit eſtre trouué eſtrange d'vſer de ces recherches depuis vingt ans, comme on nous dit que portent les commiſſions de Noſſeigneurs de la Chambre de l'Arcenal. Cela eſt ſans exemple. A quoy nous adjouſtons que tout crime en Bretagne eſt eſteint par cinq ans.

De plus, tres-humblement remonſtrent leſdits ſuppilans à voſtre Majeſté, que par le contract paſſé entre Noſſeigneurs vos Commiſſaires pour la tenuë des derniers Eſtats qu'il luy a pleu commander ſ'aſſembler en ſa ville de Nantes, & les gens deſdits

Eſtats, il y a article expres, contre lequel, (ſauf correction), il n'y a rien à dire. Ce contrat eſt datté du ſecond iour de Juin 1632, ratifié par voſtre Majeſté en ſon Conſeil le 14 de Juin 1633, duquel enſuit l'article.

Accordent auſſi noſdits Seigneurs les Commiſſaires, Que ſuiuant les priuileges de la Prouince, les marchands de la ville de S. Malo & autres habitans de ladite Prouince ne pourront eſtre pourſuiuis pour le faiƈt du tranſport des monnoyes, ailleurs que par deuant leurs Juges naturels, nonobſtant les decrets ordonnez par la Chambre de l'Arcenal, à l'encontre de quelques marchands de ladite ville de Sainƈt Malo, & autres habitans de ladite Prouince.

Sire, il y va de l'honneur d'vn grand Prince comme vous que ſes promeſſes ſoient ſuiuies d'effeƈts certains & que ſa parole vne fois engagée ſoit vne ſeureté inuiolable à tous : Et encore la parole d'vn Prince qui porte, & à bon droiƈt, ce beau tiltre de Iuſte ; tiltre que voſtre Majeſté merite, comme le plus iuſte de tous les Princes.

Sire, nous pouuons dire & auec verité, Qu'entre tous les princes qui ont porté le ſceptre de cette Monarchie, iamais aucun ne merita ny ne poſſeda mieux les affections de ſes ſubjets, & ne fut enuers eux en plus grande reputation de preud'hommie. La bonne renommée eſt le plus precieux threſor des Rois, & l'amour de ceux à qui ils commandent la plus grande ſeureté pour leur perſonne & pour leur Eſtat. Il importe grandement au bien du ſeruice de voſtre Majeſté de n'alterer rien en l'vn ou en l'autre, par des nouueautez inutiles, & qui ſont contre l'ordre des loix anciennes du Royaume, leſquels ne doiuent eſtre enfraintes, meſme aux choſes qui ſemblent de moindre conſequence.

Et puis que les loix qui ſe promulguent ſont plus pour le reglement de l'aduenir que pour le chaſtiment du paſſé, voſtre Majeſté peut, ſ'il lui plaiſt, faire renouueller les ordonnances qui prohibent la traiƈte de toutes les matieres, ou d'or ou d'argent, & faire chaſtier les infraƈteurs à l'aduenir des peines portées par voſdites ordonnances.

Nous auons dit cy deuant que nous n'auons iamais au paſſé ſouffert de maux par les delations d'autres que des François, & nous ſouuient que aux années 1584 & 1585 un nommé François du Houx, auſſi bien François de nation que de nom, ſe rendit delateur à Madrid contre les marchands de Bretagne. Cette delation fut cauſe d'vne commiſſion donnée à vn Alcade de Cour, nommé *Diego de Armenteros*, qui deſcendit à Seuille & S. Lucques, où eſtoit & eſt encore le plus grand abord d'eſtrangers, où furent faits priſonniers plus de deux cens marchands de Bretagne & tous leurs biens arreſtez. Ce qui cauſa vne telle ceſſation de commerce entre nous & l'Eſpagne que Dom Philippes ſecond lors regnant, meu de cette conſideration & autres, apres deux ans de priſon des Bretons & autant de pourſuittes contre les priſonniers & autres fugitifs, par l'aduis du meſme Commiſſaire donna vne Amneſtie, impoſa ſilence, & fit ceſſer toutes telles recherches pour le paſſé, donnant main leuée tant pour les priſonniers que des biens arreſtez.

Ce ſeroit offenſer voſtre Majeſté, de luy propoſer l'imitation d'autre exemple que celle de ſoy meſme : Mais nous oſons eſperer qu'elle ne voudra pas denier à ſes ſubjets pareille grace que celle que autrefois leur a eſté faicte par vn Prince eſtranger.

Sire, vous eſtes l'image de Dieu en terre, vous eſtes l'Oingt du Seigneur, dans vous nous voyons reluire l'eclat de Sa Majeſté; vos peuples ne doiuent-ils donc pas attendre les meſmes fruicts de voſtre Juſtice. Nous admirons & loüons principalement l'amour particulier que vous auez à cette vertu, à laquelle il a tellement vny vos volontez, comme la puiſſance de cette paſſion eſt vnitiue, qu'ils ſemblent ſ'eſtre tranſformez l'vne en l'autre, & n'eſtre plus en vous que meſme choſe.

Toutes ces choſes, Sire, & autres, par voſtre Majeſté & noſdits ſeigneurs de ſon Conſeil conſiderées, voſdits ſubjets tres-humblement ſupplient,

Qu'il plaiſe à voſtre Majeſté impoſer à tous Meſſieurs vos procureurs generaux, tant de Parlement de Bretagne que de voſtre dite Chambre, & à tous autres Iuſticiers & officiers quelconques, ſilence perpetuel ſur toutes ces recherches de traictes des monnoyes pour tout le temps paſſé iuſques à preſent, ſauf à voſtre Majeſté à regler l'aduenir, ainſi qu'elle verra bon eſtre. Quoy faiſant, elle tranchera tout d'vn coup le nœud des difficultez, lequel ſi on s'arreſte à vouloir deſlier, va troubler le repos & la tranquilité de vos ſuppliants, encore qu'innocens, que vos penibles veilles & glorieux trauaux ont acquis à la France. Ou en tout cas qu'il plaiſe à voſtre Majeſté renuoyer les cauſes de ces delations pour la traicte des monnoyes, tant celles qui ſont intentées en voſtre dite Chambre de l'Arcenal contre les trois deſſus nommez, que toutes les autres cauſes de ce genre, tant meuës comme à mouuoir contre les habitans de voſtre dite ville. Ce dernier ne leur peut eſtre denié en Iuſtice, (ſauf correction), mais l'Amneſtie eſtant bien le plus prompt & aſſeuré remede, ils l'eſperent obtenir de voſtre Bonté & de voſtre Iuſtice.

Voilà, Sire, la ſomme des tres-humbles ſupplications & remonſtrances, relatiues à la requeſte que font à voſtre Majeſté par noſtre organe vos tres-humbles, tres-obeiſſans & tres-fidelles ſubjets les habitans de voſtre ville de Sainct Malo, leſquels vous mettrez à couuert contre les enuieux de leur repos. En cette attente, Sire, & en leur innocence, ils leuent leurs mains & leurs cris vers vous, & eſperent qu'ils auront ſujet de chanter auec le Pſalmiſte, *Le Seigneur a eſté le refuge du pauure, & l'a aydé en ſon affliction*.

De la Landelle Frotet.
De la Gicquelais Picquot.

Table des Mémoires.

	PAGES
DISCOURS PRÉLIMINAIRE	1
DE L'ANTIENNE CITÉ DE QUIDALET	7
De la cité de Quidalet	8
Les Sarrazins maiftres de Quidalet	9
Veftiges de Quidalet	12
Du roman d'Aquin	13
Autres veftiges de Quidalet	14
Ethymologie du nom de Quidalet	15
Clos de Poulet	16
DES COMMENCEMENS & ORIGINE DE LA VILLE DE SAINT MALO	17
Situation & origine de Saint Malo	18
Tranflation du fiege epifcopal	19
Privilege d'Asile	20
Accroiffement du commerce	21
Conftruction du Chafteau	22
Exploicts des habitans de Saint Malo	23
Siege de Saint Malo par les Angloys	24
Siege de Saint Malo par La Trimouille	26
De la feigneurie ecclefiaftique	27
Trahifon d'un Normant	28
De la Citadelle	29
Expedition contre les Rochelloys	30
Probité des habitans de Saint Malo	31
Lettre de marque contre eux	33
Entrée de Charles IX à Saint Malo	34
De la Maifon de fanté	35
Du Procureur fcyndicq & du Mifeur	36
Des gouverneurs de Saint Malo	37

	PAGES
De Monſieur de Bouille.	39
Arrivée de Monſieur de Fontaines	40
Famille de Monſieur de Fontaines	41
Comportemens du fieur de Racan	42
Motiffs de nos guerres civiles.	43
Conception de la Ligue.	50
Difcours fur la Ligue.	51
Serment de la Ligue.	53
Apologie des habitans de Saint Malo	55
HISTOIRE DE LA VILLE DE SAINT MALO DURANT LES TROUBLES DE LA LIGUE. — *Livre premier*	57
1585. — Creation d'un nouveau fcyndicq	58
Efleftion de douze confervateurs de la ville	59
Venue du fieur de Racan.	61
Lettres du Roy du 22e d'apvril 1585	62
Caufes defdiftes lettres	63
Lettres du Roy du 12e may 1585.	64
De la revocation de l'Edit de pacification.	65
Lettres du Roy du 20e juillet 1585.	67
Lettres du fieur de Fontaines	68
Faux & calomnieux advis au fieur de Fontaines	70
Retour de Monſieur de Fontaines.	71
1586. — Courfes des Rochelloys	72
Meffiances du fieur de Fontaines.	73
1587. — Lettres du Roy du 18e d'apvril	75
Efleftion d'un Procureur fcyndicq	77
1588. — Lettres du Roy fur les barricades.	79
Remarques de l'Autheur	83
Edit d'Union.	84
Serment des habitans de Saint Malo	89
Eftats de Bloys	91
Executions de Meffieurs de Guyfe	92
De ce que Monſieur de Fontaines fit en confequence	93
1589. — Diligences des habitans	96
Inftitution de quatre capitaines generaux	97
Efleftion d'un Confeil particulier.	98
Prevoiances du Confeil pour la feureté de la ville	100
Prefent faift au fieur de Fontaines	103
Deffenfes de foitir en armes	105
Infolences du capitaine de Chafteauneuff	106
Nouvelles de l'affaffinat du Roy	107
Craintes des habitans.	108
Bloquement du Chafteau.	109
Suite de la prife des armes	111

Table des Mémoires.   497

	PAGES
De la paix faicte entre le gouverneur & les habitans.	112
Eftabliffement d'une pancharte.	113
Lettres du prince de Dombes	114
Edit du roy de Navarre.	115
Deliberations du confeil de ville	116
Articles pour la retention de cent hommes pour la garde extraordinaire de la ville.	119
Requefte des habitans au duc de Mercueur	121
La garde de Solidor confiée aux habitants.	122
Procedures contre les forains & fufpects d'herefie	123
Autres deliberations du Confeil	126
Livre deuxième (1590)	129
De la venuë du Roy à Laval	130
Apprehenfions des habitans	131
Affaire de La Motte-Nordeft.	132
Situation du chafteau de Saint Malo	134
De l'efchelle de corde	135
Practique d'un canonnier du Chafteau.	138
Detail particulier de l'entreprife	139
11e mars 1590.	146
Difcours du fieur de la Gicquelaye.	147
De la Prife du Chafteau.	148
Arreft du Parlement de Rennes contre les Malouins	163
De la mort du fieur de Fontaines	164
Deliberations du confeil apres la prife du Chafteau.	165
Lifte & taxe des bannis.	167
Deliberations du Confeil	168
Remontrance de Saint Nicolas, chanoine	172
Nouvelles liftes de bannis.	174
Lettres du marquis de Chauffin du 30e mars 1590	178
Lettres du duc de Mercueur, du 25e mars 1590	179
Affemblée generale en Maifon de Ville	180
Articles pour la confervation du Chafteau.	181
Avril 1590. — Deliberations du Confeil.	182
Affemblée generale	185
Lettres trouvées au cabinet du fieur de Fontaines.	188
Deliberations du Confeil, Apvril 1590 (*suite*)	194
Lettre du duc de Mayenne du 27e mars 1590	196
Deliberations du Confeil, Apvril 1590 (*suite*).	197
May 1590. — Deliberations du Confeil.	202
Capture du marquis de la Mouffaye & du vicomte de Saint-Denoual.	206
Deliberations du Confeil, May 1590 (*suite*)	208
Lettre du duc de Mayenne du 20e may 1590.	211
Autre lettre du mefme (*même date*).	212

	PAGES
Juin 1590. — Deliberations du Conseil.	213
Lettre du duc de Mercueur du 4e juin 1590	219
Deliberations du Conseil (*suite*).	220
Assemblée generale.	221
Siege & prise du Pont-Briand	222
Traicté avec une Compagnie de chevaux-legers.	223
Lettre du duc de Mercueur du 28e juin 1590.	224
Deliberations du Conseil (*suite*)	225
Lettre du duc de Mercueur du 30e juin 1590.	226
Juillet 1590. — Deliberations du Conseil.	227
Arrivée de l'evesque de Saint Malo.	228
Assemblée generale.	230
Deliberations du Conseil (*suite*)	232
Lettre du duc de Mayenne du 18e juin 1590.	233
Lettre du duc de Mercueur du 12e juillet.	234
Autre lettre du mesme (*même date*).	235
Deliberations du Conseil (*suite*).	236
Lettre du sieur de Chasteauneuf.	237
Aoust 1590. — Deliberations du Conseil.	238
Lettre du duc de Mercueur du 12e aoust.	240
Deliberations du Conseil (*suite*)	241
Lettre du duc de Mercueur du 23e aoust.	242
Septembre 1590. — Deliberations du Conseil	243
Lettre du duc de Mercueur du 31e aoust	243
Deputez à Pontorson.	244
Siege de Pontorson	246
Mort du sieur de Vicques.	248
Levement du siege.	249
Observation de l'Autheur	251
Prest au duc de Mercueur.	253
Attacque de Dol par le prince de Dombes.	254
Lettre du duc de Mercueur du 27e septembre.	256
Octobre 1590. — Deliberations du Conseil	257
Deffense aux mariniers de freyer avec les Angloys.	257
Lettre du duc de Mercueur du 2e octobre	258
Autre lettre du mesme du 5e octobre.	259
Lettre du duc de Mayenne du 4e septembre	260
Deputez à Dinan	262
Articles presentez au duc de Mercueur	264
Audience du duc de Mercueur.	268
Discours du duc de Mercueur	269
Responce du Procureur	271
Colere du Duc	274
Partement des deputez	275
Assemblée generale.	276

	PAGES
Nouvelle deputation au duc de Mercueur	277
Autre affemblée generale	278
Troifiefme deputation	279
Lettre du duc de Mercueur du 20e octobre	280
Meffage du fieur du Vigneau	282
Deliberations du Confeil (*suite*)	283
Adjudication des prifes par le Confeil	284
Voiage de La Planche	285
Novembre 1590	286
Lettres & memoires delivrez à La Planche	287
Principal fubject du voiage de La Planche	291
Bardeliere envoié à Dol	293
Mort du duc de Lorges	294
Pouvoir des habitans de Saint Malo	295
Mauvaife intelligence entre les habitans & le Chapitre	296
Deliberations du Confeil (*suite*)	298
Remonftrances du Procureur	301
Nouveaux articles d'Union	303
Refponce du Chapitre aux Articles	304
Fin de l'an 1590	305
Eflection aux charges de la ville & du Chafteau	307
Changement du Confeil	309
De l'evefque de Saint Malo	310
Deliberations du Confeil (*suite*)	311
Livre troifiefme (1591)	313
Janvier. — Deliberations du Confeil	314
Lettre du duc de Mercueur du 18e janvier	318
Autre lettre du mefme du 16e janvier	320
Nouvelles procedures contre les fufpects	321
Refolution de ne point deputer aux Etafts de la Province	322
Lettre du duc de Mercueur du 13e janvier	323
Febvrier 1591. — Deliberations du Confeil	325
Nouvelles lettres du duc de Mercueur du 2e & 3e febvrier	328
Requefte de l'evefque de Saint Malo	332
Serment du mefme	333
Deliberations du Confeil (*suite*)	334
Deputez aux Eftats generaux	336
Lettre du duc de Mercueur du 7e febvrier	337
Mars 1591. — Deliberations du Confeil	338
Prife du navire de Michel Le Fer	340
Lettre du duc de Mayenne du 22e janvier	341
Retour de la Planche	342
Lettre du duc de Mayenne du 24e febvrier	343
Lettres d'Adveu	345

	PAGES
Apvril 1591.	347
Autre lettre du duc de Mayenne du 7e janvier.	348
Deliberations du Conseil	350
Secours envoié à Brehat.	352
Prise & reprise du Plessix Bertran.	353
Poursuite d'un establissement de Juges consuls	356
May 1591. — Deliberations du Conseil	357
Arrivée des navires Angloys.	361
Apparution du cahier des Estats.	362
Refus de recevoir la pancharte des Estats	364
Juin 1591.	365
Responce au procureur syndic des Estats	366
Responce aux Maire & eschevins de Nantes	368
Deliberations du Conseil (suite).	369
Reprise de Brehat	370
Deliberations du Conseil (suite).	371
Lettres du duc de Mayenne des 23e & 25e apvril.	373
Pouvoirs du duc de Mayenne	376
Deputés aux Estats generaux	377
Deliberations du Conseil	378
Responce aux lettres du duc de Mayenne.	380
Deliberations du Conseil (suite).	381
Affaires de Dol	382
Juillet 1591. — Deliberations du Conseil.	389
Lettre du duc de Mercueur du 1er juillet.	390
Autre lettre du mesme du 2e juillet	391
Deliberations du Conseil (suite).	392
Lettre du duc de Mercueur du 13e juillet	394
Lettre & deputation au roy d'Espagne.	395
Commission au sieur de la Briantaye	397
Memoire au mesme.	398
Nouvelles lettres du duc de Mercueur des 17e & 24e juillet	400
Assemblée generale.	403
Prest au duc de Mercueur	404
Cabale.	405
Prest au general des Espaignols.	406
Aoust 1591	407
Lettre du duc de Mercueur du 2e aoust.	407
Requeste au duc de Mercueur	408
Lettre du mesme du 5e aoust	410
Deliberations du Conseil	411
Intrigues du Chapitre.	413
Lettre du duc de Mayenne du 20e juin	414
Autre lettre du mesme du 16e juillet	416
Deliberations du Conseil (suite).	417

Table des Mémoires. 501.

	PAGES
Lettre du duc de Mercueur du 22e aouft.	420
Deliberations du Confeil (*suite*).	421
Lettre du duc de Mercueur (*sans date*)	422
Septembre 1591.	424
Lettre du duc de Mercueur du 2e feptembre.	424
Negociations au fubject du preft de 12,000 efcuz	425
Deliberations du Confeil	426
Lettre du duc de Mercueur de .. feptembre 1591	430
Commiffion pour la demolition du Pleffix Bertran	431
Commiffion pour l'entretien d'une compagnie de chevaux legers.	432
Octobre 1591. — Deliberations du Confeil	433
Novembre 1591. — Deliberations du Confeil	438
Affemblée generale.	439
Deliberations du Confeil (*suite*)	440
Decembre 1591. — Affemblée generale.	444
Deliberations du Confeil	446
Livre quatriefme (1592)	451
Janvier. — Deliberations du Confeil.	452
Febvrier 1592. — Deliberations du Confeil	455
Retour du fieur de la Bardeliere	460
Rapport du mefme au Confeil	462
Lettre du duc de Mayenne du 22e janvier	463
Mars 1592. — Deliberations du Confeil	465
Affaire de Quinart.	469
Pourparlers de la remife de Chatteau-neuft	471
Apvril 1592. — Affemblée generale.	472
Remonftrances du Procureur.	472
Serment particulier du Confeil & des officiers de ville	473

Table des Chapitres

DU REMANIEMENT DES MÉMOIRES [1]

	MÉMOIRES, PAGES
PRÉFACE.	1-6, 17
CH. I. — De l'ancienne cité de Quidaleth.	7-15, 16
CH. II. — De la situation de la ville de Saint Malo, de son origine, de son accroissement et de son commerce	17-21
CH. III. — De quelques exploits militaires des habitans de Saint Malo.	23-27, 29-33
CH. IV. — De la seigneurie de Saint Malo, de l'origine de ses syndics et de ses miseurs et de sa Maison de santé.	21-22, 27-28, 36-37, 35-36.
CH. V. — Des forteresses de Saint Malo	22, 29, 28
CH. VI. — Des gouverneurs de Saint Malo	37-42
CH. VII. — Des derniers troubles de la France et de l'origine d'iceux, première cause des nôtres	43-50
CH. VIII. — De la Ligue de Péronne.	53-55
CH. IX. — Des premiers effets de la Ligue en cette ville, création du nouveau syndic et des conservateurs d'icelle	57-60, 61
CH. X. — De Monsieur de Racan	61, 63, 62-6$_4$

1. Les renvois sont dans l'ordre suivi par l'auteur du remaniement. Les chapitres ne comprennent que le Ms. A.; l'arrangeur n'ayant pas connu le Ms. B.

	MÉMOIRES, PAGES
CH. XI. — De la révocation de l'Édit de pacification avec les Huguenots par Henri III.	66, 69-70, 68, 67-68
CH. XII. — De la seconde arrivée de M. de Fontaines en cette ville et de ce qui s'y passa pendant son séjour jusqu'au 26 may 1588.	70-83
CH. XIII. — Du dernier édict d'Henri III touchant la religion catholique et de la délibération des habitans de Saint Malo sur iceluy.	84-90
CH. XIV. — Des Estats de Blois, de la mort de Monsieur de Guise et de ce que M. de Fontaines fit en conséquence.	90-96
CH. XV. — De l'institution de quatre capitaines généraux et du Conseil de cette ville	97-101
CH. XVI. — D'un emprunt fait par ordonnance de notre Conseil pour faire un présent à nostre gouverneur et à son lieutenant	102-104
CH. XVII — Défense à nous autres de sortir en armes de la ville.	105
CH. XVIII. — Du seigneur de Chasteauneuf	38-39, 106, 118, 120-121, 131-32, 170, 177, 197-98, 216, 217-18, 237-38.
CH. XIX. — De la mort du roi Henri III et de quelle façon elle nous fut communiquée	107-108
CH. XX. — De notre révolte manifeste contre notre gouverneur.	108-111
CH. XXI. — De la paix faite entre le gouverneur et les habitants de Saint Malo	112-13
CH. XXII. — Du prince de Dombes	113-14
CH. XXIII. — De Henri IV, autrefois roy de Navarre (1)	114-15
CH. XXIV. — Des chaînes et de la garde extraordinaire de cette ville	116-120
CH. XXV. — De la continuation de nostre Conseil et nouvelles procédures contre nos forains et suspects	116, 120, 123

1. On donne aux chap. XIX et XXIII deux lettres de Henri IV à M. de Fontaines qui sont empruntées au *Discours apologétique*, p. 48, 50. Ces lettres ont été omises dans la Corresp. d'Henri IV de B. de Xivrey.

	MÉMOIRES, PAGES
Ch. XXVI. — De quelques exilés de cette ville auparavant la prise du Chasteau	124-26
Ch. XXVII. — De quelques nouvelles précautions tant de nous autres que de notre gouverneur. . .	125, 126-27, 129-31, 128.
Ch. XXVIII. — De Louis Le Maire, dit *La Chapelle*, et de l'eschelle de cordes par le moyen de laquelle fut pris le chasteau de Saint Malo	131-138
Ch. XXIX. — De l'appelé *James Rose*, canonnier Escossois, et de quelques autres particularitez . .	136, 138-146
Ch. XXX. — De la prise du Chasteau de Saint Malo.	146-155
Ch. XXXI. — Des exploits particuliers du sieur de la Landelle à la prise du Chasteau	155-59
Ch. XXXII. — De la mort de monsieur de Fontaines	160, 163-4
Ch. XXXIII. — Du pillage du chasteau de Saint Malo, et de quelques arrêts du Parlement de Rennes en conséquence	161-63
Ch XXXIV. — Du gouvernement du Chasteau de Saint Malo après la prise d'iceluy. . . .	164, 166, 169, 180-84, 240, 308, 178, 181, 199, 200, 204
Ch. XXXV. — Des diverses expéditions de nostre Conseil des 12, 13, 14, 15 et 16 mai 1590	165, 167-70, 172
Ch. XXXVI. — Des exilés de cette ville	166-68, 174-75. 199
Ch. XXXVII. — Des procédures contre les susdits exilés, forains et autres	171-72, 200, 202, 210, 227, 232, 238-39, 242, 335.
Ch. XXXVIII. — De Monsieur Charles le Fer, chanoine de Saint Malo	174, 178-79, 184
Ch. XXXIX. — De la retraicte des officiers de Monseigneur de Fontaines et de ses domestiques .	171, 177, 185
Ch. XL. — De diverses procédures contre le roy de Navarre et ses partisans.	172-74, 176, 177, 194, 196, 215, 203-4
Ch. XLI. — De nostre intelligence avec quelques villes maritimes de cette province. . . .	176, 197, 213-15, 225, 236.

	MÉMOIRES, PAGES
CH. XLII. — De l'institution du président en nostre Conseil et de l'opposition que messieurs nos chanoines y forment	182-83, 184
CH. XLIII. — De nostre maison préceptorialle . . .	28, 210, 215-16
CH. XLIV. — De Monsieur de Vicques . . .	195, 200-202, 236, 240-41, 242, 246-49.
CH. XLV. — Du seigneur de Coesquen . . .	170, 199-200, 201
CH. XLVI. — Du seigneur de Guémadeuc .	170, 194-95
CH. XLVII. — Du sieur de la Goublaye . . .	195, 224, 326
CH. XLVIII. — Du sieur de Pontbriand . . .	220-222, 224, 226, 228.
CH. XLIX. — Du Plessis Bertrand	186-7, 216-17, 221-22, 334-35, 342, 351, 352-56.
CH. L. — Du seigneur marquis de la Moussaye, vicomte de Saint Denoual et autres	170, 205-209, 218, 219-20, 233, 239, 293, 298, 311, 312, 313-14, 330.
CH. LI. — Du capitaine La Coudraye Bouteiller	222-24, 238, 245
CH. LII. — De l'évesque de Dol.	219, 293, 311, 317, 320-21, 326, 327
CH. LIII. — De l'évesque d'Avranches .	225, 292, 299, 311, 320, 233-34, 323, 211.
CH. LIV. — De messire Charles de Bourgneuf, évesque de Saint Malo	106, 228-32, 234-36, 240, 241, 242-44, 283, 310, 311, 311, 317, 332-4, 337.
CH. LV. — Des sieurs de Saint Laurens et de la Febvrie.	283, 227, 349-50
CH. LVI. — Du Mont Saint Michel	307, 324-325, 326, 337, 363, 350.
CH. LVII. — De quelques prises faites en mer par des navires de cette ville et de quelques défenses en conséquence.	218, 260, 284, 338, 351.

	MÉMOIRES, PAGES
CH. LVIII. — De la Tour de Solidor.	121-22; 299, note; 339.
CH. LIX. — De l'appelé *Michel le Fer*.	339, 340-341
CH. LX. — Du duc de Mercœur.	174, 179-80, 323-24, 244-46.
CHAPITRE LXI. — Articles présentés à Monsieur de Mercœur par nos députés au siège de Pontorson.	264-67
CH. LXII. — De notre députation vers M. de Mercœur à Dinan.	249, 253, 256, 250, 262-63.
CH. LXIII. — De la première réponse de M. de Mercœur à nos susd. Articles.	267-74
CH. LXIV. — De la retraite de nos députés et de deux autres députations vers M. de Mercœur à Dinan	274, note; 275-77, 278-79.
CH. LXV. — De la dernière réponse de M. de Mercœur à nos articles.	279-82, 203, 295, 323.
CH. LXVI. — Du duc de Mayenne, lieutenant général de la Ligue	177, 204-5, 210-13, 285-90, 291-92, 342-47, 348, 350, 196-97.
CH. LXVII. — Des estats d'Orléans et de Nantes.	325, 334, 336, 212-13, 318-20, 328-30, 331, 337-38, 362, 363-69.
CH. LXVIII. — De quelques nouveaux articles d'Union jurés en cette ville	296, 298, 300, 303-4, 301-2, 304-6, 315.
CH. LXIX. — De l'élection d'un nouveau syndic et de quelques nouveaux conseillers au Conseil de cette ville.	307, 359, 309-10, 326.
CH. LXX. — De nos nouveaux canons, de notre consulat et de quelques autres particularités.	255, 335, 356-58, 358-59, 338.

	MÉMOIRES, PAGES
CH. LXXI. — De nos prédicateurs pendant les susdits troubles.	300, 290, 322, 363
CH. LXXII. — Des lettres trouvées au cabinet de M. de Fontaines après sa mort.	187, 189-91, 95, 188, 191-93.
CONCLUSION	316, l. 31; 317, note; 227, l. 31.

Table des Lettres & Documents

INSÉRÉS DANS LES MÉMOIRES

Accord avec M. de Fontaines, 112.
Arrêts du Parlement sur les pouvoirs de Mayenne, 376.
Articles pour la garde extraordinaire, 119.
— pour le Château, 180.
— pour une Compagnie de gens d'armes, 223.
— présentés à Mercœur, 264.
— jurés par les habitants, 303.
Chanson d'Aquin, 13.
Commission de Mercœur pour la démolition du Plessis Bertrand, 431 ; pour les paroisses, 432.
— des habitants à La Brientaye, député en Espagne, 397.
Discours de Mercœur, 269 ; 271, note ; 273.
— du Procureur des Bourgeois, 147, note ; 271 et note. V. Remontrances.
Edit d'Union, 85.
Extraits des registres des délibérations, 166 ; et *passim*, dans le texte et dans les notes.
Extraits de l'*Histoire des derniers troubles de France*, 43-52, 53-55, 65.
Lettres d'Aveu accordées par Mayenne aux habitants, 345 ; d'ampliation de l'Aveu, 465, note.
Lettres des Bourgeois de S. Malo
— aux corps de la ville de Nantes, 367 ; — de Paris, 287 ; — de Rouen, 289.
— au roi d'Espagne, 396.
— à Mayenne, 286, 380.
— au Procureur Syndic des États, 365.
— à M. de Villars, 289.
Lettres de M. de Chasteauneuf, 237.

— du marquis de Chaussin, 178.
— de M. de Cussé, 191, 192.
Lettres de Fontaines aux habitants 68, 69.
— — au Roi, 93, 95, 188, 189, 190.
— du sergent Gascon, 353.
Lettres de Mayenne, 196, 210, 212, 233, 260, 341, 343, 345, 348, 373, 374, 375, 414, 416, 463 ; 465, note.
Lettres de Mercœur, 72, note; 179, 219, 224, 226, 234, 235, 240, 242, 243 ; 253, note; 256, 258, 259; 278, note; 280; 284, note; 292, *id.*; 295, *id.*; 318, 320, 323, 328, 337; 338, note; 390, 391, 394, 400, 401, 407, 410, 420, 422, 424 ; 426, note ; 430.
Lettres du Roi
— aux habitants, 62, 63; 71, note; 75 ; 84, note.
— à Fontaines, 67 ; sur les barricades, 78.
Listes de Bourgeois et habitants, — aux charges, 59, 97, 98, 113, 208, 244, 263, 309, 310, 443 ; — souscripteurs en 1589, 103 ; — à la prise du Château, 148 ; — à l'affaire du Vivier, 384, 388 ; — expulsés, taxés, etc., 123, 167, 175, 199 ; 283, note; 321.
Manuscrit A. fin, 369.
— B. commencement, 251.
— C. fragment, 33.
Mémoires & instructions du sr de la Planche près Mayenne, 290; de La Briantaye, député vers S. M. C., 398.
Ordonnance de Fontaines, 105.
Remontrances du Procureur syndic, 257, 301 ; 312, note; 472.
— de S. Nicolas, chanoine, 172.
Réponse du Chapitre aux Articles, 304.
Requêtes des habitants à Mercœur, 121, 407.
— de l'Evêque de S. Malo au Conseil, 332.
Serment de la Ligue, 54.
— des habitants, 89.
— de l'Evêque, 333.
— particulier du Conseil, 472.

Corrections.

PAGES	LIGNES		
26	30	tour batue & un destour	en un destour
34	19	& *passim.* Pierre Chevillé	Pierre Cheville
67	12	j'ay fait	je fais
72	3, note,	à mesme fin à la date	à mesme fin ; à la date
79	25	contre icelle	contre icelles
83	3	au seigneur	aux seigneurs
93	12	j'ay receu en ce jourd'huy	j'ay receu ce jourd'huy.
94	9	que	qui
184	9	Laurens Jamé	Jame
147	11	auquel à cause de sa charge	auquel [il appartenoit] à cause
147	5, note,	dont la provenance n'est pas indiquée	suppléez : On le rencontre dans les mss. AA. 91 & 95, XVIII° S. (Arch. S. M.)
148	1, note,	nous ne vous verrions plus & nous	nous ne vivrions plus ou nous
150	20	sy void	s'y void
178	13	Michel le Fer	Charles le Fer
184	5	ausdits capitaines	audit capitaine
193	2	de luy faire sçavoir	de vous faire sçavoir
196	8	partie des derniers	partie des deniers
215	18	derniers arrestez	deniers arrestez
225	8	religion catholique	religions catholiques
227	2	lettre par luy escrite par	lettre à luy escrite par
237	19	l'on observe	l'on n'observe
240	3	rançon ; de	rançon, de
230	5	l'evenement du siege	levement du siege
275	11	le reste de ce jour, le lendemain samedy 13° octobre, nous feismes,	corrigez : le reste de ce jour sabmedy 13° octobre, le lendemain nous feismes
276	29	demander	mander
284	1, note,	fin du volume	du second volume
296	11	ceux qui desiroient	qui descrioient
327	22	2° de janvier	2° de febvrier
328	19	2° de janvier	2° de febvrier
339	10, note,	entrée du Havre & port	du havre & port
345	18	le zele	le grand zele
379	1, note,	le Gueré	le Guere ou le Quere
386	20	Lande de Rou	Lande ronde
386	7, note,	du chasteau	du chasteau de S. Malo
422	7	le 29°	s. d. le 27°
428	12	& ne prendroit	& prendroit
438	7	condamner	condamnée
443	17	commissaires	conseillers
446	32	protester contre eux	proceder contre eux

Table du premier Volume.

	PAGES
INTRODUCTION	1
MÉMOIRES DE N. FROTET DE LA LANDELLE	1-473
Discours préliminaire.	1
De l'ancienne cité de Quidalet.	7
Des commencements et origine de la ville de Saint Malo. . .	17
Histoire de la ville de S. Malo durant les troubles	57-473
Livre premier (1584-89).	57
Livre deuxième (1590).	129
Livre troisième (1591).	313
Livre quatrième (1592)	451
REQUÊTE AU ROI SUR LES MONNAIES	475
Table des Mémoires.	495
Table des Chapitres du remaniement des Mémoires.	503
Table des Lettres et Documents insérés.	509
Corrections	511

ACHEVÉ D'IMPRIMER

le 1er novembre mil huit cent quatre-vingt-cinq

PAR

Alphonse LE ROY Fils

Imprimeur breveté

A RENNES

www.ingramcontent.com/pod-product-compliance
Lightning Source LLC
Chambersburg PA
CBHW072021240426

43667CB00044B/1602